2025

고졸

검정고시 5개년 기출문제

타임검정고시연구회

KB193838

2025
고졸 검정고시 5개년 기출문제

인쇄일 2025년 1월 1일 2판 1쇄 인쇄	**발행처** 시스컴 출판사
발행일 2025년 1월 5일 2판 1쇄 발행	**발행인** 송인식
등 록 제17-269호	**지은이** 타임검정고시연구회
판 권 시스컴2025	

ISBN 979-11-6941-481-4 13370
정 가 27,000원

주소 서울시 금천구 가산디지털1로 225, 514호(가산포휴) | **시스컴** www.siscom.co.kr / **나두공** www.nadoogong.com
E-mail stscombooks@naver.com | **전화** 02)866-9311 | **Fax** 02)866-9312

"교육과정이 변해도 핵심 내용은 유사하다"

검정고시는 정규 학교에 진학하지 않은 이들에게 계속 교육받을 기회를 제공하고 교육의 평등 이념을 구현하고자 국가에서 시행하는 제도입니다. 현재 시험은 일 년에 두 번 시행되며 배움의 때를 놓친 분들에게 기회의 손길을 내밀고 있습니다.

한국교육과정평가원에서 공개한 출제 계획을 보면, 가급적 최소 3종 이상의 교과서에서 공통으로 다루고 있는 내용을 바탕으로 최근 5년간의 평균 합격률을 고려하여 적정 수준에서 출제할 것임을 알 수 있습니다. 즉 시험에 출제되는 핵심 내용은 크게 바뀌지 않았다는 것입니다. 따라서 시험에 반복 출제되는 부분들을 완벽히 이해하고, 새롭게 추가된 교과 내용을 공고히 익힌다면 평균 60점 이상을 획득하는 데에 큰 어려움이 없을 것입니다.

시스컴에서 선보이는 『고졸 검정고시 5개년 총정리 기출문제』는 최근 5년간 출제된 기출문제를 분석하여 시험의 유형 파악과 풀이를 돕는 문제집입니다. 또한 문제와 관련된 TIP을 상세한 해설과 함께 수록하여 '기출문제+정답 및 오답해설+TIP'의 탄탄한 짜임을 자랑합니다. 따라서 기초를 다지려는 수험생도, 합격을 굳히려는 수험생도 모두 만족시킬 수 있으리라 생각합니다.

"배움에 있어서 늙음이란 없다"

청춘이란 인생의 어느 기간을 말하는 것이 아니라 마음의 상태를 말하는 것이라는 어느 시인의 말처럼 배움의 열정을 놓지 않은 여러분의 지금 이 순간이 청춘입니다. 이 책이 여러분의 꿈을 이루는 데 도움이 되기를 바라며, 수험생 여러분 모두의 건투를 빕니다.

나두공

고졸
검정고시

검정고시 안내

검정고시란?

검정고시는 정규 학교에 진학하지 않은 사람들에게 계속 교육받을 기회를 제공하고 국가의 교육수준 향상을 위하며 교육의 평등 이념 구현에 기여하고자 국가에서 시행하는 제도를 말한다.

시험관리기관

- 시·도 교육청 : 시행공고, 원서교부 · 접수, 시험실시, 채점, 합격자발표
- 한국교육과정평가원 : 출제 및 인쇄 · 배포

시험 분야

- 초등학교 졸업학력(초등학교 과정)
- 중학교 졸업학력(중학교 과정)
- 고등학교 졸업학력(고등학교 과정)

검정고시 시험 안내

▌시행횟수 : 연2회

분 류	공고일	접수일	시 험	합격자 발표	공고 방법
제1회	2월 초순	2월 중순	4월 초 · 중순	5월 초 · 중순	각 시 · 도
제2회	6월 초순	6월 중순	8월 초 · 중순	8월 하순	교육청 홈페이지

▌고시과목

고졸학력	필수	국어, 수학, 영어, 사회, 과학, 한국사 (6과목)	총 7과목
	선택	도덕, 기술 · 가정, 체육, 음악, 미술 중 1과목 선택	

▌시험시간표

교시	과목	시 간		문항수	비 고
1	국 어	09:00~09:40	40분	25	
2	수 학	10:00~10:40	40분	20	
3	영 어	11:00~11:40	40분	25	
4	사 회	12:00~12:30	30분	25	각 과목별
		중식(12:30~13:30)			100점 만점
5	과 학	13:40~14:10	30분	25	
6	한국사	14:30~15:00	30분	25	
7	선 택	15:20~15:50	30분	25	

※ 위의 내용은 한국교육과정평가원에서 발표한 내용을 바탕으로 하였습니다.

▌문제출제수준

고등학교 졸업 정도의 지식과 그 응용 능력을 측정할 수 있는 수준으로 적정량의 학습을 해온 학생이면 누구나 답할 수 있는 평이한 문제로 출제

응시자격 및 응시제한

응시자격

1. 중학교 졸업자
2. 3년제 고등기술학교 및 고등학교에 준하는 각종학교 졸업자 또는 졸업예정자와 중학교 또는 동등이상의 학력이 있는 자를 대상으로 하는 3년제 직업훈련과정의 수료자
3. 「초·중등교육법 시행령」 제97조, 제101조, 제102조에 해당하는 자
4. 「보호소년 등의 처우에 관한 법률 시행령」 제69조 제3호에 해당하는 자

응시자격 제한

1. 「고등학교 또는 초·중등교육법 시행령」 제98조 제1항 제2호의 학교를 졸업한 자 또는 재학 중인 자(휴학 중인 자 포함)
2. 공고일 이후 중학교 또는 「초·중등교육법 시행령」 제97조 제1항 제2호의 학교를 졸업한 자
3. 고시에 관하여 부정행위를 한 자로서 2년이 경과되지 아니한 자
4. 고등학교 또는 초·중등교육법 시행령 제98조 제1항 제2호의 학교에서 퇴학된 사람으로서 퇴학일부터 공고일까지의 기간이 6개월이 되지 않은 사람(다만, 장애인복지법 제32조에 따라 등록한 장애인으로서 신체적·정신적 장애로 학업을 계속하는 것이 불가능하여 퇴학된 사람은 제외)
5. 공고일 전(前) 당해연도 졸업자는 졸업식 일자와 관계없이 2월말까지 재학생의 신분을 가지므로 당해연도 제1회 검정고시 응시를 제한함

공통제출서류

- 응시원서(소정서식) 1부
- 동일원판 탈모 상반신 컬러 사진(3.5cm×4.5cm, 3개월 이내 촬영) 2매
- 본인의 해당 최종학력증명서 1부
- 응시수료 : 무료
- 신분증 필히 지참(주민등록증, 운전면허증, 대한민국 여권, 청소년증 중 택 1)

학력인정 서류

〈현장 · 온라인 접수 추가 제출 서류〉

과목면제 대상자	
해당자	제출 서류
기능사 이상의 자격 취득자(이용사, 미용사 자격증 포함)	– 자격증 사본(원본 지참)
3년제 고등공민학교, 기술학교, 고등기술학교 및 중 · 고등학교에 준하는 각종학교 졸업(예정)자와 직업훈련원의 졸업(수료, 예정)자	– 졸업(수료, 예정)증명서
평생학습계좌제가 평가 인정한 학습과정 중 시험과목에 관련된 과정을 90시간 이상 이수한 자	– 평생학습이력증명서 * 발급안내 : 국가평생교육진흥원 평생학습계좌제 　(http://www.all.go.kr), 02–3780–9986

장애인 편의 제공 대상자		
대상자	대상자 편의 제공 내용	제출 서류
시각 장애, 뇌병변 장애	대독, 대필, 확대문제지	– 복지카드 또는 장애인등록증 사본(원본 지참) – 장애인 편의 제공 신청서(소정 서식) – 상이등급 표시된 국가유공자증(국가유공자 확인원)
상지지체 장애	대필	
청각 장애	시험 진행 안내 (시험시작 · 종료안내)	

※ 장애인 편의 제공은 원서접수 기간 내 편의 제공 신청자에 한하여 제공함

합격기준

전체 과목 합격

각 과목을 100점 만점으로 하여 평균 60점(소수점 셋째 자리에서 절사) 이상 취득한 자를 전체 과목 합격자로 결정함 단, 평균이 60점 이상이라 하더라도 결시 과목이 있을 경우에는 불합격 처리함

일부 과목 합격

● 검정고시 불합격자(일부 과목 합격자) 중 고시성적 60점 이상인 과목에 대하여는 합격을 인정하고, 본인이 원할 경우 다음 차수의 시험부터 해당과목의 고시를 면제하며 그 면제되는 과목의 성적은 최종 고시성적에 합산함
● 기존 과목 합격자가 해당과목을 재응시할 경우 기존 과목합격 성적과 상관없이 재응시한 과목 성적으로 합격 여부를 결정함

합격취소

- 자격에 결격이 있는 자
- 제출 서류를 위조 또는 변조한 자
- 부정행위자
- 학력조회 결과 허위사실이 발견된 자

※ 전 과목 합격자의 학력을 합격자 발표일부터 80일 이내에 조회 확인하고, 학력조회의 결과 학력과 관련하여 허위의 사실이 발견된 때에는 지체 없이 합격을 취소함

응시자 시험 당일 준비사항

준비물

수험표, 신분증, 컴퓨터용 수성사인펜, 아날로그 손목시계(선택), 점심도시락

수험표, 주민등록증 분실자 준비 사항

- 수험표 분실자 : 응시원서에 부착한 동일원판 사진 1매를 지참하고 시험 당일 08시 20분까지 해당 시험장 시험본부에서 수험표를 재교부 받기 바람
- 주민등록증 분실자 : 주민등록증 발급확인서(주민자치센터에서 발급) 지참하기 바람

기타

- 주민등록증 미발급 청소년 : 청소년증 또는 대한민국여권 지참(청소년증은 주소지 관할 주민자치센터에 신청, 15~20일 소요).
- 시험당일 시험장 운동장이 협소하므로 가급적 대중교통을 이용하기 바람

응시자 유의사항

구비 서류 미비

- 본인 신분 확인이 불가능할 경우에는 접수하지 않으며, 접수된 서류는 일체 반환하지 않음
- 사실과 다르게 기재한 서류, 응시원서의 기재사항 착오 등으로 발생된 모든 책임은 전적으로 응시자에게 있음

시험 중 퇴실 금지

- 수험자는 시험 중 시험시간이 끝날 때까지 퇴실할 수 없음
  다만, 긴급한 사유 등으로 불가피한 경우에는 퇴실할 수 있으나, 퇴실 후 재 입실이 불가능하며 소지 물품(문제지 포함) 없이 별도의 장소에서 대기하여야 함
- 퇴실 시에는 휴대전화 등 무선통신기기나 물품 등을 소지할 수 없으며 지정된 별도의 장소에서 시험 종료 시까지 대기하여야 함
- 퇴실 시 감독관의 조치 및 지시에 불응하거나 휴대전화, 전자 담배 등 무선통신 기기 등을 소지한 경우 부정행위로 간주함
- 시험장 내에는 수험생 이외 가족, 친지, 친구, 학원 관계자 등은 출입할 수 없음

부정행위

시험장에서 다음과 같은 행위는 부정행위로 간주하고, 부정행위를 한 자는 「초·중등교육법」 시행규칙 제40조에 의거 고시를 정지하고 처분일로부터 응시자격 제한기간 동안 응시를 제한할 수 있으며, 교육부 및 전국 시·도교육청에 그 명단을 통보함

- 다른 수험생의 답안지를 보거나 보여주는 행위
- 다른 수험생과 손동작, 소리 등으로 서로 신호를 하는 행위
- 대리로 시험을 보는 행위
- 시험시간 중 휴대전화 등 무선통신기기를 소지하거나 사용하는 행위
- 다른 수험생에게 답을 보여주기를 강요하거나 폭력으로 위협하는 행위
- 시험 감독관의 지시에 불응하는 행위
- 기타 시험 감독관이 부정행위로 판단하는 행위

기타

- 공고문에 명시되지 않거나 내용의 해석에 관한 사항, 연락불능 등으로 인하여 발생된 불이익은 수험생의 귀책사유이며 그에 따른 결과 처리는 교육청별 검정고시위원회의 결정에 따라야 함
- 과목합격자는 별도 대기실에서 대기함
- 검정고시 응시자가 퇴학자일 경우 퇴학자는 응시일로부터 대략 8개월 이전에 학교를 그만둔 상태여야 함
- 교육기관 입학상담 시 최종학력증명서 확인 후 교육 실시
- 학적 정정 신청 : 출신 학교에서 증명, 통·폐합된 경우는 교육지원청에서 문의·발급

> ※ 상기 자료는 서울특별시 교육청의 안내 자료와 한국교육과정평가원(www.kice.re.kr)과 국가평생교육진흥원의 공고를 기준으로 하고 있습니다.
> ※ 시험일정 및 기타 사항은 변경될 수 있으므로 시험 전 반드시 각 시·도 교육청의 홈페이지 공고를 참조하여 접수하시기 바랍니다.

Q1 고졸 검정고시의 출제 범위는 어떻게 되나요?

2021년도 제1회 검정고시부터 2015 개정 교육과정에서 출제됩니다.

〈고졸 검정고시 출제 범위 비교〉

구분		이전 고졸 검정고시 출제 범위	현재 고졸 검정고시 출제 범위
필수	국어	국어Ⅰ, 국어Ⅱ	국어
	수학	수학Ⅰ, 수학Ⅱ	수학
	영어	실용영어Ⅰ	영어
	사회	사회	통합사회
	과학	과학	통합과학
	한국사	한국사(2009 개정 교육과정)	한국사
선택	도덕	생활과 윤리	생활과 윤리

Q2 출제 기준은 무엇인가요?

● 각 교과의 검정(또는 인정)교과서를 활용하는 출제 방식입니다.
● 가급적 최소 3종 이상의 교과서에서 공통으로 다루고 있는 내용으로 출제합니다. (단, 국어와 영어 지문의 경우 공통으로 다루고 있는 교과서 종수와 관계없으며, 교과서 외 지문도 활용 가능)

Q3 과목별로 공부방법을 어떻게 해야 하나요?

- 국어와 영어는 교과서 외의 지문과 작품이 활용 가능하므로, 폭넓게 공부해야 합니다.
- 수학은 2009 개정 교육과정에서 2015 개정 교육과정으로 바뀌면서 '수열', '지수와 로그' 단원이 사라지고 '경우의 수' 단원이 들어오므로, 사라지거나 변경된 개념 및 내용은 한 번 더 꼼꼼히 봐야 합니다.
- 사회 출제 범위 교과서는 2015 개정 교육과정에서 '통합사회'에서 출제되므로, 새로운 개념 및 내용을 숙지해야 합니다.
- 과학은 '통합과학'에서 전 영역이 출제되는데, 대체로 기본 지식 내용을 묻는 문제가 출제되므로, 기본 내용을 충실히 다져놓는 것이 좋습니다.
- 한국사 출제 범위 교과서는 2009 개정 교육과정 고시 이후 개발된 '한국사' 교과서입니다.
- 도덕은 '생활과 윤리' 문제가 출제되므로 새로운 개념 및 내용을 숙지해야 합니다.

검정고시 시험 출제 범위 교과서

국 어
출제 교과서 : 국어(교육부 검정(2017. 09. 08))

수 학
출제 교과서 : 수학(교육부 검정(2017. 09. 08))

영 어
출제 교과서 : 영어(교육부 검정(2017. 09. 08))

사 회
출제 교과서 : 통합사회(교육부 검정(2017. 09. 08))

과 학
출제 교과서 : 통합과학(교육부 검정(2017. 09. 08))

한국사
출제 교과서 : 한국사(교육부 검정(2013. 08. 30))
※ 2009 개정 교육과정에 근거한 교과서

도 덕
출제 교과서 : 생활과 윤리(교육부 검정(2017. 09. 08))

※ 검정고시 출제 범위 및 출제 범위 교과서는 시험 전 반드시 한국교육과정평가원 또는 각 시ㆍ도 교육청의 홈페이지 공고를 참조하여 주시기 바랍니다.

구성 및 특징

검정고시 시험 안내

기출문제

검정고시를 준비하는 수험생들이 시험에 대하여 한눈에 알수 있도록 일정, 자격, 내용 등을 상세히 정리하였습니다.

2020년도 제1회부터 2024년도 제2회까지 최근 5년간 기출문제를 빠짐없이 수록하였습니다.

정답 및 해설	TIP

기본서를 따로 참고하지 않아도 명쾌하게 이해할 수 있도록 상세하게 설명하였습니다. 정답해설뿐만 아니라 오답해설도 충분히 실어 꼼꼼한 학습이 가능하도록 하였습니다.

문제와 관련된 중요 교과 내용이나 보충사항을 TIP으로 정리함으로써 효율적이면서도 충실한 수험공부가 가능하도록 하였습니다.

나두공

고졸 검정고시

목 차

정답 및 해설

		제1회	제2회
2024년	국 어	418p	446p
	수 학	422p	450p
	영 어	424p	452p
	사 회	429p	457p
	과 학	433p	460p
	한국사	436p	463p
	도 덕	440p	467p
2023년	국 어	472p	496p
	수 학	476p	500p
	영 어	478p	502p
	사 회	483p	507p
	과 학	486p	511p
	한국사	489p	514p
	도 덕	492p	518p
2022년	국 어	524p	548p
	수 학	527p	552p
	영 어	529p	554p
	사 회	534p	559p
	과 학	537p	562p
	한국사	540p	565p
	도 덕	544p	568p
2021년	국 어	572p	600p
	수 학	576p	604p
	영 어	579p	607p
	사 회	584p	612p
	과 학	588p	616p
	한국사	592p	619p
	도 덕	595p	623p
2020년	국 어	628p	656p
	수 학	631p	660p
	영 어	634p	663p
	사 회	639p	668p
	과 학	643p	672p
	한국사	647p	676p
	도 덕	651p	680p

체크리스트

효율적인 학습을 위한 CHECK LIST

연 도	과 목	학습 기간	정답 수	오답 수
2024년	국 어	~		
	수 학	~		
	영 어	~		
	사 회	~		
	과 학	~		
	한국사	~		
	도 덕	~		
2023년	국 어	~		
	수 학	~		
	영 어	~		
	사 회	~		
	과 학	~		
	한국사	~		
	도 덕	~		
2022년	국 어	~		
	수 학	~		
	영 어	~		
	사 회	~		
	과 학	~		
	한국사	~		
	도 덕	~		
2021년	국 어	~		
	수 학	~		
	영 어	~		
	사 회	~		
	과 학	~		
	한국사	~		
	도 덕	~		
2020년	국 어	~		
	수 학	~		
	영 어	~		
	사 회	~		
	과 학	~		
	한국사	~		
	도 덕	~		

2024년도

제1회

제1교시

국 어

정답 및 해설 418p |

01 ㉠에 들어갈 내용으로 가장 적절한 것은?

언어적 표현		비언어적 표현		의미
힘내! 할 수 있을 거야!	+	등을 토닥이며	⇨	격려 표현
그렇군요. 저도 그렇게 생각해요.	+	㉠	⇨	동의 표현

① 고개를 끄덕이며

② 무섭게 인상 쓰며

③ 양손을 내저으며

④ 차갑게 등을 돌리며

02 다음 대화에서 직원의 말하기에 나타난 문제점으로 적절한 것은?

> 손님 : 두 명 자리 있나요?
>
> 직원 : 죄송합니다. 30분 정도 웨이팅하셔야 해요. 오늘 메뉴가 저희 셰프님 시그니처 메뉴라서요. 괜찮으시면 왼쪽 웨이팅 룸으로 에스코트해 드릴까요?

① 외국어를 지나치게 많이 사용했다.

② 이해하기 어려운 줄임말을 사용했다.

③ 기분을 상하게 하는 비속어를 사용했다.

④ 상황에 맞지 않는 관용 표현을 사용했다.

03 다음 '표준 발음법' 규정이 적용되지 않는 것은?

> **표준 발음법**
>
> [제23항] 받침 'ㄱ(ㄲ, ㅋ, ㄳ, ㄹ), ㄷ(ㅅ, ㅆ, ㅈ, ㅊ, ㅌ), ㅂ(ㅍ, ㄼ, ㄿ, ㅄ)' 뒤에 연결되는 'ㄱ, ㄷ, ㅂ, ㅅ, ㅈ'은 된소리로 발음한다.

① 굳다   ② 낙지

③ 답사   ④ 볶음

04 다음을 참고하여 예문의 밑줄 친 부분에 사용된 상대 높임을 바르게 연결한 것은?

> 말하는 이가 듣는 이를 높이거나 낮추어 표현하는 방식을 상대 높임법이라고 한다. 상대 높임법은 대체로 문장을 끝맺는 종결 어미로 높임을 실현한다. 종결 어미에는 격식체와 비격식체가 있으며 다음과 같이 나누어진다.
>
> | 격식체 | 하십시오체 / 하오체 / 하게체 / 해라체 |
> |---|---|
> | 비격식체 | 해요체 / 해체 |

	예문	상대 높임
①	할머니께서 진지를 드셨어요.	하십시오체
②	어머니께서도 공원에 가신대.	하오체
③	선생님께 먼저 과일을 드리시게.	하게체
④	아버지를 모시고 큰댁에 다녀왔습니다.	해요체

05 ㉠~㉣을 '한글 맞춤법'에 맞게 고친 것은?

> ㉠ 며칠 뒤에 공장 문이 ㉡ 닺힐 것이라는 소문이 ㉢ 금세 ㉣ 붉어져 나왔다.

① ㉠ : 몇일
② ㉡ : 닷힐
③ ㉢ : 금새
④ ㉣ : 불거져

[06~07] (나)는 (가)를 토대로 작성한 글이다. 물음에 답하시오.

> **(가) 초대 글 개요**
> Ⅰ. 서두 : ㉠ 계절을 소재로 글을 시작함.
> Ⅱ. 본문
>   1. 축제 안내
>   가. ㉡ 축제 날짜 및 장소를 밝힘.
>   나. ㉢ 다채로운 행사가 준비되어 있음을 강조함.
>   2. 초대의 말
>   가. 축제에 초대하는 내용을 정중하게 표현함.
>   나. ㉣ 방문객에게는 작은 기념품을 증정함을 알림.
> Ⅲ. 맺음말 : 축제에 참여하여 즐거운 시간을 보내기를 바라는 내용을 강조함.
>
> **(나) 모시는 글**
>   따사로운 햇볕이 반가운 듯 나무들도 꽃망울을 터뜨리며 완연한 봄이 되었음을 알립니다. 더불어 설레는 마음으로 시작했던 새 학기도 어느덧 한 달이 지났습니다.
>   ○○고등학교는 개교 50주년을 맞이하였습니다. 이를 기념하기 위하여 공연과 전시, 체험 활동 등 다채로운 행사가 가득한 축제를 정성껏 준비하였습니다.
>   여러 가지 일로 바쁘시겠지만 학교 축제에 참석하셔서 자리를 빛내 주시기 바랍니다. 잠시나마 일상의 스트레스를 날려 버릴 수 있는 즐거운 시간을 보내실 수 있도록 노력하겠습니다. 참석하시는 분들께는 작은 기념품도 증정할 예정입니다.
>   (㉮   ) 감사합니다.

06 (가)의 ㉠~㉣ 중 (나)에 반영되지 않은 것은?

① ㉠
② ㉡
③ ㉢
④ ㉣

07 ㉮에 들어갈 내용을 〈조건〉에 따라 작성한 것으로 가장 적절한 것은?

> 〈조건〉
> • 비유법을 활용할 것
> • 청유형 문장을 통해 참여를 촉구할 것

① 이번 축제가 우리 사이의 오작교가 되길 바랍니다.
② 이번 축제에서 친구와 행복한 추억을 만들어 봅시다.
③ 활짝 핀 봄꽃처럼 환한 미소가 가득한 축제를 함께 즐겨봅시다.
④ 봄바람이 꽃망울을 열 듯 여러분의 마음을 열 수 있는 축제를 만들겠습니다.

08 ㉠~㉣에 나타난 중세 국어의 특징으로 적절하지 않은 것은?

> [훈민정음 언해]
> ㉠나·랏:말ᄊᆞ·미中듕國·귁·에달·아文문字·ᄍᆞ·와·로서르 ᄉᆞᄆᆞᆺ·디아·니ᄒᆞᆯ·ᄊᆡ·이런젼·ᄎᆞ·로어·린百·ᄇᆡᆨ姓·셩·이 ㉡니르·고·져·홇·배이·셔·도ᄆᆞ·ᄎᆞᆷ:내제㉣ᄠᅳ·들시·러펴·디:몯ᄒᆞᆯ·노·미하·니·라
>
> － 『월인석보(月印釋譜)』 －

① ㉠ : 'ㆍ(아래 아)'가 사용되었다.
② ㉡ : 두음 법칙을 지켜서 표기하였다.
③ ㉢ : 소리의 높낮이를 방점으로 표시하였다.
④ ㉣ : 이어 적기로 표기하였다.

[09~10] 다음 글을 읽고 물음에 답하시오.

이화(梨花)¹⁾에 월백(月白)하고 은한(銀漢)²⁾이 삼경(三更)³⁾인 제
일지(一枝)⁴⁾춘심(春心)을 자규(子規)⁵⁾야 알랴마는
다정(多情)도 병인 양하여 잠 못 들어 하노라.

– 이조년 –

1) 이화 : 배꽃.
2) 은한 : 은하수.
3) 삼경 : 밤 열한 시에서 새벽 한 시 사이.
4) 일지 : 하나의 나뭇가지.
5) 자규 : 두견새.

09 윗글에 대한 설명으로 적절하지 <u>않은</u> 것은?

① 4음보의 율격이 드러나고 있다.
② 후렴구가 반복적으로 나타나고 있다.
③ 색채 이미지를 사용하여 표현하고 있다.
④ 초장, 중장, 종장의 형태로 이루어져 있다.

10 윗글의 화자에 대한 설명으로 가장 적절한 것은?

① 봄밤에 느끼는 애상적인 정서를 드러내고 있다.
② 자신의 운명을 거부하려는 태도를 나타내고 있다.
③ 이상적인 세계를 동경하는 마음을 나타내고 있다.
④ 과거를 회상하며 후회하는 감정을 드러내고 있다.

[11~13] 다음 글을 읽고 물음에 답하시오.

이장은 민 씨를 흘기듯 노려보았다.

"왜, 농민보고 농민 궐기 대회¹⁾ 꼭 나오라 캤는데, 뭐가 잘못됐나."

민 씨는 자신도 모르게 따지는 어조가 되었다.

"군 전체가 모두 모여도 몇 명 안 되었다면서요. 그런 자리에 황만근 씨가 꼭 가야 합니까. 아니, 황만근 씨만 가야 할 이유라도 있습니까. 따로 황만근 씨한테 부탁을 할 정도로."

"이 사람이 뭐라 카는 기라. 이장이 동민한테 농가 부채²⁾ 탕감³⁾ 촉구 전국 농민 총궐기 대회가 있다, 꼭 참석해서 우리의 입장을 밝히자 카는데 뭐가 잘못됐단 말이라."

"잘못이라는 게 아니고요, 다른 사람들은 다 돌아왔는데 왜 황만근 씨만 못 오고 있나 하는 겁니다."

"내가 아나. 읍에 가 보이 장날이더라고. 보나 마나 어데서 술 처먹고 주질러 앉았을 끼라. 백 리 길을 깅운기를 끌고 갔으이 시간도 마이 걸릴 끼고."

다른 사람들은 말이 없었고 민 씨와 이장만이 공을 주고받는 꼴이 되어 버렸다.

"글세, 그 자리에 꼭 황만근 씨만 경운기를 끌고 갔어야 했느냐 이 말입니다. 그것도 고장 난 경운기를."

"깅운기를 끌고 오라는 기 내 말이라? 투쟁 방침이 그렇다 카이. 깅운기도 그렇지, 고장은 무신 고장, ㉠ 만그이가 그걸 하루 이틀 몰았나. 남들이 못 몬 다 뿌이지."

"그럼 이장님은 왜 경운기를 안 타고 가고 트럭을 타고 가셨나요. 이장님부터 솔선수범을 해야지 다른 동민들이 따라 할 텐데, 지금 거꾸로 되었잖습니까."

"내사 민사무소⁴⁾에서 인원 점검하고 다른 이장들하고 의논도 해야 되고 울매나 ㉡ 바쁜 사람인데 깅운기를 타고 언제 가고 말고 자빠졌나. 다른 동네 이장들도 민소 앞에서 모이 가이고 트럭 타고 갔는 거를. 진짜로 깅운기를 끌고 갔으마 군 대회에는 늦어도 한참 늦었지. 군청에 갔는데 비가 와 가이고 온 사람도 및 없더마. 소리마 및 분 지르고 왔

지. 군청까지 깅운기를 타고 갈 수나 있던가. 국도에 차들이 미치괘이맨구로 쌩쌩 달리는데 받히만 우애라고. 다른 동네서는 자가용으로 간 사람도 썼어."

"그러니까 국도를 갈 때는 여러 사람이 한꺼번에 경운기를 여러 대 끌고 가자는 거였잖습니까. 시위도 하고 의지도 보여 준다면서요. 허허, 나 참."

"아침부터 바쁜 사람 불러내 놓더이, 사람 말을 알아듣도 못하고 엉뚱한 소리만 해 싸. 누구맨구로 반동가리가 났나."

기어이 민 씨는 버럭 소리를 지르고야 말았다.

"반편은 누가 반편입니까. 이장이니 지도자니 하는 사람들이 모여서 방침을 정했으면 그대로 해야지, 양복 입고 자가용 타고 간 사람은 오고, 방침대로 ⓒ 경운기 타고 간 사람은 오지도 않고, 이게 무슨 경우냐구요."

"이 자슥이 뉘 앞에서 눈까리를 똑바로 뜨고 소리를 빽빽 질러 쌓노. 도시에서 쫄딱 망해 가이고 귀농을 했시모 얌전하게 납작 엎드려 있어도 동네 사람 시켜 줄까 말까 한데, 뭐라꼬? 내가 만그이 이미냐, 애비냐. ⓔ 나이 오십 다 된 기 어데를 가든동 오든동 지가 알아서 해야지, 목사리 끌고 따라다니까?"

– 성석제, 「황만근은 이렇게 말했다」 –

---

1) 궐기 대회 : 어떤 문제의 해결책을 촉구하기 위하여 뜻있는 사람들이 함께 일어나 행동하는 모임.
2) 부채 : 남에게 빚을 짐. 또는 그 빚.
3) 탕감 : 빚이나 요금, 세금 따위의 물어야 할 것을 덜어 줌.
4) 민사무소 : '면사무소'의 방언(경상).

11 윗글에 대한 설명으로 가장 적절한 것은?

① 대화를 통해 인물 간의 갈등을 드러내고 있다.
② 서술자가 직접 경험한 사실을 객관적으로 제시하고 있다.
③ 자연물에 인격을 부여하여 인물의 심리를 보여주고 있다.
④ 과거와 현재를 교차하며 인물의 성격 변화를 보여주고 있다.

12 윗글에서 알 수 있는 내용을 〈보기〉에서 골라 바르게 묶은 것은?

〈보기〉
ㄱ. 대규모 토지 거래가 활발하게 이루어졌다.
ㄴ. 도시에서 농촌으로 귀농하는 사람이 있었다.
ㄷ. 산업화로 인해 농촌의 상권이 급격히 발달하였다.
ㄹ. 농촌 사회의 부채 문제 때문에 궐기 대회가 열렸다.

① ㄱ, ㄴ   ② ㄴ, ㄷ
③ ㄴ, ㄹ   ④ ㄷ, ㄹ

13 ⓐ~ⓔ 중 지칭하는 대상이 나머지와 다른 것은?

① ⓐ   ② ⓑ
③ ⓒ   ④ ⓔ

[14~16] 다음 글을 읽고 물음에 답하시오.

"백탑(白塔)이 현신함을 아뢰옵니다."

태복은 정 진사의 마두1)다. 산모롱이에 가려 백탑은 아직 보이지 않는다. 재빨리 말을 채찍질했다. 수십 걸음도 못 가서 모롱이를 막 벗어나자 눈앞이 어른어른하면서 갑자기 한 무더기의 검은 공들이 오르락내리락한다. 나는 오늘에야 알았다. 인생이란 본시 어디에도 의탁할 곳 없이 다만 하늘을 이고 땅을 밟은 채 떠도는 존재일 뿐이라는 사실을. 말을 세우고 사방을 돌아보다가, 나도 모르는 사이에 손을 들어 이마에 얹고 이렇게 외쳤다.

"훌륭한 울음터로다! 크게 한번 통곡할 만한 곳이로구나!"

정 진사가 묻는다.

"하늘과 땅 사이의 툭 트인 경계를 보고 별안간 통곡을 생각하시다니, 무슨 말씀이신지?"

"그렇지, 그렇고말고! 아니지, 아니고말고. 천고의 영웅은 울기를 잘했고, 천하의 미인은 눈물이 많았다네. 하지만 그들은 몇 줄기 소리 없는 눈물을 옷깃에 떨굴 정도였기에, 그들의 울음소리가 천지에 가득 차서 쇠나 돌에서 나오는 듯했다는 말은 들어 본 적이 없다네. 사람들은 다만 칠정(七情) 가운데서 오직 슬플 때만 우는 줄로 알 뿐, 칠정 모두가 울음을 자아낸다는 것은 모르지. 기쁨[喜]이 사무쳐도 울게 되고, 노여움[怒]이 사무쳐도 울게 되고, 즐거움[樂]이 사무쳐도 울게 되고, 사랑함[愛]이 사무쳐도 울게 되고, 욕심[欲]이 사무쳐도 울게 되는 것이야. 근심으로 답답한 걸 풀어 버리는 데에는 소리보다 더 효과가 빠른 게 없지. 울음이란 천지간에서 우레와도 같은 것일세.

㉠ 지극한 정(情)이 발현되어 나오는 것이 저절로 이치에 딱 맞는다면 울음이나 웃음이나 무에 다르겠는가. ㉠ 사람의 감정이 이러한 극치를 겪지 못하다 보니 교묘하게 칠정을 늘어놓고는 슬픔에다 울음을 짝지은 것일 뿐이야. 이 때문에 상을 당했을 때 ㉡ 처음엔 억지로 '아이고' 따위의 소리를 울부짖지. 그러면서 ㉢ 참된 칠정에서 우러나오는 지극한 소리는 억눌러 버리니 그것이 저 천지 사이에 서리고 엉기어 꽉 뭉쳐 있게 되는 것일세. 일찍이 가생(賈生)[2]은 울 곳을 얻지 못하고, ㉣ 결국 참다 못해 별안간 선실(宣室)[3]을 향하여 한마디 길게 울부짖었다네. 그러니 이를 듣는 사람들이 어찌 놀라고 괴이하게 여기지 않았겠는가."

– 박지원, 「아, 참 좋은 울음터로구나!」 –

---

1) 마두(馬頭) : 역마(驛馬)에 관한 일을 맡아보던 사람.
2) 가생 : 가의(賈誼). 한나라 문제에게 등용되었으나 뜻을 이루지 못하고 쫓겨났다. 장사왕과 양왕의 대부로 있으면서 당시 정치적 폐단에 대한 상소문을 올린 것으로 유명하다.
3) 선실 : 임금이 제사 지내기 위해 목욕재계를 하는 곳.

14 윗글에 대한 설명으로 적절하지 <u>않은</u> 것은?

① 특정 행동에 대한 통념을 반박하고 있다.
② 특정 행동과 관련한 내용을 나열하여 설명하고 있다.
③ 특정 장소에서 글쓴이가 깨달은 바를 드러내고 있다.
④ 특정 계절에 대한 글쓴이의 인식 변화를 보여주고 있다.

15 ㉠~㉣ 중 ㉮의 의미와 가장 유사한 것은?

① ㉠   ② ㉡
③ ㉢   ④ ㉣

16 윗글에 드러난 글쓴이의 생각으로 가장 적절한 것은?

① 근심을 풀기 위해 울수록 근심은 더 커진다.
② 인간의 칠정이 사무치면 울음과 연결될 수 있다.
③ 웃음과 울음은 원인이 되는 감정이 같을 수 없다.
④ 감정의 극치를 경험한 사람은 울음을 참아낼 수 있다.

[17~19] 다음 글을 읽고 물음에 답하시오.

> 내가 ㉠ 그의 이름을 불러 주기 전에는
> 그는 다만
> 하나의 ㉡ 몸짓에 지나지 않았다.
>
> [A]
> 내가 그의 이름을 ㉢ 불러 주었을 때
> 그는 나에게로 와서
> ㉣ 꽃이 되었다.
>
> 내가 그의 이름을 불러 준 것처럼
> 나의 이 빛깔과 향기에 알맞은
> 누가 나의 이름을 불러다오.
> 그에게로 가서 나도
> 그의 꽃이 되고 싶다.
>
> 우리들은 모두
> 무엇이 되고 싶다.
> 너는 나에게 나는 너에게
> 잊혀지지 않는 하나의 눈짓이 되고 싶다.
>
> ― 김춘수, 「꽃」 ―

17 윗글의 표현상 특징으로 가장 적절한 것은?

① 유사한 시구를 반복하여 운율을 형성하고 있다.

② 반어적 표현을 사용하여 화자의 소망을 드러내고 있다.

③ 명사형으로 종결하여 화자의 단호한 의지를 강조하고 있다.

④ 촉각적 이미지를 활용하여 시적 대상을 생생하게 표현하고 있다.

18 윗글의 화자가 추구하는 삶의 모습과 가장 가까운 것은?

① 외부 세계와 단절된 삶

② 미래를 예측하여 대비하는 삶

③ 타인과 진정한 관계를 맺는 삶

④ 타인에게 의지하지 않는 독립적인 삶

19 〈보기〉는 [A]를 재구성한 것이다. [A]의 ㉠~㉣과 〈보기〉의 밑줄 친 부분을 대응시켰을 때, 적절하지 않은 것은?

> ─〈보기〉─
> 내가 구슬을 꿰기 전에는
> 그것은 다만
> 하나의 돌멩이에 지나지 않았다.
>
> 내가 구슬을 엮어 주었을 때
> 그것은 나에게로 와서
> 보배가 되었다.

[A]	〈보기〉
① ㉠	꿰기 전
② ㉡	돌멩이
③ ㉢	엮어 주었을 때
④ ㉣	보배

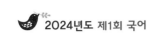

[20~22] 다음 글을 읽고 물음에 답하시오.

주어진 자료들을 대표하는 값으로 가장 유명하고 많이 활용되는 것이 평균이다. 한 집단을 평가할 때 또는 다른 집단과 비교할 때 평균은 유용한 수단이 된다. 그러나 평균이 대상을 잘 반영하는 대푯값이라고 판단하기 위해서는 전체 자료의 다양한 변수와 ㉠양상을 먼저 검토하는 것이 필요하다. 이런 점을 고려하지 않고 평균을 대푯값으로 삼으면 사실을 잘못 이해할 수 있다.

우리나라는 사계절이 뚜렷한 나라이다. 겨울에는 영하 10도 이하가 되기도 하고, 여름에는 30도 이상의 고온이 여러 날 ㉡지속되기도 한다. 이 때문에 우리나라 사람들은 계절별로 많은 옷을 가지고 있어야 한다. 그에 반해 미국의 하와이 지역은 월별 평균 기온이 연간 거의 변동 없이 유지된다. 그래서 보통의 경우는 반팔 옷으로 대부분의 시간을 지낼 수 있다. 만일 미국 하와이 지역의 사람이 우리나라의 연평균 기온이 12.5도라는 말만을 들었다면 어떤 생각을 할까? 자신이 사는 지역에 비해 일 년 내내 추운 곳이라고 생각하지는 않을까?

그렇다면 월별 평균 기온만으로 충분할까? 그렇지 않을 수 있다. 우리나라에서는 환절기에 감기 환자가 많아진다. 그 이유는 낮과 밤의 기온 차인 일교차가 심하기 때문이다. 그래서 우리가 보통 여행을 갈 때도 해당 지역, 해당 기간의 평균 기온만이 아니라 하루의 최고와 최저 기온을 알아야 한다. 즉 자료의 범위를 정해 다양한 요소를 ㉢고려할 수 있어야 하는 것이다.

평균은 편리한 방법으로 다양하게 사용될 수 있지만, 대푯값으로 잘못 사용되면 사실을 정확하게 판단하지 못하게 만들 가능성이 매우 높다. 현대 사회는 점점 더 많은 변수들에 의해 ㉣다변화되는 양상을 보이고 있다. ㉮이는 평균의 시대가 가고 있음을 나타낸다. 따라서 평균값을 이용하기에 적절한 상황과 적절하지 않은 상황을 파악하고, 전체 자료를 세분화하여 이해하고 분석하려는 태도를 지니는 것이 매우 중요하다.

– 최제호, 「'평균'의 시대가 가고 있다」 –

20 윗글의 내용 전개 방식으로 가장 적절한 것은?

① 구체적인 사례를 제시하고 있다.

② 다양한 해결 방안을 비교하고 있다.

③ 전문가들의 서로 다른 견해를 인용하고 있다.

④ 문제가 해결된 이후의 상황을 가정하여 설명하고 있다.

21 ㉮의 이유로 가장 적절한 것은?

① 평균이 집단 간의 비교에 가장 유용해서

② 평균이 편리하고 다양하게 사용되는 경우가 있어서

③ 평균이 전체 자료를 세분화하여 이해하는 데 유용해서

④ 평균이 다양한 특성을 반영하지 못하는 경우가 있어서

22 ㉠~㉣의 사전적 의미로 적절하지 않은 것은?

① ㉠ : 사물이나 현상의 모양이나 상태

② ㉡ : 어떤 상태가 오래 계속됨.

③ ㉢ : 생각하고 헤아려 봄.

④ ㉣ : 하나로 됨. 또는 그렇게 만듦.

[23~25] 다음 글을 읽고 물음에 답하시오.

도서관에서 책을 쉽게 찾으려면 먼저 컴퓨터로 책을 검색해야 한다. (㉠) 컴퓨터는 청구 기호를 알려줄 뿐 책을 직접 찾아 주지는 않는다. 청구 기호를 들고 책을 찾는 것은 사람의 몫이다.

어410.8 ㄱ391ㅅ −1=2

어 ———	별치 기호
410.8 ———	분류 기호
ㄱ391ㅅ ———	도서 기호
−1=2 ———	부가 기호

▲ 도서 청구 기호의 구성

청구 기호가 '410.912 ㅈ794ㅅ'인 책이 필요하다면 먼저 410번대의 책이 있는 책장을 찾아야 한다. 옆면에 400~413.8이라고 적힌 책장을 발견했다면 410.912에 해당하는 책은 이 책장의 오른쪽에 있을 가능성이 높다. 왜냐하면 분류 기호가 낮은 책부터 왼쪽에서 오른쪽 방향으로 책을 꽂기 때문이다. 또 맨 위층에 있는 책일수록 분류 기호가 낮고 아래로 갈수록 커진다.

분류 기호가 비슷한 책 사이에서는 숫자의 크기를 비교하자. 410.9가 있다면 그 오른쪽에 410.911이 있고, 410.912는 더 오른쪽에 있다. 모든 숫자가 같다면 도서 기호의 문자는 국어사전에서처럼 'ㄱ, ㄴ, ㄷ……' 또는 'ㅏ, ㅐ, ㅑ, ㅒ……'순으로 비교하면 된다.

청구 기호 앞에 한글이나 영어 알파벳이 붙어 있는 경우가 있는데 이것을 '별치 기호'라고 한다. 이는 책의 특성이나 이용 목적에 따라 별도의 장소에 책을 보관한다는 뜻이다. 예를 들어, '어'라고 적힌 책은 일반 자료실이 아닌 어린이 자료실에 가야 찾을 수 있다.

한 명의 저자가 같은 제목의 책을 연속물로 내는 경우는 '−' 기호를, 도서관에서 같은 책을 여러 권 보관한다면 '=' 기호를 써서 분류하기도 한다. '−1=2'라는 표시는 연속물의 제1권이며, 같은 책을 적어도 두 권을 보관하고 있는데 그중 둘째 책이라는 뜻이다. 때로는 책이 나온 해를 표현하기 위해 '2011' 같은 연도를 붙이기도 한다.

– 이재웅, 「도서 분류의 원리」 –

23 ㉠에 들어갈 말로 가장 적절한 것은?

① 그래서   ② 그런데

③ 이처럼   ④ 왜냐하면

24 윗글을 읽고 이해한 내용으로 적절하지 **않은** 것은?

① 책이 나온 연도를 청구 기호에 붙이기도 하는구나.

② 별치 기호가 있으면 별도의 장소에서 찾아야 하는구나.

③ 같은 책장의 아래층에 있는 책은 위층에 있는 책보다 분류 기호가 낮겠구나.

④ 도서 기호는 국어사전에서처럼 자음 또는 모음 순으로 비교하면 되는구나.

25 윗글의 내용을 바탕으로 〈보기〉의 책을 아래 책장에 꽂으려고 할 때 적절한 위치는?

———— 〈보기〉 ————
〈청구 기호〉 315.741 ㅂ123ㅌ

①	②	③	④
315.74 ㄴ121ㅅ	315.741 ㄴ203ㅅ	315.741 ㅅ321ㄱ	315.742 ㅅ154ㅅ

수 학

정답 및 해설 422p |

01 두 다항식 $A = 3x^2 + x$, $B = x^2 + 3x$에 대하여 $A + B$는?

① $4x^2 - 4x$ ② $4x^2 - 2x$

③ $4x^2 + 2x$ ④ $4x^2 + 4x$

02 등식 $x^2 + x + 3 = x^2 + ax + b$가 x에 대한 항등식일 때, 두 상수 a, b에 대하여 $a + b$의 값은?

① 2 ② 4

③ 6 ④ 8

03 다항식 $x^3 + 2x^2 + 2$를 $x - 1$로 나누었을 때, 나머지는?

① 1 ② 3

③ 5 ④ 7

04 다항식 $x^3 + 3x^2 + 3x + 1$을 인수분해한 식이 $(x + a)^3$일 때, 상수 a의 값은?

① -2 ② -1

③ 1 ④ 2

05 복소수 $4 + 3i$의 켤레복소수가 $a + bi$일 때, 두 실수 a, b에 대하여 $a + b$의 값은? (단, $i = \sqrt{-1}$)

① 1 ② 2

③ 3 ④ 4

06 두 수 1, 3을 근으로 하고 x^2의 계수가 1인 이차방정식이 $x^2 - ax + 3 = 0$일 때, 상수 a의 값은?

① 1 ② 2

③ 3 ④ 4

2024년 1회

07 $-1 \leq x \leq 1$일 때,
이차함수 $y=x^2+4x+1$의 최솟값은?

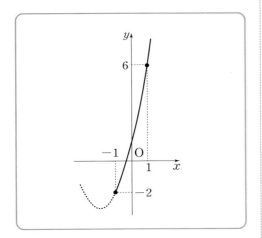

① -2 ② -1

③ 0 ④ 1

08 사차방정식 $x^4+2x-a=0$의 한 근이 1일 때, 상수 a의 값은?

① -1 ② 1

③ 3 ④ 5

09 연립방정식 $\begin{cases} 2x+y=8 \\ x^2-y^2=a \end{cases}$의 해가
$x=3$, $y=b$일 때, 두 상수 a, b에 대하여 $a+b$의 값은?

① 5 ② 7

③ 9 ④ 11

10 이차부등식 $(x-2)(x-4) \leq 0$의 해는?

① $x \leq 2$

② $x \geq 4$

③ $2 \leq x \leq 4$

④ $x \leq 2$ 또는 $x \geq 4$

11 수직선 위의 두 점 $A(1)$, $B(6)$에 대하여 선분 AB를 $2 : 3$으로 내분하는 점 P의 좌표는?

① 3 ② $\dfrac{7}{2}$

③ 4 ④ $\dfrac{9}{2}$

12 직선 $y=x-3$에 평행하고, 점 $(0, 4)$를 지나는 직선의 방정식은?

① $y=-x+2$

② $y=-x+4$

③ $y=x+2$

④ $y=x+4$

13 중심의 좌표가 $(-2, 2)$이고 x축과 y축에 동시에 접하는 원의 방정식은?

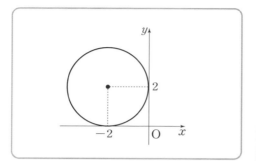

① $(x-2)^2+(y-2)^2=4$

② $(x+2)^2+(y-2)^2=4$

③ $(x-2)^2+(y+2)^2=4$

④ $(x+2)^2+(y+2)^2=4$

14 좌표평면 위의 점 $(3, -2)$를 원점에 대하여 대칭이동한 점의 좌표는?

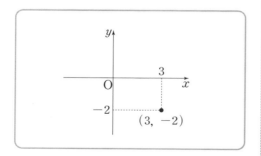

① $(-3, 2)$

② $(-2, 3)$

③ $(2, -3)$

④ $(3, 2)$

15 두 집합 $A=\{1, 2, 3, 4\}$, $B=\{3, 4\}$에 대하여 $A-B$는?

① $\{1\}$

② $\{1, 2\}$

③ $\{3, 4\}$

④ $\{1, 2, 3\}$

16 전체집합 $U=\{x \mid x$는 9 이하의 자연수$\}$일 때, 다음 조건의 진리집합은?

> x는 3의 배수이다.

① $\{1, 3, 5\}$

② $\{3, 6, 9\}$

③ $\{1, 3, 5, 7\}$

④ $\{2, 4, 6, 8\}$

17 두 함수 $f : X \to Y$, $g : Y \to Z$가 그림과 같을 때, $(g \circ f)(2)$의 값은?

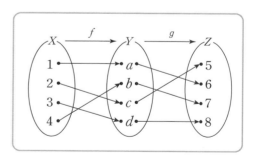

① 5

② 6

③ 7

④ 8

18 유리함수 $y=\dfrac{1}{x-2}+3$의 그래프는 유리함수 $y=\dfrac{1}{x}$의 그래프를 x축의 방향으로 a만큼, y축의 방향으로 b만큼 평행이동한 것이다. 두 상수 a, b에 대하여 $a+b$의 값은?

① 3   ② 4

③ 5   ④ 6

19 그림과 같이 입체도형을 그린 4개의 포스터가 있다. 이 중에서 서로 다른 2개의 포스터를 택하여 출입문의 상단과 하단에 각각 붙이는 경우의 수는?

① 12   ② 13

③ 14   ④ 15

20 그림과 같이 4종류의 수학 수행 과제가 있다. 이 중에서 서로 다른 3종류의 수학 수행 과제를 선택하는 경우의 수는?

① 1   ② 2

③ 3   ④ 4

영 어

정답 및 해설 424p |

[01~03] 다음 밑줄 친 부분의 뜻으로 가장 적절한 것을 고르시오.

01

> I will call the restaurant and make a reservation.

① 변경   ② 예약
③ 취소   ④ 칭찬

02

> You need to keep in mind, "Slow and steady wins the race."

① 명심하다   ② 사용하다
③ 정돈하다   ④ 참여하다

03

> Do not use your cellphone while you are driving.

① 대신에   ② 동안에
③ 만약에   ④ 처음에

04 다음 밑줄 친 두 단어의 의미 관계와 다른 것은?

> It's easy to say you'll do something, but difficult to actually do it.

① heavy — light
② noisy — silent
③ painful — painless
④ rapid — quick

05 다음 콘서트 안내문에서 언급되지 않은 것은?

> ***Fundraising Concert***
> • When : April 17th, 6-9 p.m.
> • Where : Lobby of Children's Hospital
> • Light snacks will be offered.
> *All funds will be donated to Children's Hospital.*

① 날짜   ② 장소
③ 출연진   ④ 기금 용도

[06~08] 다음 빈칸에 공통으로 들어갈 말로 가장 적절한 것을 고르시오.

06

> • Could you _____ my bag for me?
> • My school will _____ a music festival next month.

① hold   ② like
③ meet   ④ walk

07

- I don't know _____ he is honest or not.
- You will miss the bus _____ you don't leave now.

① if
② that
③ what
④ which

08

- About 60 to 70 % of your body consists _____ water.
- The garden is full _____ beautiful flowers.

① for
② in
③ of
④ to

09 다음 대화에서 밑줄 친 표현의 의미로 가장 적절한 것은?

A : I'm having a hard time right now.
B : Don't worry. I'm here for you, no matter what.
A : Thank you. Your support means everything to me.
B : Anytime. A friend in need is a friend indeed.

① 진정한 배움에는 지름길이 없다.
② 몸이 건강해야 마음도 건강하다.
③ 필요할 때 있는 친구가 진정한 친구다.
④ 사귀는 친구를 보면 그 사람을 알 수 있다.

10 다음 대화에서 알 수 있는 B의 심정으로 가장 적절한 것은?

A : I've been waiting for 30 minutes. What happened?
B : Sorry, but I thought we were meeting at 2 o'clock.
A : No, that's the time the baseball game starts, so we were supposed to meet 30 minutes earlier.
B : Oh, I totally forgot. I'm sorry for keeping you waiting.

① 미안하다
② 안심하다
③ 지루하다
④ 행복하다

11 다음 대화가 이루어지는 장소로 가장 적절한 것은?

A : Did you get our tickets? Where are our seats?
B : Let me see. J11 and J12.
A : Great. Let's buy some snacks before we go in.
B : That sounds good.

① 병원
② 약국
③ 은행
④ 영화관

12 다음 글에서 밑줄 친 them이 가리키는 것으로 가장 적절한 것은?

> Studies have shown that flowers have positive effects on our moods. Participants reported feeling less depressed and anxious after receiving them. In addition, they showed a higher sense of enjoyment and overall satisfaction.

① flowers   ② moods

③ participants   ④ studies

[13~14] 다음 대화의 빈칸에 들어갈 말로 가장 적절한 것을 고르시오.

13

> A : The speech contest is tomorrow. I have cold feet.
> B : Sorry, _____?
> A : I have cold feet. I'm nervous about tomorrow.
> B : Oh, I see. Don't worry. I'm sure that you will do well.

① how would you like it

② would you say that again

③ what is the weather like today

④ where should I go for the contest

14

> A : What do you like most about Korea?
> B : _____.

① That is what lots of people think

② That's because I prefer tea to coffee

③ I like the food delivery service most

④ I'm not satisfied with the monitor you chose

15 다음 대화의 주제로 가장 적절한 것은?

> A : My lower back hurts a lot these days.
> B : I think you should do something before it gets worse.
> A : Do you have any tips to reduce the pain?
> B : Well, sit in a chair, not on the floor. And try to walk and stretch gently often.

① 의자를 고르는 방법

② 바닥을 청소하는 방법

③ 바른 자세로 걷는 방법

④ 허리 통증을 줄이는 방법

16 다음 글을 쓴 목적으로 가장 적절한 것은?

> I'm worried about not having confidence in myself. My friends always seem to know what they're doing, but I'm never sure I'm doing the right thing. I want to build my confidence. I wonder whether you could give me some solutions to my problem. I hope you can help.

① 책을 추천하려고
② 방송을 홍보하려고
③ 조언을 구하려고
④ 초대를 수락하려고

17 다음 배드민턴장에 대한 안내문의 내용과 일치하지 <u>않는</u> 것은?

> ***Central Badminton Center***
> **Open Times:**
> • Monday to Friday, 10 a.m. to 9 p.m.
>
> **We provide:**
> • lessons for beginners only
> • free parking for up to 4 hours a day
> *Proper shoes and clothes are required.*

① 평일 오전 10시부터 오후 9시까지 운영한다.
② 상급자를 위한 수업이 준비되어 있다.
③ 하루 4시간까지 무료 주차가 가능하다.
④ 적절한 신발과 옷이 필요하다.

18 다음 rice에 대한 설명과 일치하지 <u>않는</u> 것은?

> Rice is one of the major crops in the world. Since its introduction and cultivation, rice has been the main food for most Asians. In fact, Asian countries produce and consume the most rice worldwide. These days, countries in Africa have also increased their rice consumption.

① 세계의 주요 작물 중 하나이다.
② 대부분의 아시아 사람들의 주식이다.
③ 아시아 국가에서 가장 많이 생산한다.
④ 아프리카 국가에서 소비가 감소하고 있다.

19 다음 글의 주제로 가장 적절한 것은?

> When you go abroad, you may find yourself in a place where the people, language, and customs are different from your own. Learning about cultural differences can be a useful experience. It can help you understand the local people better. It could also help you understand yourself and your own culture more.

① 사람들과 소통하는 방법
② 지역 문화 보존의 필요성
③ 해외여행을 할 때 주의할 점
④ 문화적 차이를 배우는 것의 유용성

[20~21] 다음 글의 빈칸에 들어갈 말로 가장 적절한 것을 고르시오.

20

Eating dinner lasts a long time in France because it is meant to be enjoyed with family and friends. French people don't _____ this process. Trying to finish dinner quickly can be interpreted as a sign of being impolite.

① enjoy　　　② rush

③ serve　　　④ warn

21

In life, it's important to take _____ for any choices that you make. If the result of your choice isn't what you wanted, don't blame others for it. Being in charge of your choices will help you learn from the results.

① conflict　　② desire

③ help　　　④ responsibility

22 글의 흐름으로 보아 다음 문장이 들어가기에 가장 적절한 곳은?

On the other hand, there is a big advantage to it.

Taking online classes can be good and bad. (①) If you take classes online, you may worry about the lack of face-to-face communication. (②) Taking courses online makes it difficult to create strong relationships with your teachers and classmates. (③) You are free to take online classes anywhere, anytime. (④) By simply turning on your computer, you can start studying.

23 다음 글의 바로 뒤에 이어질 내용으로 가장 적절한 것은?

Walking dogs is a common activity in the park. But with more people doing this, problems are arising in the park. To avoid these issues, please follow these guidelines when you walk your dog.

① 반려견을 키우면 좋은 점

② 반려견 산책 시 지켜야 할 사항

③ 반려견 관련 산업의 발전 가능성

④ 반려견이 아이들 정서에 미치는 영향

[24～25] 다음 글을 읽고 물음에 답하시오.

> Have you noticed that shoes and socks are displayed together? They are items strategically placed with each other. Once you've already decided to buy a pair of shoes, why not buy a pair of socks, too? Remember that the placement of items in a store is not _____. It seems that arranging items gives suggestions to customers, in a way that is not obvious, while they shop.

24 윗글의 빈칸에 들어갈 말로 가장 적절한 것은?

① accurate   ② enough

③ positive   ④ random

25 윗글의 주제로 가장 적절한 것은?

① 소비자 교육의 효과

② 상품 가격 결정의 원리

③ 전략적 상품 진열 방식

④ 매체 속 다양한 광고의 유형

사 회

01 질 높은 정주 환경을 조성하기 위한 조건으로 적절한 것을 〈보기〉에서 고른 것은?

〈 보기 〉
ㄱ. 깨끗한 자연환경
ㄴ. 안락한 주거 환경
ㄷ. 생활 시설의 부족
ㄹ. 빈부 격차의 심화

① ㄱ, ㄴ   ② ㄱ, ㄷ
③ ㄴ, ㄷ   ④ ㄷ, ㄹ

02 인권의 특성에 대한 설명으로 적절한 것을 〈보기〉에서 고른 것은?

〈 보기 〉
ㄱ. 누구나 침범할 수 있는 권리이다.
ㄴ. 타인에게 양도할 수 있는 권리이다.
ㄷ. 인간이 태어나면서부터 가지는 천부적 권리이다.
ㄹ. 인간이라면 누구나 누릴 수 있는 기본적 권리이다.

① ㄱ, ㄴ   ② ㄱ, ㄷ
③ ㄴ, ㄷ   ④ ㄷ, ㄹ

03 다음에서 설명하는 기본권은?

• 국가의 의사 결정 과정에 참여할 수 있는 권리이다.
• 선거권, 공무 담임권, 국민 투표권 등이 있다.

① 사회권   ② 평등권
③ 청구권   ④ 참정권

04 다음에서 설명하는 경제 체제로 적절한 것은?

• 시장에서의 자유로운 경쟁을 통해 상품의 생산, 교환, 분배, 소비가 이루어진다.
• 개인이 재산을 자유롭게 획득하고 사용할 수 있는 사유재산 제도를 바탕으로 한다.

① 법치주의   ② 자본주의
③ 공동체주의   ④ 자문화 중심주의

05 ㉠에 들어갈 내용으로 알맞은 것은?

헌법 제37조 ② 국민의 모든 자유와 권리는 국가 안전 보장 · 질서 유지 또는 (㉠)을/를 위하여 필요한 경우에 한하여 법률로써 제한할 수 있으며, 제한하는 경우에도 자유와 권리의 본질적인 내용을 침해할 수 없다.

① 기후 변화   ② 공공복리
③ 문화 동화   ④ 비폭력성

06 ㉠, ㉡에 들어갈 사회 복지 제도는?

> • (㉠)은/는 일정 수준의 소득이 있는 개인과 정부, 기업이 보험료를 분담하여 구성원의 사회적 위험에 대비하는 제도이다. 그 예로 국민 건강 보험이 있다.
> • (㉡)은/는 저소득 계층이 최소한의 삶을 꾸릴 수 있도록 국가가 전액 지원하여 돕는 제도이다. 그 예로 국민 기초 생활 보장 제도가 있다.

	㉠	㉡
①	사회 보험	공공 부조
②	공공 부조	사회 보험
③	개인 보험	공공 부조
④	공공 부조	개인 보험

07 시장 실패에 대한 사례로 가장 적절한 것은?

① 자원이 효율적으로 배분된다.
② 공공재의 공급 부족 문제가 발생한다.
③ 생산량이 증가할수록 단위당 생산 비용이 감소한다.
④ 소비자가 윤리적인 가치 판단을 하고 상품을 소비한다.

08 편익에 대한 설명으로 적절한 것을 〈보기〉에서 고른 것은?

> ───〈 보기 〉───
> ㄱ. 선택을 통해 얻게 되는 이익이다.
> ㄴ. 경기 침체와 동시에 물가가 상승하는 현상이다.
> ㄷ. 대가를 지급하고 난 뒤 회수할 수 없는 비용이다.
> ㄹ. 금전적인 이익뿐 아니라 비금전적인 것도 포함한다.

① ㄱ, ㄴ ② ㄱ, ㄹ
③ ㄴ, ㄷ ④ ㄷ, ㄹ

09 ㉠에 들어갈 내용으로 옳은 것은?

> • 노동조합을 통해 사용자와 자주적으로 교섭할 수 있는 권리이다.
> • 헌법 제33조 ① 근로자는 근로 조건의 향상을 위하여 자주적인 단결권 · (㉠) 및 단체 행동권을 가진다.

① 문화권 ② 자유권
③ 행복 추구권 ④ 단체 교섭권

10 바람직한 생애 주기별 금융 설계에 대한 설명으로 가장 적절한 것은?

① 현재의 소득만을 고려한다.
② 생애 주기 전체를 고려하여 설계한다.
③ 중 · 장년기에는 저축하지 않고 소득의 전액을 지출한다.
④ 생애 주기의 각 단계에 따라 필요한 자금의 크기는 같다고 본다.

11 다음에서 설명하는 문화 변동의 요인은?

> • 문화 변동의 내재적 변동 요인이다.
> • 이미 존재하고 있었지만 알려지지 않은 문화 요소를 찾아낸 것이다.

① 발견
② 전파
③ 비교 우위
④ 절대 우위

12 다음 퀴즈에 대한 정답으로 옳은 것은?

> 한 사회에서 부, 권력, 명예 등의 사회적 자원이 개인이나 집단에 차등적으로 분배되어 사회 구성원들이 차지하는 위치가 서열화되어 있는 상태를 무엇이라 하나요?

① 사회 불평등
② 소비자 주권
③ 문화 상대주의
④ 스태그플레이션

13 ㉠에 들어갈 내용으로 적절한 것은?

> 수업 주제 : 분배적 정의의 실질적 기준
> • 분배적 정의의 실질적 기준 : (㉠), 업적, 능력
> • (㉠)에 따른 분배의 의미 : 인간다운 삶을 보장하기 위해 기본적인 욕구를 충족할 수 있도록 분배하는 것이다. 사회적 약자를 위해 더 많은 재화를 사용할 수 있다.

① 담합
② 독점
③ 필요
④ 특화

14 다음에 해당하는 기후 지역으로 옳은 것은?

> • 분포 지역 : 북극해 연안
> • 전통 산업 : 사냥 · 어로 · 순록 유목
> • 전통 의복 : 동물의 가죽이나 털로 만든 두꺼운 옷

① 열대 기후 지역
② 건조 기후 지역
③ 온대 기후 지역
④ 한대 기후 지역

15 ㉠에 들어갈 내용으로 가장 적절한 것은?

> ■ 사막화 ■
> • 의미 : 사막 주변 지역이 사막으로 변화하는 현상
> • 사례 지역 : 사하라 사막 이남의 사헬 지대
> • 원인 : (㉠)

① 녹지 확대
② 인구 감소
③ 과도한 목축
④ 일조량 부족

16 다음에서 설명하는 자연관은?

> • 인간을 자연보다 우월한 존재로 여기고, 인간의 이익이나 행복을 먼저 고려하는 관점이다.
> • 산업화 · 도시화 과정에서 발생한 환경 파괴의 주된 요인으로 지적받기도 한다.

① 문화 사대주의
② 생태 중심주의
③ 인간 중심주의
④ 직접 민주주의

17 ㉠, ㉡에 해당하는 종교는?

> • (㉠) : 주로 인도에서 신봉하는 다신교로, 소를 신성시한다.
> • (㉡) : 성지인 메카를 향해 기도하며, 돼지고기와 술을 금기시한다.

	㉠	㉡
①	불교	힌두교
②	이슬람교	힌두교
③	불교	이슬람교
④	힌두교	이슬람교

18 저출산 문제 해결 방안으로 적절한 것을 〈보기〉에서 고른 것은?

> ─── 〈보기〉 ───
> ㄱ. 보육 시설 확충
> ㄴ. 산아 제한 정책 실시
> ㄷ. 출산 장려금 지원
> ㄹ. 개발 제한 구역 확대

① ㄱ, ㄷ
② ㄱ, ㄹ
③ ㄴ, ㄷ
④ ㄴ, ㄹ

19 교통·통신의 발달이 가져온 변화로 가장 적절한 것은?

① 시공간의 제약이 크게 줄었다.
② 지역 간의 교류가 단절되었다.
③ 경제 활동의 범위가 축소되었다.
④ 다른 지역과의 접근성이 낮아졌다.

20 다음에서 설명하는 용어는?

> 기업의 규모가 커지면, 일반적으로 본사나 연구소는 자본과 기술 확보가 유리한 대도시에, 제품을 생산하는 공장은 저임금 노동력이 풍부한 지역에 각각 설립하게 된다.

① 공정 무역
② 공간적 분업
③ 탄소 발자국
④ 지리적 표시제

21 ㉠에 들어갈 내용으로 옳은 것은?

> ■ 학습 주제 : (㉠)의 문제점 ■
> • 개인 정보 유출로 인한 사생활 침해
> • 프로그램 불법 복제 같은 사이버 범죄 증가

① 교외화
② 정보화
③ 님비 현상
④ 열섬 현상

22 다음에서 설명하는 문화권을 지도의 A~D에서 고른 것은?

> 리오그란데강 이남 지역으로, 남부 유럽의 문화가 전파되어 주로 에스파냐어와 포르투갈어를 사용하고 가톨릭을 믿는다. 원주민(인디오)과 아프리카인, 유럽인의 문화가 혼재되어 나타난다.

① A ② B ③ C ④ D

23 다음에서 설명하는 용어는?

> 일정한 지역 안의 인구를 성별, 연령별 등의 기준으로 나누어 본 것으로, 해당 지역의 사회·경제적 특성을 파악하는 데 유용하다.

① 인구 절벽　　② 인구 과잉
③ 인구 구조　　④ 인구 이동

24 다음에 대해 설명한 내용으로 가장 적절한 것은?

> • 그린피스(Greenpeace)
> • 국경 없는 의사회(MSF)

① 국제 비정부 기구이다.
② 자국의 이익 실현을 최우선으로 한다.
③ 국제 분쟁 지역에 평화 유지군을 파견한다.
④ 국가를 회원으로 하는 정부 간 국제기구이다.

25 ㉠에 들어갈 내용으로 옳은 것은?

> 자원의 특징 중 하나로 언젠가는 고갈된다는 성질을 자원의 (㉠)이라고 한다.

① 도시성　　② 동질성
③ 유한성　　④ 편리성

제5교시

과 학

정답 및 해설 433p

2024년 1회

01 다음에서 설명하는 발전 방식은?

> • 파도 상황에 따라 전력 생산량이 일정하지 않다.
> • 파도의 운동 에너지를 전기 에너지로 전환한다.

① 파력 발전　　　② 화력 발전
③ 원자력 발전　　④ 태양광 발전

02 그림은 전기 에너지의 생산과 수송 과정을 나타낸 것이다. 이에 대한 설명으로 옳은 것만을 〈보기〉에서 모두 고른 것은?

765kV　　　22.9kV　　　㉠
발전소　　변전소　　주상 변압기　　가정

> ─〈 보기 〉─
> ㄱ. 발전소에서 전기 에너지를 생산한다.
> ㄴ. ㉠에 해당하는 전압은 22.9 kV보다 작다.
> ㄷ. 수송 과정에서 손실되는 전기 에너지는 없다.

① ㄱ　　　　　　② ㄷ
③ ㄱ, ㄴ　　　　④ ㄴ, ㄷ

03 표는 같은 직선상에서 운동하는 물체 A~D의 처음 운동량과 나중 운동량을 나타낸 것이다. 물체 A~D 중 받은 충격량의 크기가 가장 큰 것은?

운동량(kg · m/s) 물체	처음 운동량	나중 운동량
A	2	5
B	3	7
C	3	8
D	4	10

① A　　　　　　② B
③ C　　　　　　④ D

04 그림은 고열원에서 100J의 열에너지를 공급받아 W의 일을 하는 열기관을 나타낸 것이다. 열기관에서 저열원으로 50J의 열에너지를 방출할 때, 열기관이 한 일 W의 양은?

고열원
100J
W
50J　열기관
저열원

① 30J　　　　　② 40J
③ 50J　　　　　④ 60J

05 다음은 태양 내부에서 일어나는 반응에 대한 설명이다. ㉠에 해당하는 원소는?

> 고온·고압인 태양에서 수소 원자핵이 융합하여 ㉠ 원자핵이 생성되는 동안 줄어든 질량이 에너지로 전환된다.

① 질소 　　　　　 ② 칼슘
③ 헬륨 　　　　　 ④ 나트륨

06 그림은 자유 낙하하는 물체의 위치를 일정한 시간 간격으로 나타낸 것이다. A~D 지점 중 물체의 속도가 가장 빠른 지점은? (단, 중력가속도는 10 m/s^2이고, 공기 저항은 무시한다.)

① A 　　　　　 ② B
③ C 　　　　　 ④ D

07 그림과 같이 자석을 코일 속에 넣을 때 발생하는 유도 전류의 방향을 변화시킬 수 있는 요인으로 옳은 것만을 〈보기〉에서 모두 고른 것은?

> 〈보기〉
> ㄱ. 자석의 극을 바꾼다.
> ㄴ. 자석을 더 빠르게 넣는다.
> ㄷ. 더 강한 자석을 사용한다.

① ㄱ 　　　　　 ② ㄷ
③ ㄱ, ㄴ 　　　　 ④ ㄱ, ㄷ

08 그림은 주기율표의 일부를 나타낸 것이다. 임의의 원소 A~D 중 원자가 전자 수가 가장 큰 원소는?

주기＼족	1	2		16	17	18
1						
2	A			B		
3	C					D

① A 　　　　　 ② B
③ C 　　　　　 ④ D

09 그림은 나트륨 이온의 생성 과정을 모형으로 나타낸 것이다. 나트륨 원자가 잃은 전자의 개수는?

나트륨 원자(Na) → 나트륨 이온(Na$^+$)

① 1개   ② 2개

③ 3개   ④ 4개

10 다음에서 설명하는 화학 결합에 의해 형성된 물질은?

- 금속 원소와 비금속 원소 사이에서 형성된다.
- 양이온과 음이온의 정전기적 인력에 의해 형성된다.

① 은(Ag)   ② 구리(Cu)

③ 산소(O$_2$)   ④ 염화 나트륨(NaCl)

11 다음 중 산화 환원 반응의 사례가 <u>아닌</u> 것은?

① 도시가스를 연소시킨다.

② 철이 공기 중에서 붉게 녹슨다.

③ 산성화된 토양에 석회 가루를 뿌린다.

④ 사과를 깎아 놓으면 산소와 반응하여 색이 변한다.

12 그림은 묽은 염산과 묽은 황산의 이온화된 모습을 나타낸 것이다. 두 수용액에 공통적으로 존재하는 ㉠에 해당하는 이온은? (단, ●, □, ○는 서로 다른 이온이다.)

묽은 염산   묽은 황산
(HCl 수용액)   (H$_2$SO$_4$ 수용액)

① 산화 이온(O^{2-})   ② 수소 이온(H$^+$)

③ 염화 이온(Cl$^-$)   ④ 황산 이온(SO$_4^{2-}$)

13 그림은 단위체의 결합으로 물질 A가 만들어지는 과정을 나타낸 것이다. A에 해당하는 물질은?

아미노산 1 + 아미노산 2 물→ 펩타이드 결합 → A
폴리펩타이드

① 핵산   ② 단백질

③ 포도당   ④ 글리코젠

14 그림은 서로 다른 지역에 서식하는 여우의 형태를 나타낸 것이다. 이러한 여우의 형태 차이에 영향을 주는 환경 요인은?

북극여우   붉은여우   사막여우

① 물   ② 산소
③ 온도   ④ 토양

15 다음은 안정된 생태계의 개체 수 피라미드에서 생태계 평형이 깨진 후 평형을 회복하는 과정의 일부를 설명한 것이다. ㉠과 ㉡에 들어갈 말로 옳게 짝지어진 것은?

(가)에서 A의 개체 수는 [㉠]하고 B의 개체 수는 [㉡]한다.

	㉠	㉡
①	감소	감소
②	감소	증가
③	증가	감소
④	증가	증가

16 다음은 생명 시스템 유지에 필요한 물질에 대한 설명이다. ㉠에 해당하는 것은?

- 만일 [㉠]이/가 없다면 음식을 먹어도 영양소를 소화, 흡수할 수 없다.
- 생명체는 물질대사를 하며, 물질대사에는 [㉠]이/가 관여한다.

① 녹말   ② 효소
③ 인지질   ④ 셀룰로스

17 그림은 DNA에서 RNA가 전사되는 과정을 나타낸 것이다. ㉠에 해당하는 염기는? (단, 돌연변이는 없다.)

① A   ② T
③ G   ④ C

18 세포막을 경계로 세포 안팎에 농도가 다른 용액이 있을 때, 물 분자가 세포막을 통해 농도가 낮은 곳에서 높은 곳으로 이동하는 현상은?

① 삼투   ② 호흡
③ 광합성   ④ 이화 작용

19 다음 설명에 해당하는 것은?

> • 일정 지역에 서식하는 생물종의 다양한 정도이다.
> • 서식하는 생물종이 많고 그 분포가 고르게 나타날수록 높다.

① 개체   ② 군집
③ 개체군   ④ 종 다양성

20 화산 활동과 관련된 설명으로 옳은 것만을 〈보기〉에서 모두 고른 것은?

> ─────〈 보기 〉─────
> ㄱ. 화산 활동은 태양 에너지에 의해 일어난다.
> ㄴ. 대규모의 화산 폭발은 주변의 지형을 변화시킨다.
> ㄷ. 화산 활동은 온천, 지열 발전 등과 같이 이롭게 활용되기도 한다.

① ㄱ   ② ㄷ
③ ㄱ, ㄴ   ④ ㄴ, ㄷ

21 다음은 규산염 사면체에 대한 설명이다. ㉠에 해당하는 것은?

> 규산염 광물을 구성하는 기본 구조는 규소 원자 1개와 ㉠ 원자 4개가 공유 결합을 이룬 사면체이다.
>
> ● :규소   ○ :㉠

① 산소   ② 질소
③ 탄소   ④ 마그네슘

22 그림은 지구 시스템을 이루는 각 권의 상호 작용을 나타낸 것이다. 해저 지진 활동으로 인해 지진 해일이 발생하는 것에 해당하는 상호 작용은?

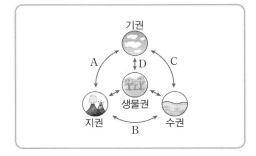

① A   ② B
③ C   ④ D

23 다음 설명에 해당하는 현상은?

> 화석 연료 등의 사용으로 온실 기체의 농도가 크게 증가하여 지구의 평균 기온이 상승하는 현상이다.

① 황사   ② 사막화
③ 엘니뇨   ④ 지구 온난화

24 그림은 판의 이동과 맨틀 대류를 나타낸 것이다. A~D 중 발산형 경계에 해당하는 것은?

① A   ② B
③ C   ④ D

25 그림은 지질 시대 동안 생물 과의 수 변화와 대멸종 시기를 나타낸 것이다. A에서 멸종한 생물은?

① 공룡

② 매머드

③ 삼엽충

④ 화폐석

제6교시

한국사

정답 및 해설 436p |

2024년 1회

01 다음에서 설명하는 유물은?

 경기 연천 전곡리에서 발견된 구석기 시대의 대표적인 유물로 주로 사냥을 하거나 가죽을 벗기는 등의 용도로 사용하였다.

① 해국도지   ② 주먹 도끼
③ 수월관음도   ④ 임신서기석

02 ㉠에 들어갈 내용으로 옳은 것은?

 고려는 ㉠ 의 침략에 어떻게 대응했을까요?

서희의 외교 담판과 강감찬의 귀주 대첩으로 물리칠 수 있었어요.

① 거란   ② 미국
③ 영국   ④ 일본

03 ㉠에 해당하는 인물은?

고려 무신 집권기 보조 국사 ㉠ 은/는 세속화된 불교를 개혁하기 위해 정혜쌍수와 돈오점수를 내세우며 수선사를 중심으로 결사 운동을 펼쳤다.

① 지눌   ② 원효
③ 이순신   ④ 장수왕

04 ㉠에 들어갈 내용으로 옳은 것은?

① 국학 설치   ② 사비 천도
③ 우금치 전투   ④ 고구려 멸망

05 ㉠에 들어갈 내용으로 옳은 것은?

〈세도 정치 시기의 ㉠ 〉

• 원인 : 정치 기강이 문란해져 관원의 부패가 심해짐.
• 결과 : 전정 · 군정 · 환곡의 부담으로 백성들의 삶이 매우 힘들어짐.

① 회사령   ② 삼정 문란
③ 발췌 개헌   ④ 정읍 발언

06 자료와 관련한 정책으로 옳은 것은?

유생들이 반발하자 흥선 대원군이 크게 노하여 "이곳은 존경받는 선현을 제사하는 곳인데 지금은 붕당의 근거지로 도둑의 소굴이 되지 않았더냐."라고 말하였다.

① 서원 철폐   ② 녹읍 설치
③ 교정도감 폐지   ④ 동 · 서 대비원 설치

07 다음에서 설명하는 정치 세력은?

- 인물 : 김옥균, 박영효, 김윤식, 김홍집
- 특징 : 서양의 근대적 제도와 과학 기술을 수용하고자 함.

① 호족　　　　　② 무신

③ 개화파　　　　④ 오경박사

08 다음에서 설명하는 유물은?

〈역사 유물 카드〉
- 출토지 : 충남 부여 능산리
- 용도 : 종교 행사 등에서 향을 피움.
- 특징 : 불교와 도교 세계를 함께 표현함.

① 택리지　　　　② 상평통보

③ 곤여만국전도　④ 백제 금동 대향로

09 다음 정책을 펼친 조선의 국왕은?

- 임진왜란 이후 피해 극복을 위해 노력함.
- 명과 후금의 싸움에 말려들지 않고 실리를 취하려 함.

① 광해군　　　　② 혜공왕

③ 법흥왕　　　　④ 고국천왕

10 다음 질문에 대한 답으로 옳은 것은?

한국사 골든벨

이들은 누구일까요? 고종이 을사늑약의 불법성을 알리기 위해 만국 평화 회의에 파견한 이준, 이상설, 이위종을 일컫는 말입니다.

① 중추원　　　　② 도병마사

③ 중서문하성　　④ 헤이그 특사

11 ㉠에 들어갈 내용으로 옳은 것은?

1920년대 농민들은 소작료 인하, 소작권 이동 반대 등을 요구하는 쟁의를 벌였다. 특히 ┌㉠┐ 은/는 소작료를 낮추는 데 성공하여 전국의 농민 운동을 자극하였다.

① 6 · 3 시위　　　② 이자겸의 난

③ 강조의 정변　　④ 암태도 소작 쟁의

12 다음에서 설명하는 신문은?

- 순 한글, 국한문, 영문 세 종류로 발행
- 영국인 베델이 발행인으로 참여한 일간 신문

① 독사신론　　　② 동경대전

③ 대한매일신보　④ 조선왕조실록

13 다음 설명에 해당하는 일제의 식민 지배 방식은?

> 3 · 1 운동을 계기로 일제는 무단 통치로는 한국을 지배하기 어렵다고 판단하여 한글 신문의 발행을 허용하는 등 문화적 제도의 혁신을 내세웠다.

① 기인 제도
② 문화 통치
③ 대통령 중심제
④ 친명 배금 정책

14 다음에서 설명하는 인물은?

출생	1902. 3. 15.
직업	이화 학당 학생
활동	3 · 1 운동이 일어나자 천안에서 만세 운동 주도
특징	서대문 형무소에서 사망

① 김흠돌
② 나운규
③ 유관순
④ 윤원형

15 ㉠에 들어갈 내용으로 옳은 것은?

> 개항 이후 일본으로 곡물 수출이 늘어나자 곡물 가격이 오르고 사람들의 피해가 커졌다. 이에 일부 지방관들은 ㉠ 을/를 선포하여 곡물 유출을 막고자 하였다.

① 방곡령
② 봉사 10조
③ 교육 입국 조서
④ 좌우 합작 7원칙

16 다음 설명에 해당하는 활동으로 옳은 것은?

> • 파견 목적 : 독립 투쟁을 위한 국내 침투
> • 파견 요원 : 미국 전략 정보국(OSS)의 훈련을 마친 한국 광복군

① 위화도 회군
② YH 무역 사건
③ 국내 진공 작전
④ 서경 천도 운동

17 ㉠에 들어갈 내용으로 옳은 것은?

한국사 묻고 답하기
질문 모스크바 3국 외상 회의에서 결정된 내용에 대해 알려 주세요.
답변 임시 민주 정부의 수립과 이를 위한 미 · 소 공동 위원회 설치, 최대 5년간의 ㉠ 실시 등이 결정되었어요.

① 신탁 통치
② 제가 회의
③ 나 · 제 동맹
④ 독서삼품과

18 다음에서 설명하는 기구는?

> • 1948년 10월에 설치
> • 반민족 행위자 조사 및 처벌을 위한 기구

① 정당성
② 식목도감
③ 건국 준비 위원회
④ 반민족 행위 특별 조사 위원회

19 ㉠에 들어갈 내용으로 옳은 것은?

〈역사의 한 장면〉

이 사진은 1920년대 조선 물산 장려회의 거리 행진 모습입니다. 행진에 참여한 사람들은 ㉠ 라는/이라는 구호를 외쳤습니다.

① 선 건설 후 통일

② 유신 헌법 철폐하라

③ 조선 사람 조선 것

④ 근로 기준법 준수하라

20 ㉠에 들어갈 내용으로 옳은 것은?

〈수행 평가 보고서〉
• 주제 : 4 · 19 혁명
• 조사 내용
  – 배경 : 3 · 15 부정 선거
  – 전개 : 전국적으로 시위 발생, ㉠

① 집강소 설치

② 기묘사화 발생

③ 노비안검법 실시

④ 이승만 대통령의 하야

21 ㉠에 들어갈 내용으로 옳은 것은?

〈6 · 25 전쟁의 전개 과정〉
㉠ → 인천 상륙 작전 → 1 · 4 후퇴 → 정전 협정

① 자유시 참변   ② 미쓰야 협정

③ 별기군 창설   ④ 북한군의 남침

22 다음에서 설명하는 정부는?

• 대북 화해 협력 정책(햇볕 정책) 추진
• 남북 정상 회담 개최와 6 · 15 남북 공동 선언 발표

① 장면 내각   ② 김대중 정부

③ 노태우 정부   ④ 이명박 정부

23 다음에서 설명하는 사건은?

전두환 등 신군부 세력이 불법적으로 병력을 동원하여 계엄 사령관을 비롯한 군의 주요 지휘관들을 몰아내고 군권을 장악하였다.

① 3포 왜란   ② 거문도 사건

③ 12 · 12 군사 반란   ④ 임술 농민 봉기

24 밑줄 친 ㉠에 해당하는 운동은?

㉠ 국민 여러분의 적극적인 협조로 국제 통화 기금(IMF) 지원금을 조기 상환했습니다.

속보 외환 위기 극복, IMF 지원금 200억 달러 전액 상환

① 형평 운동   ② 금 모으기 운동

③ 교조 신원 운동   ④ 문자 보급 운동

25 ㉠에 들어갈 내용으로 옳은 것은?

〈박정희 정부 시기의 경제 상황〉
 – 경제 개발 5개년 계획 추진
 – ㉠

① 원산 총파업   ② 상평창 설치

③ 당백전 발행   ④ 경부 고속 국도 건설

제7교시 선택 과목

도 덕

정답 및 해설 440p |

01 다음 설명에 해당하는 용어는?

> 윤리적 문제 상황에서 두 가지 이상의 도덕 원칙 사이에 갈등과 충돌이 전개되는 상황

① 딜레마   ② 이데아
③ 가상 현실   ④ 정언 명령

02 (가)에 들어갈 윤리 사상은?

① 도가   ② 불교
③ 법가   ④ 유교

03 다음 주제들을 다루는 실천 윤리 분야로 가장 적절한 것은?

> • 통일이 지향해야 할 윤리적 가치는 무엇인가?
> • 국제 사회의 각종 분쟁을 해결하기 위한 방안은 무엇인가?

① 성 윤리   ② 평화 윤리
③ 직업 윤리   ④ 생명 윤리

04 다음 설명에 해당하는 도덕 원리 검사 방법은?

> 도덕 원리를 모든 사람에게 적용했을 때 나타나는 결과에 문제가 없는지 확인하는 방법

① 포섭 검사   ② 기술 영향 검사
③ 사실 판단 검사   ④ 보편화 결과 검사

05 다음에서 설명하는 사회 갈등의 종류는?

① 지역 갈등   ② 남녀 갈등
③ 노사 갈등   ④ 세대 갈등

06 바람직한 토론 자세로 적절하지 않은 것은?

① 토론의 규칙과 절차를 준수한다.
② 논리적으로 타당한 근거를 제시한다.
③ 자기 생각의 오류 가능성을 배제한다.
④ 타인의 의견과 인격을 존중하는 태도를 갖는다.

07 다음에서 소개하는 윤리 사상가는?

◆ 도덕 인물 카드 ◆
- 이익 평등 고려의 원칙을 근거로 동물 해방론을 주장함.
- 공리주의 관점에서 해외 원조의 필요성을 강조함.
- 대표 저서 : 『동물 해방』『실천 윤리학』

① 싱어　　　　　② 칸트
③ 슈바이처　　　④ 아리스토텔레스

08 공리주의 입장에 대한 비판점으로 가장 적절한 것은?

① 행위의 결과보다 동기를 중시한다.
② 의무 의식과 선의지를 과도하게 강조한다.
③ 소수의 권리와 이익이 훼손될 우려가 있다.
④ 사회 전체의 행복보다 개인의 행복을 우선한다.

09 ㉠에 들어갈 용어로 가장 적절한 것은?

탐구 주제 : 〈　㉠　〉
- 필요성: 인간의 욕망은 무한하고 재화는 한정되어 있기 때문임.
- 핵심 질문: 재화를 누구에게 얼마만큼 나눌 것인가?

① 규범적 정의　　② 교정적 정의
③ 분배적 정의　　④ 형벌적 정의

10 프롬(Fromm, E.)의 진정한 사랑에 대한 설명으로 옳지 <u>않은</u> 것은?

① 상대를 지배하고 소유하는 것
② 상대의 독특한 개성을 이해하는 것
③ 상대의 요구에 책임 있게 반응하는 것
④ 상대의 생명과 성장에 적극적인 관심을 갖는 것

11 ㉠에 들어갈 용어로 적절한 것은?

㉠의 사례에는 무엇이 있을까요?
교사

간디의 소금법 폐지 운동이요. 학생1
소로의 납세 거부 운동이요. 학생2
마틴 루서 킹의 흑인 차별 철폐 운동이요. 학생3

① 공정 무역　　② 생명 공학
③ 사이버 범죄　④ 시민 불복종

12 생명 복제를 반대하는 입장의 대답으로 옳은 것은?

질문	대답
생명 복제는 생명의 존엄성을 훼손하는가?	A
생명 복제는 자연의 질서에 어긋나는 행위인가?	B

	①	②	③	④
A	예	예	아니오	아니오
B	예	아니오	예	아니오

13 공직자가 지녀야 할 덕목에 해당하지 <u>않는</u> 것은?

① 성실   ② 부패
③ 정직   ④ 책임

14 과학 기술자가 지녀야 할 윤리적 자세를 〈보기〉에서 고른 것은?

─〈보기〉─
ㄱ. 다양한 자료들을 표절한다.
ㄴ. 연구 결과를 위조하거나 변조한다.
ㄷ. 인류의 삶의 질 향상을 위해 노력한다.
ㄹ. 과학 기술의 위험성과 부작용을 충분히 검토한다.

① ㄱ, ㄴ   ② ㄱ, ㄷ
③ ㄴ, ㄹ   ④ ㄷ, ㄹ

15 다음 내용과 같은 주장을 한 사상가는?

집단의 도덕성은 개인의 도덕성보다 현저히 떨어진다.

개인의 도덕성 함양뿐만 아니라 사회 정책과 제도의 개선이 필요하다.

① 벤담   ② 칸트
③ 니부어   ④ 베카리아

16 바람직한 통일 한국의 모습으로 적절하지 <u>않</u>은 것은?

① 대립하는 무력 국가
② 자유로운 민주 국가
③ 창조적인 문화 국가
④ 정의로운 복지 국가

17 B에 들어갈 내용으로 가장 적절한 것은?

(가): 동물 중심주의
(나): 생명 중심주의

① 동물을 인간만을 위한 수단으로 여긴다.
② 도덕적 고려의 범위에 동물이 포함된다.
③ 인간만이 도덕적 지위를 지닌다고 본다.
④ 무생물을 도덕적 고려의 대상으로 여긴다.

18 다음 내용에 해당하는 윤리 문제는?

정식으로 음반을 구입하지 않고 인터넷에서 불법으로 노래 파일을 내려 받는 행위

① 정보 격차   ② 저작권 침해
③ 보이스 피싱   ④ 사이버 따돌림

19 (가), (나)에 들어갈 내용으로 적절하지 않은 것은?

> 주제: 대중문화를 윤리적으로 규제해야 하는가?
> 찬성 논거 규제를 통해 (가)
> 반대 논거 규제를 하면 (나)

① (가) : 성 상품화를 예방할 수 있다.
② (가) : 청소년을 폭력적 문화로부터 보호할 수 있다.
③ (나) : 다양한 문화가 폭넓게 창조된다.
④ (나) : 창작자의 표현할 자유와 권리가 침해된다.

20 다음 설명에 해당하는 것은?

> • 이주민의 고유한 문화와 자율성을 존중하여 문화 다양성을 실현하고자 함.
> • 대표적으로 샐러드 볼 이론이 있음.

① 동화주의
② 다문화주의
③ 문화 사대주의
④ 자문화 중심주의

21 다음은 서술형 평가 문제와 학생 답안이다. 밑줄 친 ㉠~㉣ 중 옳지 않은 것은?

> 문제: 의복 문화와 관련된 윤리적 문제와 바람직한 자세를 서술하시오.
>
> 〈학생 답안〉 윤리적 문제로 ㉠ 유행에 무비판적으로 동조하는 유행 추구 현상과 ㉡ 무분별한 명품 소비로 사치 풍조를 조장하는 명품 선호 현상이 있다. 따라서 ㉢ 타인의 신념에 따라 수동적인 소비를 실천하고, ㉣ 환경을 고려하여 과도한 욕망을 절제할 필요가 있다.

① ㉠
② ㉡
③ ㉢
④ ㉣

22 다음 설명에 해당하는 것은?

> 상호 무관심한 사람들이 무지의 베일하에서 합의를 통해 정의의 원칙을 도출하는 가상적 상황

① 판옵티콘
② 윤리적 공백
③ 원초적 입장
④ 공유지의 비극

23 다음에서 예술과 윤리의 관계에 대한 학생의 입장은?

① 도덕주의
② 자유주의
③ 예술 지상주의
④ 현실 지상주의

24 ㉠에 들어갈 용어로 가장 적절한 것은?

> 요나스(Jonas, H.)는 "너의 행위의 결과가 인류의 존속 가능성을 파괴하지 않도록 행위하라."라고 주장하면서 (㉠)를 고려하는 책임 윤리를 강조한다.

① 과거 세대
② 부모 세대
③ 기성 세대
④ 미래 세대

25 다음에서 해외 원조에 대한 노직(Nozick, R.)의 관점에만 '✔'를 표시한 학생은?

관점＼학생	A	B	C	D
• 해외 원조는 자발적 선택이다.	✔			✔
• 해외 원조는 윤리적 의무이다.		✔		
• 해외 원조는 질서 정연한 사회가 되도록 돕는 것이다.			✔	✔

① A

② B

③ C

④ D

2024년도

제2회

제1교시

국 어

정답 및 해설 446p |

01 [수정 후]에 반영된 언어 예절에 대한 설명으로 가장 적절한 것은?

[수정 전]	⇨	[수정 후]
은수야, 네 축구공 줘!		은수야, 네 축구공 좀 빌려줄 수 있겠니?

① 자신의 탓으로 돌려서 말한다.
② 자신을 낮추어 겸손하게 말한다.
③ 상대방의 부담을 덜어 주며 말한다.
④ 상대방과의 친밀도를 강조하며 말한다.

02 다음 발표에서 확인할 수 있는 말하기 방법으로 가장 적절한 것은?

> 발표자 : 여러분, 판다를 아시나요? (대답을 들은 후) 역시 이 자리에도 판다를 아시는 분들이 많군요. 오늘은 알고 보면 부지런한 동물인 판다에 관해 발표하려고 합니다.

① 발표의 근거 자료를 신뢰하는지 청중에게 묻고 있다.
② 발표 내용을 청중이 정확히 이해하도록 예를 들고 있다.
③ 발표의 중심 화제를 청중이 알고 있는지 확인하고 있다.
④ 발표 내용의 순서를 제시하여 청중의 이해를 돕고 있다.

03 다음 '한글 맞춤법' 규정을 잘못 적용한 것은?

> **한글 맞춤법**
>
> [제5항] 한 단어 안에서 뚜렷한 까닭 없이 나는 된소리는 다음 음절의 첫소리를 된소리로 적는다.
> 다만 'ㄱ, ㅂ' 받침 뒤에서 나는 된소리는, 같은 음절이나 비슷한 음절이 겹쳐 나는 경우가 아니면 된소리로 적지 아니한다.

① 그릇에 밥을 담뿍 담았다.
② 벌레를 보고 법석을 떨었다.
③ 상대 팀은 예상보다 훨씬 강했다.
④ 얼마 전 다친 상처에 딱찌가 앉았다.

04 다음 피동 표현이 사용되지 않은 것은?

> 피동 표현은 일부 능동사의 어간에 피동 접미사 '-이-, -히-, -리-, -기-'를 붙여서 만들 수 있다.

① 들판이 눈으로 덮였다.
② 눈가에 눈물이 맺혔다.
③ 오빠가 구슬을 굴렸다.
④ 과일이 그릇에 담겼다.

05 ㉠~㉣에 나타난 중세 국어의 특징으로 적절하지 **않은** 것은?

> ㉠孔·공 子·ᄌᆞ[曾증子·ᄌᆞ]ᄃᆞ·려닐·러 ᄀᆞᄅ·ᄋᆞ·샤·ᄃᆡ·몸·이며㉡얼굴·이며머·리털·이며·술·흔父·부母·모·쯰 받ᄌᆞ·온거·시·라敢:감·히헐·워샹히·오·디아·니·홈·이·효·도·이비·르·소미·오㉢·몸·을셰·워道·도·를行ᅙᆡᆼ·ᄒᆞ·야일·홈·을後:후世:셰·예㉣베퍼·뻐父·부母·모를·현·뎌케·홈·이·효·도·이ᄆᆞ·ᄎᆞᆷ·이니·라
>
> — 「소학언해」 —

① ㉠ : 주격 조사 'ㅣ'가 쓰였다.

② ㉡ : 이어 적기로 표기되었다.

③ ㉢ : 방점으로 성조를 나타내었다.

④ ㉣ : 어두 자음군이 사용되었다.

[06~07] 다음 개요를 읽고 물음에 답하시오.

> **제목 : 인터넷에 지나치게 연결된 삶, 과잉 연결 시대**
>
> Ⅰ. **서론** : 과잉 연결 시대의 의미와 문제 제기
>
> Ⅱ. **본론** : 과잉 연결의 문제점과 일상에서의 대응 방안

문제점		대응 방안
사이버 범죄에 쉽게 노출될 수 있음.	⇨	㉠
인간과 인간의 진정한 소통을 가로막음.	⇨	가족이나 친구들과 함께 있는 순간만큼은 인터넷 연결 끊기

> Ⅲ. **결론** : ㉡ 과잉 연결 해소를 위한 적절한 대응 권유

06 ㉠에 들어갈 내용으로 가장 적절한 것은?

① 개인 정보 보호에 힘쓰기

② 자료의 가공을 자유롭게 허용하기

③ 인터넷 접속 환경을 편리하게 개선하기

④ 학습 형태를 대면에서 비대면으로 전환하기

07 다음은 ㉡을 구체화한 결과이다. ⓐ~ⓓ의 고쳐쓰기 방안으로 적절하지 **않은** 것은?

> 인터넷 과잉 연결 시대를 살아가는 우리는 범죄 노출과 소통 부재 등의 문제에 직면해 있다. 이렇게 많은 문제점이 있음에도 모든 ⓐ 연결과 끊는 것은 어렵다. ⓑ 운동 능력은 연습량에 비례하여 향상된다. ⓒ 다다익선(多多益善)이란 말처럼 과도한 연결이 오히려 해가 될 수 있음을 깨닫고, '위험한 편리'보다 '안전한 불편'을 선택해 보는 것은 ⓓ 어떻까?

① ⓐ : 조사를 잘못 사용했으므로 '연결이'로 바꾼다.

② ⓑ : 중심 내용과 어울리지 않으므로 삭제한다.

③ ⓒ : 문맥상 '과유불급(過猶不及)'으로 고친다.

④ ⓓ : 맞춤법에 어긋난 표현이므로 '어떨까'로 수정한다.

08 다음에서 설명하고 있는 음운 변동이 적용된 것은?

> 'ㄱ, ㄷ, ㅂ'이 뒤에 오는 비음 'ㄴ, ㅁ'의 영향을 받아 각각 비음 'ㅇ, ㄴ, ㅁ'으로 교체되어 발음되는 현상

① 축하[추카]　　② 밥집[밥찝]
③ 굳이[구지]　　④ 국물[궁물]

[09~11] 다음 글을 읽고 물음에 답하시오.

까마득한 날에
하늘이 처음 열리고
어데 닭 우는 소리 들렸으랴

모든 산맥들이
바다를 연모(戀慕)해 휘달릴 때도
차마 이곳을 범하던 못하였으리라

끊임없는 광음(光陰)¹⁾을
부지런한 계절이 피어선 지고
큰 강물이 비로소 길을 열었다

지금 눈 나리고
매화 향기 홀로 아득하니　　　［A］
내 여기 가난한 노래의 씨를 뿌려라

다시 천고(千古)²⁾의 뒤에
백마 타고 오는 초인(超人)³⁾이 있어
이 광야에서 목 놓아 부르게 하리라

― 이육사, 「광야」―

1) 광음(光陰) : 햇빛과 그늘, 즉 낮과 밤이라는 뜻으로 시간이나 세월을 이르는 말.
2) 천고(千古) : 아주 오랜 세월.
3) 초인(超人) : 보통 사람으로는 생각할 수 없을 만큼 뛰어난 능력을 가진 사람.

09 윗글에 대한 설명으로 가장 적절한 것은?

① 시간의 흐름에 따라 시상을 전개하고 있다.
② 음성 상징어를 활용해 리듬감을 형성하고 있다.
③ 반어적 표현을 통해 시적 상황을 부각하고 있다.
④ 미완의 문장 종결을 통해 시적 여운을 주고 있다.

10 각 연의 내용으로 적절하지 않은 것은?

① 1연에서는 새로운 세상이 열리는 모습을 그리고 있다.
② 2연에서는 외부 세력에 대한 호감을 드러내고 있다.
③ 3연에서는 끊이지 않는 세월의 흐름을 보여 주고 있다.
④ 5연에서는 미래에 출현할 존재를 제시하고 있다.

11 [A]에서 알 수 있는 화자의 태도로 가장 적절한 것은?

① 인간이 자연에 순응하는 세계를 지향하고자 한다.
② 고독한 상황에서 부정적 현실을 극복하고자 한다.
③ 타인의 삶에 비추어 자신의 과거를 성찰하고자 한다.
④ 주어진 환경 속에서 자신의 운명을 회피하고자 한다.

[12~14] 다음 글을 읽고 물음에 답하시오.

박 씨가 구슬발을 드리우고 부채를 쥐고 불을 붙이니, 불길이 오랑캐 진영을 덮쳐 오랑캐 장졸이 대열을 잃고 타 죽고 밟혀 죽으며 남은 군사는 살기를 도모하여 다 도망하는지라. 용골대가 할 수 없어,

"이미 화친을 받았으니 대공을 세웠거늘, 부질없이 ㉠ 조그만 계집을 시험하다가 공연히 장졸만 다 죽였으니, 어찌 분하고 한스럽지 않으리오."

하고 회군하여 나설 제, ㉡ 왕대비와 세자, 대군이며 장안 미색을 데리고 가는지라.

박 씨가 시비 계화를 시켜 외치기를,

"무지한 오랑캐야, 너희 왕 놈이 무식하여 은혜지국(恩惠之國)[1]을 침범하였거니와, 우리 왕대비는 데려가지 못하리라. 만일 그런 뜻을 두면 너희들은 본국에 돌아가지 못하리라."

(중략)

박 씨가 또 계화를 시켜 외치기를,

"너희가 일양 그리하려거든 내 재주를 구경하라."

하더니, 이윽고 공중으로 두 줄기 무지개가 일어나며, 모진 비가 천지를 뒤덮게 오며, 음풍이 일어나며, 백설이 날리며, 얼음이 얼어 오랑캐 군중의 말 발이 땅에 붙어 한 걸음도 옮기지 못하는지라. 그제야 오랑캐 장수들이 황겁하여 아무리 생각하여도 모두 함몰할지라. 마지못하여 오랑캐 장수들이 투구를 벗고 창을 버려, 피화당 앞에 나아가 꿇어 애걸하기를,

"오늘날 이미 화친(和親)[2]을 받았으나 왕대비는 아니 모셔 갈 것이니, ㉢ 박 부인 덕택에 살려 주옵소서."

하고 여러 가지로 사정을 말하여 애걸하거늘, 박 씨가 주렴 안에서 꾸짖기를,

"너희들을 씨 없이 죽일 것이로되, 천시(天時)[3]를 생각하고 용서하거니와, 너희 놈이 본디 간사하여 넘치는 죄를 지었으나 이번은 아는 일이 있어 살려 보내나니, 조심하여 들어가며, 우리 세자, 대군을 부디 태평히 모셔 가라. 만일 그렇지 아니하면 ㉣ 내 오랑캐를 씨도 없이 멸하리라."

– 작자 미상, 「박씨전」–

1) 은혜지국(恩惠之國) : 은혜나 혜택을 베푼 나라.
2) 화친(和親) : 나라와 나라 사이에 다툼 없이 가까이 지냄.
3) 천시(天時) : 하늘의 도움이 있는 시기.

12 윗글에 대한 설명으로 가장 적절한 것은?

① 1인칭 주인공 시점에서 사건을 서술한다.
② 속담을 활용하여 인물의 심리를 묘사한다.
③ 인간을 위기에서 구하는 동물이 나타난다.
④ 초월적 능력을 발휘하는 인물이 등장한다.

13 ㉠~㉣ 중 가리키는 대상이 나머지와 다른 것은?

① ㉠   ② ㉡
③ ㉢   ④ ㉣

14 윗글에서 알 수 있는 내용으로 적절하지 않은 것은?

① '박 씨'는 오랑캐의 용맹함을 두려워하고 있다.
② '박 씨'는 오랑캐가 큰 죄를 지었다고 말하고 있다.
③ '박 씨'는 '계화'를 통해 자신의 의사를 전달하고 있다.
④ '박 씨'는 오랑캐에게 세자와 대군을 잘 모셔 가라고 말하고 있다.

[15~16] 다음 글을 읽고 물음에 답하시오.

두터비 파리를 물고 두험[1] 우희 치다라 안자
것넌산 바라보니 백송골(白松骨)[2]이 떠 잇거늘 가
슴이 금즉하여 풀덕 뛰여 내닷다가 두험 아래 쟛바
지거고 모쳐라[3] 날낸 낼싀만졍[4] 에헐질 번 하꽤라[5]

– 작자 미상 –

1) 두험 : 풀, 짚 또는 가축의 배설물 따위를 썩힌 거름.
2) 백송골(白松骨) : 흰 송골매.
3) 모쳐라 : 마침.
4) 낼싀만졍 : 나이기에 망정이지.
5) 에헐질 번 하꽤라 : 멍이 들 뻔하였구나.

15 윗글에 대한 설명으로 가장 적절한 것은?

① 10구체 형식을 갖추고 있다.

② 중장이 다른 장에 비해 길다.

③ 동일한 후렴구가 반복되고 있다.

④ 수미상관 구조로 이루어져 있다.

16 윗글의 표현상 특징에 대한 설명으로 가장 적절한 것은?

① 공감각적 심상을 통해 주제를 부각하고 있다.

② 해학적인 표현을 통해 대상을 희화화하고 있다.

③ 색채 이미지의 대비를 통해 계절감을 드러내고 있다.

④ 명령형 종결 표현을 통해 화자의 의지를 강조하고 있다.

[17~19] 다음 글을 읽고 물음에 답하시오.

[앞부분 줄거리] 실제 나이는 열여섯 살이지만 선천성 조로증으로 신체 나이가 여든 살이 넘은 소년 '아름'은 이제 서른세 살이 된 젊은 부모 '대수', '미라'와 함께 살아가고 있다. 이들은 '아름'의 치료비를 마련하려고, '아름'의 사연을 소개하는 텔레비전 방송에 출연한다.

S#17 아름이의 방(낮~해 질 녘)

아빠의 과거를 생각하며 글을 쓰던 아름이. 갑자기 얼굴이 일그러진다. 밀려오는 심장의 통증. 대수가 눈치챌까 봐 힘겹게 걸어가 방문을 닫고는, 약통에서 진통제를 꺼내 먹고 진정하려 한다. 식은 땀이 흐르고, 그렇게 괴로워하다가 약에 취해 꾸부린 채 까무룩 잠이 드는 아름이.

컷 투(cut to).[1] 시간 경과.

바닥에 엎드린 채 잠든 아름이의 주름진 손가락이 보인다. 어느새 불그스레 희미해진 햇살이 작은 창으로 길게 스며들고 있다. 그때 '띵' 전자 우편 수신을 알리는 소리. 잠에서 깨는 아름이.

접속해 보면 편지함에 ㉠ 편지 한 통이 와 있다. 보낸 사람 이름은 '이서하', 제목은 '아름에게'. 아름이, 고개를 갸웃거리며 편지를 열어 보면 편지 내용이 화면에 채워진다.

안녕? 나는 이서하라고 해. 열여섯 살, 너랑 같은 나이야. 네 전자 우편 주소는 방송국을 통해 겨우 받아 냈어. 아마 나도 아픈 아이란 걸 알고 알려 준 것 같아. 방송을 본 후 너와 친구가 될 수 있을 것 같다는 생각이 들었어. 물론 아름이 너만큼은 아니겠지만, 일 분이 영원처럼 느껴지는 시간에 대해, 나도 조금은 알고 있거든. 행운을 빌어.

아름 이서하?

두근두근, 갑자기 가슴이 뛰고, 목이 바짝바짝 타면서, 온몸에 열기가 느껴지는 아름이.

S#18 아름이의 방, 집 앞 골목길(낮~밤)

서하(소리) (귀여운 말투로) 안녕? 나는 이서하라고
　　　해. 너랑 같은 나이야.

　환청으로 아름이의 귓가에 자꾸만 반복되는 서
하의 목소리. 아름이, 책상 앞에 앉았지만 집중이
되질 않는다. 그렇게 날이 바뀌어도 떠나질 않는
환청.

　컷 투(cut to). 침대에 누워 있는 아름이. 밤이 되
어도 귓가에서 떠나질 않는 서하의 목소리.

서하(소리) (농염한 말투로) 안녕? 나는 이서하라고
　　　해. 너랑 같은 나이야.

　침대에서 벌떡 일어나는 아름이. 눈 밑에 눈 그
늘이 내려와 있고 좀처럼 잠이 올 것 같지 않다.

　컷 투(cut to). 집 앞 골목길의 아름이. 계속해서
귓가에 맴도는 목소리.

서하(소리) (청순한 말투로) 안녕? 나는 이서하라고
　　　해. 너랑 같은 나이야.

　　　　　– 김애란 원작, 최민석 외 각본, 「두근두근 내 인생」–

1) 컷 투(cut to) : 한 장면에서 다른 장면으로 전환할 때 컷으로 바
　꾸는 촬영 기법.

17 윗글에 대한 설명으로 가장 적절한 것은?

① 무대 위에서 사건이 전개되고 있다.
② 장과 막을 구성단위로 사용하고 있다.
③ 등장인물이 관객과 직접 소통하고 있다.
④ 촬영을 고려한 전문 용어를 사용하고 있다.

18 ㉠의 기능으로 가장 적절한 것은?

① '아름'에게 경제적 어려움을 느끼게 한다.
② '아름'에게 투병 생활의 고통을 느끼게 한다.
③ '아름'에게 죽음에 대한 두려움을 느끼게 한다.
④ '아름'에게 또래 아이에 대한 설렘을 느끼게 한다.

19 윗글에서 알 수 있는 내용으로 적절하지 <u>않은</u> 것은?

① '아름'은 심장 통증으로 고통받고 있다.
② '서하'는 '아름'이 출연한 방송을 보았다.
③ '서하'는 집에 직접 찾아와서 '아름'을 만났다.
④ '아름'은 '대수'에게 걱정을 끼치지 않으려고 한다.

[20~22] 다음 글을 읽고 물음에 답하시오.

생명 과학이나 생명 공학 연구 활동에 종사하는 대부분의 과학자들은 인간 배아[1] 복제를 포함한 배아 연구를 정부가 규제하는 것은 과학자들의 연구 자유를 ㉠ 침해하는 행위라고 주장한다. 과학의 발전은 인위적으로 막아서는 안 되며, 과학자의 자유로운 연구를 보장해야 한다는 논리이다. ㉮ 이와 같은 입장에서는 인간 배아 복제를 지속적으로 연구해 그 기술을 발전시키고 응용하면 암과 같은 난치병을 치료할 수 있으며, 우리나라의 과학 기술 경쟁력을 높일 수 있다고 주장한다. 그런데 이러한 주장을 비판하는 입장에서는 인간 배아 복제를 ㉡ 초래할 수 있는 연구에 엄격한 사회적 규제를 가해야 한다고 주장한다. 이들은 인간 배아 복제가 엄연한 생명체인 배아를 조작하고 실험하고 죽이는 일련의 비도덕적 행위를 수반하므로 연구의 자유라는 ㉢ 미명하에 허용될 수 없는 일이라고 본다. 아울러 이들은 만약 인간 배아 복제를 허용하게 된다면 이는 곧 인간 개체 복제, 즉 인간 복제로 나아가게 되는 길을 열어 주게 될 것이므로 사전에 강력하게 규제할 필요가 있다고 주장한다.

이상에서 살펴본 바와 같이 생명 복제를 둘러싼 논쟁의 이면에는 연구의 자유를 어떻게 볼 것인가 하는 ㉣ 쟁점이 자리하고 있다. 이처럼 과학 연구의 자유와 한계를 어디까지로 설정할 것인가 하는 문제는 과학 연구에서 매우 중요한 논란거리가 되어 왔다.

— 이영희, 「과학 연구의 자유와 규제」—

1) 배아 : 단세포인 수정란이 다세포가 되기 위하여 연속적으로 분열하는 체세포 분열의 과정을 시작한 이후의 개체.

20 윗글에 대한 설명으로 가장 적절한 것은?

① 구체적인 통계 자료를 활용하고 있다.
② 화제에 대한 상반된 입장을 제시하고 있다.
③ 질문을 통해 독자의 호기심을 유발하고 있다.
④ 대상과 관련한 개인적인 경험을 제시하고 있다.

21 ㉮에 해당하는 내용으로 가장 적절한 것은?

① 과학 발전을 인위적으로 막아서는 안 된다.
② 과학자의 연구 자유는 과학 발전과 관련이 없다.
③ 배아 복제 연구는 엄격한 사회적 규제가 필요하다.
④ 배아 복제 연구는 난치병 치료에 도움이 되지 않는다.

22 ㉠~㉣의 사전적 의미로 적절하지 않은 것은?

① ㉠ : 침범하여 해를 끼침.
② ㉡ : 일의 결과로서 어떤 현상을 생겨나게 함.
③ ㉢ : 그럴듯하게 내세운 명목이나 명칭.
④ ㉣ : 어떤 일을 서로 양보하여 협의함.

[23~25] 다음 글을 읽고 물음에 답하시오.

실학자들은 천주교와 함께 유입된 서양화를 대상의 '참다운 형상'을 묘사하는 데 적합한 화법으로 여겨 적극적으로 받아들였다. 그런데 서양화법에 매료되었던 실학자들의 태도를 보면, 한 가지 특이한 사실이 발견된다.

박지원, 박제가, 홍대용과 같은 이용후생 학파(북학파)는 주로 서양화의 회화적 표현에 관심이 많았다. 이에 반해 이익이나 정약용 같은 경세치용 학파는 회화의 원리나 그림을 그릴 때 사용되는 기구에 더 많은 주의를 기울였다. 그들의 학문적 지향이 다르듯, 서양화법에 대한 인식 또한 특정 방면으로 나타나는 것이 흥미롭다.

조선 후기 실학자들의 관심을 받으며 유입된 서양화법은 다양한 분야의 그림에 영향을 끼쳤다. (㉠) 서양화법의 유행은 그리 오래 지속되지 않았다. 그 까닭은 무엇일까? 아마도 '눈'에 보이는 현상보다 '정신'을 중요시한 동양화의 전통이 강하게 작용했기 때문이라고 여겨진다.

[A] 예로부터 동양에서는 눈에 보이는 사실을 그대로 옮겨 그리기보다 '마음'으로 해석하여 표현하고자 했다. 그 결과 동양의 화가들은 먹과 선을 위주로 대상의 의미와 느낌을 전달하는 데 주력했다. 반면 서양에서는 눈에 보이는 것을 그대로 화폭에 담으려고 원근법과 화려한 색을 사용하여 사실적인 표현을 추구했다. 동양화와 서양화에 나타나는 이 같은 차이는 정신적인 것을 추구하는 동양인과 눈에 보이는 현상에 집중하는 서양인의 삶에 대한 태도의 차이에서 비롯된 것으로 보인다. 세상을 바라보는 인식과 태도의 차이가 결과적으로 그만큼 다른 회화적 표현을 낳았던 듯하다.

– 김정숙 외, 「실학, 조선의 르네상스를 열다」

23 윗글의 내용과 일치하는 것은?

① 서양화법의 유행은 조선 시대 전반에 걸쳐 지속되었다.

② 이용후생 학파는 회화에 사용되는 기구에 관심이 많았다.

③ 이용후생 학파와 경세치용 학파는 학문적 지향이 달랐다.

④ 서양의 화가들은 먹과 선을 통해 대상의 의미를 드러내고자 했다.

24 ㉠에 들어갈 말로 가장 적절한 것은?

① 그러면　　　　② 따라서
③ 이처럼　　　　④ 하지만

25 [A]에 대한 설명으로 가장 적절한 것은?

① 동양화와 서양화의 개념을 정의하고 있다.

② 동양화와 서양화의 공통점을 분석하고 있다.

③ 동양화와 서양화의 회화적 표현이 서로 다른 이유를 제시하고 있다.

④ 동양화와 서양화의 작가에 대한 잘못된 통념을 반박하고 있다.

수 학

제2교시

정답 및 해설 450p |

01 두 다항식 $A = 2x^3 + 3x$, $B = 3x + 2$에 대하여 $A - B$는?

① $2x^3 - 2$ ② $2x^3 + 2$

③ $2x^3 - x$ ④ $2x^3 + x$

02 다항식 $x^3 - 3x^2 + a$가 $x - 2$로 나누어떨어질 때, 상수 a의 값은?

① 1 ② 2

③ 3 ④ 4

03 다항식 $x^3 - 3^3$을 인수분해한 식이 $(x - 3)(x^2 + ax + 9)$일 때 상수 a의 값은?

① 1 ② 3

③ 5 ④ 7

04 복소수 $5 - 3i$의 켤레복소수가 $5 + ai$일 때, 실수 a의 값은? (단, $i = \sqrt{-1}$)

① 1 ② 3

③ 5 ④ 7

05 이차방정식 $x^2 - 2x + a = 0$이 중근을 가질 때, 상수 a의 값은?

① 1 ② 2

③ 3 ④ 4

06 이차방정식 $x^2 - x - 6 = 0$의 서로 다른 두 실근을 α, β라고 할 때, $\alpha + \beta$의 값은?

① -6 ② -1

③ 1 ④ 6

07 $0 \leq x \leq 3$일 때, 이차함수
$y = -(x-2)^2 + 3$의 최댓값은?

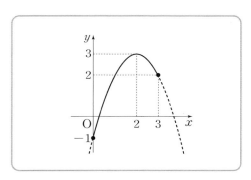

① -1 ② 0
③ 2 ④ 3

08 그림은 부등식 $|x+1| \geq 5$의 해를 수직선 위에 나타낸 것이다. 상수 a의 값은?

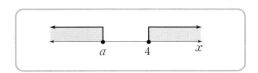

① -8 ② -7
③ -6 ④ -5

09 좌표평면 위의 두 점 $A(-2, -1)$, $B(2, 3)$에 대하여 선분 AB를 $3 : 1$로 내분하는 점의 좌표는?

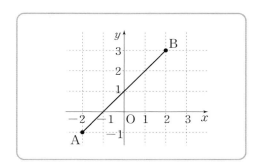

① $(-1, 0)$ ② $(1, 2)$
③ $(1, 3)$ ④ $(2, 1)$

10 원점과 직선 $x+y-2=0$ 사이의 거리는?

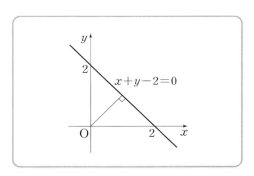

① 1 ② $\sqrt{2}$
③ $\sqrt{3}$ ④ 2

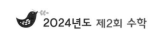

11 자연수 a에 대하여 직선 $y=a$와 원 $x^2+y^2=4$가 서로 다른 두 점에서 만날 때, a의 값은?

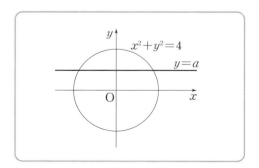

① 1   ② 2

③ 3   ④ 4

12 좌표평면 위의 점 $(1, 3)$을 직선 $y=x$에 대하여 대칭이동한 점의 좌표는?

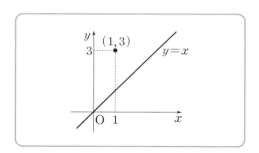

① $(-1, -3)$ ② $(-1, 3)$

③ $(3, -1)$ ④ $(3, 1)$

13 다음 중 집합인 것은?

① 작은 동물의 모임

② 유명한 가수의 모임

③ 키가 큰 사람의 모임

④ 7 이하의 자연수의 모임

14 두 집합 $A=\{2, 4, 6, 8\}$, $B=\{6, 7, 8\}$에 대하여 $A-B$는?

① $\{2, 4\}$ ② $\{2, 6\}$

③ $\{4, 8\}$ ④ $\{6, 8\}$

15 두 조건 '$p: x-2=0$', '$q: x^2-a=0$'에 대하여 p가 q이기 위한 충분조건이 되도록 하는 상수 a의 값은?

① 1   ② 2

③ 3   ④ 4

16 두 함수 $f : X \to Y$, $g: Y \to Z$가 그림과 같을 때, $(g \circ f)(1)$의 값은?

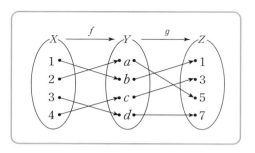

① 1   ② 3

③ 5   ④ 7

17 함수 $f(x) = 2x + 1$에 대하여 $f^{-1}(5)$의 값은? (단, f^{-1}는 f의 역함수이다.)

① 1   ② 2

③ 3   ④ 4

18 무리함수 $y = \sqrt{x-2} + 4$의 그래프는 무리함수 $y = \sqrt{x}$의 그래프를 x축의 방향으로 a만큼, y축의 방향으로 b만큼 평행이동한 것이다. 두 상수 a, b에 대하여 $a+b$의 값은?

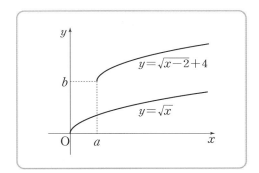

① 2   ② 4

③ 6   ④ 8

19 그림과 같이 한국 문화를 알리는 4종류의 카드가 각각 한 장씩 있다. 이 중에서 서로 다른 3장의 카드를 택하여 일렬로 나열하는 경우의 수는?

K-미용   K-영화   K-음식   K-음악

① 12   ② 16

③ 20   ④ 24

20 그림은 유네스코에 등재된 우리나라 세계 기록 유산 중 5개를 나타낸 것이다. 이 중에서 서로 다른 2개의 세계 기록 유산을 선택하는 경우의 수는?

일성록   난중일기   동의보감   훈민정음   승정원일기

① 6   ② 8

③ 10   ④ 12

제3교시

영 어

정답 및 해설 452p

[01~03] 다음 밑줄 친 부분의 뜻으로 가장 적절한 것을 고르시오.

01

> I am lucky to have the opportunity to learn from him.

① 갈등   ② 기회
③ 법칙   ④ 인기

02

> Many people are aware of the health risks of energy drinks.

① 걷다   ② 놓다
③ 묻다   ④ 알다

03

> Our trip to the beach was canceled due to the storm.

① 게다가   ② 대신에
③ 때문에   ④ 반면에

04 다음 밑줄 친 두 단어의 의미 관계와 다른 것은?

> Every flower in the garden is beautiful, but I really love this red rose.

① color − gray
② sport − basketball
③ north − south
④ language − English

05 다음 마술 공연 안내문에서 언급되지 않은 것은?

> **The Great Magic Show**
> come and be amazed!
> • Date: August 17th, 2 p.m.-5 p.m.
> • Location: The Grand Hotel
> • Tickets: 20,000 won
>
>   *There is a parking area behind the hotel.*

① 관람 장소   ② 관람 연령
③ 티켓 가격   ④ 주차 정보

[06~08] 다음 빈칸에 공통으로 들어갈 말로 가장 적절한 것을 고르시오.

06

- We will _____ ice cream for dessert.
- Please put the books in alphabetical _____ .

① drive ② order

③ respect ④ work

07

- She believes _____ she can pass the exam.
- He bought a car _____ is quiet and fast.

① that ② what

③ where ④ why

08

- France is famous _____ the Eiffel Tower.
- He called his friends and asked _____ help.

① for ② of

③ on ④ out

09 다음 대화에서 밑줄 친 표현의 의미로 가장 적절한 것은?

A : Ah! There's a spider as big as my hand!

B : As big as your hand? Really?

A : Yes, it's huge!

B : Let me check. Seeing is believing.

① 남의 것이 더 좋아 보인다.

② 눈으로 확인해야 믿을 수 있다.

③ 겉모습만으로 판단해서는 안 된다.

④ 눈에서 멀어지면 마음도 멀어진다.

10 다음 대화에서 알 수 있는 A의 심정으로 가장 적절한 것은?

A : Finally, I booked tickets to see my favorite band!

B : That's awesome! When is the concert?

A : It's on Friday. I can't wait to see them perform live.

B : You're so lucky. Enjoy it!

① 미안하다 ② 속상하다

③ 창피하다 ④ 행복하다

11 다음 대화가 이루어지는 장소로 가장 적절한 것은?

A : Can you show me some short hairstyles?
B : Sure. Here are some pictures. Do you like any of them?
A : I like this one. Can you cut my hair like this?
B : Absolutely, we can start right away.

① 식당
② 약국
③ 미용실
④ 세탁소

12 다음 글에서 밑줄 친 It이 가리키는 것으로 가장 적절한 것은?

Exercise can help you maintain a healthy weight. It burns calories and builds muscle, which is important for overall health. It will also help you feel more energetic and productive so you can focus on your work. By staying active, you can prevent many health problems.

① exercise
② heart
③ problem
④ stay

[13~14] 다음 대화의 빈칸에 들어갈 말로 가장 적절한 것을 고르시오.

13

A : _____?
B : Not too often, maybe once a week. How about you?
A : I eat out almost every day. It's easier with my schedule.
B : Yes, I understand.

① Are there any restaurants around here
② What kind of food do you eat
③ Where can I get easy recipes
④ How often do you eat out

14

A : How can I improve my communication skills?
B : One way is to _____.

① eat more fruit and vegetables
② buy baking soda for your mom
③ wear gloves to keep your hands warm
④ practice speaking with people regularly

15 다음 대화의 주제로 가장 적절한 것은?

> A : Do you know the benefits of drinking tea?
> B : Sure. It can help you relax and reduce stress. Do you like to drink tea?
> A : Yes, I do. I heard it can also help with digestion.

① 차 재배의 어려움
② 차를 우려내는 방법
③ 차를 마시는 것의 장점
④ 국가별 차의 종류와 특징

16 다음 글을 쓴 목적으로 가장 적절한 것은?

> I live downstairs and have been hearing a lot of noise from your apartment lately. I can't sleep at night. Please keep the noise levels down, especially during the late hours. This would be greatly appreciated.

① 거절하려고   ② 동의하려고
③ 사과하려고   ④ 요청하려고

17 다음 동아리 안내문의 내용과 일치하지 않는 것은?

> **BREAKDANCING CLUB**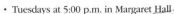
> join us to learn some moves!
> • Tuesdays at 5:00 p.m. in Margaret Hall
> • No dance experience is required.
> • Bring your sneakers.
> • For more information, email us at dance@email.com.

① 매주 화요일에 참여할 수 있다.
② 댄스 경험이 없어도 참여 가능하다.
③ 동아리 가입 시 운동화가 제공된다.
④ 이메일로 추가 문의를 할 수 있다.

18 다음 Paradise Resort에 대한 설명과 일치하지 않는 것은?

> Paradise Resort is located in Thailand. The resort is next to the ocean, so you can enjoy swimming and fishing. Also, there are many diving spots where you can observe colorful marine life. The resort has restaurants where you can enjoy various dishes from around the world. Come visit us in paradise!

① 태국에 위치해 있다.
② 수영과 낚시를 즐길 수 있다.
③ 다이빙은 안전상의 이유로 금지된다.
④ 세계 여러 나라의 음식을 먹을 수 있다.

19 다음 글의 주제로 가장 적절한 것은?

Let me give you some tips that could make you look taller. First, avoid loose clothes. Many of you might prefer big and oversized clothes, but they can make you appear short. Second, wear similar colors. Wearing different colors divides your body and can cause you to look shorter.

① 옷을 저렴하게 구입하는 방법
② 키가 커 보이게 옷을 입는 방법
③ 신체 치수를 정확히 측정하는 방법
④ 나에게 어울리는 색상을 찾는 방법

[20~21] 다음 글의 빈칸에 들어갈 말로 가장 적절한 것을 고르시오.

20

Film-making can be _____ because it requires careful planning and teamwork. Finding the right locations, making schedules with actors, and managing a budget are all difficult tasks. Weather and technical issues during filming can also cause delays.

① challenging   ② selfish
③ independent   ④ wearable

21

What is a 3D printer? It's like a normal printer but a little _____ . First, we don't put in ink but other materials like plastic or metal. Next, using software, we don't print out paper but real-life products like toys and even houses. Isn't that amazing?

① common   ② different
③ frequent   ④ wrong

22 글의 흐름으로 보아 다음 문장이 들어가기에 가장 적절한 곳은?

However, heavy snow fell unexpectedly.

On New Year's Day, my friend and I planned to climb a mountain near my town. (①) It stopped us from going up the mountain because it could have been dangerous. (②) As a result, we stayed indoors. (③) We were very disappointed but we hope to try again. (④)

23 다음 글의 바로 뒤에 이어질 내용으로 가장 적절한 것은?

> Today, pets such as dogs, cats, and rabbits hold a special place in their owners' hearts. Many people spend a lot of time with their pets. Some people spend much money on them. Pets can mean a lot to their owners. Here are some reasons why.

① 반려동물을 입양할 때 유의할 점
② 반려동물이 주인들에게 중요한 이유
③ 가정에서 키울 수 있는 반려동물의 종류
④ 반려동물을 건강하게 키울 수 있는 방법

[24~25] 다음 글을 읽고 물음에 답하시오.

> Humans are social beings. We cannot live alone and need support from others. We should try to do things in cooperation. When we work as a team, we can be more successful. Helen Keller once said, "Alone we can do so little; together we can do so much." None of us is as smart as all of us. When we keep this in mind, I'm sure that we will ____ a better society.

24 윗글의 빈칸에 들어갈 말로 가장 적절한 것은?

① build   ② forget
③ submit   ④ trick

25 윗글의 주제로 가장 적절한 것은?

① 협력의 중요성
② 사회적 약자의 의미
③ 목표 설정의 필요성
④ 계획적인 생활의 장점

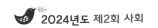

제4교시

사 회

정답 및 해설 457p |

01 ㉠에 들어갈 내용으로 가장 적절한 것은?

> 학습 주제: [㉠]의 필요성과 사례
> • 필요성: 시민의 권리를 능동적으로 행사하여 민주주의를 실현함으로서 시민으로서의 행복감을 높이기 위함.
> • 사례: 민원 제기, 청원 운동, 집회 참가 등

① 편익 　　　　　② 시민 참여

③ 규모의 경제 　　④ 불완전 경쟁

02 ㉠에 들어갈 용어로 옳은 것은?

> 근대에 들어와 인간이라면 누구나 기본적 권리를 누릴 수 있다는 사상이 확산되었다. 이를 바탕으로 프랑스에서도 시민 혁명이 일어나 '인간과 시민의 권리 선언(1789)'을 통해 천부 [㉠]을 명시적으로 언급함으로써 [㉠] 확립의 계기를 마련하였다.

① 억압 　　　　　② 인권

③ 종전 　　　　　④ 채권

03 ㉠, ㉡에 들어갈 내용으로 옳은 것은?

> 우리나라 헌법에서는 권력 분립의 원리를 실현하기 위해 [㉠]은 국회에, [㉡]은 정부에, 사법권은 법원에 속한다고 규정하고 있다.

	㉠	㉡
①	건강권	주거권
②	입법권	행정권
③	참정권	사회권
④	청구권	단결권

04 ㉠에 들어갈 내용으로 가장 적절한 것은?

> 시민 스스로 법을 지키려는 자세인 [㉠]은 사회적 측면에서도 매우 중요하다. 구성원들의 [㉠]이 잘 확립되어야 정의 실현 및 사회 질서 유지가 가능하기 때문이다.

① 유동성 　　　　② 기회비용

③ 준법 의식 　　　④ 인플레이션

05 다음에서 설명하는 경제 주체는?

> • 조세 정책을 세워 소득 불평등을 완화한다.
> • 공정 거래 위원회를 통해 불공정 거래 행위를 규제한다.

① 정부 　　　　　② 기업가

③ 노동자 　　　　④ 소비자

06 다음에서 설명하는 것은?

> 특정 국가 간에 무역 특혜를 부여하기 위해 관세나 무역 장벽을 완화하거나 제거하기로 맺은 약정

① 브렉시트(Brexit)
② 님비(NIMBY) 현상
③ 누리 소통망(SNS)
④ 자유 무역 협정(FTA)

07 다음 주장이 반영된 자본주의 체제는?

> 대공황을 극복하기 위해서는 정부가 지출을 확대하여 실업자를 구제하는 등 적극적으로 시장에 개입해야 한다.

① 연고주의　　② 상업 자본주의
③ 수정 자본주의　　④ 자유 방임주의

08 ㉠에 들어갈 용어로 가장 적절한 것은?

> "계란을 한 바구니에 담지 말라."라는 격언은 투자의 위험을 줄이기 위해 다양한 금융 자산으로 ㉠ 을/를 구성해 분산 투자를 해야 함을 의미한다.

① 빨대 효과　　② 외부 효과
③ 포트폴리오　　④ 사이버 불링

09 다음에서 설명하는 용어는?

> 사회 구성원 전체의 이익이 개인의 이익과 조화를 이룸으로써 공동체 모두에게 유익한 것

① 공동선　　② 희소성
③ 무임승차　　④ 인간 소외

10 사회 복지 제도 중 사회 보험의 사례를 〈보기〉에서 고른 것은?

> 〈보기〉
> ㄱ. 국민연금　　ㄴ. 고용 보험
> ㄷ. 돌봄 서비스　　ㄹ. 재개발 사업

① ㄱ, ㄴ　　② ㄱ, ㄹ
③ ㄴ, ㄷ　　④ ㄷ, ㄹ

11 다음에서 설명하는 문화 변동 양상은?

> 기존의 문화 요소와 다른 사회로부터 전파된 문화 요소가 함께 공존하는 현상

① 발견　　② 소멸
③ 문화 동화　　④ 문화 병존

12 ㉠, ㉡에 들어갈 문화 이해 태도로 옳은 것은?

> • ㉠ 는 다른 문화를 더 우월한 것으로 믿고 자신의 문화를 무시하거나 낮게 평가하는 태도이다.
> • ㉡ 는 문화의 우열을 가릴 수 없다고 보며, 해당 사회의 환경과 역사적 맥락 속에서 문화를 바라보는 태도이다.

	㉠	㉡
①	문화 사대주의	문화 상대주의
②	문화 사대주의	자문화 중심주의
③	자문화 중심주의	문화 사대주의
④	자문화 중심주의	문화 상대주의

13 ㉠에 들어갈 내용으로 옳은 것은?

> **○○국 △△신문** ○○○○년 ○월 ○일
>
> **다문화 정책이 나아갈 방향**
>
> 현대 다문화 정책은 다양한 문화를 우리 사회의 주류 문화에 동화시키려는 ㉠ 이론을 바탕으로 하고 있다. 앞으로는 다양한 인종과 문화가 어울릴 수 있는 샐러드 볼 이론을 바탕으로 하는 정책이 필요할 것이다.

① 효용
② 용광로
③ 유리 천장
④ 로컬 푸드

14 한대 기후 지역의 전통 생활 모습으로 옳지 않은 것은?

① 순록 유목을 한다.
② 오아시스 주변에서 농업을 한다.
③ 폐쇄적인 가옥 구조가 나타난다.
④ 동물의 털가죽으로 의복을 만든다.

15 다음에서 설명하는 자연재해로 옳은 것은?

> • 분류 : 기후적 요인에 의한 자연재해
> • 영향 : 교통 혼란, 비닐하우스나 축사 등의 붕괴
> • 대책 : 자가용 이용 자제, 신속한 제설 작업

① 가뭄
② 지진
③ 폭설
④ 화산

16 국제 환경 문제 해결을 위한 협약으로 옳지 않은 것은?

① 교토 의정서
② 차티스트 운동
③ 몬트리올 의정서
④ 사막화 방지 협약

17 도시화가 가져온 변화로 옳은 것은?

① 열섬 현상이 사라졌다.
② 직업의 다양성이 증가하였다.
③ 도시의 인공 건축물이 감소하였다.
④ 공업 중심의 사회에서 농업 중심의 사회로 변화하였다.

18 다음에서 설명하는 용어는?

> 한 여성이 가임 기간(15~49세) 동안 낳을 것으로 예상되는 평균 출생아 수를 말한다.

① 고령화   ② 인구 구조
③ 인구 이동   ④ 합계 출산율

19 지도에 표시된 (가) 문화권에 대한 설명으로 옳은 것은?

① 불교 문화가 나타난다.
② 고대 유럽 문명의 발원지이다.
③ 대표적인 원주민은 마오리족이다.
④ 사하라 사막 이남의 아프리카 지역이다.

20 이슬람교에 대한 설명으로 옳은 것은?

① 다신교이다.
② 소를 신성한 동물로 여긴다.
③ 돼지고기 먹는 것을 금기시한다.
④ 갠지스강에서 종교 의식으로 목욕을 한다.

21 인간과 자연의 공존을 위한 노력으로 옳지 <u>않</u>은 것은?

① 지속 가능한 발전을 추구한다.
② 생태 통로를 만들어 동물을 보호한다.
③ 인간의 이익을 위해 자연을 훼손한다.
④ 생태계 구성원으로서 환경친화적 가치관을 가진다.

22 다음에서 강조하는 세계화의 문제점으로 가장 적절한 것은?

> 세계화가 진행되면서 각 사회가 가지고 있는 고유한 문화가 사라질 수 있습니다. 예컨대 영어 사용이 확산되면서 영어를 제외한 다른 언어들이 소멸될 위기에 처해 있습니다.

① 저출산   ② 플랜테이션
③ 공간적 분업   ④ 문화의 획일화

23 다음에서 설명하는 국제기구에 해당하는 것은?

> • 국제 비정부 기구이다.
> • 전쟁 · 기아 · 질병 · 자연재해 등으로 고통 받는 세계 각 지역의 주민들을 구호하기 위해 설립한 단체이다.

① 국제 통화 기금(IMF)
② 세계 무역 기구(WTO)
③ 국경 없는 의사회(MSF)
④ 경제 협력 개발 기구(OECD)

24 ㉠에 들어갈 내용으로 가장 적절한 것은?

> 정보화에 따른 문제점: ㉠
> • 개인의 행동이나 기록이 정보화 기기에 노출되는 빈도가 늘어남.
> • 폐회로 텔레비전(CCTV)의 발전으로 개인이 감시나 통제를 받을 수 있음

① 환경 난민　　　　② 사생활 침해
③ 자원 민족주의　　④ 산아 제한 정책

25 밑줄 친 ㉠, ㉡에 대한 설명으로 옳은 것은?

> 오늘날 주로 사용되는 에너지 자원에는 ㉠석유, ㉡천연가스 등이 있다.

① ㉠은 고생대 지층에만 매장되어 있다.
② ㉠은 연소하면서 오염 물질을 배출하지 않는다.
③ ㉡은 18세기 산업 혁명의 주요 동력원이 되었다.
④ ㉠은 ㉡보다 현재 세계에서 소비량이 더 많다.

제5교시

과 학

정답 및 해설 460p |

01 다음 설명에 해당하는 발전 방식은?

> 태양 전지를 사용하여 태양의 빛에너지를 전기 에너지로 직접 전환하며, 일조량에 따라 전력 생산량이 달라질 수 있다.

① 수력 발전　　　② 조력 발전
③ 파력 발전　　　④ 태양광 발전

02 그림과 같이 마찰이 없는 수평면에서 질량이 2kg인 물체가 6m/s의 일정한 속력으로 운동할 때 이 물체의 운동량(kg · m/s)의 크기는?

① 12　　　② 15
③ 18　　　④ 21

03 다음 설명에서 ㉠에 공통으로 해당하는 것은?

> • 코일 근처에서 자석을 움직이면 코일에 전류가 유도되는데 이러한 현상을 [㉠] (이)라 한다.
> • 변압기는 [㉠]을/를 이용하여 전압을 변화시키는 장치로, 각 코일에 걸린 전압은 코일의 감은 수에 비례한다.

① 열효율　　　② 핵발전
③ 전자기 유도　　　④ 초전도 현상

04 그림은 수평 방향으로 던진 공의 위치를 일정한 시간 간격으로 나타낸 것이다. A와 B 지점에서의 물리량이 같은 것만을 〈보기〉에서 모두 고른 것은? (단, 중력 가속도는 $10m/s^2$이고, 공기 저항은 무시한다.)

> 〈보기〉
> ㄱ. 공의 수평 방향 속력
> ㄴ. 공의 연직 방향 속력
> ㄷ. 공에 작용하는 힘의 크기

① ㄴ　　　② ㄷ
③ ㄱ, ㄴ　　　④ ㄱ, ㄷ

05 어떤 열기관이 75J의 열에너지를 공급받아 외부에 15J의 일을 하고 60J의 열에너지를 방출할 때 이 열기관의 열효율은?

① 10%　　　② 15%
③ 20%　　　④ 25%

06 다음은 그래핀에 대한 설명이다. ⊙에 해당하는 것은?

- 전기 전도성이 뛰어나다.
- ⊙ 원자가 육각형 모양으로 배열된 평면 구조이다.

① 규소　　　　② 산소
③ 질소　　　　④ 탄소

07 다음은 원자의 전자 배치를 나타낸 것이다. 13족 원소는?

08 그림은 주기율표의 일부를 나타낸 것이다. 원소 (가)~(라) 중 가장 바깥 전자 껍질의 전자 수가 8개이고 반응성이 거의 없는 것은?

주기＼족	1	2		16	17	18
1						
2				(가)		(나)
3	(다)				(라)	

① (가)　　　　② (나)
③ (다)　　　　④ (라)

09 이온 결합 물질에 대한 설명으로 옳은 것만을 〈보기〉에서 모두 고른 것은?

〈보기〉
ㄱ. 산소 기체(O_2)가 해당한다.
ㄴ. 수용액 상태에서 전류가 흐른다.
ㄷ. 양이온과 음이온의 정전기적 인력에 의해 생성된다.

① ㄱ　　　　② ㄴ
③ ㄱ, ㄷ　　　　④ ㄴ, ㄷ

10 다음 중 물에 녹아 염기성을 나타내는 물질은?

① HCl　　　　② $Ca(OH)_2$
③ H_2SO_4　　　　④ CH_3COOH

11 그림은 수산화 나트륨(NaOH) 수용액에 A 수용액을 넣어 중화 반응시키는 과정을 나타낸 것이다. A에 해당하는 것은?

① HCl　　　　② HNO_3
③ H_2CO_3　　　　④ H_2SO_4

12 다음 화학 반응에서의 반응 물질 중 산화되는 것은?

$$2CuO + C \rightarrow 2Cu + CO_2$$
산화 구리(Ⅱ) 탄소 구리 이산화 탄소

① CuO　　　　② C

③ Cu　　　　④ CO_2

13 다음 설명에서 ㉠에 해당하는 것은?

같은 종의 무당벌레 개체군에서 겉날개의 색과 반점 무늬가 개체마다 달라지면 ㉠ 이/가 증가한다.

① 생물 대멸종
② 외래종 도입
③ 서식지 단편화
④ 유전적 다양성

14 다음 설명에 해당하는 물질은?

• 핵산을 구성하는 기본 단위체이다.
• 염기 및 당과 인산으로 구성되어 있다.

① 지질
② 포도당
③ 아미노산
④ 뉴클레오타이드

15 그림은 세포 내 유전 정보의 흐름을 나타낸 것이다. ㉠, ㉡에 해당하는 것은?

	㉠	㉡
①	번역	전사
②	전도	번역
③	전사	번역
④	전사	전도

16 그림은 세포막의 구조와 세포막을 통한 물질 A와 B의 이동을 나타낸 것이다. 이에 대한 설명으로 옳은 것만을 〈보기〉에서 모두 고른 것은?

〈 보기 〉
ㄱ. A는 막단백질을 통해 이동한다.
ㄴ. B는 인지질 사이로 확산한다.
ㄷ. 세포막은 막단백질로만 구성되어 있다.

① ㄱ　　　　② ㄷ

③ ㄱ, ㄴ　　　　④ ㄴ, ㄷ

17 다음 설명에서 ㉠에 해당하는 것은?

> 항생제를 반복적으로 사용하다 보면 세균 집
> 단 내에 항생제 내성 세균의 비율이 증가하
> 게 된다. 이러한 현상은 다윈의 ㉠ (으)
> 로 설명할 수 있다.

① 자연 선택　　　② 생태계 평형
③ 생태 피라미드　④ 생명 중심 원리

18 다음 설명에서 밑줄 친 ㉠, ㉡이 해당되는 생태계 구성 요소는?

> 한 그루의 ㉠ 참나무를 관찰했더니 ㉡ 햇빛
> 을 강하게 받은 잎이 약하게 받은 잎보다 두
> 꺼운 것이 확인되었다.

	㉠	㉡
①	생산자	분해자
②	생산자	비생물적 요인
③	소비자	분해자
④	소비자	비생물적 요인

19 그림은 어떤 안정된 생태계의 개체 수 피라미드를 나타낸 것이다. 이 생태계에 대한 설명으로 옳은 것만을 〈보기〉에서 모두 고른 것은?

> ─〈보기〉─
> ㄱ. A는 1차 소비자이다.
> ㄴ. 참새는 B에 해당한다.
> ㄷ. 상위 영양 단계로 갈수록 개체 수는 증가
> 　　한다.

① ㄱ　　　　　② ㄷ
③ ㄱ, ㄴ　　　④ ㄴ, ㄷ

20 다음 설명에서 ㉠에 공통으로 해당하는 것은?

> • 지구의 지각을 구성하는 암석은 주로 규소
> 　와 ㉠ 이/가 결합한 규산염 광물로
> 　이루어져 있다.
> • ㉠ 은/는 사람을 구성하는 원소 중
> 　가장 많은 질량을 차지한다.

① 수소　　　　② 탄소
③ 산소　　　　④ 칼슘

21 다음 설명에서 ㉠, ㉡에 해당하는 것은?

> 태양 중심부에서는 ㉠ 원자핵 4개가
> 융합하여 ㉡ 원자핵 1개로 변환되는
> 수소 핵융합 반응이 일어난다.

	㉠	㉡			㉠	㉡
①	수소	철		②	수소	헬륨
③	헬륨	철		④	헬륨	수소

22 그림은 어느 해역의 깊이에 따른 수온 변화를 나타낸 것이다. 층 **A~C**에 대한 설명으로 옳은 것만을 〈보기〉에서 모두 고른 것은?

〈보기〉
ㄱ. A에서는 기권과 상호 작용이 일어난다.
ㄴ. B에서는 깊어질수록 수온이 높아진다.
ㄷ. C는 수온 약층이다.

① ㄱ   ② ㄴ
③ ㄱ, ㄷ   ④ ㄴ, ㄷ

23 그림의 **A, B**는 판의 경계를 나타낸 것이다. 이에 대한 설명으로 옳은 것만을 〈보기〉에서 모두 고른 것은?

〈보기〉
ㄱ. A는 발산형 경계이다.
ㄴ. B에서는 판이 생성된다.
ㄷ. A, B에서는 모두 해구가 발달한다.

① ㄱ   ② ㄴ
③ ㄱ, ㄷ   ④ ㄴ, ㄷ

24 그림은 서로 다른 지질 시대 **A~C**의 표준 화석을 나타낸 것이다. 오래된 시대부터 순서대로 나열한 것은?

시대	A	B	C
표준 화석	삼엽충	암모나이트	매머드

① A-B-C   ② A-C-B
③ B-A-C   ④ C-A-B

25 다음 현상을 일으키는 지구 시스템의 주된 에너지원은?

• 지진과 화산 활동을 일으킨다.
• 맨틀 대류를 일으켜 판을 이동시킨다.

① 조력 에너지
② 풍력 에너지
③ 바이오 에너지
④ 지구 내부 에너지

제6교시

한국사

정답 및 해설 463p |

01 다음 설명에 해당하는 시대는?

> • 농경과 목축을 시작하여 식량을 생산함.
> • 대표적인 유물은 빗살무늬 토기임.

① 구석기 시대   ② 신석기 시대

③ 청동기 시대   ④ 철기 시대

02 ㉠에 들어갈 국왕으로 옳은 것은?

신라를 다스린 ㉠의 업적을 말해 볼까요?

한강 유역 확보, 대가야 정복 등이 있어요.

정복한 영토에 순수비를 세웠어요.

① 세종   ② 공민왕

③ 광해군   ④ 진흥왕

03 다음에서 설명하는 불교의 종파는?

> • 경전 공부보다 참선 수행을 강조함.
> • 호족 세력의 적극적인 후원을 받음.
> • 대표적인 사원으로 '9산선문'이 있음.

① 서학   ② 선종

③ 대종교   ④ 천도교

04 ㉠에 들어갈 내용으로 옳은 것은?

> 인종은 묘청, 정지상 등 서경 세력을 등용하였다. 이들은 칭제 건원과 금국 정벌, ㉠ 등을 주장하였다. 이들의 주장이 좌절되자 묘청은 반란을 일으켰다.

① 개항 반대   ② 녹읍 폐지

③ 서경 천도   ④ 반민족 행위자 처벌

05 다음 질문에 대한 답으로 옳은 것은?

일연이 불교의 입장에서 신화, 설화 등을 수록한 역사서로, 단군의 이야기가 포함된 이 책은 무엇일까요?

① 택리지   ② 삼국유사

③ 홍길동전   ④ 대동여지도

06 ㉠에 들어갈 내용으로 옳은 것은?

> **〈수행 평가 계획서〉**
> **주제:** 정조의 개혁 정치
> • 1모둠: 영조의 탕평책 계승
> • 2모둠: ㉠

① 규장각 설치

② 유신 헌법 제정

③ 수선사 결사 결성

④ 통리기무아문 설치

07 다음에서 설명하는 정책은?

> • 배경 : 방납의 폐단
> • 내용 : 공납을 토산물 대신 쌀, 옷감, 동전 등으로 납부
> • 결과 : 공인의 등장, 상품 화폐 경제의 발달

① 대동법　　　　　② 양천제
③ 전시과　　　　　④ 호포제

08 다음에서 설명하는 나라는?

> • 제너럴셔먼호 사건을 구실로 신미양요를 일으킴.
> • 서구 열강 중 최초로 조선과 근대적 조약을 체결함.

① 독일　　　　　② 미국
③ 영국　　　　　④ 베트남

09 밑줄 친 '개혁 정강'의 내용으로 옳은 것은?

> 1884년 급진 개화파는 우정총국 개국 축하연을 이용하여 갑신정변을 일으켰다. 이들은 개혁 정강을 마련하여 근대적 개혁을 추진하려 했으나, 청군의 개입으로 실패하였다.

① 율령 반포　　　　② 모내기법 보급
③ 정동행성 설치　　④ 인민 평등권 보장

10 다음에서 ㉠ 시기에 들어갈 사건은?

◈ 일제의 국권 침탈 과정 ◈

| 1904년 러·일 전쟁 발발 | → | ㉠ | → | 1910년 한국 병합 조약 체결 |

① 붕당 형성　　　　② 예송 논쟁
③ 무신 정권 수립　　④ 을사늑약 체결

11 다음에서 설명하는 단체는?

> • 1907년 안창호, 양기탁 등이 비밀 결사로 조직함.
> • 실력 양성을 도모하고 국외 독립운동 기지를 건설함.

① 별기군　　　　　② 비변사
③ 승정원　　　　　④ 신민회

12 다음에서 설명하는 인물은?

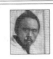

◈ 한국사 인물 카드 ◈
> • 별칭: 녹두 장군
> • 주요 활동: 동학 농민 운동 주도
> • 사망: 우금치 전투 이후 체포되어 1895년 처형

① 이황　　　　　② 강감찬
③ 전봉준　　　　④ 을지문덕

13 ㉠에 들어갈 내용으로 옳은 것은?

> 2차 갑오개혁 시기에 ㉠ 이/가 반포되었다. 이로 인해 소학교, 외국어 학교, 사범학교 등 많은 관립 학교가 세워지며 근대적 교육 제도가 마련되었다.

① 교육입국 조서　　② 신라 촌락 문서
③ 조선 혁명 선언　　④ 7·4 남북 공동 성명

14 ㉠에 들어갈 내용으로 옳은 것은?

① 삼별초
② 도병마사
③ 제가 회의
④ 조선 총독부

15 ㉠에 들어갈 인물로 옳은 것은?

① 궁예
② 신채호
③ 이성계
④ 정약용

16 교사의 질문에 대한 답으로 옳지 <u>않은</u> 것은?

1919년 3월 1일 시작된 거국적인 만세 운동이 국내외에 끼친 영향에 대해 말해 볼까요?

① 강화도 조약이 체결되었어요.
② 대한민국 임시 정부가 수립되었어요.
③ 중국의 5 · 4 운동에 영향을 주었어요.
④ 일제가 통치 방식을 이른바 문화 통치로 바꿨어요.

17 ㉠에 들어갈 민족 운동은?

1931년 동아일보는 문맹 퇴치와 미신 타파를 목표로 농촌 계몽 운동을 전개하였다. 이 운동은 러시아어로 '민중 속으로'라는 뜻의 ㉠ 으로 불리기도 하였다.

① 북벌 운동
② 새마을 운동
③ 브나로드 운동
④ 금 모으기 운동

18 ㉠에 해당하는 단체는?

* 연표로 보는 ㉠ 의 활동

1919	1923	1924
김원봉을 중심으로 만주 지역에서 결성	김상옥, 종로 경찰서에 폭탄 투척	김지섭, 일본 왕궁에 폭탄 투척

① 의열단
② 보안회
③ 황국 협회
④ 통일 주체 국민 회의

19 다음 설명에 해당하는 것은?

• 제1차 미 · 소 공동 위원회 결렬 이후 중도 좌파 여운형, 중도 우파 김규식을 중심으로 한반도 통일 정부 수립을 목적으로 추진
• 냉전 체제가 격화되고 여운형이 암살당하면서 약화

① 형평 운동
② 위정척사 운동
③ 좌우 합작 운동
④ 국채 보상 운동

20 ㉠에 들어갈 내용으로 옳은 것은?

> 1941년 대한민국 임시 정부는 조소앙의 ㉠ 를 기초로 하여 건국 강령을 발표하였다. ㉠ 는 정치, 경제, 교육에서의 균등을 바탕으로 개인과 개인, 민족과 민족, 국가와 국가 간의 균등을 추구하자는 주장이다.

① 삼균주의　　　② 돈오점수
③ 시무 28조　　　④ 최혜국 대우

21 밑줄 친 '전쟁'으로 옳은 것은?

> 전쟁이 교착 상태에 빠지자, 소련은 국제 연합에 정전을 제안하였다. 정전 협상은 군사 분계선, 포로 송환 문제 등으로 2년여 동안이나 이어졌고, 마침내 1953년 7월 27일 판문점에서 정전 협정이 체결되었다.

① 임오군란　　　② 임진왜란
③ 6 · 25 전쟁　　　④ 청산리 대첩

22 ㉠에 들어갈 내용으로 옳은 것은?

장면 정부의 정책을 수정 · 보완하여 박정희 정부가 추진한 경제 정책이야.

한국사 스피드 퀴즈

① 사창제
② 진대법
③ 친명배금 정책
④ 경제 개발 5개년 계획

23 ㉠에 들어갈 내용으로 옳은 것은?

〈1980년대 대한민국의 민주주의 발전〉
5 · 18 민주화 운동 → ㉠ → 대통령 직선제 개헌

① 아관파천
② 5 · 10 총선거
③ 6월 민주 항쟁
④ 모스크바 3국 외상 회의

24 다음 설명에 해당하는 제도는?

> • 김영삼 정부에서 투명한 금융 거래 정착과 부당한 정치 자금 거래 근절 등을 목적으로 시행
> • 금융 거래에서 실제 이름을 사용해야 하는 제도

① 농지 개혁　　　② 노비안검법
③ 금융 실명제　　　④ 황국 신민화 정책

25 ㉠에 들어갈 내용으로 옳은 것은?

> 제1조 남과 북은 서로 상대방의 체제를 인정하고 존중한다.
> 제9조 남과 북은 상대방에 대하여 무력을 사용하지 않으며 상대방을 무력으로 침략하지 아니한다.
> — ㉠ (1991) —

① 과전법　　　② 전주 화약
③ 국가 총동원법　　　④ 남북 기본 합의서

제7교시 선택 과목

도 덕

정답 및 해설 467p |

01 다음에서 설명하는 윤리학은?

> **주제: ○○ 윤리학**
> • **의미**: 현실의 구체적인 문제 원인을 분석하고 타당한 해결책을 제시하는 것을 목표로 하는 윤리학
> • **예**: 생명 윤리, 정보 윤리 등
> ⋮

① 실천 윤리학   ② 기술 윤리학

③ 이론 윤리학   ④ 메타 윤리학

02 환경 윤리 영역의 쟁점에 해당하는 것은?

① 안락사를 인정할 수 있는가?

② 성적 욕망과 사랑의 차이는 무엇인가?

③ 자연은 개발의 대상인가, 보존의 대상인가?

④ 통일이 지향해야 할 윤리적 가치는 무엇인가?

03 다음에서 소개하는 윤리 사상가는?

> **◆ 도덕 인물 카드 ◆**
> • 사단(四端)에 근거한 성선설을 주장함.
> • 일정한 생업[恒産]이 있어야 바른 마음[恒心]을 지킬 수 있다고 주장함.

① 노자   ② 맹자

③ 순자   ④ 묵자

04 다음 설명에 해당하는 윤리 이론은?

> • 도덕과 입법의 원리로 최대 다수의 최대 행복을 주장함.
> • 쾌락은 선이고 고통은 악이며, 행복이 삶의 목적이라고 봄.

① 의무론   ② 덕 윤리

③ 공리주의   ④ 진화 윤리

05 (가)에 들어갈 용어로 적절한 것은?

> **탐구 주제: 〈 (가) 〉에 대한 다양한 관점**
> • **장자**: 기(氣)가 흩어지는 것으로 자연적이고 필연적인 과정
> • **플라톤**: 영혼이 육체로부터 해방되어 이데아 세계로 들어가는 것
> • **에피쿠로스**: 인간을 구성하던 원자가 흩어져 개별 원자로 돌아가는 것

① 죽음   ② 행복

③ 성찰   ④ 희망

06 다음 설명에 해당하는 것은?

> • 좌망(坐忘)과 심재(心齋)를 통해 이를 수 있음.
> • 세상 만물을 차별하지 않고 한결같이 보는 상태

① 제물(齊物)   ② 오륜(五倫)

③ 효제(孝悌)   ④ 충서(忠恕)

07 다음 설명에 해당하는 사상가는?

> • 주장 : "너의 행위의 결과가 인류의 존속 가능성을 파괴하지 않도록 행위하라."
> • 특징 : 인간과 자연, 미래 세대에 대한 책임 윤리를 강조함.

① 밀   ② 벤담
③ 요나스   ④ 베이컨

08 ㉠에 들어갈 내용으로 가장 적절한 것은?

> 시민 불복종의 일반적인 정당화 조건으로 (㉠)이/가 있습니다. 이는 자신의 위법 행위에 대한 책임을 져야 한다는 것을 의미합니다.

① 익명성   ② 비폭력성
③ 처벌 감수   ④ 공동선 추구

09 ㉠에 공통으로 들어갈 용어로 적절한 것은?

> 프롬(Fromm, E.)은 "(㉠)은/는 자유의 소산이지 결코 지배의 소산이 아닙니다. (㉠)이/가 지배의 관계로 타락하지 않기 위해서는 존경이 필요합니다."라고 주장하였다.

① 애국   ② 사랑
③ 정의   ④ 책임

10 B에 들어갈 내용으로 가장 적절한 것은?

> (가): 인간 중심주의
> (나): 동물 중심주의

① 인간은 도덕적 고려의 대상이다.
② 모든 생명체는 도덕적 지위를 갖는다.
③ 생태계 전체가 도덕 공동체의 범위이다.
④ 생태계의 안정을 위해 각 생명체의 희생을 강요한다.

11 다음 설명에 해당하는 직업 윤리 의식은?

> 프랑스 종교 개혁자 칼뱅(Calvin, J.)은 직업을 '신으로부터 부름을 받은 자기 몫의 일'이라고 주장하면서 자신의 직업에 충실히 종사하는 것이 바로 신의 명령에 따르는 것이라고 말했다.

① 소명 의식   ② 경로 사상
③ 장인 정신   ④ 특권 의식

12 교사의 질문에 대한 대답으로 적절하지 **않은** 것은?

> 과학 기술자가 지녀야 할 윤리적 책임에 대해 말해 볼까요? — 교사
> 학생 1 — 연구 결과가 인간의 존엄성을 침해해야 합니다.
> 학생 2 — 과학 기술의 부작용을 충분히 검토해야 합니다.
> 학생 3 — 자신이 연구하는 정보나 자료를 위조해서는 안 됩니다.
> 학생 4 — 다른 연구자들이 신뢰할 수 있는 검증 절차를 활용해야 합니다.

① 학생 1   ② 학생 2
③ 학생 3   ④ 학생 4

13 다음에서 설명하는 국가 권위의 정당화 근거는?

> 생명과 자유, 재산을 보장받기 위해 개인 간 합의를 통해 국가를 수립함.

① 겸애
② 중용
③ 상업화
④ 사회 계약

14 다음에서 설명하는 윤리적 문제로 가장 적절한 것은?

> 제○○호　　**도덕 신문**　　2024년 ○월 ○일
>
> A 국가 사람들이 비만으로 건강을 해치고 있는 반면, B 국가에서는 굶주림으로 고통받는 사람들이 있다. A 국가와는 다르게 B 국가에서는 심각한 영양실조와 기아가 대물림되는 악순환이 반복된다.

① 동물 복지 문제
② 식량 불평등 문제
③ 사이버 폭력 문제
④ 사생활 침해 문제

15 예술에 대한 도덕주의 입장에서 A, B에 들어갈 대답으로 옳은 것은?

질문	대답
예술의 미적 가치만을 추구해야 하는가?	A
예술은 사회의 도덕적 성숙에 기여해야 하는가?	B

	①	②	③	④
A	예	예	아니오	아니오
B	예	아니오	예	아니오

16 갈퉁(Galtung, J.)의 평화에 대한 내용 중 (가), (나)에 해당하는 용어는?

(가)	전쟁, 테러, 범죄, 폭행 등과 같은 직접적 폭력이 없는 상태
(나)	직접적 폭력은 물론 가난, 차별 등 구조적·문화적 폭력도 사라져 인간다운 삶을 누릴 수 있는 상태

	(가)	(나)
①	적극적 평화	종교적 평화
②	소극적 평화	적극적 평화
③	종교적 평화	소극적 평화
④	종교적 평화	적극적 평화

17 롤스(Rawls, J.)의 정의관에 대한 설명으로 옳지 않은 것은?

① 절차가 공정하면 그 결과도 공정하다.
② 모든 사람은 기본적 자유에서 평등한 권리를 지닌다.
③ 무지의 베일을 쓴 개인들은 차등의 원칙에 합의할 수 있다.
④ 국가는 개인의 소유권만을 보호하는 역할을 수행해야 한다.

18 다음에서 처벌에 대한 응보주의적 관점에만 '✔'를 표시한 학생은?

관점 \ 학생	A	B	C	D
• 범죄 행위에 상응하는 형벌을 내려야 한다.	✔			✔
• 자신의 행위에 책임질 수 있는 자율적 주체를 전제로 한다.		✔		✔
• 범죄 강도와 상관없이 범죄 예방의 가장 효과적인 방법은 종신 노역형이다.	✔	✔	✔	

① A
② B
③ C
④ D

19 ㉠에 들어갈 용어로 적절한 것은?

매체가 발달한 현대 사회에서는 정보를 교환하고 처리하는 과정에서 사적인 정보가 노출될 수 있다. 이를 방지하기 위해 개인 정보를 언제, 누구에게, 어느 범위까지 알리고 또한 이용하도록 할 것인지를 통제하는 정보의 (㉠)이 강조되고 있다.

① 조작권
② 거주권
③ 선거권
④ 자기 결정권

20 다음 설명에 해당하는 용어는?

통일 과정과 통일 이후 남북한 격차를 해소하기 위해 부담해야 할 비용

① 통일 비용
② 경쟁 비용
③ 기회 비용
④ 통일 편익

21 다음은 서술형 평가 문제와 학생 답안이다. 밑줄 친 ㉠~㉣ 중 옳지 않은 것은?

문제: 사회 윤리에 대한 니부어(Niebuhr, R.)의 기본 입장을 서술하시오.

〈학생 답안〉 니부어는 ㉠ 개인의 도덕성과 집단의 도덕성을 구분하며, ㉡ 집단의 도덕성은 개인의 도덕성보다 현저히 떨어진다는 점을 주장하였다. 즉, ㉢ 개인이 양심적이고 도덕적일지라도 사회는 이기적이며 비도덕적일 수 있다. 따라서 ㉣ 사회 문제 해결을 위해서는 제도의 개선보다는 개인의 도덕성 함양이 필요하다.

① ㉠
② ㉡
③ ㉢
④ ㉣

22 (가), (나)에 들어갈 내용으로 적절하지 않은 것은?

〈소수자 우대 정책의 윤리적 쟁점〉

찬성 논거	반대 논거
(가)	(나)
:	:

① (가) : 사회적 약자를 배려할 수 있다.
② (가) : 부당한 차별을 극대화할 수 있다.
③ (나) : 역차별로 새로운 사회 갈등을 유발할 수 있다.
④ (나) : 개인의 노력과 성취에 따른 업적을 간과할 수 있다.

23 하버마스(Habermas, J.)의 이상적 담화 상황의 조건에 대해 적절하게 말하지 <u>않은</u> 학생은?

① 학생 1   ② 학생 2
③ 학생 3   ④ 학생 4

24 종교 간 갈등 해결을 위한 자세로 적절하지 <u>않</u>은 것은?

① 타 종교에 대한 관용의 태도를 지닌다.
② 힘의 논리에 따라 종교 간의 질서를 확립한다.
③ 종교 간의 차이를 이유로 타인을 억압하지 않는다.
④ 종교 간의 대화를 통해 타 종교에 대한 이해를 높인다.

25 공직자가 지녀야 할 바람직한 태도만을 〈보기〉에서 모두 고른 것은?

〈보기〉
ㄱ. 정직과 성실   ㄷ. 청탁과 비리
ㄴ. 봉사와 책임   ㄹ. 청렴과 연대 의식

① ㄱ   ② ㄴ, ㄷ
③ ㄷ, ㄹ   ④ ㄱ, ㄴ, ㄹ

2023년도

제1회

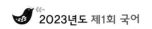

국 어

제1교시

정답 및 해설 472p |

01 다음에 대한 설명으로 가장 적절한 것은?

> '부추'를 강원, 경북, 충북에서는 '분추'라고 부르고 일부 경상, 전남에서는 '솔'이라고 한다. 일부 충청에서는 '졸'이라고 부르며 경상, 전북, 충청에서는 '정구지'라고 부르기도 한다.

① 세대에 따라 사용하는 어휘가 다르다.
② 성별에 따라 사용하는 어휘가 다르다.
③ 지역에 따라 같은 대상을 다르게 표현한다.
④ 직업에 따라 같은 대상을 다르게 표현한다.

02 다음 속담에서 강조하는 우리말의 담화 관습으로 가장 적절한 것은?

> • 발 없는 말이 천 리 간다.
> • 화살은 쏘고 주워도, 말은 하고 못 줍는다.
> • 가루는 칠수록 고와지고, 말은 할수록 거칠어진다.

① 말은 신중하게 해야 한다.
② 하고 싶은 말은 참지 않아야 한다.
③ 상대방의 말은 귀 기울여 들어야 한다.
④ 질문에 답할 때에는 신속하게 해야 한다.

03 피동 표현이 사용되지 않은 것은?

① 동생이 엄마에게 업혔다.
② 아이가 모기에게 물렸다.
③ 토끼가 사냥꾼에게 잡혔다.
④ 그가 친구에게 사실을 밝혔다.

04 다음 규정에 맞게 발음하지 않은 것은?

> ■ 표준 발음법 ■
> 【제14항】 겹받침이 모음으로 시작된 조사나 어미, 접미사와 결합되는 경우에는, 뒤엣것만을 뒤 음절 첫소리로 옮겨 발음한다.(이 경우, 'ㅅ'은 된소리로 발음함.)

① 값을 깎지 마세요. → [갑쓸]
② 넋이 나간 표정이다. → [넉씨]
③ 닭을 키운 적이 있다. → [다글]
④ 앉아 있기가 힘들다. → [안자]

05 다음 높임법이 나타난 문장이 아닌 것은?

> 객체 높임법은 목적어나 부사어가 지시하는 대상 즉, 서술의 객체를 높이는 방법이다.

① 나는 어머니를 모시고 집에 갔다.
② 선생님께서는 우리를 사랑하신다.

③ 자세한 내용은 아버지께 여쭤 보세요.

④ 주말에는 할아버지를 찾아뵙고 싶습니다.

[06~07] (나)는 (가)를 토대로 작성한 글이다. 물음에 답하시오.

(가) 작문 상황

– 작문 과제 : ○○고등학교의 문제점을 찾아 해
결 방안을 제안하는 건의문 쓰기

– 예상 독자 : ○○고등학교 교장 선생님

(나) 글의 초고

교장 선생님께

안녕하세요? 저는 1학년 김△△입니다.

우리 학교는 주변 상권과 거리가 먼 곳에 위치하
고 있어 학생들의 학교 매점 이용률이 매우 높습니
다. 그런데 최근 저를 비롯해 매점에서 식품을 사
㉠ 먹을 학생들이 배탈 난 일이 있었습니다. ㉡ 저
희 아버지께서도 위장염으로 오랫동안 고생을 하
고 계십니다. 이러다 보니 매점에서 판매하는 식
품의 안전이 염려되어 한 가지 건의를 ㉢ 들이려고
합니다.

학교 매점에서 유해·불량 식품을 판매하지 않
도록 '교내 식품 안전 지킴이' 제도를 도입해 주
세요. 어린이 식생활 안전 관리 특별법에 의하면
초·중·고교 매점은 학생들에게 안전하고 영양가
있는 식품을 공급하도록 노력해야 합니다. ㉣ 하지
만 우리 학교 매점에서는 그러한 노력을 소홀히 하
고 있습니다.

학부모와 학생으로 구성된 '교내 식품 안전 지킴
이' 제도를 도입하여 학생들에게 식품 안전 기초 교
육을 실시하고 매점에서 유해·불량 식품을 판매
하지 않도록 감독한다면, 학생들이 안전한 먹거리
를 섭취하고 바람직한 식습관을 형성할 수 있을 것
입니다.

다시 한번 '교내 식품 안전 지킴이' 제도를 도입
해 주시기를 당부 드립니다. 감사합니다.

1학년 김△△ 올림

06 다음 중 (나)에 반영된 내용이 **아닌** 것은?

① 자신의 경험과 관련지어 문제 상황을 드러
낸다.

② 예상 독자가 수행할 수 있는 해결 방안을
제시한다.

③ 건의 내용이 받아들여졌을 때 예상되는 효
과를 제시한다.

④ 주장을 뒷받침하기 위해 구체적인 설문 조
사 결과를 제시한다.

07 ㉠~㉣을 고쳐 쓰기 위한 방안으로 적절하지
않은 것은?

① ㉠ : 시간 표현이 잘못되었으므로 '먹은'으
로 고친다.

② ㉡ : 글의 통일성을 해치는 문장이므로 삭
제한다.

③ ㉢ : 맞춤법에 어긋나므로 '드리려고'로 수
정한다.

④ ㉣ : 잘못된 접속어를 사용했으므로 '그래
서'로 바꾼다.

08 ㉠~㉣에 나타난 중세 국어의 특징으로 적절하지 <u>않은</u> 것은?

> ㉠ 孔·공子·ᄌᆞ 曽즁子·ᄌᆞ ㅣ 려닐 · 러굴 ᄋᆞ · 샤 · 딘 · 몸 · 이며 얼굴 · 이며머 · 리털 · 이 · 며 · 슬 · 흔 ㉡ 父·부母:모 · 씌받ᄌᆞ · 온 거 · 시 · 라敢: 감 · 히혈 · 위샹히 · 오 · 디아 · 니:홈 · 이:효 · 도 · 익 비 · ᄅ · 소미 · 오 · 몸 · 을세 · 워道:도 · 를行ᄒᆡᆼ · ᄒᆞ · 야 ㉢ 일:홈 · 을 後:후世:세 · 예:베퍼 · 뻐 ㉣ 父 · 부母:모롤:현 · 뎌케:홈 · 이:효 · 도 · 익ᄆᆞ · 춤 · 이 니 · 라
>
> — 「소학언해」 (1587) —

① ㉠ : 모음 뒤에서 주격 조사 ' ㅣ '가 사용되었다.

② ㉡ : 어두 자음군이 사용되었다.

③ ㉢ : 이어 적기로 표기되었다.

④ ㉣ : 조사가 모음 조화에 따라 표기되었다.

[09~11] 다음을 읽고 물음에 답하시오.

> ㉠ 매운 계절(季節)의 채찍에 갈겨
> 마침내 ㉡ 북방(北方)으로 휩쓸려 오다.
>
> 하늘도 그만 지쳐 끝난 ㉢ 고원(高原)
> 서릿발 칼날진 그 위에 서다.
>
> 어데다 무릎을 꿇어야 하나?
> 한 발 재겨 디딜 곳조차 없다.
>
> 이러매 눈 감아 생각해 볼밖에
> 겨울은 강철로 된 ㉣ 무지개인가 보다.
>
> — 이육사, 「절정」 —

---

09 ㉠~㉣ 중 시적 의미가 가장 이질적인 것은?

① ㉠   ② ㉡

③ ㉢   ④ ㉣

---

10 윗글의 표현상 특징으로 적절한 것은?

① 동일한 구절을 반복하여 주제를 강조하고 있다.

② 상징적 표현을 사용하여 화자의 상황을 부각하고 있다.

③ 의인법을 활용하여 시적 대상과의 친밀감을 드러내고 있다.

④ 수미 상관을 활용하여 화자의 암울한 처지를 강조하고 있다.

---

11 다음을 참고할 때, 시인이 윗글을 통해 드러내려고 한 가치로 가장 적절한 것은?

> 이육사는 조선은행 대구 지점 폭발물 사건에 연루되어 수감 생활을 하는 등 열일곱 차례 옥고를 치른 항일 운동가였다.

① 편리성과 효율성을 중요시하는 자세

② 자연과 인간이 공존해야 한다는 신념

③ 운명에 순응하며 현실에 만족하는 태도

④ 극한의 상황에서도 꺾이지 않는 항일 의지

[12~14] 다음 글을 읽고 물음에 답하시오.

[앞부분의 줄거리] 1930년대의 어느 농촌. 스물여섯 살 '나'는 성례를 시켜 주겠다는 장인의 말에 데릴사위로 들어와 새경 한 푼 받지 못한 채 일을 한다. 하지만 장인은 성례를 계속 미루며, '나'를 머슴처럼 부려 먹기만 한다. 억울한 '나'는 장인과 함께 구장에게 가서 의견을 묻기로 한다.

구장님도 내 이야기를 자세히 듣더니 퍽 딱한 모양이었다. 하기야 구장님뿐만 아니라 누구든지 다 그럴 게다. ⊙ 길게 길러 둔 새끼손톱으로 코를 후벼서 저리 탁 튀기며

"그럼 봉필 씨! 얼른 성롈 시켜 주구려, 그렇게까지 제가 하구 싶다는 걸……."

하고 내 짐작대로 말했다. 그러나 이 말에 장인님이 삿대질로 눈을 부라리고

"아, 성례구 뭐구 기집애년이 미처 자라야 할 게 아닌가?"

하니까 고만 멀쑤룩해서 입맛만 쩍쩍 다실 뿐이 아닌가…….

"ⓒ 그것두 그래!"

"그래, 거진 사 년 동안에도 안 자랐다니 그 킨 은제 자라지유? 다 그만두구 사경[1] 내슈……."

"글쎄, 이 자식아! 내가 크질 말라구 그랬니, 왜 날 보구 떼냐?"

"ⓒ 빙모님은 참새만 한 것이 그럼 어떻게 앨 낳지유?"

(사실 장모님은 점순이보다도 귓배기 하나가 적다.)"

그러나 이 말에는 별반 신통한 귀정[2]을 얻지 못하고 도루 논으로 돌아와서 모를 부었다. 왜냐면, 장인님이 뭐라구 귓속말로 수군수군하고 간 뒤다. 구장님이 날 위해서 조용히 데리구 아래와 같이 일러 주었기 때문이다. (ⓔ 뭉태의 말은 구장님이 장인님에게 땅 두 마지기 얻어 부치니까 그래 꾀었다고 하지만 난 그렇게 생각하지 않는다.)

"자네 말두 하기야 옳지. 암, 나이 찼으니까 아들이 급하다는 게 잘못된 말은 아니야. 하지

만 농사가 한창 바쁠 때 일을 안 한다든가 집으로 달아난다든가 하면 손해죄루 그것두 징역을 가거든! (여기에 그만 정신이 번쩍 났다.) 왜 요전에 삼포 말서 산에 불 좀 놓았다구 징역 간 거 못 봤나. 제 산에 불을 놓아두 징역을 가는 이땐데 남의 농사를 버려주니 죄가 얼마나 더 중한가. 그리고 자낸 정장[3]을 (사경 받으러 정장 가겠다 했다.) 간대지만, 그러면 괜스레 죌 들쓰고 들어가는 걸세. 또, 결혼두 그렇지. 법률에 성년이란 게 있는데 스물하나가 돼야지 비로소 결혼을 할 수가 있는 걸세. 자낸 물론 아들이 늦을 걸 염려하지만, 점순이로 말하면 인제 겨우 열여섯이 아닌가. 그렇지만 아까 빙장님의 말씀이 올 갈에는 열 일을 제치고라두 성례를 시켜 주겠다 하시니 좀 고마울 겐가. 빨리 가서 모 붓든 거나 마저 붓게. 군소리 말구 어서 가."

(가)

— 김유정, 「봄 · 봄」 —

---

1) 사경 : 새경. 머슴이 주인에게서 일한 대가로 받는 돈이나 물건
2) 귀정 : 그릇되던 일이 바른길로 돌아옴.
3) 정장 : 소송을 제기하기 위해 소장(訴狀)을 관청에 냄.

12 윗글의 특징으로 적절하지 <u>않은</u> 것은?

① 주로 인물의 대화를 통해 사건이 전개되고 있다.

② 작품 밖의 서술자가 인물의 심리를 묘사하고 있다.

③ 어리숙한 인물의 언행을 통해 해학성을 드러내고 있다.

④ 농촌을 배경으로 설정해 당시의 생활상을 그리고 있다.

13 (가)에 나타난 구장의 설득 방법으로 적절하지 <u>않은</u> 것은?

① '나'의 잘못을 언급하며 대화를 시작하고 있다.

② 징역 간다는 말로 '나'에게 겁을 주고 있다.

③ 결혼에 대한 법률적 근거를 제시하고 있다.

④ 성례의 가능성을 제시하며 '나'를 회유하고 있다.

14 ㉠~㉣에 대한 설명으로 적절하지 <u>않은</u> 것은?

① ㉠ : 무관심한 '구장'의 모습을 희화화하고 있다.

② ㉡ : '구장'의 우유부단한 성격을 드러내고 있다.

③ ㉢ : '나'는 장인의 말에 근거를 들어 대응하고 있다.

④ ㉣ : '나'는 '뭉태'의 말에 전적으로 동의하고 있다.

[15~16] 다음 글을 읽고 물음에 답하시오.

> 속세에 묻힌 분들, 이내 생애 어떠한가.
> 옛사람 풍류에 미칠까 못 미칠까.
> 이 세상 남자 몸이 나만 한 이 많건마는
> 자연에 묻혀 산다고 즐거움을 모르겠는가.
> 초가집 몇 칸을 푸른 시내 앞에 두고
> 송죽 울창한 곳에 풍월주인 되었구나.
> 엊그제 겨울 지나 새 봄이 돌아오니
> 복숭아꽃, 살구꽃은 석양에 피어 있고

> 푸른 버들, 향긋한 풀은 가랑비에 푸르도다.
> 칼로 재단했는가, 붓으로 그려 냈는가.
> 조물주의 솜씨가 사물마다 신비롭구나.
> 수풀에 우는 새는 봄 흥취에 겨워 소리마다 교태로다.
> 물아일체이니 흥이야 다를쏘냐.
>
> – 정극인, 「상춘곡」 –

15 윗글에서 확인할 수 있는 가사의 특징으로 알맞은 것은?

① 4음보의 율격이 주로 나타난다.

② 후렴구를 사용하여 연을 나눈다.

③ 4구체, 8구체, 10구체의 형식이 있다.

④ 초장, 중장, 종장의 3장으로 구성된다.

16 윗글의 화자에 대한 설명으로 적절하지 <u>않은</u> 것은?

① 세속적 공간을 떠나 자연에 묻혀 살고 있다.

② 옛사람의 풍류와 비교하며 자부심을 드러내고 있다.

③ 큰 고을의 주인이 되어 임금의 은혜에 감사하고 있다.

④ 아름다운 봄의 풍경을 감상하며 흥취를 느끼고 있다.

[17~19] 다음 글을 읽고 물음에 답하시오.

(가)
"좌수(座首) 별감(別監) 넋을 잃고 이방, 호방 혼을 잃고 나졸들이 분주하네. 모든 수령 도망갈 제 거동 보소. 인궤¹⁾ 잃고 강정 들고, 병부(兵符)²⁾ 잃고 송편 들고, 탕건³⁾ 잃고 용수⁴⁾ 쓰고, 갓 잃고 소반 쓰고, 칼집 쥐고 오줌 누기. 부서지는 것은 거문고요 깨지는 것은 북과 장고라. 본관 사또가 똥을 싸고 멍석 구멍 생쥐 눈 뜨듯 하고, 안으로 들어가서,
"어, 추워라. 문 들어온다 바람 닫아라. 물 마르다 목 들여라."

〈중략〉

어사또 분부하되,
"너 같은 년이 수절한다고 관장(官長)⁵⁾에게 포악하였으니 살기를 바랄쏘냐. 죽어 마땅하되 내 수청도 거역할까?"
춘향이 기가 막혀,
"내려오는 관장마다 모두 명관(名官)이로구나. 어사또 들으시오. 층암절벽(層巖絕壁) 높은 바위가 바람 분들 무너지며, 청송녹죽(靑松綠竹) 푸른 나무가 눈이 온들 변하리까. 그런 분부 마옵시고 어서 바삐 죽여 주오." 하며, "향단아, 서방님 어디 계신가 보아라. 어젯밤에 옥 문간에 와 계실 제 천만당부 하였더니 어디를 가셨는지 나 죽는 줄 모르는가."
어사또 분부하되, "얼굴 들어 나를 보라."
하시니 춘향이 고개 들어 위를 살펴보니, 걸인으로 왔던 낭군이 분명히 어사또가 되어 앉았구나. 반웃음 반울음에, "얼씨구나, 좋을시고 어사 낭군 좋을시고. 남원 읍내 가을이 들어 떨어지게 되었더니, 객사에 봄이 들어 이화춘풍(李花春風) 날 살린다. 꿈이냐 생시냐? 꿈을 깰까 염려로다."

– 작자 미상, 「춘향전」 –

1) 인궤 : 관아에서 쓰는 각종 도장을 넣어 두던 상자
2) 병부(兵符) : 군대를 동원하는 표지로 쓰던 둥글납작한 나무패
3) 탕건 : 벼슬아치가 갓 아래 받쳐 쓰던 관(冠)의 하나
4) 용수 : 죄수의 얼굴을 보지 못하도록 머리에 씌우는 둥근 통 같은 기구
5) 관장(官長) : 관가의 장(長). 고을의 원을 높여 이르던 말

17 윗글에 대한 설명으로 알맞은 것은?

① 판소리로 공연되기도 하였다.
② 궁중에서 발생하여 민간으로 유입되었다.
③ 조선 시대 양반 계층에 한하여 향유되었다.
④ 우리 문자가 없었던 시기라 한자로 기록되었다.

18 (가)에 대한 설명으로 적절하지 않은 것은?

① 유사한 문장 구조를 반복하여 운율감을 드러내고 있다.
② 음성 상징어를 활용하여 긴박한 상황을 나타내고 있다.
③ 비유적 표현을 사용하여 인물의 행동을 보여 주고 있다.
④ 단어의 위치를 의도적으로 뒤바꾸어 웃음을 유발하고 있다.

19 윗글에서 확인할 수 있는 내용으로 알맞은 것은?

① '춘향'은 '어사또'의 수청 제안을 거절했다.
② '어사또'는 지난밤에 옥 문간에서 '걸인'을 만났다.
③ '춘향'은 내려오는 관장을 모두 긍정적으로 평가했다.
④ '향단'은 '어사또'의 정체를 알고 기쁨의 눈물을 흘렸다.

[20~22] 다음 글을 읽고 물음에 답하시오.

(가) 현대인의 삶의 질이 점차 향상됨에 따라 도시공원에 대한 관심도 함께 높아지고 있다. 도시공원은 자연 경관을 보호하고, 사람들의 건강과 휴양, 정서 생활을 위하여 도시나 근교에 만든 공원을 말한다. 또한 도시공원은 휴식을 취할 수 있는 공간인 동시에 여러 사람과 만날 수 있는 소통의 장이기도 하다.

(나) 도시공원은 사람들이 선호하는 도시 시설 가운데 하나이지만 노인, 어린이, 장애인, 임산부 등 사회적 약자에게는 '그림의 떡'인 경우가 많다. 사회적 약자들은 그들의 신체적 제약으로 인해 도시공원에 접근하거나 이를 이용하기에 열악한 상황에 놓여 있기 때문이다.

(다) 우선, 도시공원이 대중교통을 이용해서 가기 어려운 위치에 있는 경우가 많다. 또한 공원에 간다 하더라도 사회적 약자를 미처 배려하지 못한 시설물이 대부분이다. 동선이 복잡하거나 안내 표시가 없어서 불편을 겪는 경우도 있다. 이런 물리적·사회적 문제점들로 인해 실제 공원을 ㉠ 찾는 사회적 약자는 처음 공원 설치 시 기대했던 인원보다 매우 적은 편이다.

(라) 도시공원은 일반인뿐 아니라 사회적 약자들도 동등하게 이용할 수 있는 공간이어야 한다. 이를 위해서는 ㉯ 사회적 약자를 배려한 도시공원 계획이 우선적으로 마련되어야 한다. 사회적 약자에게 필요한 것은 아무리 작은 쌈지 공원[1]이라도 편안하게 접근하여 여러 사람과 소통하거나 쉴 수 있도록 조성된 공간이다.

– 이훈길, 「도시를 걷다」 –

---
[1] 쌈지 공원 : 빌딩 사이의 자투리땅에 조성한 공원

20 (가)~(라)의 중심 내용으로 적절하지 <u>않은</u> 것은?

① (가) : 도시공원의 정의와 기능
② (나) : 사회적 약자가 선호하는 도시 시설
③ (다) : 사회적 약자의 도시공원 이용이 어려운 이유
④ (라) : 바람직한 도시공원의 요건

21 밑줄 친 부분이 ㉠과 가장 유사한 의미로 쓰인 것은?

① 국산품을 찾는 손님이 많다.
② 산을 찾는 사람들이 늘고 있다.
③ 떨어진 바늘을 찾는 일은 어렵다.
④ 마음의 안정을 찾는 것이 좋겠다.

22 윗글을 고려하여 떠올린 ㉯의 구체적인 방안으로 적절하지 <u>않은</u> 것은?

① 공원 내에서 이동하기 쉽도록 동선을 설계한다.
② 공원 내에 바닥 조명을 설치하여 방향 유도 체계를 만든다.
③ 공원 내에 사회적 약자와 일반인의 공간을 분리하여 설계한다.
④ 대중교통을 이용해서 접근하기 쉬운 곳에 공원을 배치한다.

[23~25] 다음 글을 읽고 물음에 답하시오.

> 니체는 '망각은 새로운 것을 ㉠ 수용하게 하는 적극적이고 능동적인 힘'이라고 말했다. 잊어버린다는 사실은 과거에 ㉡ 구속되지 않고 현재를 살아가게 하는 원동력이 된다는 것이다. 그런데 자연스레 잊혀야 할 일들이 도무지 잊히지 않아 괴로워하는 사람들이 있다. 그들은 인터넷에 남아 있는 잊고 싶은 과거의 흔적이나 뜻하지 않게 퍼진 사진 때문에 고통받고 있다.
>
> 이러한 현실을 고려하여 '잊힐 권리'의 법적 보장 문제가 논의될 필요가 있다. '잊힐 권리'란 인터넷에 공개된 이용자 정보에 대해 당사자가 검색되는 것을 원하지 않을 경우, 해당 포털 사이트에 검색 결과의 삭제를 요구할 수 있는 권리를 말한다. ㉢ 노출되길 원하지 않았던 정보가 인터넷에 유출되어 정신적 피해를 입고 있는 사람들에게는 자신의 정보가 올라간 사이트를 찾아다니며 일일이 삭제 요청을 하는 것 외에는 대응 수단이 없다. 그러나 이런 방식에는 분명 한계가 있으므로 법적으로 ㉣ 확실하게 잊힐 권리를 보장해야 한다. 해당 정보가 단순한 개인 정보라면 사생활을 보호하기 위해서라도 그 정보의 삭제를 요청할 수 있는 권리를 지켜 주어야 한다.
>
> ㉮ 잊힐 권리의 보장으로 '알 권리'라고 하는 또 다른 권리가 침해된다고 주장하는 사람들도 있다. 잊힐 권리를 보장하게 되면 법적인 권력이나 자본을 소유한 사람들에게 악용될 소지가 크다는 것이다. 그러나 더욱 바람직하고 건강한 사회를 만들기 위해 잊힐 권리의 법적 보장에 대해 꼭 한번 고민해 볼 필요가 있다.
>
> – 윤용아, 「잊힐 권리와 알 권리」 –

23 윗글을 읽은 후, 타인과 소통하며 이해를 확장하기 위해 한 활동으로 적절하지 <u>않은</u> 것은?

① 이 글에 나타난 '잊힐 권리'에 대한 핵심 내용을 요약한다.
② 친구들과 함께 '잊힐 권리'의 필요성을 주제로 토의를 진행한다.
③ 전문가를 대상으로 '잊힐 권리'의 법적 보장에 대한 인터뷰를 실시한다.
④ 인터넷 게시판에서 '잊힐 권리'의 법적 보장을 논제로 한 토론에 참여한다.

24 ㉮가 제시할 근거로 가장 적절한 것은?

① '알 권리'를 인정하면 사생활을 보호할 수 있기 때문이다.
② '알 권리'를 인정하면 망각이 쉽게 일어날 수 있기 때문이다.
③ '잊힐 권리'를 인정하면 정보 비공개로 인해 공익이 저해될 수 있기 때문이다.
④ '잊힐 권리'를 인정하면 정보 유출로 인한 고통이 늘어날 수 있기 때문이다.

25 ㉠~㉣을 고유어로 바꾸고자 할 때, 적절하지 <u>않은</u> 것은?

① ㉠ : 받아들이게   ② ㉡ : 얽매이지
③ ㉢ : 드러나길   ④ ㉣ : 올바르게

제2교시

수 학

정답 및 해설 476p |

01 두 다항식 $A=x^2+2x$, $B=2x^2-x$에 대하여 $A+B$는?

① x^2-x ② x^2+x

③ $3x^2-x$ ④ $3x^2+x$

02 등식 $x^2+ax+3=x^2+5x+b$가 x에 대한 항등식일 때, 두 상수 a, b에 대하여 $a-b$의 값은?

① 2   ② 4

③ 6   ④ 8

03 다항식 $2x^3+3x^2-1$을 $x-1$로 나누었을 때, 나머지는?

① 2   ② 3

③ 4   ④ 5

04 다항식 $x^3-6x^2+12x-8$을 인수분해한 식이 $(x-a)^3$일 때, 상수 a의 값은?

① 1   ② 2

③ 3   ④ 4

05 복소수 $5+4i$의 켤레복소수가 $a+bi$일 때, 두 실수 a, b에 대하여 $a+b$의 값은? (단, $i=\sqrt{-1}$)

① 1   ② 3

③ 5   ④ 7

06 두 수 3, 4를 근으로 하고 x^2의 계수가 1인 이차방정식이 $x^2-7x+a=0$일 때, 상수 a의 값은?

① 3   ② 6

③ 9   ④ 12

07 $-3 \le x \le 0$일 때, 이차함수 $y=x^2+2x-1$의 최솟값은?

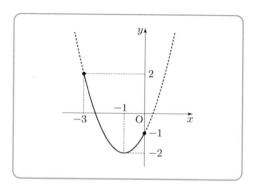

① -2 ② -1

③ 1   ④ 2

08 사차방정식 $x^4+2x^2+a=0$의 한 근이 1일 때, 상수 a의 값은?

① -3 ② -1

③ 1   ④ 3

09 연립방정식 $\begin{cases} x+y=6 \\ xy=a \end{cases}$의 해가 $x=4, y=b$

일 때, 두 상수 a, b에 대하여 $a+b$의 값은?

① 9   ② 10

③ 11   ④ 12

10 이차부등식 $(x+3)(x-2)\geq 0$의 해는?

① $x\geq -3$ ② $-3\leq x\leq 2$

③ $x\geq 2$ ④ $x\leq -3$ 또는 $x\geq 2$

11 수직선 위의 두 점 $A(1)$, $B(5)$에 대하여 선분 AB를 $3:1$로 내분하는 점 P의 좌표는?

① 3   ② $\dfrac{7}{2}$

③ 4   ④ $\dfrac{9}{2}$

12 점 $(-2, 1)$을 지나고 기울기가 3인 직선의 방정식은?

① $y=-3x+1$ ② $y=-3x+7$

③ $y=3x+1$ ④ $y=3x+7$

13 중심의 좌표가 $(2, 1)$이고, y축에 접하는 원의 방정식은?

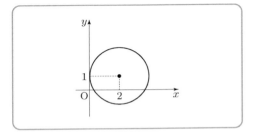

① $(x-2)^2+(y-1)^2=1$

② $(x-2)^2+(y-1)^2=4$

③ $(x-1)^2+(y-2)^2=1$

④ $(x-1)^2+(y-2)^2=4$

14 좌표평면 위의 점 $(2, 4)$를 y축에 대하여 대칭이동한 점의 좌표는?

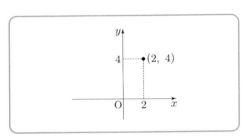

① $(-2, -4)$ ② $(-2, 4)$

③ $(4, -2)$ ④ $(4, 2)$

15 두 집합 $A = \{1, a-1, 5\}$, $B = \{1, 3, a+1\}$에 대하여 $A = B$일 때, 상수 a의 값은?

① 3   ② 4

③ 5   ④ 6

16 명제 '평행사변형이면 사다리꼴이다.'의 대우는?

① 사다리꼴이면 평행사변형이다.

② 평행사변형이면 사다리꼴이 아니다.

③ 사다리꼴이 아니면 평행사변형이 아니다.

④ 평행사변형이 아니면 사다리꼴이 아니다.

17 두 함수 $f : X \rightarrow Y$, $g : Y \rightarrow Z$가 그림과 같을 때, $(g \circ f)(3)$의 값은?

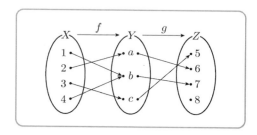

① 5   ② 6

③ 7   ④ 8

18 유리함수 $y = \dfrac{1}{x-2} - 1$의 그래프는 유리함수 $y = \dfrac{1}{x}$의 그래프를 x축의 방향으로 a만큼, y축의 방향으로 b만큼 평행이동한 것이다. 두 상수 a, b에 대하여 $a+b$의 값은?

① -1 ② 1

③ 3   ④ 5

19 그림과 같이 3명의 수학자 사진이 있다. 이 중에서 서로 다른 2명의 사진을 택하여 수학 신문의 1면과 2면에 각각 싣는 경우의 수는?

① 4   ② 5

③ 6   ④ 7

20 그림과 같이 수학 진로 선택 과목이 있다. 이 중에서 서로 다른 2과목을 선택하는 경우의 수는?

① 3   ② 4

③ 5   ④ 6

제3교시

영 어

[01~03] 다음 밑줄 친 부분의 뜻으로 가장 적절한 것을 고르시오.

01
> It is my <u>duty</u> to take out the trash at home on Sundays.

① 갈등　　　② 노력
③ 의무　　　④ 자유

02
> People need to <u>depend on</u> each other when working as a team.

① 찾다　　　② 내리다
③ 의존하다　　④ 비난하다

03
> I have met a lot of nice people, <u>thanks to</u> you.

① 덕분에　　　② 대신에
③ 불구하고　　④ 제외하고

04 다음 밑줄 친 두 단어의 의미 관계와 <u>다른</u> 것은?

> A <u>polite</u> gesture in one country may be a <u>rude</u> one in another.

① smart − wise
② right − wrong
③ safe − dangerous
④ same − different

05 다음 행사 광고문에서 언급되지 <u>않은</u> 것은?

K-POP CONCERT 2023
Eight World-famous K-Pop Groups Are Performing!
Date : June 8th (Thursday), 2023
Location : World Cup Stadium
Time : 7:30 p.m. - 9:30 p.m.

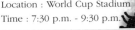

① 날짜　　　② 장소
③ 시간　　　④ 입장료

[06~08] 다음 빈칸에 공통으로 들어갈 말로 가장 적절한 것을 고르시오.

06
> • We had to _____ up in order to get a better view.
> • I can't _____ people who don't follow rules in public.

① fail　　　② begin
③ stand　　　④ remind

07

- Jinsu, _____ museum will you visit tomorrow?
- A dictionary is a book _____ has explanations of words.

① how
② which
③ when
④ where

08

- My tastes are different _____ yours.
- English words come _____ a wide variety of sources.

① for
② off
③ from
④ about

09 다음 대화에서 밑줄 친 표현의 의미로 가장 적절한 것은?

A : Look, Junho. I finally got an A on my math exam!
B : You really did well on your exam. What's your secret?
A : I've been studying math everyday, staying up late even on weekends.
B : You are a good example of 'no pain, no gain.'

① 철이 뜨거울 때 내려쳐라.
② 수고 없이 얻는 것은 없다.
③ 시간은 화살처럼 빨리 지나간다.
④ 필요할 때 친구가 진정한 친구이다.

10 다음 대화에서 알 수 있는 B의 심정으로 가장 적절한 것은?

A : It's raining cats and dogs.
B : Raining cats and dogs? Can you tell me what it means?
A : It means it's raining very heavily.
B : Really? I'm interested in the origin of the expression.

① 불안
② 슬픔
③ 흥미
④ 실망

11 다음 대화가 이루어지는 장소로 가장 적절한 것은?

A : Good morning, how may I help you?
B : Wow, it smells really good in here.
A : Yes, the bread just came out of the oven.
B : I'll take this freshly baked one.

① 제과점
② 세탁소
③ 수영장
④ 미용실

12 다음 글에서 밑줄 친 It이 가리키는 것으로 가장 적절한 것은?

> Smiling reduces stress and lowers blood pressure, contributing to our physical well-being. It also increases the amount of feel-good hormones in the same way that good exercise does. And most of all, a smile influences how other people relate to us.

① friend　　　② smiling

③ country　　　④ exercising

[13~14] 다음 대화의 빈칸에 들어갈 말로 가장 적절한 것을 고르시오.

13

> A : Matt, _____?
> B : How about the N Seoul Tower? We can see the whole city from the tower.
> A : After that, let's walk along the Seoul City Wall.
> B : Perfect! Now, let's go explore Seoul.

① where shall we go first

② what do you do for a living

③ how often do you come here

④ why do you want to be an actor

14

> A : What should I do to make more friends?
> B : It's important to _____.

① get angry easily

② cancel your order now

③ check your reservation

④ be nice to people around you

15 다음 대화의 주제로 가장 적절한 것은?

> A : Can you share any shopping tips?
> B : Sure. First of all, always keep your budget in mind.
> A : That's a good point. What else?
> B : Also, don't buy things just because they're on sale.
> A : Thanks! Those are great tips.

① 현명하게 쇼핑하는 방법

② 일기를 써야 하는 이유

③ 건축 시 기둥의 중요성

④ 계단을 이용할 때의 장점

16 다음 글을 쓴 목적으로 가장 적절한 것은?

Many people have difficulty finding someone for advice. You may have some personal problems and don't want to talk to your parents or friends about them. Why don't you join our online support group? We are here to help you.

① 거절하려고　　② 권유하려고
③ 비판하려고　　④ 사과하려고

18 다음 Earth Hour campaign에 대한 설명과 일치하지 <u>않는</u> 것은?

Why don't we join the Earth Hour campaign? It started in Sydney, Australia, in 2007. These days, more than 7,000 cities around the world are participating. Earth Hour takes place on the last Saturday of March. On that day people turn off the lights from 8:30 p.m. to 9:30 p.m.

① 호주 시드니에서 시작했다.
② 칠천 개 이상의 도시가 참여한다.
③ 3월 마지막 주 토요일에 열린다.
④ 사람들은 그날 하루 종일 전등을 끈다.

17 다음 기타 판매 광고문의 내용과 일치하지 않는 것은?

For Sale
Features : It's a guitar with six strings.
Condition : It's used but in good condition.
Price : $150 (original price : $350)
Contact : If you have any questions, call me at 014-4365-8704.

① 줄이 여섯 개 있는 기타이다.
② 새것이라 완벽한 상태이다.
③ 150달러에 판매된다.
④ 전화로 문의 가능하다.

19 다음 글의 주제로 가장 적절한 것은?

Recent research shows how successful people spend time in the morning. They wake up early and enjoy some quiet time. They exercise regularly. In addition, they make a list of things they should do that day. Little habits can make a big difference towards being successful.

① 인간의 기본적인 욕구와 특성
② 운동 전 스트레칭이 중요한 이유
③ 합창에서 반드시 지켜야 할 규칙
④ 성공한 사람들의 아침 시간 활용 방법

[20~21] 다음 글의 빈칸에 들어갈 말로 가장 적절한 것을 고르시오.

20

> People who improve themselves try to understand what they did wrong, so they can do better the next time. The process of learning from mistakes makes them smarter. For them, every _____ is a step towards getting better.

① love   ② nation

③ village   ④ mistake

21

> I'd like to have a parrot as a _____. Let me tell you why. First, a parrot can repeat my words. If I say "Hello" to it, it will say "Hello" to me. Next, it has gorgeous, colorful feathers, so just looking at it will make me happy. Last, parrots live longer than most other animals kept at home.

① pet   ② word

③ color   ④ plant

22 글의 흐름으로 보아 다음 문장이 들어가기에 가장 적절한 곳은?

> However, despite its usefulness, plastic pollutes the environment severely.

> Plastic is a very useful material. (①) Its usefulness comes from the fact that plastic is cheap, lightweight, and strong. (②) For example, plastic remains in landfills for hundreds or even thousands of years, resulting in soil pollution. (③) The best solution to this problem is to create eco-friendly alternatives to plastic. (④)

23 다음 글의 바로 뒤에 이어질 내용으로 가장 적절한 것은?

> Beans have been with us for thousands of years. They are easy to grow everywhere. More importantly, they are high in protein and low in fat. These factors make beans one of the world's greatest superfoods. Now, let's learn how beans are cooked in a variety of ways around the world.

① 콩 재배의 역사   ② 콩의 수확 시기

③ 콩 섭취의 부작용   ④ 콩의 다양한 요리법

[24~25] 다음 글을 읽고 물음에 답하시오.

Volunteering gives you a healthy mind. According to one survey, 96 % of volunteers report feeling happier after doing it. If you help others in the community, you will feel better about yourself. It can also motivate you to live with more energy that can help you in your ordinary daily life. Therefore, you will have a more _____ view of life.

24 윗글의 빈칸에 들어갈 말로 가장 적절한 것은?

① shy   ② useless

③ unhappy   ④ positive

25 윗글의 주제로 가장 적절한 것은?

① 외로움의 유용함

② 달 연구의 어려움

③ 자원봉사가 주는 이점

④ 온라인 수업 도구의 다양성

제4교시

사 회

정답 및 해설 483p |

01 ㉠에 들어갈 내용으로 옳은 것은?

> 우리나라 법 체계에서 (㉠)은/는 국가의 통치 조직과 운영 원리 및 국민의 기본적 인권을 규정한 최고의 법이다.

① 명령
② 법률
③ 조례
④ 헌법

02 다음 설명에 해당하는 기본권은?

> 다른 기본권이 침해되었을 때, 이를 구제하도록 요구할 수 있는 권리이다. 청원권 등이 이에 해당한다.

① 자유권
② 참정권
③ 청구권
④ 평등권

03 ㉠에 들어갈 용어로 옳은 것은?

> (㉠)은/는 인간이라면 누구나 누릴 수 있는 기본적인 권리이다. 모든 사람이 차별 없이 누리는 보편성, 사람이라면 누구나 태어나면서부터 가지는 천부성, 박탈당하지 않고 영구히 보장되는 항구성, 누구도 침범할 수 없는 불가침성을 특성으로 한다.

① 능력
② 의무
③ 인권
④ 정의

04 다음 설명에 해당하는 것은?

> • 선택을 통해 얻게 되는 이익이다.
> • 물질적이고 금전적인 이익뿐 아니라 즐거움이나 성취감 같은 비금전적인 것도 포함한다.

① 편익
② 희소성
③ 금융 자산
④ 암묵적 비용

05 다음 설명에 해당하지 <u>않는</u> 것은?

> • 정부를 구성 단위로 하는 국제 사회의 행위 주체이다.
> • 국가들 사이의 이해관계를 조정하거나 국가 간 분쟁을 중재한다.

① 유럽 연합(EU)
② 다문화 사회
③ 세계 무역 기구(WTO)
④ 경제 협력 개발 기구(OECD)

06 ㉠에 들어갈 용어로 가장 적절한 것은?

> **탐구 활동 보고서**
> 주제 : [㉠]
> • 정의 : 시장에서 자원의 배분이 효율적으로 이루어지지 못하는 상태
> • 사례 : 독과점 문제 발생, 외부 효과의 발생, 공공재의 공급 부족

① 남초 현상　　　② 시장 실패
③ 규모의 경제　　④ 소비자 주권

07 다음 헌법 조항에 나타난 제도로 가장 적절한 것은?

> 제40조 입법권은 국회에 속한다.
> 제66조 ④ 행정권은 대통령을 수반으로 하는 정부에 속한다.
> 제101조 ① 사법권은 법관으로 구성된 법원에 속한다.

① 권력 분립 제도　　② 사회 보장 제도
③ 위헌 법률 심판　　④ 헌법 소원 심판

08 다음에서 설명하는 것은?

> • 의미 : 국가가 생활 유지 능력이 없거나 생활이 어려운 국민의 최저 생활을 보장하고 자립을 지원하는 제도
> • 종류 : 국민 기초 생활 보장 제도 등

① 공공 부조　　　② 재무 설계
③ 정주 환경　　　④ 지리적 표시제

09 다음에서 설명하는 자산 관리의 원칙은?

> • 원금에 비해 얻을 수 있는 이익의 정도
> • 금융 상품의 가격 상승이나 이자 수익을 기대할 수 있는 정도

① 다양성　　　② 수익성
③ 유동성　　　④ 편재성

10 문화를 우열 관계로 인식하는 태도로 옳은 것을 〈보기〉에서 고른 것은?

> ───〈보기〉───
> ㄱ. 문화 상대주의　　ㄴ. 자유 방임주의
> ㄷ. 문화 사대주의　　ㄹ. 자문화 중심주의

① ㄱ, ㄴ　　　② ㄱ, ㄹ
③ ㄴ, ㄷ　　　④ ㄷ, ㄹ

11 ㉠에 들어갈 내용으로 가장 적절한 것은?

> 학습 주제 : (㉠)의 사례 조사하기
> • 사례1 : 이산화탄소 배출을 줄이기 위해 지역 농산물을 구매한다.
> • 사례2 : 생산자들에게 정당한 몫을 주는 공정 무역 커피를 구매한다.

① 뉴딜 정책　　　② 유리 천장
③ 윤리적 소비　　④ 샐러드 볼 이론

12 다음에서 설명하는 것은?

> 두 차례의 세계 대전을 겪은 뒤, 국제 연합(UN) 총회에서 인류가 당연히 누려야 할 권리를 규정하고 인권 보장의 국제적 기준을 제시한 선언이다.

① 권리 장전
② 바이마르 헌법
③ 세계 인권 선언
④ 미국 독립 선언

13 다음에 해당하는 문화 변동 양상은?

> 한 문화가 다른 문화에 흡수되어 소멸하는 현상

① 문화 갈등
② 문화 성찰
③ 문화 병존
④ 문화 동화

14 한대 기후의 특성에 따른 생활 모습으로 옳은 것을 〈보기〉에서 고른 것은?

> ───〈 보기 〉───
> ㄱ. 순록 유목
> ㄴ. 이동식 화전 농업
> ㄷ. 가축의 털로 만든 옷
> ㄹ. 통풍을 위한 큰 창문

① ㄱ, ㄴ
② ㄱ, ㄷ
③ ㄴ, ㄹ
④ ㄷ, ㄹ

15 다음에서 설명하는 자연재해는?

> • 분류 : 지형적 요인에 의한 자연재해
> • 원인 : 급격한 지각 변동
> • 현상 : 높은 파도가 빠른 속도로 해안으로 밀려옴.

① 가뭄
② 폭설
③ 지진 해일
④ 열대 저기압

16 ㉠, ㉡에 해당하는 화석 연료로 옳은 것은?

> • (㉠) : 18세기 산업 혁명기에 증기기관의 연료로 사용
> • (㉡) : 현재 세계에서 가장 소비량이 많은 에너지 자원

	㉠	㉡		㉠	㉡
①	석유	천연가스	②	석유	석탄
③	석탄	천연가스	④	석탄	석유

17 ㉠에 들어갈 내용으로 가장 적절한 것은?

> **이슬람교 문화의 특징**
> • (금기 음식 : 돼지고기, 술
> • (전통 의상 : [㉠]

① 게르
② 판초
③ 부르카
④ 마타도르

18 다음에서 설명하는 것은?

> • 대도시의 기능과 영향력이 주변 지역으로 확대되면서 형성되는 생활권이다.
> • 집과 직장의 거리가 멀어지는 사람들이 많아진다.

① 대도시권
② 누리 소통망(SNS)
③ 커뮤니티 매핑
④ 지리 정보 시스템(GIS)

19 ㉠에 들어갈 내용으로 옳은 것은?

> (㉠)의 원인
> • 도시의 아스팔트 도로와 콘크리트 구조물의 증가
> • 도시 내부의 인공 열 발생

① 슬럼
② 열섬 현상
③ 빨대 효과
④ 제노포비아

20 인구 분포에 영향을 미치는 사회적 요인으로 옳은 것은?

① 사막
② 온화한 기후
③ 험준한 산지
④ 풍부한 일자리

21 다음에 해당하는 분쟁 지역을 지도의 A~D에서 고른 것은?

> 카슈미르 지역에서 발생한 인도와 파키스탄의 분쟁

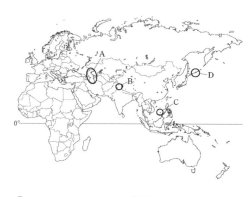

① A
② B
③ C
④ D

22 정보화로 인한 생활 양식의 변화로 적절하지 않은 것은?

① 시공간의 제약이 완전히 사라졌다.
② 원격 진료나 원격 교육이 가능해졌다.
③ 전자 상거래를 통해 물건을 구매할 수 있게 되었다.
④ 가상공간을 통해 개인의 정치적 의견을 토론할 수 있게 되었다.

2023년 1회

23 산업화가 가져온 변화로 옳은 것을 〈보기〉에서 고른 것은?

─〈보기〉─
ㄱ. 녹지 면적 증가
ㄴ. 농업 중심 사회 형성
ㄷ. 직업의 다양성 증가
ㄹ. 도시화의 촉진

① ㄱ, ㄴ ② ㄱ, ㄷ
③ ㄴ, ㄹ ④ ㄷ, ㄹ

24 다음에서 설명하는 것은?

각종 개발 사업이 시행되기 전에 환경에 미치게 될 영향을 예측하고 평가하여 환경 오염을 줄이려는 방안을 마련하는 제도이다.

① 용광로 정책 ② 공적 개발 원조
③ 환경 영향 평가 ④ 핵 확산 금지 조약

25 ㉠에 들어갈 내용으로 옳은 것은?

〈환경 문제 해결을 위한 노력〉
1. 환경 보호를 위한 국제 비정부 기구의 노력
 • 주요 활동 : 환경 오염 유발 행위 감시활동
 • 단체 : ㉠

① 그린피스(Greenpeace)
② 브렉시트(Brexit)
③ 국제통화기금(IMF)
④ 세계 보건 기구(WHO)

제5교시

과 학

정답 및 해설 486p |

---

01 그림은 핵분열 반응을 나타낸 것이다. 다음 중 이 반응을 이용하는 핵발전의 연료에 해당하는 것은?

① 바람
② 석탄
③ 수소
④ 우라늄

02 열효율이 20%인 열기관에 공급된 열에너지가 100J일 때 이 열기관이 한 일은?

① 10J
② 20J
③ 30J
④ 40J

03 그림은 자유 낙하하는 물체를 같은 시간 간격으로 나타낸 것이다. 구간 A~C에서 물체의 운동에 대한 설명으로 옳은 것은? (단, 공기 저항은 무시한다.)

① A에서 가속도는 0이다.
② B에서 속도는 일정하다.
③ C에서 물체에 작용하는 힘은 0이다.
④ A와 B에서 물체에 작용하는 힘의 방향은 같다.

04 그림은 질량이 다른 두 물체 A, B가 수평면에서 각각 일정한 속도로 운동하고 있는 모습을 나타낸 것이다. 두 물체의 운동량의 크기가 같을 때 B의 속도 v는?

① 3m/s
② 5m/s
③ 7m/s
④ 9m/s

05 다음 설명에 해당하는 신소재는?

• 그래핀이 튜브 형태로 결합된 구조이다.
• 구리보다 열전도율이 뛰어나다.

① 고무
② 유리
③ 나무
④ 탄소 나노 튜브

06 설탕과 염화 나트륨(NaCl)에 대한 설명으로 옳은 것만을 〈보기〉에서 모두 고른 것은?

〈보기〉
ㄱ. 설탕은 이온 결합 물질이다.
ㄴ. 설탕을 물에 녹이면 대부분 이온이 된다.
ㄷ. NaCl은 수용액 상태에서 전기가 통한다.

① ㄱ ② ㄷ
③ ㄱ, ㄴ ④ ㄴ, ㄷ

07 그림은 전기 에너지의 생산과 수송 과정을 나타낸 것이다. 이에 대한 설명으로 옳지 <u>않은</u> 것은?

① 발전소는 전기 에너지를 생산하는 곳이다.
② 변전소는 전압을 바꾸는 역할을 한다.
③ 전력 수송 과정에서 전력 손실은 발생하지 않는다.
④ 주상 변압기는 전압을 220 V로 낮춰 가정으로 전기 에너지를 공급한다.

08 그림은 산소와 네온 원자의 전자 배치를 나타낸 것이다. 산소 원자가 안정한 원소인 네온과 같은 전자 배치를 하기 위해 얻어야 하는 전자의 개수는?

① 1개 ② 2개
③ 3개 ④ 4개

09 다음 설명의 ㉠에 해당하는 것은?

질산 은($AgNO_3$) 수용액에 구리(Cu) 선을 넣어 두면 구리는 전자를 잃어 구리 이온(Cu^{2+})으로 산화되고, 은 이온(Ag^+)은 전자를 얻어 은(Ag)으로 ⟨ ㉠ ⟩ 된다.

① 산화 ② 연소
③ 중화 ④ 환원

10 수산화 나트륨(NaOH) 수용액은 붉은색 리트머스 종이를 푸른색으로 변하게 하는 성질이 있다. 다음 물질의 수용액 중 이와 같은 성질을 나타내는 것은?

① HCl ② KOH
③ HNO_3 ④ H_2SO_4

11 다음 화학 반응식에서 수소 이온(H^+)과 수산화 이온(OH^-)이 반응하는 개수비는?

$$H^+ + OH^- \rightarrow H_2O$$

	H^+	OH^-		H^+	OH^-
①	1	:	1	②	1	:	2
③	2	:	1	④	3	:	2

12 그림은 단백질의 형성 과정을 나타낸 것이다. 단백질을 구성하는 단위체 A는?

① 녹말   ② 핵산
③ 포도당   ④ 아미노산

13 다음 설명의 ㉠에 해당하는 것은?

한 생물종 내에서도 개체마다 유전자가 달라 다양한 형질이 나타난다. 하나의 종에서 나타나는 유전자의 다양한 정도를 [㉠] 이라고 한다.

① 군집   ② 개체군
③ 유전적 다양성   ④ 생태계 다양성

14 다음 중 생물이 생명 유지를 위해 생명체 내에서 물질을 분해하거나 합성하는 모든 화학 반응을 무엇이라고 하는가?

① 삼투   ② 연소
③ 확산   ④ 물질대사

15 그림과 같이 광합성이 일어나는 식물의 세포 소기관은?

① 핵   ② 엽록체
③ 세포막   ④ 미토콘드리아

16 그림은 세포 내 유전 정보의 흐름을 나타낸 것이다. ㉠과 ㉡에 해당하는 물질은?

	㉠	㉡		㉠	㉡
①	단백질	단백질	②	단백질	RNA
③	RNA	단백질	④	RNA	RNA

17 다음 설명에 해당하는 것은?

- 이중 나선 구조이다.
- A, G, C, T의 염기 서열로 유전 정보를 저장한다.

① 지방   ② 효소
③ 단백질   ④ DNA

18 그림은 생태계의 구성 요소 중 생물적 요인을 나타낸 것이다. A에 해당하는 생물은?

① 벼   ② 토끼
③ 독수리   ④ 곰팡이

19 그림은 어느 지질 시대의 표준 화석을 나타낸 것이다. 이 생물이 번성하였던 지질 시대는?

① 신생대   ② 중생대
③ 고생대   ④ 선캄브리아 시대

20 그림은 지구 내부의 층상 구조를 나타낸 것이다. A~D는 각각 지각, 맨틀, 외핵, 내핵 중 하나이다. 액체 상태인 층은?

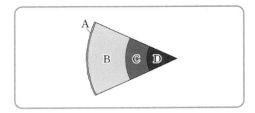

① A   ② B
③ C   ④ D

21 다음 판의 경계에 발달하는 지형은?

- 발산형 경계이다.
- 맨틀 대류 상승부이다.
- 판이 생성되는 곳이다.

① 해령   ② 해구
③ 호상 열도   ④ 변환 단층

22 그림은 지구 시스템을 이루는 각 권의 상호 작용을 나타낸 것이다. A~D 중 화산 활동에 의한 화산 가스가 대기 중에 방출되는 것에 해당하는 상호 작용은?

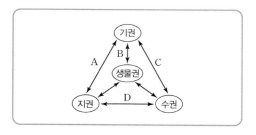

① A ② B
③ C ④ D

23 다음 설명의 ㉠에 해당하는 것은?

태평양의 적도 부근에서 부는 무역풍이 몇 년에 한 번씩 약해지면서 남적도 해류의 흐름이 느려져서, 동태평양 적도 해역의 표층 수온이 평상시보다 높아진다. 이러한 현상을 ___㉠___ 라고 한다.

① 사막화 ② 산사태
③ 엘니뇨 ④ 한파

24 그림은 수소 기체 방전관에서 나온 빛의 방출 스펙트럼을 분광기를 이용하여 맨눈으로 관찰한 것을 나타낸 것이다. 이에 대한 설명으로 옳은 것만을 〈보기〉에서 모두 고른 것은?

〈보기〉
ㄱ. 선 스펙트럼이다.
ㄴ. 가시광선 영역에 속한다.
ㄷ. 헬륨의 스펙트럼도 같은 위치에 선이 나타난다.

① ㄱ ② ㄷ
③ ㄱ, ㄴ ④ ㄴ, ㄷ

25 그림은 질량이 태양 정도인 별의 중심부에서 핵융합 반응이 모두 끝났을 때의 내부 구조를 나타낸 것이다. ㉠에 해당하는 원소는?

① 헬륨 ② 산소
③ 철 ④ 우라늄

제6교시

한국사

정답 및 해설 489p

01 ㉠에 들어갈 유물로 옳은 것은?

〈신석기 시대 생활 체험하기〉
- 장소 : 서울 강동구 암사동 선사 유적지
- 체험 활동 – 가락바퀴를 이용하여 실 뽑기
  - ㉠

① 상평통보
② 비파형 동검
③ 빗살무늬 토기
④ 불국사 3층 석탑

02 ㉠에 들어갈 내용으로 옳은 것은?

〈법흥왕의 업적〉
- 불교 공인
- 금관가야 정복
- ㉠

① 율령 반포
② 훈민정음 창제
③ 사심관 제도 실시
④ 전민변정도감 설치

03 다음 설명에 해당하는 문서는?

일본 도다이사 쇼소인에서 발견된 문서이다. 이 문서에는 서원경(충북 청주)에 속한 촌락을 비롯한 4개 촌락의 인구 수, 토지의 종류와 크기, 소와 말의 수 등이 기록되어 있어 당시의 경제 상황을 알 수 있다.

① 공명첩
② 시무 28조
③ 영남 만인소
④ 신라 촌락 문서

04 ㉠에 들어갈 내용으로 옳은 것은?

《삼국 통일 과정》
백제 멸망 → 고구려 멸망 → ㉠ → 삼국 통일

① 귀주 대첩
② 매소성 전투
③ 봉오동 전투
④ 한산도 대첩

05 두 학생의 대화 내용에 해당하는 인물은?

고려의 승려로 해동 천태종을 창시하였지.

그래. 그는 교리 연구와 실천적 수행을 병행해야 한다는 교관겸 수를 주장하기도 했어.

① 김구
② 의천
③ 안중근
④ 전태일

06 다음 내용이 원인이 되어 일어난 사건은?

- 명성 황후 시해 사건
- 단발령 실시

① 갑신정변
② 병자호란
③ 을미의병
④ 무신 정변

07 ㉠에 들어갈 내용으로 옳은 것은?

《수행 평가 계획서》
• 주제 : 고려 광종의 정책
• 조사할 내용 : _____㉠_____ , 과거제 등

① 신문지법
② 노비안검법
③ 치안 유지법
④ 국가 총동원법

08 다음 사건이 일어난 시기에 대한 설명으로 옳은 것은?

• 홍경래의 난(1811)
• 임술 농민 봉기(1862)

① 권문세족이 농장을 확대하였다.
② 세도 가문이 권력을 독점하였다.
③ 진골 귀족들이 왕위 쟁탈전을 벌였다.
④ 일제가 황국 신민화 정책을 추진하였다.

09 ㉠에 들어갈 내용으로 가장 적절한 것은?

질문 고려 양인 중 _____㉠_____ 에 대해 알려 주세요.
답변 ㄴ. 과거 응시와 거주 이전에 제한이 있었습니다.
     ㄴ. 일반 군현민에 비해 많은 세금을 부담해야 했습니다.

① 노비
② 향리
③ 하급 장교
④ 향 · 소 · 부곡민

10 다음에서 설명하는 조선의 교육 기관은?

• 사림의 주도로 설립되기 시작함.
• 지방 양반의 권위를 강화하는 역할을 함.
• 선현에 대한 제사와 학문 연구 및 교육을 담당함.

① 서원
② 광혜원
③ 우정총국
④ 경성 제국 대학

11 ㉠에 들어갈 용어로 옳은 것은?

조선에서는 사헌부, 사간원, 홍문관의 _____㉠_____ 을/를 두어 정사를 비판하고 관리의 비리를 감찰하게 하여 권력의 독점과 부정을 방지하였다.

① 3사
② 비변사
③ 식목도감
④ 군국기무처

12 ㉠에 들어갈 내용으로 옳은 것은?

1866년 프랑스는 병인박해를 구실로 강화도를 공격하였다. 이에 맞서 양헌수 부대가 정족산성에서 승리하여 프랑스군이 철수하였다. 이 과정에서 조선은 _____㉠_____

① 쌍성총관부를 탈환하였다.
② 나 · 제 동맹을 결성하였다.
③ 백두산정계비를 건립하였다.
④ 외규장각 도서를 약탈당하였다.

13 다음 질문에 대한 학생의 답으로 옳은 것은?

한국사 골든벨

동학 농민군이 탐관오리 처벌, 조세 제도 개혁, 사회적 악습 폐지 등을 위해 설치한 농민 자치 기구는 무엇일까요?

① 집강소　　　　② 성균관
③ 국문 연구소　　④ 조선 총독부

14 다음에서 설명하는 민족 운동은?

• 준비 과정에서 민족주의 세력과 사회주의 세력이 연대함.
• 1926년 순종의 장례일에 맞추어 시위를 전개함.

① 새마을 운동　　　② 서경 천도 운동
③ 6 · 10 만세 운동　④ 5 · 18 민주화 운동

15 ㉠에 들어갈 내용으로 옳은 것은?

파일(F) 편집(E) 보기(V) 즐겨찾기(A) 도구(T) 도움말(H)

한국사 묻고 답하기

질문 1910년대 일제의 무단 통치에 대해 알려 주세요.
└ 답변 교사도 제복을 입고 칼을 차게 했어요.
└ 답변 　　　㉠

① 골품제를 실시했어요.
② 삼청 교육대를 설치했어요.
③ 사사오입 개헌을 단행했어요.
④ 헌병 경찰 제도를 실시했어요.

16 ㉠에 들어갈 인물로 옳은 것은?

　1932년 일제는 홍커우 공원에서 상하이 사변의 승리를 축하하는 기념식을 열었다. 이때 　㉠　이 폭탄을 던져 일본의 군 장성과 고관들을 처단하였다. 이를 계기로 중국 국민당 정부는 한국 독립운동을 적극 지원하게 되었다.

① 일연　　　　② 김유신
③ 윤봉길　　　④ 정약용

17 다음에서 설명하는 일제의 식민지 지배 정책은?

• 배경 : 제1차 세계 대전 이후 일본에서 쌀 값이 폭등함.
• 전개 : 일제가 한국을 식량 공급지화함.
• 결과 : 한국의 식량 사정이 악화되고 농민의 부담이 증가함.

① 대동법　　　　② 탕평책
③ 의정부 서사제　④ 산미 증식 계획

18 ㉠에 들어갈 내용으로 옳은 것은?

◈ 역사 인물 카드 ◈

방정환

• 생몰 연도 : 1899년~1931년
• 주요 활동 – 천도교 소년회를 조직함.
　– 　　㉠

① 현량과를 시행함.
② 「삼국사기」를 저술함.
③ 어린이날 제정을 주도함.
④ 이토 히로부미를 처단함.

19 밑줄 친 ㉠에 해당하는 민주화 운동은?

> 1987년 전두환 대통령의 4·13 호헌 조치에 맞서 시민들은 ㉠ 호헌 철폐와 독재 타도를 외치며 전국적으로 시위를 전개하였다. 결국 전두환 정부는 국민의 요구에 굴복하여 대통령 직선제 개헌안을 수용하였다.

① 3·1 운동　　② 6월 민주 항쟁
③ 국채 보상 운동　　④ 금 모으기 운동

20 ㉠에 들어갈 내용으로 옳은 것은?

> 1945년 개최된 [　㉠　]에서 한국의 임시 민주 정부 수립, 이를 위한 미·소 공동 위원회 설치, 신탁 통치 실시 등이 결정되었다.

① 신민회
② 화백 회의
③ 조선 물산 장려회
④ 모스크바 3국 외상 회의

21 다음 전쟁의 결과로 옳지 <u>않은</u> 것은?

> 1950년 6월 25일, 북한의 남침으로 발발하였다. 이후 인천 상륙 작전, 1·4 후퇴를 거쳐 38도선 일대에서 공방전이 지속되다가 1953년 7월 27일 정전 협정이 체결되었다.

① 강화도 조약이 체결되었다.
② 남북 분단이 고착화되었다.
③ 많은 군인과 민간인이 희생되었다.
④ 이산가족과 전쟁고아가 발생하였다.

22 ㉠에 들어갈 내용으로 옳은 것은?

《박정희 정부의 정책》
- 베트남 파병
- 7·4 남북 공동 성명 발표
- ［　㉠　］

① 별기군 창설
② 유신 헌법 제정
③ 독서삼품과 실시
④ 한·일 월드컵 대회 개최

23 다음에서 설명하는 정부는?

> • 삼백 산업 발달
> • 3·15 부정 선거 자행

① 이승만 정부　　② 노태우 정부
③ 김대중 정부　　④ 이명박 정부

24 다음에서 설명하는 군사 조직은?

> • 1940년에 대한민국 임시 정부가 창설함.
> • 총사령관에 지청천, 참모장에 이범석이 취임함.
> • 미국 전략 정보국(OSS)과 협력하여 국내 진공 작전을 계획함.

① 별무반　　② 삼별초
③ 장용영　　④ 한국 광복군

25 ㉠에 들어갈 내용으로 옳은 것은?

> 《김영삼 정부 시기의 경제 상황》
> – ┌─────㉠─────┐
> – 경제 협력 개발 기구(OECD) 가입
> – 외환 위기 발생

① 당백전 발행　　② 방곡령 선포

③ 진대법 실시　　④ 금융 실명제 실시

제7교시

도 덕

정답 및 해설 492p |

01 다음 설명에 해당하는 윤리학은?

> 도덕적 언어의 의미 분석과 도덕적 추론의 정당성을 검증하기 위한 논리 분석을 주된 목표로 하는 윤리학

① 메타 윤리학 ② 실천 윤리학
③ 신경 윤리학 ④ 기술 윤리학

02 다음에서 소개하는 윤리 사상가는?

◈ 도덕 인물 카드 ◈
• 중국 춘추 시대 사상가
• 도가 사상의 창시자로 무위자연을 강조함.
• 『도덕경』에 그의 사상이 잘 나타남.

① 묵자 ② 노자
③ 순자 ④ 맹자

03 도덕적 탐구에 대한 설명으로 옳지 <u>않은</u> 것은?

① 도덕 판단이나 행위의 정당화에 중점을 둔다.
② 도덕적 사고를 통해 이루어지는 지적 활동이다.
③ 도덕적 탐구에는 도덕적 추론 능력이 필요하다.
④ 도덕적 탐구 과정에서는 정서적 측면을 배제해야 한다.

04 다음 설명에 해당하는 것은?

> • 세상 모든 존재는 서로 의지한다는 불교의 근본 교리
> • 모든 존재와 현상은 여러 가지 원인[因]과 조건[緣], 즉 인연에 의해 생겨남.

① 심재(心齋) ② 연기(緣起)
③ 오륜(五倫) ④ 정명(正名)

05 ㉠에 들어갈 사상은?

㉠ —— '최대 다수의 최대 행복'의 원리를 강조함.
—— '어떤 규칙이 최대의 유용성을 낳는가?'를 중시함.
—— 행위 공리주의의 한계를 극복하기 위해 등장함.

① 의무론 ② 덕 윤리
③ 자연법 윤리 ④ 규칙 공리주의

06 다음에서 설명하는 자연관으로 옳은 것은?

> • 과학적 지식을 활용하여 인간이 자연을 정복해야 한다.
> • 자연은 단순한 기계로서 도덕적 고려 대상에서 제외된다.

① 인간 중심주의　　② 동물 중심주의

③ 생명 중심주의　　④ 생태 중심주의

07 다음 설명에 해당하는 것은?

> 정의롭지 못한 법과 정책을 변화시키려는 목적을 가지고 의도적으로 법을 위반하는 행위

① 공정 무역　　　　② 시민 불복종

③ 합리적 소비　　　④ 주민 투표제

08 다음은 서술형 평가 문제와 답안이다. 밑줄 친 ㉠~㉣ 중 옳지 <u>않은</u> 것은?

> 문제 : 과학 기술자의 사회적 책임에 대해 설명하시오.
>
> 〈답안〉
> 　과학 기술자는 ㉠ 인류 복지 향상을 위해 사회적 책임을 다해야 한다. ㉡ 자신의 연구 결과가 사회에 미칠 영향력을 인식해야 하고, ㉢ 자신만의 이익을 위해 연구 결과를 조작해야 한다. 또한 ㉣ 연구 활동이 인간 존엄성을 해치지 않는지 항상 성찰해야 한다.

① ㉠　　　　　　　② ㉡

③ ㉢　　　　　　　④ ㉣

09 대중문화의 건전한 발전을 위한 자세로 옳은 것은?

① 획일화된 문화 상품을 생산해야 한다.

② 대중문화를 무비판적으로 수용해야 한다.

③ 거대 자본으로 대중문화를 지배해야 한다.

④ 주체적인 자세로 대중문화를 감상해야 한다.

10 평화적인 남북통일 실현을 위해 가져야 할 올바른 자세를 〈보기〉에서 고른 것은?

> ─── 〈 보기 〉 ───
> ㄱ. 군사비 증강에 집중하여 무력 통일을 도모한다.
> ㄴ. 통일 시기와 과정은 민주적 절차에 따라 추진한다.
> ㄷ. 남북 교류와 협력을 통해 서로 간에 신뢰를 형성한다.
> ㄹ. 통일 기반 조성을 위한 노력보다 체제 통합을 우선한다.

① ㄱ, ㄴ　　　　　　② ㄱ, ㄹ

③ ㄴ, ㄷ　　　　　　④ ㄷ, ㄹ

11 부부 간의 바람직한 윤리적 자세로 옳지 <u>않은</u> 것은?

① 부부는 서로 신의를 지켜야 한다.

② 부부는 동등한 존재임을 인식해야 한다.

③ 부부는 상대방을 존중하고 배려해야 한다.

④ 부부는 고정된 성 역할을 절대시해야 한다.

12 ㉠에 들어갈 내용으로 가장 적절한 것은?

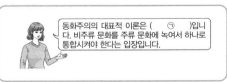

> 동화주의의 대표적 이론은 (㉠)입니다. 비주류 문화를 주류 문화에 녹여서 하나로 통합시켜야 한다는 입장입니다.

① 용광로 이론　　　② 모자이크 이론

③ 샐러드 볼 이론　　④ 국수 대접 이론

13 다음에서 롤스(Rawls, J.)의 관점에만 'v'를 표시한 학생은?

관점　　　　　　　　　　　학생	A	B	C	D
• 분배 절차가 공정하면 분배 결과도 공정하다.		v		v
• 재산이 많을수록 기본적 자유를 더 많이 가져야 한다.	v		v	
• 사회적 약자에게 경제적 이익을 분배해서는 안 된다.		v	v	

① A　　　　　　　② B

③ C　　　　　　　④ D

14 칸트(Kant, I.)의 도덕 법칙에 대한 설명으로 옳은 것을 〈보기〉에서 고른 것은?

〈보기〉
ㄱ. 보편화가 가능해야 한다.
ㄴ. 정언 명령의 형식이어야 한다.
ㄷ. 인간 존엄성과는 무관해야 한다.
ㄹ. 행위의 동기보다 결과를 중시해야 한다.

① ㄱ, ㄴ　　　　　② ㄱ, ㄷ

③ ㄴ, ㄹ　　　　　④ ㄷ, ㄹ

15 인공 임신 중절에 대한 반대 근거로 적절하지 않은 것은?

① 태아는 생명권을 지닌다.

② 태아는 생명이 있는 인간이다.

③ 태아에 대한 소유권은 임신한 여성에게 있다.

④ 태아는 인간으로 발달할 잠재성을 지니고 있다.

16 다음 중 윤리적 소비를 실천한 학생은?

① 학생 1　　　　　② 학생 2

③ 학생 3　　　　　④ 학생 4

17 예술에 대한 도덕주의 입장으로 옳은 것을 〈보기〉에서 고른 것은?

〈보기〉
ㄱ. 예술의 자율성만을 강조해야 한다.
ㄴ. 예술에 대한 윤리적 규제가 필요하다.
ㄷ. 미적 가치를 제외한 모든 가치를 부정해야 한다.
ㄹ. 예술의 목적은 도덕적 교훈을 제공하는 것이다.

① ㄱ, ㄴ　　　　　② ㄱ, ㄷ

③ ㄴ, ㄹ　　　　　④ ㄷ, ㄹ

18 바람직한 의사소통을 위해 갖춰야 할 태도로 옳은 것은?

① 대화의 상대방을 무시하는 태도

② 타인의 주장을 거짓으로 간주하는 태도

③ 진실한 마음으로 상대를 속이지 않는 태도

④ 자신의 오류 가능성을 인정하지 않는 태도

19 전문직 종사자가 지녀야 할 윤리적 자세로 옳은 것은?

① 높은 수준의 직업적 양심과 책임 의식을 지녀야 한다.

② 직무의 공공성보다는 개인적 이익만을 중시해야 한다.

③ 전문성 함양보다 독점적 지위 보장을 우선시해야 한다.

④ 전문 지식을 통해 얻은 뇌물은 정당함을 알아야 한다.

20 교사의 질문에 대한 대답으로 적절하지 <u>않은</u> 것은?

① 학생 1   ② 학생 2
③ 학생 3   ④ 학생 4

21 다음 설명에 해당하는 형벌에 대한 관점은?

> 형벌의 목적은 범죄 예방을 통해 사회 전체의 이익을 증대시키는 것이다.

① 국수주의   ② 공리주의
③ 이기주의   ④ 신비주의

22 다음 설명에 해당하는 개념은?

> • 의미 : 자신의 인간관, 가치관, 세계관 등을 전체적으로 검토하고 반성하는 과정
> • 방법 : 증자의 일일삼성(一日三省), 이황의 경(敬) 등

① 인종 차별   ② 부패 의식
③ 윤리적 성찰   ④ 유전자 조작

23 ㉠, ㉡에 들어갈 사랑과 성에 대한 관점으로 옳은 것은?

(㉠)	결혼이라는 합법적 테두리 내에서 이루어진 성적 관계만이 정당하다.
(㉡)	타인에게 피해를 주지 않고 성인이 자발적으로 동의한다면 사랑 없는 성적 관계도 가능하다.

	㉠	㉡
①	중도주의	보수주의
②	보수주의	자유주의
③	자유주의	중도주의
④	보수주의	중도주의

24 기후 변화에 따른 문제점이 <u>아닌</u> 것은?

① 생태계 교란

② 새로운 질병의 유행

③ 자연재해의 증가

④ 인류의 안전한 삶 보장

25 다음 내용에 해당하는 국제 관계에 대한 입장은?

- 국가는 이성적 존재이기 때문에 국제 분쟁은 국제법, 국제기구 등 제도의 개선으로 해결할 수 있다고 봄.
- 대표적 사상가 : 칸트

① 이상주의   ② 제국주의

③ 현실주의   ④ 지역주의

2023년도

제2회

제1교시

국 어

정답 및 해설 496p |

01 다음 대화에 나타난 특징으로 가장 적절한 것은?

환자 머리에 이데마1)가 있어 만니톨2)을 주사하고 있습니다.

환자가 많이 아파하는 것 같으면 엔시드3)를 주고 저에게 알려 주세요.

전공의 / 신경외과장

1) 이데마(edema) : 부종, 몸이 붓는 증상
2) 만니톨(mannitol) : 부종의 치료에 이용되는 약제
3) 엔시드(ensid) : 진통제, 통증 완화제

① 신조어를 사용하고 있다.

② 전문어를 사용하고 있다.

③ 지역 방언을 사용하고 있다.

④ 관용 표현을 사용하고 있다.

02 수정 후에 반영된 언어 예절에 대한 설명으로 가장 적절한 것은?

[수정 전] 선생님께서 주신 자료가 너무 어려워서 그러는데, 혹시 쉬운 자료가 있을까요?

↓

[수정 후] 선생님께서 주신 자료를 제가 잘 이해하지 못해서 그러는데, 혹시 쉬운 자료가 있을까요?

① 상대를 칭찬하며 말한다.

② 자신의 탓으로 돌려 말한다.

③ 상대의 의견에 동의하며 말한다.

④ 자신의 능력을 과시하며 말한다.

03 다음을 참고할 때 음운 변동에 관한 설명으로 적절한 것은?

■ 자음 체계표(일부) ■

조음 방법 \ 조음 위치	두 입술	윗잇몸	여린 입천장
파열음	ㅂ	ㄷ	ㄱ
비음	ㅁ	ㄴ	ㅇ
유음		ㄹ	

① 심리[심니] : 앞 자음 'ㅁ'이 뒤 자음 'ㄹ'과 조음 방법이 같아짐.

② 종로[종노] : 앞 자음 'ㅇ'이 뒤 자음 'ㄹ'과 조음 위치가 같아짐.

③ 신라[실라] : 앞 자음 'ㄴ'이 뒤 자음 'ㄹ'과 조음 방법이 같아짐.

④ 국물[궁물] : 앞 자음 'ㄱ'이 뒤 자음 'ㅁ'과 조음 위치가 같아짐.

04 다음 한글 맞춤법 규정을 잘못 적용한 것은?

■ 한글 맞춤법 ■
【제15항】 용언의 어간과 어미는 구별하여 적는다.
[붙임 1] 두 개의 용언이 어울려 한 개의 용언이 될 적에, 앞말의 본뜻이 유지되고 있는 것은 그 원형을 밝히어 적고, 그 본뜻에서 멀어진 것은 밝히어 적지 아니한다.

① 인구가 늘어나다

② 갯벌이 드러나다

③ 집으로 돌아가다

④ 단추가 떠러지다

05 다음을 참고할 때 〈보기〉의 ㉠에 들어갈 말로 가장 적절한 것은?

> 다른 사람의 말을 직접 인용할 때는 인용할 내용에 큰따옴표가 붙고 조사 '라고'가 사용된다. 간접 인용할 때는 인용할 내용에 조사 '고'가 붙고, 경우에 따라 인용문의 인칭 대명사, 종결 어미가 바뀐다.

〈보기〉

직접 인용 표현 친구가 나에게 "너의 취미가 뭐야?"라고 물었다.

↓

간접 인용 표현 친구가 나에게 (㉠) 물었다.

① 나의 취미가 뭐냐고
② 그의 취미가 뭐냐고
③ 나의 취미가 뭐냐라고
④ 그의 취미가 뭐냐라고

06 ㉠에 들어갈 내용으로 가장 적절한 것은?

> 주제 : 의약품 개발을 위한 동물 실험 반대
>
> Ⅰ. 서론 : 동물 실험에 대한 문제 제기
> Ⅱ. 본론 : 동물 실험을 반대하는 근거
>   1. 동물 실험은 비윤리적이라는 점에서 문제가 있다.
>   2. 동물 실험 결과를 인간에게 그대로 적용할 수 없다.
>   3. ㉠
> Ⅲ. 결론: 동물 실험이 금지되어야 함을 강조

① 동물 실험을 대체할 실험 방안이 있다.
② 동물 실험이 인간에게 가져다주는 이익이 크다.
③ 동물 실험이 동물 학대를 의미하는 것은 아니다.
④ 동물 실험으로 의약품 개발 비용을 절감할 수 있다.

07 ㉠~㉣을 고쳐 쓴 것으로 적절하지 않은 것은?

> 메모는 기억을 ㉠ 유지되는 가장 좋은 방법이다. ㉡ 충분한 수면은 기억력 향상에 도움을 준다. 여러 가지 생각이 동시에 떠오르거나 기발한 생각이 스쳐 갈 때 이를 메모해 두면 유용하다. 과거에는 메모가 필요한 순간에 메모지나 필기구가 ㉢ 없더라도 불편한 경우가 종종 있었다. ㉣ 그리고 지금은 휴대전화의 기능을 활용하여 전보다 쉽게 메모할 수 있게 되었다.

① ㉠ : '기억을'과 호응하도록 '유지하는'으로 수정한다.
② ㉡ : 통일성을 해치는 문장이므로 삭제한다.
③ ㉢ : 문맥을 고려하여 '없어서'로 고친다.
④ ㉣ : 잘못된 접속어를 사용했으므로 '따라서'로 바꾼다.

08 ⑦~㉣에 나타난 중세 국어의 특징으로 적절하지 <u>않은</u> 것은?

> 불·휘⑦기·픈남·ᄀᆞᆫ ㉡ᄇᆞᄅᆞ·매아·니:뮐·ᄊᆡ
> 곶:됴·코여·름·하ᄂᆞ·니
> :ᄉᆡ·미기·픈 ㉢ ·므·른 ·ᄀᆞᄆᆞ·래아·니그·
> 츨·ᄊᆡ
> ㉣:내·히이·러바·ᄅᆞ·래·가ᄂᆞ·니
> — 「용비어천가」 제2장 —

① ⑦ : 소리 나는 대로 표기하고 있다.
② ㉡ : 현재 쓰이지 않는 모음이 있었다.
③ ㉢ : 모음 조화를 지키고 있다.
④ ㉣ : 주격 조사 '히'가 사용되었다.

[09~11] 다음 글을 읽고 물음에 답하시오.

> 나 보기가 역겨워
> 가실 때에는
> 말없이 고이 보내 드리우리다.
>
> 영변(寧邊)에 약산(藥山)
> 진달래꽃
> 아름 따다 가실 길에 뿌리우리다.
>
> 가시는 걸음걸음
> 놓인 그 꽃을
> ⑦ 사뿐히 즈려밟고 가시옵소서.
>
> 나 보기가 역겨워
> 가실 때에는
> 죽어도 아니 눈물 흘리우리다.
> — 김소월, 「진달래꽃」 —

09 윗글의 표현상 특징으로 적절하지 <u>않은</u> 것은?

① 설의법을 사용하여 주제 의식을 강조하고 있다.
② 유사한 종결 어미를 반복해 리듬감을 형성하고 있다.
③ 반어적 표현을 활용하여 화자의 감정을 강조하고 있다.
④ 수미상관 구조를 통해 형태적 안정감을 형성하고 있다.

10 ⑦에 나타난 화자의 정서로 가장 적절한 것은?

① 고향에 대한 그리움
② 무기력한 삶에 대한 후회
③ 임을 향한 헌신적인 사랑
④ 정처 없이 떠도는 삶의 비애

11 윗글과 〈보기〉에 공통으로 나타나는 우리나라 시가 문학의 특징으로 가장 적절한 것은?

> ——— 〈보기〉 ———
> 아리랑 아리랑 아라리요 / 아리랑 고개로 넘어간다
> 나를 버리고 가시는 임은 / 십 리도 못 가서 발병 난다
> — 경기 민요 「아리랑」 —

① 3음보 율격을 지닌다.
② 자연 친화적 태도를 보인다.
③ 절기에 따른 풍속을 노래한다.
④ 마지막 구절 첫머리에 감탄사를 쓴다.

[12~13] 다음 글을 읽고 물음에 답하시오.

> 십 년을 경영하여 초려 삼간 지어 내니
> 나 한 간 달 한 간에 청풍 한 간 맛져 두고
> 강산은 들일 듸 업스니 둘러 두고 보리라
>
> – 송순 –

12 윗글의 화자에 대한 설명으로 가장 적절한 것은?

① 세속적 삶을 지향하고 있다.
② 멀리 있는 임금을 걱정하고 있다.
③ 자연 속에서 소박하게 살고 있다.
④ 후학 양성에 대한 포부를 밝히고 있다.

13 ㉠~㉣ 중 윗글의 강산과 의미가 가장 유사한 것은?

> ㉠ 잔 들고 혼자 앉아 먼 ㉡ 뫼를 바라보니
> 그리던 ㉢ 님이 오다 반가움이 이러하랴
> ㉣ 말씀도 웃음도 아녀도 못내 좋아하노라
>
> – 윤선도, 「만흥」 –

① ㉠   ② ㉡
③ ㉢   ④ ㉣

[14~16] 다음 글을 읽고 물음에 답하시오.

> "김병국 부친 되십니다."
> 중위가 나를 소개했다. 그리고 덧붙여, 내가 예편된 대위 출신으로 육이오 전쟁에 참전한 상이용사라고 말했다.

"그렇습니까. 반갑습니다. 저는 윤영구라 합니다. 앉으시지요."
윤 소령이 나를 회의용 책상으로 안내해 간이 철제 의자를 권했다. ㉠ 그는 호인다운 인상에 목소리가 시원시원하여, 중위의, 파견 대장은 인간적이란 말에 한결 신뢰감을 주었다.
"불비한 자식을 둬서 죄, 죄송합니다. 자식 놈과 얘기해 보셨다면 아, 알겠지만 천성이 착한 놈입니다."
의자에 앉으며 내가 말했다.
"어젯밤 마침 제가 부대에서 숙식할 일이 있어 장시간 ㉡ 그 친구와 얘기를 나눠 봤지요. 똑똑한 젊은이더군요."
"요즘 제 딴에는 뭐 조류와 환경 오염 실태를 여, 연구한답시고…… 모르긴 하지만 그 일 때문에 시, 심려를 끼치지 않았나 하는데요?"
"그렇습니다. 그러나 자제분은 군 통제 구역 출입이 어떤 처벌을 받는지 알 텐데도 무모한 행동을 했어요. 설령 하는 일이 정당하다면 사전에 부대 양해나 협조부터 요청해야지요."

(중략)

[A]
> 윤 소령은 당번병을 불러 김병국 군을 데려오라고 말했다.
> 한참 뒤, 사병과 함께 병국이 파견 대장실로 들어왔다. 땟국 앉은 꾀죄죄한 그의 몰골이 중병 환자 같았다. 점퍼와 검정 바지도 펄투성이여서 하수도 공사를 하다 나온 듯했다. 병국은 움푹 꺼진 동태눈으로 나를 보았다.

"㉢ 이 녀석아, 넌 도대체 어, 어떻게 돼먹은 놈이냐! 통금 시간에 허가증 없이 해안 일대에 모, 못 다니는 줄 뻔히 알면서."
내가 노기를 띠고 아들에게 소리쳤다.
"본의는 아니었어요. 사흘 사이 동진강 하구 삼각주에서 갑자기 새들이 집단으로 죽기에 그 이유를 좀 알아보려던 게……."
병국이 머리를 떨구었다.
"그래도 변명은!"
"고정하십시오. 자제분 의도나 진심은 충분히 파악했으니깐요."

윤 소령이 말했다.

병국은 간밤에 쓴 진술서에 손도장을 찍고, 각서 한 장을 썼다. 내가 그 각서에 연대 보증을 섬으로써 우리 부자가 파견대 정문을 나서기는 정오가 가까울 무렵이었다. 부대에서 나올 때 집으로 찾아왔던 중위가 병국이 사물을 인계했다. 닭털 침낭과 등산 배낭, 이인용 천막, 그리고 걸레 조각처럼 늘어진 바다오리와 꼬마물떼새 시신이 각 열 구씩이었다.

"죽은 새는 뭘 하게?"

웅포리 쪽으로 걸으며 내가 물었다.

"해부를 해서 사인을 캐 보려구요."

"폐, 폐수 탓일까?"

"글쎄요……."

"ⓔ 너도 시장할 테니 아바이집으로 가서 저, 점심 요기나 하자."

나는 웅포리 정 마담을 만나 이잣돈을 받아 오라던 아내 말을 떠올렸다. 병국이는 식사 따위에 관심이 없어 보였다.

"아버지, 아무래도 새를 독살하는 치들이 있는 것 같아요."

"그걸 어떻게 아니?"

"갑자기 떼죽음당하는 게 이상하잖아요? 물론 전에도 새나 물고기가 떼죽음하는 경우가 있었지만, 이번은 뭔가 다른 것 같아요."

"물 탓이야. 이제 동진강은 강물이 아니고 도, 독물이야. 조만간 이곳에서 새떼가 자취를 감추고 말 게야."

– 김원일, 「도요새에 관한 명상」 –

14 윗글을 읽고 이해한 것으로 가장 적절한 것은?

① '나'는 '병국'의 일에 무관심하다.
② '병국'은 '윤 소령'의 입장을 동정한다.
③ '나'는 '윤 소령'의 행동에 실망감을 느낀다.
④ '병국'은 새들의 떼죽음에 의혹을 품고 있다.

15 [A]에 대한 설명으로 가장 적절한 것은?

① 과거 회상을 통해 사건의 원인을 밝히고 있다.
② 외양 묘사를 통해 인물의 처지를 보여 주고 있다.
③ 이국적 소재를 활용하여 인물의 상황을 강조하고 있다.
④ 장면의 빈번한 전환으로 갈등의 심화를 보여 주고 있다.

16 ㉠~㉣ 중 가리키는 대상이 다른 것은?

① ㉠   ② ㉡   ③ ㉢   ④ ㉣

[17~19] 다음 글을 읽고 물음에 답하시오.

[앞부분 줄거리] 명나라 때 홍무와 부인 양씨는 뒤늦게 계월을 낳아, 남자 옷을 입혀 기른다. 난을 피하다가 부모와 헤어진 계월을 여공이 구해 평국이라는 이름을 지어 주고, 아들 보국과 함께 곽 도사에게 수학하게 한다. 평국은 보국과 함께 과거에 급제하고, 서달의 난이 일어나자 출전하여 공을 세운다. 그 후 평국은 병이 들어 어의에게 진맥을 받고 난 뒤 여자임이 밝혀진다.

계월이 천자께 ㉠ 상소를 올리자 임금께서 보셨는데 상소의 내용은 다음과 같았다.

'한림학사 겸 대원수 좌승상 청주후 평국은 머리를 조아려 백 번 절하고 아뢰옵나이다. 신첩이 다섯 살이 되기 전에 장사랑의 난에 부모를 잃었사옵니다. 그리고 도적 맹길의 환을 만나 물속의 외로운 넋이 될 뻔한 것을 여공의 덕으로 살아났사옵니다. 오직 한 가지 생각을 했으니, 곧 여자의 행실을 해서는 규중에서 늙어 부모의 해골을 찾지 못할 것이라는 점입니다. 그래서 여자의 행실을 버리고 남자의 옷을 입어 황상을 속이옵고 조정에 들었사오니 신첩의 죄는 만 번을 죽어도 아깝지 않습니다. 이에 감히 아뢰어 죄를 기다리옵고 내려 주셨던 유지(諭旨)[1]와 인수(印綬)[2]를 올리옵나이다. 임금을 속인 죄를 물어 신첩을 속히 처참하옵소서.'

천자께서 글을 보시고 용상(龍床)을 치며 말씀하셨다.

"평국을 누가 여자로 보았으리오? 고금에 없는 일이로다. 천하가 비록 넓으나 문무(文武)를 다 갖추어 갈충보국(竭忠報國)[3]하고, 충성과 효도를 다하며 조정 밖으로 나가서는 장수가 되고 들어와서는 재상이 될 만한 재주를 가진 이는 남자 중에도 없을 것이로다. 평국이 비록 여자지만 그 벼슬을 어찌 거두겠는가?"

[중간 줄거리] 천자의 중매로 계월과 보국은 혼인을 하게 된다. 혼인 후 계월은 규중에서 지내다가 오랑캐를 진압하라는 천자의 명을 받는다.

평국이 엎드려 아뢰었다.

"신첩이 외람되게 폐하를 속이고 공후의 작록을 받아 영화로이 지낸 것도 황공했사온데 폐하께서는 죄를 용서해 주시고 신첩을 매우 사랑하셨사옵니다. 신첩이 비록 어리석으나 힘을 다해 성은을 만분의 일이나 갚으려 하오니 폐하께서는 근심하지 마옵소서."

천자께서 이에 크게 기뻐하시고 즉시 수많은 군사와 말을 징발해 주셨다. 그리고 벼슬을 높여 평국을 대원수로 삼으시니 원수가 사은숙배(謝恩肅拜)하고 위의를 갖추어 친히 붓을 잡아 보국에게 전령(傳令)을 내렸다.

"적병의 형세가 급하니 중군장은 급히 대령하여 군령을 어기지 마라."

보국이 전령을 보고 분함을 이기지 못해 부모에게 말했다.

"계월이 또 소자를 중군장으로 부리려 하오니 이런 일이 어디에 있사옵니까?"

여공이 말했다.

"전날 내가 너에게 무엇이라 일렀더냐? 계월이를 괄시하다가 이런 일을 당했으니 어찌 계월이가 그르다고 하겠느냐? 나랏일이 더할 수 없이 중요하니 어쩔 수 없구나."

– 작자 미상, 「홍계월전」 –

---

1) 유지(諭旨) : 임금이 신하에게 내리던 글
2) 인수(印綬) : 벼슬에 임명될 때 임금에게 받는 도장을 몸에 차기 위한 끈
3) 갈충보국(竭忠報國) : 충성을 다해 나라의 은혜를 갚음.

17 윗글에 대한 설명으로 가장 적절한 것은?

① 인물의 말을 통해 대상을 평가하고 있다.
② 다른 사물에 빗대어 대상을 비판하고 있다.
③ 계절의 변화를 통해 비극적 상황을 강조하고 있다.
④ 꿈과 현실을 교차하여 인물의 과거를 보여 주고 있다.

18 윗글의 인물에 대한 설명으로 가장 적절한 것은?

① 천자는 '여공'을 중군장으로 삼고자 한다.
② '평국'은 천자로부터 능력을 인정받고 있다.
③ '보국'은 대원수인 '계월'의 권위를 인정하고 있다.
④ '여공'은 '계월'이 아닌 '보국'의 편을 들어 주고 있다.

19 ⊙의 중심 내용으로 가장 적절한 것은?

① 자신의 혼인을 부탁하고 있다.

② 천자를 속인 죄에 대해 벌을 청하고 있다.

③ 벼슬을 거두지 말아 달라고 간청하고 있다.

④ 여성에 대한 차별을 없애 달라고 요구하고 있다.

[20~22] 다음 글을 읽고 물음에 답하시오.

부탄의 마을 치몽은 한눈에 봐도 가난한 마을이다. 전기가 들어오지 않는 마을답게 변변한 세간도 없다. 그러나 매 순간 몸과 마음을 다해 손님을 접대한다. 활쏘기를 구경하려고 걸음을 멈추면 집으로 뛰어 들어가 돗자리를 꺼내 온다. 논두렁 길을 걷다 보면 어린 소년이 뛰어와 옷 속에 품은 달걀을 수줍게 내민다. 이 동네 사람들은 행복해 보일 뿐만 아니라 우리를 행복하게 해 주기 위해서는 무엇이든 할 준비가 되어 있는 것 같았다. 가진 게 별로 없는데도 아무렇지 않아 보였으며 빈한한 살림마저도 기꺼이 나누며 살아가는 듯했다.

또한 치몽에서는 늘 몸을 움직여야만 한다. 집 바깥에 있는 화장실에 가기 위해서도, 공동 수돗가에서 물을 받기 위해서도 움직여야만 한다. 빨래는 당연히 손으로 해야 하고, 쌀도 키로 골라야 하며, 곡물은 맷돌을 돌려 갈아야 한다. 난방이 되지 않아 실내에서는 옷을 두껍게 입어야만 하며, 생활에 필요한 모든 것은 몸을 써야만 얻을 수 있다. 그런데 그 불편함이 이상하게도 살아 있음을 실감케 한다. 일상의 모든 자질구레한 일에 몸을 써야만 하는 이 나라 사람들에게 부탄 정부가 2005년에 노골적으로 물었다. "당신은 행복합니까?"라고. 그 질문에 단지 3.3퍼센트만이 행복하지 않다고 대답했다고 한다. 이들의 이러한 모습을 보면 몸이 편한 것과 행복은 별 상관이 없는 것 같다는 생각이 들곤 한다.

⊙ 이 나라에서의 삶은 그야말로 사는 것이다. 텔레비전으로 보고, 인터넷으로 검색하고, 카메라로 찍는 삶이 아니라 몸을 움직여 직접 만들고 경험하는 삶이다. 그러다 보니 부탄에서 일과 놀이는 ⓛ 으로 연결되어 있다. 그들은 노는 듯 일하고 일하듯 논다. 진정한 호모 루덴스[1]다. 이런 그들에게 놀이는 돈을 지불해야 얻을 수 있는 상품이 아니다. 이 나라 사람들은 아직 노동하기 위해 살지는 않는다.

– 김남희, 「왜 당신의 시간을 즐기지 않나요」 –

[1] 호모 루덴스(Homo ludens) : '노는 인간' 또는 '유희하는 인간'이라는 뜻으로 역사학자 하위징아(Huizinga, J.)가 제창한 개념

20 윗글의 서술상 특징으로 적절한 것을 〈보기〉에서 고른 것은?

〈보기〉

ㄱ. 구체적인 예를 들고 있다.

ㄴ. 비슷한 상황을 열거하고 있다.

ㄷ. 상대의 주장을 반박하고 있다.

ㄹ. 새로운 이론을 제시하고 있다.

① ㄱ, ㄴ   ② ㄱ, ㄷ

③ ㄴ, ㄹ   ④ ㄷ, ㄹ

21 ⊙과 가장 거리가 먼 것은?

① 불편해도 살아 있음을 느끼는 삶

② 대중 매체를 통해 놀이를 즐기는 삶

③ 몸을 움직여 직접 만들고 경험하는 삶

④ 가진 것이 별로 없어도 나누며 사는 삶

22 ⓛ에 들어갈 말로 가장 적절한 것은?

① 대립적   ② 일시적

③ 유기적   ④ 수동적

[23~25] 다음 글을 읽고 물음에 답하시오.

라면이 국수나 우동과 다른 점은 면을 한 번 튀겨서 익혔다는 것이다. 그래서 끓이지 않고도 먹을 수 있고, 끓여서 먹더라도 금방 익혀 먹을 수 있다. 심지어 컵라면은 지속적으로 끓일 필요도 없고 단지 끓는 물을 붓기만 해도 먹을 수 있다. 그런데 왜 하필 3분을 기다려야 하는 걸까? 컵라면을 먹을 때마다 3분이 얼마나 긴 시간인지를 새삼 깨닫는다.

컵라면의 면발은 봉지 라면에 비해 더 가늘거나 납작하다. 면발의 표면적을 넓혀 뜨거운 물에 더 많이 닿게 하기 위해서다. 그리고 컵라면의 면을 꺼내 보면 ⑦ 위쪽은 면이 꽉 짜여 빽빽하지만, 아래쪽은 면이 성글게 엉켜 있다. 이는 중량을 줄이기 위해서가 아니고 따뜻한 물은 위로, 차가운 물은 아래로 내려가는 대류 현상 때문이다. 컵라면 용기에 물을 부으면 위쪽 보다는 아래쪽이 덜 식는다. 따라서 뜨거운 물이 위로 올라가려고 하는데 이때 면이 아래쪽부터 빽빽하게 들어차 있으면 물의 대류 현상에 방해가 된다. 위아래의 밀집도가 다른 컵라면의 면발 형태는 뜨거운 물의 대류 현상을 원활하게 하여 물을 계속 끓이지 않아도 면이 고르게 익도록 하는 과학의 산물이다.

컵라면 면발에는 화학적 비밀도 있다. 봉지 라면과 비교했을 때 컵라면 면발에는 밀가루 그 자체보다 정제된 전분이 더 많이 들어가 있다. 라면은 밀가루로 만든 면을 기름에 튀겨 전분을 알파화[1]한 것이다. 하지만 밀가루에는 전분 외에 단백질을 포함한 다른 성분도 들어 있다. 면에 이런 성분을 빼고 순수한 전분의 비율을 높이면 그만큼 알파화가 많이 일어나므로, 뜨거운 물을 부었을 때 복원되는 시간도 빨라진다. 전분을 많이 넣을수록 면이 불어나는 시간이 빨라져 더 빨리 먹을 수 있게 되는 것이다. 하지만 전분이 너무 많이 들어가면 면발이 익는 시간이 빨라지는 만큼 불어 터지는 속도도 빨라져 컵라면을 다 먹기도 전에 곤죽이 되고 만다.

– 이은희, 「라면의 과학」 –

---

1) 알파화 : 물과 열을 가해 전분을 익혀 먹기 쉽게 만드는 과정이나 상태

23 윗글에 반영된 글쓰기 계획으로 적절하지 <u>않</u>은 것은?

① 과학 용어를 사용하여 설명해야지.
② 대상과 관련된 경험을 제시해야지.
③ 다른 대상과 대조하여 설명해야지.
④ 구체적인 통계 자료를 활용해야지.

24 윗글을 통해 알 수 있는 내용으로 가장 적절한 것은?

① 컵라면의 면발은 단백질과 전분으로만 이루어져 있다.
② 국수나 우동의 면발은 모두 한 번 튀겨서 익힌 것이다.
③ 면발이 납작해지면 뜨거운 물에 닿는 표면적이 넓어진다.
④ 면에 전분 외에 다른 성분의 비율을 높이면 알파화가 많이 일어난다.

25 ⑦의 이유로 가장 적절한 것은?

① 대류 현상을 방해하기 위해서
② 전분의 비율을 낮추기 위해서
③ 컵라면의 중량을 줄이기 위해서
④ 면이 고르게 익도록 하기 위해서

제2교시

수 학

정답 및 해설 500p |

01 두 다항식 $A=2x^2+x$, $B=x^2-1$에 대하여 $A+2B$는?

① $4x^2+x+2$ ② $4x^2-x+2$

③ $4x^2+x-2$ ④ $4x^2-x-2$

02 등식 $(x-2)^2=x^2-4x+a$가 x에 대한 항등식일 때, 상수 a의 값은?

① 2 ② 4

③ 6 ④ 8

03 다항식 x^3-3x+7을 $x-1$로 나누었을 때, 나머지는?

① 5 ② 6

③ 7 ④ 8

04 다항식 $x^3+9x^2+27x+27$을 인수분해한 식이 $(x+a)^3$일 때, 상수 a의 값은?

① 1 ② 2

③ 3 ④ 4

05 $i(2+i)=a+2i$일 때, 실수 a의 값은? (단, $i=\sqrt{-1}$)

① -3 ② -1

③ 1 ④ 3

06 두 수 2, 4를 근으로 하고 x^2의 계수가 1인 이차방정식이 $x^2-6x+a=0$일 때, 상수 a의 값은?

① 2 ② 4

③ 6 ④ 8

07 $0\le x\le 3$일 때, 이차함수 $y=-x^2+4x+1$의 최댓값은?

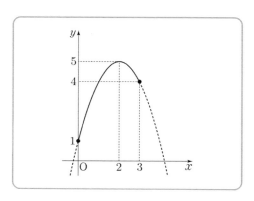

① 2 ② 3

③ 4 ④ 5

08 사차방정식 $x^4-3x^2+a=0$의 한 근이 2일 때, 상수 a의 값은?

① -4 ② -1

③ 2 ④ 5

09 연립방정식 $\begin{cases} x+2y=10 \\ x^2+y^2=a \end{cases}$ 의 해가 $x=2$, $y=b$일 때, 두 상수 a, b에 대하여 $a+b$의 값은?

① 15 ② 18

③ 21 ④ 24

10 이차부등식 $(x+1)(x-4)\leq0$의 해는?

① $x\geq-1$ ② $x\leq4$

③ $-1\leq x\leq4$ ④ $x\leq-1$ 또는 $x\geq4$

11 좌표평면 위의 두 점 $A(-1, 1)$, $B(2, 4)$에 대하여 선분 AB를 $1:2$로 내분하는 점의 좌표는?

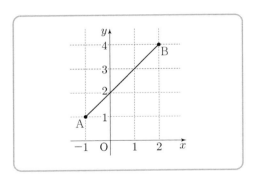

① $(-2, 0)$ ② $(0, -2)$

③ $(0, 2)$ ④ $(2, 0)$

12 직선 $y=x+2$에 수직이고, 점 $(4, 0)$을 지나는 직선의 방정식은?

① $y=-x+3$ ② $y=-x+4$

③ $y=x-3$ ④ $y=x-4$

13 중심의 좌표가 $(3, 1)$이고 x축에 접하는 원의 방정식은?

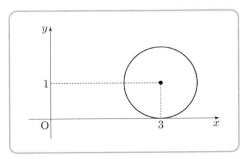

① $(x-3)^2+(y-1)^2=1$

② $(x-3)^2+(y-1)^2=9$

③ $(x-1)^2+(y-3)^2=1$

④ $(x-1)^2+(y-3)^2=9$

14 좌표평면 위의 점 $(2, 3)$을 직선 $y=x$에 대하여 대칭이동한 점의 좌표는?

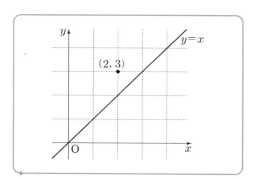

① $(-2, -3)$ ② $(-2, 3)$
③ $(3, -2)$ ④ $(3, 2)$

15 두 집합 $A=\{1, 3, 6\}$, $B=\{3, 5, 6\}$에 대하여 $A \cap B$는?

① $\{1, 3\}$ ② $\{1, 5\}$
③ $\{3, 6\}$ ④ $\{5, 6\}$

16 전체집합이 $U=\{1, 2, 3, 4, 5, 6\}$일 때, 다음 조건의 진리집합은?

x는 짝수이다.

① $\{1, 3, 5\}$ ② $\{2, 4, 6\}$
③ $\{3, 4, 5\}$ ④ $\{4, 5, 6\}$

17 함수 $f: X \to Y$가 그림과 같을 때, $f^{-1}(c)$의 값은? (단, f^{-1}는 f의 역함수이다.)

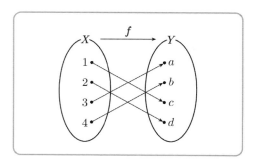

① 1   ② 2
③ 3   ④ 4

18 무리함수 $y=\sqrt{x-a}+b$의 그래프는 무리함수 $y=\sqrt{x}$의 그래프를 x축의 방향으로 1만큼, y축의 방향으로 4만큼 평행이동한 것이다. 두 상수 a, b에 대하여 $a+b$의 값은?

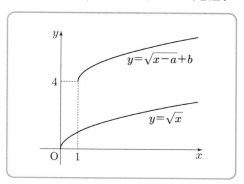

① 4   ② 5
③ 6   ④ 7

19 그림과 같이 등산로의 입구에서 쉼터까지 가는 길은 4가지, 쉼터에서 전망대까지 가는 길은 2가지가 있다. 입구에서 쉼터를 거쳐 전망대까지 길을 따라 가는 경우의 수는? (단, 같은 지점은 두 번 이상 지나지 않는다.)

① 5
② 6
③ 7
④ 8

20 그림과 같이 6종류의 과일이 있다. 이 중에서 서로 다른 2종류의 과일을 선택하는 경우의 수는?

바나나   귤   사과
복숭아   감   포도

① 15
② 18
③ 21
④ 24

제3교시

영 어

정답 및 해설 502p |

[01~03] 다음 밑줄 친 부분의 뜻으로 가장 적절한 것을 고르시오.

01

Reading books is a great way to gain knowledge.

① 균형   ② 목표
③ 우정   ④ 지식

02

She is never going to give up her dream even if she meets difficulties.

① 서두르다   ② 자랑하다
③ 포기하다   ④ 화해하다

03

Many animals like to play with toys. For example, dogs enjoy playing with balls.

① 갑자기   ② 반면에
③ 예를 들면   ④ 결론적으로

04 다음 밑줄 친 두 단어의 의미 관계와 다른 것은?

Spring is my favorite season because of the beautiful flowers and warm weather.

① apple － fruit
② nurse － job
③ triangle － shape
④ shoulder － country

05 다음 광고문에서 언급되지 않은 것은?

> ***Cheese Fair***
> • Date : September 10th (Sunday), 2023
> • Activities :
>   - Tasting various kinds of cheese
>   - Baking cheese cakes
> • Entrance Fee : 10,000 won

① 날짜   ② 장소
③ 활동 내용   ④ 입장료

2023년 2회

[06~08] 다음 빈칸에 공통으로 들어갈 말로 가장 적절한 것을 고르시오.

06

- Are you ready to _____ your project to the class?
- Stop worrying about the past and live in the _____.

① grow   ② lose

③ forget   ④ present

07

- John, _____ many countries are there in Asia?
- He doesn't know _____ far it is from here.

① how   ② when

③ where   ④ which

08

- He needs to focus _____ studying instead of playing games.
- Bring a jacket which is easy to put _____ and take off.

① as   ② of

③ on   ④ like

09 다음 대화에서 밑줄 친 표현의 의미로 가장 적절한 것은?

A : How would you describe your personality, Sumi?

B : I tend to be cautious. I try to follow the saying, "<u>Look before you leap.</u>"

A : Oh, you think carefully before you do something.

① 많으면 많을수록 좋다.

② 남이 가진 것이 더 좋아 보인다.

③ 행동하기 전에 신중하게 생각해라.

④ 오늘 할 일을 내일로 미루지 마라.

10 다음 대화에서 알 수 있는 A의 심정으로 가장 적절한 것은?

A : I'd like to return these headphones.

B : Why? Is there a problem?

A : I'm not satisfied with the sound. It's not loud enough.

① 감사   ② 불만

③ 안도   ④ 행복

11 다음 대화가 이루어지는 장소로 가장 적절한 것은?

> A : There are so many people in this restaurant!
> B : Right. This place is well known for its pizza.
> A : Yeah. Let's order some.

① 식당　　　　② 은행
③ 문구점　　　④ 소방서

12 다음 글에서 밑줄 친 it이 가리키는 것으로 가장 적절한 것은?

> These days I'm reading a book, *Greek and Roman Myths*. The book is so interesting and encourages imagination. Moreover, it gives me more understanding about western arts because the myths are a source of western culture.

① book　　　　② pencil
③ language　　④ password

[13~14] 다음 대화의 빈칸에 들어갈 말로 가장 적절한 것을 고르시오.

13

> A : _____, cycling or walking?
> B : I like cycling rather than walking.
> A : Why do you like it?
> B : Because I think cycling burns more calories.

① Where can I rent a car
② When does the show start
③ Why do you want to learn English
④ Which type of exercise do you prefer

14

> A : How can we show respect to others?
> B : I believe we should _____ _____.
> A : That's why you are a good listener.

① watch a movie
② exchange this bag
③ turn left at the next street
④ listen carefully when others speak

15 다음 대화의 주제로 가장 적절한 것은?

> A : Whenever I see koalas in trees, I wonder why they hug trees like that.
> B : Koalas hug trees to cool themselves down.
> A : Oh, that makes sense. Australia has a very hot climate.

① 코알라의 사회성

② 코알라 연구의 어려움

③ 코알라가 나무를 껴안고 있는 이유

④ 코알라처럼 나뭇잎을 먹는 동물들의 종류

16 다음 글을 쓴 목적으로 가장 적절한 것은?

> I'm writing this e-mail to confirm my reservation. I booked a family room at your hotel for two nights. We're two adults and one child. We will arrive in the afternoon on December 22nd. I look forward to your reply.

① 확인하려고   ② 안내하려고

③ 소개하려고   ④ 홍보하려고

17 다음 경기 안내문의 내용과 일치하지 <u>않는</u> 것은?

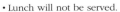

> ***Tennis Competition***
> • Only beginners can participate.
> • We will start at 10:00 a.m. and finish at 5:00 p.m.
> • Lunch will not be served.
> • If it rains, the competition will be canceled.

① 초보자만 참여할 수 있다.

② 오전 10시에 시작해서 오후 5시에 끝난다.

③ 점심은 제공되지 않는다.

④ 비가 와도 경기는 진행된다.

18 다음 Santa Fun Run에 대한 설명과 일치하지 <u>않는</u> 것은?

> The Santa Fun Run is held every December. Participants wear Santa costumes and run 5km. They run to raise money for sick children. You can see Santas of all ages walking and running around.

① 매년 12월에 열린다.

② 참가자들은 산타 복장을 입는다.

③ 멸종 위기 동물을 돕기 위해 모금을 한다.

④ 모든 연령대의 산타를 볼 수 있다.

2023년 2회

19 다음 글의 주제로 가장 적절한 것은?

Do you suffer from feelings of loneliness? In such cases, it may be helpful to share your feelings with a parent, a teacher or a counselor. It is also important for you to take positive actions to overcome your negative feelings.

① 인터넷의 역할
② 여름 피서지 추천
③ 외로움에 대처하는 방법
④ 청소년의 다양한 취미 활동 소개

[20~21] 다음 글의 빈칸에 들어갈 말로 가장 적절한 것을 고르시오.

20

For most people, the best _____ for sleeping is on your back. If you sleep on your back, you will have less neck and back pain. That's because your neck and spine will be straight when you are sleeping.

① letter
② position
③ emotion
④ population

21

Here are several steps to _____ your problems. First, you need to find various solutions by gathering all the necessary information. Second, choose the best possible solution and then put it into action. At the end, evaluate the result. I'm sure these steps will help you.

① solve
② dance
③ donate
④ promise

22 글의 흐름으로 보아 다음 문장이 들어가기에 가장 적절한 곳은?

Instead, we start with a casual conversation about less serious things like the weather or traffic.

When you first meet someone, how do you start a conversation? (①) We don't usually tell each other our life stories at the beginning. (②) This casual conversation is referred to as small talk. (③) It helps us feel comfortable and get to know each other better. (④) It's a good way to break the ice.

23 다음 글의 바로 뒤에 이어질 내용으로 가장 적절한 것은?

English proverbs may seem strange to non-native speakers and can be very hard for them to learn and remember. One strategy for remembering English proverbs more easily is to learn about their origins. Let's look at some examples.

① 꽃말의 어원에 관한 예시
② 영어 속담의 기원에 관한 예시
③ 긍정적인 마음가짐에 대한 예시
④ 친환경적인 생활 습관에 대한 예시

[24~25] 다음 글을 읽고 물음에 답하시오.

A book review is a reader's opinion about a book. When you write a review, begin with a brief summary or description of the book. Then state your _____ of it, whether you liked it or not and why.

24 윗글의 빈칸에 들어갈 말로 가장 적절한 것은?

① flight　　　② opinion
③ gesture　　④ architecture

25 윗글의 주제로 가장 적절한 것은?

① 창의력의 중요성
② 진로 탐색의 필요성
③ 온라인 수업의 장점
④ 독서 감상문 쓰는 법

제4교시

사 회

정답 및 해설 507p |

01 다음에서 강조하는 행복한 삶을 실현하기 위한 조건으로 가장 적절한 것은?

> 남을 돕고 남과 더불어 살아가려는 노력은 다른 사람을 행복하게 만들 뿐만 아니라 자신에게도 진정한 행복감을 가져다준다. 내적으로 성찰하고 옳은 일을 실천하는 것을 통해 개인은 만족감과 행복감을 얻을 수 있다.

① 경제 성장
② 기업가 정신
③ 도덕적 실천
④ 낙후된 주거 환경

02 ㉠에 들어갈 내용으로 옳은 것은?

> 우리나라가 시행하고 있는 (㉠)로 사회 보험과 공공 부조, 사회 서비스를 들 수 있다. 이러한 제도의 시행을 통해 사회 계층의 양극화를 완화하고 인간의 존엄성을 보장할 수 있다.

① 선거 제도
② 권력 분립 제도
③ 사회 복지 제도
④ 헌법 소원 심판 제도

03 ㉠에 들어갈 내용으로 가장 적절한 것은?

> 학습 주제 : (㉠)의 의미와 목적
> • 의미 : 국민의 기본권을 제한하거나 국민에게 의무를 부과할 때에는 의회에서 제정된 법률에 근거해야 함.
> • 목적 : 통치자의 자의적 지배 방지, 국민의 자유와 권리 보장

① 법치주의
② 인권 침해
③ 준법 의식
④ 시민 불복종

04 다음에서 설명하는 자산 관리의 원칙은?

> 모든 금융 상품은 정도의 차이가 있을 뿐 원금을 보전하는 데 위험이 따른다. 따라서 금융 상품을 선택할 때에는 투자한 자산의 가치가 온전하게 보전될 수 있는 가능성의 정도를 고려해야 한다.

① 공익성
② 안전성
③ 접근성
④ 정당성

05 문화 변동의 내재적 요인으로 옳은 것을 〈보기〉
에서 고른 것은?

〈보기〉
ㄱ. 발견   ㄷ. 문화 동화
ㄴ. 발명   ㄹ. 문화 전파

① ㄱ, ㄴ   ② ㄱ, ㄹ
③ ㄴ, ㄷ   ④ ㄷ, ㄹ

06 사회적 소수자에 대한 설명으로 가장 적절한
것은?

① 사회에서 항상 평등하게 대우받는다.
② 인종이라는 단일 기준에 의해 규정된다.
③ 우리 사회에서 장애인, 이주 외국인만 해당
된다.
④ 자신들이 차별받는 집단의 구성원이라는
인식이 존재한다.

07 다음에서 설명하는 근로자의 권리는?

근로자들이 근로 조건의 향상을 위하여
자주적으로 노동조합이나 그 밖의 단결체를
조직 · 운영하거나 그에 가입하여 활동할 수
있는 권리이다.

① 단결권   ② 선거권
③ 청구권   ④ 환경권

08 시장 실패의 사례로 적절하지 않은 것은?

① 불완전 경쟁
② 보편 윤리 확산
③ 외부 효과 발생
④ 공공재의 공급 부족

09 ㉠에 들어갈 내용으로 가장 적절한 것은?

자문화 중심주의는 자기 문화를 기준으로
다른 문화를 부정적으로 평가하고, 문화 사
대주의는 다른 문화를 우월한 것으로 믿고
자기 문화를 낮게 평가한다. 즉, 자문화 중
심주의와 문화 사대주의는 문화의 상대성을
인정하지 않고 (㉠   )는 공통점이
있다.

① 다양한 문화의 공존을 추구한다.
② 문화의 우열을 가릴 수 없다고 본다.
③ 특정 문화를 기준으로 다른 문화를 평가한다.
④ 각 문화가 해당 사회의 맥락에서 갖는 고유
한 의미를 존중한다.

10 다음 헌법 조항의 의의로 가장 적절한 것은?

헌법 제37조 ② 국민의 모든 자유와 권리는
국가 안전 보장 · 질서 유지 또는 공공복리를
위하여 필요한 경우에 한하여 법률로써 제한
할 수 있으며, 제한하는 경우에도 자유와 권
리의 본질적인 내용을 침해할 수 없다.

① 대도시권 형성   ② 직업 분화 촉진
③ 윤리적 소비 실천   ④ 국민의 기본권 보장

11 ㉠에 들어갈 내용으로 가장 적절한 것은?

> **□□신문** ○○○○년 ○월 ○일
>
> **세계화, 어떻게 바라보아야 할까**
>
> 세계화에 따라 자유 무역이 확대되면서 높은 기술력과 자본을 가진 선진국과 상대적으로 경쟁력을 갖추지 못한 개발 도상국 간의 경제적 차이로 국가 간 (㉠)이/가 초래될 수 있다.

① 사생활 침해 ② 인터넷 중독
③ 빈부 격차 심화 ④ 문화 다양성 보장

12 다음 설명에 해당하는 것은?

> • 국제 사회의 행위 주체에 해당함.
> • 대표적인 예로 주권 국가들을 구성원으로 하는 국제 연합(UN), 세계 무역 기구(WTO)가 있음.

① 국가 ② 다국적 기업
③ 자유 무역 협정 ④ 정부 간 국제기구

13 다음 설명에 해당하는 것은?

>
> • 의미 : 새로운 정보 기술에 접근할 수 있는 능력을 보유한 자와 그렇지 못한 자 사이에 발생하는 경제적 · 사회적 격차
> • 해결 방안 : 정보 소외 계층에게 장비와 소프트웨어 제공 및 정보 활용 교육 실시

① 정보 격차 ② 규모의 경제
③ 문화의 획일화 ④ 지역 이기주의

14 건조 기후 지역의 전통 생활 모습으로 옳은 것을 〈보기〉에서 고른 것은?

> ───〈보기〉───
> ㄱ. 순록 유목
> ㄴ. 고상식 가옥
> ㄷ. 오아시스 농업
> ㄹ. 지붕이 평평한 흙벽돌집

① ㄱ, ㄴ ② ㄱ, ㄷ
③ ㄴ, ㄹ ④ ㄷ, ㄹ

15 다음에서 설명하는 자연재해는?

> 주로 여름철 장마와 태풍의 영향으로 집중 호우 시 발생한다. 피해를 줄이기 위해서 제방 건설, 댐과 저수지 건설, 삼림 조성 등의 대책을 수립하고 시행해야 한다. 또한 예보와 경보 체계를 구축하고 지속적인 하천 관리가 필요하다.

① 가뭄 ② 지진
③ 홍수 ④ 화산

16 다음 설명에 해당하는 용어로 가장 적절한 것은?

> • 한 국가 내에서 도시에 거주하는 사람들과 도시 수가 증가하면서 도시적 생활 양식과 도시 경관이 확대되는 현상
> • 영향 : 인공 건축물 증가, 지표의 포장 면적 증가

① 도시화 ② 남초 현상
③ 유리 천장 ④ 지리적 표시제

17 다음에서 설명하는 용어로 가장 적절한 것은?

> 인간이 만든 시설물에 의해 야생 동물들의 서식지가 분리되는 것을 막기 위해 인공적으로 만든 길

① 열섬   ② 생태 통로
③ 외래 하천   ④ 업사이클링

18 힌두교에 대한 설명으로 옳은 것을 〈보기〉에서 고른 것은?

> ─── 〈보기〉 ───
> ㄱ. 메카를 성지로 한다.
> ㄴ. 인도의 주요 종교이다.
> ㄷ. 무함마드를 유일신으로 믿는다.
> ㄹ. 소를 신성시하여 소고기 식용을 금기시한다.

① ㄱ, ㄷ   ② ㄱ, ㄹ
③ ㄴ, ㄷ   ④ ㄴ, ㄹ

19 다음 설명에 해당하는 것은?

> 석유 자원의 수출을 통하여 자국의 경제적 이익을 추구하기 위해 결성된 것으로, 원유의 생산량과 공급량을 조절함으로써 세계 경제에 큰 영향을 끼치고 있다.

① 브렉시트(Brexit)
② 공적 개발 원조(ODA)
③ 국제 통화 기금(IMF)
④ 석유 수출국 기구(OPEC)

20 다음 설명에 해당하는 지역으로 옳은 것은?

> 중국의 남쪽에 위치한 바다로, 중국, 타이완, 베트남, 필리핀, 말레이시아 및 브루나이 등 여섯 나라로 둘러싸인 해역을 말한다. 다량의 원유와 천연가스가 매장되어 있는 것으로 추정되고 있어 영유권 갈등이 발생하고 있다.

① 북극해   ② 남중국해
③ 카스피해   ④ 쿠릴 열도

21 다음에서 설명하는 문화권을 지도의 A~D에서 고른 것은?

> 사하라 사막 이남의 중·남부 아프리카 일대로, 열대 기후 지역이 넓게 분포한다. 토속 종교의 영향이 남아 있으며, 부족 단위의 공동체 생활을 하는 주민이 많다.

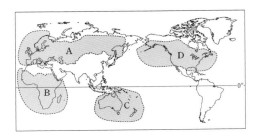

① A   ② B
③ C   ④ D

22 다음에서 설명하는 용어로 가장 적절한 것은?

> • 의미 : 느림의 삶을 추구하는 국제 도시 브랜드
> • 지정 조건 : 지역의 정체성을 드러낼 수 있는 유·무형의 자산 필요

① 슬로시티　　　② 플랜테이션
③ 환경 파시즘　　④ 차티스트 운동

23 고령화에 대한 대책으로 적절한 것을 〈보기〉에서 고른 것은?

> ──── 〈보기〉 ────
> ㄱ. 의무 투표제 시행
> ㄴ. 노인 복지 시설 확충
> ㄷ. 노인 연금 제도 확대
> ㄹ. 산아 제한 정책 시행

① ㄱ, ㄴ　　　　② ㄱ, ㄹ
③ ㄴ, ㄷ　　　　④ ㄷ, ㄹ

24 ㉠에 들어갈 용어로 옳은 것은?

> • 개념 : (　㉠　)
> • 의미 : 개발 도상국에서 생산하는 제품에 정당한 가격을 지급하여 생산자가 경제적으로 자립할 수 있도록 해 주는 무역 방식

① 과점　　　　　② 독점
③ 공정 무역　　　④ 거점 개발

25 다음 설명에 해당하는 것은?

> 정부가 사업장을 대상으로 온실가스 배출 허용량을 정해 주고, 할당 범위 내에서 여분 또는 부족분에 대한 사업장 간 거래를 허용하는 제도이다.

① 전자 상거래
② 쓰레기 종량제
③ 빈 병 보증금제
④ 온실가스 배출권 거래제

제5교시

과 학

정답 및 해설 511p |

01 다음 중 밀물과 썰물에 의한 해수면의 높이차인 조차를 이용하여 전기 에너지를 생산하는 발전 방식은?

① 핵발전　　　　② 조력 발전
③ 풍력 발전　　　④ 화력 발전

02 그림과 같이 물체에 한 방향으로 10N의 힘이 5초 동안 작용했을 때 이 힘에 의해 물체가 받은 충격량의 크기는?

① 12N · s　　　② 30N · s
③ 50N · s　　　④ 80N · s

03 그림과 같이 막대자석을 코일 속에 넣었다 뺐다 하면 코일의 도선에 전류가 유도되어 검류계의 바늘이 움직인다. 이 현상은?

① 대류　　　　② 삼투
③ 초전도　　　④ 전자기 유도

04 그림과 같이 공이 자유 낙하 하는 동안 시간에 따른 속력의 그래프로 옳은 것은? (단, 공기 저항은 무시한다.)

① [그래프: 속력 일정]
② [그래프: 속력 증가 직선]
③ [그래프: 속력 증가 곡선]
④ [그래프: 속력 감소 직선]

05 그림은 고열원에서 1000J의 열에너지를 흡수하여 일 W를 하고 저열원으로 600J의 열에너지를 방출하는 열기관의 1회 순환 과정을 나타낸 것이다. 이 열기관의 열효율은?

① 20%　　　　② 40%
③ 80%　　　　④ 100%

06 신재생 에너지에 대한 설명으로 옳은 것만을 〈보기〉에서 모두 고른 것은?

〈보기〉
ㄱ. 화석 연료보다 친환경적이다.
ㄴ. 태양광 에너지는 신재생 에너지의 한 종류이다.
ㄷ. 인류 문명의 지속 가능한 발전을 위해 신재생 에너지 개발이 필요하다.

① ㄱ, ㄴ   ② ㄱ, ㄷ
③ ㄴ, ㄷ   ④ ㄱ, ㄴ, ㄷ

07 다음 원자의 전자 배치 중 원자가 전자가 4개인 것은?

①

②

③

④

08 다음 중 그림과 같이 양이온과 음이온의 정전기적 인력에 의해 형성된 이온 결합 물질은?

양이온   음이온

① 철(Fe)   ② 구리(Cu)
③ 마그네슘(Mg)   ④ 염화 나트륨(NaCl)

09 그림은 주기율표의 일부를 나타낸 것이다. 임의의 원소 A~D 중 원자 번호가 가장 큰 것은?

족 / 주기	1	2	17	18
1	A			
2		B	C	
3				D

① A   ② B
③ C   ④ D

10 그림은 메테인(CH_4)의 분자 구조 모형을 나타낸 것이다. 메테인을 구성하는 탄소(C) 원자와 수소(H) 원자의 개수비는?

　　 C H 　　　　　 C H
① 1 : 2   ② 1 : 3
③ 1 : 4   ④ 2 : 3

11 다음은 철의 제련 과정에서 일어나는 산화 환원 반응의 화학 반응식이다. 이 반응에서 산소를 잃어 환원되는 반응 물질은?

$$Fe_2O_3 + 3CO \longrightarrow 2Fe + 3CO_2$$
산화 철(III)　　　일산화 탄소　　　철　　　이산화 탄소

① Fe_2O_3
② CO
③ Fe
④ CO_2

12 그림은 묽은 염산(HCl)과 수산화 나트륨(NaOH) 수용액의 중화 반응 모형을 나타낸 것이다. 이온 ㉠은?

묽은 염산　　　수산화 나트륨 수용액　　　혼합 용액

① OH^-
② Br^-
③ Cl^-
④ F^-

13 다음 중 세포에서 유전 정보를 저장하거나 전달하는 물질은?

① 물
② 지질
③ 핵산
④ 탄수화물

14 그림은 어떤 동물 세포의 구조를 나타낸 것이다. A~D 중 세포 호흡이 일어나 생명 활동에 필요한 에너지를 생산하는 세포 소기관은?

A (리보솜)
B (핵)
C (미토콘드리아)
D (소포체)

① A
② B
③ C
④ D

15 다음은 세포막을 경계로 물질이 이동하는 방법을 설명한 것이다. ㉠에 해당하는 것은?

A ─ 고농도 / 저농도　세포막

· 물질 A는 세포막을 통해 농도가 높은 쪽에서 낮은 쪽으로 ┌㉠┐ 된다.

① 확산
② 합성
③ 이화
④ 복제

2023년 2회

16 그림은 과산화 수소의 분해 반응에서 효소인 카탈레이스가 있을 때와 없을 때의 에너지 변화를 나타낸 것이다. 이 반응에서 효소가 있을 때의 활성화 에너지는?

① A
② B
③ A + B
④ B + C

17 그림은 세포 내 유전 정보의 흐름 중 일부를 나타낸 것이다. 과정 (가)와 염기 ㉠은?

	(가)	㉠		(가)	㉠
①	전사	A	②	전사	G
③	번역	C	④	번역	T

18 그림은 생태계 평형이 유지되고 있는 생태계에서의 먹이 그물을 나타낸 것이다. 이 먹이 그물에서 개체 수가 가장 많은 생물은?

① 뱀
② 쥐
③ 메뚜기
④ 옥수수

19 다음 설명의 ㉠에 해당하는 것은?

> ㉠ 은 생태계 내에 존재하는 생물의 다양한 정도를 의미하며 유전적 다양성, 종 다양성, 생태계 다양성을 포함한다.

① 초원
② 개체군
③ 외래종
④ 생물 다양성

20 그림은 빅뱅 우주론을 모형으로 나타낸 것이다. 빅뱅 이후 시간의 흐름에 따라 증가하는 물리량으로 옳은 것만을 〈보기〉에서 모두 고른 것은?

〈보기〉
ㄱ. 우주의 크기   ㄴ. 우주의 평균 밀도
ㄷ. 우주의 평균 온도

① ㄱ
② ㄷ
③ ㄱ, ㄴ
④ ㄴ, ㄷ

21 다음 중 지구에서 온실 효과를 일으키는 기체가 <u>아닌</u> 것은?

① 헬륨　　　　　② 메테인
③ 수증기　　　　④ 이산화 탄소

22 그림은 질량이 서로 다른 2개의 별 중심부에서 모든 핵융합반응이 끝난 직후 내부 구조의 일부를 각각 나타낸 것이다. 지점 A~D 중 가장 무거운 원소가 생성된 곳은?

① A　　　　　② B
③ C　　　　　④ D

23 다음 설명에 해당하는 지형은?

• 두 판이 충돌하면서 높이 솟아올라 형성된 거대한 산맥이다.
• 수렴형 경계가 존재하는 지역에서 발달할 수 있다.

➡ 판의 이동 방향

① 해령　　　　　② 열곡
③ 습곡 산맥　　　④ 변환 단층

24 다음 중 대기 중의 이산화 탄소가 바닷물에 녹아 들어가는 과정에서 상호 작용하는 지구 시스템의 구성 요소는?

① 기권과 수권　　　② 지권과 수권
③ 기권과 생물권　　④ 지권과 생물권

25 다음 설명에 해당하는 지질 시대는?

매머드

• 지질 시대 중 기간이 가장 짧다.
• 매머드와 같은 포유류가 매우 번성하였고 인류의 조상이 출현하였다.

① 선캄브리아 시대　　② 고생대
③ 중생대　　　　　　④ 신생대

2023년 2회

한국사

제6교시

정답 및 해설 514p |

01 다음 설명에 해당하는 시대는?

- 빈부의 차이와 계급의 분화가 발생함.
- 대표적인 유물은 비파형 동검임.
- 우리 역사 최초의 국가인 고조선이 건국됨.

① 구석기 시대
② 신석기 시대
③ 청동기 시대
④ 철기 시대

02 ㉠에 들어갈 신라의 왕으로 옳은 것은?

〈 ㉠ 의 정책 〉
− 국학 설립
− 9주 5소경 체제 정비
− 관료전 지급 및 녹읍 폐지

① 신문왕
② 장수왕
③ 근초고왕
④ 광개토 대왕

03 다음에서 설명하는 역사서는?

- 김부식이 왕명을 받아 편찬함.
- 현존하는 우리나라 역사서 중 가장 오래됨.

① 경국대전
② 삼국사기
③ 조선책략
④ 팔만대장경

04 ㉠에 들어갈 정책으로 옳은 것은?

〈공민왕의 반원 정책〉
− 친원 세력 제거
− 정동행성 이문소 폐지
− ㉠

① 장용영 설치
② 금관가야 정복
③ 쌍성총관부 공격
④ 치안 유지법 제정

05 다음에서 설명하는 제도는?

조선은 이상적인 유교 정치 구현을 위해 노력하였다. 특히 세종은 왕권과 신권의 조화를 추구하여 군사 업무, 특정 인사 등을 제외한 대부분의 일들을 의정부에서 논의하여 보고하도록 하였다.

① 골품제
② 6조 직계제
③ 헌병 경찰제
④ 의정부 서사제

06 다음에서 설명하는 근대적 교육 기관은?

개항 이후 근대적 교육의 필요성이 확대되었다. 이에 1883년 근대 학문과 외국어를 가르치는 최초의 근대적 교육 기관이 함경도 덕원 주민들에 의해 세워졌다.

① 태학
② 국자감
③ 성균관
④ 원산 학사

07 ㉠에 들어갈 내용으로 옳은 것은?

| 한국사 용어 검색 | ㉠ | 🔍 |
검색 결과

조선 후기 순조, 헌종, 철종 3대 60여 년 동안 왕의 외척 가문인 안동 김씨, 풍양 조씨 등의 소수 가문이 권력을 장악한 정치 형태이다.

① 도병마사　　　　② 세도 정치
③ 무신 정권　　　　④ 동북 공정

08 밑줄 친 '운동'에 해당하는 것은?

일본의 차관이 도입되면서 대한 제국의 빚은 1,300만 원에 이르게 되었다. 이에 1907년 대구에서 성금을 모아 빚을 갚자는 운동이 시작되었고, 대한매일신보 등 언론사가 후원하면서 전국으로 확산되었다.

① 형평 운동　　　　② 북벌 운동
③ 국채 보상 운동　　④ 서경 천도 운동

09 ㉠에 들어갈 내용으로 옳은 것은?

일본은 ㉠ 체결에 따라 대한 제국의 외교권을 빼앗고 통감부를 설치하였다. 초대 통감으로 부임한 이토히로부미는 대한 제국의 내정 전반을 간섭하기 시작하였다.

① 을사늑약　　　　② 헌의 6조
③ 남북 협상　　　　④ 간도 협약

10 을미개혁의 내용으로 옳은 것을 〈보기〉에서 고른 것은?

〈보기〉
ㄱ. 단발령 시행　　ㄷ. 노비안검법 실시
ㄴ. 태양력 사용　　ㄹ. 독서삼품과 실시

① ㄱ, ㄴ　　　　② ㄱ, ㄹ
③ ㄴ, ㄷ　　　　④ ㄷ, ㄹ

11 ㉠에 들어갈 인물로 옳은 것은?

【수행 평가 계획서】
• 주제 : ㉠ 의 통상 수교 거부 정책
• 조사할 내용 : 병인양요, 신미양요, 척화비

① 서희　　　　② 안향
③ 정약용　　　　④ 흥선 대원군

12 ㉠에 들어갈 내용으로 옳은 것은?

한국사 스피드 퀴즈
㉠
이기붕을 부통령으로 당선시키기 위해 벌어진 사건으로 4·19 혁명의 배경이 되었다.

① 아관 파천　　　　② 위화도 회군
③ 국내 진공 작전　　④ 3·15 부정 선거

13 밑줄 친 '기구'에 해당하는 것은?

> 1880년대 조선 정부는 개화 정책을 총괄하기 위한 기구를 설치하였다. 그 아래에 실무를 담당하는 12사를 두어 외교, 통상, 재정 등의 업무를 맡게 하였다. 또한 군사 제도를 개편하고 신식 군대인 별기군을 창설하였다.

① 집현전　　　　　② 교정도감
③ 통리기무아문　　④ 동양 척식 주식회사

14 ㉠에 들어갈 내용으로 옳은 것은?

> 1910년대 일제는 한국의 산업 성장을 방해하기 위한 정책을 실시하였다. 특히 회사를 설립할 때는 조선 총독의 허가를 받도록 하는 　㉠　을 공포하여 한국인의 회사 설립을 억제하려 하였다.

① 회사령　　　　　② 균역법
③ 공명첩　　　　　④ 대동법

15 다음에서 설명하는 무장 독립 투쟁은?

> 1920년 김좌진이 이끄는 북로 군정서와 홍범도의 대한 독립군을 중심으로 한 독립군 연합 부대는 백운평과 어랑촌 등지에서 일본군을 크게 격파하였다.

① 병자호란　　　　② 청산리 대첩
③ 한산도 대첩　　④ 황토현 전투

16 다음 질문에 대한 답으로 옳은 것은?

> 민족 자결주의와 2·8 독립 선언의 영향을 받아 1919년에 일어난 일제 강점기 최대의 민족 운동은 무엇일까요?

① 3·1 운동　　　　② 제주 4·3 사건
③ 금 모으기 운동　④ 부·마 민주 항쟁

17 다음에서 설명하는 민족 운동은?

> 일제는 한국인에게 고등 교육의 기회를 거의 주지 않았다. 이에 이상재를 중심으로 고등 교육 기관을 설립하자는 취지 아래, '한민족 1천만이 한 사람이 1원씩'이라는 구호를 내세우며 모금 운동을 펼쳤다.

① 만민 공동회
② 서울 진공 작전
③ 토지 조사 사업
④ 민립 대학 설립 운동

18 ㉠에 들어갈 내용으로 옳은 것은?

> **【모스크바 3국 외상 회의 결정 내용 요약문】**
> 1. 한국의 독립을 위하여 임시 민주 정부를 수립한다.
> 2. 임시 정부 수립을 위하여 미국과 소련은 　㉠　를 설치하고 한국의 정당 및 사회단체와 협의한다.

① 신간회　　　　　② 조선 형평사
③ 국민 대표 회의　④ 미·소 공동 위원회

19 다음에서 설명하는 일제의 식민 지배 방식은?

> 일제는 침략 전쟁을 확대하면서 한국인을 전쟁에 동원하고자 하였다. 이에 황국 신민 서사 암송, 궁성 요배, 신사 참배를 강요하고 한국인의 성과 이름도 일본식으로 바꾸게 하였다.

① 호포제   ② 금융 실명제

③ 민족 말살 통치   ④ 4 · 13 호헌 조치

20 다음에서 설명하는 인물은?

> ◆ 한국사 인물 카드 ◆
> • 생몰 연도 : 1876년~1949년
> • 주요 활동 – 한인 애국단 조직
>   – 대한민국 임시 정부 주석 역임
> • 주요 저서 : 『백범일지』

① 궁예   ② 김구

③ 박제가   ④ 연개소문

21 ㉠에 들어갈 내용으로 옳은 것은?

> 일제의 식민 지배에 협력했던 민족 반역자를 청산하는 것은 민족정기를 바로잡기 위해 필요한 일이었다. 이에 1948년 제헌 국회는 국민적 여론과 제헌 헌법에 따라 ㉠ 을/를 제정하였다.

① 시무 28조   ② 미쓰야 협정

③ 남북 기본 합의서   ④ 반민족 행위 처벌법

22 다음에서 설명하는 사건은?

> 1980년 신군부 세력은 비상계엄을 전국으로 확대하였어. 이에 맞서 광주의 학생과 시민들은 격렬하게 저항하였지.
>
> 그래. 그리고 당시 관련 기록물은 2011년 유네스코 세계 기록 유산으로 등재되었어.

① 갑신정변   ② 교조 신원 운동

③ 물산 장려 운동   ④ 5 · 18 민주화 운동

23 ㉠에 들어갈 전쟁으로 옳은 것은?

> 〈 ㉠ 의 전개 과정〉
> 북한군의 남침
> 인천 상륙 작전
> 1 · 4 후퇴
> 정전 협정

① 임진왜란   ② 귀주 대첩

③ 6 · 25 전쟁   ④ 쌍성보 전투

24 박정희 정부 시기에 있었던 사실로 옳은 것을 〈보기〉에서 고른 것은?

> ─── 〈보기〉 ───
> ㄱ. 베트남 파병   ㄷ. 유신 헌법 제정
> ㄴ. 전주 화약 체결   ㄹ. 서울 올림픽 개최

① ㄱ, ㄴ   ② ㄱ, ㄷ

③ ㄴ, ㄹ   ④ ㄷ, ㄹ

25 ㉠에 들어갈 지역으로 옳은 것은?

> • 1905년 러·일 전쟁 중에 일본은 [㉠]
>   를 자국의 영토로 불법 편입하였다.
> • 연합국 최고 사령관 각서 제677호에
>   [㉠]가 한국 영토로 표기되어 있다.

① 독도   ② 강화도

③ 제주도   ④ 거문도

도 덕

정답 및 해설 518p

01 다음 설명에 해당하는 윤리학은?

> 인간이 어떻게 행위를 해야 하는가에 대한 보편적 원리의 정립을 주된 목표로 하는 윤리학

① 진화 윤리학　　② 기술 윤리학

③ 규범 윤리학　　④ 메타 윤리학

02 다음 설명에 해당하는 이상적 인간은?

> 유교에서 제시한 도덕적 수양과 사회적 실천을 통해 이상적 인격에 도달한 사람

① 군자　　　　　② 보살

③ 진인　　　　　④ 철인

03 ㉠에 들어갈 용어는?

㉠
- 가상 공간에서 타인에게 정신적, 물질적 피해를 주는 행위
- 익명성을 악용한 비윤리적 행위로 심각한 문제가 되고 있음.
- 유형 : 악성 댓글, 허위 사실 유포, 해킹 등

① 기후 정의　　② 절대 빈곤

③ 사이버 폭력　　④ 윤리적 소비

04 윤리적 성찰의 방법으로 적절하지 <u>않은</u> 것은?

① 언행을 신중하게 하고 몸가짐을 바르게 한다.

② 다른 사람을 돕는 데 진심을 다했는지 살핀다.

③ 자신의 생각이나 상식을 반성적으로 검토한다.

④ 권위가 있는 이론은 비판 없이 무조건 수용한다.

05 다음 설명에 해당하는 윤리적 관점은?

> • 아리스토텔레스의 사상적 전통을 따라 도덕 법칙이나 원리보다 행위자의 품성과 덕성을 중시함.
> • 행위자의 성품을 먼저 평가하고, 이를 근거로 행위의 옳고 그름을 판단해야 한다고 보는 관점임.

① 덕 윤리　　　② 담론 윤리

③ 의무론 윤리　　④ 공리주의 윤리

06 다음은 서술형 평가 문제와 답안이다. 밑줄 친 ㉠~㉢ 중 옳지 않은 것은?

> 문제 : 정보의 생산자들이 지녀야 할 윤리적 자세에 대해 서술하시오.
>
> 〈답안〉
> 정보 생산자들은 ㉠ 사실 그대로 전달하는 진실한 태도를 지녀야 한다. ㉡ 정보를 자의적으로 해석하거나 왜곡하지 않아야 하고, ㉢ 관련된 내용에 대한 객관성과 공정성을 추구해야 한다. 또한 ㉣ 개인의 사생활, 인격권을 침해해서라도 알 권리만을 우선해야 한다.

① ㉠   ② ㉡

③ ㉢   ④ ㉣

07 가족 간의 바람직한 윤리적 자세로 적절하지 않은 것은?

① 형제자매는 서로 우애 있게 지내야 한다.

② 부모와 자녀는 상호 간에 사랑을 실천해야 한다.

③ 가족 구성원 간에 신뢰를 회복하도록 노력해야 한다.

④ 전통 가족 윤리는 시대정신에 맞더라도 거부해야 한다.

08 ㉠에 들어갈 용어로 가장 적절한 것은?

> 싱어(Singer, P.)는 (㉠)을 갖고 있는 동물의 이익도 평등하게 고려되어야 한다고 주장한다.

① 정보 처리 능력   ② 쾌고 감수 능력

③ 도덕적 탐구 능력   ④ 비판적 사고 능력

09 다음에서 소개하는 윤리 사상가는?

> ◈ 도덕 인물 카드 ◈
> • 고대 그리스의 철학자
> • 소크라테스의 제자로 이데아론을 주장함.
> • 대표 저서: 『국가』

① 로크   ② 베이컨

③ 플라톤   ④ 엘리아데

10 다음 설명에 해당하는 것은?

> • 남녀 모두의 인권을 동등하게 보장함.
> • 성별에 따라 서로 차별하지 않고 동등하게 대우함.

① 성폭력   ② 양성평등

③ 인종 차별   ④ 지역 갈등

11 다음 설명에 해당하는 개념은?

> • 의미 : 행위의 결과와 상관없이 행위 자체가 옳기 때문에 무조건 수행해야 하는 도덕적 명령
> • 예 : "네 의지의 준칙이 언제나 동시에 보편적 입법의 원리가 되도록 행위하라."

① 가치 전도   ② 정언 명령

③ 책임 전가   ④ 가언 명령

12 (가), (나)에 들어갈 내용으로 적절하지 <u>않은</u> 것은?

> 주제 : 안락사를 허용해야 하는가?
>
> 찬성 논거　　　　반대 논거
> 　(가)　　　　　　(나)
> 　 ⋮　　　　　　 ⋮

① (가) : 인간답게 죽을 권리는 없다.
② (가) : 경제적 고통을 덜어 줄 수 있다.
③ (나) : 사회에 생명 경시 풍조가 확산된다.
④ (나) : 죽음은 인간이 선택할 수 있는 대상
　　　　이 아니다.

13 다음 설명에 해당하는 직업 윤리 의식은?

> 공직자뿐만 아니라 직업 생활의 전반에서 중요한 의식으로 성품과 품행이 맑고 깨끗하여 탐욕을 부리지 않는 것을 의미한다.

① 경쟁 의식　　　② 패배 의식
③ 청렴 의식　　　④ 특권 의식

14 다음에서 설명하는 윤리에 대한 관점은?

> • 보편적으로 타당한 도덕 원칙은 없다고 봄.
> • 윤리를 문화의 산물로 보고, 각 사회마다 마땅히 따라야 할 규범이 다를 수 있다고 봄.

① 윤리적 상대주의　　② 윤리적 이기주의
③ 윤리적 절대주의　　④ 윤리적 의무주의

15 다음에서 바람직한 문화적 정체성을 유지하기 위한 관점에만 'ⅴ'를 표시한 학생은?

관점 ＼ 학생	A	B	C	D
• 자신의 주관이나 문화적 정체성을 버린다.	✓	✓		✓
• 사회 질서를 파괴하지 않는 범위에서 관용을 베푼다.	✓		✓	✓
• 문화의 다양성을 수용하면서도 보편적 규범을 따른다.		✓	✓	✓

① A　　　　　② B
③ C　　　　　④ D

16 다음 내용과 관련된 사상은?

> • 불교에서 서로 다른 종파들 간 대립과 갈등을 더 높은 차원에서 극복하고자 함.
> • 특수하고 상대적인 각자의 입장에서 벗어나 대승적으로 융합해야 함을 강조함.

① 묵자의 겸애 사상　② 공자의 덕치 사상
③ 노자의 무위 사상　④ 원효의 화쟁 사상

17 부정부패 행위가 사회에 미치는 영향을 〈보기〉에서 고른 것은?

─〈보기〉─

ㄱ. 국외 자본의 국내 투자가 활발해진다.
ㄴ. 개인의 권리가 부당하게 침해받을 수 있다.
ㄷ. 사회적 비용의 낭비로 사회 발전을 저해할 수 있다.
ㄹ. 국민 간 위화감을 완화하여 사회 통합을 용이하게 한다.

① ㄱ, ㄴ ② ㄱ, ㄹ
③ ㄴ, ㄷ ④ ㄷ, ㄹ

18 그림의 내용과 같은 주장을 한 사상가는?

자유 지상주의적 입장에서 개인의 소유권을 보호하고 존중하는 것이 정의이다.

소득 재분배는 개인의 권리를 침해하는 심각한 문제이다. 해외 원조를 자선의 관점에서 보아야 한다.

① 홉스 ② 노직
③ 벤담 ④ 왈처

19 유전자 치료에 대한 찬성 근거로 가장 적절한 것은?

① 유전적 질병으로 인한 고통을 해소한다.
② 인간의 유전적 다양성이 상실될 수 있다.
③ 의학적으로 불확실하고 임상적으로 위험하다.
④ 유전 정보 활용으로 사생활 침해 문제가 발생한다.

20 ㉠에 들어갈 용어는?

국방비
외교적 경쟁 비용
㉠
이념적 갈등과 대립
소모적 성격의 비용

① 기본 소득 ② 분단 비용
③ 과시 소비 ④ 통일 편익

21 다음 설명에 해당하는 것은?

차별받아 온 사람들에게 고용이나 교육 등 다양한 측면에서 직간접적으로 혜택을 제공함으로써 사회적 이익의 공정한 분배를 실현하려는 제도

① 청탁 금지법
② 생물 다양성 협약
③ 지속 가능한 개발
④ 소수자 우대 정책

22 다음 대화에서 학생이 주장하는 국제 관계에 대한 관점은?

교사: 국제 분쟁을 어떻게 막을 수 있을까요?

학생: 국가는 도덕성보다 국가의 이익을 우선해야 합니다. 국가의 힘을 키워서 세력 균형을 유지해야 분쟁을 막을 수 있습니다.

① 현실주의   ② 구성주의

③ 이상주의   ④ 도덕주의

24 ㉠에 들어갈 용어로 가장 적절한 것은?

노르웨이의 평화학자 갈퉁(Galtung, J.)은 직접적 폭력뿐만 아니라 구조적·문화적 폭력을 제거하여 (㉠)를 이루어야 한다고 주장합니다.

① 일시적 평화   ② 적극적 평화

③ 소극적 평화   ④ 특수적 평화

23 시민 불복종의 특징으로 볼 수 없는 것은?

① 폭력을 사용해서는 안 된다.

② 최후의 수단이 되어야 한다.

③ 공개적인 활동을 통해 공동선을 지향해야 한다.

④ 기존 사회 질서와 헌법 체계 전체를 부정해야 한다.

25 다음에서 설명하는 자연을 바라보는 관점은?

- 무생물을 포함한 생태계 전체를 도덕적 고려의 대상으로 보는 입장
- 생태계 전체의 선을 위하여 개별 구성원을 희생시킬 수 있다는 한계를 지님.

① 인간 중심주의   ② 동물 중심주의

③ 생명 중심주의   ④ 생태 중심주의

2022년도

제1회

제1교시

국 어

정답 및 해설 524p |

01 다음 중 '준수'의 말하기의 문제점으로 적절하지 않은 것은?

> 준수 : 야! 너 색연필 있지? 줘 봐!
> 민우 : 어쩌지? 미안하지만 지금은 나도 써야 해.
> 준수 : 내가 먼저 쓸 거야! 바로 줄 건데 뭘 그러냐? 색연필 빌려 주는 게 그렇게 아깝냐!

① 상대방의 상황을 무시하고 있다.
② 상대방에게 막무가내로 요구하고 있다.
③ 상대방의 기분이 상하게 표현하고 있다.
④ 상대방이 이해하지 못하는 관용 표현을 사용하고 있다.

02 다음 중 [A]에 대한 설명으로 가장 적절한 것은?

> 은희 : 축제를 앞두고 우리 춤 동아리에서 리허설을 하려고 하는데, 앞으로 축제 때까지 무대가 있는 강당을 우리가 사용하면 안 될까?
> 민수 : 그건 어렵겠어. 우리 뮤지컬 동아리도 춤추는 장면이 있는데, 전체 동작이 서로 맞지 않아서 강당에서 연습을 더 해야 해.
> 은희 : 그런 어려움이 있구나. 그러면 춤 동작은 우리가 도와줄 테니 이번 주만이라도 강당을 우리가 쓰도록 해 주면 좋겠어. [A]

> 민수 : 그래, 괜찮네. 이번 주는 너희가 쓰고 다음 주는 우리가 쓸게.

① 일방적으로 자신의 입장을 강요하고 있다.
② 자신의 의도를 숨기고 상대방을 비난하고 있다.
③ 상대방의 처지에 공감하며 요구 사항을 전하고 있다.
④ 상대방의 의견을 반박하며 자신의 주장을 강조하고 있다.

03 다음 규정에 따라 발음하지 않는 것은?

> **표준 발음법**
> 【제19항】 받침 'ㅁ, ㅇ' 뒤에 연결되는 'ㄹ'은 [ㄴ]으로 발음된다.

① 강릉   ② 담력
③ 송년   ④ 항로

04 다음의 높임법을 활용한 문장으로 볼 수 없는 것은?

> 주체 높임법은 문장의 주체를 높이는 방법이다.

① 아버지께서는 늘 음악을 들으신다.

② 어머니께서는 지금 집에서 주무신다.

③ 선배는 선생님께 공손히 인사를 드렸다.

④ 할아버지께서는 어제 죽을 드시고 계셨다.

---

05 다음 중 끊어적기에 해당하지 <u>않는</u> 것은?

孔·공子·ㅣ 曾증子·ㄷ·려 닐·러 ㄹ글·ㅇ·샤·
딕 ㉠·몸·이며 ㉡ 얼굴·이며 ㉢ 머·리털·이·
며·술·흔父·母:모·끠받ㅈ·온 ㉣ 거·시·
라敢:감·히헐·워샹히·오·디아·니·홈·이·효
도·이비·르 소미·오·몸·을세·워道:도·를行
힝·ㅎ·야일·홈·을後·世후:셰·예:베퍼 뼈父·
母:모를·현·뎌케·홈·이·효·도·이ㅁ·춤·이
니·라

－「소학언해」(1587) －

① ㉠   ② ㉡

③ ㉢   ④ ㉣

---

06 밑줄 친 부분이 '한글 맞춤법'에 맞지 <u>않는</u> 것은?

① 집에서 보약을 <u>다리다</u>.

② 가난으로 배를 <u>주리다</u>.

③ 그늘에서 땀을 <u>식히다</u>.

④ 아들에게 학비를 <u>부치다</u>.

---

07 ＜조건＞을 모두 고려하여 만든 광고 문구로 가장 적절한 것은?

─＜조건＞─
• '고운 말을 사용하자.'는 주제를 드러낼 것
• 비유법, 대구법을 모두 활용할 것

① 지금 바로 말하세요. 안 하면 모릅니다.

② 봄날처럼 따뜻한 말씨, 보석처럼 빛나는 세상!

③ 마음을 멍들게 하는 상처의 말은, 이제 그만!

④ 대화는 관계의 시작! 말로 마음의 문을 여실 거죠?

---

08 ㉠~㉣을 고쳐 쓴 것으로 적절하지 <u>않은</u> 것은?

한지는 바람이 잘 통하고 습도 조절이 잘 되는 종이라서 창호지로도 많이 쓰인다. ㉠ 창문이 닫아도 한지는 바람이 잘 통하고 습기를 잘 흡수해서 습도 조절 역할까지 한다. ㉡ 그러나 한지에 비해 양지는 바람이 잘 통하지 않고 습기를 잘 흡수하지 못한다. ㉢ 최근 물가 상승으로 한지의 가격이 2배 이상 올랐다. 한지가 살아 숨 쉬는 ㉣ 종이라도, 양지는 뻣뻣하게 굳어 있는 종이라고 할 수 있다.

① ㉠ : 잘못된 조사를 사용했으므로 '창문을'로 바꾼다.

② ㉡ : 잘못된 접속어를 사용했으므로 '그러므로'로 바꾼다.

③ ㉢ : 글의 통일성을 해치는 문장이므로 삭제한다.

④ ㉣ : 문맥을 고려하여 '종이라면'으로 바꾼다.

[09~11] 다음 글을 읽고 물음에 답하시오.

> 산모퉁이를 돌아 논가 외딴 우물을 홀로 찾아가
> 선 가만히 들여다봅니다.
>
> 우물 속에는 달이 밝고 구름이 흐르고 하늘이 펼
> 치고 파아란 바람이 불고 가을이 있습니다.
>
> 그리고 한 사나이가 있습니다.
> 어쩐지 ㉠ 그 사나이가 미워져 돌아갑니다.
>
> 돌아가다 생각하니 그 사나이가 가엾어집니다.
> 도로 가 들여다보니 사나이는 그대로 있습니다.
>
> 다시 그 사나이가 미워져 돌아갑니다.
> 돌아가다 생각하니 그 사나이가 그리워집니다.
>
> 우물 속에는 달이 밝고 구름이 흐르고 하늘이 펼
> 치고 파아란 바람이 불고 가을이 있고 추억(追憶)
> 처럼 사나이가 있습니다.
>
> － 윤동주, 「자화상(自畵像)」－

09 윗글의 표현상의 특징으로 적절하지 않은 것은?

① 오고 가는 행위의 반복을 통해 시상을 전개하고 있다.

② '－ㅂ니다'의 반복적 사용을 통해 운율을 형성하고 있다.

③ 설의적 표현을 사용하여 비판적 인식을 드러내고 있다.

④ 시각적 심상을 사용하여 대상을 선명하게 나타내고 있다.

10 윗글에 대한 설명으로 적절하지 않은 것은?

① 1연에서 우물에 비친 자신의 모습을 들여다보고 있다.

② 2연에서 우물 속 풍경을 보며 비정한 현실에 분노하고 있다.

③ 4연에서 화자는 '사나이'에게 연민을 느끼고 있다.

④ 5연에서 미움의 감정이 그리움으로 변화하고 있다.

11 다음과 관련하여 윗글을 감상할 때, ㉠의 이유로 가장 적절한 것은?

> '자화상'은 일제 강점기를 살았던 시인의 이상적 삶의 태도가 잘 드러나 있는 작품으로, 치열한 자아 성찰의 산물인 부끄러움과 암울한 시대에 대한 극복 의지가 담겨 있다.

① 이상적 가치를 이미 실현했기 때문에

② 경제적으로 안정된 삶을 추구하기 때문에

③ 현실에 저항하지 못하는 자신이 부끄럽기 때문에

④ 삶의 고통을 극복한 자신에게 당당함을 느끼기 때문에

[12~14] 다음 글을 읽고 물음에 답하시오.

> [앞부분 줄거리] 원미동에 터를 잡고 사는 강 노인은 자신의 마지막 남은 땅에 밭농사를 지으며 그 땅을 팔지 않으려 하고 있다.

서울 것들이란. 강 노인은 끙끙거리다 토막 난 욕설을 내뱉어 놓았다. 강 노인이 괭이를 내던지고 밭 끄트머리로 걸어가는 사이 언제 나왔는지 부동산의 박 씨가 알은체를 하였다. 자그마한 체구에 검은 테 안경을 쓰고, 머리는 기름 발라 착 달라붙게 빗어 넘긴 박 씨의 면상을 보는 일이 강 노인으로서는 괴롭기 짝이 없었다. 얼굴만 마주쳤다 하면 땅을 팔아 보지 않겠느냐고 은근히 회유를 거듭하더니 지난 겨울부터는 임자가 나섰다고 숫제 집까지 찾아와서 온갖 감언이설을 다 늘어놓는 박 씨였다.

〈중략〉

"영감님, 유 사장이 저 심곡동 쪽으로 땅을 보러 다니나봅디다. ㉠ 영감님은 물론이고 우리 동네의 발전을 위해서 그렇게 애를 썼는데……."

박 씨가 짐짓 허탈한 표정을 지으며 말하고 있는데 뒤따라 나온 동업자 고흥댁이 뒷말을 거든다.

"참말로 이 양반이 지난겨울부터 무진 애를 썼구만요. 우리사 셋방이나 얻어 주고 소개료 받는 것으로도 얼마든지 살 수 있지라우. 그람시도 그리 애를 쓴 것이야 다 한동네 사는 정리로다가 그런 것이지요."

강 노인은 가타부타 말이 없고 이번엔 박 씨가 나섰다.

"아직도 늦은 것은 아니고, 한 번 더 생각해 보세요. 여름마다 똥 냄새 풍겨 주는 밭으로 두고 있으니 평당 백만 원 이상으로 팔아넘기기가 그리 쉬운 일입니까. 이제는 참말이지 더 이상 땅값이 오를 수가 없게 돼 있다 이 말씀입니다. 아, 모르십니까. 팔팔 올림픽 전에 북에서 쳐들어올 확률이 높다고 신문 방송에서 떠들어 쌓으니 이삼천짜리 집들도 매기[1]가 뚝 끊겼다 이 말입니다."

"영감님도 욕심 그만 부리고 이만한 가격으로 임자 나섰을 때 후딱 팔아 치우시요. 영감님이 아무리 기다리셔도 인자 더 이상 오르기는 어렵다는디 왜 못 알아들으실까잉. 경국이 할머니도 팔아 치우자고 저 야단인디……."

고흥댁은 이제 강 노인 마누라까지 쳐들고 나선다. 강 노인은 아무런 대꾸도 없이 일하던 자리로 돌아가 버린다.

그 등에 대고 박 씨가 마지막으로 또 한마디 던졌다.

"아직도 유 사장 마음은 이 땅에 있는 모양이니께 금액이야 영감님 마음에 맞게 잘 조정해 보기로 하고, 일단 결정해 뿌리시요!"

– 양귀자, 「마지막 땅」 –

---

1) 상품을 사려는 분위기. 또는 살 사람들의 인기.

12 윗글에 대한 설명으로 가장 적절한 것은?

① 작품 속 서술자가 자신의 이야기를 들려주고 있다.

② 대화를 통해 인물 간 화해의 과정을 드러내고 있다.

③ 비현실적인 배경을 제시하여 신비로운 분위기를 보여 주고 있다.

④ 인물의 외양 묘사를 통해 인물에 대한 강 노인의 못마땅함을 보여 주고 있다.

13 윗글을 통해 알 수 있는 내용으로 적절한 것은?

① 유 사장은 강 노인의 땅을 마음에 두고 있다.

② 고흥댁은 받지 못한 소개료 때문에 생활고를 겪고 있다.

③ 신문 방송의 영향으로 집을 사려는 분위기가 고조되고 있다.

④ 박 씨는 강 노인에게 땅을 팔라고 말한 것을 후회하고 있다.

14 ㉠에 드러난 말하기 방식으로 가장 적절한 것은?

① 상대방의 지난 잘못을 들추며 비난하고 있다.

② 땅값이 앞으로는 오르지 않을 것이라 협박하고 있다.

③ 동네 발전에 애쓴 것을 언급하며 상대방을 회유하고 있다.

④ 상대방의 침묵에 대해 불쾌감을 드러내며 질책하고 있다.

[15～16] 다음 글을 읽고 물음에 답하시오.

> 생사(生死) 길은
> 예 있으매 머뭇거리고,
> 나는 간다는 말도
> 못다 이르고 어찌 갑니까.
> 어느 가을 이른 바람에
> 이에 저에 떨어질 잎처럼,
> 한 가지에 나고
> 가는 곳 모르온저.
> 아아, ㉠ 미타찰(彌陀刹)에서 만날 나
> 도(道) 닦아 기다리겠노라.
>
> — 월명사, 「제망매가(祭亡妹歌)」 —

15 다음을 참고하여 윗글을 탐구한 내용으로 가장 적절한 것은?

> 이 작품은 10구체 향가이다. 1~4행, 5~8행, 9~10행의 세 부분으로 나눌 수 있는데, 그중 마지막 부분이 낙구이다.

① 낙구는 감탄사로 시작되고 있군.

② 세 부분은 각각 연으로 구분되어 있군.

③ 10구체 향가는 후렴구로 마무리되고 있군.

④ 세 부분의 첫 어절은 각각 3음절로 시작되고 있군.

16 ㉠에 나타난 화자의 태도로 가장 적절한 것은?

① 대상과 재회를 염원하고 있다.

② 자신의 처지를 한탄하고 있다.

③ 대상의 업적을 예찬하고 있다.

④ 이별한 대상을 원망하고 있다.

[17～19] 다음 글을 읽고 물음에 답하시오.

> 심청이 들어와 눈물로 밥을 지어 아버지께 올리고, 상머리에 마주 앉아 아무쪼록 진지 많이 잡수시게 하느라고 자반도떼어 입에 넣어 드리고 김쌈도 싸서 수저에 놓으며,
> "진지를 많이 잡수셔요."
> 심 봉사는 철도 모르고,
> "야, 오늘은 반찬이 유난히 좋구나. 뉘 집 제사 지냈느냐?"
> 그날 밤에 꿈을 꾸었는데, 부자간은 천륜지간(天倫之間)이라 꿈에 미리 보여 주는 바가 있었다.
> "아가 아가, 이상한 일도 있더구나. 간밤에 꿈을 꾸니, 네가 큰 수레를 타고 한없이 가 보이더구나. 수레라 하는 것이 귀한 사람이 타는 것인데 우리 집에 무슨 좋은 일이 있을란가 보다. 그렇지 않으면 장 승상 댁에서 가마 태워 갈란가 보다."
> 심청이는 저 죽을 꿈인 줄 짐작하고 둘러대기를,

"그 꿈 참 좋습니다."

하고 진짓상을 물려 내고 담배 태워 드린 뒤에 밥상을 앞에 놓고 먹으려 하니 간장이 썩는 눈물은 눈에서 솟아나고, 아버지 신세 생각하며 저 죽을 일 생각하니 정신이 아득하고 몸이 떨려 밥을 먹지 못하고 물렸다. 그런 뒤에 심청이 사당에 하직하려고 들어갈 제, 다시 세수하고 사당문을 가만히 열고 하직 인사를 올렸다.

"못난 여손(女孫) 심청이는 아비 눈 뜨기를 위하여 인당수 제물로 몸을 팔려 가오매, 조상 제사를 끊게 되오니 사모하는 마음을 이기지 못하겠습니다."

울며 하직하고 사당문 닫은 뒤에 아버지 앞에 나와 두 손을 부여잡고 기절하니, 심 봉사가 깜짝 놀라,

"아가 아가, 이게 웬일이냐? 정신 차려 말하거라."

심청이 여쭙기를,

"제가 못난 딸자식으로 아버지를 속였어요. 공양미 삼백 석을 누가 저에게 주겠어요. 남경 뱃사람들에게 인당수 제물로 몸을 팔아 오늘이 떠나는 날이니 저를 마지막 보셔요."

심 봉사가 이 말을 듣고,

[A]
"참말이냐, 참말이냐? 애고 애고, 이게 웬 말인고? 못 가리라, 못 가리라. 네가 날더러 묻지도 않고 네 마음대로 한단 말이냐? 네가 살고 내가 눈을 뜨면 그는 마땅히 할 일이나, 자식 죽여 눈을 뜬들 그게 차마 할 일이냐? 너의 어머니 늦게야 너를 낳고 초이레 안에 죽은 뒤에, 눈 어두운 늙은 것이 품 안에 너를 안고 이집 저집 다니면서 구차한 말 해 가면서 동냥젖 얻어 먹여 이만치 자랐는데, 내 아무리 눈 어두우나 너를 눈으로 알고, 너의 어머니 죽은 뒤에 걱정 없이 살았더니 이 말이 무슨 말이냐? 마라 마라, 못 하리라. 아내 죽고 자식 잃고 내 살아서 무엇하리? 너하고 나하고 함께 죽자. 눈을 팔아 너를 살 터에 너를 팔아 눈을 뜬들 무엇을 보려고 눈을 뜨리?"

– 작자 미상, 완판본 「심청전」 –

17 윗글의 내용과 일치하지 <u>않는</u> 것은?

① 심청은 자신이 떠나야 하는 까닭을 아버지에게 밝혔다.

② 심청은 아버지에게 하직 인사를 하기 위해 사당으로 들어갔다.

③ 심 봉사는 자신을 위해 제물이 되려는 심청의 결정을 만류하고 있다.

④ 심청은 자신이 떠난 후 조상의 제사를 지내지 못하는 것을 안타까워하고 있다.

18 꿈 의 기능으로 가장 적절한 것은?

① 심청의 영웅적 능력을 드러낸다.

② 심청의 앞날에 일어날 일을 암시한다.

③ 심 봉사와 심청의 갈등 해소의 계기가 된다.

④ 심청이 겪었던 과거의 위기 상황을 보여 준다.

19 [A]에 대한 설명으로 적절한 것은?

① 설의적 표현을 통해 삶의 희망을 드러내고 있다.

② 의인화를 통해 현실을 우회적으로 비판하고 있다.

③ 해학적 표현을 통해 슬픔을 웃음으로 승화하고 있다.

④ 반복적인 표현을 통해 인물의 안타까운 심정을 드러내고 있다.

[20~22] 다음 글을 읽고 물음에 답하시오.

글을 잘 읽으려면 읽기 목적에 맞는 읽기 방법을 선택해야 한다. 읽기의 방법은 매우 다양한데, 이는 다음과 같이 몇 가지로 나누어 볼 수 있다.

첫째, 글을 읽을 때 소리를 내는지에 따라 음독(音讀)과 묵독(默讀)으로 나눈다. 음독은 글을 소리 내어 읽는 방법이며, 묵독은 글을 소리 내지 않고 속으로 읽는 방법이다. 음독은 근대 이전에 보편적으로 사용된 읽기 방법으로, 요즘에는 개인이 혼자 글을 읽을 때 대체로 묵독을 사용한다. ⟨ ㉠ ⟩ 잘 이해되지 않는 부분의 뜻을 파악하거나 두 사람 이상이 함께 읽을 때는 음독이 사용되기도 한다.

둘째, 글을 읽는 속도에 따라 속독(速讀)과 지독(遲讀)으로 나눈다. 속독은 중요한 내용을 중심으로 글을 빠르게 읽는 방법이며, 지독은 뜻을 새겨 가며 글을 천천히 읽는 방법이다. 속독은 주로 가벼운 내용이 담긴 글을 읽거나, 글을 읽을 시간이 부족하여 대강의 내용을 먼저 파악하고자 할 때 사용된다. 반면 깊이 있는 내용이나 전문적인 내용이 담긴 글을 읽을 때는 대체로 지독이 사용된다. 이때 전문 서적을 읽을 때처럼 글의 세부 내용을 자세하게 파악하며 읽는 것을 정독(精讀)이라고 하고, 문학 작품이나 고전을 읽을 때처럼 내용과 형식, 표현 등을 차를 우려내듯 여유롭게 음미하며 읽는 것을 미독(味讀)이라고 한다.

셋째, 글을 읽는 범위에 따라 통독(通讀)과 발췌독(拔萃讀)으로 나눈다. 통독은 글 전체를 처음부터 끝까지 훑어 읽는 방법이며, 발췌독은 글에서 필요한 부분만 찾아 읽는 방법이다. 통독은 주로 글 전체의 내용이나 줄거리를 파악하고자 할 때 사용되며, 발췌독은 필요한 부분만 선별하여 특정 정보를 찾을 때 사용된다.

20 윗글에 대한 설명으로 적절하지 <u>않은</u> 것은?

① 읽기 방법을 기준에 따라 제시하고 있다.
② 다양한 읽기 방법의 개념을 설명하고 있다.
③ 비유적 표현을 통해 읽기 방법을 설명하고 있다.
④ 서로 다른 읽기 방법을 절충하여 새로운 읽기 방법을 보여 주고 있다.

21 ㉠에 들어갈 말로 가장 적절한 것은?

① 그러나   ② 따라서
③ 예컨대   ④ 왜냐하면

22 ㉮와 ㉯에 들어갈 읽기 방법으로 적절한 것은?

 내일이 우리 모둠 발표 순서라 주제와 관련된 책을 빌려 왔어. 그런데 시간이 부족해서 어쩌지?

시간이 없으면 대강의 내용을 먼저 빠르게 보는 (㉮)이나, 목차를 보고 필요한 부분을 찾아 읽는 (㉯)을 활용해 봐.

	㉮	㉯
①	속독	통독
②	속독	발췌독
③	지독	통독
④	지독	발췌독

[23~25] 다음 글을 읽고 물음에 답하시오.

우리 눈에 보이는 것들은 정말 '눈에 보이는 대로'만 존재할까? 신경과학 분야의 국제 학술지에 「우리 가운데에 있는 고릴라」라는 제목의 논문이 ㉠ 게재됐다. 하버드 대학교 심리학과 연구자들은 흰옷과 검은 옷을 입은 학생들을 두 조로 나누어 같은 조끼리만 농구공을 주고받게 하고 그 장면을 동영상으로 찍었다. 연구자들은 이 영상을 사람들에게 보여주면서 검은 옷을 입은 조는 무시하고, 흰옷을 입은 조의 패스 횟수만 세어 달라고 요구하였다. 실제 이 영상에는 고릴라 의상을 입은 학생이 가슴을 치고 퇴장하는 장면이 있는데, 그들의 절반은 이것을 전혀 인지하지 못했다. ㉮ 도대체 이들은 왜 고릴라를 보지 못했을까? 이것은 '무주의 맹시' 때문이다. 이는 시각이 ㉡ 손상되어 물체를 보지 못하는 것과 달리 물체를 보면서도 주의를 기울이지 않아서 인지하지 못하는 경우를 말한다.

인간은 눈을 통해 빛을 감지하고 사물을 보지만 눈 자체로 세상을 ㉢ 인식하는 것은 아니다. 눈으로 들어온 빛이 망막의 시각 세포에 의해 전기적 신호로 변환되고 이 신호가 시신경을 통해 뇌의 시각 피질로 들어올 때 세상을 본다고 느끼는 것이다. 시각 피질은 약 30개의 영역으로 구성된 복합적인 영역으로, 물체의 기본적인 이미지를 구분하는 영역, 형태를 구성하는 영역, 색을 담당하는 영역, 운동을 ㉣ 감지하는 영역 등 다양한 영역이 조합되어 종합적으로 사물을 인지한다. 예를 들어 시각 피질의 영역이 제 기능을 하지 못하면 세상이 흑백으로 보이며, 운동을 감지하는 영역이 손상되면 질주하는 자동차도 느리게 움직이는 것처럼 보인다.

이처럼 감각 기관으로 들어오는 정보를 고스란히 받아들이지 않고 제 입맛에 맞는 부분만 편식하는 것은 뇌의 보편적인 특성이다. 뇌의 많은 영역이 시각이라는 감각에 배정되어 있음에도 눈으로 받아들이는 모든 정보를 보이는 그대로 뇌가 빠짐없이 처리하기는 어렵다. 우리의 뇌는 선택과 집중, 적당한 무시의 과정을 거쳐 세상을 보기 때문에 있어도 보지 못하거나 잘못 보는 경우도 많은 것이다.

— 이은희, 「고릴라를 못 본 이유」 —

23 윗글에 대한 설명으로 적절한 것을 〈보기〉에서 고른 것은?

〈보기〉
ㄱ. 사례를 통해 내용을 설명하고 있다.
ㄴ. 질문을 통해 독자의 호기심을 유발하고 있다.
ㄷ. 시대에 따라 변화하는 통념을 보여 주고 있다.
ㄹ. 서로 다른 실험 결과를 대비하여 가설을 증명하고 있다.

① ㄱ, ㄴ   ② ㄱ, ㄷ
③ ㄴ, ㄷ   ④ ㄷ, ㄹ

24 ㉮의 이유로 가장 적절한 것은?

① 망막의 시각 세포는 흰색에만 반응하기 때문에
② 시신경이 손상되어 물체를 보지 못했기 때문에
③ 눈으로 들어오는 빛은 전기적 신호로 변환되지 못하기 때문에
④ 눈으로 들어오는 모든 정보를 처리하기 어려운 뇌의 특성 때문에

25 ㉠~㉣의 사전적 의미로 적절하지 <u>않은</u> 것은?

① ㉠ : 글이나 그림 따위를 신문이나 잡지 따위에 실음.

② ㉡ : 자기도 모르는 사이에 물건 따위를 잃어버림.

③ ㉢ : 사물을 분별하고 판단하여 앎.

④ ㉣ : 느끼어 앎.

제2교시

수 학

정답 및 해설 527p

01 두 다항식 $A=x^2+2x$, $B=2x^2-1$에 대하여 $A+B$는?

① $x-1$ ② x^2+2

③ x^2+x-3 ④ $3x^2+2x-1$

02 등식 $(x+1)(x-1)=x^2+a$가 x에 대한 항등식일 때, 상수 a의 값은?

① -2 ② -1

③ 0 ④ 1

03 다음은 조립제법을 이용하여 다항식 x^3-2x^2-x+5를 일차식 $x-1$로 나누어 몫과 나머지를 구하는 과정이다. 이때 몫은?

1	1	-2	-1	5
		1	-1	-2
	1	-1	-2	3

① $x+2$ ② $2x+1$

③ x^2-x-2 ④ $2x^2+x+1$

04 다항식 $x^3-9x^2+27x-27$을 인수분해한 식이 $(x-a)^3$일 때, 상수 a의 값은?

① 1 ② 2

③ 3 ④ 4

05 $2-i+i^2=a-i$일 때, 실수 a의 값은? (단, $i=\sqrt{-1}$)

① -2 ② -1

③ 0 ④ 1

06 이차방정식 $x^2+3x-4=0$의 두 근을 α, β라고 할 때, $\alpha+\beta$의 값은?

① -3 ② -1

③ 1 ④ 3

07 $0 \leq x \leq 2$일 때, 이차함수 $y=x^2+2x-3$의 최댓값은?

① 1 ② 3

③ 5 ④ 7

08 삼차방정식 $x^3 - 2x + a = 0$의 한 근이 2일 때, 상수 a의 값은?

① -4 ② -3

③ -2 ④ -1

09 연립방정식 $\begin{cases} x+y=3 \\ x^2-y^2=a \end{cases}$의 해가 $x=2$, $y=b$일 때, 두 상수 a, b에 대하여 $a+b$의 값은?

① 2   ② 4

③ 6   ④ 8

10 이차부등식 $(x+3)(x-1) \le 0$의 해는?

① $x \le -3$ ② $x \ge 1$

③ $-3 \le x \le 1$ ④ $x \le -3$ 또는 $x \ge 1$

11 좌표평면 위의 두 점 $A(1, 2)$, $B(3, -4)$에 대하여 선분 AB의 중점의 좌표는?

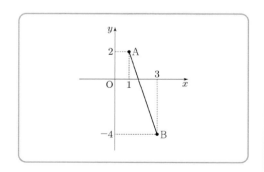

① $(-2, 1)$ ② $(-1, 2)$

③ $(1, -2)$ ④ $(2, -1)$

12 직선 $y = -2x + 5$에 평행하고 점 $(0, 1)$을 지나는 직선의 방정식은?

① $y = -2x - 3$ ② $y = -2x + 1$

③ $y = \frac{1}{2}x - 3$ ④ $y = \frac{1}{2}x + 1$

13 중심의 좌표가 $(2, 1)$이고 반지름의 길이가 3인 원의 방정식은?

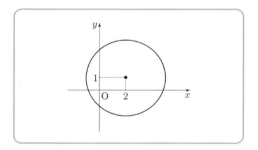

① $(x+2)^2 + (y+1)^2 = 9$

② $(x+2)^2 + (y-1)^2 = 9$

③ $(x-2)^2 + (y+1)^2 = 9$

④ $(x-2)^2 + (y-1)^2 = 9$

14 좌표평면 위의 점 $(-2, 1)$을 원점에 대하여 대칭이동한 점의 좌표는?

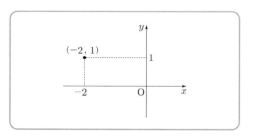

① $(-2, -1)$ ② $(-1, -2)$

③ $(1, -2)$ ④ $(2, -1)$

15 두 집합 $A=\{1, 3, 4, 5\}$, $B=\{2, 4\}$에 대하여 $A-B$는?

① $\{1\}$ ② $\{3, 4\}$
③ $\{1, 3, 5\}$ ④ $\{1, 3, 4, 5\}$

16 명제 '정삼각형이면 이등변삼각형이다.'의 역은?

① 이등변삼각형이면 정삼각형이다.
② 정삼각형이면 이등변삼각형이 아니다.
③ 정삼각형이 아니면 이등변삼각형이다.
④ 이등변삼각형이 아니면 정삼각형이 아니다.

17 함수 $f: X \rightarrow Y$가 그림과 같을 때, $f^{-1}(4)$의 값은? (단, f^{-1}는 f의 역함수이다.)

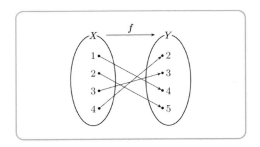

① 1 ② 2
③ 3 ④ 4

18 무리함수 $y=\sqrt{x-a}+b$의 그래프는 무리함수 $y=\sqrt{x}$의 그래프를 x축의 방향으로 2만큼, y축의 방향으로 3만큼 평행이동한 것이다. 두 상수 a, b에 대하여 $a+b$의 값은?

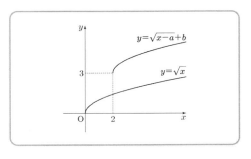

① 1 ② 3
③ 5 ④ 7

19 그림과 같이 3곳을 모두 여행하는 계획을 세우려고 한다. 여행 순서를 정하는 경우의 수는? (단, 한 번 여행한 곳은 다시 여행하지 않는다.)

① 4 ② 6
③ 8 ④ 10

20 그림과 같이 4종류의 꽃이 있다. 이 중에서 서로 다른 3종류의 꽃을 선택하는 경우의 수는?

| 백합 | 장미 | 튤립 | 프리지어 |

① 4

② 5

③ 6

④ 7

제3교시

영 어

정답 및 해설 529p

[01~03] 다음 밑줄 친 부분의 뜻으로 가장 적절한 것을 고르시오.

01

> For children, it is important to encourage good behavior.

① 행동   ② 규칙

③ 감정   ④ 신념

02

> She had to put off the trip because of heavy rain.

① 계획하다   ② 연기하다

③ 기록하다   ④ 시작하다

03

> Many online lessons are free of charge. Besides, you can watch them anytime and anywhere.

① 마침내   ② 게다가

③ 그러나   ④ 예를 들면

04 다음 밑줄 친 두 단어의 의미 관계와 다른 것은?

> While some people say that a glass is half full, others say that it's half empty.

① high — low   ② hot — cold

③ tiny — small   ④ fast — slow

05 다음 포스터에서 언급되지 <u>않은</u> 것은?

> **Happy Earth Day Event**
>
> **When** : April 22, 2022
> **Where** : Community Center
> **What to do** : • Exchange used things
>   • Make 100% natural shampoo

① 참가 자격   ② 행사 날짜

③ 행사 장소   ④ 행사 내용

[06~08] 다음 빈칸에 공통으로 들어갈 말로 가장 적절한 것을 고르시오.

06

> • When you _____ the train, make sure you take all your belongings.
> • Please _____ the book on the table after reading it.

① open   ② learn

③ leave   ④ believe

2022년 1회

07

- Minsu, _____ are you going to do this weekend?
- No one knows exactly _____ happened.

① what   ② that
③ who   ④ if

08

- Dad's heart is filled _____ love for me.
- Alice was satisfied _____ her performance.

① at   ② in
③ for   ④ with

09 다음 대화에서 밑줄 친 표현의 의미로 가장 적절한 것은?

A : What are you doing, Junho?
B : I'm trying to solve this math problem, but it's too difficult for me.
A : Let's try to figure it out together.
B : That's a good idea. <u>Two heads are better than one.</u>

① 수고 없이 얻는 것은 없다.
② 사공이 많으면 배가 산으로 간다.
③ 겉모습만으로 사람을 판단해서는 안 된다.
④ 혼자보다 두 명이 함께 생각하는 것이 낫다.

10 다음 대화에서 알 수 있는 B의 심정으로 가장 적절한 것은?

A : Did you get the results for the English speech contest?
B : Yeah, I just got them.
A : So, how did you do?
B : I won first prize. It's the happiest day of my life.

① 행복   ② 실망
③ 분노   ④ 불안

11 다음 대화가 이루어지는 장소로 가장 적절한 것은?

A : Good morning. How may I help you?
B : Hi, I'd like to open a bank account.
A : All right. Please fill out this form.
B : Thanks. I'll do it now.

① 은행   ② 경찰서
③ 미용실   ④ 체육관

12 다음 글에서 밑줄 친 It이 가리키는 것으로 가장 적절한 것은?

> One day, Michael saw an advertisement for a reporter in the local newspaper. It was a job he'd always dreamed of. So he made up his mind to apply for the job.

① actor ② teacher
③ reporter ④ designer

[13~14] 다음 대화의 빈칸에 들어갈 말로 가장 적절한 것을 고르시오.

13

> A : _____?
> B : I'm going to teach Korean to foreigners.
> A : Great. Remember you should volunteer with a good heart.
> B : I'll keep that in mind.

① When is your birthday
② What did you do last Friday
③ What do you think about Korean food
④ What kind of volunteer work are you going to do

14

> A : Have you decided which club you're going to join this year?
> B : _____.

① I left Korea for Canada
② I went to see a doctor yesterday
③ I've decided to join the dance club
④ I had spaghetti for dinner last night

15 다음 대화의 주제로 가장 적절한 것은?

> A : Doctor, my eyes are tired from working on the computer all day. What can I do to look after my eyes?
> B : Make sure you have enough sleep to rest your eyes.
> A : Okay. Then what else can you recommend?
> B : Eat fruits and vegetables that have lots of vitamins.

① 비타민의 부작용
② 눈 건강을 돌보는 방법
③ 수면 부족의 원인
④ 시력 회복에 도움 되는 운동

16 다음 글을 쓴 목적으로 가장 적절한 것은?

> This is an announcement from the management office. As you were informed yesterday, the electricity will be cut this afternoon from 1 p.m. to 2 p.m. We're sorry for any inconvenience. Thank you for your understanding.

① 공지하려고　　② 불평하려고
③ 거절하려고　　④ 문의하려고

17 다음 박물관에 대한 안내문의 내용과 일치하지 않는 것은?

> **Shakespeare Museum**
> **Hours**
> • Open daily : 9:00 a.m. - 6:00 p.m.
> **Admission**
> • Adults : $12
> • Students and children : $8
> • 10% discount for groups of ten or more
> **Photography**
> • Visitors can take photographs.

① 오전 9시부터 오후 6시까지 개방한다.
② 어른은 입장료가 12달러이다.
③ 10명 이상의 단체는 입장료가 10% 할인된다.
④ 모든 사진 촬영은 금지된다.

18 다음 2022 Science Presentation Contest에 대한 설명과 일치하지 않는 것은?

> The 2022 Science Presentation Contest will be held on May 20, 2022. The topic is global warming. Contestants can participate in the contest only as individuals. Presentations should not be longer than 10 minutes. For more information, see Mr. Lee at the teachers' office.

① 5월 20일에 개최된다.
② 발표 주제는 지구 온난화이다.
③ 그룹 참가가 가능하다.
④ 발표 시간은 10분을 넘지 않아야 한다.

19 다음 글의 주제로 가장 적절한 것은?

> I'd like to tell you about appropriate actions to take in emergency situations. First, when there is a fire, use the stairs instead of taking the elevator. Second, in the case of an earthquake, go to an open area and stay away from tall buildings because they may fall on you.

① 지진 발생 원인
② 에너지 절약의 필요성
③ 환경 보호 실천 방안
④ 비상사태 발생 시 대처 방법

[20~21] 다음 글의 빈칸에 들어갈 말로 가장 적절한 것을 고르시오.

20

These days, many people make reservations at restaurants and never show up. Here are some tips for restaurants to reduce no-show customers. First, ask for a deposit. If the customers don't show up, they'll lose their money. Second, call the customer the day before to _____ the reservation.

① cook   ② forget

③ confirm   ④ imagine

21

Weather forecasters _____ the amount of rain, wind speeds, and paths of storms. In order to do so, they observe the weather conditions and use their knowledge of weather patterns. Based on current evidence and past experience, they decide what the weather will be like.

① ignore   ② predict

③ violate   ④ negotiate

22 글의 흐름으로 보아 다음 문장이 들어가기에 가장 적절한 곳은?

To overcome this problem, soap can be made by volunteer groups and donated to the countries that need it.

(①) Washing your hands with soap helps prevent the spread of disease. (②) In fact, in West and Central Africa alone, washing hands with soap could save about half a million lives each year. (③) However, the problem is that soap is expensive in this region. (④) This way, we can help save more lives.

23 다음 글의 바로 뒤에 이어질 내용으로 가장 적절한 것은?

In the future, many countries will have the problem of aging populations. We will have more and more old people. This means jobs related to the aging population will be in demand. So when you're thinking of a job, you should consider this change. Now, I'll recommend some job choices for a time of aging populations.

① 노령화와 기술 발전

② 성인병을 관리하는 방법

③ 노화 예방 운동법 소개

④ 노령화 시대를 위한 직업 추천

[24~25] 다음 글을 읽고 물음에 답하시오.

Do you know flowers provide us with many health benefits? For example, the smell of roses can help _____ stress levels. Another example is lavender. Lavender is known to be helpful if you have trouble sleeping. These are just two examples of how flowers help with our health.

24 윗글의 빈칸에 들어갈 말로 가장 적절한 것은?

① insist   ② reduce

③ trust   ④ admire

25 윗글의 주제로 가장 적절한 것은?

① 고혈압에 좋은 식품

② 충분한 수면의 필요성

③ 꽃이 건강에 주는 이점

④ 아름다운 꽃을 고르는 방법

제4교시 사 회

정답 및 해설 534p |

01 다음에서 강조하는 행복한 삶을 실현하기 위한 조건으로 가장 적절한 것은?

> 민주주의가 성숙한 나라일수록 국민의 인권이 존중되어 국민 각자가 원하는 삶의 방식을 자유롭게 추구할 수 있다. 독재 국가나 권위주의적 정치 체제에서는 국민의 의사가 자유롭게 표출되거나 정책으로 산출되기 어렵기 때문이다.

① 과밀화된 주거 환경
② 참여 중심의 정치 문화
③ 타인을 위한 무조건적인 희생
④ 분배를 지양한 경제적 효율성

02 참정권에 대한 설명으로 옳은 것은?

① 국가 권력의 간섭을 받지 않을 권리이다.
② 국가의 의사 결정 과정에 참여할 권리이다.
③ 기본권을 침해당했을 때, 이를 구제하기 위한 권리이다.
④ 차별 받지 않고 동등한 인격체로서 대우 받을 권리이다.

03 다음에서 설명하는 제도는?

> • 의미 : 국가 권력을 서로 다른 국가 기관이 나누어 행사하도록 함.
> • 목적 : 국가 기관 간의 견제와 균형을 통한 권력 남용 방지

① 권력 분립 제도
② 계획 경제 제도
③ 시장 경제 제도
④ 헌법 소원 심판 제도

04 다음 내용에 해당하는 것은?

> • 양심적이고 비폭력적이며 공공성을 가진 행위이다.
> • 잘못된 법이나 정책을 바로잡기 위해 의도적으로 법을 위반하는 행위이다.

① 선거
② 국민 투표
③ 민원 제기
④ 시민 불복종

05 다음에서 설명하는 근로자의 권리는?

> 사용자와 분쟁이 발생한 경우 근로자들이 주장을 관철하기 위해 업무의 정상적인 운영을 저해할 수 있는 권리이다.

① 청원권
② 재판권
③ 단체 행동권
④ 공무 담임권

06 시장 실패의 사례에 해당하는 것을 〈보기〉에서 고른 것은?

〈보기〉
ㄱ. 기회비용의 발생
ㄴ. 규모의 경제 발생
ㄷ. 독과점 문제 발생
ㄹ. 공공재의 공급 부족 발생

① ㄱ, ㄴ   ② ㄱ, ㄷ
③ ㄴ, ㄹ   ④ ㄷ, ㄹ

07 다음에서 설명하는 자산 관리의 원칙은?

돈이 필요할 때 금융 자산을 현금으로 쉽게 바꿀 수 있는 정도를 의미하며 '환금성'이라고도 한다.

① 유동성   ② 안전성
③ 수익성   ④ 보장성

08 수정 자본주의에 대한 옳은 설명을 〈보기〉에서 고른 것은?

〈보기〉
ㄱ. 정부의 시장 개입을 강조한다.
ㄴ. 대공황을 계기로 1930년대에 등장하였다.
ㄷ. 절대 왕정의 중상주의로 인해 발달하였다.
ㄹ. 개인의 경제적 자유를 최대한 보장해야한다고 본다.

① ㄱ, ㄴ   ② ㄱ, ㄷ
③ ㄴ, ㄹ   ④ ㄷ, ㄹ

09 퀴즈에 대한 정답으로 옳은 것은?

도움이 필요한 국민에게 노인 돌봄, 장애인 활동 지원, 가사·간병 방문 지원 등 비금전적인 서비스를 제공하는 사회 복지 제도는 무엇일까요?

① 공공 부조   ② 사회 보험
③ 사회 서비스   ④ 적극적 우대 조치

10 ㉠에 들어갈 정의의 실질적 기준은?

타고난 신체적 조건에 따라 능력과 업적에 차이가 나타날 수 있으므로 기본적 (㉠)에 따른 분배를 위하여 사회적 약자에 대한 다양한 지원 정책을 확대해야 한다.

① 신뢰   ② 필요
③ 종교   ④ 관습

11 ㉠에 들어갈 것으로 가장 적절한 것은?

(㉠)의 사례
• 우리나라에 전래된 불교와 전통 토착 신앙이 결합하여 만들어진 새로운 산신각
• 아프리카 흑인의 고유 음악과 서양의 악기가 결합하여 만들어진 새로운 재즈 음악

① 발명   ② 발견
③ 문화 소멸   ④ 문화 융합

12 다음에서 설명하는 것으로 가장 적절한 것은?

> 인류의 보편적 가치에 어긋나는 식인 풍습, 명예 살인 등의 문화까지도 해당 사회에서 고유한 의미와 가치가 있다는 이유로 인정하는 태도

① 문화 절대주의
② 문화 사대주의
③ 자문화 중심주의
④ 극단적 문화 상대주의

13 다음에서 설명하는 국제 사회의 행위 주체는?

> • 의미 : 개인이나 민간단체를 회원으로 하는 국제 사회의 행위 주체
> • 역할 : 국제 사회의 보편적 가치와 관련된 다양한 활동을 함.

① 정당
② 국가 원수
③ 국제 비정부 기구
④ 정부 간 국제기구

14 다음 사례에 나타난 자연관은?

> • 인간이 만든 시설물 때문에 야생 동물의 서식지가 파괴되는 것을 막기 위해 조성한 길
> • 인간과 자연환경이 조화를 이루며 공생할 수 있는 지속 가능한 체계를 갖춘 도시 설계

① 인간 중심주의
② 생태 중심주의
③ 개인주의 가치관
④ 이분법적 세계관

15 도시화가 가져온 변화로 옳지 <u>않은</u> 것은?

① 상업 시설 증가
② 인공 구조물 증가
③ 직업의 다양성 증가
④ 1차 산업 종사자 비율 증가

16 다음과 같은 생활 모습이 나타나게 된 원인은?

> • 전자 상거래와 원격 근무의 활성화
> • 누리 소통망(SNS)의 보편화로 인한 정치 참여 기회 확대

① 정보화
② 공정 무역
③ 윤리적 소비
④ 공간적 분업

17 다음에서 설명하는 지역을 지도에서 고르면?

> • 자연 환경 : 겨울이 길고 몹시 추운 날씨
> • 전통 생활양식 : 순록 유목, 털가죽 의복, 폐쇄적 가옥 구조

① A
② B
③ C
④ D

2022년 1회

18 ㉠에 들어갈 검색어로 적절한 것은?

```
┌──────────────────────────────────┐
│  (      ㉠      )    [검색]        │
├──────────────────────────────────┤
│ • 종류 : 태양광, 풍력, 연료 전지, 지열 등      │
│ • 정의 : 기존의 석유, 석탄, 천연가스 등의 연료를 변환하여 │
│   이용하거나 햇빛, 물, 바람 등을 이용하는 에너지   │
└──────────────────────────────────┘
```

① 사물 인터넷

② 브렉시트(Brexit)

③ 신 · 재생 에너지

④ 지리 정보 시스템(GIS)

19 다음 설명에 해당하는 자연재해는?

> • 분포 : 판과 판의 경계에서 자주 발생됨.
> • 피해 사례 : 건물이 무너지고, 땅이 흔들림.

① 가뭄   ② 지진

③ 황사   ④ 산성비

20 다음 내용에 해당하는 종교는?

> • 수많은 신들이 새겨진 사원
> • 소를 신성시하여 소고기 식용을 금기시함.
> • 죄를 씻기 위해 갠지스 강에 모여든 사람들

① 유대교   ② 힌두교

③ 이슬람교   ④ 크리스트교

21 ㉠, ㉡에 들어갈 내용으로 옳은 것은?

> • (㉠) : 자원이 지구상에 고르게 분포하지 않고 특정한 지역에 치우쳐 분포한다.
> • (㉡) : 자민족이나 자국의 이익을 위해 보유하고 있는 자원을 전략적으로 사용하는 것이다.

	㉠	㉡
①	편재성	자원 민족주의
②	희소성	연고주의
③	유한성	지역 이기주의
④	가변성	다원주의

22 ㉠에 들어갈 용어로 가장 적절한 것은?

> (㉠)
> • 정의 : 특정 지역이 그 지역의 고유한 전통이나 특성을 살려 세계적인 경쟁력을 갖추려고 노력함.
> • 사례 : 지리적 표시제, 장소 마케팅, 지역 브랜드화

① 교외화   ② 도시화

③ 지역화   ④ 산업화

23 다음 내용에 해당하는 지역은?

> 이스라엘과 주변 이슬람교 국가들 간의 민족 · 종교 · 영토 등의 문제가 얽힌 분쟁 지역

① 난사 군도   ② 쿠릴 열도

③ 카슈미르   ④ 팔레스타인

24 ㉠, ㉡에 들어갈 인구 문제는?

> • (㉠)을/를 해결하기 위해 정년 연장, 노인 복지 시설 확충, 노인 연금 제도 등이 필요하다.
> • (㉡)을/를 해결하기 위해 출산과 양육 지원, 양성 평등을 위한 고용 문화 확산 등이 필요하다.

	㉠	㉡
①	고령화	노인 빈곤
②	저출산	노인 빈곤
③	남초 현상	이촌향도
④	고령화	저출산

25 다음 조약의 체결 목적으로 가장 적절한 것은?

> • 몬트리올 의정서
> • 파리 기후 변화 협약

① 난민 문제 해결
② 국제 테러 방지
③ 국제 환경 문제 해결
④ 생산자 서비스 기능 확대

제5교시

과 학

정답 및 해설 537p |

01 다음 설명에 해당하는 것은?

> • 특정 온도 이하에서 전기 저항이 0이 된다.
> • 초전도 현상이 나타날 때 자석 위에 뜰 수 있다.

① 고무
② 나무
③ 유리
④ 초전도체

시간	속도(m/s)	
(s)	수평 방향	연직 방향
1	1	10
2	㉠	20
3	5	㉡
4	5	40

① 35
② 40
③ 45
④ 50

02 태양광 발전의 특징으로 옳은 것만을 〈보기〉에서 모두 고른 것은?

> ─── 〈보기〉 ───
> ㄱ. 태양 전지를 이용한다.
> ㄴ. 날씨의 영향을 받는다.
> ㄷ. 우라늄을 연료로 사용한다.

① ㄱ
② ㄷ
③ ㄱ, ㄴ
④ ㄴ, ㄷ

03 표는 수평 방향으로 던진 물체의 수평 방향 속도와 연직 방향 속도를 시간에 따라 나타낸 것이다. ㉠+㉡의 값은? (단, 중력 가속도는 10 m/s²이고, 공기 저항은 무시한다.)

04 그림과 같이 자석을 코일 속에 넣었다 뺐다 하면 검류계의 바늘이 움직인다. 이 현상에 대한 설명으로 옳은 것만을 〈보기〉에서 모두 고른 것은?

> ─── 〈보기〉 ───
> ㄱ. 코일에 유도 전류가 흐른다.
> ㄴ. 검류계의 바늘은 한 방향으로만 움직인다.
> ㄷ. 발전기는 이러한 현상을 이용한다.

① ㄱ
② ㄴ
③ ㄱ, ㄷ
④ ㄴ, ㄷ

05 그림과 같이 수평면에서 질량이 $3kg$인 물체가 $4m/s$의 일정한 속도로 운동하다가 벽에 충돌하여 정지했다. 물체가 벽으로부터 받은 충격량의 크기는 몇 $N \cdot s$인가? (단, 모든 마찰은 무시한다.)

① 11   ② 12
③ 13   ④ 14

06 다음 중 수소와 산소의 화학 반응을 이용한 연료 전지에서의 에너지 전환은?

① 소리 에너지 → 열에너지
② 운동 에너지 → 핵에너지
③ 파동 에너지 → 빛에너지
④ 화학 에너지 → 전기 에너지

07 다음 중 소금을 구성하는 알칼리 금속 원소는?

① 수소   ② 질소
③ 나트륨   ④ 아르곤

08 다음 화학 반응식에서 산화되는 반응 물질은?

$$2Ag^+ + Cu \rightarrow 2Ag + Cu^{2+}$$

① Ag^+ ② Cu
③ Ag ④ Cu^{2+}

09 다음은 몇 가지 산의 이온화를 나타낸 것이다. 산의 공통적인 성질을 나타내는 이온은?

- $HCl \rightarrow H^+ + Cl^-$
- $H_2SO_4 \rightarrow 2H^+ + SO_4^{2-}$
- $CH_3COOH \rightarrow H^+ + CH_3COO^-$

① 수소 이온(H^+)
② 염화 이온(Cl^-)
③ 황산 이온(SO_4^{2-})
④ 아세트산 이온(CH_3COO^-)

10 그림은 플루오린 원자(F)의 전자 배치를 나타낸 것이다. 가장 바깥 전자 껍질에 들어 있는 전자의 개수는?

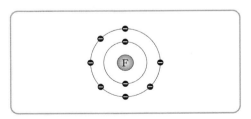

① 5개   ② 6개
③ 7개   ④ 8개

11 다음은 수소(H_2)의 연소 반응을 나타낸 화학 반응식이다. ㉠에 해당하는 것은?

$$2H_2 + \boxed{㉠} \rightarrow 2H_2O$$

① O_2 ② F_2
③ Cl_2 ④ N_2

12 그림은 주기율표의 일부를 나타낸 것이다. 임의의 원소 A~D 중 화학적 성질이 비슷한 원소끼리 짝지은 것은?

① A, C ② A, D
③ B, C ④ B, D

13 다음 중 생명체 내에서 화학 반응에 관여하는 생체 촉매는?

① 물 ② 녹말
③ 효소 ④ 셀룰로스

14 그림은 세포막의 구조와 세포막을 통한 물질의 이동을 나타낸 것이다. 이에 대한 설명으로 옳은 것만을 〈보기〉에서 모두 고른 것은?

〈보기〉
ㄱ. 세포막은 인지질로만 구성되어 있다.
ㄴ. 산소는 인지질 2중층을 직접 통과한다.
ㄷ. 포도당은 막단백질을 통해 이동한다.

① ㄱ ② ㄷ
③ ㄱ, ㄴ ④ ㄴ, ㄷ

15 그림은 어떤 동물 세포의 구조를 나타낸 것이다. A~D 중 유전 물질인 DNA가 들어 있는 것은?

① A ② B
③ C ④ D

16 그림은 지각을 구성하는 규산염 광물의 기본 구조(SiO_4)를 나타낸 것이다. ㉠에 해당하는 원소는?

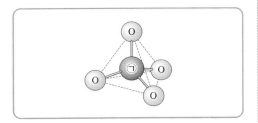

① Mg   ② Si

③ Ca   ④ Fe

17 다음은 지구 시스템 각 권의 상호 작용에 의한 자연 현상이다. 이와 관련된 지구 시스템의 구성 요소는?

- 지하수의 용해 작용으로 석회 동굴이 형성되었다.
- 파도의 침식 작용으로 해안선의 모양이 변하였다.

① 기권, 외권   ② 수권, 지권

③ 외권, 생물권   ④ 지권, 생물권

18 그림은 어느 해양 생태계의 에너지 피라미드를 나타낸 것이다. 다음 중 ㉠에 해당하는 생물은?

① 멸치   ② 상어

③ 오징어   ④ 식물 플랑크톤

19 다음 중 생물 다양성 보전을 위한 노력으로 적절한 것은?

① 폐수 방류   ② 서식지 파괴

③ 무분별한 벌목   ④ 멸종 위기종 보호

20 그림은 모든 핵융합 반응을 마친 어느 별의 내부 구조를 나타낸 것이다. 다음 중 중심부 ㉠에 생성된 금속 원소는? (단, 별의 질량은 태양의 10배이다.)

① 철   ② 산소

③ 염소   ④ 질소

21 다음 설명에 해당하는 지질 시대는?

> • 판게아가 분리되었다.
> • 다양한 공룡이 번성하였다.

① 선캄브리아 시대   ② 고생대
③ 중생대   ④ 신생대

22 다음 설명에 해당하는 물질은?

> • 핵산의 한 종류이다.
> • 염기로 아데닌(A), 구아닌(G), 사이토신(C), 유라실(U)을 가진다.

① RNA   ② 지방
③ 단백질   ④ 탄수화물

23 다음 설명에 해당하는 것은?

> • 특정한 지역 또는 지구 전체에 존재하는 생태계의 다양한 정도를 뜻한다.
> • 사막, 숲, 갯벌, 습지, 바다 등 생물이 살아가는 서식 환경의 다양함을 뜻한다.

① 내성   ② 개체군
③ 분해자   ④ 생태계 다양성

24 그림은 지권의 층상 구조를 나타낸 것이다. A~D 중 다음 설명에 해당하는 것은?

> • 맨틀 대류가 일어난다.
> • 지권 전체 부피의 대부분을 차지한다.

① A   ② B
③ C   ④ D

25 그림은 수소 핵융합 반응을 나타낸 것이다. 헬륨 원자핵 1개가 생성될 때 융합하는 수소 원자핵의 개수는?

① 2개   ② 4개
③ 8개   ④ 16개

제6교시 한국사

정답 및 해설 540p

01 다음 유물이 처음으로 제작된 시대는?

〈탁자식 고인돌〉

비파형 동검과 함께 만주와 한반도 북부에 집중적으로 분포한다. 이를 통해 고조선의 문화 범위를 추정할 수 있다.

① 구석기 시대　② 신석기 시대
③ 청동기 시대　④ 철기 시대

02 다음에서 설명하는 신라의 인물은?

- 아미타 신앙을 전파하여 불교 대중화에 기여함.
- 여러 종파의 대립을 없애고자 화쟁 사상을 주장함.

① 원효　② 일연
③ 김부식　④ 정약용

03 다음에서 설명하는 정치 세력은?

- 고려 말 권문세족의 부정부패를 비판함.
- 성리학을 바탕으로 사회 모순을 개혁하고자 함.
- 대표적 인물로는 조준, 정도전, 정몽주 등이 있음.

① 6두품　② 보부상
③ 독립 협회　④ 신진 사대부

04 다음에서 ㉠에 해당하는 내용으로 적절한 것은?

〈임오군란〉
- 배경 : ㉠
- 전개 : 군란 발생 → 흥선 대원군 재집권 → 청군 개입
- 영향: 청의 내정 간섭, 제물포 조약 체결

① 평양 천도
② 신사 참배 강요
③ 금의 군신 관계 요구
④ 구식 군인에 대한 차별

05 다음에서 설명하는 사건은?

　일본의 도요토미 히데요시가 조선을 침략하자, 각지에서 의병이 일어나 일본군에게 타격을 주었다. 한편, 이순신이 이끄는 수군은 해전에서 여러 차례 일본군에 승리하였다.

① 임진왜란　② 살수 대첩
③ 만적의 난　④ 봉오동 전투

06 다음에서 ㉠에 해당하는 조선의 제도는?

근래 방납의 폐단이 심하다고 들었소. 이제부터 ㉠ 을/를 실시하여 토지 결수에 따라 쌀로 공납을 거두도록 하시오.

① 골품제　② 대동법
③ 단발령　④ 진대법

07 다음에서 ㉠에 해당하는 것은?

신미양요 이후 흥선 대원군은 전국 각지에 ㉠ 을/를 세워 서양과의 통상을 거부한다는 의지를 널리 알렸다.

① 규장각　② 독립문
③ 척화비　④ 임신서기석

08 다음에서 설명하는 조약은?

• 조선이 외국과 맺은 최초의 근대적 조약임.
• 조약 체결의 결과로 부산 외 2개 항구를 개항함.
• 해안 측량권과 영사 재판권을 인정한 불평등 조약임.

① 간도 협약　② 전주 화약
③ 톈진 조약　④ 강화도 조약

09 다음에서 ㉠에 해당하는 문화유산은?

〈역사 유물 카드〉
• 명　칭 : ㉠
• 소재지 : 경남 합천 해인사
• 내　용 : 몽골의 침입을 부처의 힘으로 물리치고자 제작하였으며, 고려의 뛰어난 목판 인쇄술을 보여줌.

① 석굴암　② 경국대전
③ 무령왕릉　④ 팔만대장경판

10 다음에서 ㉠에 해당하는 통치 기구는?

을사늑약의 결과는 무엇일까요? ㉠ 이/가 설치됐어요. 대한 제국의 외교권을 빼앗겼어요.

① 삼별초　② 집현전
③ 통감부　④ 화랑도

11 다음에서 설명하는 지역은?

• 안용복이 일본에 건너가 조선의 영토임을 확인함.
• 일본이 「태정관 지령」으로 조선의 영토로 인정함.
• 대한 제국은 「칙령 제41호」를 통해 울도군의 관할로 둠.

① 진도　② 독도
③ 벽란도　④ 청해진

12 다음에서 설명하는 시설은?

> • 우리나라 최초의 근대식 병원임.
> • 1885년에 선교사 알렌의 제안으로 설립함.
> • 제중원을 거쳐 세브란스 병원으로 개칭함.

① 서원   ② 향교
③ 광혜원   ④ 성균관

13 다음과 같이 주장한 일제 강점기의 사회 운동은?

> 신분제가 폐지되었지만 백정에 대한 편견이 여전합니다. 백정을 차별하는 것에 항의하고 평등한 대우를 요구합시다.

① 병인박해   ② 형평 운동
③ 거문도 사건   ④ 서경 천도 운동

14 다음에서 설명하는 1910년대 일제의 식민 지배 방식은?

> • 헌병 경찰로 일상생활을 감시함.
> • 「조선 태형령」으로 한국인을 탄압함.
> • 학교 교원에게도 제복을 입히고 칼을 차게 함.

① 선대제   ② 기인 제도
③ 무단 통치   ④ 나·제 동맹

15 다음에서 ㉠에 해당하는 사건은?

> 〈 [㉠] 다큐멘터리 기획안 〉
> • 주요 장면
> – 장면1. 독립 선언서를 준비하는 33인의 민족 대표
> – 장면2. 아우내 장터에서 만세 운동을 벌이는 유관순

① 3·1 운동   ② 무신 정변
③ 이자겸의 난   ④ 임술 농민 봉기

16 다음 대화에 해당하는 무장 투쟁은?

> 김좌진의 북로군정서를 비롯한 여러 독립군 부대가 연합해 일본군에게 승리를 거둔 사건에 대해 알고 있니?
>
> 응. 백운평과 어랑촌 등지에서 일본군과 싸워서 대승을 거둔 무장 독립 투쟁을 말하는구나.

① 명량 대첩   ② 청산리 대첩
③ 홍경래의 난   ④ 6·10 만세 운동

17 다음에서 ㉠에 해당하는 내용으로 적절한 것은?

> 〈전시 동원 체제와 인력 수탈〉
> • 일제가 1938년에 「국가 총동원법」을 공포함.
> • 지원병제와 징병제로 청년을 침략 전쟁에 투입함.
> • 근로 정신대와 [㉠] 등으로 여성을 강제 동원함.

① 정미의병 ② 금융 실명제
③ 서울 올림픽 ④ 일본군 '위안부'

18 다음 설명에 해당하는 것은?

> • 1948년에 김구와 김규식 등이 추진함.
> • 김구 일행이 38도선을 넘어 평양으로 감.
> • 남북의 지도자들이 통일 정부 수립을 결의함.

① 남북 협상 ② 아관 파천
③ 우금치 전투 ④ 쌍성총관부 공격

19 다음에서 ㉠에 해당하는 것은?

> 질문 [㉠]의 활동에 대해 알려주세요.
> 질문 1919년 상하이에서 수립되었으며, 충칭으로 이동한 후 한국 광복군을 창설하여 대일 선전 포고를 하고 국내 진공 작전을 준비하였습니다.

① 9산선문
② 급진 개화파
③ 대한민국 임시 정부
④ 동양 척식 주식회사

20 다음에서 ㉠에 해당하는 내용으로 적절한 것은?

> 〈반민족 행위 특별 조사 위원회〉
> • 설치 시기 : 1948년 이승만 정부 시기
> • 설치 근거 : 반민족 행위 처벌법
> • 설치 목적 : [㉠]

① 과거제 실시 ② 친일파 청산
③ 황무지 개간 ④ 방곡령 시행

21 다음에서 ㉠에 해당하는 사건으로 적절한 것은?

〈6·25 전쟁의 전개 과정〉
북한의 남침
서울 수복
1·4 후퇴
㉠

① 녹읍 폐지 ② 후삼국 통일
③ 자유시 참변 ④ 인천 상륙 작전

22 다음에서 설명하는 사건은?

> • 배경 : 3·15 부정선거(1960)
> • 과정 : 전국에서 시위 발생, 대학교수단 시국 선언
> • 결과 : 이승만 대통령 하야

① 4·19 혁명 ② 제주 4·3 사건
③ 12·12 사태 ④ 5·18 민주화 운동

23 다음에서 설명하는 정부는?

> • 경제개발 5개년 계획을 추진함.
> • 근면 · 자조 · 협동 정신을 강조한 새마을 운동을 시작함.
> • 전태일 사건, YH 무역 사건 등의 노동 문제에 직면함.

① 장면 정부　　② 박정희 정부
③ 김영삼 정부　　④ 김대중 정부

25 다음에서 ㉠에 해당하는 것은?

한국사 스피드 퀴즈

1997년 우리나라 경제가 위기에 빠지면서 국제 통화 기금(IMF)에 구제 금융을 요청한 것이야.

① 외환 위기　　② 베트남 파병
③ 원산 총파업　　④ 서울 진공 작전

24 다음에서 ㉠에 해당하는 내용으로 적절한 것은?

> 〈수행 평가 보고서〉
> • 주제 : 6월 민주 항쟁
> • 조사 내용
> 　– 인물 탐구 : 박종철, 이한열
> 　– 항쟁 결과 : ㉠

① 집강소 설치
② 정전 협정 체결
③ 노비안검법 실시
④ 대통령 직선제 개헌

도 덕

제7교시

정답 및 해설 544p |

01 다음 설명에 해당하는 윤리학은?

> 도덕적 관습 또는 풍습에 대한 묘사나 객관적 서술을 주된 목표로 하는 윤리학

① 규범 윤리학 ② 기술 윤리학
③ 메타 윤리학 ④ 실천 윤리학

02 칸트(Kant, I.)의 의무론에 대한 설명으로 옳은 것은?

① 가언 명령의 형식을 중시한다.
② 행위의 동기보다는 결과를 강조한다.
③ 공리의 원리에 따른 행동을 강조한다.
④ 보편적 윤리의 확립과 인간 존엄성을 중시한다.

03 윤리적 소비에 대한 설명으로 옳은 것을 〈보기〉에서 고른 것은?

> 〈 보기 〉
> ㄱ. 생태계 보존을 생각하는 소비이다.
> ㄴ. 자신의 재력을 과시하기 위한 소비이다.
> ㄷ. 많은 상품을 충동적으로 구매하는 소비이다.
> ㄹ. 노동자의 인권과 복지를 고려하는 소비이다.

① ㄱ, ㄴ   ② ㄱ, ㄹ
③ ㄴ, ㄷ   ④ ㄷ, ㄹ

04 다음 설명에 해당하는 것은?

> • 맹자가 주장한 것으로 모든 인간이 본래부터 가지고 있는 선한 마음
> • 측은지심, 수오지심, 사양지심, 시비지심

① 사단(四端)   ② 삼학(三學)
③ 정명(正名)   ④ 삼독(三毒)

05 다음 설명에 해당하는 도덕 원리 검사 방법은?

> 도덕 원리가 다른 사람의 처지에서도 받아들여질 수 있는지 다른 사람의 입장을 취해보고 검토하는 것이다.

① 포섭 검사   ② 역할 교환 검사
③ 반증 사례 검사 ④ 사실 판단 검사

06 (가)에 들어갈 내용으로 가장 적절한 것은?

주제 : 종교 갈등의 극복 방안
− 다른 종교에 대한 관용의 태도
− (가)

① 특정한 종교의 교리 강요
② 종교 간 적극적인 대화와 협력
③ 타 종교에 대한 무조건적 비난과 억압
④ 종교적 신념을 내세운 비윤리적 행위의 강행

07 ㉠에 들어갈 용어로 적절한 것은?

프롬(Fromm, E.) 사랑의 4요소

| ㉠ | 책임 | 이해 | 보호 |

(㉠)은 지배하고 소유하는 것이 아니라 상대를 있는 그대로 보는 것

① 존경   ② 집착

③ 단절   ④ 금욕

08 시민 불복종의 특징으로 적절하지 <u>않은</u> 것은?

① 시민 불복종은 최후의 수단이어야 한다.
② 시민 불복종은 처벌을 감수하는 행위이다.
③ 시민 불복종은 개인의 이익만을 충족시켜야 한다.
④ 시민 불복종은 정의 실현을 위한 의도적 위법행위이다.

09 다음 내용과 관련된 노자의 사상은?

> • "으뜸이 되는 선(善)은 물과 같다."
> • "도(道)는 자연을 본받아 어긋나지 않는다."

① 충서(忠恕)   ② 무위(無爲)

③ 열반(涅槃)   ④ 효제(孝弟)

10 정보 공유를 강조하는 입장으로 옳은 것을 〈보기〉에서 고른 것은?

〈보기〉

ㄱ. 정보에 대한 자유로운 접근을 허용해야 한다.
ㄴ. 정보를 공동의 이익을 위해서 사용해야 한다.
ㄷ. 정보에 대한 사적 소유 권리를 강화해야 한다.
ㄹ. 정보 창작이 이루어지는 분야를 축소해야 한다.

① ㄱ, ㄴ   ② ㄱ, ㄷ

③ ㄴ, ㄹ   ④ ㄷ, ㄹ

11 ㉠에 들어갈 용어로 적절한 것은?

〈 ㉠ 〉윤리

• 보편타당한 도덕법칙이 존재함.
• "선을 행하고 악을 피하라."라는 핵심 명제를 강조함.
• 자연의 원리에 의해 도출된 의무에 따르는 행위를 옳은 행위로 봄.

① 배려   ② 담론

③ 자연법   ④ 이기주의

12 다음 설명에 해당하는 윤리적 관점은?

> • 요나스(Jonas, H.)가 과학 기술 시대의 새로운 윤리적 관점으로 제시함.
> • 인과적 책임뿐만 아니라 미래의 결과에 대한 책임까지 강조되어야 한다고 보는 관점임.

① 책임 윤리   ② 전통 윤리

③ 신경 윤리   ④ 가족 윤리

13 생명 중심주의의 관점으로 가장 적절한 것은?

① 자연은 인간을 위한 수단일 뿐이다.
② 도덕적 고려의 범위에 무생물이 포함된다.
③ 이성적 존재만이 도덕적 존중의 대상이다.
④ 살아있는 모든 존재는 내재적 가치를 지닌다.

14 다음에서 소개하는 윤리 사상가는?

◈ 도덕 인물 카드 ◈
• 중국 춘추시대 사상가로 유교를 체계화 함.
• 도덕성 회복을 위해 인(人) 예(禮)의 실천을 강조함.
• 제자들이 엮은 「논어」에 그의 사상이 잘 나타남.

① 공자
② 장자
③ 순자
④ 묵자

15 우대 정책이 반영된 제도로 옳지 <u>않은</u> 것은?

① 지역 균형 선발 제도
② 장애인 의무 고용 제도
③ 농어촌 특별 전형 제도
④ 음식점 원산지 표시 제도

16 기업가가 지녀야 할 윤리적 자세로 적절하지 <u>않은</u> 것은?

① 경제적 이윤을 정당한 방식으로 추구해야 한다.
② 근로자의 정당한 권리를 훼손하지 말아야 한다.
③ 윤리 경영은 사회 발전과 무관함을 명심해야 한다.
④ 공익적 가치 실현을 위해 사회적 책임을 다해야 한다.

17 다음에서 동물 중심주의 사상가인 싱어 (Singer, P.)의 관점에만 '✓'를 표시한 학생은?

관점＼학생	A	B	C	D
• 인간은 도덕적 행위 능력을 지닌다.	✓		✓	✓
• 동물의 고통을 무시하는 행위는 '종 차별주의'이다.	✓	✓	✓	
• 생태계 전체가 도덕적으로 고려해야 하는 대상이다.	✓	✓		✓

① A
② B
③ C
④ D

18 공리주의 관점에서 볼 때, 도덕적 행위로 옳지 <u>않은</u> 것은?

① 최대의 유용성을 가져오는 행위
② 사회 전체의 이익을 증대시키는 행위
③ 결과와 상관없이 무조건적 의무에 따르는 행위
④ 최대 다수의 최대 행복의 원리에 부합하는 행위

19 ㉠, ㉡에 들어갈 말을 짝지은 것으로 옳은 것은?

> • 석가모니는 죽음을 수레바퀴가 구르는 것과 같이 다음 생으로 이어지는 (㉠)의 한 과정으로 본다.
> • 장자는 죽음을 (㉡)의 흩어짐으로 정의하여 생사를 사계절의 운행과 같은 자연의 순환 과정 중 하나로 본다.

	㉠	㉡
①	윤회(輪廻)	기(氣)
②	윤회(輪廻)	해탈(解脫)
③	해탈(解脫)	오륜(五倫)
④	오륜(五倫)	기(氣)

20 롤스(Rawls, J.)의 해외 원조에 대한 설명으로 옳은 것은?

① 국제 사회에서 결코 정당화될 수 없다.
② 의무가 아니라 단순한 자선에 불과하다.
③ 정의로운 시민들은 절대 실천하지 않는다.
④ 대상국이 질서 정연한 사회가 되도록 돕는 것이다.

21 다음 설명에 해당하는 예술에 대한 관점은?

> • 미적 가치와 윤리적 가치의 관련성을 강조한다.
> • 예술은 도덕적 교훈이나 모범을 제공해야 한다고 본다.

① 도구주의   ② 도덕주의
③ 상업주의   ④ 예술 지상주의

22 교사의 질문에 대한 대답으로 적절하지 <u>않은</u> 것은?

① 학생 1   ② 학생 2
③ 학생 3   ④ 학생 4

23 다음 설명에 해당하는 다문화 이론은?

- 다양한 문화의 공존을 위해서는 주류 문화의 역할이 중요하다는 입장
- 주재료인 면 위에 고명을 얹어 맛을 내듯이 주류 문화를 중심으로 비주류 문화가 공존해야 한다는 입장

① 용광로 이론　　② 동화주의 이론

③ 샐러드 볼 이론　④ 국수 대접 이론

24 하버마스(Habermas, J.)가 강조한 소통과 담론의 윤리로 가장 적절한 것은?

① 상대방이 이해할 수 없는 언어로 표현해야 한다.

② 외부 기관의 감시하에서만 소통을 진행해야 한다.

③ 대화 당사자들은 자유롭고 평등하게 참여해야 한다.

④ 해당 영역의 전문가만이 의사결정권을 행사해야 한다.

25 다음은 서술형 평가 문제와 학생 답안이다. 밑줄 친 ㉠~㉣ 중 옳지 않은 것은?

> 문제 : 분단 비용과 통일 비용, 통일 편익에 대해 설명하시오.
>
> 〈답안〉
> 　㉠ 분단 비용은 분단으로 인해 남북한이 부담하는 유·무형의 모든 비용을 의미한다. ㉡ 분단 비용은 분단이 계속되는 한 지속적으로 발생하는 소모적 비용이다. 한편 ㉢ 통일 비용은 통일 이후 남북한 격차를 해소하고 이질적 요소를 통합하기 위한 비용이며, ㉣ 통일 편익은 통일 직후에만 발생하는 단기적 이익이다.

① ㉠　　　　　　② ㉡

③ ㉢　　　　　　④ ㉣

2022년도

제2회

제1교시

국 어

정답 및 해설 548p |

01 다음 대화에서 '영준'의 말하기 방식에 대한 설명으로 적절한 것은?

> 정우 : 어제 친구랑 싸웠는데 친구가 화해할 생각이 없어 보여.
> 영준 : 그랬구나. 마음이 복잡하겠네. 그 친구도 시간이 지나면 화가 풀려서 괜찮아질 거야.

① 상대의 요청을 수용하며 말하고 있다.
② 전문가의 말을 인용하여 말하고 있다.
③ 통계 자료를 활용하여 설득하고 있다.
④ 상대의 기분을 고려하여 위로하고 있다.

02 ㉠에 들어갈 말로 가장 적절한 것은?

> 겸양의 격률 : 자신에 대한 칭찬은 최소화하여 표현한다.
>
> 〈사례〉
> 민아 : 나래야, 이번 발표 자료 정말 잘 만들었더라!
> 나래 : (㉠   )

① 응, 다음에 만들 발표 자료도 기대해 줘.
② 당연하지. 내가 뭐 못하는 것 본 적 있니?
③ 아니야, 부족한 점이 많았는데 좋게 봐 줘서 고마워.
④ 그렇지? 내가 봐도 이번 자료는 참 잘 만든 것 같아.

03 다음 '표준 발음법' 규정이 적용되지 않는 것은?

> 【제17항】 받침 'ㄷ, ㅌ(ㄾ)'이 조사나 접미사의 모음 'ㅣ'와 결합되는 경우에는, [ㅈ, ㅊ]으로 바꾸어서 뒤 음절 첫소리로 옮겨 발음한다.

① 일이 많아 <u>끝이</u> 보이지 않는다.
② 그는 <u>굳이</u> 따라가겠다고 졸랐다.
③ 한옥 대문이 <u>여닫이</u>로 되어 있다.
④ 그는 <u>밭이랑</u>에 농작물을 심었다.

04 밑줄 친 부분이 '한글 맞춤법'에 맞게 쓰인 것은?

① 내가 너보다 먼저 <u>갈게</u>.
② 오늘은 <u>웬지</u> 기분이 좋다.
③ 그렇게 마음대로 하면 <u>어떻해</u>.
④ 날씨가 얼마나 <u>덥든지</u> 땀이 났다.

05 (가)에서 설명하는 시제가 드러나 있는 것을 (나)의 ㉠~㉣에서 고른 것은?

> (가) 사건이 일어나는 시점과 말하는 시점이 일치하는 시제
> (나) 오랜만에 비가 ㉠ 내린다. 긴 가뭄으로 ㉡ 근심하던 농부는 드디어 활짝 ㉢ 웃는다. 내일부터는 비가 자주 내린다니 앞으로 가뭄 걱정이 ㉣ 없겠다.

① ㉠, ㉡   ② ㉠, ㉢

③ ㉡, ㉣   ④ ㉢, ㉣

06 (나)의 내용을 고려할 때, (가)의 ⓐ에 들어갈 내용으로 가장 적절한 것은?

① 시대에 따른 떡볶이의 변모 과정
② 1950년대 떡볶이의 인기 요인 분석
③ 떡볶이 프랜차이즈화의 장점과 단점
④ 길거리에서 파는 떡볶이의 종류와 특징

[06~07] (나)는 (가)를 토대로 작성한 글이다. 물음에 답하시오.

(가)

제목 : 떡볶이의 어제와 오늘

Ⅰ. 처음 : 떡볶이의 유래에 대한 호기심 유발
Ⅱ. 중간
　1. 떡볶이의 유래인 조선 시대 궁중 떡볶이
　2. ⓐ
Ⅲ. 끝 : 세계적으로 인기를 얻고 있는 떡볶이

(나)

　떡볶이는 우리나라 사람들이 가장 사랑하는 음식 중 하나이다. 떡볶이는 언제 처음 만들어졌을까?

　떡볶이는 본래 조선 시대 궁궐에서 만들어 먹던 요리였다. 조선 시대의 떡볶이는 궁중 요리인 잡채와 유사한 음식이었다. 당면 대신 쌀떡을 넣고, 쇠고기와 각종 나물을 넣어 간장으로 양념을 한 것이다. ㉠ 떡볶이 외에도 조선 시대 궁중 요리로 유명한 것은 신선로가 있다.

　궁중 요리였던 떡볶이는 1950년대부터 시중에 팔리면서 대중 음식이 되었다. 그 후로도 떡볶이에 시대상이 반영되면서 떡볶이는 여러 차례 변모했다. 가스가 ㉡ 공급하기 시작한 1970년대부터는 즉석에서 요리할 수 있어 길거리에서도 떡볶이를 팔기 시작했다. 2000년대에는 프랜차이즈 시스템이 등장하여 떡볶이에도 상표가 ㉢ 달렸는데, 다양한 소스·메뉴가 개발되면서 떡볶이는 한국을 대표하는 먹거리가 되었다. 떡볶이는 이제 한국인의 ㉣ 입맛 뿐 아니라 세계인의 입맛도 사로잡고 있다. 떡볶이는 비빔밥, 김치와 더불어 한식의 대표 주자로 전 세계의 한식 열풍을 이끌고 있다. 떡볶이가 앞으로도 계속 발전하여 세계인의 입맛을 사로잡기를 기대해 본다.

07 ㉠~㉣의 고쳐쓰기 방안으로 적절하지 <u>않은</u> 것은?

① ㉠ : 글 전체의 내용과 상관없는 문장이므로 삭제한다.
② ㉡ : 주어와의 호응을 고려하여 '공급되기'로 바꾼다.
③ ㉢ : 문맥을 고려하여 '달렸지만'으로 바꾼다.
④ ㉣ : 띄어쓰기가 잘못되어 있으므로 '입맛뿐'으로 고친다.

08 ㉠~㉣에 나타난 중세 국어의 특징으로 적절하지 <u>않은</u> 것은?

【훈민정음 언해】

㉠·내·이·를爲·윙·ᄒᆞ·야ː엿·비너·겨·새·로·스·믈여·듧 ㉡字·ᄍᆞ·를밍·ᄀᆞ노·니: 사ᄅᆞᆷː마·다ː히·ᅇᅧ ㉢ː수·ᄫᅵ니·겨·날·로 ㉣·ᄡᅮ·메便뼌安한·킈ᄒᆞ·고·져ᄒᆞᇙᄯᆞᄅᆞ·미니·라

– 「월인석보」 –

① ㉠ : 모음 뒤에서 주격 조사 'ㅣ'가 쓰였다.
② ㉡ : 모음 조화가 잘 지켜지고 있었다.
③ ㉢ : 현대 국어에 쓰이지 않는 'ㅸ'이 사용되었다.
④ ㉣ : 단어의 첫머리에 한 개의 자음만 올 수 있었다.

[09~11] 다음 글을 읽고 물음에 답하시오.

나는 이제 너에게도 슬픔을 주겠다.
사랑보다 소중한 슬픔을 주겠다.
겨울밤 거리에서 귤 몇 개 놓고
살아온 추위와 떨고 있는 ㉠ 할머니에게
귤값을 깎으면서 기뻐하던 너를 위하여
나는 슬픔의 평등한 얼굴을 보여 주겠다.
내가 어둠 속에서 너를 부를 때
단 한 번도 평등하게 웃어 주질 않은
가마니에 덮인 ㉡ 동사자가 다시 얼어 죽을 때
가마니 한 장조차 덮어 주지 않은
무관심한 ㉢ 너의 사랑을 위해
흘릴 줄 모르는 너의 눈물을 위해
나는 이제 너에게도 기다림을 주겠다.
이 세상에 내리던 함박눈을 멈추겠다.
보리밭에 내리던 봄눈들을 데리고
추워 떠는 ㉣ 사람들의 슬픔에게 다녀와서
눈 그친 눈길을 너와 함께 걷겠다.
슬픔의 힘에 대한 이야기를 하며
기다림의 슬픔까지 걸어가겠다.

― 정호승, 「슬픔이 기쁨에게」 ―

09 윗글에 대한 설명으로 가장 적절한 것은?

① 미각적 심상을 사용하여 대상을 표현하고 있다.
② 역설적 표현을 활용하여 주제를 드러내고 있다.
③ 이국적 소재를 나열하여 시상을 전개하고 있다.
④ 청유형 문장을 반복하여 운율을 형성하고 있다.

10 윗글의 화자가 추구하는 삶의 모습과 가장 가까운 것은?

① 이웃과 더불어 사는 삶
② 자연을 동경하며 즐기는 삶
③ 현실에 만족하는 소박한 삶
④ 미래를 예측하여 대비하는 삶

11 ㉠~㉣ 중 시적 의미가 가장 이질적인 것은?

① ㉠   ② ㉡
③ ㉢   ④ ㉣

[12~14] 다음 글을 읽고 물음에 답하시오.

[앞부분 줄거리] '나'의 어머니는 다리 수술 후유증으로 6·25 전쟁 중 인민군에게 죽임을 당한 오빠에 관한 환각에 시달리고, 오랫동안 탈진 상태로 지낸다.

나는 어머니에게로 조심스럽게 다가갔다. 어머니의 손이 내 손을 잡았다. 알맞은 온기와 악력이 나를 놀라게도 서럽게도 했다.
"나 죽거든 행여 묘지 쓰지 말거라."
어머니의 목소리는 평상시처럼 잔잔하고 만만치 않았다.
"네? 다 들으셨군요?"
"그래, 마침 듣기 잘했다. 그렇잖아도 언제고 꼭 일러두려했는데. 유언 삼아 일러두는 게니 잘 들어 뒀다 어김없이 시행토록 해라. 나 죽거든 내가 느이 오래비한테 해 준 것처럼 해 다오. 누가 뭐래도 그렇게 해 다오. 누가 뭐라든 상관하지 않고 그럴 수 있는 건 너밖에 없기에 부탁하는 거다."
"오빠처럼요?"
"그래, 꼭 그대로, 그걸 설마 잊고 있진 않겠지?"

"잊다니요. 그걸 어떻게 잊을 수가……."

어머니의 손의 악력은 정정했을 때처럼 아니, 나를 끌고 농바위 고개를 넘을 때처럼 강한 줏대와 고집을 느끼게 했다.

오빠의 시신은 처음엔 무악재 고개 너머 벌판의 밭머리에 가매장했다. 행려병사자[1] 취급하듯이 형식과 절차 없는 매장이었지만 무정부 상태의 텅 빈 도시에서 우리 모녀의 가냘픈 힘만으로 그것 이상은 가능한 일이 아니었다.

서울이 수복(收復)되고 화장장이 정상화되자마자 어머니는 오빠를 화장할 것을 의논해 왔다. 그때 우리와 합하게 된 올케는 아비 없는 아들들에게 무덤이라도 남겨 줘야 한다고 공동묘지로라도 이장할 것을 주장했다. 어머니는 오빠를 죽게 한 것이 자기 죄처럼, 젊어 과부 된 며느리한테 기가 죽어지냈는데 그때만은 조금도 양보할 기세가 아니었다. 남편의 임종도 못 보고 과부가 된 것도 억울한데 그 무덤까지 말살하려는 시어머니의 모진 마음이 야속하고 정떨어졌으련만 그런 기세 속엔 거역할 수 없는 위엄과 비통한 의지가 담겨 있어 종당엔 올케도 순종을 하고 말았다.

오빠의 살은 연기가 되고 뼈는 한 줌의 가루가 되었다. 어머니는 앞장서서 강화로 가는 시외버스 정류장으로 갔다. 우린 묵묵히 뒤따랐다. 강화도에서 내린 어머니는 사람들에게 묻고 물어서 멀리 개풍군 땅이 보이는 바닷가에 섰다. 그리고 지척으로 보이되 갈 수 없는 땅을 향해 그 한 줌의 먼지를 휠휠 날렸다. 개풍군 땅은 우리 가족의 선영[2]이 있는 땅이었지만 선영에 못 묻히는 한을 그런 방법으로 풀고 있다곤 생각되지 않았다. 어머니의 모습엔 운명에 순종하고 한을 지그시 품고 삭이는 약하고 다소곳한 여자 티는 조금도 없었다. 방금 출전하려는 용사처럼 씩씩하고 도전적이었다.

어머니는 ⊙ 한 줌의 먼지와 바람으로써 너무도 엄청난 것과의 싸움을 시도하고 있었다. 어머니에게 그 한 줌의 먼지와 바람은 결코 미약한 게 아니었다. 그야말로 어머니를 짓밟고 모든 것을 빼앗아 간, 어머니가 도저히 이해할 수 없는 분단이란 괴물을 홀로 거역할 수 있는 유일한 수단이었다.

어머니는 나더러 그때 그 자리에서 또 그 짓을 하란다. 이젠 자기가 몸소 그 먼지와 바람이 될 테니 나더러 그 짓을 하란다. 그 후 30년이란 세월이 흘렀건만 그 괴물을 무화(無化)시키는 길은 정녕 그 짓밖에 없는가?

"너한테 미안하구나, 그렇지만 부탁한다."

어머니도 그 짓밖에 물려줄 수 없는 게 진정으로 미안한 양 표정이 애달프게 이지러졌다.

아아, 나는 그 짓을 또 한 번 할 수밖에 없을 것 같다.

어머니는 아직도 투병 중이시다.

– 박완서, 「엄마의 말뚝 2」 –

1) 행려병사자 : 떠돌아다니다가 타향에서 병들어 죽은 사람.
2) 선영 : 조상의 무덤.

12 윗글에 대한 설명으로 가장 적절한 것은?

① 배경 묘사를 통해 인물의 심리를 암시하고 있다.
② 과거 회상을 통해 인물의 상황을 서술하고 있다.
③ 공간의 이동에 따라 인물 간 갈등이 심화되고 있다.
④ 다양한 인물의 경험을 삽화 형식으로 나열하고 있다.

13 윗글을 통해 알 수 있는 내용으로 적절하지 않은 것은?

① '어머니'는 자신의 뼛가루를 개풍군 땅이 보이는 곳에 뿌려달라고 한다.

② '어머니'는 자신의 유언을 지킬 수 있는 사람은 '나'밖에 없다고 생각한다.

③ '올케'는 자신의 아들들을 생각해서 '오빠'를 공동묘지로 이장하자고 주장했다.

④ '올케'는 '오빠'의 죽음을 자신의 탓이라고 생각해 '어머니'와 합하는 것을 반대했다.

14 '어머니'에게 ㉠의 의미로 가장 적절한 것은?

① 자신의 운명에 대한 순종

② 분단의 비극에 맞서려는 의지

③ 자신의 질병 치유에 대한 염원

④ 가족의 선영에 묻히지 못하는 회한

[15~16] 다음 글을 읽고 물음에 답하시오.

동짓달 기나긴 밤을 한 허리를 베어 내어
춘풍(春風) 이블 아래 서리서리 넣었다가
어론 님[1] 오신 날 밤이어든 굽이굽이 펴리라

– 황진이 –

_____
1) 어론 님 : 사랑하는 임.

15 윗글에 대한 설명으로 가장 적절한 것은?

① 추상적 대상을 구체화하여 표현하고 있다.

② 우의적 표현을 통해 대상을 비판하고 있다.

③ 후렴구의 반복을 통해 운율을 형성하고 있다.

④ 자연과 인간을 대비하여 정서를 강조하고 있다.

16 윗글의 화자에 대한 설명으로 가장 적절한 것은?

① 자신에게 돌아오지 않는 임을 원망하고 있다.

② 임과 이별했던 순간을 떠올리며 자책하고 있다.

③ 임과 함께 더 많은 시간을 보내기를 소망하고 있다.

④ 임과의 추억을 떠올리며 현재의 삶에 만족하고 있다.

[17~19] 다음 글을 읽고 물음에 답하시오.

집에 오래 지탱할 수 없이 퇴락한 행랑채[1] 세 칸이 있어서 나는 부득이 그것을 모두 수리하게 되었다. 이때 그중 두 칸은 비가 샌 지 오래됐는데, 나는 ㉮ 그것을 알고도 어물어물하다가 미처 수리하지 못하였고, 다른 한 칸은 ㉠ 한 번밖에 비를 맞지 않았기에 급히 기와를 갈게 하였다.

그런데 수리하고 보니, 비가 샌 지 오래된 것은 서까래[2]·추녀[3]·기둥·들보[4]가 모두 썩어서 못 쓰게 되었으므로 경비가 많이 들었고, 한 번밖에 비를 맞지 않은 것은 재목들이 모두 완전하여 다시 쓸 수 있었기 때문에 경비가 적게 들었다.

나는 여기에서 이렇게 생각한다. 사람의 몸도 마찬가지다. ㉡ 잘못을 알고도 곧 고치지 않으면 몸이 패망[5]하는 것이 나무가 썩어서 못 쓰게 되는 이상으로 될 것이고, ㉢ 잘못이 있더라도 고치기를 꺼려하지 않으면 다시 좋은 사람이 되는 것이 집 재목이 다시 쓰일 수 있는 이상으로 될 것이다.

이뿐만 아니라, 나라의 정사[6]도 이와 마찬가지다. 모든 일에서, ㉣ 백성에게 심한 해가 될 것을 머뭇거리고 개혁하지 않다가, 백성이 못살게 되고 나라가 위태하게 된 뒤에 갑자기 변경하려 하면,

곧 붙잡아 일으키기가 어렵다. 삼가지 않을 수 있 겠는가?

― 이규보, 「이옥설」 ―

___

1) 행랑채 : 대문간 곁에 있는 집채.
2) 서까래 : 마룻대에서 도리 또는 보에 걸쳐 지른 나무.
3) 추녀 : 네모지고 끝이 번쩍 들린, 처마의 네 귀에 있는 큰 서까래.
4) 들보 : 칸과 칸 사이의 두 기둥을 건너지른 나무.
5) 패망 : 싸움에 져서 망함.
6) 정사 : 정치 또는 행정상의 일.

17 윗글에 대한 설명으로 가장 적절한 것은?

① 타인에게 들은 이야기를 전달하고 있다.
② 옛 문헌을 인용하여 신뢰성을 높이고 있다.
③ 구체적인 역사적 사건에 대한 견해를 제시하고 있다.
④ 글쓴이의 체험과 깨달음을 통해 교훈을 드러내고 있다.

18 ㉮와 의미가 유사한 것을 ㉠~㉣에서 고른 것은?

① ㉠, ㉡   ② ㉠, ㉢
③ ㉡, ㉣   ④ ㉢, ㉣

19 윗글을 읽은 독자의 반응으로 적절하지 <u>않은</u> 것은?

① '쇠뿔도 단김에 빼라.'라는 말처럼 나쁜 습관을 발견하면 바로 고쳐야겠군.
② 나쁜 습관을 바로 고치지 않으면 '호미로 막을 것을 가래로 막는다.'라는 말처럼 되

겠군.
③ '까마귀 날자 배 떨어진다.'라는 말처럼 나쁜 습관이 우연히 좋은 결과를 가져오기도 하는군.
④ 사소하더라도 나쁜 습관을 방치하면 '가랑비에 옷 젖는 줄 모른다.'라는 말처럼 상황이 점점 안 좋아지겠군.

[20~22] 다음 글을 읽고 물음에 답하시오.

마을은 지역 사회를 기반으로 사람들 사이의 관계가 형성되어 있어야 하고, 물리적으로는 개인의 공간과 공공의 공간 사이에 중간적 성격의 공간이 있어야 한다. 이러한 공간을 '사이 공간'이라 하는데, 이는 통행을 목적으로 하는 공간이라기보다 주민들 사이에 사적 관계를 형성하는 공동의 영역이라 할 수 있다.

과거에는 개인이 생활을 하는 집과 일을 하는 장소가 멀리 떨어져 있지 않았다. [㉠] 사람들은 매일 두 공간 사이를 오가며 그곳에서 다양한 일을 경험했다. 개인의 집과 집 사이의 거리도 가까워서 이웃과 친밀한 사회적 관계를 형성할 수 있었다.

방에서 나오면 마당이 있고, 대문을 열면 골목길을 만나며, 길을 돌다 보면 굳이 의도하지 않더라도 사람들의 만남과 모임이 곳곳에서 발생하였다. 그래서 이웃과 친해질 기회가 많았다. 집의 형태는 독립적이지만 집 안팎을 살펴보면 모여 살 수 있는 구조였다.

아파트로 대표되는 오늘날의 주거 형태는 전통적 주거 형태와는 다른 특징을 보인다. 아파트는 하나의 건물 내에 수평적, 혹은 수직적으로 균일한 주거 공간이 밀집해 있고, 그곳에 거주자가 모여 사는데, 이는 현대의 한국식 공동 주택이 지닌 특징이라 할 수 있다.

이러한 공동 주택의 등장은 공동체적 관계를 변화시켰다. 아파트에는 '사이 공간'이 없다. 아파트에 사는 사람들은 공동의 현관을 통과한 후 승강기나 복도를 거쳐 곧바로 각자의 공간으로 들어가 버린다. 자연스럽게 이웃과 친해질 기회가 사라진 것이다. 주택의 형태나 외관만 보면 모두 같은 공간에 사는 유사한 집단으로 보이지만, 그 안에서의 생활 모습은 공유할 만한 것이 거의 없다.

― 전남일, 「공간이 달라지면 사는 풍경도 달라질까」 ―

20 윗글의 내용 전개 방식으로 가장 적절한 것은?

① 대조를 통해 대상 간의 차이를 드러내고 있다.

② 질문을 통해 독자의 호기심을 유발하고 있다.

③ 통계 자료를 제시하여 내용을 뒷받침하고 있다.

④ 문제 상황과 이에 대한 해결 방안을 제시하고 있다.

21 윗글의 내용으로 적절하지 <u>않은</u> 것은?

① '사이 공간'은 통행보다 친분을 목적으로 한다.

② 과거에는 공동의 영역에서 사회적 관계를 형성했다.

③ 아파트는 '사이 공간'의 부재로 이웃과 친해지기 어렵다.

④ 아파트 주민들은 유사한 집단으로 생활 모습을 공유하고 있다.

22 ㉠에 들어갈 말로 가장 적절한 것은?

① 그래서   ② 그런데

③ 그러나   ④ 왜냐하면

[23~25] 다음 글을 읽고 물음에 답하시오.

인공지능은 컴퓨터 프로그램을 활용해 인간과 비슷한 인지적 능력을 구현한 기술을 말한다. 인공지능이 인간의 말을 알아듣고 명령을 실행하는 똑똑한 기계가 되는 것은 반길 일인가, 아니면 주인과 노예의 관계를 ㉠ <u>역전시키는</u> 재앙이라고 경계해야 할 일인가? 세계적 물리학자 스티븐 호킹은 "인공지능은 결국 의식을 갖게 되어 인간의 자리를 대체할 것"이라고 말했다. '생각하는 기계'가 축복이 될지 재앙이 될지는 알 수 없으나, 분명한 것은 인류가 이제껏 고민해 본 적이 없는 문제와 마주했다는 점이다.

인공지능 발달이 우리에게 던지는 새로운 과제는 두 갈래다. 첫째는, 인류를 위협할지도 모를 강력한 인공지능을 우리가 어떻게 ㉡ <u>통제할</u> 것인가의 문제이다. 로봇에 대응하기 위해 입법적 차원에서 로봇이 지켜야 할 도덕적 기준을 만들어 준수하게 하는 것이 방법이 될 수 있다. 또한 기술적 차원에서 다양한 상황에 관한 사회적 합의를 담은 알고리즘을 만들어 사회적 규약을 벗어나지 않는 범위에서 로봇이 작동하게 하는 방법을 모색할 수 있다.

둘째는, 생각하는 기계가 ㉢ <u>모방할</u> 수 없는 인간의 특징을 찾아 인간의 가치를 높이는 것이다. 인공지능이 마침내 인간의 의식 현상을 구현해 낸다고 하더라도 인간과 인공지능은 여전히 구분될 것이다. 인간에게는 감정과 의지가 있기 때문이다. 감정은 비이성적이고 비효율적이지만 인간됨을 ㉣ <u>규정하는</u> 본능이며, 인류의 역사와 문명은 결핍과 고통에서 느낀 감정을 동력으로 발달해 온 고유의 생존 시스템이다. 처음 마주하는 위험과 결핍은 두렵고 고통스러웠지만, 인류는 놀라운 유연성과 창의성으로 대응해 왔다. 이것은 기계에 가르칠 수 없는 속성이다. 여기에 ㉠ 인공지능 시대 우리가 가야 할 사람의 길이 있다.

– 구본권, 「로봇 시대, 인간의 일」 –

23 윗글의 내용으로 적절하지 <u>않은</u> 것은?

① 인공지능의 발달이 인간에게 축복이 될지 재앙이 될지는 알 수 없다.
② 입법적 차원과 기술적 차원에서 인공지능을 통제할 방법을 생각할 수 있다.
③ 인공지능이 인간의 의식 현상을 구현하면 인간과 인공지능은 구분될 수 없다.
④ 인류의 역사와 문명은 결핍과 고통에서 느낀 감정을 동력으로 발달해 왔다.

24 ㉠~㉣의 사전적 의미로 적절하지 <u>않은</u> 것은?

① ㉠ : 형세가 뒤집힘. 또는 형세를 뒤집음.
② ㉡ : 힘으로 으르고 협박함.
③ ㉢ : 다른 것을 본뜨거나 본받음.
④ ㉣ : 내용이나 성격, 의미 따위를 밝혀 정함.

25 ㉠에 해당하는 것으로 가장 적절한 것은?

① 인간을 위협하는 인공지능을 없앤다.
② 인간의 자리를 인공지능으로 대체한다.
③ 인간이 가진 감정을 인공지능에 부여할 방법을 찾는다.
④ 인간 고유의 속성을 발휘하여 인공지능 시대에 대응한다.

2022년 2회

수 학

제2교시

정답 및 해설 552p |

01 두 다항식 $A=2x^2+x$, $B=x+1$에 대하여 $A-B$는?

① x^2+1 ② x^2-x

③ $2x^2-1$ ④ $2x^2+x$

02 등식 $x^2+ax-2=x^2+5x+b$가 x에 대한 항등식일 때, 두 상수 a, b에 대하여 $a+b$의 값은?

① 1   ② 2

③ 3   ④ 4

03 다항식 x^3+3x+4를 $x-1$로 나누었을 때, 나머지는?

① 2   ② 4

③ 6   ④ 8

04 다항식 $x^3+6x^2+12x+8$을 인수분해한 식이 $(x+a)^3$일 때, 상수 a의 값은?

① 2   ② 4

③ 6   ④ 8

05 복소수 $3-2i$의 켤레복소수가 $3+ai$일 때, 실수 a의 값은? (단, $i=\sqrt{-1}$)

① 1   ② 2

③ 3   ④ 4

06 이차방정식 $x^2+5x+4=0$의 두 근을 α, β라고 할 때, $\alpha\beta$의 값은?

① -2 ② 0

③ 2   ④ 4

07 $-1\leq x\leq2$일 때,
이차함수 $y=-(x-1)^2+3$의 최댓값은?

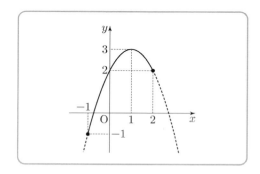

① 1   ② 2

③ 3   ④ 4

08 삼차방정식 $x^3+ax^2-3x-2=0$의 한 근이 1일 때, 상수 a의 값은?

① 3
② 4
③ 5
④ 6

09 연립방정식 $\begin{cases} x+y=4 \\ x^2-y^2=a \end{cases}$ 의 해가 $x=3$, $y=b$일 때, 두 상수 a, b에 대하여 $a+b$의 값은?

① 3
② 5
③ 7
④ 9

10 그림은 부등식 $|x-3| \le 3$의 해를 수직선 위에 나타낸 것이다. 상수 a의 값은?

① 0
② 1
③ 2
④ 3

11 좌표평면 위의 두 점 $A(-3, -2)$, $B(1, 4)$에 대하여 선분 AB의 중점의 좌표는?

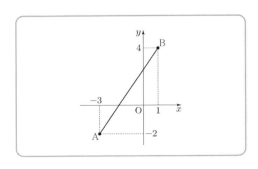

① $(-2, 1)$
② $(-1, 1)$
③ $(1, -1)$
④ $(2, -1)$

12 직선 $y=x-1$에 수직이고, 점 $(0, 3)$을 지나는 직선의 방정식은?

① $y=-x+1$
② $y=-x+3$
③ $y=x+1$
④ $y=x+3$

13 중심이 $(3, -1)$이고 원점을 지나는 원의 방정식은?

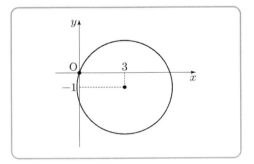

① $(x+3)^2+(y+1)^2=10$
② $(x+3)^2+(y-1)^2=10$
③ $(x-3)^2+(y+1)^2=10$
④ $(x-3)^2+(y-1)^2=10$

14 좌표평면 위의 점 $(3, 4)$를 x축의 방향으로 -1만큼, y축의 방향으로 -3만큼 평행이동한 점의 좌표는?

① $(2, 1)$ ② $(2, 7)$
③ $(4, 1)$ ④ $(4, 7)$

15 두 집합 $A = \{1, 2, 3, 4\}$, $B = \{3, 4, 6\}$에 대하여 $n(A-B)$의 값은?

① 1 ② 2
③ 3 ④ 4

16 명제 '$x=2$이면 $x^3=8$이다.'의 대우는?

① $x=2$이면 $x^3 \neq 8$이다.
② $x \neq 2$이면 $x^3 = 8$이다.
③ $x^3 = 8$이면 $x = 2$이다.
④ $x^3 \neq 8$이면 $x \neq 2$이다.

17 함수 $f : X \to Y$가 그림과 같을 때, $f^{-1}(5)$의 값은? (단, f^{-1}는 f의 역함수이다.)

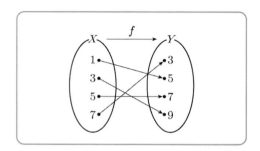

① 1 ② 3
③ 5 ④ 7

18 유리함수 $y = \dfrac{1}{x-1}$의 그래프는 유리함수 $y = \dfrac{1}{x}$의 그래프를 x축의 방향으로 a만큼 평행이동한 것이다. 상수 a의 값은?

① -1 ② 0
③ 1 ④ 2

19 그림과 같이 4점의 작품이 있다. 이 중에서 서로 다른 3점의 작품을 택하여 일렬로 나열하는 경우의 수는?

① 15 ② 18
③ 21 ④ 24

20 그림과 같이 5개의 방과 후 프로그램이 있다. 이 중에서 서로 다른 3개의 프로그램을 선택하는 경우의 수는?

기타   댄스   드럼   바둑   태권도

① 8 ② 10
③ 12 ④ 14

제3교시

영 어

정답 및 해설 554p

[01~03] 다음 밑줄 친 부분의 뜻으로 가장 적절한 것을 고르시오.

01

> To speak English well, you need to have confidence.

① 논리력   ② 자신감

③ 의구심   ④ 창의력

02

> The country had to deal with its food shortage problems.

① 생산하다   ② 연기하다

③ 처리하다   ④ 확대하다

03

> Sunlight comes in through the windows and, as a result, the house becomes warm.

① 그 결과   ② 사실은

③ 예를 들면   ④ 불행하게도

04 다음 밑줄 친 두 단어의 의미 관계와 **다른** 것은?

> Patience is bitter, but its fruit is sweet.

① new − old   ② clean − dirty

③ fine − good   ④ easy − difficult

05 다음 축제 안내문에서 언급되지 <u>않은</u> 것은?

> **Gimchi Festival**
>
> Place : Gimchi Museum
> Events :
> - Learning to make gimchi
> - Tasting various gimchi
> Entrance Fee : 5,000 won
> *Come and taste traditional Korean food!*

① 날짜   ② 장소

③ 행사 내용   ④ 입장료

[06~08] 다음 빈칸에 공통으로 들어갈 말로 가장 적절한 것을 고르시오.

06

- Let's _____ in front of the restaurant at 2 o'clock.
- The hotel manager did his best to _____ guests' needs.

① dive ② meet
③ wear ④ happen

07

- Jim, _____ are you going to come home?
- Listening to music can be helpful _____ you feel bad.

① how ② who
③ what ④ when

08

- Welcome. What can I do _____ you, today?
- I've spent almost an hour waiting _____ the bus.

① up ② for
③ out ④ with

09 다음 대화에서 밑줄 친 표현의 의미로 가장 적절한 것은?

A : I want to do something to help children in need.
B : That's great. Do you have any ideas?
A : I will sell my old clothes and use the money for the children. But it's not going to be easy.
B : Don't worry. A journey of a thousand miles starts with a single step.

① 모든 일에는 원인이 있다.
② 몸이 건강해야 마음도 건강하다.
③ 친구를 보면 그 사람을 알 수 있다.
④ 어려운 일도 일단 시작해야 이룰 수 있다.

10 다음 대화에서 알 수 있는 B의 심정으로 가장 적절한 것은?

A : Is this your first time to do bungee jumping?
B : Yes, it is. And I'm really nervous.
A : Bungee jumping is perfectly safe. You'll be fine.
B : That's what I've heard, but I'm still not sure if I want to do it.

① 만족 ② 불안
③ 실망 ④ 행복

11 다음 대화가 이루어지는 장소로 가장 적절한 것은?

> A : Hello, I'm looking for a dinner table for my house.
> B : Come this way, please. What type would you like?
> A : I'd like a round one.
> B : Okay. I'll show you two different models.

① 세탁소　　　② 가구점
③ 도서관　　　④ 체육관

12 다음 글에서 밑줄 친 It(it)이 가리키는 것으로 가장 적절한 것은?

> A donation is usually done for kind and good-hearted purposes. It can take many different forms. For example, it may be money, food or medical care given to people suffering from natural disasters.

① donation　　　② nature
③ people　　　④ suffering

[13～14] 다음 대화의 빈칸에 들어갈 말로 가장 적절한 것을 고르시오.

13

> A : Mary's birthday is coming. ＿＿＿ ＿＿＿＿＿＿＿＿＿＿?
> B : Good idea. What about giving her a phone case?
> A : She just got a new one. How about a coffee mug?
> B : Perfect! She likes to drink coffee.

① What is it for
② Where did you get it
③ Why don't we buy her a gift
④ What do you usually do after school

14

> A : What do you do for a living?
> B : ＿＿＿＿＿＿＿＿＿＿＿＿＿.

① I prefer winter to summer
② That wasn't what I wanted
③ I teach high school students
④ It'll take an hour to get to the beach

15 다음 대화의 주제로 가장 적절한 것은?

> A : I don't know what career I'd like to have in the future.
> B : Why don't you get experience in different areas?
> A : Hmm... how can I do that?
> B : How about participating in job experience programs? I'm sure it will help.

① 자원 개발의 필요성
② 진로 선택을 위한 조언
③ 자존감을 높이는 방법
④ 자원봉사 활동의 어려움

16 다음 글을 쓴 목적으로 가장 적절한 것은?

> We would like to ask you to put trash in the trash cans in the park. We are having difficulty keeping the park clean because of the careless behavior of some visitors. We need your cooperation. Thank you.

① 요청하려고   ② 사과하려고
③ 거절하려고   ④ 칭찬하려고

17 다음 캠프 안내문의 내용과 일치하지 <u>않는</u> 것은?

> **Summer Sports Camp**
> - Fun and safe sports programs for children aged 7-12
> - From August 1st to August 7th
> - What you will do :
>   Badminton, Basketball, Soccer, Swimming
> *Every child should bring a swim suit and lunch each day.

① 7세부터 12세까지 어린이들을 대상으로 한다.
② 기간은 8월 1일부터 8월 7일까지이다.
③ 네 가지 스포츠 활동을 할 수 있다.
④ 매일 점심이 제공된다.

18 다음 학교 신문 기자 모집에 대한 설명과 일치하지 <u>않는</u> 것은?

> We're looking for reporters for our school newspaper. If you're interested, please submit three articles about school life. Each article should be more than 500 words. Our student reporters will evaluate your articles. The deadline is September 5th.

① 학교생활에 관한 기사를 세 편 제출해야 한다.
② 각 기사는 500단어 이상이어야 한다.
③ 담당 교사가 기사를 평가한다.
④ 마감일은 9월 5일이다.

19 다음 글의 주제로 가장 적절한 것은?

> Gestures can have different meanings in different countries. For example, the OK sign means "okay" or "all right" in many countries. The same gesture, however, means "zero" in France. French people use it when they want to say there is nothing.

① 세계의 음식 문화

② 예술의 교육적 효과

③ 다문화 사회의 특징

④ 국가별 제스처의 의미 차이

[20~21] 다음 글의 빈칸에 들어갈 말로 가장 적절한 것을 고르시오.

20

> Many power plants produce energy by burning fossil fuels, such as coal or gas. This causes air pollution and influences the _____. Therefore, try to use less energy by choosing energy-efficient products. It can help save the earth.

① environment　　② material

③ product　　④ weight

21

> The Internet makes our lives more convenient. We can pay bills and shop on the Internet. However, personal information can be easily stolen online. There are ways to _____ your information. First, set a strong password. Second, never click on unknown links.

① cancel　　② destroy

③ protect　　④ refund

22 글의 흐름으로 보아 다음 문장이 들어가기에 가장 적절한 곳은?

> But nowadays maps are more accurate because they are made from photographs.

> (①) Thousands of years ago, people made maps when they went to new places. (②) They drew maps on the ground or on the walls of caves, which often had incorrect information. (③) These photographs are taken from airplanes or satellites. (④)

23 다음 글의 바로 뒤에 이어질 내용으로 가장 적절한 것은?

Sometimes we hurt others' feelings, even if we don't mean to. When that happens, we need to apologize. Then, how do we properly apologize? Here are three things you should consider when you say that you are sorry.

① 규칙 준수의 중요성

② 대화를 시작하는 방법

③ 효과적인 암기 전략의 종류

④ 사과할 때 고려해야 할 것들

[24~25] 다음 글을 읽고 물음에 답하시오.

Many people have trouble falling asleep, thus not getting enough sleep. It can have _____ effects on health like high blood pressure. You can prevent sleeping problems if you follow these rules. First, do not have drinks with caffeine at night. Second, try not to use your smartphone before going to bed. These will help you go to sleep easily.

24 윗글의 빈칸에 들어갈 말로 가장 적절한 것은?

① harmful   ② helpful

③ positive   ④ calming

25 윗글의 주제로 가장 적절한 것은?

① 스마트폰의 변천사

② 운동 부족의 위험성

③ 카페인 중독의 심각성

④ 수면 문제를 예방하는 방법

사 회

제4교시

정답 및 해설 559p

01 질 높은 정주 환경을 위한 조건으로 가장 적절한 것은?

① 빈곤의 심화
② 불평등의 증가
③ 안락한 주거 환경
④ 생활 시설의 부족

02 인권에 대한 설명으로 적절하지 <u>않은</u> 것은?

① 영구히 보장되x어야 할 권리이다.
② 타인에게 양도할 수 있는 권리이다.
③ 인간으로서 당연히 누려야 할 권리이다.
④ 모든 사람이 차별 없이 누려야 할 권리이다.

03 ㉠에 들어갈 용어로 옳은 것은?

> **1. 문화를 이해하는 태도**
> 가. (㉠)
> • 개념 : 합리적인 이유 없이 자기 사회의 문화는 월하고 다른 사회의 문화는 열등하다고 여기는 태도
> • 장점 : 자기 문화에 대한 자부심이 높아져 사회 통합에 기여함.
> • 단점 : 다른 사회의 문화를 배척하는 태도로 이어질 수 있음.

① 문화 사대주의
② 문화 상대주의
③ 자문화 중심주의
④ 극단적 문화 상대주의

04 ㉠에 들어갈 용어로 가장 적절한 것은?

> 인종, 성별, 장애, 종교, 사회적 출신 등을 이유로 다른 사회 구성원으로부터 소외와 차별을 받는 사람들을 (㉠)(이)라고 한다.

① 소호
② 바우처
③ 사회적 소수자
④ 사물인터넷

05 다음에서 설명하는 기관은?

> 법원의 제청에 의한 법률의 위헌 여부 심판과 법률이 정하는 헌법 소원에 관한 심판 등을 관장한다.

① 정당
② 행정부
③ 지방 법원
④ 헌법 재판소

06 다음 설명에 해당하는 것은?

> 어떤 것을 선택함으로써 포기하게 되는 대안 중 가장 가치가 큰 것으로 명시적 비용과 암묵적 비용으로 구성됨.

① 편익
② 기회비용
③ 매몰비용
④ 물가 지수

07 ㉠에 해당하는 것은?

> (㉠)은/는 모든 사람이 대가를 지불하지 않고 공동으로 이용할 수 있는 재화나 서비스를 의미한다.

① 공공재   ② 비교 우위
③ 외부 효과   ④ 기업가 정신

08 다음에서 설명하는 금융 자산은?

> • 주식회사가 사업 자금 조달을 위해 발행한다.
> • 시세차익과 배당수익을 통해 이익을 실현할 수 있다.

① 대출   ② 주식
③ 국민연금   ④ 정기예금

09 다음에서 설명하는 사회 복지 제도로 옳은 것은?

> • 의미 : 국가가 국민에게 발생하는 사회적 위험을 사전에 대비하여 건강과 소득을 보장하는 제도로, 일정액의 보험료를 개인과 정부, 기업이 분담함.
> • 종류 : 국민 건강 보험, 고용 보험, 국민연금 등

① 개인 보험   ② 공공 부조
③ 기초 연금   ④ 사회 보험

10 다음 설명에 해당하는 것은?

> 문화 변동의 내재적 요인 중 하나로, 기존에 없던 새로운 문화 요소를 만들어 내는 것이다.

① 발견   ② 발명
③ 간접 전파   ④ 직접 전파

11 ㉠, ㉡에 들어갈 용어로 가장 적절한 것은?

> 일부 재화 및 서비스 생산의 경우에는 생산량이 (㉠)할수록 평균비용이 (㉡)하는 현상이 나타나는데 이를 규모의 경제라고 한다.

	㉠	㉡		㉠	㉡
①	증가	감소	②	증가	증가
③	감소	감소	④	감소	증가

12 퀴즈에 대한 정답으로 옳은 것은?

> **다문화 정책 퀴즈**
> 서로 다른 문화가 각각의 정체성을 유지하면서 조화를 이루도록 하는 정책은 무엇인가요?

① 뉴딜 정책   ② 셧다운 정책
③ 용광로 정책   ④ 샐러드 볼 정책

13 자유주의적 정의관에 관한 설명으로 적절하지 않은 것은?

① 국가와 사회보다 개인이 우선한다.
② 개인은 독립적이고 자율적인 존재이다.
③ 개인의 자유를 가장 소중한 가치로 본다.
④ 국가가 개인의 삶의 목적과 방식을 결정한다.

14 다음에 해당하는 지역을 지도의 A~D에서 고른 것은?

• '지구의 허파'라 불리는 열대림 지역
• 무분별한 열대림 개발로 동식물의 서식지가 파괴되어 생물 종 다양성이 감소

① A ② B
③ C ④ D

15 다음 현상의 사례로 적절하지 않은 것은?

　도시에 거주하는 사람들과 도시 수가 빠르게 증가하면서 도시적 생활 양식과 도시 경관이 확대되는 현상

① 농경지 증가
② 상업 시설 증가
③ 인공 건축물 증가
④ 지표의 포장 면적 증가

16 ㉠에 들어갈 종교로 옳은 것은?

종교의 특징을 반영하는 무역 전략 수립
• 제품 판매 전략 : (㉠)와 관련된 상품
• 제품 기능 : 종교 성지인 메카 방향과 모스크의 위치를 알려주는 기능

① 불교 ② 힌두교
③ 이슬람교 ④ 크리스트교

17 열대 기후 지역의 전통 생활 모습으로 옳은 것을 〈보기〉에서 고른 것은?

〈보기〉
ㄱ. 순록 유목
ㄴ. 오아시스 농업
ㄷ. 얇고 간편한 의복
ㄹ. 개방적인 가옥 구조

① ㄱ, ㄴ ② ㄱ, ㄷ
③ ㄴ, ㄷ ④ ㄷ, ㄹ

18 다음에서 설명하는 지역은?

> • 미국, 캐나다, 러시아, 덴마크, 노르웨이에 접해 있어 영유권 갈등이 있음.
> • 기후 변화로 빙하가 녹으면서 접근이 용이해져 석유, 천연가스 등의 자원 개발 가능성이 커짐.

① 기니만　　　　② 북극해
③ 남중국해　　　④ 카슈미르

19 다음 설명에 해당하는 것은?

> • 의미 : 미래 세대가 필요로 하는 자원과 환경을 훼손하지 않으면서 현재를 살아가는 우리의 욕구를 동시에 충족시키는 것
> • 채택 : 1992년 국제연합 환경 개발 회의의 '의제 21'

① 유비쿼터스　　② 플랜테이션
③ 성장 거점 개발　④ 지속 가능한 발전

20 다음에서 설명하는 것은?

> • 의미 : 인간과 자연환경이 조화를 이루며 공생할 수 있는 체계를 지향하는 도시
> • 사례 : 브라질의 쿠리치바, 스웨덴의 예테보리 등

① 슬럼　　　　　② 생태 도시
③ 성곽 도시　　　④ 고산 도시

21 ㉠, ㉡에 들어갈 자연관으로 옳은 것은?

> • (㉠) 자연관 : 자연은 영혼이 없는 물질로, 인간이 마음대로 이용하고 지배할 수 있는 대상이다.
> • (㉡) 자연관 : 모든 생명체가 자연의 일부이며, 인간도 자연을 구성하는 일부이다.

	㉠	㉡
①	생태 중심주의	자원 민족주의
②	자원 민족주의	인간 중심주의
③	인간 중심주의	생태 중심주의
④	생태 중심주의	인간 중심주의

22 밑줄 친 ㉠, ㉡에 대한 설명으로 옳은 것은?

> 에너지 자원은 각종 산업의 원료이며 일상생활과 경제 활동에 필요한 에너지를 생산하는 데 이용된다. 에너지 자원에는 ㉠ 석유, ㉡ 태양광 등이 있다.

① ㉠은 화석 에너지 자원이다.
② ㉡은 18세기 산업 혁명의 원동력이 되었다.
③ ㉠은 ㉡에 비해 고갈 위험이 낮다.
④ ㉡은 ㉠보다 세계 에너지 소비 비중이 높다.

23 ㉠에 해당하는 내용으로 가장 적절한 것은?

> (㉠) 문제 해결 정책
>
> ○ 양육 및 보육 시설 확충
> ○ 육아 비용 지원 및 가족 친화적 문화 확산

① 열섬   ② 저출산

③ 사생활 침해   ④ 개인 정보 유출

24 ㉠, ㉡에 해당하는 자연 재해로 옳은 것은?

> • (㉠) : 강한 바람과 많은 비를 동반하여 피해를 주는 열대 저기압
> • (㉡) : 지각판의 경계에서 주로 발생하고, 땅이 갈라지고 흔들리면서 도로 등이 붕괴됨.

	㉠	㉡		㉠	㉡
①	태풍	지진	②	화산	한파
③	황사	태풍	④	황사	지진

25 다음 설명에 해당하는 사례는?

> 주권 국가들을 구성원으로 하고 있으며, 다양한 국제 사회의 문제를 조정하는 역할을 하는 정부 간 국제기구

① 국제연합   ② 그린피스

③ 다국적 기업   ④ 국경 없는 의사회

제5교시

과 학

정답 및 해설 562p |

01 그림은 수평 방향으로 던져진 공의 위치를 같은 시간 간격으로 나타낸 것이다. 공의 운동에 대한 설명으로 옳지 <u>않은</u> 것은? (단, 공기 저항은 무시한다.)

① 수평 방향의 속력은 일정하다.
② 수평 방향으로 힘이 계속 작용한다.
③ 연직 아래 방향의 속력은 증가한다.
④ 연직 아래 방향으로 힘이 계속 작용한다.

02 표는 어떤 물체가 운동 방향으로 힘을 받았을 때 처음 운동량과 나중 운동량을 나타낸 것이다. 이 물체가 받은 충격량(N · s)은?

처음 운동량(kg · m/s)	1
나중 운동량(kg · m/s)	4

① 1
② 2
③ 3
④ 4

03 어떤 열기관에 공급된 열이 200J이고 이 열기관이 외부에 한 일이 40J일 때, 이 열기관의 열효율(%)은?

① 20
② 40
③ 60
④ 80

04 전력 수송 과정에 대한 설명으로 옳은 것만을 〈보기〉에서 모두 고른 것은?

───〈보기〉───
ㄱ. 변전소에서 전압을 변화시킨다.
ㄴ. 송전 전압을 낮추면 전력 손실을 줄일 수 있다.
ㄷ. 송전선에서 열이 발생하여 전기 에너지의 일부가 손실된다.

① ㄱ
② ㄴ
③ ㄱ, ㄷ
④ ㄴ, ㄷ

05 그림과 같은 원자로를 사용하는 핵발전에 대한 설명으로 옳은 것만을 〈보기〉에서 모두 고른 것은?

〈보기〉

ㄱ. 발전 과정에서 방사성 폐기물이 발생한다.
ㄴ. 핵분열에서 발생하는 열에너지를 이용하여 발전한다.
ㄷ. 발전 과정에서 배출되는 이산화 탄소의 양이 화력 발전보다 많다.

① ㄱ   ② ㄷ

③ ㄱ, ㄴ   ④ ㄴ, ㄷ

06 다음 중 태양 전지를 이용하여 태양의 빛에너지를 전기 에너지로 직접 전환하는 발전 방식은?

① 수력 발전   ② 풍력 발전

③ 화력 발전   ④ 태양광 발전

07 그림은 주기율표의 일부를 나타낸 것이다. 원소 (가), (나)에 대한 설명으로 옳은 것은?

족 주기	1	2	〰	17	18
1					
2	(가)		〰	(나)	

① (가)와 (나)는 같은 족이다.

② (가)와 (나)는 같은 주기이다.

③ 원자 번호는 (가)가 (나)보다 크다.

④ (가)는 비금속 원소, (나)는 금속 원소이다.

08 소금의 주성분인 염화 나트륨($NaCl$)에 대한 설명으로 옳은 것만을 〈보기〉에서 모두 고른 것은?

〈보기〉

ㄱ. 공유 결합 물질이다.
ㄴ. 고체 상태에서 전기가 잘 흐른다.
ㄷ. 물에 녹으면 양이온과 음이온으로 나누어진다.

① ㄱ   ② ㄷ

③ ㄱ, ㄴ   ④ ㄴ, ㄷ

09 그래핀에 대한 설명으로 옳은 것만을 〈보기〉에서 모두 고른 것은?

〈보기〉

ㄱ. 규소(Si) 원자로 이루어져 있다.
ㄴ. 한 층으로 이루어진 평면 구조이다.
ㄷ. 전기 전도성이 있다.

① ㄱ   ② ㄷ

③ ㄱ, ㄴ   ④ ㄴ, ㄷ

10 다음 화학 반응식은 마그네슘(Mg)과 산소(O_2)의 반응을 나타낸 것이다.

$$2Mg + O_2 \rightarrow 2MgO$$

이 반응에 대한 설명으로 옳은 것은?

① MgO은 생성물이다.

② 반응물의 종류는 1가지이다.

③ Mg은 환원된다.

④ O_2는 전자를 잃는다.

11 다음 중 물에 녹아 산성을 나타내는 물질은?

① HCl ② KOH

③ NaOH ④ Ca(OH)₂

12 단백질에 대한 설명으로 옳지 않은 것은?

① 항체의 주성분이다.

② 단위체는 포도당이다.

③ 세포막의 구성 성분이다.

④ 단위체가 펩타이드 결합으로 연결된 물질이다.

13 그림은 식물 세포의 구조를 나타낸 것이다. A~D 중 빛에너지를 흡수하여 포도당을 합성하는 것은?

① A ② B

③ C ④ D

14 물질대사에 대한 설명으로 옳은 것만을 〈보기〉에서 모두 고른 것은?

───〈보기〉───

ㄱ. 세포 호흡은 물질대사에 속한다.

ㄴ. 에너지의 출입이 일어나지 않는다.

ㄷ. 효소는 물질대사에서 반응 속도를 변화시킨다.

① ㄱ ② ㄴ

③ ㄱ, ㄷ ④ ㄴ, ㄷ

15 그림은 두 가닥으로 구성된 DNA와 이 DNA에서 전사된 RNA를 나타낸 것이다. ㉠과 ㉡에 해당하는 염기는?

	㉠	㉡		㉠	㉡
①	T	A	②	T	C
③	U	A	④	U	C

16 생물 다양성에 대한 설명 중 옳은 것만을 〈보기〉에서 모두 고른 것은?

───〈보기〉───

ㄱ. 종 다양성은 동물에서만 나타난다.

ㄴ. 생태계 다양성은 종 다양성에 영향을 주지 않는다.

ㄷ. 유전적 다양성은 개체군 내에 존재하는 유전자의 변이가 다양한 정도를 말한다.

① ㄱ ② ㄷ

③ ㄱ, ㄴ ④ ㄴ, ㄷ

17 다음은 어떤 환경 요인에 대한 생물의 적응 현상이다. 이 환경 요인은?

> 사막여우는 북극여우에 비해 몸집은 작고, 몸의 말단 부위인 귀가 크다.

① 물   ② 공기
③ 온도   ④ 토양

18 그림은 안정된 생태계의 생태 피라미드를 나타낸 것이다. 이에 대한 설명으로 옳은 것은?

① 식물은 1차 소비자에 해당한다.
② 생물량은 2차 소비자가 가장 많다.
③ 초식동물은 3차 소비자에 해당한다.
④ 상위 영양 단계로 갈수록 에너지 양은 줄어든다.

19 별의 진화 과정에서 원소의 생성에 대한 설명으로 옳은 것만을 〈보기〉에서 모두 고른 것은?

> ─〈보기〉─
> ㄱ. 헬륨의 핵융합 반응으로 탄소가 생성된다.
> ㄴ. 초신성 폭발로 철보다 무거운 원소가 생성된다.
> ㄷ. 질량이 태양과 비슷한 별의 중심에서 철이 생성된다.

① ㄱ   ② ㄷ
③ ㄱ, ㄴ   ④ ㄴ, ㄷ

20 식물이 이산화 탄소를 대기로부터 흡수하는 과정에서 상호 작용하는 지구 시스템의 구성 요소는?

① 수권과 기권   ② 수권과 지권
③ 생물권과 기권   ④ 생물권과 지권

21 그림은 지질 시대 A~D의 길이를 상대적으로 나타낸 것이다. A~D 중 삼엽충이 번성한 시기는?

① A   ② B
③ C   ④ D

22 그림은 지각과 맨틀의 일부를 나타낸 것이다. A~D에 대한 설명으로 옳은 것은?

① A는 암석권이다.
② B는 맨틀이다.
③ C는 유동성이 없다.
④ D는 대륙 지각이다.

23 그림은 어떤 지역의 해수 깊이에 따른 수온 분포를 나타낸 것이다. 이에 대한 설명으로 옳은 것만을 〈보기〉에서 모두 고른 것은?

─〈보기〉─
ㄱ. A에서는 바람에 의해 해수가 잘 섞인다.
ㄴ. B는 수온약층이다.
ㄷ. 수온은 A에서가 C에서보다 낮다.

① ㄱ
② ㄷ
③ ㄱ, ㄴ
④ ㄴ, ㄷ

24 빅뱅 우주론에 따른 우주의 생성 과정에 대한 설명으로 옳은 것만을 〈보기〉에서 모두 고른 것은?

─〈보기〉─
ㄱ. 우주가 팽창하면서 우주의 온도가 낮아진다.
ㄴ. 수소 원자가 수소 원자핵보다 먼저 만들어졌다.
ㄷ. 헬륨 원자핵이 수소 원자핵보다 먼저 만들어졌다.

① ㄱ
② ㄴ
③ ㄱ, ㄷ
④ ㄴ, ㄷ

25 지구 온난화로 인한 최근의 지구 환경 변화로 옳은 것만을 〈보기〉에서 모두 고른 것은?

─〈보기〉─
ㄱ. 지구의 평균 기온 하강
ㄴ. 해수면의 평균 높이 상승
ㄷ. 대륙 빙하의 분포 면적 증가

① ㄱ
② ㄴ
③ ㄱ, ㄷ
④ ㄴ, ㄷ

제6교시

한국사

정답 및 해설 565p |

01 다음에서 설명하는 유물은?

> • 구석기 시대를 대표하는 뗀석기임.
> • 사냥을 하거나 가죽을 벗기는 용도로 사용함.

①
주먹도끼

②
이불병좌상

③
비파형 동검

④
빗살무늬 토기

02 다음에서 설명하는 왕은?

> • 신라를 도와 왜를 격퇴함.
> • '영락'이라는 독자적 연호를 사용함.
> • 4세기 말 즉위 후 고구려의 영토를 크게 넓힘.

① 세종
② 고이왕
③ 공민왕
④ 광개토 대왕

03 다음에서 설명하는 기구는?

> • 국방에 관계된 일을 회의로 결정함.
> • 식목도감과 함께 고려의 독자적인 정치 기구임.
> • 원 간섭기에 도평의사사로 명칭과 권한을 변경함.

① 집사부
② 정당성
③ 도병마사
④ 군국기무처

04 다음에서 ㉠에 들어갈 내용으로 옳은 것은?

> 〈조선 성종의 정책〉
> – 경연 활성화
> – 홍문관 설치
> – ㉠

① 경국대전 반포
② 기인 제도 실시
③ 삼청 교육대 운영
④ 전민변정도감 설치

05 다음에서 설명하는 문화유산은?

> 문화유산 카드
> • 위치 : 경상북도 토함산
> • 특징 : 불국사와 함께 불국토의 이상 세계를 표현한 통일신라 시기의 대표적 건축물

① 경복궁
② 무령왕릉
③ 수원 화성
④ 경주 석굴암

06 다음에서 ㉠에 들어갈 내용으로 옳지 <u>않은</u> 것은?

> 〈수행평가 계획서〉
>
> 주제 : 흥선 대원군이 주도한 정책
> • 1모둠 : 경복궁 중건
> • 2모둠 : ㉠

① 서원 정리   ② 당백전 발행
③ 호포제 시행   ④ 훈민정음 창제

07 다음에서 설명하는 화폐는?

> 조선 후기에 주조된 화폐로 17세기 말 전국적으로 유통되면서 물품 구입이나 세금 납부 수단으로 사용되었다.

① 호패   ② 명도전
③ 상평통보   ④ 독립 공채

08 다음에서 ㉠에 해당하는 지역은?

> ㉠ 는 군사 전략 요충지로 큰 역할을 해 왔다. 고려 시대에는 몽골의 침입을 피해 이곳으로 수도를 옮긴 적이 있었고, 조선 시대에는 이곳에서 병인양요가 발발하였다.

① 강화도   ② 거문도
③ 울릉도   ④ 제주도

09 다음에서 설명하는 신문은?

> • 한글판과 영문판으로 발행됨.
> • 서재필 등이 정부의 지원을 받아 창간함.
> • 국민을 계몽하고 국내 사정을 외국인에게도 전달함.

① 독립신문   ② 동아일보
③ 조선일보   ④ 한성순보

10 다음에서 ㉠에 들어갈 내용으로 옳은 것은?

> 〈다큐멘터리 기획안〉
>
> • 제목 : 녹두장군의 꿈!
> • 의도 : 동학 농민군 지도자 전봉준의 삶을 조명한다.
> • 내용 : 1부 고부 농민 봉기를 주도하다.
>   2부   ㉠

① 거중기를 제작하다.
② 신민회를 조직하다.
③ 천리장성을 축조하다.
④ 황토현 전투에서 승리하다.

11 다음 질문에 대한 답으로 옳은 것은?

> 1907년에 1,300만 원에 달하는 대한 제국의 빚을 갚기 위해 서상돈 등이 대구에서 시작한 국권 회복 운동은 무엇일까요?

① 새마을 운동   ② 위정척사 운동
③ 국채 보상 운동   ④ 서경 천도 운동

12 다음에서 ㉠ 시기에 들어갈 사건은?

① 기묘사화
② 5 · 10 총선거
③ 오페르트 도굴 사건
④ 6 · 15 남북 공동 선언 발표

13 다음에서 설명하는 일제 식민 정책은?

> 1910년대 일제가 시행한 경제 정책으로, 토지 소유권자가 정해진 기간 내에 직접 신고하여 소유지로 인정받는 신고주의 원칙에 따라 진행되었다.

① 균역법
② 노비안검법
③ 토지 조사 사업
④ 경부 고속 국도 개통

14 다음 대화 내용에 해당하는 단체는?

① 삼별초   ② 신간회
③ 통신사   ④ 화랑도

15 다음에서 설명하는 사건은?

> 1919년에 일어난 일제 강점기 최대 규모의 민족 운동이다. 일제의 통치 방식이 바뀌는 계기가 되었으며, 대한민국 임시 정부 수립에 영향을 주었다.

① 3 · 1 운동   ② 제주 4 · 3 사건
③ 임술 농민 봉기   ④ 12 · 12 군사 반란

16 다음에서 ㉠에 들어갈 내용으로 옳은 것은?

① 별무반이 창설되었습니다.
② 신분제가 폐지되었습니다.
③ 척화비가 건립되었습니다.
④ 세도 정치가 시작되었습니다.

17 다음 밑줄 친 ㉠에 해당하는 것은?

> 일제는 한국인을 전쟁에 효율적으로 동원하고 일왕에 충성하는 백성으로 만들고자 ㉠ 황국 신민화 정책을 실시하였다.

① 골품제 실시   ② 사사오입 개헌
③ 신사 참배 강요   ④ 사심관 제도 시행

18 다음 대본에서 ㉠에 들어갈 말로 가장 적절한 것은?

> 장면 #27 평화 시장에서 시위하는 모습
> 전태일 : 우리 노동자들은 열악한 작업 환경에서 장시간 노동으로 고통 받고 있다. 우리는 기계가 아니다!
> ┌─────────── ㉠ ───────────┐

① 신탁 통치를 반대한다!
② 근로 기준법을 준수하라!
③ 군사력을 강화하여 청을 정벌하자!
④ 교조 최제우의 억울함을 풀어 주시오!

19 다음에서 설명하는 정부는?

> • 금융 실명제를 실시함.
> • 지방 자치제를 전면적으로 시행함.
> • 국제 통화 기금(IMF)에 구제 금융 지원을 요청함.

① 김영삼 정부   ② 박정희 정부
③ 이승만 정부   ④ 전두환 정부

20 다음에서 설명하는 것은?

> • 국제 사회가 한국의 독립을 처음으로 약속함.
> • 1943년 미·영·중 정상들이 모여 전후 처리를 논의함.

① 팔관회   ② 화백 회의
③ 만민 공동회   ④ 카이로 회담

21 다음에서 ㉠에 해당하는 사건으로 옳은 것은?

> 한국사 스피드 퀴즈
> 1980년 신군부의 계엄령 확대와 휴교령에 반대하여 광주에서 일어난 시위야. 이후 전개된 민주화 운동에 영향을 주었어.
> ㉠

① 자유시 참변
② 6·10 만세 운동
③ 5·18 민주화 운동
④ 제너럴 셔먼호 사건

22 다음에서 설명하는 종교는?

> 나철 등을 중심으로 단군 신앙을 내세웠으며, 중광단을 조직하여 독립운동을 전개하였다.

① 도교   ② 기독교
③ 대종교   ④ 천주교

23 다음에서 ㉠에 해당하는 사건은?

> 〈6·25 전쟁의 전개 과정〉
> 북한의 남침 → 인천 상륙 작전 → 서울 수복(1950. 9. 28.) → ┌─ ㉠ ─┐ → 정전 협정 체결

① 1·4 후퇴   ② 명량 대첩
③ 무신 정변   ④ 아관 파천

24 다음에서 설명하는 단체는?

> • 1919년 만주에서 김원봉 등이 주도하여 결성함.
> • 신채호의 「조선 혁명 선언」을 활동 지침으로 삼음.

① 별기군 ② 의열단
③ 교정도감 ④ 조선어 학회

25 다음에서 ㉠에 해당하는 것은?

> 1972년, 서울과 평양에서 [㉠] 이/가 동시에 발표되었다. 이는 분단 후 남북한이 통일과 관련하여 최초로 합의한 것이며, 자주·평화·민족 대단결의 통일 원칙을 명시하였다.

① 시무 28조
② 전주 화약
③ 4·13 호헌 조치
④ 7·4 남북 공동 성명

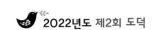

제7교시

도 덕

정답 및 해설 568p |

01 다음 설명에 해당하는 윤리학은?

> • 도덕 원리를 구체적 상황에 적용하여 도덕 문제에 대한 해결 방안을 제시하는 것을 주된 목표로 삼음.
> • 예 : 생명 윤리, 정보 윤리, 환경 윤리 등

① 기술 윤리학 ② 메타 윤리학
③ 실천 윤리학 ④ 진화 윤리학

02 (가)에 들어갈 윤리 사상가는?

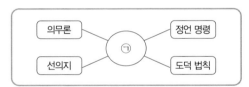

① 밀 ② 칸트
③ 플라톤 ④ 데카르트

03 다음에서 설명하는 사상으로 가장 적절한 것은?

> • 무위자연(無爲自然)의 삶을 강조함.
> • 이상적 인간으로 지인(至人), 진인(眞人) 등이 있음.

① 유교 ② 불교
③ 도가 ④ 법가

04 다음에서 동물 실험을 반대하는 관점에만 '✓'를 표시한 학생은?

관점＼학생	A	B	C	D
• 동물 실험은 신약 개발을 위해 반드시 필요하다.	✓			✓
• 동물 실험 과정에서 동물이 부당하게 고통을 겪고 있다.		✓		✓
• 동물은 인간의 이익을 위해 사용되는 수단에 불과하다.			✓	

① A ② B
③ C ④ D

05 공리주의의 입장에 대한 설명으로 옳은 것은?

① 유용성의 원리에 따른 행위를 강조한다.
② 행위의 결과보다는 행위의 동기를 중시한다.
③ 행위의 효용보다 행위자 내면의 품성을 강조한다.
④ 사회 전체의 행복보다 개인의 행복 추구를 중시한다.

06 (가)에 들어갈 성과 사랑의 관계에 대한 관점은?

성과 사랑은 결부할 필요가 없음.

결혼을 하지 않아도 성적 관계가 가능함.

성에 대한 개인의 자유로운 선택을 강조함.

① 자유주의　　　② 보수주의

③ 도덕주의　　　④ 중도주의

07 시민에 대한 국가의 의무로 옳지 <u>않은</u> 것은?

① 시민의 복지를 증진해야 한다.

② 시민의 인권을 보호해야 한다.

③ 시민의 인간다운 삶을 보장해야 한다.

④ 시민의 정당한 요구에 무관심해야 한다.

08 ㉠에 공통으로 들어갈 용어는?

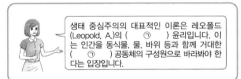

생태 중심주의의 대표적인 이론은 레오폴드 (Leopold, A.)의 (㉠) 윤리입니다. 이는 인간을 동식물, 물, 바위 등과 함께 거대한 (㉠) 공동체의 구성원으로 바라봐야 한다는 입장입니다.

① 대지　　　② 과학

③ 문화　　　④ 사회

09 사형 제도의 찬성 근거로 가장 적절한 것은?

① 오판의 가능성이 있다.

② 정치적으로 악용될 수 있다.

③ 응보적 정의 실현을 위한 수단이다.

④ 생명권을 침해하는 비인도적인 제도이다.

10 ㉠에 들어갈 내용으로 옳지 <u>않은</u> 것은?

윤리적 성찰은 어떻게 하는 걸까?

자신의 정체성과 가치관 등을 도덕적 관점에서 깊이 있게 반성하고 살피는 거야.

구체적으로 예를 들어줄래?

(㉠)

① 남을 돕는 데 진심을 다했는지 살피는 거야.

② 마음을 흐트러짐이 없게 하고 몸가짐을 삼가는 거야.

③ 어른들의 말씀은 무조건 비판 없이 받아들이는 거야.

④ 끊임없는 질문을 통해 자신의 무지를 스스로 깨우치는 거야.

11 다음 사상가가 강조하는 덕목은?

> 백성을 사랑하는 근본은 검소함과 자신의 사사로운 이익은 추구하지 않음에 있다. 이는 목민관이 가장 먼저 힘써야 할 일이다.
>
> – 정약용, 「목민심서」 –

① 욕망　　　② 집착

③ 독선　　　④ 청렴

12 교사의 질문에 대한 대답으로 적절하지 <u>않은</u> 것은?

과학 기술 지상주의 입장에 대해 말해 볼까요? — 교사
학생1 — 과학 기술의 발전을 매우 낙관적으로 보고 있습니다.
학생2 — 과학 기술을 비윤리적이고 비인간적인 것이라고 보고 있습니다.
학생3 — 과학 기술의 부작용은 새로운 과학 기술로 해결할 수 있다고 생각하고 있습니다.
학생4 — 과학 기술을 이용하여 사회의 여러 문제를 해결할 수 있다고 생각하고 있습니다.

① 학생 1 ② 학생 2
③ 학생 3 ④ 학생 4

13 통일과 관련된 개념에 대한 설명으로 옳지 <u>않</u>은 것은?

	개념	설명
①	분단 비용	남북한 분단이 지속되어 발생하는 비용
②	평화 비용	남북한 평화 유지와 정착을 위해 필요한 비용
③	통일 편익	통일로 얻게 되는 경제적·경제 외적인 손상 및 피해
④	통일 비용	남북한 격차 해소와 이질적 요소 통합에 필요한 비용

14 예술 지상주의의 입장에 대한 설명으로 가장 적절한 것은?

① 예술의 사회성만을 강조한다.
② 예술을 위한 예술을 주장한다.
③ 예술가에게 도덕적 공감이 중요함을 강조한다.
④ 예술에 대한 윤리적 규제의 필요성을 주장한다.

15 ㉠에 들어갈 내용으로 가장 적절한 것은?

도 덕 신 문	2022년 ○월 ○일

㉠   의 윤리적 쟁점

불치병으로 극심한 고통을 겪고 있는 환자의 요구에 따라 인위적으로 생명을 단축하는 행위의 허용 문제는 논란이 될 수 있다. 왜냐하면 이 문제는 생명의 존엄성과 관련하여 심각한 윤리적 문제를 발생시킬 수 있기 때문이다.

① 안락사 ② 대리모
③ 장기 이식 ④ 배아 복제

16 다음 설명에 해당하는 정의관으로 가장 적절한 것은?

- 공정한 과정을 통해 발생한 결과는 정당하다는 정의관
- 분배의 결과보다는 분배를 위한 공정한 순서나 방법을 강조하는 관점

① 결과적 정의 ② 교정적 정의
③ 산술적 정의 ④ 절차적 정의

17 시민 불복종의 사례를 〈보기〉에서 고른 것은?

〈보기〉
ㄱ. 중세의 십자군 전쟁
ㄴ. 나치의 유대인 집단 학살
ㄷ. 소로의 세금 납부 거부
ㄹ. 간디의 소금법 폐지 행진

① ㄱ, ㄴ ② ㄱ, ㄷ
③ ㄴ, ㄹ ④ ㄷ, ㄹ

18 다음에서 소개하는 윤리 사상가는?

◆ 도덕 인물 카드 ◆
- 영국의 철학자로 공리주의를 주장함.
- '최대 다수의 최대 행복'을 도덕 원리로 제시함.
- 저서 : 『도덕과 입법의 원리 서설』

① 레건
② 벤담
③ 아퀴나스
④ 매킨타이어

19 다음 설명에 해당하는 권리는?

정보 주체가 온라인상에서 개인이 원하지 않는 자신의 정보에 대해 삭제 또는 확산 방지를 요구할 수 있는 권리를 의미한다.

① 알 권리
② 공유 권리
③ 상속 권리
④ 잊힐 권리

20 다음 설명에 해당하는 이상 사회는?

- 공자가 제시한 모두가 더불어 잘 사는 사회
- 인륜(人倫)이 실현된 사회로서 누구에게나 기본적인 삶이 보장되는 도덕 공동체

① 공산 사회
② 소국과민
③ 대동 사회
④ 철인 통치 국가

21 그림 (가)와 (나)에서 주장하는 내용으로 옳은 것은?

(가) 자신의 경제력 내에서 가장 큰 만족을 줄 수 있는 소비를 해야 해.

(나) 노동자의 인권이나 환경 문제 등을 적극적으로 고려하는 소비를 해야 해.

	(가)	(나)
①	합리적 소비	윤리적 소비
②	합리적 소비	과시적 소비
③	윤리적 소비	합리적 소비
④	윤리적 소비	과시적 소비

22 불교의 죽음관으로 가장 적절한 것은?

① 죽음 이후의 세계는 존재하지 않는다.
② 죽음을 통해 영혼은 이데아의 세계로 들어간다.
③ 죽음이란 다음 생으로 이어지는 윤회의 한 과정이다.
④ 죽음은 개별 원자로 흩어져 영원히 소멸되는 것이다.

23 다음 설명에 해당하는 직업 윤리는?

- 자신의 직업에 자부심을 가지고 사회적 책임을 다하려는 직업의식
- 자기 일에 긍지를 가지고 평생 전념하거나 한 가지 기술에 정통하려고 노력하는 것

① 장인 정신
② 특권 의식
③ 비판 의식
④ 관용 정신

2022년 2회

24 다음은 서술형 평가 문제와 학생 답안이다. 밑줄 친 ㉠~㉢ 중 옳지 <u>않은</u> 것은?

> 문제 : 국제 관계를 바라보는 관점에 대해서 서술하시오.
>
> 〈답안〉
>   현실주의는 ㉠ 국가가 자국의 이익을 최우선적으로 추구한다고 보기 때문에 ㉡ 국가 간의 힘의 논리를 통한 세력 균형보다 소통과 대화를 중시한다. 반면에 이상주의는 ㉢ 국가가 이성적이고 합리적 행동이 가능하다고 보기 때문에 ㉣ 국제법, 국제 규범 등을 통한 국제 분쟁의 방지를 강조한다.

① ㉠   ② ㉡

③ ㉢   ④ ㉣

25 공직자가 지녀야 할 바람직한 자세로 옳은 것은?

① 공익보다 사익을 우선시해야 한다.

② 국민을 위한 봉사의 자세를 지녀야 한다.

③ 개인은 재산을 일절 소유하지 말아야 한다.

④ 친한 친구의 개인적인 청탁은 당연히 받아야 한다.

2021년도

제1회

제1교시

국 어

정답 및 해설 572p |

01 다음 대화 상황에 어울리는 속담은?

꼼꼼히 수리해 주셔서 편리하게 사용할 수 있게 되었습니다. 솜씨가 정말 좋으세요.

고객님 말씀 덕분에 제가 더 힘이 납니다. 고객님이 제품을 잘 관리하셔서 수월하게 고칠 수 있었습니다.

① 모기도 모이면 천둥소리 난다.
② 사촌이 땅을 사면 배가 아프다.
③ 털어서 먼지 안 나는 사람 없다.
④ 가는 말이 고와야 오는 말이 곱다.

02 다음 대화에서 '소윤'의 말하기 태도에 나타난 문제점은?

은영 : 지난번 너의 말에 상처를 받았어.
소윤 : (기분 나쁜 표정으로) 미안해. 내가 잘못했다고 치자.
은영 : (화난 목소리로) 너 그렇게밖에 말 못하니?

① 진정성 없는 사과를 했다.
② 혼자서만 말을 길게 했다.
③ 지나친 비속어를 사용했다.
④ 과도한 줄임말을 사용했다.

03 다음 〈표준 발음법〉 규정에 따라 발음하지 않는 것은?

표준 발음법

[제24항] 어간 받침 'ㄴ(ㄵ), ㅁ(ㄻ)' 뒤에 결합되는 어미의 첫소리 'ㄱ, ㄷ, ㅅ, ㅈ'은 된소리로 발음한다.

① 의자에 앉지 마시오.
② 아빠가 아기를 안고 있다.
③ 짐을 옮기고 이곳에 모여라.
④ 머리를 감고서 세수를 했다.

04 밑줄 친 부분 중 피동 표현이 아닌 것은?

① 불길이 바로 잡혔다.
② 막냇동생의 신발 끈이 풀렸다.
③ 철수가 다친 친구를 등에 업었다.
④ 그림을 그릴 때에는 붓이 사용된다.

05 높임 표현이 잘못 사용된 문장은?

① (기자가 시민에게) 잠시 인터뷰하실 시간 있으세요?
② (점원이 손님에게) 여기 주문하신 음료 나오셨습니다.
③ (엄마가 아들에게) 할머니를 모시고 병원에 다녀오렴.
④ (형이 동생에게) 아버지께서 요즘 고민이 있으신 것 같아.

06 다음 ㉠~㉣에 나타난 중세 국어의 특징으로 적절하지 <u>않은</u> 것은?

> **[훈민정음 언해]**
> ㉠ 나·랏:말ᄊᆞ·미中듕國·귁·에달·아文문字·쫑·와·로서르ᄉᆞᄆᆞᆺ·디아·니ᄒᆞᆯ·씨·이런젼·ᄎᆞ·로어·린百·ᄇᆡᆨ姓·셩·이니르·고·져 ㉡·ᅟᅵᆯ·ᄒᆞᆯ·배이·셔·도ᄆᆞ·ᄎᆞᆷ:내제 ㉢·ᄠᅳ·들시·러펴·디:몯ᄒᆞᇙ ㉣·노·미하·니·라
> ─「월인석보(月印釋譜)」─

① ㉠ : 방점을 사용하여 소리의 높낮이를 표시하였다.
② ㉡ : 'ㆆ'이 표기에 사용되었다.
③ ㉢ : 어두 자음군이 존재하였다.
④ ㉣ : 끊어 적기로 표기하였다.

07 다음 개요의 ㉠에 들어갈 내용으로 가장 적절한 것은?

> **주제문** : 온라인 공간에서 '잊힐 권리'를 법적으로 허용하자.
> Ⅰ. 서론 : 온라인 공간에서의 무분별한 개인 정보 노출 실태
> Ⅱ. 본론 : '잊힐 권리'를 법적으로 허용해야 하는 이유
> 　1. 개인이 일일이 정보를 삭제하기 힘들다.
> 　2. 정보가 한번 유출되면 회수하기가 어렵다.
> 　3. ㉠
> Ⅲ. 결론 : 온라인 공간에서 '잊힐 권리'의 법적 허용 촉구

① 정보에 대한 개인의 판단을 억압한다.
② 지나친 정보의 통제로 '알 권리'가 침해된다.
③ 공공의 이익을 위한 정보까지 삭제될 수 있다.
④ 개인 정보의 지속적 노출이 정신적 피해를 준다.

08 다음 글에서 ㉠~㉣을 고쳐 쓰기 위한 방안으로 적절하지 <u>않은</u> 것은?

> 칭찬의 대화란 상대방의 좋은 점을 일컬어 기리기 위한 대화를 뜻한다. ㉠ 남에 칭찬하면 자신도 즐겁고 상대방도 즐거워한다. 또한 칭찬은 삶의 ㉡ 활력소로 기능을 한다. ㉢ 강도 높은 거절을 '거부'라고 한다. 칭찬에 인색하지 않고 칭찬을 ㉣ 효과적으로 잘 할 줄 아는 사람은 많은 사람들의 사랑과 존경을 받는다.

① ㉠ : 잘못된 조사 사용이므로 '남을'로 바꾼다.
② ㉡ : 맞춤법에 어긋난 표현이므로 '활력소'로 고친다.
③ ㉢ : 글의 흐름과 상관없는 내용이므로 삭제한다.
④ ㉣ : 적절한 단어 사용이 아니므로 '권위적'으로 수정한다.

[09~11] 다음 글을 읽고 물음에 답하시오.

> ㉠ 눈은 살아 있다
> 떨어진 눈은 살아 있다
> ㉡ 마당 위에 떨어진 눈은 살아 있다
>
> 기침을 하자
> 젊은 시인(詩人)이여 기침을 하자
> 눈 위에 대고 기침을 하자
> 눈더러 보라고 마음 놓고 마음 놓고
> 기침을 하자
>
> 눈은 살아 있다
> ㉢ 죽음을 잊어버린 영혼(靈魂)과 육체(肉體)를 위
> 하여
> 눈은 새벽이 지나도록 살아 있다
>
> 기침을 하자
> 젊은 시인(詩人)이여 기침을 하자
> 눈을 바라보며
> 밤새도록 고인 가슴의 ㉣ 가래라도
> 마음껏 뱉자
>
> – 김수영, 「눈」 –

09 윗글의 표현상 특징으로 가장 적절한 것은?

① 시구를 반복하여 시적 의미를 강조하고 있다.
② 설의적 표현을 사용하여 독자의 공감을 유
　도하고 있다.
③ 문장을 명사형으로 종결하여 시적 대상에
　주목하게 한다.
④ 미각적 심상을 사용하여 주제를 생생하게
　표현하고 있다.

10 ㉠~㉣ 중 '순수한 생명력을 지닌 존재'를 표현
한 시어는?

① ㉠　　　　　　　② ㉡
③ ㉢　　　　　　　④ ㉣

11 다음 설명을 참고할 때 화자가 추구하는 삶의
모습과 가장 가까운 것은?

> 시인은 4·19 혁명을 계기로 현실 비판 의
> 식을 바탕으로 한 참여시를 발표하였다.

① 현실에 만족하는 삶
② 불의에 저항하는 삶
③ 육체적 건강을 유지하는 삶
④ 자연을 관찰하고 즐기는 삶

[12~14] 다음 글을 읽고 물음에 답하시오.

[앞부분의 줄거리] 공사판을 떠돌아다니며 일을 하던 영달은 우연히 정 씨를 만난다. 두 사람은 삼포로 가는 기차를 타러 역으로 가던 중 일하던 곳에서 도망친 백화를 만나 함께 기차역에 가게 된다.

대합실에서 정 씨가 영달이를 한쪽으로 끌고 가서 속삭였다.

"여비 있소?"

"빠듯이 됩니다. 비상금이 한 천 원쯤 있으니까."

㉠ "어디루 가려오?"

"일자리 있는 데면 어디든지……."

스피커에서 안내하는 소리가 웅얼대고 있었다. 정 씨는 대합실 나무 의자에 피곤하게 기대어 앉은 백화 쪽을 힐끗 보고 나서 말했다.

"같이 가시지. 내 보기엔 좋은 여자 같군."

"그런 거 같아요."

㉡ "또 알우? 인연이 닿아서 말뚝 박구 살게 될지. 이런 때 아주 뜨내기 신셀 청산해야지."

영달이는 시무룩해져서 역사 밖을 멍하니 내다보았다. 백화는 뭔가 쑤군대고 있는 두 사내를 불안한 듯이 지켜보고 있었다.

영달이가 말했다.

㉢ "어디 능력이 있어야죠."

"삼포엘 같이 가실라우?"

"어쨌든……."

영달이가 뒷주머니에서 꼬깃꼬깃한 오백 원짜리 두 장을 꺼냈다.

"저 여잘 보냅시다."

영달이는 표를 사고 빵 두 개와 찐 달걀을 샀다. 백화에게 그는 말했다.

"우린 뒤차를 탈 텐데……. 잘 가슈."

영달이가 내민 것들을 받아 쥔 백화의 눈이 붉게 충혈되었다. 그 여자는 더듬거리며 물었다.

"아무도…… 안 가나요?"

㉣ "우린 삼포루 갑니다. 거긴 내 고향이오."

영달이 대신 정 씨가 말했다. 사람들이 개찰구로 나가고 있었다. 백화가 보퉁이를 들고 일어섰다.

"정말, 잊어버리지…… 않을게요."

백화는 개찰구로 가다가 다시 돌아왔다. 돌아온 백화는 눈이 젖은 채로 웃고 있었다.

(가)

"내 이름 백화가 아니에요. 본명은요…… 이점례예요."

여자는 개찰구로 뛰어나갔다. 잠시 후에 기차가 떠났다.

– 황석영, 「삼포 가는 길」 –

12 윗글에 대한 설명으로 적절한 것은?

① 대화를 통해 인물들이 처한 상황을 나타내고 있다.

② 외양 묘사를 통해 영웅적 인물의 모습을 표현하고 있다.

③ 비현실적인 소재를 통해 현실 극복 의지를 드러내고 있다.

④ 작품 안 서술자를 통해 서로 불신하는 현실을 비판하고 있다.

13 ㉠~㉣ 중 '정 씨'의 말이 아닌 것은?

① ㉠ ② ㉡

③ ㉢ ④ ㉣

14 윗글의 [가]에 나타난 '백화'의 심정으로 가장 적절한 것은?

① 기차역을 떠나게 되어 억울해 하고 있다.

② 두 사람과 헤어지는 것을 아쉬워하고 있다.

③ 기차가 아직 도착하지 않아 언짢아하고 있다.

④ 이름을 속인 것을 들키지 않아 안도하고 있다.

[15~16] 다음 글을 읽고 물음에 답하시오.

내 버디 멋치나 ᄒ니 수석(水石)과 송죽(松竹)이라
동산(東山)의 ᄃᆞᆯ 오르니 긔 더옥 반갑고야
두어라 이 다숫 밧긔 또 더ᄒᆞ야 머엇ᄒᆞ리 (제1수)

㉠ 구룸 빗치 조타 ᄒ나 검기를 ᄌᆞ로¹⁾ ᄒᆞᆫ다
㉡ ᄇ람 소리 몱다 ᄒ나 그칠 적이 하노매라²⁾
조코도 그츨 뉘³⁾ 업기는 ㉢ 믈뿐인가 ᄒᆞ노라
(제2수)

더우면 곳 픠고 치우면 ㉣ 닙 디거ᄂᆞᆯ
솔아 너ᄂᆞᆫ 얻디 눈 서리를 모ᄅᆞᆫ다
구천(九泉)⁴⁾의 불희⁵⁾ 고ᄃᆞᆫ 줄을 글로 ᄒᆞ야 아노라
(제4수)

– 윤선도, 「오우가(五友歌)」 –

_____

1) ᄌᆞ로 : 자주.
2) 하노매라 : 많구나.
3) 뉘 : 세상이나 때.
4) 구천 : 땅속 깊은 밑바닥.
5) 불희 : 뿌리가.

15 윗글에 대한 설명으로 가장 적절한 것은?

① 후렴구를 유사하게 반복하고 있다.
② 종장의 첫 음보를 3음절로 맞추고 있다.
③ '기-승-전-결'의 4단 구조로 내용을 전개하고 있다.
④ 3·3·2조를 기본으로 한 3음보 율격을 사용하고 있다.

16 ㉠~㉣ 중 다음에서 설명하는 자연물로 적절한 것은?

> 이 작품은 자연물에서 사대부들이 추구하던 윤리적 가치를 발견하고 이들을 예찬하는 마음을 노래하고 있다.

① ㉠ ② ㉡
③ ㉢ ④ ㉣

[17~19] 다음 글을 읽고 물음에 답하시오.

수오재(守吾齋), 즉 '나를 지키는 집'은 큰형님이 자신의 서재에 붙인 이름이다. 나는 처음 그 이름을 보고 의아하게 여기며, "나와 단단히 맺어져 서로 떠날 수 없기로는 '나'보다 더한 게 없다. 비록 지키지 않는다 한들 '나'가 어디로 갈 것인가. 이상한 이름이다."라고 생각했다.

장기로 귀양 온 이후 나는 홀로 지내며 생각이 깊어졌는데, 어느 날 갑자기 이러한 의문점에 대해 환히 깨달을 수 있었다. 나는 벌떡 일어나 다음과 같이 말했다.

(가)
천하 만물 중에 지켜야 할 것은 오직 ㉠ '나'뿐이다. 내 밭을 지고 도망갈 사람이 있겠는가? 그러니 밭은 지킬 필요가 없다. ㉡ 내 집을 지고 달아날 사람이 있겠는가? 그러니 집은 지킬 필요가 없다. 내 동산의 ㉢ 꽃나무와 과실나무들을 뽑아 갈 수 있겠는가? 나무뿌리는 땅속 깊이 박혀 있다. 내 책을 훔쳐 가서 없애 버릴 수 있겠는가? ㉣ 성현(聖賢)의 경전은 세상에 널리 퍼져 물과 불처럼 흔한데 누가 능히 없앨 수 있겠는가. 내 옷과 양식을 도둑질하여 나를 궁색하게 만들 수 있겠는가? 천하의 실이 모두

내 옷이 될 수 있고, 천하의 곡식이 모두 내 양식이 될 수 있다. 도둑이 비록 훔쳐 간다 한들 하나둘에 불과할 터, 천하의 모든 옷과 곡식을 다 없앨 수는 없다. 따라서 천하 만물 중에 꼭 지켜야만 하는 것은 없다.

그러나 유독 이 '나'라는 것은 그 성품이 달아나기를 잘하며 출입이 무상하다. 아주 친밀하게 붙어 있어 서로 배반하지 못할 것 같지만 잠시라도 살피지 않으면 어느 곳이든 가지 않는 곳이 없다. 이익으로 유혹하면 떠나가고, 위험과 재앙으로 겁을 주면 떠나가며, 질탕한 음악 소리만 들어도 떠나가고, 미인의 예쁜 얼굴과 요염한 자태만 보아도 떠나간다. 그런데 한번 떠나가면 돌아올 줄 몰라 붙잡아 만류할 수 없다. 그러므로 천하 만물 중에 잃어버리기 쉬운 것으로는 '나'보다 더한 것이 없다. 그러니 꽁꽁 묶고 자물쇠로 잠가 '나'를 굳게 지켜야 하지 않겠는가?

– 정약용, 「수오재기(守吾齋記)」 –

17 윗글의 갈래에 대한 설명으로 적절한 것은?

① 행과 연으로 내용을 구분하고 있다.

② 글쓴이의 경험과 깨달음을 전달한다.

③ 등장인물, 대사, 행동이 주된 구성 요소이다.

④ 현실을 반영하여 있을 법한 이야기를 꾸며 낸다.

18 [가]의 내용을 고려할 때 ㉠~㉣ 중 성격이 다른 하나는?

① ㉠   ② ㉡

③ ㉢   ④ ㉣

19 윗글에 드러난 글쓴이의 주된 관점으로 가장 적절한 것은?

① '나'는 나와 맺어져 있어 떠날 수 없다.

② 천하엔 '나'보다 지켜야 할 소중한 것이 많다.

③ 나는 '나'와 타인을 위해서 독서를 해야 한다.

④ 나는 '나'를 잃어버리지 않게 잘 지켜야 한다.

[20~22] 다음 글을 읽고 물음에 답하시오.

미세 플라스틱이 사람들의 눈길을 ㉠ 끌기 시작한 것은 오래되지 않았다. 불과 십몇 년 전까지만 해도 사람들은 버려진 그물에 걸리거나 떠다니는 비닐봉지를 먹이로 잘못 알고 삼켰다가 죽은 해양 생물의 불행에만 주로 관심이 있었다. 그러다 2004년 세계적인 권위를 지닌 과학 잡지 『사이언스』에 영국 플리머스 대학의 리처드 톰슨 교수가 바닷속 미세 플라스틱이 1960년대 이후 계속 증가해 왔다는 내용의 논문을 발표했다. 그 후로 미세 플라스틱이 해양 생태계에 끼치는 영향을 규명하려는 후속 연구들이 이어졌다.

해양 생물들이 플라스틱 조각을 먹이로 알고 먹으면, 포만감을 주어 영양 섭취를 저해하거나 장기의 좁은 부분에 걸려 문제를 일으킬 수 있다. 또한 플라스틱은 제조 과정에서 첨가된 잔류성 유기 오염 물질을 포함하고 있으며 바다로 흘러들어 간 후에는 물속에 녹아 있는 다른 유해 물질까지 끌어당긴다. 미세 플라스틱을 먹이로 착각하고 먹은 플랑크톤을 작은 물고기가 섭취하고, 작은 물고기를 다시 큰 물고기가 섭취하는 먹이 사슬 과정에서 농축된 미세 플라스틱의 독성 물질은 해양 생물의 생식력을 떨어뜨릴 수 있다.

미세 플라스틱은 인간에게도 위협이 될 수 있다. 한국 해양 과학 기술원의 실험 결과, 양식장 부표로 사용하는 발포 스티렌은 나노(10억분의 1) 크기까지 쪼개지는 것으로 확인되었다. 나노입자는 생체의 주요 장기는 물론 뇌 속까지 침투할 수 있는 것으로 알려져 있다. 내장을 제거하지 않고 통째로 먹는 작은 물고기나 조개류를 즐기는 이들은 수산물의 체내에서 미처 배출되지 못한 미세 플라스틱을 함께 섭취할 위험이 높아지는 셈이다.

– 김정수, 「바닷속 미세 플라스틱의 위협」 –

20 윗글의 서술 방식으로 가장 적절한 것은?

① 미세 플라스틱의 장단점을 비교하고 있다.
② 미세 플라스틱의 위협에 대한 해결책을 나열하고 있다.
③ 미세 플라스틱의 제조 과정을 순차적으로 제시하고 있다.
④ 미세 플라스틱 증가를 뒷받침하는 정보의 출처를 밝히고 있다.

21 윗글의 내용과 일치하지 않는 것은?

① 미세 플라스틱에 대해 사람들이 관심을 가지기 시작한 것은 오래되지 않았다.
② 플라스틱이 바다로 흘러들어 간 후에는 물속에 녹아 있는 유해 물질을 끌어당긴다.
③ 미세 플라스틱에 오염된 해양 생물을 인간이 섭취해도 유해 물질은 모두 몸 밖으로 배출된다.
④ 먹이 사슬 과정에서 미세 플라스틱에 농축된 독성 물질은 해양 생물의 생식력을 떨어뜨릴 수 있다.

22 밑줄 친 부분이 ㉠과 같은 의미로 쓰인 것은?

① 상자가 무거워 들거나 끌기 힘들다.
② 이 제품의 디자인은 관심을 끌기 힘들다.
③ 눈이 많이 내려서 자동차를 끌기 힘들다.
④ 더 이상 할 얘기가 없어 시간을 끌기 힘들다.

[23~25] 다음 글을 읽고 물음에 답하시오.

"어떻게 살 것인가?"라는 질문에 쉽게 답을 내릴 수 있는 사람은 없습니다. 그래서 저는 이 무거운 질문을 "어떤 삶을 살고 싶은가?"로 살짝 바꾸어 보았습니다. 그랬더니 "오늘 저녁에 뭐 먹을까?"라는 질문처럼 조금 가볍게 느껴지더군요. 이 질문에 대해서 여러분마다 각자 ㉠ 추구하는 바가 있을 텐데요. 저는 그 답을 여러 심리학자의 연구를 바탕으로 세 가지로 정리했습니다.

첫 번째는 '신나게 살기'입니다. 재미있는 삶, 지루하지 않은 삶, 즐거운 삶을 사는 것이지요. 노벨상을 받은 사람들의 공통점은 ㉡ 심오하고 심각해서 ㉢ 접근하기 어려운 사람인 줄 알았는데 알고 보니 모두 재미있는 사람이더라는 것입니다. 우리가 꿈꾸는 삶 중에 하나는 죽는 순간까지 장난기를 잃지 않는 것입니다.

두 번째는 '의미 있게 살기'입니다. 가치 있는 삶, 헌신하는 삶, 목적이 이끄는 삶을 사는 것이지요. 남아프리카 공화국 최초의 흑인 대통령이자 인권 운동가였던 넬슨 만델라는 "인생의 가장 큰 영광은 넘어지지 않는 게 아니라 넘어질 때마다 다시 일어난 것에 있다."라고 했습니다. 감각적인 즐거움은 덜하더라도 ㉣ 원대한 목표를 위해 헌신하는 것 또한 매우 의미 있는 삶이 될 것입니다.

세 번째 삶의 형태는 '몰두하며 살기'입니다. 자신이 좋아하고 잘하고 의미 있는 일에 미친 듯이 몰두하는 것이지요. 물론 하루 스물네 시간을 그렇게 살라는 게 아닙니다. 그렇게 살아서도 안 되고요. 다만 가끔 무언가에 미친 듯이 몰두하는 경험은 우리의 삶을 좀 더 긍정적인 방향으로 안내합니다.

– 최인철, 「행복은 몸에 있다」 –

23 윗글의 내용 전개 방식으로 가장 적절한 것은?

① 시간적 순서에 따라 내용을 서술하고 있다.
② 질문에 대한 답을 세 가지로 나누어 제시하고 있다.
③ 대상의 차이점을 중심으로 그 특성을 제시하고 있다.
④ 서로 다른 관점을 절충하여 새로운 이론을 제시하고 있다.

24 ㉠~㉣의 뜻풀이로 적절하지 않은 것은?

① ㉠ : 목적을 이룰 때까지 뒤쫓아 구하는
② ㉡ : 사상이나 이론 따위가 깊이가 있으며 오묘하고
③ ㉢ : 어떤 기준점에서 멀어지기
④ ㉣ : 계획이나 희망 따위의 장래성과 규모가 큰

25 윗글에서 알 수 있는 내용이 아닌 것은?

① "어떻게 살 것인가?"의 답을 찾기란 쉽지 않다.
② 장난기를 잃지 않고 사는 것은 신나게 사는 것이다.
③ 감각적인 즐거움만을 위해 사는 삶은 의미 있는 삶이다.
④ 몰두하는 경험은 우리의 삶을 긍정적으로 이끈다.

제2교시

수 학

정답 및 해설 576p |

01 두 다항식 $A=x^2+1$, $B=x+2$에 대하여 $A+B$는?

① x^2+1 ② x^2+x

③ x^2-x-1 ④ x^2+x+3

02 등식 $x^2+ax+2=x^2+3x+b$가 x에 대한 항등식일 때, 두 상수 a, b에 대하여 $a+b$의 값은?

① 3   ② 5

③ 7   ④ 9

03 다항식 $2x^2+4x-3$을 $(x-1)$로 나누었을 때, 나머지는?

① 1   ② 3

③ 5   ④ 7

04 다항식 x^3-2^3을 인수분해한 식이 $(x-a)(x^2+2x+4)$일 때, 상수 a의 값은?

① 2   ② 4

③ 6   ④ 8

05 다음 등식을 만족시키는 실수 x, y의 값은? (단, $i=\sqrt{-1}$)

$$(x-2)+yi=1+4i$$

① $x=1$, $y=1$ ② $x=1$, $y=4$

③ $x=3$, $y=1$ ④ $x=3$, $y=4$

06 이차방정식 $x^2-3x+2=0$의 두 근을 α, β라고 할 때, $\alpha\beta$의 값은?

① -2 ② -1

③ 1   ④ 2

07 $-1 \leq x \leq 2$일 때, 이차함수 $y = -x^2 + 5$의 최댓값은?

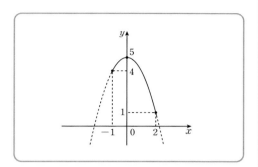

① 1   ② 3
③ 5   ④ 7

08 삼차방정식 $x^3 - 2x^2 + ax + 4 = 0$의 한 근이 2일 때, 상수 a의 값은?

① -2 ② 0
③ 2   ④ 4

09 연립부등식 $\begin{cases} 3x > 6 \\ x < 10 - x \end{cases}$의 해가 $2 < x < a$일 때, 상수 a의 값은?

① 5   ② 6
③ 7   ④ 8

10 부등식 $|x + 1| \leq 2$의 해를 수직선 위에 나타낸 것이 그림과 같을 때, 상수 a의 값은?

① 1   ② 2
③ 3   ④ 4

11 좌표평면 위의 두 점 $A(-1, 2)$, $B(1, 4)$ 사이의 거리는?

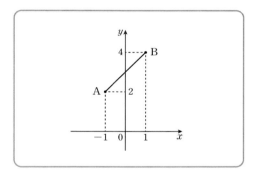

① $\sqrt{5}$ ② $\sqrt{6}$
③ $\sqrt{7}$ ④ $2\sqrt{2}$

12 직선 $y = x + 1$에 수직이고, 점 $(0, 2)$를 지나는 직선의 방정식은?

① $y = -x + 1$ ② $y = -x + 2$
③ $y = \frac{1}{2}x + 1$ ④ $y = \frac{1}{2}x + 2$

13 중심이 $(-2, 1)$이고 원점을 지나는 원의 방정식은?

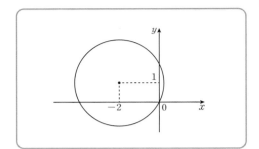

① $(x-1)^2+(y-2)^2=5$

② $(x-1)^2+(y+2)^2=5$

③ $(x+2)^2+(y-1)^2=5$

④ $(x+2)^2+(y+1)^2=5$

14 좌표평면 위의 점 $(2, 1)$을 x축의 방향으로 -2만큼, y축의 방향으로 2만큼 평행이동한 점의 좌표는?

① $(0, 1)$　　　　② $(0, 3)$

③ $(2, 1)$　　　　④ $(2, 3)$

15 두 집합 $A=\{1, 3, 4\}$, $B=\{2, 4, 5\}$에 대하여 $n(A\cup B)$의 값은?

① 3　　　　② 4

③ 5　　　　④ 6

16 명제 '$x=2$이면 $x^2=4$이다.'의 대우는?

① $x=2$이면 $x^2\neq4$이다.

② $x\neq2$이면 $x^2=4$이다.

③ $x^2\neq4$이면 $x=2$이다.

④ $x^2\neq4$이면 $x\neq2$이다.

17 두 함수 $f: X{\to}Y$, $g: Y \to Z$가 그림과 같을 때, $(g\circ f)(2)$의 값은?

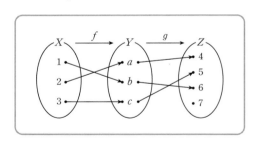

① 4　　　　② 5

③ 6　　　　④ 7

18 무리함수 $y=\sqrt{x-1}+a$의 그래프가 그림과 같을 때, 상수 a의 값은?

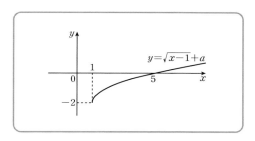

① -2 　　　② 0

③ 2 　　　　④ 4

19 그림과 같이 3장의 글자 카드가 있다. 이 중에서 서로 다른 2장의 카드를 택하여 일렬로 나열하는 경우의 수는?

① 4 　　　② 6

③ 8 　　　④ 10

20 그림과 같이 4개의 민속놀이가 있다. 이 중에서 서로 다른 2개의 민속놀이를 선택하는 경우의 수는?

① 2 　　　② 4

③ 6 　　　④ 8

263

제3교시

영 어

정답 및 해설 579p |

[01~03] 다음 밑줄 친 부분의 뜻으로 가장 적절한 것을 고르시오.

01

I can help you <u>decorate</u> the house with flowers.

① 구하다   ② 꾸미다
③ 나누다   ④ 옮기다

02

It is so kind of you to <u>take care of</u> my cat.

① 돌보다   ② 미루다
③ 여행하다   ④ 의지하다

03

<u>In fact</u>, the smartphone has replaced the computer in many ways.

① 갑자기   ② 다행히
③ 사실상   ④ 처음에

04 다음 밑줄 친 두 단어의 의미 관계와 <u>다른</u> 것은?

Even though it's <u>dark</u> outside, our house is <u>bright</u>.

① equal − same
② hard − soft
③ positive − negative
④ wide − narrow

05 다음 전시회 안내문에서 언급되지 <u>않은</u> 것은?

Art Exhibition

Date : November 12th−25th
Time : 10 a.m.−6 p.m.
Place : Central Art Museum
Tickets : Adults $ 15, Students $ 10
We are closed on Tuesdays.

① 전시 기간   ② 환불 규정
③ 티켓 가격   ④ 휴관일

[06~08] 다음 빈칸에 공통으로 들어갈 말로 가장 적절한 것을 고르시오.

06

- I go for a _____ every morning.
- His parents _____ a small coffee shop.

① carry   ② have
③ matter   ④ run

07

- I have a friend _____ lives in America.
- Dad, _____ won the tennis match last night?

① how   ② what
③ when   ④ who

08

- There are large trees _____ front of the house.
- Many people are interested _____ South Korea.

① at   ② for
③ in   ④ to

09 다음 대화에서 밑줄 친 표현의 의미로 가장 적절한 것은?

A : Did you know that today is Children's Day?
B : Yeah. I can't believe that it's May already.
A : It seems like just yesterday that we celebrated New Year's Day.
B : I know. My mom says to value every moment because <u>time flies like an arrow</u>.

① 세 살 버릇 여든까지 간다.
② 시간은 쏜살같이 지나간다.
③ 뜻이 있는 곳에 길이 있다.
④ 욕심이 지나치면 화가 된다.

10 다음 대화에서 알 수 있는 B의 심정으로 가장 적절한 것은?

A : How are you feeling today?
B : I'm so happy. I feel on top of the world!
A : That's great. What happened?
B : I just saw my favorite singer in person!

① 섭섭하다   ② 속상하다
③ 외롭다   ④ 행복하다

11 다음 대화가 이루어지는 장소로 가장 적절한 것은?

> A : Hello. I'd like to check out these books.
> B : Okay. Are you going to borrow all three of them?
> A : Well, now that I think about it, I only need these two.
> B : No problem.

① 도서관　　　　② 세탁소
③ 약국　　　　　④ 은행

12 다음 글에서 밑줄 친 It이 가리키는 것으로 가장 적절한 것은?

> All animals and plants depend on water to live. Our body is about 60 to 70 percent water. We can go weeks without food. But without water, we would die in a few days. It is very important for our lives.

① animal　　　　② body
③ plant　　　　　④ water

[13~14] 다음 대화의 빈칸에 들어갈 말로 가장 적절한 것을 고르시오.

13

> A : Everything on the menu looks so delicious!
> B : Yeah. This is one of my favorite restaurants.
> A : Great! _____?
> B : How about the spaghetti with cream sauce? It's one of their best dishes.

① Can you recommend a dish for me

② What is your favorite restaurant

③ Why do you like Italian fashion

④ Have you ever been to Italy

14

> A : _____?
> B : It's because we have to save the environment.

① Why do we have to recycle

② How long have you lived here

③ What does your luggage look like

④ When was the best moment of your life

15 다음 대화의 주제로 가장 적절한 것은?

> A : I think writing by hand has many advantages.
> B : Really? Like what?
> A : For one, it helps us memorize things.
> B : I can see that. What else?
> A : It can also add a personal touch to a letter.

① 암기의 중요성
② 손으로 쓰기의 장점
③ 편지지 고르는 방법
④ 논리적 사고의 필요성

16 다음 글을 쓴 목적으로 가장 적절한 것은?

> I'm writing this email to say sorry to you because of what I did the last couple of days. I thought you and Jessica were ignoring me on purpose, so I treated you unkindly. Now I know I have misunderstood you. I want to say I'm really sorry.

① 거절하려고   ② 문의하려고
③ 사과하려고   ④ 소개하려고

17 다음 관광 안내문의 내용과 일치하지 <u>않는</u> 것은?

> **Saturday Tour to Tongyeong**
>
> What you will do :
> • ride a cable car on Mireuksan
> • visit the undersea tunnel and Jungang Market
> Lunch is provided.
> You must reserve the tour by Thursday.

① 케이블카를 탄다.
② 해저 터널과 시장을 방문한다.
③ 점심은 각자 준비한다.
④ 목요일까지 관광 예약을 해야 한다.

18 다음 Lascaux 동굴에 대한 설명과 일치하지 <u>않는</u> 것은?

> The Lascaux cave is located in southwestern France. It contains ancient paintings of large animals. No one knew about the cave until 1940. Four teenagers accidentally discovered it while running after their dog. In 1963, in order to preserve the paintings, the cave was closed to the public.

① 프랑스 남서부에 있다.
② 커다란 동물의 그림이 있다.
③ 십대 청소년 네 명이 발견하였다.
④ 1963년에 대중에게 개방되었다.

19 다음 글의 주제로 가장 적절한 것은?

Walking can be just as beneficial to your health as more intense exercise. A physical benefit of walking is that it can reduce body fat. It also has a mental health benefit because it can help reduce stress. So get up and walk!

① 걷기의 장점
② 부상 예방 방법
③ 스트레스의 위험
④ 운동 시 주의 사항

[20~21] 다음 글의 빈칸에 들어갈 말로 가장 적절한 것을 고르시오.

20

Cars should be able to endure the strong impact that they receive when they crash into another car or object. Thus, the bodies of cars are designed to absorb heavy shocks. The goal is to _____ drivers and passengers in case of serious car accidents.

① describe
② encourage
③ increase
④ protect

21

Soft drink companies attract consumers by adding bright colors to their products. Most of these colors, however, are not _____. They are man-made. For example, the artificial color Yellow No. 6, used in some pineapple juices, adds nothing to the taste. It is just there to make the drink look pretty.

① convenient
② frightened
③ innovative
④ natural

22 글의 흐름으로 보아 다음 문장이 들어가기에 가장 적절한 곳은?

However, I think science does us more good than harm.

Some people argue that science can be dangerous. (①) They say the atomic bomb is the perfect example of the dangers of science. (②) For instance, science helps make better medicine. (③) It definitely improves the quality of our lives. (④) I believe that science will continue to make a better world for us.

23 다음 글의 바로 뒤에 이어질 내용으로 가장 적절한 것은?

> If you go to South Africa or Madagascar, you can see huge and strange-looking trees, called baobobs. Known as "upside-down trees," their branches look like their roots are spreading towards the sky. Why do you think the baobob tree has this unique shape? Let's find out.

① 바오바브나무의 유익한 성분
② 바오바브나무를 재배하는 방법
③ 바오바브나무의 모습이 특이한 이유
④ 바오바브나무가 생태계에 미치는 영향

[24~25] 다음 글을 읽고 물음에 답하시오.

> Do you know how to invent new things? A good method is inventing by addition. This means inventing something by adding a new element to something that already exists. _____, Hyman Lipman became a great U.S. inventor by attaching an eraser to the top of a pencil. Now that you know how to invent something, try to make an invention.

24 윗글의 빈칸에 들어갈 말로 가장 적절한 것은?

① For example   ② Instead
③ In contrast   ④ Nevertheless

25 윗글의 주제로 가장 적절한 것은?

① 전기 자동차의 미래
② 체중 조절에 대한 조언
③ 새로운 것을 발명하는 방법
④ 좋은 학용품을 사용하는 이유

2021년 1회

제4교시

사 회

정답 및 해설 584p |

01 다음에서 설명하는 것은?

> • 공정한 분배의 기준이 되며 옳음, 공정성, 공평성 등과 유사한 의미를 가지고 있다.
> • '같은 것은 같게, 다른 것은 다르게 대우하는 것', '각자에게 각자의 몫을 주는 것' 등으로 표현된다.

① 소비   ② 정의

③ 종교   ④ 통일

02 행복한 삶을 위한 조건으로 적절하지 <u>않은</u> 것은?

① 질 높은 정주 환경
② 시민 참여가 제한된 사회
③ 삶의 질을 유지할 수 있는 경제적 안정
④ 바람직한 삶에 대한 성찰을 바탕으로 한 도덕적 실천

03 다음에서 설명하는 것은?

> 시간의 흐름에 따라 변해 가는 삶의 모습을 단계별로 나타낸 것으로, 각 단계에는 달성해야 할 과업이 있다.

① 가치 판단   ② 비교 우위

③ 생애 주기   ④ 매몰 비용

04 퀴즈에 대한 정답으로 옳은 것은?

>
> ┌─ 경제 골든벨 ─┐
> 기업 간 자유로운 경쟁을 보장하고 독점 및 불공정 거래에 관한 사안을 심의·의결하기 위해 설립된 우리나라 정부 기관은 무엇일까요?

① 국제 사면 위원회   ② 국가 인권 위원회

③ 공정 거래 위원회   ④ 선거 관리 위원회

05 다음에서 설명하는 것으로 가장 적절한 것은?

> • 한 국가나 사회 안에 서로 다른 문화를 가진 인종이나 민족 등이 함께 살고 있는 사회를 의미한다.
> • 국가 간 인구 이동이 활발해지면서 더욱 심화되어 나타난다.

① 감시 사회   ② 생태 도시

③ 사회 계약설   ④ 다문화 사회

06 우리나라의 사회 복지 제도에 해당하지 <u>않는</u> 것은?

① 담합   ② 공공 부조
③ 사회 보험   ④ 사회 서비스

07 다음에서 설명하는 국제 사회의 행위 주체는?

> 일정한 영역과 국민을 바탕으로 주권을 가진 국제 사회의 가장 기본적이고 대표적인 행위 주체이다.

① 개인   ② 국가
③ 이익 집단   ④ 비정부 기구

08 ㉠~㉢에 들어갈 문화 변동의 요인을 알맞게 짝지은 것은? (단, ㉠~㉢은 각각 발명, 발견, 문화 전파 중 하나이다.)

	㉠	㉡	㉢
①	발견	발명	문화 전파
②	발견	문화 전파	발명
③	문화 전파	발견	발명
④	문화 전파	발명	발견

09 다음 중 금융 자산은?

① 건물   ② 예금
③ 토지   ④ 자동차

10 대화를 통해 알 수 있는 개념으로 가장 적절한 것은?

① 시장 실패   ② 소득 재분배
③ 규모의 경제   ④ 스태그플레이션

11 ㉠에 들어갈 것은?

> 헌법 제37조 제2항
> 국민의 모든 자유와 권리는 국가 안전 보장·질서 유지 또는 공공복리를 위하여 필요한 경우에 한하여 (㉠)(으)로써 제한할 수 있으며, ……

① 관습   ② 규칙
③ 법률   ④ 조례

12 신자유주의에 대한 설명으로 적절한 것을 〈보기〉에서 고른 것은?

〈보기〉

ㄱ. 케인스(Keynes, J. M.)가 지지하였다.
ㄴ. 1930년대 대공황이 발생하면서 등장하였다.
ㄷ. 대표적인 정책으로 복지 축소, 공기업 민영화 등이 있다.
ㄹ. 정부의 지나친 시장 개입을 비판하고 민간의 자유로운 경제 활동을 옹호한다.

① ㄱ, ㄴ   ② ㄱ, ㄷ
③ ㄴ, ㄹ   ④ ㄷ, ㄹ

13 인권에 대한 설명으로 적절하지 않은 것은?

① 보편성, 항구성, 불가침성 등의 특성이 있다.
② 인간으로서 마땅히 누려야 할 기본적 권리이다.
③ 현대 사회에서는 과거에 비해 인권의 영역이 축소되고 있다.
④ 국가의 법으로 보장되기 이전부터 자연적으로 주어진 권리이다.

14 다음과 같은 전통적 생활양식을 볼 수 있는 지역의 기후는?

• 열기와 습기를 피하기 위해 집을 지면에서 띄워 짓는다.
• 토양이 척박하여 주기적으로 이동하며 불을 질러 밭을 만든 후 작물을 재배한다.

① 열대 기후   ② 건조 기후
③ 온대 기후   ④ 한대 기후

15 열섬 현상의 원인으로 옳지 않은 것은?

① 녹지 면적의 증가
② 아스팔트 도로의 증가
③ 콘크리트 건물의 증가
④ 자동차의 배기가스 배출 증가

16 ㉠에 들어갈 것은?

명예 살인과 식인 풍습이 문화로 인정되기 어려운 이유는 무엇인가요? 학생

생명 존중과 같이 시대와 사회를 초원하여 모든 사람이 추구하고 따라야 할 행위의 원칙인 (㉠)을/를 훼손했기 때문이죠. 교사

① 공정 무역   ② 보편 윤리
③ 권력 분립   ④ 외부 효과

17 다음에서 설명하는 것으로 가장 적절한 것은?

> 산업화로 생산 과정의 자동화가 이루어졌지만 이로 인해 인간을 마치 기계의 부속품처럼 여기게 되어 노동에서 얻는 만족감이나 성취감이 약화되는 현상을 의미한다.

① 연고주의
② 인간 소외
③ 공간 불평등
④ 계층의 양극화

18 ㉠에 들어갈 것으로 적절하지 <u>않은</u> 것은?

> 세계화에 따라 지역 간 교류와 협력이 강화되면서 뉴욕, 런던, 도쿄, 파리 등과 같이 전 세계적으로 중심지 역할을 하는 세계 도시들이 등장하였다. 이들 세계 도시는 (㉠) 등이 집중되어 있다.

① 플랜테이션 농장
② 다국적 기업의 본사
③ 생산자 서비스 기능
④ 국제 금융 업무 기능

19 다음에서 설명하는 자원은?

> • 자동차 보급이 확산되면서 수요가 급증하였다.
> • 현재 세계에서 가장 소비량이 많은 에너지 자원이다.

① 풍력
② 석탄
③ 석유
④ 천연가스

20 지도에 표시된 (가) 문화권에 대한 설명으로 옳은 것은?

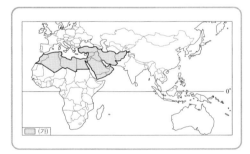

① 한자를 주로 사용한다.
② 크리스트교의 비율이 높다.
③ 계절풍의 영향으로 벼농사가 발달하였다.
④ 전통적으로 유목과 오아시스 농업이 발달하였다.

21 ㉠에 들어갈 것으로 가장 적절한 것은?

> (㉠) 문제 해결 정책
> • 정년 연장
> • 노인 복지 시설 확충
> • 노인 연금 제도

① 고령화   ② 성차별
③ 동물 복지   ④ 환경 오염

22 정보화로 인한 문제점으로 적절하지 <u>않은</u> 것은?

① 사생활 침해   ② 인터넷 중독
③ 개인 정보 유출   ④ 공간적 제약의 완화

23 다음 글에 나타나는 자연에 대한 관점은?

> 바람직한 대지 이용을 오직 경제적 문제로만 생각하지 말라. 윤리적, 심미적으로 무엇이 옳은가의 관점에서 검토하라. 생명 공동체의 통합성과 안정성 그리고 아름다움의 보전에 이바지한다면, 그것은 옳다. 그렇지 않다면 그르다.

레오폴드(Leopold, A.)

① 물질 만능주의   ② 생태 중심주의
③ 수정 자본주의   ④ 인간 중심주의

24 다음에서 설명하는 국제 환경 협약은?

> • 2015년 12월에 195개국이 참여하여 2050년까지 온실가스 배출량을 '0'으로 하겠다는 목표를 설정함.
> • 기후 변화에 따른 피해에 취약한 국가를 돕고자 함.

① 런던 협약   ② 바젤 협약
③ 람사르 협약   ④ 파리 기후 협약

25 세계 시민 의식을 갖춘 사람의 자세로 적절하지 <u>않은</u> 것은?

① 인류의 보편적 가치를 중시한다.
② 세계의 공존과 공익을 추구한다.
③ 문화의 차이를 인정하고 다양성을 존중한다.
④ 이산화 탄소 배출을 증가시켜 탄소 발자국을 늘린다.

제5교시

과 학

정답 및 해설 588p |

01 다음 설명에 해당하는 신소재는?

- 탄소 원자가 육각형 벌집 모양의 구조를 이루고 있다.
- 휘어지는 투명한 디스플레이의 소재로 사용되고 있다.

① 그래핀 ② 초전도체
③ 네오디뮴 자석 ④ 형상 기억 합금

02 그림과 같이 핵분열로 발생한 열에너지로 터빈을 돌려 전기 에너지를 생산하는 발전 방식은?

① 핵발전 ② 파력 발전
③ 풍력 발전 ④ 태양광 발전

03 표는 같은 직선상에서 운동하는 물체 A~C의 처음과 나중 운동량을 나타낸 것이다. 물체 A~C가 모두 같은 크기의 충격량을 받아 운동량이 증가하였을 때 ㉠의 값은?

물체 \ 운동량 (kg · m/s)	처음 운동량	나중 운동량
A	3	6
B	4	7
C	5	㉠

① 6 ② 7
③ 8 ④ 9

04 그림과 같이 코일에 자석을 가까이 가져갈 때 검류계의 바늘이 왼쪽으로 움직였다. 다음 중 검류계의 바늘이 오른쪽으로 움직이는 경우는? (단, 다른 조건은 모두 같다.)

① 더 강한 자석을 사용한다.
② 코일의 감은 수를 늘린다.
③ 자석을 더 빠르게 가까이 한다.
④ 자석을 코일에서 멀어지게 한다.

05 그림은 주기율표의 일부를 나타낸 것이다. 임의의 원소 A~D 중 2주기 2족 원소는?

족 주기	1	2		17	18
1	A				
2		B		C	
3					D

① A
② B
③ C
④ D

06 다음 화학 반응식에서 산소와 결합하여 산화되는 물질은?

$$2CuO + C \rightarrow 2Cu + CO_2$$

① CuO
② C
③ Cu
④ CO_2

07 다음 중 전기가 잘 통하며 광택이 있는 금속 원소는?

① 구리
② 염소
③ 헬륨
④ 브로민

08 그림은 탄소 원자(C)의 전자 배치를 나타낸 것이다. 가장 바깥 전자 껍질에 들어 있는 전자의 개수는?

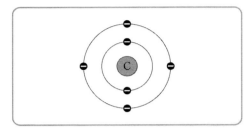

① 1개
② 2개
③ 3개
④ 4개

09 다음은 염산(HCl)과 수산화 나트륨(NaOH) 수용액의 중화반응을 나타낸 화학 반응식이다. ㉠에 해당하는 물질은?

$$HCl + NaOH \rightarrow \boxed{㉠} + NaCl$$

① H_2O
② KCl
③ KOH
④ HNO_3

10 다음 설명에 해당하는 물질은?

- 같은 원자 2개가 공유 결합을 이루고 있다.
- 동물과 식물의 호흡에 이용되는 기체이다.

① 산소(O_2)
② 암모니아(NH_3)
③ 염화 칼슘($CaCl_2$)
④ 질산 칼륨(KNO_3)

11 일정한 지역 내에 살고 있는 생물종의 다양한 정도를 나타낸 것은?

① 개체 수   ② 소비자
③ 영양 단계   ④ 종 다양성

13 다음 설명의 ㉠에 해당하는 것은?

> 생태계를 구성하는 생물의 종류와 개체 수, 에너지의 흐름이 급격히 변하지 않아 생태계가 안정적으로 유지되는 상태를 [㉠](이)라고 한다.

① 생산자   ② 서식지
③ 생태계 평형   ④ 유전적 다양성

12 그림은 식물 세포의 구조를 나타낸 것이다. A~D 중 작은 알갱이 모양이며 단백질을 합성하는 세포 소기관은?

① A   ② B
③ C   ④ D

14 그림은 세포막의 구조와 세포막을 통한 물질의 이동을 나타낸 것이다. 이에 대한 설명으로 옳은 것만을 〈보기〉에서 모두 고른 것은?

〈 보기 〉
ㄱ. 인지질이 2중층으로 배열되어 있다.
ㄴ. 모든 물질은 단백질을 통해 이동한다.
ㄷ. 세포막의 주성분은 단백질과 인지질이다.

① ㄱ   ② ㄴ
③ ㄱ, ㄷ   ④ ㄴ, ㄷ

15 생명체를 구성하는 물질 중 지질, 단백질, 핵산은 탄소 화합물이다. 이 탄소 화합물들을 이루는 기본 골격의 중심 원소는?

① 산소   ② 수소

③ 질소   ④ 탄소

16 그림은 DNA의 염기 서열 중 일부를 나타낸 것이다. ㉠에 해당하는 염기는? (단, 돌연변이는 없다.)

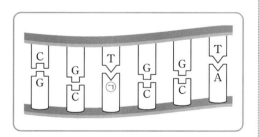

① A   ② C

③ G   ④ T

17 다음 설명에 해당하는 지질 시대는?

- 삼엽충이 번성하였다.
- 초대륙인 판게아가 형성되었다.

① 선캄브리아 시대   ② 고생대

③ 중생대   ④ 신생대

18 다음 중 탄소의 순환 과정에서 화석 연료가 연소되어 기체가 발생할 때 상호 작용하는 지구 시스템의 권역은?

① 기권과 수권   ② 지권과 기권

③ 수권과 생물권   ④ 외권과 생물권

19 다음은 별의 진화 과정에서 발생하는 어떤 현상을 설명한 것이다. ㉠에 해당하는 것은?

태양과 질량이 비슷한 별의 내부에서 중심부의 온도가 충분히 높아지면 수소 원자핵이 융합하여 헬륨 원자핵으로 바뀌는 ㉠ 이/가 발생한다.

① 빅뱅   ② 핵분열

③ 핵융합   ④ 우주 배경 복사

20 그림은 단층이 존재하는 판의 경계를 모식적으로 나타낸 것이다. 이 경계에서 발달하는 지형은?

판의 이동 방향   판의 경계

① 해구   ② 변환 단층
③ 습곡 산맥   ④ 호상 열도

21 다음 설명에 해당하는 지구 시스템의 에너지원은?

화산 폭발

• 화산 활동을 일으킨다.
• 지구 내부의 물질로부터 나오는 에너지이다.

① 조력 에너지   ② 풍력 에너지
③ 바이오 에너지   ④ 지구 내부 에너지

22 다음 설명에 해당하는 현상은?

■ 사막 ▨ 건조 지역

• 건조한 지역일수록 발생하기 쉽다.
• 무분별한 삼림 벌채 등과 같은 인위적 원인에 의해 심화되고 있다.

① 장마   ② 라니냐
③ 사막화   ④ 엘니뇨

23 그림은 규산염 광물의 기본 구조인 규산염 사면체를 나타낸 것이다. 규산염 사면체가 독립적으로 존재할 때 규소(Si) 원자 1개와 결합된 산소(O) 원자의 개수는?

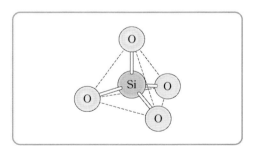

① 1개   ② 2개
③ 3개   ④ 4개

2021년 1회

279

24 그림은 열기관의 1회 순환 과정을 나타낸 것이다. 이에 대한 설명으로 옳은 것만을 〈보기〉에서 모두 고른 것은? (단, 열기관이 흡수한 열은 Q_1, 방출한 열은 Q_2, 한 일은 W이다.)

───〈보기〉───
ㄱ. $Q_1 > Q_2$
ㄴ. $W = Q_1 + Q_2$
ㄷ. W가 클수록 열효율이 크다.

① ㄱ
② ㄴ
③ ㄱ, ㄷ
④ ㄴ, ㄷ

25 그림은 수평 방향으로 10m/s의 속도로 던져진 공의 운동을 나타낸 것이다. 공이 2초 후 지면에 도달할 때 A~D 중 공의 도달 지점은? (단, 모든 마찰은 무시하고, 인접한 두 점선 사이의 거리는 10m이다.)

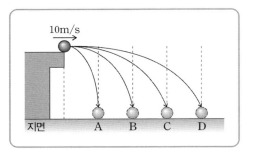

① A
② B
③ C
④ D

제6교시

한국사

정답 및 해설 592p |

01 다음 유물이 처음으로 제작된 시대는?

- 명칭 : 주먹도끼
- 용도 : 짐승을 사냥하고 가죽을 벗기는 등 다양한 용도로 사용

① 구석기 시대   ② 신석기 시대

③ 청동기 시대   ④ 철기 시대

02 다음에서 ㉠에 들어갈 내용으로 가장 적절한 것은?

〈삼한의 사회 모습〉
- 신지, 읍차 등의 군장 세력이 성장함.
- ㉠ .
- 5월과 10월에 계절제를 지냄.

① 진대법을 실시함

② 성리학이 발달함

③ 상감 청자를 제작함

④ 천군이 제사를 주관함

03 다음에서 설명하는 신라의 조직은?

- 원시 사회의 청소년 집단에서 기원하여, 진흥왕 때 국가적 조직으로 개편함.
- 원광의 세속 5계를 행동 규범으로 삼음.

① 5군영   ② 별무반

③ 화랑도   ④ 군국기무처

04 조선 세종의 정책으로 옳은 것을 〈보기〉에서 고른 것은?

〈보기〉
ㄱ. 집현전 설치
ㄴ. 『경국대전』 완성
ㄷ. 훈민정음 창제
ㄹ. 노비안검법 실시

① ㄱ, ㄴ   ② ㄱ, ㄷ

③ ㄴ, ㄹ   ④ ㄷ, ㄹ

05 다음에서 설명하는 문화유산은?

> 공주에서 발견된 백제 고분으로 중국 남조의 영향을 받아 만들어진 벽돌무덤이다. 또한 출토된 묘지석을 통해 무덤에 묻힌 왕이 누구인지 알 수 있다.

① 천마총　　　　② 장군총
③ 강서대묘　　　④ 무령왕릉

06 다음에서 ㉠에 들어갈 고려의 군사 조직은?

> ■ 답사 계획 ■
> 주제 : ㉠ 의 대몽 항쟁 흔적을 찾아서
> • 1일차 : 강화도 강화산성
> • 2일차 : 진도 용장성
> • 3일차 : 제주도 항파두리성

① 삼별초　　　　② 장용영
③ 훈련도감　　　④ 대한 독립군

07 다음에서 설명하는 고려의 신분은?

> • 최하층 신분인 천민의 대부분을 차지함.
> • 매매 · 증여 · 상속의 대상으로 주인에게 예속됨.

① 향리　　　　② 노비
③ 귀족　　　　④ 6두품

08 다음에서 ㉠에 들어갈 역사서는?

> 학생 「 ㉠ 」에 대해 알려 주세요.
> 교사 고려 후기 승려 일연이 저술한 것으로, 단군의 건국 이야기를 기록하고 있습니다.

① 동의보감　　　② 농사직설
③ 삼국유사　　　④ 향약집성방

09 다음에서 설명하는 고려의 정치 기구는?

> • 관리의 비리를 감찰하는 기구임.
> • 중서문하성의 낭사와 함께 대간으로 불림.

① 어사대　　　　② 집사부
③ 제가 회의　　　④ 통리기무아문

10 다음에서 ㉠에 들어갈 정치 세력은?

> 〈신라 말의 사회〉
> • 중앙 귀족들 사이에 왕위 쟁탈전 전개
> • 지방에서는 ㉠ 이/가 성장하여 지배권 행사
> • 선종과 풍수지리설의 유행

① 사림　　　　② 호족
③ 권문세족　　　④ 신진 사대부

11 다음에서 설명하는 조선의 사절단은?

> 왜란 이후, 에도 막부의 요청에 의해 19세기 초까지 일본에 12차례 파견되었다. 외교 사절의 의미를 넘어 일본에 조선의 문화를 전파하는 역할도 하였다.

① 영선사   ② 보빙사

③ 통신사   ④ 연행사

12 다음에서 설명하는 조선 후기 농민 봉기는?

> 1811년 순조 때 평안도에서 지역 차별과 세도 정치에 저항하여 일어난 농민 봉기이다. 이는 19세기에 일어난 대규모 농민 봉기의 시작이었다.

① 만적의 난

② 홍경래의 난

③ 부 · 마 민주 항쟁

④ 암태도 소작 쟁의

13 다음에서 ㉠에 들어갈 조선 후기의 화가는?

> ㉠ 은 중국의 것을 모방하던 기존의 산수화에서 벗어나 우리나라의 산천을 사실대로 묘사하는 진경 산수화를 그렸다. 대표적인 작품으로 '금강전도', '인왕제색도' 등이 있다.

① 담징   ② 안견

③ 정선   ④ 강희안

14 다음에서 설명하는 흥선 대원군의 정책은?

> • 군정의 폐단을 시정하기 위함.
> • 상민에게만 거두던 군포를 양반에게도 징수함.

① 태학 설립   ② 호포제 실시

③『칠정산』편찬   ④ 수원 화성 건설

15 다음에서 ㉠에 들어갈 사건은?

① 병자호란   ② 김흠돌의 난

③ 이자겸의 난   ④ 동학 농민 운동

16 다음 대화 내용에 해당하는 사건은?

① 임오군란   ② 갑신정변

③ 갑오개혁   ④ 을미사변

17 다음에서 ㉠에 들어갈 단체는?

〈 ㉠ 의 활동〉
• 독립문 건립
• 만민 공동회 개최
• 러시아의 절영도 조차 요구 저지

① 신민회   ② 근우회
③ 독립 협회   ④ 조선 형평사

18 다음에서 설명하는 단체는?

• 일제 강점기에 한글을 지키려는 노력을 전개하여 한글 맞춤법 통일안을 제정하였다.
• 『우리말 큰사전』 편찬을 시도하였으나 일제의 방해로 성공하지 못하였다.

① 황국 협회   ② 한국 광복군
③ 한인 애국단   ④ 조선어 학회

19 일제의 식민지 경제 정책으로 옳지 <u>않은</u> 것은?

① 영정법 실시
② 남면북양 정책 추진
③ 산미 증식 계획 시행
④ 토지 조사 사업 실시

20 다음에서 설명하는 민족 운동은?

• 민족 자결주의와 2·8 독립 선언의 영향을 받아 일어남.
• 대한민국 임시 정부 수립의 계기가 됨.

① 3·1 운동   ② 새마을 운동
③ 문자 보급 운동 ④ 서경 천도 운동

21 1948년 제정된 '반민족 행위 처벌법'의 목적으로 옳은 것은?

① 친일파 청산   ② 신분제 폐지
③ 삼정 문란 해결 ④ 외환 위기 극복

22 다음에서 설명하는 인물은?

■ 이달의 독립운동가 ■
• 생몰 연도 : 1879년~1910년
• 주요 활동
 – 1909년 하얼빈에서 이토 히로부미 처단
 – 뤼순 감옥에서 '동양 평화론' 집필

① 서희   ② 안중근
③ 정약용   ④ 최승로

23 다음에서 ㉠에 들어갈 내용으로 옳은 것은?

〈4 · 19 혁명〉
- 배경 : ㉠
- 과정 : 학생, 시민들의 전국적인 시위 전개
- 결과 : 이승만의 대통령직 사임

① 브나로드 운동　② 농촌 진흥 운동
③ 3 · 15 부정 선거　④ 민족 유일당 운동

24 의열단에 대한 설명으로 옳지 <u>않은</u> 것은?

① 1919년 만주에서 김원봉이 주도하여 조직하였다.
② 조선 총독부, 종로 경찰서 등에 폭탄을 투척하였다.
③ 신채호의 '조선 혁명 선언'을 행동 강령으로 삼았다.
④ 쌍성총관부를 공격하여 철령 이북의 땅을 회복하였다.

25 다음에서 ㉠에 들어갈 내용으로 옳은 것은?

〈노태우 정부의 정책〉
- 북방 외교 추진
- 남북한 유엔 동시 가입
- ㉠

① 교정도감 설치
② 관수관급제 실시
③ 개성 공단 건설
④ 남북 기본 합의서 채택

제7교시

도 덕

정답 및 해설 595p |

01 생명 윤리 영역의 윤리적 쟁점으로 가장 적절한 것은?

① 안락사를 허용해야 하는가?
② 예술과 도덕은 갈등할 수밖에 없는가?
③ 직업을 통해 어떻게 행복한 삶을 영위할 수 있는가?
④ 정보 사회에서 표현의 자유는 어디까지 허용해야 하는가?

02 ㉠, ㉡에 들어갈 용어로 알맞은 것은?

> **〈칸트(Kant, I.)의 도덕 법칙〉**
> • 네 의지의 준칙이 언제나 동시에 (㉠) 입법의 원리가 되도록 행위하라.
> • 너 자신이나 다른 사람의 인격을 언제나 동시에 (㉡)으로 대우하라.

	㉠	㉡
①	상대적	수단
②	보편적	목적
③	보편적	수단
④	상대적	목적

03 공리주의 관점으로 옳은 것을 〈보기〉에서 고른 것은?

> **〈보기〉**
> ㄱ. 행위의 동기 강조
> ㄴ. 유용성의 원리 강조
> ㄷ. 보편타당한 도덕 법칙 추구
> ㄹ. 최대 다수의 최대 행복의 원리 추구

① ㄱ, ㄴ   ② ㄱ, ㄷ
③ ㄴ, ㄹ   ④ ㄷ, ㄹ

04 통일 한국이 지향하는 보편적 가치가 아닌 것은?

① 평화   ② 인권
③ 차별   ④ 자유

05 (가), (나)에 들어갈 내용으로 적절하지 않은 것은?

〈인간 개체 복제의 윤리적 쟁점〉	
찬성 논거	반대 논거
(가)	(나)
⋮	⋮

① (가) : 가족 관계를 명확하게 할 수 있다.
② (가) : 불임 부부의 고통을 해소할 수 있다.
③ (나) : 인간의 존엄성을 훼손할 수 있다.
④ (나) : 자연의 고유한 질서를 해칠 수 있다.

06 다음에서 설명하는 사상은?

> • 도덕적 인격 완성 강조
> • 대동 사회(大同社會)를 이상 사회로 제시
> • 이상적 인간상으로 성인(聖人), 군자(君子)를 제시

① 유교   ② 도가
③ 법가   ④ 불교

07 ㉠에 들어갈 성(性)의 가치로 적절한 것은?

생식적 가치	성(性)은 새로운 생명을 탄생시키는 원천이다.
㉠	성(性)은 남녀 상호 간의 존중과 배려를 실현해 준다.

① 교환적 가치   ② 인격적 가치
③ 수단적 가치   ④ 물질적 가치

08 교사의 질문에 대한 대답으로 적절하지 <u>않은</u> 것은?

① 학생 1   ② 학생 2
③ 학생 3   ④ 학생 4

09 부부간의 바람직한 윤리적 자세를 〈보기〉에서 고른 것은?

> ──── 〈보기〉 ────
> ㄱ. 서로 존중하고 협력해야 한다.
> ㄴ. 배려하며 부족함을 보완해야 한다.
> ㄷ. 능력 차이를 인정하여 위계 질서를 세워야 한다.
> ㄹ. 경제 활동은 남성이, 육아는 여성이 담당해야 한다.

① ㄱ, ㄴ   ② ㄱ, ㄷ
③ ㄴ, ㄹ   ④ ㄷ, ㄹ

10 다음 내용과 관련된 공자의 사상은?

> "임금은 임금다워야 하고, 신하는 신하다워야 하며, 부모는 부모다워야 하고, 자식은 자식다워야 한다."

① 겸애(兼愛)   ② 정명(正名)
③ 무위(無爲)   ④ 해탈(解脫)

11 예술에 대한 도덕주의 입장으로 가장 적절한 것은?

① 순수 예술론을 지지한다.
② 예술의 독립성만을 강조한다.
③ 예술에 대한 윤리적 규제를 반대한다.
④ 예술은 교훈적인 본보기를 제공해야 한다.

12 다음에서 소개하는 윤리 사상가는?

◆도덕 인물 카드◆
• 미국의 신학자로 사회 윤리를 강조함
• 사회 구조와 제도 개선의 필요성을 강조함
• 저서 : 『도덕적 인간과 비도덕적 사회』

① 노직 ② 벤담
③ 니부어 ④ 슈바이처

13 다음 사례와 관련 있는 롤스(Rawls, J.)의 정의의 원칙은?

• 여성 고용 할당
• 국가 유공자 특별 대우
• 지역 균형 선발
• 농어촌 자녀 특례 입학

① 차등의 원칙 ② 교정의 원칙
③ 취득의 원칙 ④ 경쟁의 원칙

14 (가)에 들어갈 개념은?

증자 : 일일삼성(一日三省)
(가)
소크라테스 : 반성하지 않는 삶은 살 가치가 없다.
실천 방법 : 일기 쓰기, 좌우명 만들기 등

① 사실 판단 ② 윤리적 성찰
③ 가치 전도 ④ 쾌락의 역설

15 다음에 해당하는 정보 윤리의 기본 원칙은?

• 정보화 혜택의 차별 없는 분배
• 사이버 공간에서의 규칙과 법 준수

① 정의 ② 갈등
③ 익명성 ④ 무관심

16 대중문화에 대한 윤리적 규제를 반대하는 입장을 〈보기〉에서 고른 것은?

─〈보기〉─
ㄱ. 성의 상품화를 예방할 수 있다.
ㄴ. 자율성과 표현의 자유를 중시한다.
ㄷ. 대중은 다양한 대중문화를 즐길 권리가 있다.
ㄹ. 대중의 정서에 미칠 부정적 영향을 방지한다.

① ㄱ, ㄴ ② ㄴ, ㄷ
③ ㄴ, ㄹ ④ ㄷ, ㄹ

17 과학 기술 지상주의의 관점으로 가장 적절한 것은?

① 과학 기술의 발전을 비관적으로 본다.
② 과학 기술이 역기능만을 유발한다고 본다.
③ 과학 기술의 여러 혜택과 성과를 부정한다.
④ 과학 기술이 모든 문제를 해결할 수 있다고 본다.

18 공직자가 지녀야 할 바람직한 자세로 적절하지 않은 것은?

① 공익을 실현하기 위해 노력해야 한다.

② 위임받은 권한을 남용하지 말아야 한다.

③ 국민을 위해 봉사하는 자세를 지녀야 한다.

④ 대가성 없는 뇌물은 온정으로 받아야 한다.

20 다음에서 인간 중심주의 윤리의 관점에만 '✔'를 표시한 학생은?

관점 \ 학생	A	B	C	D
• 자연은 인간의 이익을 위한 도구이다.		✔		
• 모든 생명체는 내재적 가치를 지닌다.			✔	✔
• 인간과 자연을 동등하게 고려해야 한다.	✔		✔	

① A

② B

③ C

④ D

19 ㉠에 들어갈 내용으로 적절하지 않은 것은?

주제 : 지속 가능한 발전의 특징과 실천 방법

1. 특징
   – 미래 세대도 현세대만큼 잘 살 수 있게 하는 범위에서 경제 성장과 환경 보전의 조화를 추구하는 발전
2. 실천 방법
   – 온실 가스 배출 규제, (㉠)
   – 환경 문제에 대한 국제 공조 체제 마련

① 에너지 절약

② 쓰레기 재활용

③ 친환경 에너지 개발

④ 일회용품 사용 권장

21 싱어(Singer, P.)가 주장하는 해외 원조에 대한 입장으로 가장 적절한 것은?

① 질서 정연한 사회의 구성원이 되도록 원조한다.

② 원조는 개인과 국가의 자율적 선택의 문제이다.

③ 고통을 감소시키고 쾌락을 증진하는 것은 인류의 의무이다.

④ 원조를 통해 재화를 똑같이 나누는 것은 국제적 정의이다.

22 종교 갈등 해결을 위한 바람직한 자세로 적절한 것을 〈보기〉에서 고른 것은?

〈보기〉
ㄱ. 자신이 믿는 종교만을 맹신한다.
ㄴ. 타인에게 자신의 믿음을 강요한다.
ㄷ. 대화를 통해 다른 종교에 대한 이해를 높인다.
ㄹ. 사랑, 평화와 같은 가치를 실천하고자 노력한다.

① ㄱ, ㄴ
② ㄴ, ㄷ
③ ㄴ, ㄹ
④ ㄷ, ㄹ

23 다음은 어느 학생의 서술형 평가 답안이다. 밑줄 친 ㉠~㉣ 중 옳지 않은 것은?

문제 : 윤리적 소비의 특징과 실천 방법을 서술하시오.

〈학생 답안〉
　윤리적 소비는 ㉠ 이웃을 고려하고 자연 환경까지 생각하는 소비 형태이다. 그리고 그 유형으로는 ㉡ 인권 향상을 고려하는 착한 소비, ㉢ 대량 소비와 과시적 소비 등이 있다. 이를 생활 속에서 실천하기 위해서는 ㉣ 환경 마크나 공정 무역 마크가 부착된 제품을 구입한다.

① ㉠
② ㉡
③ ㉢
④ ㉣

24 다문화 사회의 시민 의식으로 적절하지 않은 것은?

① 문화적 편견을 극복해야 한다.
② 서로 다름과 차이를 인정한다.
③ 보편적 가치를 위협하는 문화를 수용해야 한다.
④ 인권과 평화를 위해 책임 있는 행동을 지향한다.

25 하버마스(Habermas, J.)의 이상적 담화 조건을 〈보기〉에서 고른 것은?

〈보기〉
ㄱ. 타인의 주장을 배척한다.
ㄴ. 자신의 오류 가능성을 인정하지 않는다.
ㄷ. 대화의 내용을 서로 이해할 수 있어야 한다.
ㄹ. 논의에 참여한 사람들은 진실성을 가지고 발언한다.

① ㄱ, ㄴ
② ㄱ, ㄷ
③ ㄴ, ㄹ
④ ㄷ, ㄹ

2021년도

제2회

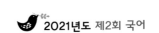

제1교시

국 어

정답 및 해설 600p |

01 다음 대화에서 영호의 말하기에 대한 설명으로 적절한 것은?

> 선생님 : 영호야, 이번에 낸 소감문 정말 잘 썼더라.
> 영호 : 아닙니다. 아직 여러모로 부족합니다.

① 자신을 낮추어 겸손하게 말하고 있다.
② 상대방의 의견에 동의하며 말하고 있다.
③ 대화 맥락에서 벗어난 내용을 말하고 있다.
④ 상대방의 기분을 고려하여 칭찬을 하고 있다.

02 다음 대화에서 손녀의 말하기의 문제점으로 적절한 것은?

> 손녀 : 할머니, 저 편의점 가서 혼밥* 하고 올게요.
> 할머니 : 혼밥이 뭐니?
> *혼밥 : '혼자 먹는 밥'의 의미로 쓰임.

① 생소한 지역 방언을 사용하였다.
② 직접 언급하기 꺼려하는 말을 사용하였다.
③ 맥락에 맞지 않는 관용 표현을 사용하였다.
④ 상대방이 이해하기 어려운 줄임말을 사용하였다.

03 다음 〈표준 발음법〉 규정에 따라 발음하지 않는 것은?

> **표준 발음법**
> [제20항] 'ㄴ'은 'ㄹ'의 앞이나 뒤에서 [ㄹ]로 발음한다.

① 경주는 신라의 서울이다.
② 새로운 논리를 전개했다.
③ 설날 아침에 세배를 했다.
④ 어제 그를 종로에서 만났다.

04 밑줄 친 부분이 한글 맞춤법에 맞게 쓰인 것은?

① 그 약속은 반듯이 지키겠다.
② 우체국에서 부모님께 편지를 붙였다.
③ 정답을 맞힌 사람에게 선물을 주겠다.
④ 김장을 하려고 배추를 소금물에 저렸다.

05 (가)에서 설명하는 시제가 드러나 있는 것을 (나)의 ㉠~㉣에서 고른 것은?

> (가) 사건이 일어나는 시점이 말하는 시점인 현재보다 앞서 일어난 사건의 시제
> (나) 어제 학교에서 책을 ㉠ 읽었다. 오늘은 가까운 도서관에 와서 책을 ㉡ 읽는다. 예전에 ㉢ 읽은 책이 눈에 띄어 다시 보고 있다. 앞으로도 책을 많이 ㉣ 읽어야겠다.

① ㉠, ㉡

② ㉠, ㉢

③ ㉡, ㉢

④ ㉢, ㉣

③ 쓰레기 불법 투기 계도를 위한 지도 요원 배치

④ 공원 내 CCTV 증설을 통한 쓰레기 불법 투기 단속

06 ㉠～㉣에 나타난 중세 국어의 특징으로 적절하지 <u>않은</u> 것은?

> 불·휘기·픈남·ᄀᆞᆫ ㉠ᄇᆞᄅ·매아·니:뮐·ᄊᆡ
> 곶·됴·코여·름·㉡하ᄂᆞ·니
> ㉢:ᄉᆡ·미기·픈 ㉣·므·른 ·ᄀᆞᄆᆞ·래아·니
> 그·츨·ᄊᆡ
> :내·히이·러바·ᄅᆞ·래·가ᄂᆞ·니
>
> − 「용비어천가」 제2장 −

① ㉠ : 모음 조화를 지키고 있다.

② ㉡ : 'ㆍ(아래아)'를 사용하고 있다.

③ ㉢ : 주격 조사가 생략되어 있다.

④ ㉣ : 이어 적기로 표기하고 있다.

07 다음 개요의 ㉠에 들어갈 내용으로 적절하지 <u>않은</u> 것은?

> 주제 : 공원 내 쓰레기 불법 투기를 근절하자.
> Ⅰ. 서론 : 공원 내 쓰레기 불법 투기 실태
> Ⅱ. 본론
>   1. 공원 내 쓰레기 불법 투기의 원인
>   가. 공중도덕 준수에 대한 시민 의식 부족
>   나. 쓰레기 불법 투기에 대한 공원 측 관리 소홀
>   2. 공원 내 쓰레기 불법 투기의 해결 방안
>   ㉠
> Ⅲ. 결론 : 공원 내 쓰레기 불법 투기 근절을 위한 실천 촉구

① 공원 내 목줄 미착용 반려견 출입 제한

② 공중도덕 준수를 위한 시민 대상 캠페인 실시

08 ㉠～㉣에 대한 고쳐쓰기 방안으로 적절하지 <u>않은</u> 것은?

> 인터넷 게임 중독자는 일상생활에 ㉠ 적응하거나 불편을 겪는 경우가 많다. 왜냐하면 인터넷 게임 중독은 뇌 기능을 저하시켜 의사 결정 및 충동 조절 능력을 ㉡ 떨어뜨리기 때문이다. ㉢ 인터넷은 정보 교환을 하기 위해 연결한 통신망이다. 인터넷 게임 중독의 문제를 명확히 인식하고, 이에 대한 경각심을 가져야 ㉣ 할것이다.

① ㉠ : 문맥을 고려하여 '적응하지 못하거나'로 바꾼다.

② ㉡ : '왜냐하면'과 호응하도록 '떨어뜨린다'로 바꾼다.

③ ㉢ : 글의 통일성을 해치는 문장이므로 삭제한다.

④ ㉣ : 띄어쓰기가 잘못되어 있으므로 '할 것이다'로 고친다.

[09~11] 다음 글을 읽고 물음에 답하시오.

흔들리는 나뭇가지에 꽃 한번 피우려고
눈은 ㉠ 얼마나 많은 도전을 멈추지 않았으랴

㉡ 싸그락 싸그락 두드려 보았겠지
난분분1) 난분분 춤추었겠지
㉢ 미끄러지고 미끄러지길 수백 번,

㉣ 바람 한 자락 불면 휙 날아갈 사랑을 위하여
햇솜2) 같은 마음을 다 퍼부어 준 다음에야
마침내 피워 낸 저 황홀 보아라

봄이면 가지는 그 한 번 덴 자리에
세상에서 ⓐ 가장 아름다운 상처를 터뜨린다

— 고재종, 「첫사랑」 —

1) 난분분 : 눈이나 꽃잎 따위가 흩날리어 어지럽게.
2) 햇솜 : 당해에 새로 난 솜.

09 윗글의 표현상 특징으로 적절하지 않은 것은?

① 자연 현상을 통해 시상을 전개하고 있다.
② 청유형 문장을 통해 화자의 정서를 드러내고 있다.
③ 감각적 이미지를 활용하여 대상을 구체화하고 있다.
④ 비유적 표현을 활용하여 시적 의미를 형상화하고 있다.

10 다음과 관련하여 윗글을 감상할 때, ㉠~㉣ 중 시적 의미가 가장 이질적인 것은?

> 나뭇가지에 쌓이는 눈꽃을 피우기 위한 '눈'의 노력

① ㉠   ② ㉡
③ ㉢   ④ ㉣

11 ⓐ의 시적 의미와 표현 방법으로 적절한 것은?

	시적 의미	표현 방법
①	성숙한 사랑의 가치	역설법
②	첫사랑에 대한 그리움	대구법
③	미래에 대한 불길한 예감	역설법
④	지나간 사랑에 대한 미련	대구법

[12~14] 다음 글을 읽고 물음에 답하시오.

[앞부분의 줄거리] '나'의 집에 세 살던 권 씨는 아내의 수술비를 빌리고자 하지만 나는 거절한다. 뒤늦게 나는 권 씨 아내의 수술비를 마련해 주지만, 권 씨는 그 사실을 모른 채 그날 밤 강도로 들어온다.

얌전히 구두까지 벗고 양말 바람으로 들어온 강도의 발을 나는 그때 비로소 볼 수 있었다. 내가 그렇게 염려를 했는데도 강도는 와들와들 떨리는 다리를 옮기다가 그만 부주의하게 동준이의 발을 밟은 모양이었다. 동준이가 갑자기 칭얼거리자 그는 질겁을 하고 엎드리더니 녀석의 어깨를 토닥거리는 것이었다. 녀석이 도로 잠들기를 기다려 그는 복면 위로 칙칙하게 땀이 밴 얼굴을 들고 일어나서 내 위치를 흘끔 확인한 다음 본격적인 작업에 들어갔다. 터지려는 웃음을 꾹 참은 채 강도의 애교스러운 행각을 시종 주목하고 있던 나는 살그

머니 상체를 움직여 동준이를 잠재울 때 이부자리 위에 떨어뜨린 식칼을 집어 들었다.

"연장을 이렇게 함부로 굴리는 걸 보니 당신 경력이 얼마나 되는지 알 만합니다."

내가 내미는 칼을 보고 그는 기절할 만큼 놀랐다. 나는 사람 좋게 웃어 보이면서 칼을 받아 가라는 눈짓을 보였다. 그는 겁에 질려 잠시 망설이다가 내 재촉을 받고 후닥닥 달려들어 칼자루를 낚아채 가지고는 다시 내 멱을 겨누었다. 그가 고의로 사람을 찌를 만한 위인이 못 되는 줄 일찍이 간파했기 때문에 나는 칼을 되돌려준 걸 조금도 후회하지 않았다. 아니나 다를까, 그는 식칼을 옆구리 쪽 허리띠에 차더니만 몹시 자존심이 상한 표정이 되었다.

"도둑맞을 물건 하나 제대로 없는 주제에 이죽거리긴!"

"그래서 경험 많은 친구들은 우리 집을 거들떠도 안 보고 그냥 지나치죠."

"누군 뭐 들어오고 싶어서 들어왔나? 피치 못할 사정 땜에 어쩔 수 없이……."

나는 강도를 안심시켜 편안한 맘으로 돌아가게 만들 절호의 기회라고 판단했다.

"그 피치 못할 사정이란 게 대개 그렇습다. 가령 식구 중의 누군가가 몹시 아프다든가 빚에 몰려서……."

그 순간 강도의 눈이 의심의 빛으로 가득 찼다. ㉠ 분개한 나머지 이가 딱딱 마주칠 정도로 떨면서 그는 대청마루를 향해 나갔다. 내 옆을 지나쳐 갈 때 그의 몸에서는 역겨울 만큼 술 냄새가 확 풍겼다. 그가 허둥지둥 끌어안고 나가는 건 틀림없이 갈기갈기 찢어진 한 줌의 자존심일 것이었다. 애당초 의도했던 바와는 달리 내 방법이 결국 그를 편안케 하긴커녕 외려 더욱더 낭패케 만들었음을 깨닫고 나는 그의 등을 향해 말했다.

– 윤흥길, 「아홉 켤레의 구두로 남은 사내」 –

12 윗글에 대한 설명으로 적절한 것은?

① 공간의 대비를 통해 주제를 강조하고 있다.
② 과거 회상을 통해 갈등의 원인을 보여 주고 있다.
③ 작품 속 인물의 시각으로 사건을 서술하고 있다.
④ 계절적 배경을 묘사하여 인물의 심리를 암시하고 있다.

13 윗글에 나타난 '나'의 심리로 가장 적절한 것은?

① '강도'의 행위에 대해 두려워하지 않고 있다.
② '강도'에 대해 분노와 적대감을 느끼고 있다.
③ '강도'가 자신의 집에 들어온 까닭을 궁금해하고 있다.
④ '강도'에게 한 자신의 우호적인 말에 끝까지 만족하고 있다.

14 ㉠의 이유로 가장 적절한 것은?

① 수술비를 마련해 준 것을 알게 되어서
② 주인 가족에 대한 미안한 마음이 들어서
③ 자신을 배려해 준 것에 고마운 마음이 들어서
④ 자신의 정체를 들킨 것 같아 자존심이 상해서

[15~16] 다음 글을 읽고 물음에 답하시오.

> 가시리 가시리잇고 나는
> ᄇ리고 가시리잇고 나는
> 위 증즐가 대평셩ᄃᆡ(大平盛代)
>
> 날러는 엇디 살라 ᄒ고
> ᄇ리고 가시리잇고 나는
> 위 증즐가 대평셩ᄃᆡ(大平盛代)
>
> 잡ᄉ와 두어리마ᄂᆞᄂᆞᆫ
> 선ᄒ면 아니 올셰라
> 위 증즐가 대평셩ᄃᆡ(大平盛代)
>
> 셜온 님 보내ᄋᆸ노니 나는
> 가시는 ᄃᆞᆺ 도셔 오쇼셔 나는
> 위 증즐가 대평셩ᄃᆡ(大平盛代)
>
> – 작자 미상, 「가시리」 –

15 윗글에 대한 설명으로 적절한 것은?

① 후렴구의 반복을 통해 운율을 형성하고 있다.

② 선경후정을 통해 주제 의식을 강조하고 있다.

③ 자연과 인간을 대비하여 정서를 드러내고 있다.

④ 계절의 변화에 따라 대상의 속성을 드러내고 있다.

16 윗글의 화자에 대한 설명으로 적절하지 않은 것은?

① 1연 : 이별의 상황을 안타까워함.

② 2연 : 임에 대한 헌신과 순종을 다짐함.

③ 3연 : 임을 붙잡고 싶어 함.

④ 4연 : 임과의 재회를 간절히 소망함.

[17~19] 다음 글을 읽고 물음에 답하시오.

[앞부분의 줄거리] 옥영과 혼인하려던 최척은 왜병의 침입을 막기 위해 의병으로 전쟁에 나가게 된다. 전쟁에서 돌아온 최척은 옥영과 혼인해 행복하게 살지만, 또 다른 전란의 발생으로 옥영과 다시 헤어진다.

최척은 홀로 선창(船窓)에 기대 자신의 신세를 생각하다가, 짐 꾸러미 안에서 퉁소를 꺼내 슬픈 곡조의 노래를 한 곡 불어 가슴속에 맺힌 슬픔과 원망을 풀어 보려 했다. 최척의 퉁소 소리에 바다와 하늘이 애처로운 빛을 띠고 구름과 안개도 수심에 잠긴 듯했다. 뱃사람들도 그 소리에 놀라 일어나 모두들 서글픈 표정을 지었다. 그때 문득 일본 배에서 염불하던 소리가 뚝 그쳤다. 잠시 후 조선말로 시를 읊는 소리가 들렸다.

[A]
> 왕자교(王子喬) 퉁소 불 제 달은 나지막하고
> 바닷빛 파란 하늘엔 이슬이 자욱하네.
> 푸른 난새 함께 타고 날아가리니
> 봉래산 안개 속에서도 길 잃지 않으리.

시 읊는 소리가 그치더니 한숨 소리, 쯧쯧 혀 차는 소리가 들려왔다. 최척은 시 읊는 소리를 듣고는 깜짝 놀라 얼이 빠진 사람 같았다. 저도 모르는 새 퉁소를 땅에 떨어뜨리고 마치 죽은 사람처럼 멍하니 서 있었다. 송우가 말했다.

"왜 그래? 왜 그래?"

거듭 물어도 대답이 없었다. 세 번째 물음에 이르러서야 비로소 최척은 뭔가 말을 하려 했지만 목이 막혀 말을 하지 못하고 눈물만 하염없이 흘렸다. 최척은 잠시 후 마음을 진정시킨 뒤 이렇게 말했다.

"저건 내 아내가 지은 시일세. 우리 부부 말곤 아무도 알지 못하는 시야. 게다가 방금 시를 읊던 소리도 아내 목소리와 흡사해. 혹 아내가 저 배에 있는 게 아닐까? 그럴 리 없을 텐데 말야."

그러고는 자기 일가가 왜적에게 당했던 일의 전말을 자세히 말했다. 배 안에 있던 사람들이 모두 놀랍고 희한한 일로 여겼다.

〈중략〉

옥영은 어젯밤 배 안에서 최척의 퉁소 소리를 들었다. 조선가락인 데다 귀에 익은 곡조인지라, 혹시 자기 남편이 저쪽 배에 타고 있는 것이 아닐까 의심하여 시험 삼아 예전에 지었던 시를 읊어 본 것이었다. 그러던 차에 밖에서 최척이 말하는 소리를 듣고는 허둥지둥 엎어질 듯이 배에서 뛰어내려왔다.

최척과 옥영은 마주 보고 소리치며 얼싸안고 모래밭을 뒹굴었다. 기가 막혀 입에서 말이 나오지 않았다. 눈물이 다하자 피눈물이 나왔으며 눈에 아무것도 보이지 않았다.

– 조위한, 「최척전」 –

17 윗글에 대한 설명으로 적절한 것은?

① 동물을 의인화하여 풍자 효과를 높이고 있다.
② 꿈과 현실을 교차하여 사건을 입체적으로 나타내고 있다.
③ 자연물에 감정을 이입하여 작품의 분위기를 드러내고 있다.
④ 인물의 행위에 대한 작가의 부정적 평가가 직접적으로 제시되어 있다.

18 [A]의 기능으로 가장 적절한 것은?

① 왜적에 대한 복수를 결심하는 계기
② 전란으로 헤어졌던 인물들이 재회하는 계기
③ 부귀를 누렸던 인물이 과거를 회상하는 계기
④ 사건의 전모를 깨달은 인물이 신분을 밝히는 계기

19 윗글의 인물에 대한 설명으로 가장 적절한 것은?

① '최척'은 자신의 처지를 떠올리며 퉁소를 불고 있다.
② '옥영'은 시를 지어서 '송우'의 물음에 화답하고 있다.
③ '옥영'은 염불 소리를 듣고 '최척'이 일본 배에 타고 있음을 확인하고 있다.
④ '최척'은 배 안의 사람들이 왜적에게 당했던 일의 전말을 듣고 망연자실하고 있다.

[20~22] 다음 글을 읽고 물음에 답하시오.

외부 효과란 누군가의 행동이 타인에게 이익이나 손실을 발생시키는 것을 말한다. 외부 효과가 타인에게 이익을 주면 긍정적 외부 효과인 외부 경제, 반대로 손실을 끼치면 부정적 외부 효과인 외부 불경제가 된다. 예컨대 꽃집에서 화사한 화분을 진열해 놓은 모습을 보면 기분이 좋아지지만, 낡은 트럭에서 내뿜는 시커먼 매연은 불편을 ㉠ 초래한다. 꽃집은 타인에게 외부 경제를, 매연을 내뿜는 트럭은 외부 불경제를 제공한 것이다.

누이 좋고 매부 좋은 외부 경제는 권장할 일이다. 그러나 본인에게는 좋지만 타인에게는 해를 끼치는 외부 불경제는 심각한 갈등과 비용을 ㉡ 유발하기에 늘 사회적 관심사가 된다. 따라서 외부 불경제를 법으로 규제하거나 부정적 외부 효과를 시정하기 위해 ㉢ 고안된 세금인 '피구세'를 물리기도 한다. 피구세는 첫 제안자인 영국의 경제학자 아서 피구의 이름을 딴 것으로, 외부 불경제를 유발한 당사자에게 세금을 물림으로써 외부 효과를 내부화, 즉 본인 부담이 되게끔 만드는 것이다.

한편 피구세 중에서도 국민 건강과 복지에 나쁜 영향을 끼치는 특정 품목의 소비를 억제하기 위해 물리는 세금을 죄악세라고 한다. 일부 국가에서 ㉣ 논의되었던 설탕세(당 함유 제품에 부과하는 세금)가 이에 해당한다. 설탕은 본인의 건강을 해치는 것은 물론 사회적으로도 의료 수요 증가, 건강 보험 재정 악화 등의 부정적 외부 효과를 유발하므로 이를 억제하고자 세금을 부과하는 것이다.

– 오형규, 「외부 효과와 죄악세」 –

20 윗글에 대한 설명으로 적절하지 <u>않은</u> 것은?

① 개념을 풀이하며 화제를 제시하고 있다.
② 전문가의 이론을 시대순으로 설명하고 있다.
③ 구체적인 사례를 활용하여 이해를 돕고 있다.
④ 속담을 활용하여 설명 대상의 특성을 제시하고 있다.

21 윗글의 내용과 일치하는 것은?

① 외부 경제를 유발한 당사자에게는 피구세를 물린다.
② 낡은 트럭에서 내뿜는 매연은 외부 경제로 볼 수 있다.
③ 외부 불경제는 사회적 관심이 높으므로 규제하지 못한다.
④ 죄악세는 부정적 외부 효과를 억제하기 위해 물리는 세금이다.

22 ㉠~㉣의 사전적 의미로 적절하지 <u>않은</u> 것은?

① ㉠ : 일의 결과로서 어떤 현상을 생겨나게 함.
② ㉡ : 어떤 것이 다른 일을 일어나게 함.
③ ㉢ : 참고로 비교하고 대조하여 봄.
④ ㉣ : 어떤 문제에 대하여 서로 의견을 내어 토의함.

[23～25] 다음 글을 읽고 물음에 답하시오.

○○ 지역 신문 칼럼   20○○년 ○월 ○일

심폐 소생술을 배우자

텔레비전을 함께 보던 가족이 갑자기 의식을 잃고 쓰러졌을 때, 우리가 할 수 있는 일은 무엇일까요? 바로 심폐 소생술입니다.

일반적으로 심장 정지 후 뇌가 손상되기 시작하고, 6분이 지나면 뇌사 상태가 됩니다. 이후 불과 10분 만에 사람은 생물학적 사망에 이르게 됩니다. 이를 통해 심정지 발생 후 초기 대응시간이 환자의 생사를 좌우한다는 것을 알 수 있습니다. 따라서 심정지 환자를 발견하면 즉시 응급 처치를 해야 하는데, 이때 필요한 것이 심폐 소생술입니다.

하지만 많은 사람들이 심폐 소생술이 무엇인지, 이를 어떻게 해야 하는지 모를뿐더러 일부 사람들은 오히려 자신의 응급 처치가 환자에게 해를 끼칠지도 모른다고 걱정합니다. 이러한 걱정을 떨쳐 버릴 수 있는 가장 좋은 방법은 심폐소생술을 배우는 것입니다. 실제와 유사한 상황에서 실습 위주의 심폐 소생술 교육을 받고 반복적으로 연습하면, 실제 상황이 발생했을 때 당황하지 않고 심폐 소생술을 실행할 수 있을 것입니다.

응급 상황은 예고 없이 찾아옵니다. 그럴 때 도울 방법을 몰라 응급 환자를 보고만 있을 수밖에 없다면 그 안타까움은 이루 말할 수 없을 것입니다. 소중한 생명을 ㉠ 지키기 위해 심폐 소생술을 배우고 익힙시다.

23 윗글의 서술상 특징으로 가장 적절한 것은?

① 묻고 답하는 방법으로 중심 화제를 제시하고 있다.
② 다양한 관점에서 문제 해결 방법을 소개하고 있다.
③ 대립되는 의견을 절충하여 결론을 제시하고 있다.
④ 중심 화제의 한계를 제시하며 글을 마무리하고 있다.

24 윗글에서 알 수 있는 내용으로 적절하지 <u>않은</u> 것은?

① 심정지 환자 발생 시 되도록 빨리 응급 처치를 해야 한다.

② 실습 위주의 심폐 소생술 교육은 실제 상황 발생 시 유용하다.

③ 심정지의 발생 원인을 제거하기 위해 심폐 소생술 교육을 실시하고 있다.

④ 심폐 소생술 교육은 자신의 응급 처치가 환자에게 해가 될까 우려하는 사람들에게 도움이 된다.

25 밑줄 친 부분이 ㉠과 가장 유사한 의미로 쓰인 것은?

① 개는 집을 잘 지키는 동물이다.

② 경찰이 정문을 지키고 서 있었다.

③ 우리는 등교 시간을 꼭 지켜야 한다.

④ 누구든지 건강은 젊어서 지켜야 한다.

수 학

제2교시

정답 및 해설 604p |

01 두 다항식 $A=2x^2+x$, $B=x^2-x$에 대하여 $A-B$는?

① x^2-2x
② x^2-x
③ x^2+x
④ x^2+2x

04 다항식 x^3+3^3을 인수분해한 식이 $(x+3)(x^2-3x+a)$일 때, 상수 a의 값은?

① 1
② 3
③ 6
④ 9

02 등식 $x^2+3x-7=x^2+ax+b$가 x에 대한 항등식일 때, 두 상수 a, b에 대하여 $a+b$의 값은?

① -5
② -4
③ -3
④ -2

05 $i(1+2i)=a+i$일 때, 실수 a의 값은? (단, $i=\sqrt{-1}$)

① -2
② -1
③ 1
④ 2

03 다항식 x^3-2x+a가 $x-1$로 나누어떨어질 때, 상수 a의 값은?

① 1
② 2
③ 3
④ 4

06 이차방정식 $x^2-4x-5=0$의 두 근을 α, β라고 할 때, $\alpha+\beta$의 값은?

① 2
② 3
③ 4
④ 5

07 $-1 \leq x \leq 2$일 때, 이차함수 $y = x^2 - 3$의 최솟값은?

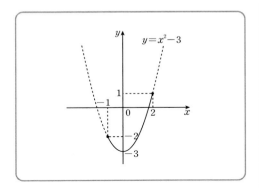

① -3 ② -2

③ -1 ④ 0

08 삼차방정식 $x^3 + ax^2 - 2x - 1 = 0$의 한 근이 1일 때, 상수 a의 값은?

① 1 ② 2

③ 3 ④ 4

09 연립부등식 $\begin{cases} 3x < 2x + 5 \\ 4x > 3x - 1 \end{cases}$ 의 해가 $-1 < x < a$일 때, 상수 a의 값은?

① 5 ② 6

③ 7 ④ 8

10 그림은 부등식 $|x - 2| \leq 2$의 해를 수직선 위에 나타낸 것이다. 상수 a의 값은?

① 4 ② 5

③ 6 ④ 7

11 좌표평면 위의 두 점 $A(-2, 1)$, $B(2, 4)$ 사이의 거리는?

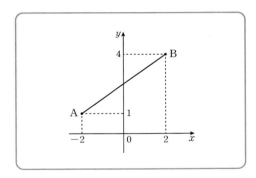

① 3 ② 4

③ 5 ④ 6

12 직선 $y = 2x + 3$에 평행하고, 점 $(0, 6)$을 지나는 직선의 방정식은?

① $y = \dfrac{1}{2}x + 1$ ② $y = \dfrac{1}{2}x + 6$

③ $y = 2x + 1$ ④ $y = 2x + 6$

13 두 점 $A(-1, -1)$, $B(3, 3)$을 지름의 양 끝 점으로 하는 원의 방정식은?

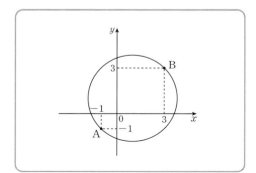

① $(x+1)^2+(y+1)^2=8$
② $(x+1)^2+(y-1)^2=8$
③ $(x-1)^2+(y+1)^2=8$
④ $(x-1)^2+(y-1)^2=8$

14 좌표평면 위의 점 $(2, 5)$를 x축에 대하여 대칭이동한 점의 좌표는?

① $(-2, -5)$　　② $(-2, 5)$
③ $(2, -5)$　　④ $(5, 2)$

15 두 집합 $A=\{1, 2, 3, 6\}$, $B=\{1, 2, 4, 8\}$에 대하여 $n(A \cap B)$의 값은?

① 2　　　　② 4
③ 6　　　　④ 8

16 명제 '$x=1$이면 $x^3=1$이다.'의 역은?

① $x=1$이면 $x^3 \neq 1$이다.
② $x \neq 1$이면 $x^3 = 1$이다.
③ $x^3=1$이면 $x=1$이다.
④ $x^3 \neq 1$이면 $x \neq 1$이다.

17 함수 $f : X \to Y$가 그림과 같을 때, $(f \circ f)(2)$의 값은?

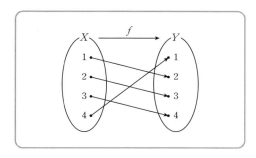

① 1   ② 2

③ 3   ④ 4

18 유리함수 $y = \dfrac{1}{x-a} + 4$의 그래프의 점근선은 두 직선 $x=3$, $y=4$이다. 상수 a의 값은?

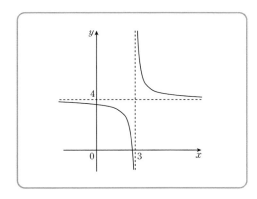

① 1   ② 3

③ 5   ④ 7

19 그림은 어느 하계 올림픽 경기 종목 중 4개의 종목을 나타낸 것이다. 이 4개의 종목에서 서로 다른 2개의 종목을 택하여 일렬로 나열하는 경우의 수는?

농구   배구   축구   탁구

① 12   ② 15

③ 18   ④ 21

20 그림과 같이 5개의 정다면체가 있다. 이 5개의 정다면체에서 서로 다른 2개의 정다면체를 선택하는 경우의 수는?

정사면체   정육면체   정팔면체

정십이면체   정이십면체

① 8   ② 10

③ 12   ④ 14

2021년 2회

제3교시

영 어

정답 및 해설 607p |

[01～03] 다음 밑줄 친 부분의 뜻으로 가장 적절한 것을 고르시오.

01

> Science has brought many <u>benefits</u> to the world.

① 규칙　　　　② 목표
③ 의미　　　　④ 혜택

02

> I will <u>get along with</u> my classmates better this year.

① 감탄하다　　② 어울리다
③ 실망하다　　④ 경쟁하다

03

> <u>After all</u>, the news turned out to be true.

① 결국　　　　② 만약에
③ 적어도　　　④ 예를 들면

04 다음 밑줄 친 두 단어의 의미 관계와 <u>다른</u> 것은?

> When people ask me about my favorite <u>food</u>, I always answer that it is <u>pizza</u>.

① animal − horse
② danger − safety
③ vegetable − onion
④ emotion − happiness

05 다음 자선 달리기 행사 안내문에서 언급되지 <u>않은</u> 것은?

> **CHARITY RUN**
> Come out and show your support for cancer patients!
> • Date : September 24th
> • Time : 9 a.m.−4 p.m.
> • Place : Asia Stadium
> *Free T-shirts for participants

① 행사 날짜　　② 행사 시간
③ 행사 장소　　④ 행사 참가비

[06~08] 다음 빈칸에 공통으로 들어갈 말로 가장 적절한 것을 고르시오.

06

> • She has a big smile on her _____.
> • You should learn to _____ your problem.

① face   ② heat
③ meet   ④ walk

07

> • Tom, _____ are you planning to go?
> • There is a safe place _____ we can stay.

① who   ② what
③ where   ④ which

08

> • Please calm _____ and listen to me.
> • Could you turn _____ the volume?

① down   ② for
③ into   ④ with

09 다음 대화에서 밑줄 친 표현의 의미로 가장 적절한 것은?

> A : I'm going to Germany next week. Any advice?
> B : Remember to cut your potato with a fork, not a knife.
> A : Why is that?
> B : That's a German dining custom. <u>When in Rome, do as the Romans do.</u>

① 기회가 왔을 때 잡아야 한다.
② 진정한 배움에는 지름길이 없다.
③ 사귀는 친구를 보면 그 사람을 알 수 있다.
④ 다른 나라에 가면 그 나라의 풍습을 따라야 한다.

10 다음 대화에서 알 수 있는 B의 심정으로 가장 적절한 것은?

> A : How do you like your new job?
> B : It's a lot of work, but I like it very much.
> A : Really? That's great.
> B : Thanks. I'm very satisfied with it.

① 불안하다   ② 실망하다
③ 만족하다   ④ 지루하다

11 다음 대화가 이루어지는 장소로 가장 적절한 것은?

> A : I'd like to get a refund for this jacket.
> B : May I ask you what the problem is?
> A : It's too big for me.
> B : Would you like to exchange it for a smaller size?
> A : No, thank you.

① 옷 가게   ② 경찰서
③ 은행   ④ 가구점

12 다음 글에서 밑줄 친 it이 가리키는 것으로 가장 적절한 것은?

> One day in math class, Mary volunteered to solve a problem. When she got to the front of the class, she realized that it was very difficult. But she remained calm and began to write the answer on the blackboard.

① blackboard   ② classroom
③ problem   ④ school

[13~14] 다음 대화의 빈칸에 들어갈 말로 가장 적절한 것을 고르시오.

13

> A : _____?
> B : Sure, Mom. What is it?
> A : Can you pick up some eggs from the supermarket?
> B : Okay. I'll stop by on my way home.

① Why are you so upset
② Will you teach me how
③ Can you do me a favor
④ How far is the bus stop

14

> A : How long have you been skating?
> B : _____.

① I went skiing last month
② I have been skating since I was 10
③ I will learn how to skate this winter
④ I want to go skating with my parents

15 다음 대화의 주제로 가장 적절한 것은?

A : What can we do to save electricity?
B : We can switch off the lights when we leave rooms.
A : I see. Anything else?
B : It's also a good idea to use the stairs instead of the elevator.

① 조명의 중요성
② 전기 절약 방법
③ 대체 에너지의 종류
④ 엘리베이터 이용 수칙

16 다음 글을 쓴 목적으로 가장 적절한 것은?

I want to express my thanks for writing a recommendation letter for me. Thanks to you, I now have a chance to study in my dream university. I will never forget your help and kindness.

① 감사하려고   ② 거절하려고
③ 사과하려고   ④ 추천하려고

17 다음 수영장 이용 규칙에 대한 안내문의 내용과 일치하지 <u>않는</u> 것은?

SWIMMING POOL RULES
You must :
• take a shower before entering the pool.
• always wear a swimming cap.
• follow the instructions of the lifeguard.
  *Diving is not permitted.

① 수영 후에는 샤워를 해야 한다.
② 항상 수영모를 착용해야 한다.
③ 안전 요원의 지시를 따라야 한다.
④ 다이빙은 허용되지 않는다.

18 다음 International Mango Festival에 대한 설명과 일치하지 <u>않는</u> 것은?

The International Mango Festival, which started in 1987, celebrates everything about mangoes. It is held in India in summer every year. It has many events such as a mango eating competition and a quiz show. The festival provides an opportunity to taste more than 550 kinds of mangoes for free.

① 1987년에 시작되었다.
② 매년 여름 인도에서 열린다.
③ 망고 먹기 대회가 있다.
④ 망고를 맛보려면 돈을 내야 한다.

2021년 2회

19 다음 글의 주제로 가장 적절한 것은?

> The increasing amount of food trash is becoming a serious environmental problem. Here are some easy ways to decrease the amount of food trash. First, make a list of the food you need before shopping. Second, make sure not to prepare too much food for each meal. Third, save the food that is left for later use.

① 분리수거 시 유의 사항
② 장보기 목록 작성 요령
③ 음식물 쓰레기를 줄이는 방법
④ 올바른 식습관 형성의 필요성

[20~21] 다음 글의 빈칸에 들어갈 말로 가장 적절한 것을 고르시오.

20

> The students at my high school have _____ backgrounds. They are from different countries such as Russia, Thailand, and Chile. I am quite happy to be in a multicultural environment with my international classmates.

① close   ② diverse
③ negative   ④ single

21

> Tate Modern is a museum located in London. It used to be a power station. After the station closed down in 1981, the British government decided to _____ it into a museum instead of destroying it. Now this museum holds the national collection of modern British artwork.

① balance   ② forbid
③ prevent   ④ transform

22 글의 흐름으로 보아 다음 문장이 들어가기에 가장 적절한 곳은?

> What if your favorite flavor is strawberry?

> Do you love ice cream? (①) Like most people, I love ice cream very much. (②) According to a newspaper article, your favorite ice cream flavor could show what kind of person you are. (③) For example, if your favorite flavor is chocolate, it means that you are very creative and enthusiastic. (④) It means you are logical and thoughtful.

23 다음 글의 바로 뒤에 이어질 내용으로 가장 적절한 것은?

As you know, many young people these days suffer from neck pain. This is because they spend many hours per day leaning over a desk while studying or using smartphones. But don't worry. We have some exercises that can help prevent and reduce neck pain. This is how you do them.

① 현대인들의 목 통증의 원인
② 목 통증을 유발하기 쉬운 자세
③ 목 통증을 예방하고 줄일 수 있는 운동법
④ 스마트폰 사용 시간과 목 통증의 상관관계

[24~25] 다음 글을 읽고 물음에 답하시오.

When comparing tennis with table tennis, there are some similarities and differences. First, they are both racket sports. Also, both players hit a ball back and forth across a net. _____, there are differences, too. While tennis is played on a court, table tennis is played on a table. Another difference is that a much bigger racket is used in tennis compared to table tennis.

24 윗글의 빈칸에 들어갈 말로 가장 적절한 것은?

① Finally　　② However
③ Therefore　　④ For example

25 윗글의 주제로 가장 적절한 것은?

① 탁구와 테니스의 경기 방법
② 탁구와 테니스의 운동 효과
③ 탁구와 테니스의 라켓 사용법
④ 탁구와 테니스의 유사점과 차이점

제4교시

사 회

정답 및 해설 612p |

01 ㉠에 들어갈 것은?

- 모든 국민은 인간으로서의 존엄과 가치를 가지며, (㉠)을/를 추구할 권리를 가진다. ……
  - 헌법 제10조 -
- 아리스토텔레스는 (㉠)을/를 인간 존재의 목적이고 이유라고 하였다.

① 복지
② 봉사
③ 준법
④ 행복

02 (가)~(다)는 인권 보장과 관련된 사건이다. 발생 시기가 이른 순서대로 나열한 것은?

(가) 영국의 권리 장전 승인
(나) 독일의 바이마르 헌법 제정
(다) 국제 연합[UN]의 세계 인권 선언 채택

① (가) – (나) – (다)
② (가) – (다) – (나)
③ (나) – (가) – (다)
④ (나) – (다) – (가)

03 다음에서 설명하는 것은?

- 의미 : 비슷한 상품을 생산하는 기업들끼리 생산량과 가격을 사전에 협의하여 결정하는 것
- 영향 : 시장의 자유로운 경쟁 제한, 소비자의 선택권 침해

① 신용
② 예금
③ 담합
④ 채권

04 ㉠에 들어갈 것은?

경제신문	○○○○년 ○월 ○일
대공황 극복의 길을 열다!	

1933년 미국의 루스벨트 대통령은 (㉠)으로 대공황 극복에 나섰다. (㉠)은 실업 구제 사업과 대규모 공공사업 등을 통해 유효 수요를 늘리려는 의도로 시작되었다.

① 뉴딜 정책
② 석유 파동
③ 시민 불복종
④ 보이지 않는 손

05 다음에서 설명하는 것은?

> 국가가 보유한 생산 요소를 특정 상품 생산에 집중 투입하여 전문성과 생산성을 높이는 생산 방식이다.

① 화폐　　　　② 펀드
③ 편익　　　　④ 특화

07 바람직한 생애 주기별 금융 설계에 대한 설명으로 적절한 것을 〈보기〉에서 고른 것은?

── 〈 보기 〉──
ㄱ. 생애 주기 전체를 고려하여 설계한다.
ㄴ. 생애 주기별 과업을 바탕으로 재무 목표를 설정한다.
ㄷ. 중·장년기에는 저축하지 않고 수입 전액을 지출한다.
ㄹ. 미래 소득은 제외하고 현재 소득만을 고려하여 설계한다.

① ㄱ, ㄴ　　　　② ㄱ, ㄷ
③ ㄴ, ㄹ　　　　④ ㄷ, ㄹ

06 다음은 권력 분립 제도와 관련된 헌법 조항이다. ㉠, ㉡에 들어갈 말을 알맞게 짝지은 것은?

> 제40조 입법권은 (㉠)에 속한다.
> 제66조 제4항 (㉡)은 대통령을 수반으로 하는 정부에 속한다.

	㉠	㉡
①	법원	사법권
②	법원	행정권
③	국회	사법권
④	국회	행정권

08 다음에서 설명하는 문화 변동의 양상은?

> • 의미 : 한 사회 내에 기존의 문화 요소와 전파된 다른 사회의 문화 요소가 각각 나란히 존재하는 것
> • 사례 : 필리핀 사람들은 미국에서 전파된 영어와 자국의 필리핀어를 공용어로 사용함.

① 문화 갈등　　　　② 문화 융합
③ 문화 성찰　　　　④ 문화 병존

09 퀴즈에 대한 정답으로 옳은 것은?

> 자격과 능력을 갖추었음에도 불구하고 여성이라는 이유로 고위직 승진을 가로막는 조직 내의 보이지 않는 장벽을 의미하는 말은 무엇일까요?

① 가상 현실　　② 유리 천장

③ 사이버 범죄　　④ 소비자 주권

10 문화 사대주의에 대한 설명으로 옳은 것은?

① 문화의 우열을 평가하지 않는다.

② 자기 문화를 가장 우수한 것으로 생각한다.

③ 자기 문화를 기준으로 다른 문화를 부정적으로 본다.

④ 다른 문화를 자기 문화보다 우월한 것으로 믿고 동경한다.

11 ㉠에 들어갈 것으로 가장 적절한 것은?

> (㉠)의 사례
> • ○○기업은 오염 물질을 배출하여 사람들에게 피해를 주지만 어떠한 보상도 해 주지 않는다.
> • 양봉업자가 과수원 주변에 꿀벌을 쳐서 과수원 주인은 더 많은 과일을 수확할 수 있게 되었지만 양봉업자에게 그 대가를 지급하지 않는다.

① 외부 효과　　② 공정 무역

③ 규모의 경제　　④ 윤리적 소비

12 다음에서 설명하는 것은?

> 여러 민족의 다양한 문화를 하나로 녹여 그 사회의 주류 문화에 동화시키고자 하는 다문화 정책이다.

① 용광로 정책　　② 셧다운제 정책

③ 고용 보험 정책　　④ 샐러드 볼 정책

13 자유주의적 정의관에 대한 설명으로 옳은 것은?

① 개인보다 국가나 사회가 우선한다.

② 개인의 자유에 최고의 가치를 부여한다.

③ 개인의 이익 추구보다 공동선의 달성을 중시한다.

④ 인간의 삶에서 개인보다 공동체가 가지는 의미를 중시한다.

14 다음과 같은 특징이 나타나는 기후 지역은?

> • 기후 : 강수량이 적음.
> • 농업 : 오아시스나 외래 하천 부근에서 관개 시설을 이용해 밀, 대추야자 등을 재배함.
> • 전통 가옥 : 지붕이 평평한 흙벽돌집

① 열대 기후 지역　　② 건조 기후 지역

③ 온대 기후 지역　　④ 한대 기후 지역

15 다음에서 설명하는 자연재해는?

> • 저위도의 열대 해상에서 발생하여 우리나라에 영향을 미치는 열대 저기압
> • 강한 바람에 많은 비를 동반하여 큰 피해를 유발함.

① 가뭄 ② 지진
③ 태풍 ④ 폭설

16 ㉠에 들어갈 내용으로 적절하지 <u>않은</u> 것은?

> 도시에서는 인공 구조물과 아스팔트, 콘크리트 등의 포장 면적이 증가하여 (㉠).

① 녹지 면적이 감소한다
② 농경지 확보가 유리해진다
③ 도심에 열섬 현상이 나타난다
④ 빗물이 토양에 잘 흡수되지 않는다

17 다음에서 설명하는 에너지 자원은?

> • 화석 연료이며, 연소 시 대기 오염 물질의 배출이 적음.
> • 냉동 액화 기술의 발달과 수송선이 개발되면서 소비량이 증가함.

① 석유 ② 석탄
③ 원자력 ④ 천연가스

18 다음에서 설명하는 것은?

> • 의미 : 온라인상에서 사람과 사람을 연결해 주어 정보를 공유할 수 있는 서비스
> • 영향 : 인간관계 방식의 다양화와 정치 참여 기회의 확대

① 브렉시트(Brexit)
② 누리 소통망[SNS]
③ 인플레이션(inflation)
④ 배리어 프리(barrier free)

19 다음에서 설명하는 종교는?

> • 모스크에서 예배하며, 돼지고기와 술을 금기시한다.
> • 라마단 기간에 단식을 한다.

① 불교 ② 힌두교
③ 이슬람교 ④ 크리스트교

20 다음에서 설명하는 문화권은?

> • 역사 : 에스파냐와 포르투갈의 진출로 유럽 문화가 전파됨.
> • 언어 및 종교 : 에스파냐어와 포르투갈어, 가톨릭교
> • 인종(민족) : 원주민(인디오), 백인, 흑인, 혼혈인

① 북극 문화권
② 동아시아 문화권
③ 오세아니아 문화권
④ 라틴 아메리카 문화권

21 다음에서 설명하는 도시는?

> 다국적 기업의 본사, 생산자 서비스 기능, 금융 업무 기능 등이 집중되어 있고, 뉴욕, 런던, 도쿄 등이 대표적인 도시이다.

① 공업 도시　　　② 생태 도시
③ 세계 도시　　　④ 슬로 시티

22 ㉠에 들어갈 것으로 가장 적절한 것은?

(㉠)는 극심한 가뭄이나 인간의 과도한 농경 및 목축으로 인해 토지가 황폐화되는 현상으로, 사헬 지대에서 대표적으로 나타난다.

① 사막화　　　② 산성비
③ 열대림 파괴　　　④ 폐기물 해양 투기

23 다음에 해당하는 갈등 지역은?

> • 갈등 당사국 : 중국, 필리핀, 브루나이, 말레이시아, 베트남 등
> • 내용 : 원유 및 천연가스 매장지 영유권 분쟁

① 기니만　　　② 카슈미르
③ 난사 군도　　　④ 쿠릴 열도

24 다음에 해당하는 인구 문제는?

> • 원인 : 결혼 및 자녀에 대한 가치관 변화와 여성의 사회 진출 증가
> • 영향 : 향후 노동력 부족 및 인구 감소

① 저출산　　　② 성차별
③ 인구 과잉　　　④ 인종 갈등

25 다음에서 설명하는 것은?

> • 두 개 이상의 주권 국가로 구성되어 국제법상 독자적인 지위를 갖는 조직이다.
> • 유럽 연합[EU], 국제 통화 기금[IMF] 등이 해당한다.

① 정당　　　② 국제기구
③ 이익 집단　　　④ 비정부 기구

제5교시

과 학

정답 및 해설 616p |

01 다음 중 질량이 있는 물체 사이에서 항상 당기는 방향으로 작용하는 힘은?

① 중력　　　　② 마찰력
③ 자기력　　　④ 전기력

02 다음 중 바람의 운동 에너지를 전기 에너지로 전환하는 발전 방식은?

① 수력 발전　　② 풍력 발전
③ 화력 발전　　④ 태양광 발전

03 다음 물체 A~D 중 운동량이 가장 큰 것은?

물체	질량(kg)	속도(m/s)
A	2	1
B	2	2
C	3	1
D	3	2

① A　　　　② B
③ C　　　　④ D

04 그림과 같이 코일에 자석을 가까이 할 때 발생하는 유도 전류의 세기를 크게 하는 방법으로 옳은 것만을 〈보기〉에서 모두 고른 것은?

〈보기〉
ㄱ. 더 강한 자석을 사용한다.
ㄴ. 자석의 움직임을 더 빠르게 한다.
ㄷ. 단위 길이당 코일의 감은 수를 적게 한다.

① ㄱ　　　　② ㄷ
③ ㄱ, ㄴ　　④ ㄴ, ㄷ

05 그림은 변압기의 구조를 나타낸 것이다. 1차 코일과 2차 코일에 걸리는 전압 크기의 비 $V_1 : V_2$는? (단, 도선과 변압기에서 에너지 손실은 무시한다.)

1차 코일 감은 수 5번
2차 코일 감은 수 10번

① 1 : 1
② 1 : 2
③ 2 : 1
④ 3 : 1

06 그림은 자유 낙하 하는 물체 A의 운동을 1초 간격으로 촬영한 것이다. ㉠ 구간의 거리는? (단, 공기 저항은 무시하고, 중력 가속도는 $10 \ m/s^2$으로 한다.)

A
5m
15m
운동 방향
25m
㉠
지면

① 30m
② 35m
③ 40m
④ 45m

07 그림은 탄소의 원자 모형을 나타낸 것이다. 이에 대한 설명으로 옳은 것만을 〈보기〉에서 모두 고른 것은?

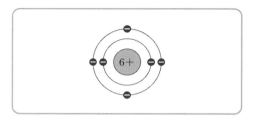

6+

─〈 보기 〉─
ㄱ. 전기적으로 중성이다.
ㄴ. 원자 번호는 6번이다.
ㄷ. 원자가 전자는 5개이다.

① ㄱ
② ㄷ
③ ㄱ, ㄴ
④ ㄴ, ㄷ

08 표는 몇 가지 원소의 가장 바깥쪽 전자 껍질에 배치되어 있는 전자 수를 나타낸 것이다. 이 중 주기율표에서 같은 족에 속하는 원소를 고른 것은?

원소	가장 바깥쪽 전자 껍질의 전자 수
He	2개
Li	1개
Na	1개
Cl	7개

① Li, Cl
② He, Cl
③ Li, Na
④ He, Na

09 다음 중 인체의 약 70%를 차지하며, 수소 원자 2개와 산소 원자 1개가 공유 결합하여 생성된 물질은?

① 물(H_2O)
② 암모니아(NH_3)
③ 염화 나트륨(NaCl)
④ 수산화 나트륨(NaOH)

10 다음 신소재의 공통적인 구성 원소는?

그래핀　　풀러렌　　탄소 나노 튜브

① 수소　　　② 염소
③ 질소　　　④ 탄소

11 다음은 몇 가지 염기의 이온화를 나타낸 것이다. 염기의 공통적 성질을 나타내는 이온은?

- $KOH \rightarrow K^+ + OH^-$
- $NaOH \rightarrow Na^+ + OH^-$
- $Ca(OH)_2 \rightarrow Ca^{2+} + 2OH^-$

① 칼륨 이온(K^+)
② 칼슘 이온(Ca^{2+})
③ 나트륨 이온(Na^+)
④ 수산화 이온(OH^-)

12 다음 중 산과 염기의 중화 반응 사례가 <u>아닌</u> 것은?

① 속이 쓰릴 때 제산제를 먹는다.
② 철이 공기 중의 산소와 만나 녹슨다.
③ 생선 요리에 레몬이나 식초를 뿌린다.
④ 산성화된 토양에 석회 가루를 뿌린다.

13 다음 설명에 해당하는 물질은?

- 기본 단위체인 아미노산의 다양한 조합으로 형성된 고분자 물질이다.
- 근육과 항체의 구성 물질이다.

① 핵산　　　② 단백질
③ 지방산　　④ 셀룰로스

14 그림과 같이 물질을 종류에 따라 선택적으로 이동시키는 세포막의 특성은?

① 내성　　　② 주기성
③ 종 다양성　④ 선택적 투과성

15 다음 중 생명체 내에서 물질이 분해되거나 합성되는 모든 화학 반응은?

① 물질대사
② 부영양화
③ 먹이 그물
④ 유전적 다양성

16 그림은 세포 내 유전 정보의 흐름을 나타낸 것이다. 물질 ㉠은?

① RNA
② 인지질
③ 글리코젠
④ 중성 지방

17 그림은 식물 세포의 구조를 나타낸 것이다. A~D 중 세포막 바깥쪽에 있는 단단한 구조물로서 세포의 형태를 유지하는 역할을 하는 것은?

① A
② B
③ C
④ D

18 다음 중 벼, 메뚜기, 개구리 세 개체군이 살고 있는 지역의 안정된 생태계 평형 상태를 나타낸 것은? (단, 각 영양 단계의 면적은 생물량을 나타낸다.)

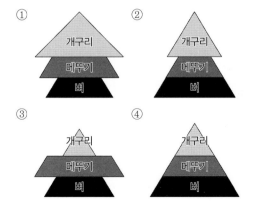

19 다음 중 생태계의 비생물적 요인은?

① 세균
② 온도
③ 곰팡이
④ 식물 플랑크톤

21 다음 중 밑줄 친 ㉠에서 상호 작용 하는 지구 시스템의 구성 요소는?

수온이 따뜻한 열대 해상에서 ㉠ 해수가 활발히 증발해 대기로 공급된 수증기가 응결하여 태풍이 발생한다.

① 수권과 기권
② 수권과 지권
③ 외권과 지권
④ 기권과 생물권

20 그림은 태양과 비슷한 질량을 가진 어느 별의 내부 구조이다. 다음 중 이 별에서 핵융합 반응으로 만들어진 원소는?

① 납
② 철
③ 구리
④ 헬륨

22 그림은 남아메리카판과 아프리카판의 경계와 두 판의 이동 방향을 화살표로 나타낸 것이다. 다음 중 발산형 경계 A에서 나타나는 지형은?

① 해구
② 해령
③ 습곡 산맥
④ 호상 열도

2021년 2회

23 그림은 물의 순환을 나타낸 것이다. 다음 중 이 현상을 일으키는 지구 시스템의 주된 에너지원은?

① 전기 에너지

② 조력 에너지

③ 태양 에너지

④ 지구 내부 에너지

24 그림은 높이에 따른 기권의 기온 분포를 나타낸 것이다. A~D 중 자외선을 흡수하는 오존층이 있으며 대류가 일어나지 않는 안정된 층은?

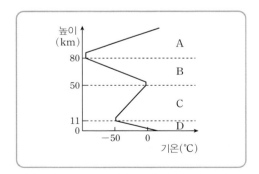

① A   ② B

③ C   ④ D

25 다음 설명에 해당하는 표준 화석은?

- 신생대에 번성하였다.
- 육지에 살았던 생물이다.

① 매머드   ② 삼엽충

③ 화폐석   ④ 암모나이트

제6교시

한국사

정답 및 해설 619p |

01 다음 유물이 처음으로 제작된 시대의 생활 모습으로 옳은 것은?

〈빗살무늬 토기〉

① 민화가 유행하였다.
② 불교를 받아들였다.
③ 농경과 목축을 시작하였다.
④ 철제 농기구를 사용하였다.

02 다음에서 ㉠에 들어갈 나라는?

〈 ㉠ 의 8조법〉
– 사람을 죽인 자는 즉시 죽인다.
– 남에게 상처를 입힌 자는 곡식으로 갚는다.
– 도둑질을 한 자는 노비로 삼는다.

① 마한
② 백제
③ 신라
④ 고조선

03 다음에서 ㉠에 들어갈 사건은?

〈고구려와 수·당의 전쟁〉
• [㉠] : 수나라의 침입을 을지문덕이 물리침.
• 안시성 싸움 : 당나라의 침입을 성주와 백성들이 결사적으로 저항하여 물리침.

① 기묘사화
② 신미양요
③ 무신 정변
④ 살수 대첩

04 다음 중 발해에 대한 설명으로 옳은 것을 〈보기〉에서 고른 것은?

─〈보기〉─
ㄱ. 고구려 계승 의식을 내세웠다.
ㄴ. 당으로부터 해동성국이라 불리었다.
ㄷ. 화랑도를 국가적 조직으로 정비하였다.
ㄹ. 이성계가 건국한 후 한양으로 천도하였다.

① ㄱ, ㄴ
② ㄱ, ㄷ
③ ㄴ, ㄹ
④ ㄷ, ㄹ

05 다음에서 설명하는 고려의 왕은?

> • 쌍성총관부를 공격하여 철령 이북의 영토를 수복함.
> • 신돈을 등용하여 전민변정도감을 설치함.

① 성왕　　　　② 공민왕
③ 장수왕　　　　④ 진흥왕

06 다음에서 ㉠에 들어갈 내용으로 가장 적절한 것은?

> 〈수행 평가 계획서〉
> 주제 : 　㉠
> • 1모둠 : 전시과 제도의 정비 과정에 대해 조사하기.
> • 2모둠 : 공음전, 군인전의 특징에 대해 조사하기.

① 고려의 토지 제도
② 삼국의 문물 교류
③ 조선의 대외 관계
④ 통일 신라의 신분 제도

07 다음에서 설명하는 고려의 공예품은?

> • 신라와 발해의 전통과 기술을 토대로 송의 자기 제작 기술을 받아들여 만들어짐.
> • 귀족 사회의 전성기인 11세기에 만들어진 비색의 자기임.

① 청자　　　　② 활구
③ 거중기　　　　④ 신기전

08 다음에서 설명하는 고려의 인물은?

> ■ 역사 인물 카드 ■
> • 생몰 연도 : 1158~1210
> • 주요 활동
> − 수선사 결사 조직
> − 수행 방법으로 정혜쌍수, 돈오점수 제시
> − 선·교 일치의 사상 체계 정립

① 계백　　　　② 지눌
③ 김유신　　　　④ 김좌진

09 다음에서 설명하는 조선의 법전은?

> • 세조 때 편찬을 시작하여 성종 때 완성함.
> • 조선의 기본 법전으로 이·호·예·병·형·공전의 6전으로 구성됨.

① 경국대전　　　　② 농사직설
③ 목민심서　　　　④ 삼국사기

10 다음에서 ㉠에 들어갈 내용으로 옳은 것은?

> 〈정조의 정책〉
> – 규장각 운영
> – 장용영 설치
> – ㉠

① 대가야 정벌 ② 훈민정음 창제
③ 수원 화성 건설 ④ 노비안검법 실시

11 다음에서 설명하는 사건은?

> • 배경 : 청의 군신 관계 요구를 조선이 거절함.
> • 전개 : 청 태종이 침략하자 인조가 남한산성으로 피신하여 항전하였으나 삼전도에서 항복함.
> • 결과 : 조선은 청과 군신 관계를 맺음.

① 방곡령 ② 병자호란
③ 을미사변 ④ 홍경래의 난

12 다음에서 ㉠에 들어갈 조선의 수취 제도는?

> 학생 ㉠ 에 대해 알려 주세요.
> 교사 조선 영조 때 군역 부담을 줄여 주기 위하여 실시된 수취 제도로 1년에 2필을 내던 군포를 1필로 줄였습니다.

① 과전법 ② 균역법
③ 진대법 ④ 호패법

13 다음에서 설명하는 사건은?

> **개화당, 새로운 세상을 꿈꾸다**
> 개화당의 김옥균, 박영효, 홍영식, 서재필 등은 우정총국 개국 축하연을 기회로 변란을 일으켜 근대 국가를 건설하고자 하였다.

① 갑신정변 ② 묘청의 난
③ 삼별초 항쟁 ④ 위화도 회군

14 다음에서 설명하는 종교는?

> • 경주의 몰락 양반인 최제우가 창시함.
> • 인내천 사상을 바탕으로 인간의 평등을 강조함.
> • 1894년 전봉준, 손화중 등 교도들이 농민운동에 참여함.

① 도교 ② 동학
③ 대종교 ④ 원불교

15 다음 퀴즈의 정답으로 옳은 것은?

> 〈한국사 퀴즈〉
> 문제 : 다음 힌트를 듣고 정답을 말해 주세요.
> • 힌트 1 – 흥선 대원군이 왕실의 권위를 높이기 위해 실시한 정책입니다.
> • 힌트 2 – 필요 경비를 마련하려고 당백전을 발행하였습니다.

① 경복궁 중건 ② 우산국 정복
③ 삼국유사 편찬 ④ 독서삼품과 실시

16 밑줄 친 ㉠의 회원들이 벌인 활동으로 옳은 것은?

> 1907년 안창호, 양기탁 등이 설립한 ㉠ 비밀 결사 단체로 교육 진흥과 국민 계몽을 강조하고 해외에 독립운동 기지를 건설하였다.

① 강동 6주 개척
② 대동여지도 제작
③ 남북 기본 합의서 채택
④ 대성 학교와 오산 학교 설립

17 다음에서 설명하는 자주 국권 운동을 전개한 단체는?

> **대한 사람 모두 모이시오!**
> 만민 공동회는 남녀노소 누구나 참여할 수 있습니다.
> • 일자 : 1898년 ○월 ○○일
> • 취지 : 러시아 내정 간섭과 이권 요구 규탄
> • 운영 방법 : 토론회와 강연회

① 의열단   ② 독립 협회
③ 북로 군정서   ④ 미 · 소 공동 위원회

18 다음에서 설명하는 것은?

> 1919년 3 · 1 운동을 계기로 상하이에서 수립되었으며, 민주 공화제를 지향하고 연통제와 교통국을 조직하여 활동하였다.

① 삼정이정청   ② 통리기무아문
③ 문맹 퇴치 운동   ④ 대한민국 임시 정부

19 다음에서 일제 강점기 국가 총동원법이 적용된 시기의 상황으로 옳은 것은?

① 공출 제도가 실시되었다.
② 만적의 난이 발생하였다.
③ 강화도 조약이 체결되었다.
④ 전국에 척화비가 세워졌다.

20 다음에서 설명하는 단체는?

> • 어려운 독립운동 상황을 극복하기 위해 김구의 주도하에 조직됨.
> • 대표적인 활동으로 이봉창 의거와 윤봉길 의거가 있음.

① 별기군   ② 교정도감
③ 한인 애국단   ④ 조선어 학회

21 다음에서 ㉠에 들어갈 내용으로 가장 적절한 것은?

> 〈다큐멘터리 기획안〉
> • 제목 : 일제의 역사 왜곡에 맞선 신채호
> • 기획 의도 : 역사학자 신채호의 활동을 조명한다.
> • 내용 : 1부 대한매일신보에 '독사신론'을 연재하다.
> 　　　　2부 ┌─────㉠─────┐

① 동의보감을 편찬하다.

② 임오군란을 주도하다.

③ 해동 천태종을 창시하다.

④ 민족주의 사학을 연구하다.

22 다음 정책을 실시한 정부 시기에 일어난 사건은?

> • 유신 헌법 제정
> • 새마을 운동 실시
> • 한·일 협정 체결
> • 경제 개발 5개년 계획 추진

① 서원 철폐　　② 자유시 참변

③ 베트남 파병　　④ 금난전권 폐지

23 다음 대화 내용에 해당하는 민족 운동은?

민족 산업을 보호하기 위해 조만식 등이 평양에서 시작한 운동이야.

그때 '조선 사람 조선 것'이라는 구호를 외쳤어.

① 형평 운동　　② 서경 천도 운동

③ 물산 장려 운동　　④ 좌·우 합작 운동

24 다음에서 설명하는 사건은?

> 1980년 5월, 비상계엄을 전국으로 확대한 신군부에 맞서 광주의 학생과 시민들은 '광주 시민 궐기문'을 발표하고 격렬하게 저항하였다. 당시의 관련 기록물은 2011년 유네스코 세계 기록 유산으로 등재되었다.

① 병인박해　　② YH 무역 사건

③ 교조 신원 운동　　④ 5·18 민주화 운동

25 다음에서 ㉠에 들어갈 내용으로 옳은 것은?

> ┌─────㉠─────┐
> • 2000년에 개최된 남북 정상 회담의 결과로 발표됨.
> • 이산가족 방문, 개성 공단 건설 등 남북 교류에 합의함.

① 홍범 14조

② 교육입국 조서

③ 6·15 남북 공동 선언

④ 조·청 상민 수륙 무역 장정

제7교시

도 덕

정답 및 해설 623p |

01 다음 쟁점들을 다루는 실천 윤리 분야로 가장 적절한 것은?

> • 사회 참여는 시민의 의무인가?
> • 사회적 가치의 공정한 분배 기준은 무엇인가?

① 생명 윤리　　　② 사회 윤리

③ 과학 윤리　　　④ 환경 윤리

02 다음에 해당하는 사랑과 성의 관계에 대한 관점은?

> • 결혼을 통해 이루어지는 성적 관계만이 옳다.
> • 배우자가 아닌 다른 사람과의 성적 관계는 부도덕하다.

① 자유주의　　　② 중도주의

③ 보수주의　　　④ 공리주의

03 ㉠에 들어갈 내용으로 옳은 것은?

> 가치 있는 삶을 살기 위해 필요한 자세가 무엇일까?
>
> (㉠)의 자세가 필요해.
>
> 그게 뭐야? 자세히 설명해 줄래?
>
> 생활 속에서 자신의 마음가짐과 행동을 윤리적 관점에서 깊이 있게 반성하고 살피는 거야.

① 가치 전도　　　② 특권 의식

③ 윤리적 성찰　　　④ 이기적 실천

04 덕 윤리의 특징으로 옳은 것을 〈보기〉에서 고른 것은?

> ──── 〈보기〉 ────
> ㄱ. 도덕적 실천 가능성을 강조한다.
> ㄴ. 공동체의 전통과 역사를 중시한다.
> ㄷ. 인간의 감정과 인간관계를 무시한다.
> ㄹ. 공리의 원칙에 따른 행위만을 중시한다.

① ㄱ, ㄴ　　　② ㄱ, ㄷ

③ ㄴ, ㄹ　　　④ ㄷ, ㄹ

05 (가), (나)에 들어갈 내용으로 적절하지 않은 것은?

주제 : 동물 복제를 허용해야 하는가?

찬성 논거	반대 논거
(가)	(나)
⋮	⋮

① (가) : 희귀 동물을 보호할 수 있다.
② (가) : 우수한 품종을 개발할 수 있다.
③ (나) : 자연의 고유한 질서에 어긋난다.
④ (나) : 동물 종의 다양성 보존에 기여한다.

06 다음 설명에 해당하는 처벌에 대한 관점은?

처벌의 본질을 범죄 행위에 대해 응당한 보복을 가하는 것으로 본다.

① 예방주의   ② 공리주의
③ 응보주의   ④ 실용주의

07 다음을 주장한 사상가의 입장으로 옳은 것은?

〈정의의 두 원칙〉
• 제1원칙 : 평등한 자유의 원칙
모든 사람은 다른 사람과 유사한 자유와 양립할 수 있는 가장 광범위한 기본적 자유에 대하여 동등한 권리를 가져야 한다.
• 제2원칙 : 공정한 기회균등의 원칙, 차등의 원칙

① 개인의 기본적 자유를 보장해야 한다.
② 사회 구성원의 기본적 자유는 평등하지 않다.
③ 사회 전체의 이익을 위한 소수의 희생은 정당하다.
④ 부유층의 기본권이 빈곤층의 기본권보다 중요하다.

08 다음 설명에 해당하는 것은?

• 유교에서 말하는 기본적인 인간관계에서 지켜야 할 다섯 가지 도덕규범.
• 부자유친, 군신유의, 부부유별, 장유유서, 붕우유신.

① 오륜(五倫)   ② 충서(忠恕)
③ 삼학(三學)   ④ 좌망(坐忘)

09 (가)에 들어갈 용어로 적절한 것은?

(가)
- 남녀 모두의 인권을 동등하게 보장함.
- 성별에 따른 차별, 편견, 비하, 폭력이 없음.
- 남녀의 차이를 인정하고 다양성과 개성을 존중함.

① 성차별　　　② 성폭력
③ 양성평등　　④ 성 상품화

10 다음 중 시민 불복종의 정당화 조건으로 옳지 않은 것은?

① 처벌 감수　　② 공동선 추구
③ 최후의 수단　④ 폭력적 방법 사용

11 다음 제도가 강조하는 덕목은?

- 부패 방지법
- 내부 공익 신고 제도
- 부정 청탁 및 금품 수수 금지에 관한 법률

① 배려　　② 관용
③ 청렴　　④ 자선

12 다음에서 소개하는 윤리 사상가는?

◆도덕 인물 카드◆
- 고대 그리스의 철학자.
- "너 자신을 알라."라는 말을 강조함.
- 반성적으로 검토하는 삶이 중요하다고 주장함.

① 밀　　　　② 베이컨
③ 데카르트　④ 소크라테스

13 다음 중 과학 기술자의 윤리적 자세로 옳지 않은 것은?

① 연구 과정에서 표절이나 위조를 해서는 안 된다.
② 연구 및 실험 대상을 윤리적으로 대우해야 한다.
③ 연구 과정에서 부당한 저자 표기를 해서는 안 된다.
④ 연구 결과를 자신의 이익만을 위해 공개해야 한다.

14 다음에서 생태 중심주의 관점에만 '✓'를 표시한 학생은?

학생 관점	A	B	C	D
• 인간은 자연보다 우월한 존재이다.	✓		✓	
• 동물은 인간을 위한 수단일 뿐이다.	✓			✓
• 자연 전체가 도덕적 고려의 대상이다.		✓		✓

① A　　　　　　② B

③ C　　　　　　④ D

15 다음 설명에 해당하는 정보 사회의 윤리적 문제점은?

> 교육, 소득 수준, 성별, 지역 등의 차이로 정보에 대한 접근과 이용에 차별이 발생하고, 그 결과 사회적 · 경제적 불평등이 초래되는 현상.

① 정보 격차　　　　② 사생활 침해

③ 저작권 침해　　　④ 사이버 스토킹

16 (가)에 들어갈 사상은?

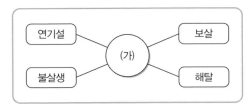

① 유교　　　　　② 불교

③ 도교　　　　　④ 기독교

17 예술의 상업화를 반대하는 입장으로 옳은 것을 〈보기〉에서 고른 것은?

> ─────〈 보기 〉─────
> ㄱ. 예술을 일반 대중들도 누릴 수 있게 해 준다.
> ㄴ. 예술가에게 예술 활동의 경제적 기반을 마련해 준다.
> ㄷ. 예술의 미적 가치와 윤리적 가치를 훼손할 수 있다.
> ㄹ. 예술 작품이 돈을 벌기 위한 투기 수단으로 사용된다.

① ㄱ, ㄴ　　　　　② ㄱ, ㄷ

③ ㄴ, ㄹ　　　　　④ ㄷ, ㄹ

18 다음은 서술형 평가 문제와 학생 답안이다. 밑줄 친 ㉠~㉢ 중 옳지 않은 것은?

> 문제 : 뉴 미디어(new media)의 의미와 특징을 서술하시오.
>
> 〈학생 답안〉
> 뉴 미디어는 ㉠ 정보 통신 기술이 발달하면서 등장한 새로운 전달 매체이다. 뉴 미디어는 ㉡ 송신자와 수신자 간의 쌍방향 정보 교환이 불가능하지만, ㉢ 수신자가 원하는 시간에 정보를 볼 수 있게 해 주고, ㉣ 정보를 디지털화함으로써 신속하고 정확하게 처리하는 것이 가능하다.

① ㉠　　　　　　② ㉡

③ ㉢　　　　　　④ ㉣

19 다음에 해당하는 윤리 사상가는?

> • 도덕성을 판단할 때 행위의 결과보다 동기를 중시함.
> • 도덕 법칙은 정언 명령의 형식으로 제시됨을 주장함.

① 벤담　　　　　② 칸트
③ 플라톤　　　　④ 에피쿠로스

20 ㉠, ㉡에 들어갈 말이 옳게 짝지어진 것은?

(㉠) 소비	소비자가 자신의 경제력 내에서 가장 큰 효용과 만족을 주는 상품을 구매하는 것.
(㉡) 소비	소비자가 윤리적인 가치 판단의 신념에 따라 상품을 구매하는 것.

	㉠	㉡
①	윤리적	합리적
②	충동적	윤리적
③	합리적	충동적
④	합리적	윤리적

21 ㉠에 들어갈 용어로 가장 적절한 것은?

대표 사상가	특징
하버마스(Habermas, J.)	의사소통의 합리성 실현을 강조하며, 시민이 사회 문제 해결에 적극 참여하는 주체가 되어야 한다고 주장함.

㉠ 윤리

① 담론　　　　　② 배려
③ 의무　　　　　④ 책임

22 다음에 해당하는 다문화 이론은?

> • 다른 맛을 가진 채소와 과일들이 그릇 안에서 서로 조화를 이루듯이 다양한 문화가 평등하게 조화를 이루어야 함.
> • 여러 인종, 여러 민족이 각자의 문화적 특성을 유지하며 조화를 이루어야 함.

① 샐러드 볼 이론
② 동화주의 이론
③ 국수 대접 이론
④ 자문화 중심주의 이론

23 다음 설명에 해당하는 인간의 특성으로 가장 적절한 것은?

> 인간은 시간과 공간의 한계를 넘어서기를 갈망하며, 그러한 한계를 극복하기 위해 신 (神)과 같은 초월적 존재와 연관을 맺고자 하는 존재이다.

① 감각적 존재 ② 종교적 존재
③ 윤리적 존재 ④ 이기적 존재

24 ㉠에 들어갈 용어로 가장 적절한 것은?

현대 공리주의 사상가인 싱어(Singer, P.)는 원조의 목적은 인류 전체의 (㉠)을/를 감소시키고 쾌락을 증진시키는 것이라고 주장합니다.

① 이익 ② 행복
③ 고통 ④ 복지

25 다음 중 남북통일 실현을 위한 올바른 자세가 아닌 것은?

① 주변국과 긴밀히 협력한다.
② 열린 마음으로 소통하고 배려를 실천한다.
③ 북한을 동반자가 아니라 경계 대상으로만 본다.
④ 국민적 합의에 근거하여 통일의 방법을 모색한다.

2020년도

제1회

제1교시 국 어

제2교시 수 학

제3교시 영 어

제4교시 사 회

제5교시 과 학

제6교시 한국사

제7교시 도 덕

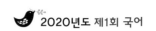

제1교시

국 어

정답 및 해설 628p |

01 ㉠에 들어갈 공감적 듣기로 가장 적절한 것은?

① (등을 돌리며) 네가 감당해야지.

② (곁눈질하며) 힘들다니 말도 안 돼.

③ (고개를 끄덕이며) 그래, 많이 힘들었구나.

④ (다른 곳을 바라보며) 나는 너보다 더 힘들어.

02 다음 말하기에 해당하는 사례로 가장 적절한 것은?

> 문제를 자신의 탓으로 돌리는 표현을 하여 상대방이 이 문제를 너그럽게 받아들이도록 하는 말하기

① 오늘은 영하의 날씨래. 창문 좀 닫아 줘.

② 맛이 굉장히 독특하네. 음식점을 내도 되겠는데?

③ 지난번에 운이 좋아서 시험을 잘 봤어. 이번에는 모르겠다.

④ 잠깐 딴생각을 하느라 못 들었어. 한 번만 더 말해 줄래?

03 다음 문장과 동일한 오류가 드러난 것은?

> 나의 바람은 네가 잘되었으면 좋겠어.

① 그는 아름다운 소녀의 노래를 들었다.

② 그들은 환경 문제에 대한 회의를 가졌다.

③ 내가 말하고자 하는 것은 너는 마음씨가 곱다.

④ 우리는 먹고 남은 잔반을 다시 쓰지 않습니다.

04 밑줄 친 단어 중, 한글 맞춤법 규정을 잘못 적용한 것은?

> **한글 맞춤법**
>
> [제19항] 어간에 '-이'나 '-음/-ㅁ'이 붙어서 명사로 된 것과 '-이'나 '-히'가 붙어서 부사로 된 것은 그 어간의 원형을 밝히어 적는다.
> 다만, 어간에 '-이'나 '-음/-ㅁ'이 붙어서 명사로 바뀐 것이라도 그 어간의 뜻과 멀어진 것은 원형을 밝히어 적지 아니한다.

① 그녀는 굳이 따지려 들지 않았다.

② 그는 노름으로 전 재산을 날렸다.

③ 어름이 녹은 비탈에 새싹이 났다.

④ 먼 데서 다듬이 두드리는 소리가 들렸다.

05 ㉠에 들어갈 말로 알맞은 것은?

> '물, 불, 풀, 뿔'은 [㉠]이/가 바뀜으로써 뜻이 달라진 단어들이다.

① 자음
② 모음
③ 소리의 고저
④ 소리의 길이

06 향찰은 한자의 음과 뜻을 빌려 우리말을 표기한 방법이다. ㉠, ㉡에 해당하는 표기 방법으로 알맞은 것은?

표기할 우리말 : 선화 공주님은					
향찰 표기	善	化	公	主	㉠主	㉡隱
음[소리]	선	화	공	주	주	은
훈[뜻]	착하다	되다	귀인	님	님	숨다

	㉠	㉡		㉠	㉡
①	음차	음차	②	음차	훈차
③	훈차	음차	④	훈차	훈차

[07~08] 다음 개요를 읽고 물음에 답하시오.

> 주제 : 기부 문화의 확산
> Ⅰ. 서론 : 기부 참여도가 낮은 사회 현상 제시
> Ⅱ. 본론
>   1. 기부 참여도가 낮은 원인
>   가. 기부의 중요성에 대한 이해 부족
>   나. 기부 실천에 대한 경험 부족
>   다. 기부 방법에 대한 정보 부족
>   2. 해결 방안
>   ┌─────── ㉠ ───────┐
> Ⅲ. 결론 : 행동으로 실천하는 기부 문화 확산

07 ㉠에 들어갈 내용으로 적절하지 않은 것은?

① 기부의 중요성 홍보
② 기부 경험 사례의 공유
③ 과소비 현상에 대한 비판
④ 기부 방식에 대한 자료 제공

08 위 주제로 캠페인 문구를 만들 때, 〈조건〉을 만족하는 것은?

> ─── 〈조건〉 ───
> 대구법과 비유법을 모두 활용하여 주제를 강조할 것

① 나 하나의 기부 실천, 우리 모두의 행복 물결!
② 건강한 사회를 위한 첫걸음, 지금 시작하세요.
③ 기부는 생명의 물, 올해도 가득 채워 주실 거죠?
④ 천 원으로 만드는 행복, 기부하는 당신을 응원합니다.

[09~11] 다음 글을 읽고 물음에 답하시오.

산 너머 고운 노을을 보려고
그네를 힘차게 차고 올라 발을 굴렀지
노을은 끝내 ㉠ 어둠에게 잡아먹혔지
나를 태우고 날아가던 그넷줄이
오랫동안 ㉡ 삐걱삐걱 떨고 있었어

어릴 때는 나비를 쫓듯
아름다움에 취해 땅끝을 찾아갔지
그건 아마도 끝이 아니었을지 몰라
그러나 살면서 몇 번은 땅끝에 서게도 되지
㉢ 파도가 끊임없이 땅을 먹어 들어오는 막바지에서
이렇게 뒷걸음질 치면서 말야

살기 위해서는 이제
뒷걸음질만이 허락된 것이라고
파도가 아가리를 쳐들고 달려드는 곳
찾아 나선 것도 아니었지만
끝내 발 디디며 서 있는 땅의 끝,
그런데 이상하기도 하지
위태로움 속에 아름다움이 스며 있다는 것이
㉣ 땅끝은 늘 젖어 있다는 것이
그걸 보려고
또 몇 번은 여기에 이르리라는 것이

– 나희덕, 「땅끝」 –

09 윗글에 대한 설명으로 가장 적절한 것은?

① 역설을 활용하여 주제를 드러내고 있다.
② 후렴구를 반복하여 정서를 드러내고 있다.
③ 후각적 이미지로 상황을 역동적으로 그려
   내고 있다.
④ 처음과 마지막 행에 같은 구절을 사용하여
   의미를 강조하고 있다.

10 윗글의 화자에 대한 설명으로 가장 적절한 것은?

① 1연 : '노을'을 보려고 노력하였다.
② 1연 : '그네'를 타고 이상향에 정착하였다.
③ 2연 : '나비'를 두려운 존재로 여긴다.
④ 3연 : '그런데' 이후 분노를 드러낸다.

11 ㉠~㉣ 중, 다음에 해당하는 시어로 가장 적절한 것은?

> 부정적 상황이지만 삶의 희망을 품고 있는 상태

① ㉠   ② ㉡
③ ㉢   ④ ㉣

[12~14] 다음 글을 읽고 물음에 답하시오.

소년은, 드디어, 그렇게도 동경하여 마지않던 서울로 올라오고야 말았다. 청량리를 들어서서 질펀한 거리를 달리는 승합자동차의 창 너머로, 소년이 우선 본 것은 전차라는 물건이었다. 시골 '가평'서는 결코 볼 수 없었던 것이, 그야, 전차 한 가지가 아니다. 그래도 그는, 지금 곧, 우선 저 전차에 한번 올라타 보았으면 한다. 그러나 아버지는 어린 아들의 감격을 일일이 아랑곳하지 않고, 동관 앞 자동차부에서 차를 내리자, 그대로 그를 이끌어 종로로 향한다.

소년은 행길 한복판을 거의 쉴 사이 없이 달리는 전차에 가, 신기하지도 아무렇지도 않은 듯싶게 올라타고 있는 수많은 사람들의 얼굴에, 머리에, 등덜미에, 잠깐 동안 부러움 가득한 눈을 주었다.

"아버지, 우린, 전차, 안 타요?"

"아, 바루 저긴데, 전찬 뭣하러 타니?"

아무리 '바루 저기'라도, 잠깐 좀 타 보면 어떠냐고, 소년은 적이 불평이었으나, 다음 순간, ㉠ <u>그</u>는 언제까지든 그것 한 가지에만 마음을 주고 있을 수 없게, 이제까지 시골구석에서 단순한 모든 것에 익숙하여 온 그의 어린 눈과 또 귀는 어지럽게도 바빴다.

[A]
> 전차도 전차려니와, 웬 자동차며 자전거가 그렇게 쉴 새 없이 뒤를 이어서 달리느냐. 어디 '장'이 선 듯도 싶지 않건만, 사람은 또 웬 사람이 그리 거리에 넘치게 들끓느냐. 이 층, 삼 층, 사 층…… 웬 집들이 이리 높고, 또 그 위에는 무슨 간판이 그리 유난스레도 많이 걸려 있느냐. 시골서, '영리하다', '똑똑하다', 바로 별명 비슷이 불려온 소년으로도, 어느 틈엔가, 제 풀에 딱 벌려진 제 입을 어쩌는 수 없이, 마분지[1] 조각으로 고깔을 만들어 쓰고, 무엇인지 종잇조각을 돌리고 있는 ㉡ <u>사나이</u> 모양에도, 그의 눈은, 쉽사리 놀라고, 수많은 깃대잡이 아이놈들이 앞장을 서서, ㉢ <u>몽당수염</u> 난 이가 신 나게 부는 날라리 소리에도, ㉣ <u>어린 이</u>의 마음은 걷잡을 수 없게 들떴다.

몇 번인가 아버지의 모양을 군중 속에 잃어버릴 뻔하다가는 찾아내고, 찾아내고 한 소년은, 종로 네거리 굉대한[2] 건물 앞에 이르러, 마침내, 아버지의 팔을 잡았다.

– 박태원, 「천변 풍경」 –

―――――――――
1) 마분지 : 종이의 하나. 주로 짚을 원료로 하여 만드는데, 빛이 누렇고 질이 낮다.
2) 굉대(宏大)한 : 어마어마하게 큰.

12 '소년'과 '아버지'에 대한 설명으로 가장 적절한 것은?

① 아버지는 소년의 마음을 일일이 헤아리고 있다.
② 아버지와 소년은 종로에서 청량리로 이동하였다.
③ 소년은 서울에서 내내 아버지의 손을 잡고 다녔다.
④ 소년은 전차를 타지 못한 것을 못마땅하게 여겼다.

13 [A]에 대한 설명으로 가장 적절한 것은?

① 인물 간의 대화를 통해 갈등을 유발하고 있다.
② 작품 밖 서술자가 인물의 심리를 드러내고 있다.
③ 우의적 표현을 활용하여 주제 의식을 강화하고 있다.
④ 구체적인 시간을 제시하여 사건의 개연성을 높이고 있다.

14 ㉠~㉣ 중, 가리키는 대상이 같은 것끼리 묶인 것은?

① ㉠, ㉡   ② ㉠, ㉣
③ ㉡, ㉢   ④ ㉢, ㉣

[15~16] 다음 글을 읽고 물음에 답하시오.

> 한숨아 세(細) 한숨아, 네 어느 틈으로 들어오느냐.
> 고모장지[1] 세살장지 들장지 열장지에 암돌쩌귀[2]
> 수톨쩌귀 배목 걸쇠 뚝딱 박고 크나큰 자물쇠로 깊
> 숙이 채웠는데 병풍이라 덜컥 접고 족자라 대그르
> 르 말고 네 어느 틈으로 들어오느냐.
> 아마도 너 온 날 밤이면 잠 못 들어 하노라.
>
> - 작자 미상 -

1) 장지 : 방과 방 사이. 또는 방과 마루 사이에 칸을 막아 끼우는 문.
2) 돌쩌귀 : 문짝을 문설주에 달아 여닫는 데 쓰는 두 개의 쇠붙이.
  암짝은 문설주에, 수짝은 문짝에 박아 맞추어 꽂는다.

15 윗글의 표현상 특징으로 적절하지 <u>않은</u> 것은?

① 대상을 의인화하여 해학성을 드러내고 있다.
② 의태어를 활용하여 상황을 실감 나게 표현하고 있다.
③ 유사한 시어의 반복을 통하여 리듬감을 살리고 있다.
④ 청유형 문장을 사용하여 화자의 의지를 강조하고 있다.

16 윗글에 나타난 화자의 심정으로 가장 적절한 것은?

① 자연과 함께하고 싶은 마음
② 힘든 세상사에서 느끼는 시름
③ 사랑하는 사람을 만났다는 안도감
④ 목표를 위해 시련을 견디는 굳센 의지

[17~19] 다음 글을 읽고 물음에 답하시오.

흥부 이 말을 듣고 형의 집에 건너갈 제, 치장을 볼작시면, 편자[1] 없는 헌 망건에 박 쪼가리 관자[2] 달고, 물렛줄로 당끈 달아 대가리 터지게 동이고, 깃만 남은 중치막 동강 이은 헌 술띠를 흉복통에 눌러 띠고, 떨어진 헌 고의에 청올치[3]로 대님 매고, 헌 짚신 감발하고[4] 세살부채 손에 쥐고, 서 홉들이 오망자루[5] 꽁무니에 비슥 차고, 바람맞은 병인같이 잘 쏘는 사수같이 어슥비슥 건너 달아 형의 집에 들어가서 전후좌우 바라보니, 앞 노적[6], 뒤 노적, 멍에 노적 담불 담불 쌓였으니, 흥부 마음 즐거우나 놀부 심사 무거하여[7] 형제끼리 내외하여 구박이 태심하니, 흥부 하릴없이 뜰 아래서 문안하니, 놀부가 묻는 말이,

"네가 뉜고?"

"내가 흥부요."

"흥부가 뉘 아들인가?"

"애고 형님 이것이 웬 말이오? 비나이다, 형님 전에 비나이다. 세끼 굶어 누운 자식 살려 낼 길 전혀 없으니, 쌀이 되나 벼가 되나 양단간에 주시면 품을 판들 못 갚으며 일을 한들 공할쏜가. 부디 옛 일을 생각하여 사람을 살려 주오."

〈중략〉

탄식하고 돌아오니, 흥부 아내 거동 보소. 흥부 오기를 기다리며 우는 아기 달래 올 제 물레질하며,

"아가 아가 우지 마라. 어제저녁 김 동지 집 용정 방아 찧어주고 쌀 한 되 얻어다가 너희들만 끓여 주고 우리 양주[8] 어제 저녁 이때까지 그저 있다."

"잉잉잉."

"너 아버지 저 건너 아주버니 집에 가서 돈이 되나 쌀이 되나 양단간에 얻어 오면, 밥을 짓고 국을 끓여 너도 먹고 나도 먹자. 우지 마라."

"잉잉잉."

아무리 달래어도 악 치듯 보채는구나. 흥부 아내 하릴없어 흥부 오기 기다릴 제, 의복 치장 볼작시면, 깃만 남은 저고리, 다 떨어진 누비바지 몽당치마 떨쳐입고, 목만 남은 헌 버선에 뒤축 없는 짚신 신고, 문밖에 썩 나서며 머리 위에 손을 얹고 기다

릴 제, 칠년대한⁹⁾ 가문 날에 비 오기 기다리듯, 장마 진데 볕 나기 기다리듯, 제갈량 칠성단에 ㉠ 동남풍 기다리듯, ㉡ 강태공 위수상에 시절을 기다리듯, 만 리 전장에 승전하기 기다리듯, 어린아이 경풍에 ㉢ 의원을 기다리듯, 독수공방에 ㉣ 낭군 기다리듯, 춘향이 죽게 되어 이 도령 기다리듯, 과년한 노처녀 시집가기 기다리듯, 삼십 넘은 노도령 장가가기 기다리듯, 장중에 들어가서 과거 하기 기다리듯, 세끼 굶어 누운 자식 흥부 오기 기다린다.

– 작자 미상, 「흥부전」 –

1) 편자 : 망건을 졸라매기 위하여 아래 시울에 붙여 말총으로 좁고 두껍게 짠 띠.
2) 관자 : 망건에 달아 당줄을 꿰는 작은 단추 모양의 고리.
3) 청올치 : 칡덩굴의 속껍질. 베를 짤 수도 있고 노를 만드는 재료로도 쓴다.
4) 감발하여 : 발에 발감개를 하고.
5) 오망자루 : 볼품없이 생긴 자그마한 자루.
6) 노적 : 곡식 따위를 한데에 수북이 쌓음. 또는 그런 물건.
7) 무거하여 : 성질이 말할 수 없이 흉측하여.
8) 양주 : 바깥주인과 안주인이라는 뜻으로, '부부'를 이르는 말.
9) 칠년대한 : 칠 년 동안이나 내리 계속되는 큰 가뭄.

17 윗글에 대한 설명으로 가장 적절한 것은?

① 영웅의 일대기를 그리고 있다.
② 주로 과거형 시제로 서술하고 있다.
③ 비슷한 구조의 어구를 나열하고 있다.
④ 아버지와 아들 간의 갈등을 다루고 있다.

18 윗글의 인물에 대한 설명으로 적절하지 않은 것은?

① 흥부는 초라한 행색으로 놀부를 찾아간다.
② 흥부의 아내는 놀부의 도움을 바라고 있다.
③ 흥부는 잘못을 반성하며 용서를 구하고 있다.
④ 놀부는 흥부의 방문을 탐탁지 않게 생각하고 있다.

19 ㉠~㉣ 중, '흥부'를 비유하지 않은 것은?

① ㉠　　② ㉡
③ ㉢　　④ ㉣

[20~22] 다음 글을 읽고 물음에 답하시오.

우리는 너무나 당연한 것처럼 해가 뜨는 시각에 잠을 깨고 해가 지면 자연스럽게 잠자리에 든다. 머릿속에 진짜 시계가 들어 있는 것도 아닌데 태곳적부터 그러한 리듬에 따라서 살아왔다. 이러한 사실은 우리 몸에 시간을 ㉠ 측정하는 시계 같은 기관이 있다는 것을 말해 준다. 이 시계가 우리 몸에 내재되어 있다는 사실은 오래전부터 경험적으로 알려져 왔으며, 생체 시계의 위치를 찾기 위해 과학자들은 지난 100여 년간 많은 노력을 해 왔다. 그렇다면 우리 몸의 생체 시계는 과연 어디에 있는 것일까?

모든 신체 기관이 주기적인 운동을 하니 그 자체로 시계일 수도 있다. 하지만 대부분은 생체 시계를 따라 움직이는 것일 뿐이다. 이렇게 생체의 일주기¹⁾ 운동을 ㉡ 관장하는 생체 시계를 '중앙 통제 시계'라고도 한다. 따라서 모든 신체 기관은 이 주인 시계에 맞춰 생리적 변화를 일으킨다는 점에서 부수적인 시계인 셈이다. 이 주인 시계를 찾는 가장 좋은 방법은 신체 기관의 각 영역을 하나씩 망가뜨려 보면서, 그래도 일주기 운동이 살아남아 있는지를 관찰하는 것이다.

그래서 결국 찾은 곳이 바로 뇌에 있는 시교차상 핵이다. 빛이 눈으로 들어온 뒤 가게 되는 뇌의 좌우 신경이 교차하는 곳, 즉 시교차 위에 있어 시교차상 핵이라 불리는 곳인데, 이곳은 생체 시계가 빛의 영향을 받다 보니 오랫동안 가장 그럴듯한 생체 시계 후보로 ㉢ 간주됐다. 시교차상 핵은 2만여 개의 신경 세포로 ㉣ 구성돼 있다. 살아 있는 쥐의 시교차상 핵에 전극을 꽂아 신경 세포들의 전기 신호를 측정해 보면, 24시간을 주기로 사인파²⁾에 아주 가까운 파형을 그린다. 그리고 바로 이곳을 망가뜨리면 체내 대부분의 기관이 보이던 24시간 주기적 양상이 사라진다. 시교차상 핵이 바로 진정한 의미의 중앙 통제 시계인 것이다.

                                    – 정재승, 「우리 몸의 생체 시계」 –

1) 일주기(日週期) : 하루를 주기로 하여 나타나는 생물 활동이나 이동의 변화 현상.
2) 사인파(sine波) : 파형을 삼각함수의 사인 곡선으로 표시하는 파동.

20 윗글의 읽기 전략으로 적절하지 <u>않은</u> 것은?

① 배경지식을 활용하여 읽는다.
② 사실과 의견을 구분 없이 읽는다.
③ 핵심 개념과 정보를 파악하며 읽는다.
④ 제시된 정보의 신뢰성을 판단하며 읽는다.

21 '시교차상 핵'에 대한 설명으로 가장 적절한 것은?

① 뇌에 존재하는 중앙 통제 시계이다.
② 작동하지 않아도 일주기 운동이 일어난다.
③ 인간이 아닌 다른 동물에는 존재하지 않는다.
④ 주인 시계에 맞춰 움직이는 부수적인 시계이다.

22 글의 흐름으로 보아, ㉠~㉣을 바꿔 쓸 수 있는 말로 적절하지 <u>않은</u> 것은?

① ㉠ : 재는   ② ㉡ : 막는
③ ㉢ : 여겨졌다   ④ ㉣ : 이루어져

[23~25] 다음 글을 읽고 물음에 답하시오.

길을 걷다가 중학생 또래의 청초하고 해맑은 아이들 입에서 거친 욕설이 줄줄이 흘러나오는 것을 보고 경악했다는 어른이 많다. 더구나 요즘 청소년 사이에 만연한 욕은 그것이 욕설이라는 것조차 의식하지 못하는, 습관화된 언어폭력이라고 할 정도이다. 욕을 안 쓰면 대화가 안 될 정도로 욕설이 일상화된 현실은 우리 사회가 심각하게 반성할 문제이다.

욕설이나 비속어는 아니지만 사회적·문화적 차별 의식을 담고 있는 표현들이 있다. 몇몇 직업에 대한 호칭이 바뀐 이유는 그러한 차별을 없애기 위해서이다. 예컨대 옛날의 '식모'는 요즘은 '가정부', 나아가 '가사 도우미'로 불린다. '우체부'는 '집배원', '청소부'는 '환경미화원', '간호원'은 '간호사'로 바뀌었다. ㉠직업에 따른 차별을 없애고 좀 더 격(格)을 높여 직업적 자부심을 부추기는 방향으로 변한 것이다. 이와 비슷한 차별적 표현에는 '미혼모', '여의사', '출가외인', '사내 녀석이 그것도 못 해?'와 같은 ㉡성차별적 표현이 있고, '절름발이 행정', '장님 코끼리 더듬기', '꿀 먹은 벙어리' 같은 ㉢신체 차별적 표현도 있다. '유색 인종', '혼혈아' 같은 표현들은 ㉣인종에 따른 차별 표현으로, 한때 '살색'이라고 부르던 색을 '살구색'으로 바꾼 것은 이러한 표현에 담긴 차별 의식을 없애기 위해서이다.

〈중략〉

말과 글은 어떻게 쓰느냐에 따라 남을 즐겁게도 기분 상하게도 한다. 따라서 말을 요령 있게 사용하면 자신의 의도를 더 잘 달성할 수 있으며, 사회 전체의 언어문화도 바꿀 수 있다. 이때 제일 먼저 생각해야 할 것은 역시 상대방에 대한 배려와 존중이다. 『논어』에 나오는 '내가 싫어하는 것은 남에게도 베풀지 말라.'라는 구절은 입을 열고 펜을 들기 전에 한번쯤 되뇌어 볼 만한 명구이다. 언어폭력은 언어폭력을 부르며, 결국은 심리적인 상처나 물리적인 충돌로 번진다. 내 입에서 나가는 말 한마디, 내가 종이에 적는 글 한 구절이 나 자신의 품격뿐 아니라 공동체 전체의 행복과도 직결된다는 점을 의식하며 바람직한 의사소통 문화를 형성해야 한다.

– 노재현, 「말이 세상을 아름답게 한다」 –

23 윗글에 대한 설명으로 가장 적절한 것은?

① 예상되는 반론을 제시하여 이를 반박하고 있다.

② 묻고 답하기의 방식으로 주장을 강화하고 있다.

③ 설문 조사의 결과를 주장의 근거로 제시하고 있다.

④ 구체적 현실을 제시하여 문제 상황을 드러내고 있다.

24 윗글의 중심 내용으로 가장 적절한 것은?

① 서로를 배려하는 의사소통 문화를 형성해야 한다.

② 어휘력의 향상을 위해서 독서 습관을 길러야 한다.

③ 한글 맞춤법에 맞는 언어 사용을 생활화해야 한다.

④ 한글의 우수성을 세계에 알리기 위해 노력해야 한다.

25 ㉠~㉣ 중, 〈보기〉의 밑줄 친 부분과 가장 관련이 깊은 것은?

─── 〈보기〉 ───
• 그녀는 <u>여류</u> 소설가가 되는 게 꿈이다.
• 그는 30세에 접어들어 비로소 <u>처녀작</u>을 발표했다.

① ㉠   ② ㉡
③ ㉢   ④ ㉣

제2교시

수 학

정답 및 해설 631p

01 두 다항식 $A = x^2 - x + 2$, $B = 2x^2$에 대하여 $2A - B$는?

① $-2x - 4$ ② $-2x - 2$

③ $-2x + 2$ ④ $-2x + 4$

02 등식 $x^2 + 2x - 1 = (x-1)^2 + 4x + a$가 x에 대한 항등식일 때, 상수 a의 값은?

① -2 ② -1

③ 0 ④ 1

03 다음은 다항식 $2x^2 + x - 3$을 일차식 $x + 1$로 나누어 몫과 나머지를 구하는 과정이다. (가)에 알맞은 식은?

$$\begin{array}{r} 2x - 1 \\ x+1 \overline{)2x^2 + x - 3} \\ \underline{2x^2 + 2x} \\ \boxed{\text{(가)}} \\ \underline{-x - 1} \\ -2 \end{array}$$

① $-x - 3$ ② $-x - 2$

③ $x - 3$ ④ $x - 2$

04 $(5 - 2i) - (1 - 4i) = 4 + ai$일 때, 실수 a의 값은? (단, $i = \sqrt{-1}$)

① -6 ② -2

③ 2 ④ 6

05 이차방정식 $x^2-5x+4=0$의 두 근을 α, β
라고 할 때, $\alpha+\beta$의 값은?

① -5 ② -1

③ 1 ④ 5

06 부등식 $|x-3|\leq1$을 만족하는 정수 x의 개
수는?

① 1 ② 2

③ 3 ④ 4

07 $1\leq x\leq4$일 때, 이차함수 $y=x^2-4x+3$
의 최솟값은?

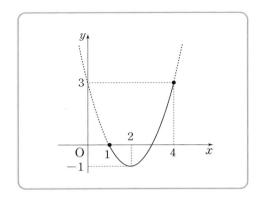

① -3 ② -1

③ 1 ④ 3

08 좌표평면 위의 두 점 $A(1, -2)$, $B(4, 2)$
사이의 거리는?

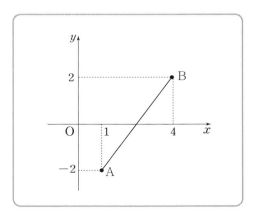

① 1 ② 3

③ 5 ④ 7

09 직선 $y=3x-2$에 평행하고, 점 $(0, -1)$
을 지나는 직선의 방정식은?

① $y=-\dfrac{1}{3}x-1$ ② $y=-\dfrac{1}{3}x+1$

③ $y=3x-1$ ④ $y=3x+1$

10 두 점 $(-1, 0)$, $(3, 0)$을 지름의 양 끝 점으로 하는 원의 방정식은?

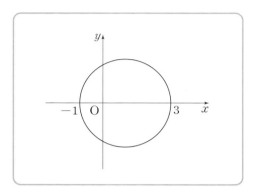

① $(x-1)^2+y^2=2$

② $(x-1)^2+y^2=4$

③ $x^2+(y-1)^2=2$

④ $x^2+(y-1)^2=4$

11 연립부등식 $\begin{cases} y \leq x \\ x^2+y^2 \leq 1 \end{cases}$의 영역을 좌표평면 위에 알맞게 색칠한 것은? (단, 경계선은 포함한다.)

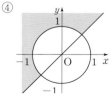

12 전체집합 $U=\{1, 2, 3, 4, 5, 6\}$의 두 부분집합 $A=\{x \,|\, x는\ 6의\ 약수\}$, $B=\{2, 3\}$에 대하여 $A-B$는?

① $\{1, 2\}$ ② $\{2, 3\}$

③ $\{3, 6\}$ ④ $\{1, 6\}$

13 명제 '$x=0$이면 $x^2=0$이다.'의 역은?

① $x^2=0$이면 $x=0$이다.

② $x=0$이면 $x^2 \neq 0$이다.

③ $x^2 \neq 0$이면 $x=0$이다.

④ $x \neq 0$이면 $x^2 \neq 0$이다.

14 무리함수 $y=\sqrt{x-1}+2$의 그래프는 함수 $y=\sqrt{x}$의 그래프를 x축 방향으로 a만큼, y축 방향으로 b만큼 평행 이동한 것이다. $a+b$의 값은?

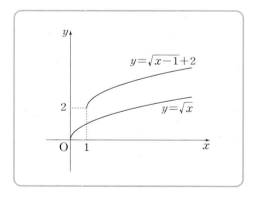

① -3 ② -1

③ 1 ④ 3

15 집합 $X = \{1, 2, 3, 4\}$, $Y = \{a, b, c, d\}$, $Z = \{5, 6, 7, 8\}$에 대하여 함수 $f : X \to Y$, $g : Y \to Z$가 그림과 같을 때, $(g \circ f)(2)$의 값은?

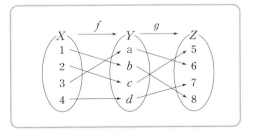

① 5   ② 6

③ 7   ④ 8

16 다음 수열이 등비수열일 때, 상수 a의 값은?

> 1, 3, 9, a, 81, $\cdots$

① 12   ② 27

③ 39   ④ 67

17 $\sum\limits_{k=1}^{3}(k+2)$의 값은?

① 3   ② 6

③ 9   ④ 12

18 수열 $\{a_n\}$이

$$\begin{cases} a_1 = 1, \ a_2 = 1 \\ a_{n+2} = a_{n+1} + a_n \ (n = 1, 2, 3, \cdots) \end{cases}$$

을 만족할 때, a_4의 값은?

① 1   ② 2

③ 3   ④ 4

19 $16^{\frac{1}{4}}$의 값은?

① 1   ② 2

③ 4   ④ 8

20 다음은 로그의 성질을 이용하여 상용로그의 값을 구하는 과정이다. $\log 3140$의 값은? (단, $\log N = \log_{10} N$이다.)

> $\log 3.14 = 0.1553$일 때,
> $\log 31.4 = \log 10 + \log 3.14 = 1 + 0.1553$
> $= 1.1553$이고,
> $\log 314 = \log 100 + \log 3.14 = 2 + 0.1553$
> $= 2.1553$이다.

① 3.1553   ② 4.1553

③ 5.1553   ④ 6.1553

제3교시

영 어

정답 및 해설 634p |

[01~03] 다음 중 밑줄 친 부분의 뜻으로 가장 적절한 것을 고르시오.

01

> When you set a goal, try to imagine it in detail.

① 권리 ② 목표
③ 화해 ④ 모험

02

> I like pizza and ice cream, so it's not easy to lose weight.

① 역기를 들다 ② 기억을 잃다
③ 무게를 재다 ④ 체중을 줄이다

03

> According to the weather forecast, it'll rain this afternoon.

① ~ 없이 ② ~ 대신에
③ ~에 따르면 ④ ~을 제외하고

04 다음 중 두 단어의 의미 관계가 나머지 셋과 다른 것은?

① job − nurse ② animal − cat
③ color − yellow ④ summer − winter

05 마스크 판매 안내문에서 언급되지 <u>않은</u> 것은?

> **Information about mask sales**
>
> Each person can buy two masks per week.
> • Time : 9 a.m. ~ 8 p.m.
> • Place : at any pharmacy
> • Price : 1,500 won each

① 판매 시간 ② 판매 장소
③ 구입 시 준비 서류 ④ 마스크 개당 가격

[06~08] 빈칸에 공통으로 들어갈 말로 가장 적절한 것을 고르시오.

06

> • I _____ travelling by train.
> • She looks _____ a model.

① like ② make
③ catch ④ carry

07

> • Let's meet _____ 10 o'clock.
> • He is good _____ playing tennis.

① at

② of

③ for

④ with

08

> • _____ don't we go hiking this weekend?
> • _____ do you want to join the soccer club?

① Why

② How

③ What

④ Where

09 다음 중 밑줄 친 표현의 의미로 가장 적절한 것은?

> A : Are you still writing your novel?
> B : Yes, I'm still working on it. It takes a long time.
> A : When do you think you will finish it?
> B : In about 2 or 3 years.
> A : Rome was not built in a day.

① 자신의 집보다 편한 곳은 없다.

② 하루아침에 이루어지는 일은 없다.

③ 외모로 사람을 판단해서는 안 된다.

④ 오해받을 행동은 하지 말아야 한다.

10 다음 대화에서 알 수 있는 B의 심정으로 가장 적절한 것은?

> A : Did you get the T-shirt you ordered?
> B : Yes. I got it this morning.
> A : Do you like it?
> B : Yes, I love it. It really looks good on me.

① 슬픈

② 만족한

③ 속상한

④ 무서운

11 다음 중 대화가 이루어지는 장소로 가장 적절한 것은?

> A : Your hair is done! How do you like your haircut?
> B : It's okay, but still a bit too long.
> A : Do you want me to make it shorter?
> B : Yes, can you cut a little more on the sides?
> A : Sure.

① 제과점

② 미용실

③ 편의점

④ 독서실

2020년 1회

12 다음 중 밑줄 친 It(it)이 가리키는 것으로 가장 적절한 것은?

> It is a traditional Korean house. It is made out of natural materials, such as clay, wood, and stone, so it is eco-friendly. Rooms in it have an *ondol* heating system.

① 한과　　　　② 한복
③ 한옥　　　　④ 한지

[13~14] 대화의 빈칸에 들어갈 말로 가장 적절한 것을 고르시오.

13

> A : There's a problem with my computer.
> B : _____?
> A : The power button doesn't work.
> B : Okay. I'll take a look at it.

① What's the matter
② What is your dream job
③ What do you do for a living
④ What is he going to do next year

14

> A : Why are you moving to Incheon?
> B : Because _____.

① she is on a diet
② I got a job there
③ I'm taller than him
④ you should always wash your hands

15 다음 글을 쓴 목적으로 가장 적절한 것은?

> **Come to Ocean Aquarium**
> Come and enjoy many strange, beautiful and fascinating sea creatures. When you move through the amazing underwater world of Ocean Aquarium, you will see everything from starfish to sharks.

① 거절하기　　　　② 사과하기
③ 위로하기　　　　④ 홍보하기

16 주어진 말에 이어질 두 사람의 대화를 〈보기〉에서 찾아 순서대로 가장 적절하게 배열한 것은?

> What are you doing here?

〈보기〉

> (A) Yes, I am. I've always been interested in them.
> (B) I'm watching a grasshopper. Oh, look, it's jumping!
> (C) Yeah, it can jump really high. Are you interested in insects?

① (A) − (B) − (C)　　② (A) − (C) − (B)
③ (B) − (A) − (C)　　④ (B) − (C) − (A)

17 다음 중 학교 도서관 이용에 관한 안내문 내용과 일치하지 <u>않는</u> 것은?

> ### *School Library*
> · All students can use the library.
> · The library is open from 9 a.m. to 5 p.m.
> · Students can borrow up to two books at a time.
> · Food is not allowed in the library.

① 모든 학생들이 이용할 수 있다.
② 오전 9시부터 오후 5시까지 개방한다.
③ 한 번에 최대 다섯 권의 책을 대출할 수 있다.
④ 음식 반입이 금지된다.

18 경주 여행에 관한 다음 글에서 언급되지 <u>않은</u> 것은?

> I went to Gyeongju with my family last fall. We stayed at a hotel for three days. While staying there, we visited historical places such as Cheomseongdae and Bulguksa. It was fantastic to actually see them. The trip was exciting and unforgettable for me.

① 나는 지난 가을에 경주에 갔었다.
② 나는 경주에서 특산품을 사 왔다.
③ 나와 가족들은 역사적 장소를 방문했다.
④ 나에게는 잊지 못할 여행이었다.

19 다음 글의 주제로 가장 적절한 것은?

> Seoul has one of the best subway systems in the world. It's clean, convenient, and efficient. The subway lines are well connected, not only within the city, but also to neighboring cities. Also, it's easy to transfer between the subway and the bus.

① 서울 지하철의 장점
② 물을 아끼기 위한 실천 방법
③ 서울 지하철 요금이 싼 이유
④ 에너지 소비 효율을 높이는 방법

[20~21] 다음 중 글의 빈칸에 들어갈 말로 가장 적절한 것을 고르시오.

20

> It is important to stay healthy. To keep your body healthy, you must exercise regularly. Healthy activities _____ running, biking, swimming, and walking. It's recommended you exercise for at least 30 minutes a day.

① stop   ② regret
③ borrow   ④ include

2020년 1회

349

21

Some foods have a special meaning in particular cultures. For example, noodles are considered to be a(n) _____ of long life in Asia, because noodles are long. Therefore, Asian people eat noodles on birthdays and other special occasions to live a longer life.

① symbol   ② honesty

③ prevention   ④ difficulty

22 다음 글의 바로 뒤에 이어질 내용으로 가장 적절한 것은?

Think of the food you ate yesterday. How many colors did your food consist of? Food scientists say eating fruits and vegetables of several different colors every day is important for a healthy life. There are many reasons for this.

① 제철 과일과 채소를 건강하게 조리하는 방법

② 다양한 색깔의 과일과 채소를 재배하는 방법

③ 제철 과일과 채소를 신선하게 보관해야 하는 이유

④ 다양한 색깔의 과일과 채소를 섭취해야 하는 이유

23 글의 흐름으로 보아, 다음 문장이 들어가기에 가장 적절한 곳은?

However, there are problems with online shopping as well.

Do you shop online often? (①) If your answer to this question is yes, why do you like online shopping? (②) Many people say that they like online shopping because it is convenient and it saves time. (③) The biggest problems are late deliveries and orders sent to the wrong address. (④)

[24~25] 글을 읽고 물음에 답하시오.

Tomorrow will be a car-free day downtown. All the streets will be _____ to cars from 7 a.m. to 9 p.m. If you plan to go downtown, please leave your car at home and use public transportation. On the car-free streets, you can walk or ride bikes. Various free events, such as dance and music performances, will be held.

24 윗글의 빈칸에 들어갈 말로 가장 적절한 것은?

① told   ② needed

③ closed   ④ eaten

25 윗글의 주제로 가장 적절한 것은?

① 대중교통 이용 시 단점

② 재활용품 분리배출 방법

③ 효율적인 자동차 관리법 소개

④ 차 없는 날 행사에 대한 안내

제4교시

사 회

정답 및 해설 639p |

01 다음에서 설명하는 기본권은?

> • 국가로부터 최소한의 인간다운 생활을 보장받을 권리이다.
> • 교육권, 환경권 등이 해당한다.

① 사회권　　　② 자유권
③ 참정권　　　④ 청구권

02 ㉠, ㉡에 들어갈 사회적 상호 작용은?

> • (㉠) : 마을 주민 모두가 힘을 합쳐 마을 텃밭을 가꾸고 있다.
> • (㉡) : 태권도 대회에서 금메달을 획득하기 위해 상대방과 겨루고 있다.

　　㉠　㉡　　　　　　㉠　㉡
① 경쟁 갈등　　② 경쟁 협동
③ 교환 협동　　④ 협동 경쟁

03 ㉠에 들어갈 민수의 대답으로 가장 적절한 것은?

> 〈밴드왜건 효과의 사례〉
> 수진 : 어제 최신 스마트폰을 샀어. 너도 살 거니?
> 민수 : _____㉠_____

① 나는 미래의 소비를 위해 저축하겠어.
② 나도 유행에 질 수 없지. 당장 사러 가야겠어.
③ 나는 너와 달라 보이고 싶기 때문에 사지 않겠어.
④ 나는 지금 가지고 있는 스마트폰을 더 사용할 거야.

04 자문화 중심주의에 대한 설명으로 옳은 것은?

① 다양한 문화를 존중하는 태도이다.
② 다른 문화의 관점에서 자신의 문화를 비하한다.
③ 문화 간에 열등함과 우월함을 평가하지 않는다.
④ 자기 문화를 기준으로 다른 문화를 낮게 평가한다.

05 자료에 대한 분석으로 옳지 <u>않은</u> 것은?

〈2017년 시·도별 고령 인구 및 비율〉
(인구 주택 총조사, 2017)

① 고령 인구가 가장 많은 곳은 경기이다.

② 서울보다 전남의 고령 인구가 더 많다.

③ 고령 인구 비율이 가장 낮은 곳은 세종이다.

④ 광주보다 부산의 고령 인구 비율이 더 높다.

06 다음에서 설명하는 것은?

> • 주로 교육이나 고용 분야에서 차별받아 온 집단의 구성원에게 우선적으로 기회를 주는 것이다.
> • 대입 농어촌 학생 특별 전형, 여성 고용 할당제 등이 해당한다.

① 셧다운제   ② 부당 노동 행위

③ 환경 영향 평가제   ④ 적극적 우대 조치

07 다음 대화의 ㉠에 해당하는 법은?

> 임금, 근로 시간, 휴일, 유급 휴가 등 근로 조건에 대해 알고 싶은데 무엇을 찾아보면 될까요?
>
> (㉠)을 찾아보렴. 근로자의 기본적인 생활을 보장하기 위하여 헌법에 근거한 근로 조건의 최저 기준이 나와 있단다.

① 근로 기준법

② 노인 복지법

③ 다문화 가족 지원법

④ 독점 규제 및 공정 거래에 관한 법

08 다음에서 설명하는 것은?

> • 다른 사람과 구별되는 자신만의 독특한 모습이다.
> • '나는 누구인가?'라는 물음에 대답하는 과정에서 발견된다.

① 규범   ② 문화

③ 자아   ④ 유비쿼터스

09 사실 판단에 해당하는 것은?

① 무궁화는 아름다운 꽃이다.

② 우리나라 애국가는 4절로 되어 있다.

③ 현행 대학 입시 제도를 개선해야 한다.

④ 어려운 친구를 잘 도와주는 학생은 착하다.

10 다음에서 설명하는 것은?

> • 재화나 서비스의 차입을 전제로 부담한 금전상의 의무이며, 빚 또는 채무라고 한다.
> • 자신의 상환 능력을 고려하지 않고 과소비를 할 때 발생할 수 있다.

① 현금   ② 소득

③ 예금   ④ 부채

11 환율에 대한 설명으로 옳지 <u>않은</u> 것은?

① 서로 다른 두 나라 화폐 간의 교환 비율을 의미한다.

② 환율 변동은 자국 화폐의 상대적 가치 변화를 의미한다.

③ 우리나라는 국가가 환율을 결정하여 환율이 변동하지 않는다.

④ 1달러당 1,000원이던 환율이 1달러당 1,200원이 되면 '환율이 상승했다'고 표현한다.

12 다음에 해당하는 것은?

> • 개인이나 집단이 사업 아이디어를 가지고 새로운 기업을 설립하는 것이다.
> • 혁신적 사고를 바탕으로 하는 기업가 정신이 중요하다.

① 소비　　　　　② 여가

③ 창업　　　　　④ 취업

13 다음에서 설명하는 것은?

> 시민이 주권자로서 사회에 참여하는 일반적인 방법으로, 국민의 대표를 선출하는 기능이 있다.

① 기부　　　　　② 선거

③ 청원　　　　　④ 사회봉사

14 인구 분포에 영향을 미치는 자연적 요인으로 옳은 것은?

① 온화한 기후　　　② 발달한 산업

③ 풍부한 일자리　　④ 교육 문화 시설

15 다음에 해당하는 종교는?

> • 히잡과 부르카 등의 복식 문화가 있다.
> • 카슈미르 지역에서 힌두교와 갈등이 있다.
> • 무함마드가 창시자이며 쿠란이라는 경전을 사용한다.

① 불교　　　　　② 유대교

③ 이슬람교　　　④ 크리스트교

16 ㉠, ㉡에 해당하는 것은?

> • (㉠) 현상은 화장장, 하수 처리장 등의 혐오 시설이 자기가 사는 지역에 설치되는 것을 반대하는 것이다.
> • (㉡) 현상은 지하철역, 행정 기관과 같이 지역 발전에 도움이 되는 시설을 자기 지역에 유치하려는 것이다.

	㉠	㉡
①	교외화	도시화
②	도시화	교외화
③	핌피(PIMFY)	님비(NIMBY)
④	님비(NIMBY)	핌피(PIMFY)

17 다음과 같은 표어 변화의 원인으로 가장 적절한 것은?

① 저출산
② 국제결혼 감소
③ 농어촌 인구 집중
④ 여성의 사회 진출 감소

18 ㉠, ㉡에 들어갈 지역 개발 방식은?

• 중앙 정부 중심의 계획과 집행 : (㉠) 개발
• 지방 자치 단체와 지역 주민이 주도 : (㉡) 개발

	㉠	㉡		㉠	㉡
①	상향식	균형	②	상향식	하향식
③	거점	하향식	④	하향식	상향식

19 3대 곡물 자원인 옥수수에 대한 설명으로 옳지 <u>않은</u> 것은?

① 식량과 사료로 소비된다.
② 국가 간에 거래되지 않는다.
③ 바이오 에너지의 원료로 이용된다.
④ 라틴 아메리카에서 유럽으로 전파되었다.

20 다음에서 설명하는 지역을 지도에서 고르면?

• 사하라 사막 남부의 사헬 지대이다.
• 오랜 가뭄과 인구 · 가축의 증가로 사막화가 진행되고 있다.

① A
② B
③ C
④ D

21 교통의 발달이 가져온 변화로 옳지 <u>않은</u> 것은?

① 생활권이 축소되었다.
② 지역 간 교류가 활성화되었다.
③ 지역 간 상호 의존성이 높아졌다.
④ 이동의 공간적 범위가 확대되었다.

22 두 지역에서 발생하는 공통적인 갈등으로 가장 적절한 것은?

• 북극해   • 카스피해

① 자원을 둘러싼 갈등
② 남북문제에 의한 갈등
③ 크리스트교와 불교의 종교 갈등
④ 네덜란드어와 프랑스어의 언어 갈등

23 자연환경과 인간의 공존을 위한 노력으로 옳은 것을 〈보기〉에서 고른 것은?

─── 〈보기〉 ───
ㄱ. 야생 동물의 생태 통로를 만들어 준다.
ㄴ. 환경을 보호하면서도 경제 성장을 도모한다.
ㄷ. 물질적 풍요를 얻기 위한 도구로서 자연을 대한다.
ㄹ. 자연 훼손을 고려하지 않고 자원과 동력을 최대한 사용한다.

① ㄱ, ㄴ   ② ㄱ, ㄷ
③ ㄴ, ㄹ   ④ ㄷ, ㄹ

24 프톨레마이오스의 지도(또는 톨레미의 지도)에 대한 설명으로 옳은 것은?

① 중국에서 제작된 지도이다.
② 세계 인구수를 알 수 있다.
③ 아메리카 대륙이 누락되었다.
④ 위성 사진을 이용하여 제작되었다.

25 다음에서 설명하는 것은?

• 정부의 간섭 없이 시민 개개인이나 민간단체가 중심이 되어 만들어진 조직이다.
• 환경과 평화를 위하여 활동하는 그린피스 등이 있다.

① 소호(SOHO)
② 국제 연합(UN)
③ 비정부 기구(NGO)
④ 세계 무역 기구(WTO)

제5교시

과 학

정답 및 해설 643p |

01 다음 설명에 해당하는 전자기파는?

> • 가시광선보다 파장이 짧다.
> • 살균 작용이 있어 소독에 사용된다.

① 전파   ② 자외선
③ 지진파   ④ 물결파

02 다음 설명에 해당하는 것은?

> • 어떤 물체가 행성의 중력을 벗어나 우주 공간으로 날아갈 수 있는 최소한의 속도이다.
> • 행성의 질량과 반지름에 따라 달라진다.

① 등속도   ② 면적 속도
③ 반응 속도   ④ 행성의 탈출 속도

03 다음에 해당하는 태양계의 행성은?

> • 고리가 있다.
> • 대기의 주요 성분은 수소와 헬륨이다.
> • 태양계 행성 중에서 밀도가 가장 작다.

① 수성   ② 금성
③ 화성   ④ 토성

04 그림은 행성이 태양 주위를 공전하는 모습을 나타낸 것이다. 이에 대한 설명으로 옳은 것만을 〈보기〉에서 모두 고른 것은?

> ──〈 보기 〉──
> ㄱ. 공전 궤도는 타원이다.
> ㄴ. A의 위치는 근일점이다.
> ㄷ. 공전 속도의 크기는 항상 일정하다.

① ㄱ   ② ㄴ
③ ㄷ   ④ ㄱ, ㄴ

05 다음에서 설명하는 초전도체의 특성을 이용한 것은?

> • 임계 온도 이하에서 저항이 0 이다.
> • 초전도 상태에서 자석을 뜨게 할 수 있다.

① 자전거   ② 텔레비전
③ 신용 카드   ④ 자기 부상 열차

06 다음 중 고체의 전기적 성질에 대한 설명으로 옳지 <u>않은</u> 것은?

① 철과 구리는 부도체이다.
② 도체는 전류가 잘 흐르는 물질이다.
③ 부도체는 전류가 잘 흐르지 못하는 물질이다.
④ 반도체의 전기적 성질은 도체와 부도체의 중간 정도이다.

07 그림은 산소 분자(O_2)의 전자 배치를 나타낸 것이다. 이에 대한 설명으로 옳은 것만을 〈보기〉에서 모두 고른 것은?

〈보기〉
ㄱ. 2원자 분자이다.
ㄴ. 공유 결합 화합물이다.
ㄷ. 3쌍의 전자를 공유한다.

① ㄱ
② ㄷ
③ ㄱ, ㄴ
④ ㄴ, ㄷ

08 그림은 몇 가지 원자의 전자 배치를 나타낸 것이다. 1족 원소끼리 옳게 짝지은 것은?

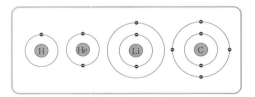

① H, He
② H, Li
③ He, C
④ Li, C

09 다음 설명에 해당하는 물질은?

• 분자량이 10,000 이상으로 매우 크다.
• 나일론과 합성 고무는 이 물질에 포함된다.
• 많은 수의 작은 분자가 반복적으로 결합하여 만들어진다.

① 금속
② 고분자
③ 반도체
④ 중수소

10 다음 중 의약품의 주요 효능으로 옳지 <u>않은</u> 것은?

의약품	주요 효능
① 해열제	체온을 높인다.
② 진통제	몸의 통증을 덜 느끼게 해 준다.
③ 제산제	과다하게 분비된 위산을 중화한다.
④ 항생제	몸속의 세균 증식을 억제하거나 죽인다.

11 다음 중 화석 연료에 대한 설명으로 옳지 <u>않은</u> 것은?

① 매장량이 한정되어 있다.
② 연소할 때 산소 기체가 주로 발생한다.
③ 생물체의 유해가 땅속에 묻혀 생성된다.
④ 석탄, 석유, 천연가스는 대표적인 화석 연료이다.

12 ㉠에 들어갈 말로 가장 적절한 것은?

> 생태계, 생물 종, 생물의 유전자가 다양하게 존재하는 것을 (㉠)이라고 한다. 종자은행의 설립은 이를 보전하기 위한 방법 중 하나이다.

① 외래종   ② 먹이 사슬
③ 생물 다양성   ④ 생태계 교란 종

13 다음 설명에 해당하는 영양소는?

> • 주요 에너지원으로 쓰인다.
> • 1g당 약 4kcal의 열량을 낸다.
> • 밥, 국수, 빵 등에 많이 포함되어 있다.

① 지방   ② 비타민
③ 탄수화물   ④ 무기 염류

14 다음 설명에 해당하는 것은?

> • 염색사가 응축된 형태이다.
> • 유전 정보를 저장하는 DNA를 포함한다.

① 항체   ② 효소
③ 세포막   ④ 염색체

15 그림에서 딸이 가지는 염색체의 구성은? (단, 교차와 돌연변이는 없다.)

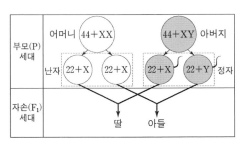

① 22+X   ② 22+Y
③ 44+XX   ④ 44+XY

16 다음 설명에 해당하는 병원체는?

> • 숙주 세포 밖에서는 스스로 물질대사를 할 수 없다.
> • 독감과 사스 등의 질병을 유발한다.

① 세균   ② 곰팡이
③ 바이러스   ④ 원생생물

17 그림은 녹색식물의 광합성 과정을 나타낸 것이다. 이에 대한 설명으로 옳은 것은?

$$6CO_2 + 6H_2O \xrightarrow{\text{햇빛}} C_6H_{12}O_6 + 6O_2$$

이산화탄소 물 포도당 산소

① 질소 순환 과정이다.
② 엽록체에서 일어난다.
③ 포도당을 분해하는 반응이다.
④ 화학 에너지가 빛에너지로 전환된다.

18 다음 중 에너지 대사에 대한 설명으로 옳지 않은 것은?

① 활동 대사량은 활동 강도와 시간에 따라 달라진다.
② 기초 대사량은 나이와 성별 등에 따라 개인차가 있다.
③ 기초 대사량은 생명 유지에 필요한 최소한의 에너지이다.
④ 에너지 소비가 섭취보다 지속적으로 많으면 체지방이 증가한다.

19 다음에 해당하는 은하는?

• 중심부에는 막대 구조가 있다.
• 나선팔에는 성간 물질이 많다.

① 타원 은하   ② 불규칙 은하
③ 막대 나선 은하   ④ 정상 나선 은하

20 그림은 지구 대기 대순환을 나타낸 것이다. 이에 대한 설명으로 옳은 것만을 〈보기〉에서 모두 고른 것은?

─〈보기〉─
ㄱ. 무역풍과 극동풍의 방향은 서로 반대이다.
ㄴ. 30°N 지표 부근에는 상승 기류가 발달한다.
ㄷ. 30°N ~ 60°N에서는 주로 편서풍의 영향을 받는다.

① ㄱ   ② ㄷ
③ ㄱ, ㄴ   ④ ㄴ, ㄷ

21 그림은 빅뱅 우주론을 나타낸 것이다. 이에 대한 설명으로 옳은 것은?

대폭발
우주 탄생   현재
▣ : 은하를 나타냄

① 우주는 팽창한다.

② 우주의 총질량은 감소한다.

③ 우주 전체의 평균 밀도는 증가한다.

④ 우주 전체의 평균 온도는 높아진다.

22 다음 설명에 해당하는 것은?

> 구급차가 관측자에게 다가올 때는 사이렌 소리가 높게 들리고, 구급차가 관측자로부터 멀어질 때는 사이렌 소리가 낮게 들린다.

① 광전 효과

② 열섬 효과

③ 온실 효과

④ 도플러 효과

23 그림은 달이 지구 주위를 공전하는 모습을 나타낸 것이다. 달이 A에 있을 때 지구에서 볼 수 있는 달의 모양은? (단, 월식은 일어나지 않았다.)

24 그림은 우리나라 어느 퇴적층에서 발견된 공룡 발자국 화석을 나타낸 것이다. 이 퇴적층이 생성된 지질 시대는?

① 선캄브리아대

② 고생대

③ 중생대

④ 신생대

25 지구 대기 중에 온실 기체가 증가하여 현재 나타나는 현상으로 옳은 것은?

① 해수면이 높아진다.

② 지구의 평균 기온이 낮아진다.

③ 빙하의 분포 면적이 넓어진다.

④ 바다의 평균 수온이 낮아진다.

한국사

제6교시

정답 및 해설 647p |

01 ㉠ 시기에 처음으로 제작되었던 유물은?

```
구석기    →    ㉠    →    청동기    →    철기
시대                      시대         시대
```

①

명도전

②

주먹도끼

③

빗살무늬 토기

④

거친무늬 거울

02 다음에 해당하는 국가는?

• 우리 민족 최초의 국가로 8조의 법을 운영함
• 비파형 동검과 탁자식 고인돌로 문화 범위를 추정함

① 부여
② 동예
③ 삼한
④ 고조선

03 다음에 해당하는 고구려의 왕은?

• 남진 정책을 추진함
• 평양으로 수도를 옮김
• 백제의 수도 한성을 점령함

① 장수왕
② 진흥왕
③ 문무왕
④ 근초고왕

04 ㉠에 들어갈 국가에 대한 설명으로 옳은 것은?

㉠ 은/는 대조영이 건국하였으며 고구려 계승 의식을 내세웠다. 중앙 정치 조직은 당의 3성 6부를 받아들였으나 그 명칭과 운영 방식은 독자적이었다.

① 후삼국을 통일하였다.
② 해동성국으로 불렸다.
③ 성리학을 도입하였다.
④ 수원 화성을 축조하였다.

05 다음에 해당하는 제도는?

• 고구려 고국천왕 때 농민 몰락 방지를 위해 실시함
• 봄에 곡식을 빌려 주었다가 가을에 추수한 것으로 갚도록 함

① 음서제
② 진대법
③ 골품제
④ 과전법

06 ⊙에 들어갈 인물은?

> **한국사 신문**   ○○○○년 ○월 ○일
>
> ■ 서경 천도 운동, 반란으로 이어지다! ■
>
> 고려의 ⊙ 은 풍수지리설을 내세워 서경으로 도읍을 옮길 것과 칭제 건원, 금국 정벌을 주장하였다. 그러나 자신의 주장이 받아들여지지 않자 서경에서 반란을 일으켰다.

① 담징   ② 이익
③ 묘청   ④ 이황

07 다음 설명에 해당하는 사건은?

> 청나라는 조선에 군신 관계를 맺을 것을 요구하면서 대군을 이끌고 침입해 왔다. 인조는 남한산성으로 피란하여 청나라 군대에 맞섰으나, 결국 청나라에 굴복하고 말았다.

① 병자호란   ② 병인양요
③ 임진왜란   ④ 청 · 일 전쟁

08 다음 설명에 해당하는 제도는?

> 고려 때 직위에 따라 18등급으로 나누어, 관직 복무와 직역의 대가로 곡물을 수취할 수 있는 전지와 땔감을 얻을 수 있는 시지를 주었다.

① 녹읍   ② 전시과
③ 독서삼품과   ④ 관수 관급제

09 ⊙의 신분에 해당하는 사람으로 옳지 않은 것은?

귀족
⊙
양민
천민

〈고려의 신분 구성〉

⊙ 은/는 고려 때 새롭게 등장한 신분 계층으로, 주로 지배 기구의 말단 행정 실무를 담당하였다.

① 서리   ② 향리
③ 노비   ④ 남반

10 ⊙에 들어갈 내용으로 옳은 것은?

> 〈세종의 정책〉
> • 정치 : 집현전 설치, 의정부 서사제 운영
> • 문화 : 훈민정음 창제, 『칠정산』 편찬
> • 국방 : ⊙ , 대마도 정벌

① 4군 6진 설치   ② 강동 6주 획득
③ 동북 9성 축조   ④ 천리장성 축조

11 두 사람의 대화 내용에 해당하는 민족 운동은?

> 일본의 강요로 빌린 차관을 갚아 국권을 회복하자는 운동에 대해 알고 있니?
>
> 응, 1907년 대구에서 서상돈을 중심으로 남자들은 금연한 돈을, 여자들은 비녀와 반지를 내놓았어.

① 새마을 운동   ② 브나로드 운동
③ 국채 보상 운동   ④ 신탁 통치 반대 운동

12 다음 설명에 해당하는 제도는?

> • 조선 영조 때 군역 부담을 줄여 주기 위해 실시함
> • 농민들이 납부할 군포를 1년에 1필로 줄여 줌

① 호패법   ② 영정법

③ 균역법   ④ 대동법

13 ㉠에 들어갈 내용으로 옳지 <u>않은</u> 것은?

> 〈수행 평가 계획서〉
> • 주제 : 통일을 위한 남과 북의 협력 과정
> • 조사할 내용 : 남북 기본 합의서,   ㉠

① 방곡령

② 금강산 관광 사업

③ 남북한 UN 동시 가입

④ 6 · 15 남북 공동 선언

14 흥선 대원군의 정책으로 옳은 것을 〈보기〉에서 고른 것은?

> ─────〈보기〉─────
> ㄱ. 서원 철폐   ㄴ. 경복궁 중건
> ㄷ. 22담로 설치   ㄹ. 노비안검법 실시

① ㄱ, ㄴ   ② ㄱ, ㄹ

③ ㄴ, ㄷ   ④ ㄷ, ㄹ

15 ㉠에 해당하는 군대의 명칭은?

> 개항 이후 정부는 개화 정책을 추진하면서 신식 군대인 ㉠ 을/를 창설하고, 구식 군대의 규모를 축소하였다. 이런 상황에서 구식 군인들은 밀린 급료로 받은 쌀에 겨와 모래가 섞여 있자 분노하여 봉기하였다.

① 별기군   ② 삼별초

③ 화랑도   ④ 한국광복군

16 ㉠에 해당하는 사건은?

> 〈 ㉠ 의 역사적 의의 〉
> 양반 중심의 신분 질서를 개혁하려는 반봉건적 성격과 일본을 비롯한 외세의 침략을 물리치려는 반침략적 성격을 띠고 있다.

① 무신 정변

② 나 · 당 전쟁

③ 동학 농민 운동

④ 민립 대학 설립 운동

17 다음 작품들이 제작된 시기의 모습으로 옳은 것은?

김홍도 〈서당〉   신윤복 〈단오풍정〉

① 신라는 왜에 조선술을 전해 주었다.

② 한글 소설을 비롯한 서민 문화가 발달하였다.

③ 송의 기술을 받아들여 고려청자의 제작이 시작되었다.

④ 몽골을 물리치려는 염원으로 팔만대장경을 제작하였다.

18 일제의 식민지 지배 정책으로 옳지 <u>않은</u> 것은?

① 회사령   ② 금융 실명제

③ 산미 증식 계획   ④ 토지 조사 사업

19 다음 설명에 해당하는 것은?

> • 3 · 1 운동 이후 여러 지역의 독립 운동 단체가 통합되어 수립됨
> • 삼권 분립에 기초한 민주 공화제를 채택함
> • 연통제와 교통국을 조직하여 독립 운동을 전개함

① 집강소   ② 독립 협회

③ 조선어 연구회   ④ 대한민국 임시 정부

20 ㉠에 들어갈 사건은?

> 〈이승만 정부의 붕괴 과정〉
> 3 · 15 부정 선거 → ㉠ → 이승만 대통령 하야

① 10월 유신   ② 4 · 19 혁명

③ 6월 민주 항쟁   ④ 5 · 18 민주화 운동

21 다음 내용에 해당하는 사건은?

> 1929년 열차에서 조선 여학생을 희롱한 일본 학생과 이를 말리던 조선 학생이 충돌하였다. 경찰이 이 사건을 일본 학생에게만 유리하게 처리하자, 조선 학생들은 민족 차별 중지, 식민지 교육 제도 철폐 등을 요구하며 시위를 벌였다.

① 을미사변

② 갑신정변

③ 물산 장려 운동

④ 광주 학생 항일 운동

22 자료에 해당하는 인물은?

> ■ **이달의 역사 인물** ■
> • 생몰 연도 : 1868년~1943년
> • 활동 : 대한 독립군 총사령관으로 봉오동 전투를 승리로 이끌었다. …(중략)… 이후 중앙아시아로 강제 이주되어 사망하였다.

① 김구   ② 김옥균

③ 홍범도   ④ 서재필

23 ㉠에 들어갈 기관은?

> 제헌 국회는 광복 이후 친일파 청산이라는 국민의 열망에 따라 ___㉠___ 을/를 설치하였다. 그러나 반공 우선의 정책을 추구하던 이승만 정부의 비협조로 친일파 청산이 제대로 이루어지지 못하였다.

① 비변사
② 조선 총독부
③ 통리기무아문
④ 반민족 행위 특별 조사 위원회

24 ㉠에 들어갈 사건은?

① 6 · 25 전쟁
② 베트남 전쟁
③ 청산리 대첩
④ 매소성 전투

25 ㉠에 들어갈 내용으로 옳은 것은?

① 척화비 건립
② 조선 통신사 파견
③ 관민 공동회 개최
④ 대한 제국의 외교권 박탈

제7교시 선택 과목

도 덕

정답 및 해설 651p |

01 다음 주제들을 다루는 응용 윤리 분야로 가장 적절한 것은?

> • 자연은 개발의 대상인가, 보전의 대상인가?
> • 탄소 배출 방안과 관련된 윤리적 쟁점은 무엇인가?

① 성 윤리   ② 환경 윤리
③ 정보 윤리   ④ 문화 윤리

02 벤담(Bentham, J.)이 제시한 쾌락의 산출 기준이 <u>아닌</u> 것은?

① 인종   ② 순수성
③ 지속성   ④ 파급 범위

03 ㉠에 들어갈 용어로 옳은 것은?

> 칸트(Kant, I.)는 도덕 법칙을 "너의 의지의 준칙이 언제나 동시에 보편적 법칙이 될 수 있도록 행위하라."라는 (㉠)의 형식으로 제시하였다.

① 가언 명령   ② 정언 명령
③ 연역 논리   ④ 귀납 논리

04 ㉠에 들어갈 용어로 적절한 것은?

① 소유   ② 집착
③ 책임   ④ 무관심

05 요나스(Jonas, H.)의 책임 윤리에 대한 설명으로 옳은 것은?

① 과거 지향적인 인과적 책임만을 강조한다.
② 선한 동기만으로 도덕성을 평가해야 한다고 본다.
③ 책임의 범위를 생태계 전체까지 확대해야 한다고 본다.
④ 의도하지 않은 행위는 책임질 필요가 없다고 주장한다.

06 정의로운 사회 구현을 위한 조건으로 옳은 것만을 〈보기〉에서 모두 고른 것은?

> ───── 〈보기〉 ─────
> ㄱ. 기본권 보장   ㄴ. 공권력의 남용
> ㄷ. 사회적 약자 배려   ㄹ. 공정한 분배 실현

① ㄱ, ㄴ   ② ㄴ, ㄷ

③ ㄱ, ㄴ, ㄷ   ④ ㄱ, ㄷ, ㄹ

• 동물만이 삶을 영위할 권리를 가진다.	✔	✔
• 자연의 모든 생명체는 내재적 가치를 지닌다.	✔	✔

① A   ② B

③ C   ④ D

07 다음 두 사상가의 공통된 입장으로 가장 적절한 것은?

① 예술은 사회에 영향을 미칠 수 없다.

② 예술은 미적 가치만을 추구해야 한다.

③ 예술은 도덕성 함양에 기여할 수 있다.

④ 예술은 인간의 도덕적 삶과 관련이 없다.

08 지구촌 시대에 지녀야 할 자세로 옳지 <u>않은</u> 것은?

① 다문화 이웃을 배려한다.

② 문화의 차이를 인정한다.

③ 열린 민족주의의 자세를 갖는다.

④ 배타적 민족 정체성을 고집한다.

09 다음에서 생명 중심주의 윤리의 관점에만 '✔'를 표시한 학생은?

관점 \ 학생	A	B	C	D
• 자연은 인간에게 편리한 도구이다.		✔		✔

10 도가(道家)의 자연관에 대한 설명으로 가장 적절한 것은?

① 생명을 존중하기 위해 인위적 규범을 따라야 한다고 본다.

② 모든 생명에 대해 인(仁)을 베풀어야 한다고 본다.

③ 연기설에 따라 자비를 실천해야 한다고 본다.

④ 무위자연(無爲自然)을 추구해야 한다고 본다.

11 ㉠에 들어갈 용어로 적절한 것은?

〈 ㉠ 〉
• 보편적 행위의 도덕 원리
• 역지사지(易地思之)의 자세
• "네가 남에게 바라는 대로 남에게 해 주어라."

① 황금률   ② 변증법

③ 이분법   ④ 유물론

12 다음 내용이 설명하는 직업윤리 의식은?

> • 신으로부터 부름받은 자기 몫의 일에 충실함
> • 개인의 위치에서 주어진 일에 최선을 다하려는 의식임

① 소명 의식 ② 특권 의식
③ 평등 의식 ④ 경쟁 의식

13 다음에서 소개하는 윤리 사상가는?

> ◈ 도덕 인물 카드 ◈
>
> • "아는 것이 힘이다."라고 강조함
> • 인간은 자연을 정복해야 한다고 주장함
> • 저서로 『뉴 아틀란티스』가 있음

① 흄 ② 밀
③ 베이컨 ④ 슈바이처

14 사이버 따돌림을 예방하기 위한 노력으로 적절한 것을 〈보기〉에서 고른 것은?

> ─── 〈보기〉 ───
> ㄱ. 타인의 정보를 무단으로 유포하기
> ㄴ. 장난으로 특정 학생에게 모욕 주기
> ㄷ. 사이버 따돌림이 폭력임을 분명히 인식하기
> ㄹ. 가해자를 공정하게 처벌하는 법과 제도 마련하기

① ㄱ, ㄴ ② ㄱ, ㄹ
③ ㄴ, ㄷ ④ ㄷ, ㄹ

15 (가)에 들어갈 용어로 가장 적절한 것은?

> 친환경 제품 소비 ─ (가) ─ 공정 무역 상품
> 사회 공헌 활동 ─ (가) ─ 인권, 복지

① 배타적 소비 ② 윤리적 소비
③ 충동적 소비 ④ 과시적 소비

16 다음 설명에 해당하는 용어는?

> • 고통과 갈등이 없는 안정된 마음의 상태
> • 테러, 범죄, 전쟁과 같은 폭력이 없는 상태

① 평화 ② 봉사
③ 역차별 ④ 불복종

17 인권에 대한 설명으로 옳은 것은?

① 영구히 보장될 필요가 없는 권리이다.
② 사익을 위해 침범할 수 있는 권리이다.
③ 모든 인간이 누려야 할 기본적 권리이다.
④ 후천적 노력에 의해서만 획득되는 권리이다.

18 (가), (나)에 들어갈 내용으로 적절하지 <u>않은</u> 것은?

〈사형 제도의 윤리적 쟁점〉

찬성 논거	반대 논거
(가)	(나)
⋮	⋮

① (가) : 범죄 억제 효과가 있다.

② (가) : 사회 정의 실현에 기여할 수 있다.

③ (나) : 범죄자의 생명권을 침해할 수 있다.

④ (나) : 판결의 오류 가능성이 절대로 없다.

19 다음 사상가의 입장으로 가장 적절한 것은?

> 개인적 이기심은 개별적으로 점잖게 나타나지만, 집단적 이기심으로 나타날 때에는 더욱 이기적인 모습으로 나타난다.
>
> – 니부어(Niebuhr, R.) –

① 집단의 도덕성은 개인의 도덕성보다 항상 높다.

② 개인의 선한 의지만으로 사회 정의를 실현할 수 있다.

③ 사회 문제 해결을 위해 사회 제도의 개선이 필요하다.

④ 개인의 도덕성은 사회의 도덕성에 영향을 받지 않는다.

20 ㉠에 들어갈 가장 적절한 말은?

		O	X
■ 체크 리스트를 통해 자신의 (㉠)을 점검해 보자.			
1	지인에게 청탁하는 행동은 괜찮다.		
2	가족의 이익을 위해서는 직위를 남용해도 된다.		
3	성의 표시의 돈은 액수에 상관없이 받아도 된다.		

① 청렴 의식

② 진로 의식

③ 선민 의식

④ 양성평등 의식

21 다음 설명에 해당하는 비용은?

> 통일 이후에 남북한의 경제 격차를 해소하고 이질적인 요소들을 통합하는 데 소요되는 유형·무형의 비용을 의미한다.

① 분단 비용

② 전쟁 비용

③ 갈등 비용

④ 통일 비용

22 친구 관계에서 지켜야 할 덕목이 <u>아닌</u> 것은?

① 신의(信義)

② 예의(禮義)

③ 권면(勸勉)

④ 차별(差別)

23 ㉠, ㉡에 들어갈 윤리적 관점으로 적절한 것은?

㉠	개별 생명체가 아니라 무생물을 포함한 생태계 전체가 도덕적 고려의 대상이다.
㉡	인간과 마찬가지로 동물들도 쾌락과 고통을 느낄 수 있는 존재이므로 도덕적 고려의 대상이다.

	㉠	㉡
①	동물 중심주의	인간 중심주의
②	생태 중심주의	동물 중심주의
③	생명 중심주의	생태 중심주의
④	인간 중심주의	동물 중심주의

24 다음 롤스(Rawls, J.)의 주장에서 밑줄 친 ㉠에 해당하지 않는 것은?

> 원초적 입장에서 사람들은 ㉠ 정의의 원칙들에 합의할 것이다. 그 원칙들에 입각하여 기본적 자유가 보장되고, 최소 수혜자를 포함한 모든 구성원의 이익이 증대되어야 한다.

① 차등의 원칙

② 유용성의 원칙

③ 평등한 자유의 원칙

④ 공정한 기회균등의 원칙

25 다음에 해당하는 상부상조의 전통으로 가장 적절한 것은?

> • 향촌 사회의 자치 규약
> • 덕업상권(德業相勸), 과실상규(過失相規), 환난상휼(患難相恤), 예속상교(禮俗相交)

① 계 ② 향약

③ 두레 ④ 품앗이

2020년도

제2회

제1교시 국　어

제2교시 수　학

제3교시 영　어

제4교시 사　회

제5교시 과　학

제6교시 한국사

제7교시 도　덕

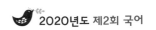

제1교시

국 어

정답 및 해설 656p

01 '형'의 말하기에 나타난 문제점으로 가장 적절한 것은?

> 동생 : 형, 배구 경기가 언제 시작하지?
> 형 : 어제 모든 프로 축구 경기는 취소되었어.

① 대화 맥락에 어긋나는 정보를 제공하고 있다.
② 상대의 이익을 우선하며 대화에 참여하고 있다.
③ 통계 자료를 과도하게 해석하며 상대를 설득하고 있다.
④ 아직 일어나지 않은 일을 사실인 것처럼 전달하고 있다.

02 다음은 '원자력 발전소 건설'에 대한 토론의 일부이다. ㉠에 들어갈 내용으로 가장 적절한 것은?

> 찬성 : 경제적 이익을 위해서 원자력 발전소는 계속 건설되어야 합니다. 원자력 에너지가 다른 에너지에 비해 전력생산 비용이 저렴하기 때문입니다.
> 반대 : 저는 오히려 경제적 부담 때문에 원자력 발전소 건설을 반대합니다. 왜냐하면 원자력 발전소는 _____㉠_____

① 에너지를 안정적으로 공급해 주기 때문입니다.
② 핵폐기물을 안전하게 처리할 수 있기 때문입니다.
③ 건설을 위한 초기 투자 비용이 많이 들기 때문입니다.
④ 친환경적이어서 유지 비용을 절약할 수 있기 때문입니다.

03 밑줄 친 단어 중, 다음 규정을 적용한 예가 아닌 것은?

> **한글 맞춤법**
> [제6항] 'ㄷ, ㅌ' 받침 뒤에 종속적 관계를 가진 '-이(-)'나 '-하-'가 올 적에는 그 'ㄷ, ㅌ'이 'ㅈ, ㅊ'으로 소리 나더라도 'ㄷ, ㅌ'으로 적는다.

① 하늘에 별이 숱하게 있다.
② 친구와 같이 사업을 했다.
③ 우리는 해돋이를 기다린다.
④ 이제 구름은 말짱히 걷혀 버렸다.

04 다음에 대한 설명으로 적절하지 <u>않은</u> 것은?

① ㉠과 ㉡은 의미적으로 서로 대립한다.
② ㉠과 ㉣은 반의 관계이다.
③ ㉢에는 '소년'이라는 단어를 넣을 수 있다.
④ ㉣은 의미 관계로 보아 ㉡에 포함된다.

05 ㉠~㉢의 밑줄 친 부분에 대한 설명으로 적절하지 <u>않은</u> 것은?

> ㉠ <u>너</u>와 <u>나</u>는 왜 다를까?
> ㉡ 그는 <u>방</u>에서 <u>빵</u>을 먹고 있다.
> ㉢ <u>밤[夜]</u>에 <u>밤[栗]</u>을 먹을 때는 벌레를 조심하렴.

① ㉠의 '너'와 '나'의 모음은 혀의 높낮이가 서로 다르다.
② ㉠의 '왜'는 발음하는 동안 입술 모양이 달라지지 않는다.
③ ㉡의 '방'과 '빵'의 'ㅂ'과 'ㅃ'은 조음 위치가 같다.
④ ㉢의 '밤[夜]'과 '밤[栗]'은 소리의 길이가 서로 다르다.

06 다음 중, 밑줄 친 문장 성분만으로 이루어진 문장은?

> 국어의 문장 성분은 크게 <u>주성분</u>, 부속 성분, 독립 성분으로 나눌 수 있다.

① 우아, 우리가 이겼다.
② 친구가 책을 읽고 있다.
③ 그 사람이 우유를 마셨다.
④ 동생이 드디어 가수가 되었다.

07 ㉠에 들어갈 내용으로 적절하지 <u>않은</u> 것은?

> 주제 : 당류 섭취량을 줄이자.
> Ⅰ. 서론 : 우리 국민의 과도한 당류 섭취량
> Ⅱ. 본론
> 　1. 우리 국민의 당류 섭취량이 많은 이유
> 　　가. 당류 과다 섭취의 부작용에 대한 인식 부족
> 　　나. 당류 함유량이 높은 음식을 선호하는 식습관
> 　　다. 하루에 섭취해야 할 적정 당류량에 대한 정보 부족
> 　2. 당류 섭취량을 줄이기 위한 방안
> 　　　㉠
> Ⅲ. 결론 : 당류 섭취량을 줄여 우리 국민의 건강을 지키자.

① 1일 당류 권장량에 대한 홍보 포스터 게시
② 당류 선호 식습관 개선을 위한 캠페인 실시
③ 당류 함유량이 높은 음식에 대한 가격 인하
④ 과도한 당류 섭취의 부작용을 알리는 광고 배포

08 ㉠~㉣을 고쳐 쓴 것으로 적절하지 <u>않은</u> 것은?

> 저는 지역 발전을 위한 토론회에서 사회자가 ㉠ 돼어 토론을 진행했습니다. 그 토론회에서 저는 토론 상황을 정확히 파악하고 ㉡ 그에게 맞는 판단을 신속하게 내렸습니다. 그래서 토론을 무사히 ㉢ 맞혔습니다. ㉣ 칭찬을 통해 타인과의 관계가 발전할 수 있었습니다.

① ㉠ : 맞춤법에 어긋난 표현이므로 '되어'로 수정한다.
② ㉡ : 잘못된 조사 사용이므로 '그에서'로 바꾼다.
③ ㉢ : 정확한 단어 사용이 아니므로 '마쳤습니다'로 고친다.
④ ㉣ : 통일성을 해치는 내용이므로 삭제한다.

[09~11] 다음 글을 읽고 물음에 답하시오.

> 넓은 벌 동쪽 끝으로
> ㉠ 옛이야기 지줄대는 실개천이 회돌아 나가고,
> 얼룩백이 황소가
> 해설피 ㉮ 금빛 게으른 울음을 우는 곳,
>
> ― 그곳이 차마 꿈엔들 잊힐 리야.
>
> 질화로에 재가 식어지면
> 비인 밭에 밤바람 소리 말을 달리고,
> 엷은 졸음에 겨운 늙으신 아버지가
> ㉡ 짚베개를 돋아 고이시는 곳,
>
> ― 그곳이 차마 꿈엔들 잊힐 리야.

> 흙에서 자란 내 마음
> 파아란 하늘빛이 그리워
> ㉢ 함부로 쏜 화살을 찾으려
> 풀섶 이슬에 함추름 휘적시던 곳.
>
> ― 그곳이 차마 꿈엔들 잊힐 리야.
>
> 전설(傳說) 바다에 춤추는 밤물결 같은
> 검은 귀밑머리 날리는 어린 누이와
> ㉣ 아무렇지도 않고 예쁠 것도 없는
> 사철 발 벗은 아내가
> 따가운 햇살을 등에 지고 이삭 줍던 곳,
>
> ― 그곳이 차마 꿈엔들 잊힐 리야.
>
> 하늘에는 성근 별
> 알 수도 없는 모래성으로 발을 옮기고,
> 서리 까마귀 우지짖고 지나가는 초라한 지붕,
> 흐릿한 불빛에 돌아앉아 도란도란거리는 곳,
>
> ― 그곳이 차마 꿈엔들 잊힐 리야.
>
> ― 정지용, 「향수」―

09 윗글에 대한 설명으로 적절하지 <u>않은</u> 것은?

① 후렴구를 반복하여 운율을 형성하고 있다.
② 설의법을 사용하여 화자의 정서를 강조하고 있다.
③ 향토적 소재를 활용하여 토속적 분위기를 드러내고 있다.
④ 청자를 표면에 내세우며 부끄러운 현실을 고백하고 있다.

10 ㉠에 사용된 감각적 이미지와 가장 가까운 것은?

① 싸늘한 가을바람이 불어

② 향기로운 꽃냄새에 이끌려

③ 소태같이 쓴 맛의 풀잎을 씹고

④ 푸른 휘파람 소리가 귓가에 맴도는데

11 ㉠~㉣ 중, 다음 설명에 해당하는 것으로 가장 적절한 것은?

> 사람이 아닌 것을 사람에 빗대어 사람이 행동하는 것처럼 표현하는 기법

① ㉠ ② ㉡

③ ㉢ ④ ㉣

[12~14] 다음 글을 읽고 물음에 답하시오.

[앞부분의 줄거리] 한평생 북을 치며 방랑하던 민 노인은 아들 민대찬의 집에 얹혀살게 되면서 아들 내외의 반대로 북 치는 것을 마음대로 하지 못한다. 그러던 중, 손자 성규의 부탁으로 대학생들과 함께한 탈춤 공연에서 북을 치게 된다.

[A] 민 노인의 북은 요긴한 대목에서 둥둥 울렸다. 째지는 소리를 내는 꽹과리며 장구에 파묻혀 제값을 하지는 못해도, 민 노인에게는 전혀 괘념할 일이 아니었다. 그전에도 그랬던 것처럼, 공연 전에 마신 술기운도 가세하여, 탈바가지들의 손끝과 발목에 한 치의 오차도 없이 그의 북소리는 턱턱 꽂혔다. 그새 입에서는 얼씨구! 소리도

적시에 흘러나왔다. 아무 생각도 없었다. 가락과 소리와, 그것을 전체적으로 휩싸는 달착지근한 장단에 자신을 내맡기고만 있었다.

그날 밤, 민 노인은 근래에 흔치 않은 노곤함으로 깊은 잠을 잤다. 춤판이 끝나고 아이들과 어울려 조금 과음한 까닭도 있을 것이었다. 더 많이는 오랜만에 돌아온 자기 몫을 제대로 해냈다는 느긋함이 꿈도 없는 잠을 거쳐 상큼한 아침을 맞게 했을 것으로 믿었는데 그런 흐뭇함은 오래가지 않았다. 다 저녁때가 되어 외출에서 돌아온 ㉠ 며느리는 집 안에 들어서자마자 성규를 찾았고, 그가 안 보이자 민 노인의 방문을 밀쳤다.

"아버님, 어저께 성규 학교에 가셨어요?"

예사로운 말씨와는 달리, 굳어 있는 표정 위로는 낭패의 그늘이 좍 깔려 있었다. 금방 대답을 못 하고 엉거주춤한 형세로 며느리를 올려다보는 민 노인의 면전에서, ㉡ 송 여사의 한숨 섞인 물음이 또 떨어졌다.

"북을 치셨다면서요."

"그랬다. 잘못했니?"

우선은 죄인 다루듯 하는 며느리의 힐문에 부아가 꾸역꾸역 치솟고, 소문이 빠르기도 하다는 놀라움이 그 뒤에 일었다.

"아이들 노는 데 구경가시는 것까지는 몰라도, 걔들과 같이 어울려서 북 치고 장구 치는 게 나이 자신 어른이 할 일인가요?"

"하면 어때서. 성규가 지성으로 청하길래 응한 것뿐이고, 나는 원래 그런 사람 아니니. 이번에도 내가 늬들 체면 깎았냐."

"아시니 다행이네요."

송여사는 후닥닥 문을 닫고 나갔다. 일은 그것으로 끝나지 않았다. 며느리는 퇴근한 남편을 붙들고, 밖에 나갔다가 성규와

같은 과 학생인 ㉢ 진숙이 어머니한테서 들었다는 얘기를 전했다. 진숙이 어머니는 민 노인이 가면극에 나왔다는 귀띔에 잇대어, ㉣ 성규 어머니는 그렇게 멋있는 ㉤ 시아버지를 두셔서 참 좋겠다며 빈정거리더라는 말도 덧붙였다.

– 최일남, 「흐르는 북」 –

12 [A]의 서술 방식으로 가장 적절한 것은?

① 대화 상황을 통해 갈등을 제시하고 있다.
② 특정 인물을 중심으로 내용을 전개하고 있다.
③ 고사를 인용하여 인물의 가치관을 나타내고 있다.
④ 의성어를 활용하여 암울한 상황을 드러내고 있다.

13 '민노인'에 대한 며느리의 태도로 가장 적절한 것은?

① 물질적인 가치를 추구하는 민 노인을 비판한다.
② 무리하게 북을 치는 민 노인의 건강을 걱정한다.
③ 민 노인이 북을 친 것에 대해 불편함을 드러낸다.
④ 성규를 위해 공연에 참석한 민 노인에게 고마워한다.

14 ㉠~㉤ 중, 가리키는 대상이 같은 것만을 모두 고른 것은?

① ㉠, ㉢   ② ㉡, ㉤
③ ㉠, ㉡, ㉣   ④ ㉢, ㉣, ㉤

[15~16] 다음 글을 읽고 물음에 답하시오.

> 뎨 가는 뎌 각시 본 듯도 혼 뎌이고
> 텬샹(天上) 빅옥경(白玉京)을 엇디ᄒᆞ야 니별(離別)ᄒᆞ고
> 히 다 뎌 져믄 날의 눌을 보라 가시ᄂᆞᆫ고
> 어와 네여이고 이내 스셜 드러 보오
> 〈중략〉
> 져근덧 녁진(力盡)ᄒᆞ야 풋ᄌᆞᆷ을 잠간 드니
> 졍셩(精誠)이 지극ᄒᆞ야 ㉠ᄭᅮᆷ의 님을 보니
> 옥(玉) ᄀᆞ튼 얼구리 반(半)이 나마 늘거셰라
> ᄆᆞ음의 머근 말ᄉᆞᆷ 슬ᄏᆞ장 ᄉᆞᆲ쟈 ᄒᆞ니
> 눈믈이 바라 나니 말ᄉᆞᆷ인들 어이 ᄒᆞ며
> 졍(情)을 못 다ᄒᆞ야 목이조차 몌여 ᄒᆞ니
> 오뎐된 ㉡계셩(鷄聲)의 ᄌᆞᆷ은 엇디 ᄭᆡ돗던고
> 어와 허ᄉᆞ(虛事)로다 이 님이 어듸 간고
> 결의 니러 안자 창(窓)을 열고 ᄇᆞ라보니
> 어엿븐 그림재 날 조ᄎᆞᆯ ᄲᅮᆫ이로다
> 출하리 싀여디여 ㉢낙월(落月)이나 되야이셔
> 님 겨신 창(窓) 안히 번드시 비최리라
> 각시님 ᄃᆞᆯ이야ᄏᆞ니와 ㉣구ᄌᆞᆫ비나 되쇼셔
>
> – 정철, 「속미인곡」 –

15 윗글에 대한 설명으로 가장 적절한 것은?

① 여러 개의 연으로 나누어져 있다.
② 3음보의 행이 제한 없이 나열되어 있다.
③ 노래로 불렸기 때문에 후렴구가 발달되어 있다.
④ 두 명의 화자가 대화하는 형식으로 구성되어 있다.

16 ㉠~㉣에 대한 설명으로 적절하지 <u>않은</u> 것은?

① ㉠ : 임과의 만남이 이루어지는 공간

② ㉡ : 임과의 만남이 중단되는 계기

③ ㉢ : 임을 그리는 마음을 나타내는 소재

④ ㉣ : 임의 소식을 전해 주는 매개체

[17~19] 다음 글을 읽고 물음에 답하시오.

이 대장은 힘없이 말했다.

"사대부들이 모두 조심스럽게 예법(禮法)을 지키는데, 누가 변발(辮髮)을 하고 호복(胡服)을 입으려 하겠습니까?"

허생은 크게 꾸짖어 말했다.

[A]
"소위 사대부란 것들이 무엇이란 말이냐? 오랑캐 땅에서 태어나 자칭 사대부라 뽐내다니 이런 어리석을 데가 있느냐? 의복은 흰옷을 입으니 그것이야말로 상인(喪人)이나 입는 것이고, 머리털을 한데 묶어 송곳같이 만드는 것은 남쪽 오랑캐의 습속에 지나지 못한데, 대체 무엇을 가지고 예법이라 한단 말인가? 번오기(樊於期)는 원수를 갚기 위해서 자신의 머리를 아끼지 않았고, 무령왕(武靈王)은 나라를 강성하게 만들기 위해서 되놈의 옷을 부끄럽게 여기지 않았다. 이제 대명(大明)을 위해 원수를 갚겠다 하면서, 그까짓 머리털 하나를 아끼고, 또 장차 말을 달리고 칼을 쓰고 창을 던지며 활을 당기고 돌을 던져야 할 판국에 소매 넓은 옷을 고쳐 입지 않고 딴에 예법이라고 한단 말이냐? 내가 세 가지를 들어 말하였는데, 너는 한 가지도 행하지 못한다면서 그래도 신임받는 신하라 하겠는가? 신임받는 신하라는 게 참으로 이렇단 말이냐? 너 같은 자는 칼로 목을 잘라야 할 것이다."

하고 좌우를 돌아보며 칼을 찾아서 찌르려 했다.

이 대장은 놀라서 일어나 급히 뒷문으로 뛰쳐나가 도망쳐서 돌아갔다.

㉠ 이튿날, 다시 찾아가 보았더니, 집이 텅 비어 있고, 허생은 간 곳이 없었다.

– 박지원, 「허생전」 –

17 윗글에 대한 설명으로 가장 적절한 것은?

① 인간 세상을 자연에 빗대어 풍자하였다.

② 인물의 정서를 3ㆍ4조 운율로 표현하였다.

③ 인물 간의 대립을 통하여 이야기를 전개하였다.

④ 무대 상연을 목적으로 대화에 초점을 두어 서술하였다.

18 [A]에 나타난 '허생'의 말하기에 대한 설명으로 적절하지 <u>않은</u> 것은?

① 실리를 부정하며 상대의 의견을 반박하고 있다.

② 상대의 의견에 반론을 제기하며 상대를 꾸짖고 있다.

③ 역사적 인물을 내세워 상대의 태도를 비판하고 있다.

④ 상대의 무능한 태도에 분노하며 상대를 위협하고 있다.

19 ㉠에 대한 설명으로 가장 적절한 것은?

① 결말을 열어 두어 상상의 여지를 남겼다.

② 과거 회상을 통하여 역순행적 구성을 완성하였다.

③ 비극적 결말로 마무리하여 권선징악의 교훈을 주었다.

④ 인물의 현실 순응적 모습을 통해 주제 의식을 강조하였다.

[20~22] 다음 글을 읽고 물음에 답하시오.

전형적인 서양의 풍경화를 눈여겨보면, 설령 화폭에 인물이 그려지지 않은 경우라 할지라도 화면 밖에 반드시 한 사람의 관찰자가 있어서 이젤 앞에 못 박힌 듯이 서서 주위 풍경을 측량하듯이 바라보는 차갑고 단조로운 시선을 느낄 수 있다. 자연 풍경을 그렸다고는 하지만 어디까지나 그 앞에 인간이 있으며, 그 인간이 바로 모든 풍경의 기준점이 되어 있다. 그러므로 풍경화 속의 부분 부분은 한결같이 작품 밖에서 그것을 바라보는 한 개인, 즉 객관적인 관찰자와의 관계 속에서 투시법적으로 형태가 결정되어 그려진다.

이와는 달리, 우리 옛 산수화에서는 어디까지나 ㉠ 산수 자체가 주인공이다. 사람은 주인공인 산을 소중하게 한가운데 모셔 두고서 치켜다 보고, 내려다보고, 비껴 보고, 휘둘러 봄으로써 산수의 다양한 실제 모습에 접근하려 한다. 산수화의 목적이 자연의 ㉡ 형상뿐만 아니라 거기서 우러나는 기운까지 담아내는 것이라고 할 때, 서양의 일점투시는 일견 과학적인 듯 보이지만 카메라 앵글처럼 포용력이 부족한 관찰 방식이다. 일점투시는 인간 중심주의적 사고의 ㉢ 산물인 까닭에 자연의 살아 있는 모습을 따라잡는 데는 실로 많은 어려움을 드러

낸다. 애초에 산이란 것이 하나의 숨 쉬는 생명체라면 그것은 자연과 인간의 상호 양보를 ㉣ 전제로 하는 동양의 고차원적 인본주의, 즉 회화적으로는 삼원법에 의해서만 충분히 표현된다.

〈중략〉

옛 그림의 삼원법, 즉 고원, 심원, 평원의 다양한 시각이 어떻게 「몽유도원도」라는 한 화면 속에 무리 없이 소화되고 있는가? 그 점을 눈여겨보는 것이 사실 옛 산수화를 보는 재미의 가장 커다란 부분의 하나다. 얼핏 생각하기에 다양한 시각이 뒤섞여 있으니 작품 전체가 매우 이상하게 보임직한데, 오히려 옛 산수화를 보면 마음이 평온하기 그지없다. 그것은 서양의 투시 원근법상의 논리로부터 슬그머니 도망쳐 나온, 수없이 많은 자잘한 여백들이 경물과 경물 사이를 매개하기 때문이다.

– 오주석, 「옛 그림의 원근법」 –

20 윗글의 서술상 특징이 <u>아닌</u> 것은?

① 「몽유도원도」를 예로 들어 독자의 이해를 돕고 있다.

② 일점투시의 역사적 변화를 단계적으로 진술하고 있다.

③ 전형적인 서양 풍경화와 우리 옛 산수화의 차이점을 서술하고 있다.

④ 옛 산수화를 볼 때 눈여겨볼 만한 점을 질문의 형식을 활용하여 제시하고 있다.

21 윗글의 내용으로 적절하지 않은 것은?

① 일점투시는 자연의 살아 있는 모습을 포용력 있게 가장 잘 구현하는 방법이다.

② 전형적인 서양 풍경화에서는 화면 밖 관찰자의 차갑고 단조로운 시선이 느껴진다.

③ 산수화의 목적은 산수의 형상과 더불어 그 기운도 화폭에 표현하는 것으로도 볼 수 있다.

④ 인간이 풍경의 기준이 되는 전형적인 서양의 풍경화와 달리 우리 옛 산수화는 산수가 주인공이 된다.

22 ㉠~㉣의 사전적 의미로 적절하지 않은 것은?

① ㉠ : 산과 물이라는 뜻으로 경치를 이르는 말

② ㉡ : 사물의 생긴 모양이나 상태

③ ㉢ : 그릇되어 이치에 맞지 않는 일

④ ㉣ : 어떠한 사물이나 현상을 이루기 위하여 먼저 내세우는 것

[23~25] 다음 글을 읽고 물음에 답하시오.

(가) 국가가 ㉠ 경제 논리에서 벗어나서 당장 기술 개발과 대적으로 무관해 보이는 기초 과학 연구까지도 지원해야 는 데에는 다음과 같은 두 가지 이유가 있다. 우선 과학은 과학 문화로서 가치가 있다. 과학 문화는 과학적 세계관을 고양하고, 합리적 비판 정신을 높게 사며, 현대 사회가 만들어 내는 여러 문제들에 대해 균형

잡힌 전문가를 키우는 데 결정적으로 중요하다. 우주론, 진화론, 입자 물리학과 이론과학의 연구는 우리 세계관을 형성하며, 권위에 맹목적으로 의존하지 않고 새로움을 높게 사는 과학의 정신은 합리성의 원천이 된다. 토론을 통해서 오류를 제거하고 합의에 이르는 과학의 의사소통 과정은 바람직한 전문성의 모델을 제공한다. 이러한 훈련은 과학을 전공하는 학생만이 아니라 인문학이나 사회 과학을 전공하는 학생 모두에게 폭넓게 제공되어야 한다.

(나) 둘째, 기초 연구는 (㉮)을/를 위해서 중요하다. 대학에서 즉각적으로 ㉡ 기술과 산업에 필요한 내용만을 교육한다면, 이런 지식은 당장은 쓸모가 있겠지만 미래 기술의 발전과 변화에 무력하다. 결국 과학 기술이 빠르게 발전할수록 학생들에게 과학의 근본에 대해서 깊이 생각하게 하고 이를 바탕으로 창의적인 연구 결과를 내는 경험을 하도록 만드는 것이 중요하다. 남이 해 놓은 것을 조금 개량하는 데에서 머무르지 않고 정말 새롭고 혁신적인 것을 만들기 위해서는, 결국 지식의 기반 수준에서 창의적일 수 있는 교육이 이루어져야 한다. 이러한 교육은 기초 과학 연구가 제공할 수 있다.

(다) ㉢ 기초 과학과 기초 연구가 왜 중요한가? 토대이기 때문이다. 창의적 기술, 문화, 교육이 ㉣ 그 위에 ㉣ 굳건한 집을 지을 수 있는.

– 홍성욱, 「기초 과학의 진정한 가치」 –

23 (가)~(다)에 대한 설명으로 가장 적절한 것은?

① (가) : 단어의 어원을 밝히며 개념을 정의하고 있다.

② (나) : 공간 이동에 따라 관찰한 내용을 서술하고 있다.

③ (다) : 묻고 답하는 방식으로 중심 내용을 드러내고 있다.

④ (가), (나), (다) : 직접 실험하여 가설을 입증하고 있다.

24 (나)의 문맥으로 보아, ㉮에 들어갈 말로 가장 적절한 것은?

① 교육   ② 기술

③ 문화   ④ 산업

25 ㉠~㉣ 중, ㉯가 지시하는 것으로 가장 적절한 것은?

① ㉠   ② ㉡

③ ㉢   ④ ㉣

제2교시

수 학

정답 및 해설 660p |

01 두 다항식 $A=x^2-x$, $B=-x^2+1$에 대하여 $2A+B$는?

① x^2-2x+1 ② x^2-x-1

③ x^2+x+3 ④ x^2+2x-3

02 다음 등식 중 x에 대한 항등식은?

① $x=5$

② $x+2=0$

③ $(x+1)^2=x+1$

④ $x^2-1=(x+1)(x-1)$

03 다음은 조립제법을 이용하여 다항식 x^3-2x+1을 일차식 $x-2$로 나누어 몫과 나머지를 구하는 과정이다. 이때, 몫은?

$$
\begin{array}{r|rrr|r}
 & 1 & 0 & -2 & 1 \\
2 & & 2 & 4 & 4 \\
\hline
 & 1 & 2 & 2 & 5 \\
\end{array}
$$

① 2 ② 5

③ $x+5$ ④ x^2+2x+2

04 다음 등식을 만족하는 실수 x, y의 값은? (단, $i=\sqrt{-1}$)

$$(x-1)+(y+2)i=2+3i$$

① $x=2$, $y=1$ ② $x=2$, $y=5$

③ $x=3$, $y=1$ ④ $x=3$, $y=5$

05 다음 이차방정식 중에서 서로 다른 두 실근을 갖는 것은?

① $x^2+3=0$

② $x^2+x-2=0$

③ $x^2+2x+1=0$

④ $x^2+3x+5=0$

07 삼차방정식 $x^3-x^2+3x+a=0$의 한 근이 1일 때, 상수 a의 값은?

① -5　　　　② -3

③ -1　　　　④ 1

06 $1 \leq x \leq 4$일 때, 이차함수 $y=(x-2)^2-3$ 의 최댓값은?

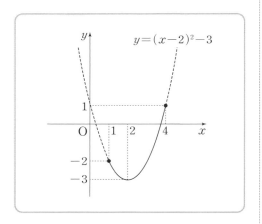

① -3　　　　② -1

③ 1　　　　④ 3

08 좌표평면 위의 두 점 $A(-1, 1)$, $B(2, 3)$ 사이의 거리는?

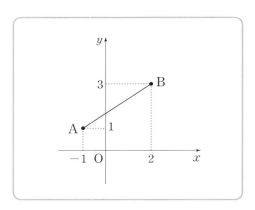

① $\sqrt{11}$　　　　② $2\sqrt{3}$

③ $\sqrt{13}$　　　　④ $\sqrt{14}$

09 직선 $y = -\dfrac{1}{3}x + 2$에 수직이고 점 $(0, 1)$을 지나는 직선의 방정식은?

① $y = -\dfrac{1}{3}x$ ② $y = -\dfrac{1}{3}x + 1$

③ $y = 3x$ ④ $y = 3x + 1$

10 중심이 원점이고 점 $(3, 4)$를 지나는 원의 방정식은?

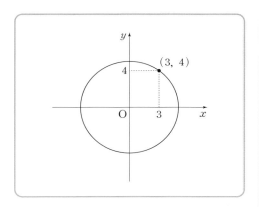

① $x^2 + y^2 = 1$
② $x^2 + y^2 = 25$
③ $(x-3)^2 + (y-4)^2 = 1$
④ $(x-3)^2 + (y-4)^2 = 25$

11 좌표평면 위의 점 $(-1, 2)$를 x축의 방향으로 3만큼, y축의 방향으로 -2만큼 평행이동한 점의 좌표는?

① $(-4, 0)$ ② $(0, -4)$

③ $(0, 2)$ ④ $(2, 0)$

12 다음 중 집합인 것은?

① 아름다운 꽃의 모임
② 정수 중 큰 수의 모임
③ 10보다 작은 자연수의 모임
④ 기부를 많이 하는 사람들의 모임

2020년 2회

13 명제 '$x^2 \neq 1$이면 $x \neq 1$이다.'의 대우는?

① $x=1$이면 $x^2=1$이다.

② $x=1$이면 $x^2 \neq 1$이다.

③ $x^2=1$이면 $x \neq 1$이다.

④ $x^2 \neq 1$이면 $x=1$이다.

14 그림과 같은 함수 $f : X \rightarrow Y$에 대한 설명으로 옳지 <u>않은</u> 것은?

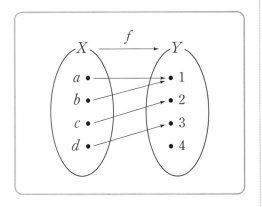

① 정의역은 $\{a, b, c, d\}$이다.

② 공역은 $\{1, 2, 3, 4\}$이다.

③ 치역은 $\{1, 2, 3\}$이다.

④ $f(a)=2$이다.

15 유리함수 $y=\dfrac{1}{x-1}+a$의 그래프가 그림과 같을 때, 상수 a의 값은?

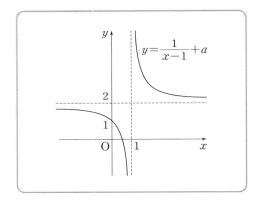

① 1 ② 2

③ 3 ④ 4

16 첫째항이 1, 공차가 2인 등차수열의 첫째항부터 제5항까지의 합은?

① 20 ② 25

③ 30 ④ 35

17 $\displaystyle\sum_{k=1}^{10} a_k = 5$, $\displaystyle\sum_{k=1}^{10} b_k = 10$일 때,

$\displaystyle\sum_{k=1}^{10}(2a_k + b_k)$의 값은?

① 20　　　　　② 30

③ 40　　　　　④ 50

19 $5^3 \times 5^{-2}$을 간단히 한 것은?

① 1　　　　　② 3

③ 5　　　　　④ 7

18 수열 $\{a_n\}$이

$$\begin{cases} a_1 = 1 \\ a_{n+1} = 2a_n \ (n = 1, \ 2, \ 3, \ \cdots) \end{cases}$$

을 만족할 때, a_4의 값은?

① 8　　　　　② 9

③ 10　　　　　④ 11

20 표는 상용로그표의 일부분이다. 이를 이용하여 $\log 2.03$의 값을 구하면? (단, $\log N = \log_{10} N$이다.)

수	0	1	2	3	⋯	8	9
1.0	.0000	.0043	.0086	.0128	⋯	.0334	.0374
1.1	.0414	.0453	.0492	.0531	⋯	.0719	.0755
⋮	⋮	⋮	⋮	⋮	⋮	⋮	⋮
2.0	.3010	.3032	.3054	.3075	⋯	.3181	.3201
2.1	.3222	.3243	.3263	.3284	⋯	.3385	.3404

① 0.3010　　　　② 0.3032

③ 0.3054　　　　④ 0.3075

제3교시

영 어

정답 및 해설 663p |

[01~03] 다음 중 밑줄 친 부분의 뜻으로 가장 적절한 것을 고르시오.

01

> It's not easy to change an old habit.

① 책임　　　　② 직업
③ 권리　　　　④ 습관

02

> I'll participate in the Seoul Marathon next year.

① 노력하다　　② 성공하다
③ 개최하다　　④ 참가하다

03

> After driving for two hours, we arrived home at last.

① 우선　　　　② 마침내
③ 요약하면　　④ 예를 들면

04 다음 중 두 단어의 의미 관계가 나머지 셋과 다른 것은?

① big－large　　② fast－slow
③ polite－rude　　④ expensive－cheap

05 광고문에서 언급되지 않은 것은?

> **HOT SUMMER SALE**
> **All music CDs 30% off!**
> - Great opportunity to buy CDs at a discounted price
> - From July 15 to July 29, 2020
> - Open Monday~Saturday, 10 a.m. to 9 p.m.

① 할인율
② 매장 위치
③ 할인 판매 기간
④ 영업 요일과 영업 시간

[06~08] 빈칸에 공통으로 들어갈 말로 가장 적절한 것을 고르시오.

06

> • You need to _____ your ticket to Busan as soon as possible.
> • I borrowed this _____ from our school library.

① name
② room
③ book
④ uniform

07

> • I used to go hiking _____ Saturdays.
> • Could you turn _____ the light?

① of
② in
③ on
④ with

08

> • He doesn't know _____ old she is.
> • I want to learn _____ to make spaghetti.

① who
② how
③ when
④ where

09 다음 중 밑줄 친 표현의 의미로 가장 적절한 것은?

> A : I've always wanted to travel across the United States.
> B : What's stopping you? Just go for it!
> A : But I can't speak English.
> B : It's never too late to learn. You can start learning English today.

① 배움에 늦은 때는 없다.
② 정직이 최선의 방책이다.
③ 끝이 좋으면 모두 다 좋다.
④ 어려울 때 도와주는 친구가 진정한 친구다.

10 다음 대화에서 알 수 있는 B의 심정으로 가장 적절한 것은?

> A : Susan, you look down.
> B : My sister went to Canada last month, so I'm living by myself.
> A : Why did she go to Canada?
> B : To study. I feel so lonely these days. I miss her.

① 행복한
② 외로운
③ 부끄러운
④ 만족스러운

11 다음 중 대화가 이루어지는 장소로 가장 적절한 것은?

> A : Can I have tickets for two adults?
> B : Here you are. Do you have swimming caps?
> A : Yes, we do.
> B : Please make sure you take a shower before you go into the swimming pool.

① 도서관　　　② 수영장
③ 박물관　　　④ 스케이트장

12 다음 중 밑줄 친 it(It)이 가리키는 것으로 가장 적절한 것은?

> We need it when it rains. It keeps our body and clothes from getting wet. It has many colors and sizes. It has a long stick with a folding frame covered in cloth or other material.

① book　　　② fork
③ umbrella　　④ computer

[13~14] 다음 대화의 빈칸에 들어갈 말로 가장 적절한 것을 고르시오.

13

> A : _____?
> B : I've decided to learn how to play the electric guitar.
> A : Why the electric guitar?
> B : Because I've always wanted to join the school band.

① Can I have some water, please
② Do you know where my pen is
③ How would you like your steak
④ Do you have any plans for this year

14

> A : What's the purpose of your visit to New Zealand?
> B : _____.

① I'm on a business trip
② That sounds like a good idea
③ You can take the bus to get there
④ The subway station is across the street

15 다음 글을 쓴 목적으로 가장 적절한 것은?

> To get to my office from Central Station, take line number 1 to 36th Street. Get out at exit 5 and cross the road. Turn right and walk 3 blocks. Our company building is next to the post office. My office is on the sixth floor.

① 길 안내
② 환불 요청
③ 제품 홍보
④ 학교 소개

16 주어진 말에 이어질 두 사람의 대화를 〈보기〉에서 찾아 순서대로 가장 적절하게 배열한 것은?

> You look upset. What's wrong?

───〈보기〉───
(A) Thanks. We'll do our best.
(B) That's too bad. But don't worry. You'll do better next time.
(C) Our soccer team lost 1:4 in last night's game.

① (B) − (A) − (C)
② (B) − (C) − (A)
③ (C) − (A) − (B)
④ (C) − (B) − (A)

17 다음 중 숙소 이용 안내문의 내용과 일치하지 <u>않는</u> 것은?

Home Sweet Home Guesthouse
- Location : Close to Itaewon Station
- Price : $30 a night
- Contact : sweethome77@kmail.com
** Free Internet provided **

① 위치가 이태원역과 가깝다.
② 하룻밤에 30달러이다.
③ 숙소는 전화로만 연락이 가능하다.
④ 인터넷이 무료로 제공된다.

18 다음 중 Tom에 관한 설명에서 언급되지 <u>않은</u> 것은?

> Tom is one of my best friends. He is very friendly and likes talking to people. He is majoring in English and wants to be an English teacher. He lives in Seoul with his family.

① 성격
② 장래 희망
③ 사는 도시
④ 가족 수

19 다음 글의 주제로 가장 적절한 것은?

> The Internet has both positive and negative effects on people's lives. It provides people with the information they need. It also helps people learn new things easily. On the other hand, if people spend too much time online, they may end up spending less and less time with their family and friends.

① 학생들의 작문 능력을 향상하기 위한 방법
② 인터넷 사용의 긍정적인 면과 부정적인 면
③ 학생들의 진로 선택을 위한 학교 교육의 역할
④ 환경 보호를 위해 우리가 실천할 수 있는 방안

[20~21] 다음 중 글의 빈칸에 들어갈 말로 가장 적절한 것을 고르시오.

20

> Hello, my name is Sejun Lee. I would like to be a _____ because I really like making food. I feel happy when my family and friends eat the food I make. I'm especially interested in Chinese food. I would like to go to Jin's College in China and learn how to make Chinese food.

① cook   ② dancer
③ soldier   ④ teacher

21

> Three years ago I was a government employee. The job was really boring because I had to read hundreds of documents every day. I wanted to do something new and creative, so I _____ the job. Now I run my own business. It's not easy, but I'm happy because now I'm doing what I really want. I love my new life!

① quit   ② existed
③ spread   ④ prevented

22 다음 글의 바로 뒤에 이어질 내용으로 가장 알맞은 것은?

> You may burn your hand or other parts of your body while cooking in the kitchen. Most burns are not serious and will heal on their own, but they can still be painful. Take the following steps to quickly heal a burn.

① 화재를 예방하는 방법
② 화상을 치료하는 방법
③ 성인병을 관리하는 방법
④ 지진 발생 시 대응 방법

[24~25] 다음 글을 읽고 물음에 답하시오.

You can have healthy skin without spending a lot of time and money. Here are some helpful _____. First, getting enough sleep every night really makes a difference to your skin. Second, drink enough water. Third, always use sunscreen when you go outside. Last, wash your face every night before going to bed.

23 글의 흐름으로 보아, 다음 문장이 들어가기에 가장 적절한 곳은?

These women are called Haenyeo, professional female divers on Jeju Island.

(①) When I was living on Jeju Island, I spent a lot of time just watching the ocean beat against the cliffs. (②) The rocks and water, together with Jeju's traditional houses, formed a very beautiful scene. (③) I could even see a group of Korean women in diving suits standing on the rocks. (④) They were diving into the sea without using oxygen tanks and coming back with seafood.

24 윗글의 빈칸에 들어갈 말로 가장 적절한 것은?

① tips   ② risks
③ sales   ④ societies

25 윗글에서 건강한 피부를 갖기 위한 방법으로 언급되지 <u>않은</u> 것은?

① 충분한 수면을 취한다.
② 물을 충분히 마신다.
③ 단백질을 충분히 섭취한다.
④ 매일 밤 자기 전에 얼굴을 씻는다.

2020년 2회

제4교시

사 회

정답 및 해설 668p |

01 다음에서 설명하는 기본권으로 가장 적절한 것은?

> • 국가 권력으로부터 간섭받지 않고 자유롭게 생활할 권리
> • 외부의 구속과 강제를 받지 않고 자신의 의지에 따라 스스로 선택할 수 있는 권리

① 사회권   ② 자유권

③ 참정권   ④ 청구권

02 다음에서 설명하는 개념은?

> • 개인 또는 집단이 사회생활을 하면서 서로 주고받는 행위이다.
> • 협동, 경쟁, 갈등 등으로 유형화 할 수 있다.

① 가치관   ② 실업률

③ 다국적 기업   ④ 사회적 상호 작용

03 다음 중 ㉠에 들어갈 말로 가장 적절한 것은?

〈'여성 고용 할당제'에 대한 찬반 토론〉

찬성 측
사회로부터 차별받아 온 여성에 대해 그동안의 불이익을 보상해 주는 제도이므로 찬성합니다.

반대 측
하지만 여성 채용 비율이 지나치게 높아 오히려 남성들이 불이익을 받는 (㉠)이/가 발생하므로 반대합니다.

① 과소비   ② 역차별

③ 익명성   ④ 텔레뱅킹

04 가치 판단에 해당하는 것을 〈보기〉에서 고른 것은?

> ───〈보기〉───
> ㄱ. 경복궁은 서울에 있다.
> ㄴ. 영희는 고등학교 2학년이다.
> ㄷ. 겨울철 눈 덮인 한라산은 아름답다.
> ㄹ. 환경 보호가 경제 발전보다 더 중요하다.

① ㄱ, ㄴ   ② ㄱ, ㄷ

③ ㄴ, ㄹ   ④ ㄷ, ㄹ

05 다음 중 ㉠, ㉡에 해당하는 것을 알맞게 짝지은 것은?

> **경제신문**   ○○○○년 ○○월 ○○일
>
> **원 / 달러 환율 급등!**
>
> 어제 1달러당 1,100원이던 원/달러 환율이 오늘은 1달러당 1,300원으로 급등했다. 이러한 환율 상승은 달러화 대비 원화 가치 (㉠)을 의미한다. 예컨대 어제는 2달러와 2,200원이 교환되었다면, 오늘은 2달러와 (㉡)이 교환된다.

	㉠	㉡		㉠	㉡
①	상승	2,600원	②	상승	3,900원
③	하락	2,600원	④	하락	3,900원

06 다음 중 '근로 3권'에 해당하는 것은?

① 단결권 　　　② 선거권
③ 공무 담임권 　④ 재판 청구권

07 다음에서 설명하는 것은?

> • 일정 금액의 돈을 일정 기간 금융 기관에 맡기는 것이다.
> • 정해진 이자 수익이 있으며, 특정 한도 내에서 원금을 보호하는 제도가 있다.

① 예금 　② 신용
③ 직업 　④ 채무

08 다음 중 ㉠에 들어갈 말로 가장 적절한 것은?

① 문화 상대주의 　② 문화 사대주의
③ 문화 절대주의 　④ 자문화 중심주의

09 자료에 대한 해석으로 옳은 것은?

① (가), (나)지역 모두 A당 지지율이 가장 낮다.
② B당 지지율은 (가)지역이 (나)지역보다 더 높다.
③ C당 지지율은 (나)지역이 (가)지역의 3배 이상이다.
④ 시간의 흐름에 따른 지역별 정당 지지율 변화를 알 수 있다.

10 다음 중 ㉠에 해당하는 것으로 옳은 것은?

① 임금 체불 　② 특권 의식
③ 기업가 정신 　④ 애그플레이션

11 다음에서 설명하는 투자 개념으로 가장 적절한 것은?

> • 투자의 안전성을 위해 포트폴리오를 구성하여 다양한 금융 자산에 투자하는 것이다.
> • '계란을 한 바구니에 모두 담지 마라'는 말로 비유한다.

① 분산 투자 　② 벤처 투자
③ 집중 투자 　④ 충동 투자

12 다음 중 개인의 권리와 국가 정책 간의 갈등을 해결하기 위한 방안으로 적절하지 <u>않은</u> 것은?

① 정책을 시행하기 전에 충분한 협의 절차를 거친다.
② 서로 다른 이해관계를 조정하려는 타협의 자세를 가진다.
③ 국가는 물리적 강제력을 내세워 개인의 권리를 최대한 제한한다.
④ 정책 시행으로 손해를 입게 된 개인에게 적절한 보상 대책을 강구한다.

13 다음에서 설명하는 것은?

- 일상에서 정신적, 신체적, 경제적, 사회적으로 느끼는 행복한 정도를 의미한다.
- 고용 안정, 복지 제도, 깨끗한 환경 등의 보장으로 높일 수 있다.

① 삶의 질
② 역할 갈등
③ 하우스 푸어
④ 상대적 박탈감

14 다음 중 교통과 통신의 발달로 나타나는 특징으로 적절하지 <u>않은</u> 것은?

① 인간의 공간 인식이 확대된다.
② 지역 간의 상호 작용이 활발해진다.
③ 많은 양의 정보를 주고받을 수 있다.
④ 산업 구조의 중심이 2차에서 1차 산업으로 바뀐다.

15 다음에서 설명하는 자원은?

- 18세기 산업 혁명의 원동력으로 증기 기관의 연료로 사용되었다.
- 주로 고생대 지층에 매장되어 있으며 제철 공업의 원료로 이용되는 화석 연료이다.

① 구리
② 석탄
③ 희토류
④ 천연가스

16 다음에서 설명하는 것은?

- 자유 무역의 확대와 세계 교역을 촉진하는 역할을 수행함.
- 관세 인하 요구 및 통상 분쟁 조정 등의 법적인 구속력을 가지고 있음.

① 소호(SOHO)
② 비정부 기구(NGO)
③ 유네스코(UNESCO)
④ 세계 무역 기구(WTO)

17 다음 중 ㉠, ㉡에 해당하는 식량 자원으로 가장 적절한 것은?

- (㉠) : 아시아 계절풍 지역의 대표적인 주식 작물로 이 지역이 대소비지이다.
- (㉡) : 사료 작물과 바이오 연료의 원료로 이용되고, 주로 아메리카 대륙에서 생산된다.

	㉠	㉡		㉠	㉡
①	밀	쌀	②	쌀	옥수수
③	옥수수	쌀	④	밀	옥수수

18 개발 제한 구역을 설정한 목적으로 옳은 것을 〈보기〉에서 고른 것은?

─── 〈 보기 〉 ───
ㄱ. 도시 녹지 환경 보전
ㄴ. 도시 내 시가지 개발
ㄷ. 도시의 무분별한 팽창 방지
ㄹ. 도시 내 각종 산업 시설 용지 확보

① ㄱ, ㄴ   ② ㄱ, ㄷ

③ ㄴ, ㄹ   ④ ㄷ, ㄹ

19 다음에서 설명하는 개념은?

지하철역, 행정 기관 등과 같이 지역 발전에 도움이 되는 시설을 자기 지역에 유치하려는 현상

① 열섬 현상
② 님비(NIMBY) 현상
③ 핌피(PIMFY) 현상
④ 바나나(BANANA) 현상

20 다음에서 설명하는 것으로 가장 적절한 것은?

• 원리 : 인공위성에서 보내온 신호를 종합하여 현재의 위치 측정
• 활용 : 길 찾기, 자동차의 자동 항법 장치, 해발 고도 파악

① 로하스(LOHAS)
② 바우처(VOUCHER)
③ 유비쿼터스(Ubiquitous)
④ 위치 정보 시스템(GPS)

21 다음 중 ㉠에 들어갈 국제 환경 협약은?

〈   ㉠   〉
• 1992년 브라질의 리우데자네이루에서 개최함.
• 지구 온난화를 방지하기 위해 온실 가스 감축에 합의함.

① 런던 협약   ② 바젤 협약

③ 람사르 협약   ④ 기후 변화 협약

22 다음 내용에 공통으로 해당하는 인구 이동의 요인은?

• 개발 도상국에서 더 높은 소득을 위해 선진국으로 이동한다.
• 라틴 아메리카 사람들이 일자리를 찾아 미국 서남부 지역으로 이동한다.

① 경제적 요인   ② 정치적 요인

③ 종교적 요인   ④ 자연 환경 요인

23 다음 내용에 해당하는 사례로 가장 적절한 것은?

> 우리 선조들의 풍습에는 '고수레'가 있다. 야외에서 식사를 할 때 '고수레'라고 외치며 첫 숟가락의 음식을 자연의 생물들과 나눠 먹는 것이 자연에 대한 예의라고 여겼다.

① 농경지 확보를 위해 벌목했다.

② 작물 재배를 위해 숲에 불을 질렀다.

③ 공업 단지 조성을 위해 갯벌을 메워 간척지를 만들었다.

④ 야생 동물 서식지를 보호하기 위해 생태 통로를 만들었다.

24 지도에 ◯로 표시된 지역에서 영토 분쟁 중인 두 나라는?

① 중국 – 러시아

② 중국 – 필리핀

③ 이란 – 이라크

④ 일본 – 러시아

25 다음 중 ㉠에 들어갈 용어로 가장 적절한 것은?

〈   ㉠   〉
• 정의 : 국가 간의 상호 의존성이 높아지고 국경을 초월하여 하나의 지구촌으로 통합되어 가는 과정이다.
• 사례 : K–POP이 유럽에서 유행하고 있다.
 베트남 쌀국수를 우리나라에서 접할 수 있다.

① 도시화   ② 양극화

③ 세계화   ④ 지역화

제5교시

과 학

정답 및 해설 672p |

01 다음 설명에 해당하는 법칙은?

> • 정지해 있는 물체는 외부로부터 힘이 작용
> 하지 않으면 계속 정지해 있다.
> • 운동하는 물체는 외부로부터 힘이 작용하
> 지 않으면 계속 등속 직선 운동을 한다.

① 관성의 법칙 ② 가속도의 법칙
③ 만유인력의 법칙 ④ 작용 반작용의 법칙

02 다음 설명에 해당하는 파동은?

> • 탄성파의 한 종류이다.
> • 지구 내부에서 발생한 에너지가 지구를 이
> 루는 물질을 통해 전달되는 파동이다.

① X선 ② 자외선
③ 지진파 ④ 가시광선

03 디지털 신호와 아날로그 신호에 대한 설명으로 옳은 것만을 〈보기〉에서 모두 고른 것은?

> ───── 〈 보기 〉 ─────
> ㄱ. 디지털 신호는 0과 1로 표시되는 신호
> 이다.
> ㄴ. 자연에서 발생하는 소리는 모두 디지털
> 신호이다.
> ㄷ. 아날로그 신호는 연속적으로 변화하는
> 신호이다.

① ㄱ ② ㄴ
③ ㄱ, ㄷ ④ ㄱ, ㄴ, ㄷ

04 그림은 어떤 고체의 가전자 띠와 전도 띠를 나타낸 것이다. 다음 중 그림과 같은 에너지 띠 구조를 갖는 고체는?

① 고무 ② 구리
③ 나무 ④ 유리

05 다음 중 사용 중인 전기 기구에서의 에너지 전환에 대한 설명으로 옳지 <u>않은</u> 것은?

① 전등에서 전기 에너지가 빛에너지로 전환된다.
② 다리미에서 전기 에너지가 열에너지로 전환된다.
③ 전열기에서 운동 에너지가 전기 에너지로 전환된다.
④ 선풍기에서 전기 에너지가 운동 에너지로 전환된다.

06 다음 설명에 해당하는 재생 에너지는?

> • 고구마, 사탕수수 등의 유기물을 이용해 만든 연료로부터 에너지를 얻는다.
> • 대규모로 에너지를 얻는 과정에서 농작물의 가격이 상승하고, 환경오염을 일으킬 수 있다.

① 풍력 에너지   ② 바이오 에너지
③ 태양광 에너지   ④ 핵융합 에너지

07 화학 반응 속도를 증가시킬 수 있는 방법으로 옳은 것만을 〈보기〉에서 모두 고른 것은?

― 〈보기〉 ―
ㄱ. 정촉매를 첨가한다.
ㄴ. 반응물의 농도를 감소시킨다.
ㄷ. 단위 시간당 반응 입자의 충돌 횟수를 감소시킨다.

① ㄱ   ② ㄷ
③ ㄱ, ㄴ   ④ ㄴ, ㄷ

08 그림 (가)와 (나)는 각각 수소(H_2)와 물(H_2O)의 전자 배치를 나타낸 것이다. 이에 대한 설명으로 옳은 것만을 〈보기〉에서 모두 고른 것은?

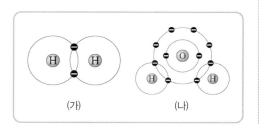

(가)   (나)

― 〈보기〉 ―
ㄱ. (가)에서 공유 전자쌍은 2쌍이다.
ㄴ. (나)에서 수소 원자와 산소 원자는 공유 결합을 한다.
ㄷ. 공유 전자쌍의 수는 (가)보다 (나)에서 많다.

① ㄱ   ② ㄴ
③ ㄱ, ㄷ   ④ ㄴ, ㄷ

09 다음은 수소의 연소 반응을 화학 반응식으로 나타낸 것이다. 이에 대한 설명으로 옳은 것만을 〈보기〉에서 모두 고른 것은?

$$\boxed{\ \ ⊙\ \ }\ H_2 + O_2 \rightarrow 2H_2O$$

― 〈보기〉 ―
ㄱ. 반응물의 종류는 2가지이다.
ㄴ. ⊙의 값은 2이다.
ㄷ. 반응 전과 후의 산소 원자의 개수는 같다.

① ㄱ   ② ㄱ, ㄴ
③ ㄴ, ㄷ   ④ ㄱ, ㄴ, ㄷ

10 다음 설명에 해당하는 물질은?

> • 단위체는 아미노산이다.
> • 탈수 축합 중합 반응으로 만들어진다.

① 녹말   ② DNA
③ 단백질   ④ 암모니아

11 다음 사례 중 파력 에너지를 이용하는 것은?

① 태양열을 이용하여 난방을 한다.

② 경유를 자동차의 연료로 이용한다.

③ 파도의 운동을 이용하여 전기를 생산한다.

④ 지구 내부의 열로 데워진 지하수를 가정에서 이용한다.

12 다음 설명의 ㉠에 해당하는 것은?

> (㉠)은/는 병원체에 의한 질병을 예방하기 위해 접종하는 것으로 접종 이후 병원체에 대한 기억 세포가 체내에 생성된다.

① 백신　　　　　② 비타민

③ 포도당　　　　④ 항생제

13 다음 중 원핵생물에 대한 설명으로 옳은 것은?

① 핵막이 있다.

② 유전 물질을 가지고 있다.

③ 진핵생물보다 나중에 출현했다.

④ 막으로 둘러싸인 세포 소기관이 발달되어 있다.

14 그림은 DNA에서 단백질이 만들어지는 과정을 나타낸 것이다. (가)와 (나)에 해당하는 것은?

	(가)	(나)
①	복제	전사
②	전사	번역
③	전사	복제
④	번역	복제

15 그림은 어떤 사람의 염색체 일부를 나타낸 것이다. 이에 대한 설명으로 옳은 것만을 〈보기〉에서 모두 고른 것은?

〈보기〉

ㄱ. 이 사람은 남자이다.

ㄴ. (가)는 상염색체이다.

ㄷ. (나)는 어머니로부터 물려받은 것이다.

① ㄱ　　　　　　② ㄱ, ㄴ

③ ㄴ, ㄷ　　　　④ ㄱ, ㄴ, ㄷ

16 다음 중 영양소에 대한 설명으로 옳지 않은 것은?

① 단백질은 효소의 주성분이다.

② 탄수화물은 인체의 주된 에너지원이다.

③ 무기 염류는 인체의 생리 작용을 조절한다.

④ 지방은 인체의 에너지원으로 사용되지 않는다.

17 다음 중 질병 진단 검사에 대한 설명으로 옳은 것은?

① MRI 검사는 화학적 진단 검사이다.
② 초음파 검사는 X선을 이용한 검사이다.
③ 소변 검사는 컴퓨터 단층 촬영을 이용한 검사이다.
④ 위 내시경 검사는 위의 내부를 관찰하는 검사이다.

18 다음은 식물의 광합성 과정을 나타낸 것이다. ㉠에 해당하는 것은?

$$6CO_2 + 6H_2O \xrightarrow[\text{엽록체}]{\text{빛에너지}} C_6H_{12}O_6 + 6 \boxed{㉠}$$
(이산화 탄소) (물)   (포도당)

① H_2
② N_2
③ O_2
④ CO_2

19 다음 중 고생대의 표준 화석에 해당하는 것은?

① 삼엽충
② 암모나이트
③ 공룡
④ 매머드

20 다음 중 지구가 태양 주위를 공전할 때 근일점과 원일점이 나타나는 원인은?

① 달의 공전
② 지구의 자전
③ 태양의 자전
④ 지구의 타원 궤도 공전

21 다음 중 외부 은하까지의 거리와 외부 은하의 후퇴 속도에 관한 허블 법칙을 나타낸 그래프로 옳은 것은?

22 그림은 질량이 태양의 15배인 별의 진화 단계 중 일부(Ⅰ~Ⅲ)를 나타낸 것이다. 이에 대한 설명으로 옳은 것만을 〈보기〉에서 모두 고른 것은?

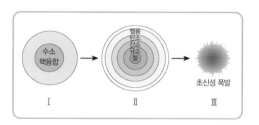

──〈보기〉──

ㄱ. Ⅰ에서 중심부에 헬륨이 생성된다.
ㄴ. Ⅱ에서 중심부에 철이 생성된다.
ㄷ. Ⅲ에서 철보다 무거운 원소가 생성된다.

① ㄱ   ② ㄴ
③ ㄱ, ㄷ   ④ ㄱ, ㄴ, ㄷ

23 그림은 일식 때 태양─달─지구가 일직선상에 위치한 모습을 나타낸 것이다. 이때 A~D 중 개기 일식이 일어나는 지역은?

① A   ② B
③ C   ④ D

24 다음 설명에 해당하는 온실 기체는?

• 화석 연료 연소 과정에서 탄소가 산화되어 생성되는 기체이다.
• 화석 연료 사용의 증가로 인해 지구 대기로 배출되는 양이 증가하여 지구 온난화를 가속시키는 기체이다.

① 산소   ② 수소
③ 헬륨   ④ 이산화 탄소

25 표는 광상의 생성 과정과 광상에서 산출되는 광물 자원의 예를 나타낸 것이다. 이에 대한 설명으로 옳은 것만을 〈보기〉에서 모두 고른 것은? (단, A, B는 각각 화성 광상, 퇴적 광상 중 하나이다.)

광상	생성 과정	광물 자원의 예
A	마그마의 냉각	금, 은, 구리
B	암석의 풍화, 운반, 퇴적	(가)

──〈보기〉──

ㄱ. 광상은 광물 자원이 밀집되어 있는 곳이다.
ㄴ. A는 퇴적 광상이다.
ㄷ. 정장석이 풍화되어 생기는 고령토는 (가)에 해당한다.

① ㄱ   ② ㄱ, ㄷ
③ ㄴ, ㄷ   ④ ㄱ, ㄴ, ㄷ

한국사

제6교시

정답 및 해설 676p |

01 사진의 유물을 처음 제작했던 시대의 생활 모습으로 가장 적절한 것은?

비파형 동검

① 한글 소설이 유행하였다.
② 철제 농기구를 사용하였다.
③ 빈부 격차와 계급이 발생하였다.
④ 서옥제라는 혼인 풍습이 있었다.

02 다음에서 설명하는 나라는?

• 12월에 영고라는 제천 행사를 열었다.
• 마가, 우가, 구가, 저가 등이 사출도를 다스렸다.

① 가야   ② 부여
③ 발해   ④ 고조선

03 다음 중 ㉠에 들어갈 왕은?

고구려의 발전
• 소수림왕 : 불교 수용, 율령 반포
• ㉠ : 신라를 도와 왜 격퇴, 요동 지역 확보
• 장수왕 : 평양 천도, 한강 유역 차지

① 세종   ② 법흥왕
③ 의자왕   ④ 광개토 대왕

04 다음에서 설명하는 책은?

• 통일 신라의 승려 혜초가 지은 책이다.
• 당을 거쳐 인도와 중앙아시아를 순례한 뒤 각 지역의 지리와 역사, 풍속을 기록하였다.

① 칠정산   ② 동의보감
③ 조선왕조실록   ④ 왕오천축국전

05 다음에서 설명하는 신라의 제도는?

• 진골, 6두품, 5두품, 4두품 등으로 구분하였다.
• 혈통에 따라 개인의 정치·사회적 활동 범위를 결정하였다.

① 골품제   ② 과거제
③ 균역법   ④ 진대법

06 고려 공민왕의 업적으로 옳은 것을 <보기>에서 고른 것은?

〈 보기 〉
ㄱ. 서원 정리
ㄴ. 훈민정음 창제
ㄷ. 쌍성총관부 탈환
ㄹ. 전민변정도감 설치

① ㄱ, ㄴ
② ㄱ, ㄷ
③ ㄴ, ㄹ
④ ㄷ, ㄹ

07 다음 중 ㉠에 들어갈 고려의 신분은?

| ㉠ |은 주로 일반 군현에 살면서 농업이나 상공업에 종사하였다. 이 중 대부분은 백정이라 불리는 농민이었고, 조세, 공납, 역을 부담하였다.

① 귀족
② 중류층
③ 양민
④ 천민

08 다음 중 ㉠에 들어갈 내용으로 옳은 것은?

거란의 침략을 물리친 고려의 인물
– 서희 : ㉠
– 강감찬 : 귀주 대첩에서 승리

① 별기군 창설
② 22담로 설치
③ 강동 6주 획득
④ 명량 해전 승리

09 다음 중 ㉠에 들어갈 조선의 건축물은?

질문 ㉠ 에 대해 알려 주세요.
답변 1395년에 완성된 조선의 정궁으로서 임진왜란 시기에 불탄 것을 고종 때 흥선 대원군이 왕실의 권위를 되찾기 위해 중건하였습니다.

① 경복궁
② 대화궁
③ 행주산성
④ 수원 화성

10 다음에서 설명하는 문화유산은?

송나라의 자기 제작 기술을 받아들인 이후 고려의 독창적인 기술을 적용하여 만든 비취색의 자기이다.

①
호우명 그릇

② 청자 상감 운학문 매병

③
명도전

④
빗살무늬 토기

11 다음 중 ㉠에 들어갈 내용으로 가장 적절한 것은?

올미의병이 일어난 배경은 무엇일까요?

㉠

명성 황후 시해 사건에 분노했기 때문입니다.

① 군대를 해산했기 때문입니다.

② 단발령을 강요했기 때문입니다.

③ 아관 파천이 일어났기 때문입니다.

④ 을사늑약이 체결되었기 때문입니다.

12 다음 중 ㉠에 들어갈 내용으로 옳은 것은?

> 조선 전기의 대외 관계
> • 일본과의 관계 : 교린 정책
> – 회유책 : 제한적 무역 허락(3포 개항)
> – 강경책 : ㉠

① 대마도 정벌 ② 북벌론 추진

③ 동북 9성 설치 ④ 천리장성 축조

13 다음에서 설명하는 제도는?

> • 조선 광해군 때 경기도에서 처음 실시하였다.
> • 집집마다 부과하던 토산물을 토지 결수에 따라 쌀, 면포, 동전 등으로 납부하게 하였다.

① 대동법 ② 타조법

③ 호패법 ④ 연분9등법

14 조선 후기 실학에 대한 설명으로 옳은 것을 <보기>에서 고른 것은?

> ─〈 보기 〉─
> ㄱ. 대표적인 학자로 정약용, 박제가 등이 있다.
> ㄴ. '사람이 곧 하늘'이라는 인내천 사상을 내세웠다.
> ㄷ. 토지 제도의 개혁, 상공업 진흥 등을 주장하였다.
> ㄹ. 산천 숭배나 신선 사상과 결합하여 불로장생을 추구하였다.

① ㄱ, ㄴ ② ㄱ, ㄷ

③ ㄴ, ㄹ ④ ㄷ, ㄹ

15 다음 중 ㉠에 들어갈 사건은?

> • 인물 : 김옥균, 박영효, 홍영식, 서광범 등
> • 장소 : 우정총국, 경우궁 등
> • 내용 : 1884년 급진 개화파들이 일으킨 변란(3일 천하)

① 갑신정변 ② 기묘사화

③ 병자호란 ④ 만적의 난

16 다음 중 ㉠에 들어갈 내용으로 옳은 것은?

> 전주성을 점령한 농민군은 외국 군대 철수와 폐정 개혁을 조건으로 정부와 ㉠ 을/를 체결한 뒤 해산하였다. 이후 호남 각지에 자치적 민정 기구인 집강소를 설치하여 행정과 치안을 담당하였다.

① 헌의 6조   ② 전주 화약

③ 톈진 조약   ④ 대한국 국제

19 다음 중 흥선 대원군이 척화비를 세운 배경으로 적절하지 <u>않은</u> 것은?

① 병인양요

② 신미양요

③ 묘청의 난

④ 오페르트 도굴 사건

17 다음에서 설명하는 민족 운동은?

> • 조만식을 중심으로 평안도 사람들이 '내 살림 내 것으로'라는 구호를 내걸고 민족 운동을 전개하였다.
> • 자작회, 토산 애용 부인회 등의 단체들이 활발하게 참여하면서 전국적으로 확산되었다.

① 형평 운동

② 문맹 퇴치 운동

③ 물산 장려 운동

④ 민립 대학 설립 운동

20 다음에서 설명하는 일제의 식민지 지배 정책은?

> • 한국인을 일본 '천황'에게 충성하는 백성으로 동화시키려 하였다.
> • 소학교의 명칭을 국민학교로 바꿨다.

① 남진 정책

② 화폐 정리 사업

③ 토지 조사 사업

④ 황국 신민화 정책

18 다음 중 ㉠에 들어갈 내용으로 옳은 것은?

> ■ 이달의 독립운동가 김구 ■
> • 생몰 연도 : 1876년~1949년
> • 주요 활동
>   – ㉠
>   – 대한민국 임시 정부 주석 역임
>   – 남북 협상 참여

① 대종교 창시

② 열하일기 저술

③ 유신 헌법 제정

④ 한인 애국단 조직

21 다음에서 설명하는 단체는?

> • 1927년에 비타협적 민족주의자들과 사회주의자들이 협력하여 조직하였다.
> • 광주 학생 항일 운동이 일어나자 진상 조사단을 파견하였다.

① 신간회   ② 황국 협회

③ 헌정 연구회   ④ 조선어 학회

22 다음에서 설명하는 사건은?

> • 독립 협회가 주최한 근대적 민중 대회이다.
> • 러시아의 내정 간섭과 이권 요구를 규탄하였다.

① 광무개혁　　　② 영남 만인소
③ 만민 공동회　　④ 원산 총파업

23 다음에서 설명하는 민주화 운동은?

> 1987년 1월, 대학생 박종철이 경찰의 고문으로 사망하였다. 시민들은 이 사건에 분노하여 전국적으로 시위를 벌이고 대통령 직선제 개헌을 요구하였다.

① 3 · 1 운동
② 4 · 19 혁명
③ 6월 민주 항쟁
④ 한 · 일 회담 반대 시위

24 다음 질문에 대한 답으로 옳은 것은?

> **역사퀴즈**
> 이곳은 조선 숙종 때 안용복의 활약과 대한 제국의 칙령 제41호에 의해 우리의 고유 영토임이 확인되었습니다. 이곳은 어디일까요?

① 간도　　　　　② 독도
③ 강화도　　　　④ 거문도

25 다음에서 설명하는 정부는?

> • 2000년에 최초의 남북 정상 회담을 성사시켰다.
> • 2001년에 국제 통화 기금(IMF)의 지원금을 상환하였다.

① 이승만 정부　　② 박정희 정부
③ 김영삼 정부　　④ 김대중 정부

제7교시 선택 과목

도 덕

정답 및 해설 680p

01 다음 중 응용 윤리 분야에서 다루는 주제로 적절하지 <u>않은</u> 것은?

① 생명 윤리 – 자살, 안락사
② 문화 윤리 – 전쟁, 핵 문제
③ 환경 윤리 – 오존층의 파괴, 기후 변화
④ 사회 윤리 – 공정한 분배, 처벌의 문제

02 덕(德) 윤리에 대한 내용으로 옳은 것을 〈보기〉에서 고른 것은?

――――〈보기〉――――
ㄱ. 유덕한 성품 강조
ㄴ. 행위의 결과 중시
ㄷ. 공동체 구성원으로서의 삶 강조
ㄹ. 최대 다수의 최대 행복 원리 추구

① ㄱ, ㄴ ② ㄱ, ㄷ
③ ㄴ, ㄹ ④ ㄷ, ㄹ

03 다음 중 ㉠에 공통으로 들어갈 말로 가장 적절한 것은?

• (㉠)에 입각하여 빈곤으로 인해 고통받고 있는 약소국에 대한 원조의 필요성을 강조하였다.
• 고통이 그 자체로 나쁜 것이므로 감소시켜야 한다는 (㉠)에 근거하여 동물 해방론을 주장하였다.
• 대표적인 학자로 싱어(Singer, P.)가 있다.

① 공리주의 ② 사실주의
③ 신비주의 ④ 현실주의

04 다음 내용에 해당하는 설명으로 옳지 <u>않은</u> 것은?

"네 의지의 준칙이 언제나 동시에 보편적 입법의 원리가 되도록 행위하라."

① 의무론적 접근이다.
② 정언 명령의 형식으로 제시된다.
③ 칸트에 의해 제시된 도덕 법칙이다.
④ 관계와 상황의 특수한 맥락을 고려한다.

05 그림의 ㉠에 들어갈 용어로 가장 적절한 것은?

(㉠)은 상대방과 가깝고 정서적으로 연결되어 있는 것처럼 느껴지는 감정

① 집착 ② 편견
③ 무관심 ④ 친밀감

06 다음 중 부패의 문제점만을 〈보기〉에서 모두 고른 것은?

〈보기〉
ㄱ. 준법 의식 약화
ㄴ. 정의 사회 실현
ㄷ. 상대적 박탈감 조성
ㄹ. 국가 신인도 하락

① ㄱ, ㄴ　　　　② ㄴ, ㄷ
③ ㄱ, ㄷ, ㄹ　　④ ㄴ, ㄷ, ㄹ

07 다음 중 ㉠, ㉡에 들어갈 말을 짝지은 것으로 옳은 것은?

• 유교에서는 인간과 자연이 조화를 이루는 (㉠)의 경지를 추구하였다.
• 불교에서는 우주 만물이 (㉡)의 원리에 따라 생겨난다고 보았다.

	㉠	㉡
①	연기(緣起)	자비(慈悲)
②	자비(慈悲)	연기(緣起)
③	자비(慈悲)	천인합일(天人合一)
④	천인합일(天人合一)	연기(緣起)

08 그림 (가)와 (나)에서 주장하는 내용으로 알맞은 것은?

	(가)	(나)
①	도덕주의	심미주의
②	도덕주의	예방주의
③	심미주의	도덕주의
④	심미주의	예방주의

09 다음 설명에 해당하는 분배의 기준으로 가장 적절한 것은?

• 사회 구성원 간의 차이를 고려하지 않고 모든 사람에게 동일하게 분배함.
• 사회 구성원 모두에게 기회 및 혜택을 제공하는 장점을 지님.

① 시간　　　　② 업적
③ 희생　　　　④ 절대적 평등

10 다음 중 ㉠에 들어갈 내용으로 가장 적절한 것은?

◈ 주제 : 한민족 네트워크 구축의 어려움
• 문제점 : 재외 동포들이 오랜 타국 생활로 인해 민족 정체성을 점차 잃어 가고 있다.
• 해결 방법 : (㉠)

① 재외 동포들의 참정권을 제한한다.
② 재외 동포들의 국적 취득 자격을 엄격하게 제한한다.
③ 재외 동포들이 거주국의 문화에 흡수되도록 돕는다.
④ 재외 동포들에게 한국의 언어, 역사, 교육의 기회를 확대한다.

11 다음 중 관용에 대한 설명으로 옳지 <u>않은</u> 것은?

① 관용은 무제한으로 베풀어야 한다.

② 남의 잘못을 너그럽게 용서하는 마음이다.

③ 자신과 다른 생각을 지닌 사람의 권리를 인정한다.

④ 보편적 가치를 침해하지 않는 범위 내에서 적용한다.

12 다음 중 정보 이해 및 표현 능력을 갖추기 위한 노력으로 옳은 것을 〈보기〉에서 고른 것은?

〈보기〉
ㄱ. 정보의 무비판적 수용
ㄴ. 정보를 분석 및 창조하는 능력 함양
ㄷ. 존중, 책임, 해악 금지, 정의의 원칙 준수
ㄹ. 다른 사람의 저작물을 무단으로 공유 사이트에 올림

① ㄱ, ㄴ

② ㄱ, ㄹ

③ ㄴ, ㄷ

④ ㄷ, ㄹ

13 그림의 내용과 같은 주장을 한 철학자는?

무지의 베일이 드리워진 원초적 입장은 정의의 원칙을 도출할 수 있는 최초의 계약 상황, 즉 공정한 상황이다.

원초적 입장에 있는 관련 당사자들 모두 평등하고 자유롭고 자율적인 인간이다.

① 밀(Mill, J. S.)

② 롤스(Rawls, J.)

③ 레건(Regan, T.)

④ 나딩스(Noddings, N.)

14 다음 중 ㉠에 들어갈 말로 가장 적절한 것은?

요나스(Jonas, H.)는 "네 행위의 결과가 미래에 지구상에서 인간이 살아갈 수 있는 가능성을 파괴하지 않도록 행위하라."라고 말하면서 미래 세대를 고려하는 (㉠)윤리를 강조하였다.

① 책임

② 진화

③ 논쟁

④ 기술

15 다음 중 ㉠에 들어갈 토론의 주제로 가장 적절한 것은?

㉠ 인정 여부 찬반 토론

〈찬성〉
대뇌와 뇌줄기의 기능이 상실되면 살아 있는 존재로 보기 어렵습니다.

〈반대〉
인공 장치를 이용하더라도 심장 박동이 지속되므로 죽음으로 보기 어렵습니다.

① 낙태

② 뇌사

③ 인간 복제

④ 유전자 조작

16 다음 설명에 해당하는 것은?

• 평화 유지 및 정착을 위하여 사용되는 비용
• 남북 경제 협력과 대북 지원 등에 소요되는 모든 형태의 비용

① 갈등 비용

② 과시 비용

③ 전쟁 비용

④ 평화 비용

2020년 2회

17 고령화 사회에서 발생할 수 있는 가족 윤리 문제에 해당하는 것을 〈보기〉에서 고른 것은?

〈보기〉
ㄱ. 노인 복지 시설의 확충
ㄴ. 노인 공경 정신의 약화
ㄷ. 대가족 형태의 가족 증가
ㄹ. 부모 부양에 대한 책임 의식의 약화

① ㄱ, ㄴ
② ㄱ, ㄷ
③ ㄴ, ㄹ
④ ㄷ, ㄹ

18 다음 중 기업가의 사회적 책임으로 적절하지 않은 것은?

① 건전한 이윤 추구
② 기업의 세습 경영
③ 근로자의 권리 존중
④ 기업 이윤의 사회적 환원

19 표에서 시민 불복종의 정당화 조건에만 '✔'를 표시한 학생은?

조건 \ 학생	A	B	C	D
• 공개적으로 저항	✔	✔		✔
• 비폭력적인 방법으로 전개	✔		✔	✔
• 온갖 수단과 방법을 동원하여 목적을 달성		✔	✔	✔

① A
② B
③ C
④ D

20 다음 설명에 해당하는 윤리적 관점으로 가장 적절한 것은?

• 의사소통의 합리성 실현을 강조함.
• 참되고, 옳고, 진실하고, 이해할 수 있는 말로 의사소통함.

① 담론 윤리
② 정보 윤리
③ 직업 윤리
④ 과학기술 윤리

21 다음 중 ㉠에 공통으로 들어갈 말로 가장 적절한 것은?

• "생에 대해 모르는데 (㉠)에 대해 어떻게 알겠느냐?"
– 공자 –
• 살아 있는 동안은 아직 (㉠)을 경험하지 못하고 (㉠)의 상태에서는 더는 우리의 의식이 살아 활동할 수 없다.
– 에피쿠로스(Epicouros) –

① 삶
② 고난
③ 죽음
④ 희망

22 다음 중 ㉠, ㉡에 들어갈 정의의 종류가 옳게 짝지어진 것은?

(㉠) 정의	사회적 이익과 부담을 공정하게 분담하는 것
(㉡) 정의	국가가 법 집행을 통하여 불법 행위나 부정의를 바로 잡는 것

	㉠	㉡
①	교정적	절차적
②	분배적	교정적
③	절차적	형식적
④	형식적	분배적

23 다음 내용과 가장 관련이 깊은 것은?

> • 인간만이 도덕적 권리를 행사할 수 있음.
> • 사상가 : 베이컨(Bacon, F.), 데카르트 (Descartes, R.) 등

① 동물 중심주의   ② 생명 중심주의

③ 인간 중심주의   ④ 생태 중심주의

24 다음에서 소개하는 인물은?

> ◆ 도덕 인물 카드 ◆
>
> • '청렴은 수령의 본래 직무로 모든 선(善)의 원천이고 모든 덕(德)의 근본'이라고 말했다.
> • 저서 : 『목민심서』

① 이이   ② 이황

③ 박지원   ④ 정약용

25 다음 설명에 해당하는 내용으로 가장 적절한 것은?

> • 레오폴드(Leopold, A.)가 주장하였음.
> • 토양, 물, 식물과 동물뿐만 아니라 생태계 전체를 도덕적으로 고려해야 할 대상으로 봄.

① 대지 윤리   ② 인간 윤리

③ 종교 윤리   ④ 평화 윤리

2020년 2회

It is confidence in our bodies, minds and spirits that allows us
to keep looking for new adventures, new directions to grow in,
and new lessons to learn - which is what life is all about.
자신의 몸, 정신, 영혼에 대한 자신감이야말로 새로운 모험, 새로운 성장 방향,
새로운 교훈을 계속 찾아나서게 하는 원동력이며, 바로 이것이 인생이다.

– 오프라 윈프리 –

Money can't buy happiness, but
neither can poverty.
행복은 돈으로 살 수 없지만 가난으로도 살 수 없다.

– 레오 로스텐 –

정답 및 해설

2024년도

제1회

2024년도 제1회 국어

제1교시

국 어

정답 및 해설 |

정답

01 ①	02 ①	03 ④	04 ③	05 ④
06 ②	07 ③	08 ②	09 ②	10 ①
11 ①	12 ①	13 ④	14 ④	15 ④
16 ②	17 ①	18 ③	19 ①	20 ①
21 ④	22 ④	23 ②	24 ③	25 ③

해설

01 '그렇군요. 저도 그렇게 생각해요.'는 상대방의 말에 동의한다는 의미의 언어적 표현에 해당한다. 그러므로 상대방의 말에 동의할 때 적합한 비언어적 표현은 ①의 '고개를 끄덕이며'이다.
② '무섭게 인상 쓰며'는 화를 낼 때 사용되는 비언어적 표현에 해당한다.
③ '양손을 내저으며'는 거절할 때 사용되는 비언어적 표현에 해당한다.
④ '차갑게 등을 돌리며'는 부정과 냉대의 의미로 사용되는 비언어적 표현에 해당한다.

02 직원의 말 중 '웨이팅', '셰프', '시그니처 메뉴', '웨이팅 룸', '에스코트' 등 지나치게 많은 외국어를 남용함으로써 말하는 사람의 전달력과 듣는 사람의 이해력을 떨어뜨릴 수 있다. 그러므로 다음과 같이 우리말로 순화시켜 말하면 좋다.

> **직원** : 죄송합니다. 30분 정도 웨이팅하셔야 해요. 오늘 메뉴가 저희 셰프님 시그니처 메뉴라서요. 괜찮으시면 왼쪽 웨이팅 룸으로 에스코트해 드릴까요?

↓

> **직원** : 죄송합니다. 30분 정도 기다리셔야 해요.
> 오늘 메뉴가 저희 주방장님의 가장 인기 있는 대표 메뉴라서요. 괜찮으시면 왼쪽 대기실로 안내해 드릴까요?

03 표준 발음법 제23항은 된소리되기에 관한 규정으로, 받침 'ㄱ(ㄲ, ㅋ, ㄳ, ㄺ), ㄷ(ㅅ, ㅆ, ㅈ, ㅊ, ㅌ), ㅂ(ㅍ, ㄼ, ㄿ, ㅄ)' 뒤에 연결되는 'ㄱ, ㄷ, ㅂ, ㅅ, ㅈ'은 된소리로 발음한다. 그런데 ④의 '볶음'은 받침 'ㄲ' 다음에 'ㅇ'이 연결되므로, 된소리되기

규정이 적용되지 않고 연음되어 [보끔]으로 발음된다.
① 굳대[굳따] : 받침 'ㄷ' 뒤에 연결되는 'ㄷ'이 된소리되기 규정에 따라 'ㄸ'으로 발음된다.
② 낙지[낙찌] : 받침 'ㄱ' 뒤에 연결되는 'ㅈ'이 된소리되기 규정에 따라 'ㅉ'으로 발음된다.
③ 답사[답싸] : 받침 'ㅂ' 뒤에 연결되는 'ㅅ'이 된소리되기 규정에 따라 'ㅆ'으로 발음된다.

04 '선생님께 먼저 과일을 드리시게.'에서 '드리시게'는 종결어미 '-게'로 끝났으므로 격식체 중 '하게체'에 해당한다.
① 하십시오체 → 해요체
'드셨어요'는 종결어미 '-요'로 끝났으므로, '하십시오체'가 아니라 비격식체 중 '해요체'에 해당한다.
② 하오체 → 해체
'가신대'는 종결어미 '-대'로 끝났으므로, '하오체'가 아니라 비격식체 중 '해체'에 해당한다.
④ 해요체 → 하십시오체
'다녀왔습니다'는 종결어미 '-습니다'로 끝났으므로, '해요체'가 아니라 격식체 중 '하십시오체'에 해당한다.

05 ㉢의 '붉어져'는 '빛깔이 점점 붉게 되어 가다'라는 의미이다. 그러므로 주어진 문장의 문맥상 '붉어져'를 '어떤 사물이나 현상이 두드러지게 커지거나 갑자기 생겨나다'의 의미인 ④의 '불거져'로 고쳐 쓴 것은 적절하다.
㉠의 '며칠', ㉡의 '닫힐', ㉢의 '금세'는 한글 맞춤법에 따라 옳게 사용되었다.

06 (나)의 '모시는 글'에는 축제가 시작되는 날짜와 축제가 벌어지는 장소가 드러나 있지 않다. 그러므로 ㉡(축제 날짜 및 장소를 밝힘.)은 (나)에 반영되어 있지 않다.
㉠ (나)의 '모시는 글'은 첫 번째 문장에서 '완연한 봄'이라며 계절을 소재로 글을 시작하고 있다.
㉢ (나)의 '모시는 글'은 두 번째 문장에서 '다채로운 행사가 가득한 축제'라며 다채로운 행사가 준비되어 있음을 강조하고 있다.
㉣ (나)의 '모시는 글'은 세 번째 문장에서 '작은 기념품도 증정할 예정'이라며 방문객에게는 작은 기념품을 증정함을 알리고 있다.

07 '활짝 핀 봄꽃처럼'에서 비유법을 활용하고 있고, '함께 즐겨 봅시다.'라며 청유형 문장을 통해 참여를 촉구하고 있다.
① '우리 사이의 오작교'에서 비유법을 활용하고 있으나, 청 유형 문장을 사용하고 있지는 않다.
② '만들어 봅시다'에서 청유형 문장을 사용하고 있으나, 비 유법을 활용하고 있지는 않다.
④ '봄바람이 꽃망울을 열 듯'에서 비유법을 활용하고 있으 나, 청유형 문장을 사용하고 있지는 않다.

08 두음 법칙은 'ㄴ', 'ㄹ'이 단어의 첫머리에서 발음되는 것을 꺼 려 다른 소리로 발음되는 현상으로, ⓒ의 '니르고져'에 두음 법칙을 적용하면 '이르고져'로 표기되어야 한다. 그러므로 ⓒ 은 두음 법칙을 지켜서 표기한 것이 아니다.
① ㉠에서 '말ᄊᆞᆷ미'에 훈민정음 문자의 홀소리 중 하나인 'ㆍ (아래 아)'가 사용되었다.
③ ⓒ에서 'ㆍ', 'ㆍ' 등을 사용하여 소리의 높낮이를 나타내는 성조를 방점으로 표시하였다.
④ ⓔ의 'ᄠᅳ들'은 앞말의 받침을 그대로 이어서 쓴 이어 적기 로 표기한 것이다. 이를 끊어 적기로 표기하면 'ᄠᅳᆮ을'이 된 다.

[09~10]

이조년, 「이화에 월백하고」
• **갈래** : 평시조, 단시조
• **성격** : 애상적, 감각적, 다정가
• **제재** : 배꽃
• **주제** : 봄밤에 느끼는 애상적인 정서
• **특징**
　– 백색 이미지, 시각적 심상과 청각적 심상의 조화를 통한 감 각적 표현이 뛰어남
　– 자연의 아름다움을 묘사하며 화자의 내면 감정을 자연스럽 게 녹여냄
　– '이화', '월백', '은한', '삼경', '자규' 등의 이미지를 사용하여 독자가 그 장면을 생생하게 그릴 수 있도록 함
　– 한문투의 고전적 표현을 사용하여 작품의 성격과 전통미를 부각함

09 위 작품에는 같은 내용으로 반복되는 후렴구가 나타나 있지 않다. 후렴구의 사용은 고려 가요나 민요 등에서 찾아볼 수 있다.
① 4번 끊어 읽는 4음보의 율격이 드러나고 있다.

이화(梨花)에/월백(月白)하고/은한(銀漢)이/삼경(三更)인 제 일지(一枝)/춘심(一枝春心)을/자규(子規)야/알랴마는 다정(多情)도/병인 양하여/잠 못 들어/하노라.

③ '월백(月白)'에서 흰색의 색채 이미지를 사용하여 배꽃에 비친 환한 달빛의 아름다움을 시각적으로 표현하고 있다.
④ 초장, 중장, 종장의 3행으로 이루어진 평시조이다.

10 위 작품은 봄밤에 느끼는 화자의 애상적 정서를 시각과 청각 의 심상을 활용하여 잘 표현해낸 서정성이 매우 뛰어난 작품 이다.

[11~13]

성석제, 「황만근은 이렇게 말했다」
• **갈래** : 단편 소설, 농촌 소설
• **성격** : 풍자적, 해학적, 비극적
• **배경** : 시간 – 1990년대 말 / 장소 – 경상도 농촌 마을
• **시점** : 전지적 작가 시점
• **제재** : 농사꾼 황만근의 삶
• **주제** : ① 황만근의 덕성과 훌륭한 삶에 대한 예찬
　　　　　② 부채로 얼룩진 농촌 현실과 각박한 인심에 대한 비판
• **특징**
　– 바보형의 우직한 인물을 통해 이기적인 세태를 비판함
　– '묘비명' 형식의 글을 덧붙여 주인공 황만근의 삶을 평가함
　– 사투리를 사용한 향토성과 인물의 언행을 통한 해학성을 드러냄

11 이장과 민 씨 사이에서 황만근 씨만 경운기를 끌고 농민 궐 기 대회에 참가한 것에 대해 설전이 벌어지고 있다. 즉, 대화 를 통해 인물 간의 갈등이 드러나고 있음을 알 수 있다.
② 위 작품은 3인칭의 전지적 작가 시점으로, 서술자가 직접 경험한 사실을 객관적으로 제시하는 1인칭 시점은 나타나 있지 않다.
③ 대화를 통한 인물 간의 갈등을 보여주고 있으나, 자연물에 인격을 부여하여 인물의 심리를 보여주고 있지는 않다.
④ 현재 일어난 사건을 중심으로 인물 간의 갈등을 대화를 통해 보여주고 있다. 과거와 현재가 교차되거나 인물의 성 격 변화는 나타나 있지 않다.

12 ㄴ. 이장이 민 씨에게 '도시에서 쫄딱 망해 가이고 귀농을 했 시모~'라고 말한 대목에서 민 씨가 도시에서 농촌으로 귀농한 사람임을 알 수 있다.
ㄹ. 이장이 동민한테 농가 부채 탕감 촉구 전국 농민 총궐기

대회에 참석할 것을 독려한 것을 보면, 농촌 사회의 부채 문제 때문에 궐기 대회가 열렸음을 알 수 있다.

13 ㉣의 '바쁜 사람'은 이장 자신을 지칭하고 나머지 ㉠의 '만그이', ㉡의 '경운기 타고 간 사람', ㉢의 '나이 오십 다 된 기'는 모두 황만근을 지칭한다.

[14~16]

> 박지원, 「아, 참 좋은 울음터로구나!」
> · 갈래 : 고전 수필, 한문 수필, 기행문
> · 성격 : 논리적, 설득적, 사색적, 교훈적
> · 제재 : 광활한 요동 벌판
> · 주제 : 광활한 요동 벌판에 다다라 느낀 새로운 세계를 만난 기쁨
> · 특징
> – 문답 형식으로 구성되어 있음
> – 작가의 창의적 발상이 돋보임
> – 적절한 비유와 구체적인 예를 통해 실감나게 묘사함
> – 자기 고백적으로 요동 벌판을 보고 느낀 감정을 솔직하게 드러냄

14 요동 벌판이라고 하는 특정 장소에 대한 글쓴이의 감정을 솔직하게 드러내고 있으나, 특정 계절에 대한 글쓴이의 인식 변화를 보여주고 있지는 않다.
 ① 슬플 때만 우는 것이 아니라 모든 감정이 극에 달할 때도 울음이 터져 나온다며 우는 행동에 대한 통념을 반박하고 있다.
 ② 오직 슬플 때만 우는 것이 아니라 기쁨이 사무칠 때도 울고, 노여움이 사무칠 때도 울며, 사랑이 사무칠 때도 울고, 욕심이 사무칠 때도 운다며 우는 행동과 관련한 내용을 열거하며 설명하고 있다.
 ③ 광활한 요동 벌판에 다다라 느낀 새로운 세계에 대한 기쁨을 '통곡할 만한 곳'이라며 울음에 대한 글쓴이의 창의적이고 개성적 사고를 드러내고 있다.

15 ㉮의 '지극한 정(情)이 발현되어 나오는 것'은 사람의 지극한 감정이 겉으로 드러나는 것을 의미한다. ㉣에서 참다못한 가생이 울 곳을 찾지 못하다 결국 임금이 있는 선실을 향해 길게 울부짖은 것은 가생의 지극한 감정이 겉으로 드러난 것이므로, ㉮와 일맥상통한다고 볼 수 있다. ㉠, ㉡, ㉢은 모두 지극한 감정이 겉으로 드러난 것이 아니다.

16 사람의 칠정 중 오직 슬플 때만 우는 것이 아니라 기쁨이 사무칠 때도 울고, 노여움이 사무칠 때도 울며, 사랑이 사무칠 때도 울고, 욕심이 사무칠 때도 울게 되므로 인간의 칠정이 사무치면 울음과 연결될 수 있다고 할 수 있다.
 ① 근심으로 답답한 걸 풀어 버리는 데에는 소리보다 더 효과가 빠른 게 없다고 하였으므로, 근심을 풀기 위해 울수록 근심은 더 커지는 것이 아니라 해소된다.
 ③ 지극한 정이 발현된 저절로 이치에 딱 맞는 울음이나 웃음은 다르지 않다고 하였으므로, 웃음과 울음은 원인이 되는 감정이 같을 수 있다.
 ④ 지극한 정이 발현되어 나오는 것이 울음이므로, 감정의 극치를 경험한 사람은 울음을 참는 것이 아니라 발현하는 것이다.

[17~19]

> 김춘수, 「꽃」
> · 갈래 : 자유시, 서정시
> · 성격 : 상징적, 관념적
> · 제재 : 꽃
> · 주제 : 존재의 본질 구현과 의미 있는 관계 형성에 대한 소망
> · 특징
> – 인식론과 존재론이라는 철학적 사고방식이 작품의 바탕을 이룸
> – '꽃'이라는 구체적 대상을 통해 추상적이고 관념적인 의미를 전달함
> – 인식의 주체를 '나'에서 '우리'로 확장하고, 존재에 대한 의미를 확장함

17 '되고 싶다'는 유사한 시구의 반복을 통하여 운율을 형성하며 화자의 소망을 강조하고 있다.
 ② '꽃'을 통해 의미 있는 존재가 되고 싶은 화자의 소망은 드러나 있으나, 실제 의미와 반대되는 반어적 표현의 사용은 나타나 있지 않다.
 ③ '되고 싶다'며 화자의 소망을 드러내고 있으나, '−ㅁ', '−기' 등의 명사형 종결 어미를 사용하여 화자의 단호한 의지를 강조한 곳은 없다.
 ④ '빛깔과 향기'에서 시각적 이미지와 후각적 이미지가 나타나 있으나, 촉각적 이미지를 활용한 곳은 없다.

18 위 작품의 마지막 연에서 '나'와 '너'는 개별적인 존재가 아니라 '우리'라고 하는 관계 형성을 통해 의미 있는 존재가 되고 싶음을 강조하고 있다. 즉, 타인과의 진정한 관계를 맺는 것이 화자가 추구하는 삶의 모습임을 엿볼 수 있다.

19 ⊙의 '그의 이름'은 인식의 대상으로, 〈보기〉에서 '구슬'에 대응된다. '꿰기 전'은 의미 있는 존재로 인식되기 이전이므로 '불러 주기 전'에 대응된다.
② ⓒ의 '몸짓'은 아직 인식되기 이전의 무의미한 존재로, 〈보기〉의 '돌멩이'에 대응된다.
③ ⓒ의 '불러 주었을 때'는 대상을 인식하고 의미를 부여하는 때로, 〈보기〉의 '엮어 주었을 때'에 대응된다.
④ ⓔ의 '꽃'은 의미 있는 존재로, 〈보기〉의 '보배'에 대응된다.

[20~22]

20 우리나라의 연평균 기온과 일교차 등의 구체적인 사례를 통해 평균을 대푯값으로 삼았을 경우 사실을 잘못 이해할 수 있는 오인의 문제점을 지적하고 있다.

21 제시문의 마지막 문단에서 현대 사회가 점점 더 많은 변수들에 의해 다변화되는 양상을 보이고 있기 때문에, 평균이 대푯값으로 잘못 사용되면 사실을 정확하게 판단하지 못하게 만들 가능성이 매우 높다고 하였다. 그러므로 ㉮의 이유는 ④의 '평균이 다양한 특성을 반영하지 못하는 경우가 있어서'이다.

22 ⓔ의 '다변화'는 '일의 방법이나 모양이 다양하고 복잡해짐. 또는 그렇게 만듦'을 뜻한다. '하나로 됨. 또는 그렇게 만듦.'을 의미하는 단어는 '단일화'이다.

[23~25]

23 ⊙의 앞 문장에서는 책을 쉽게 찾으려면 먼저 컴퓨터로 검색해야 한다고 했으나, ⊙의 뒤 문장에서는 컴퓨터가 청구 기호를 알려줄 뿐 책을 직접 찾아주지는 않는다고 하였다. 그러므로 ⊙에는 앞의 내용과 상반되는 내용을 이끌 때 쓰는 역접의 접속 부사 '그런데'가 들어갈 말로 가장 적절하다.

24 제시문의 두 번째 문단에서 맨 위층에 있는 책일수록 분류 기호가 낮고 아래로 갈수록 커진다고 하였다. 그러므로 같은 책장의 아래층에 있는 책이 위층에 있는 책보다 분류 기호가 낮다는 ③의 설명은 적절하지 못하다.
① 제시문의 마지막 문장에서 때로는 책이 나온 해를 표현하기 위해 '2011' 같은 연도를 붙이기도 한다고 하였으므로, 책이 나온 연도를 청구 기호에 붙인다는 설명은 적절하다.
② 제시문의 네 번째 문단에서 청구 기호 앞에 한글이나 영어 알파벳이 붙은 것을 '별치 기호'라고 하며, 이는 책의 특성이나 이용 목적에 따라 별도의 장소에 책을 보관한다는 뜻이라고 하였다. 그러므로 별치 기호가 있으면 별도의 장소에서 찾아야 한다는 설명은 적절하다.

④ 제시문의 세 번째 문단에서 모든 숫자가 같다면 도서 기호의 문자는 국어사전에서처럼 'ㄱ, ㄴ, ㄷ……' 또는 'ㅏ, ㅐ, ㅑ, ㅒ……' 순으로 비교하면 된다고 하였다. 그러므로 도서 기호는 국어사전에서처럼 자음 또는 모음 순으로 비교하면 된다는 설명은 적절하다.

25 〈보기〉의 〈청구 기호〉에서 분류 기호가 '315.741'이므로 해당 도서는 '315.74'와 '315.742' 사이에 위치해야 한다. 다음으로 도서 기호를 비교해 보면 해당 도서가 'ㅂ123ㅌ'이므로, 국어사전에서처럼 자음 또는 모음 순으로 비교하면 'ㅁ203ㅈ' 다음에 위치해야 한다. 그러므로 해당 도서는 ③에 꽂는 것이 가장 적절하다.

수 학

제2교시

정답

01 ④	02 ②	03 ③	04 ③	05 ①
06 ④	07 ①	08 ③	09 ②	10 ③
11 ①	12 ④	13 ②	14 ①	15 ②
16 ②	17 ①	18 ③	19 ①	20 ④

해설

01
$$A+B=(3x^2+x)+(x^2+3x)$$
$$=(3x^2+x^2)+(x+3x)$$
$$=4x^2+4x$$

> **TIP** 다항식의 덧셈과 뺄셈
> - **다항식의 덧셈** : 괄호를 먼저 풀고 동류항끼리 모아서 계산한다.
> - **다항식의 뺄셈** : 빼는 식의 각 항의 부호를 바꾸어 더한다.

02 항등식일 때, 양변의 동류항의 계수는 같으므로
$x^2+x+3=x^2+ax+b$에서
$a=1$, $b=3$
$\therefore a+b=4$

03
> 다항식 $f(x)$를 $x-a$로 나누었을 때의 나머지 $\Rightarrow f(a)$

주어진 다항식을 $f(x)$라 놓으면
$f(x)=x^3+2x^2+2$
나머지 정리에 의해
다항식 $f(x)$를 $x-1$로 나눈 나머지는 $f(1)$
$f(1)$을 주어진 다항식에 대입하면
$f(1)=(1\times1^3)+(2\times1^2)+2=1+2+2$
$\therefore f(1)=5$

04
> $$a^3+3a^2b+3ab^2+b^3=(a+b)^3$$

인수분해 공식에 따라
$x^3+3x^2+3x+1=(x+1)^3$
$(x+a)^3=(x+1)^3$
$\therefore a=1$

05 복소수 $4+3i$의 켤레복소수는 $4-3i$이므로
$a+bi=4-3i$에서 $a=4$, $b=-3$
$\therefore a+b=1$

06
> $$x^2-(\alpha+\beta)x+\alpha\beta=0$$
> $$\Rightarrow x^2-(\text{두 근의 합})x+(\text{두 근의 곱})=0$$

x^2의 계수가 1인 이차방정식 $x^2-ax+3=0$에서 상수 a는
두 근의 합이다.
두 수 1, 3을 근으로 한다고 하였으므로,
$a=1+3=4$

07 주어진 범위의 그래프에서
$x=1$일 때 → 최댓값 6
$x=-1$일 때 → 최솟값 -2
그러므로 이차함수 $y=x^2+4x+1$의 최솟값은 -2이다.

08 사차방정식 $x^4+2x-a=0$의 한 근이 1이라고 했으므로,
$f(1)=0$
$x^4+2x-a=0$에 $x=1$을 대입하면
$1^4+2\times1-a=0$, $1+2-a=0$
$\therefore a=3$

09
$$\begin{cases} 2x+y=8 & \cdots \ ⊙ \\ x^2-y^2=a & \cdots \ ⓛ \end{cases}$$
$x=3$, $y=b$를 ⊙에 대입하면
$2\times3+b=6+b=8$ $\therefore b=2$
$x=3$, $y=2$를 ⓛ에 대입하면
$x^2-y^2=3^2-2^2=a$ $\therefore a=5$
따라서 $a+b=5+2=7$

10
> 판별식 $D>0$일 때, $f(x)\leq0$의 해
> $\Rightarrow a\leq x\leq \beta$

이차부등식 $(x-2)(x-4)\leq0$의 해는
$a=2$, $\beta=4$이므로
$2\leq x\leq4$

2024년 1회

11

수직선 위의 두 점 $A(x_1)$, $B(x_2)$에 대하여
$\overline{AB}$를 $m : n(m>0, n>0)$으로 내분하는
점 P의 좌표
$\Rightarrow P\left(\dfrac{mx_2+nx_1}{m+n}\right)$

수직선 위의 두 점 $A(1)$, $B(6)$에 대하여
선분 AB를 $2:3$로 내분하는 점 P의 좌표는
$P\left(\dfrac{mx_2+nx_1}{m+n}\right)=\left(\dfrac{2\times6+3\times1}{2+3}\right)=\left(\dfrac{15}{5}\right)=3$

12

• 두 직선이 서로 평행할 때 ⇒ 기울기는 같다.

두 직선이 평행할 때 두 직선의 기울기는 같으므로,
$y=x-3$에서 구하는 직선의 기울기는 1이다.
또, 구하는 직선이 $(0, 4)$를 지나므로 y절편은 4이다.
그러므로 구하는 직선의 방정식은 $y=x+4$이다.

13

중심 좌표가 (a, b)이고 x축과 y축에 동시에 접하는
원의 방정식
$\Rightarrow (x-a)^2+(y-b)^2=r^2$

중심 좌표가 $(-2, 2)$이고 x축과 y축에 동시에 접하는 원의
방정식은
$(x-a)^2+(y-b)^2=r^2$에서
$(x+2)^2+(y-2)^2=2^2$
$(x+2)^2+(y-2)^2=4$

14

점 (x, y)를 원점에 대하여 대칭이동한 점의 좌표
$\Rightarrow (-x, -y)$

점 $(3, -2)$을 원점에 대하여 대칭이동한 점의 좌표는
$(-x, -y)$에서 $(-3, 2)$이다. 즉, x, y의 좌표가 부호만
바뀐다.

15

$A=\{1, 2, 3, 4\}$, $B=\{3, 4\}$에서
차집합 $A-B$는 A에만 있는 원소의 집합이므로
$A-B=\{1, 2\}$

16

전체집합 U의 원소 중에서 조건이 참이 되는 모든 원소의
집합을 진리집합이라 한다.
'x는 3의 배수이다.'가 조건이므로,
전체집합 $U=\{1, 2, 3, 4, 5, 6, 7, 8, 9\}$에서 3의 배수인 원소
는 3, 6, 9이다.
따라서 조건을 만족하는 진리집합은 $\{3, 6, 9\}$이다.

17

$$(g \circ f)(x)=g(f(x))$$

합성함수의 성질에 따라 $(g \circ f)(2)=g(f(2))$
주어진 합성함수의 대응에서 $f(2)=c$
$\therefore (g \circ f)(2)=g(c)$
주어진 합성함수의 대응에서 $g(c)=5$
$\therefore (g \circ f)(2)=5$

18

유리함수 $y=\dfrac{k}{x-p}+q(k\neq0)$의 그래프
$\Rightarrow y=\dfrac{k}{x}$의 그래프를 x축의 방향으로 p만큼,
　　 y축의 방향으로 q만큼 평행이동한 그래프

유리함수 $y=\dfrac{1}{x-2}+3$의 그래프는 유리함수 $y=\dfrac{1}{x}$의
그래프를 x축의 방향으로 2만큼, y축의 방향으로 3만큼
평행이동한 그래프이므로 $a=2$, $b=3$이다.
$\therefore a+b=5$

19

서로 다른 n개에서 r개를 택하여
일렬로 나열하는 순열의 수 $\Rightarrow {}_nP_r$

입체도형을 그린 4개의 포스터 중에서 서로 다른 2개의 포스
터를 택하여 출입문의 상단과 하단에 각각 붙이는 경우의 수
는 선택한 포스터의 순서를 생각하며 일렬로 나열한 경우의
수와 같다. 그러므로 구하는 경우의 수는
${}_4P_2=4\times3=12$

20

서로 다른 n개에서 r개를 택하는 조합의 수 $\Rightarrow {}_nC_r$

4가지의 수학 수행 과제 중에서 서로 다른 3종류의 수학 수
행 과제를 선택하는 경우의 수는 순서를 생각하지 않고 택하
는 조합의 수와 같다. 그러므로 구하는 경우의 수는
${}_4C_3=\dfrac{4\times3\times2}{3\times2\times1}=\dfrac{24}{6}=4$

제3교시

영 어

정답 및 해설 |

정답

01 ②	02 ①	03 ②	04 ④	05 ③
06 ①	07 ①	08 ③	09 ③	10 ①
11 ④	12 ①	13 ②	14 ③	15 ④
16 ③	17 ②	18 ④	19 ④	20 ②
21 ④	22 ③	23 ②	24 ④	25 ③

해설

01 **해설** reservation은 '예약'이라는 뜻이다.
① 변경 change
③ 취소 cancel
④ 칭찬 praise
해석 나는 식당에 전화를 걸어 <u>예약</u>을 할 것이다.
어휘 restaurant 식당
reservation 예약
make a reservation 예약하다

02 **해설** keep in mind는 '명심하다, 기억해 두다'라는 뜻이다.
② 사용하다 make use of
③ 정돈하다 put in order
④ 참여하다 take part in
해석 "느리지만 꾸준한 것이 경주에서 이긴다."는 말을 <u>명심</u><u>해야</u> 한다.
어휘 need to ~을 할 필요가 있다. ~해야 한다
keep in mind 명심하다, 기억해 두다
steady 꾸준한, 한결같은

03 **해설** 'while'은 '동안에'라는 뜻의 접속사로 사용되었다.
① 대신에 instead of
③ 만약에 if
④ 처음에 at first
해석 운전하는 <u>동안에</u> 휴대폰을 사용하지 마세요.
어휘 while 동안에
cellphone 휴대폰
driving 운전의, 운전 중에

04 **해설** 주어진 문장에서 밑줄 친 'easy(쉬운)'와 'difficult(어려운)'는 반의어 관계이다. 마찬가지로 ①, ②, ③은 모두 반의어 관계이나, ④의 'rapid(신속한)'와 'quick(빠른)'은 유의어 관계이다.
① 무거운 – 가벼운
② 시끄러운 – 조용한
③ 아픈 – 고통 없는
해석 무언가를 하겠다고 말하기는 <u>쉽지만</u>, 실제로 행하기는 <u>어렵다</u>.
어휘 actually 실제로, 정말로

05 **해설** ① 날짜 : 4월 17일, 오후 6시–9시
② 장소 : 아동 병원 로비
③ 출연진 : 알 수 없음
④ 기금 용도 : 아동 병원 기부금
해석
기금 모금 콘서트
• **날짜** : 4월 17일, 오후 6시–9시
• **장소** : 아동 병원 로비
• 가벼운 간식이 제공됩니다.
모든 기금은 아동 병원에 기부됩니다.

어휘 fundraising (기금) 모금
lobby 로비
snack 간식, 간단한 식사
offer 제공하다, 제안하다
fund 기금, 자금
donate 기증하다, 기부하다
Children's Hospital 아동 병원

06 **해설** 첫 번째 문장에서 'hold'는 가방을 '들다'라는 의미로 사용되었고, 두 번째 문장에서 'hold'는 축제를 '개최하다'라는 의미로 사용되었다.
② 좋아하다
③ 만나다
④ 걷다
해석 • 내 가방을 <u>들어</u>줄 수 있니?
• 우리 학교는 다음 달에 음악 축제를 <u>개최할</u> 예정이다.
어휘 festival 축제
next month 다음 달

07　**해설** 첫 번째 문장에서 'if'는 'whether'의 의미인 '~인지 아닌지'의 뜻으로 사용되었고, 두 번째 문장에서 'if'는 가정적 조건을 나타내어 '(만약) ~라면'의 의미로 사용되었다.
　　해석 • 나는 그가 정직한지 아닌지 모른다.
　　　　• 지금 출발하지 않으면 버스를 놓칠 것이다.
　　어휘 honest 정직한
　　　　miss 놓치다, 지나치다
　　　　leave 떠나다, 출발하다

08　**해설** 첫 번째 문장에는 '~으로 구성되다'는 의미의 숙어 'consist of'가 와야 하고, 두 번째 문장에는 '~으로 가득하다'라는 의미의 숙어 'be full of'가 와야 한다. 그러므로 빈칸에 공통으로 들어갈 전치사는 'of'이다.
　　해석 • 인체의 약 60~70%는 물로 구성되어 있다.
　　　　• 그 정원은 아름다운 꽃들로 가득하다.
　　어휘 about 약
　　　　consist of ~으로 구성되다
　　　　be full of ~으로 가득하다

09　**해설** A가 자신의 어려움을 호소하자, B가 걱정하지 말라며 무슨 일이 있어도 곁에 있다고 말한다. 그러자 A가 네 도움이 자기에게는 전부라며 고마움을 표현하고 있다. 그러므로 밑줄 친 'A friend in need is a friend indeed.'는 '필요할 때 있는 친구가 진정한 친구다.'라는 의미로 적절하다.
　　해석 A : 나는 지금 너무 힘들어.
　　　　B : 걱정하지 마. 무슨 일이 있어도 네 곁에 있을 게.
　　　　A : 고마워. 네 도움이 내겐 전부야.
　　　　B : 언제든. 필요할 때 있는 친구가 진정한 친구다.
　　어휘 have a hard time 힘든 시간을 보내다, 고생하다
　　　　worry 걱정하다, 근심하다
　　　　'no matter what 무슨 일이 있어도, 반드시
　　　　support 지지, 지원, 도움

10　**해설** B가 약속 시간을 2시로 착각하여 30분 늦게 도착하였고, 이에 대해 A에게 미안하다며 사과하고 있다. 그러므로 위의 대화 내용에서 알 수 있는 B의 심정은 '미안함'이다.
　　해석 A : 30분 동안 기다렸어. 무슨 일이 있었어?
　　　　B : 미안해. 2시에 만나는 줄 알았어.
　　　　A : 아니야. 그 시간에 야구 경기가 시작돼. 그래서 우리는 30분 일찍 만나기로 했어.
　　　　B : 아, 완전히 잊어버렸어. 기다리게 해서 미안해.

　　어휘 What happened? 무슨 일이 있었어?
　　　　be supposed to ~하기로 되어 있다
　　　　totally 완전히, 전적으로
　　　　forget 잊다, 잊어버리다

11　**해설** A와 B가 티켓을 받고 좌석을 확인한 후 입장하기 전에 간식을 사려고 하고 있다. 그러므로 대화가 이루어진 장소는 영화관임을 추측할 수 있다.
　　해석 A : 티켓은 받았니? 좌석은 어디야?
　　　　B : 어디 보자. J11과 J12번이네.
　　　　A : 좋네. 들어가기 전에 간식을 좀 사자.
　　　　B : 그거 좋은 생각이다.
　　어휘 let me see 어디 보자
　　　　That sounds good 그거 좋은 생각이다

12　**해설** 제시문의 첫 번째 문장에서 꽃은 우리 기분에 긍정적인 영향을 미친다고 하였고, 두 번째 문장에서 그것들을 받은 참가자들은 우울감과 불안감을 덜 느낀다고 말하고 있다. 그러므로 지시대명사 'them'이 가리키는 것은 '꽃(flowers)'이다.
　　　　② 기분
　　　　③ 참가자
　　　　④ 연구
　　해석 연구에 따르면 꽃은 우리의 기분에 긍정적인 영향을 미치는 것으로 나타났다. 참가자들은 그것들을 받은 후 우울감과 불안감을 덜 느낀다고 말했다. 또한 즐거움과 전반적인 만족감도 더 높았다.
　　어휘 positive 긍정적인
　　　　effect 효과, 효력
　　　　mood 기분, 감정
　　　　participant 참가자
　　　　depressed 우울한, 침울한
　　　　anxious 불안해하는, 초조한
　　　　receive 받다, 수여하다
　　　　enjoyment 즐거움
　　　　overall 전반적인, 전체의
　　　　satisfaction 만족감

13　**해설** 내일 웅변대회가 있어서 긴장된다는 A의 말에 B가 미안하다고 하고 있고, A가 다시 긴장된다는 말을 되풀이하고 있다. 그러므로 빈칸에는 ②의 'would you say that again(다시 한 번 말해 줄래)'이 들어갈 말로 가장 적절하다.
　　　　① 뭘 도와줄까

③ 오늘 날씨는 어때

④ 대회는 어디로 가야 해

해석 A : 웅변대회가 내일이야. 나는 긴장이 돼.

　　 B : 미안한데, 다시 한 번 말해 줄래?

　　 A : 나는 긴장된다고. 내일이 불안해.

　　 B : 아, 알았어. 걱정하지 마. 네가 잘 할 거라고 확신해.

어휘 speech contest 웅변대회

　　 have cold feet 초조해지다, 겁이 나다

　　 be nervous about ~에 긴장하다, 불안해하다

14 **해설** A가 한국에서 가장 맘에 드는 점을 묻고 있으므로, B의 대답은 가장 맘에 드는 것을 답변하면 된다. 그러므로 빈칸에는 ③의 'I like the food delivery service most(음식 배달 서비스가 가장 맘에 들어)'가 들어갈 말로 가장 적절하다.

① 많은 사람들이 그렇게 생각해

② 나는 커피보다 차를 더 좋아하기 때문이야

④ 네가 선택한 모니터가 만족스럽지 않아

해석 A : 한국의 어떤 점이 가장 맘에 드니?

　　 B : 음식 배달 서비스가 가장 맘에 들어.

어휘 lots of 많은

　　 prefer A to B B보다 A를 더 좋아하다

　　 delivery 배달, 전달

　　 be satisfied with ~에 만족하다

　　 monitor 모니터, 화면

15 **해설** A가 허리가 아프다며 B에게 통증을 줄일 수 있는 방법을 물어보자, B가 바닥이 아닌 의자에 앉고 자주 걸으며 부드럽게 스트레칭 할 것을 조언하고 있다. 그러므로 ④의 '허리 통증을 줄이는 방법'이 위 대화문의 주제로 가장 적절하다.

해석 A : 요즘 허리가 많이 아파요.

　　 B : 더 나빠지기 전에 어떤 조치를 해야 합니다.

　　 A : 통증을 줄일 수 있는 방법이 있나요?

　　 B : 음, 바닥이 아닌 의자에 앉으세요. 그리고 자주 걷고 부드럽게 스트레칭하세요.

어휘 lower back 등 아래 부분, 허리

　　 hurt 다치다, 아프다

　　 these days 요즘

　　 get worse 악화되다, 더 나빠지다

　　 tip 조언, 정보, 방법

　　 reduce 줄이다, 감소하다

　　 pain 고통, 아픔

　　 floor 바닥

　　 stretch 뻗다, 펴다, 스트레칭하다

gently 부드럽게, 다정하게

16 **해설** 글쓴이는 스스로에 대한 자신감이 없어서 자신감을 키우는 방법에 대한 해결책을 제시해 달라고 부탁하고 있다. 그러므로 ③의 '조언을 구하려고'가 제시문의 주제로 가장 적절하다.

해석 스스로에 대한 자신감이 없는 것이 걱정됩니다. 친구들은 항상 그들이 무엇을 하고 있는지 알고 있는 것처럼 보이지만, 저는 제가 옳은 일을 하고 있는지 확신할 수가 없습니다. 저는 자신감을 키우고 싶습니다. 제 문제에 대한 해결책을 제시해 주실 수 있는지 궁금합니다. 도와주시기를 간청합니다.

어휘 be worried about ~에 대해 걱정하다

　　 confidence 자신감

　　 seem to ~처럼 보이다

　　 sure 확신하는, 틀림없는

　　 build 세우다, 키우다

　　 wonder 궁금하다, ~일지 모르겠다

　　 solution 해결책

17 **해설** 초보자만을 위한 수업(lessons for beginners only)이 준비되어 있다고 하였으므로, '상급자를 위한 수업이 준비되어 있다.'는 ②의 설명은 안내문의 내용과 일치하지 않는다.

해석

중앙 배드민턴 센터
개방 시간 : • 월요일부터 금요일까지, 오전 10시부터 오후 9시까지. **제공되는 것 :** • 초보자만을 위한 수업 • 하루 최대 4시간 무료 주차 • 적합한 신발과 옷이 필요합니다.

어휘 central 중앙의, 중심의

　　 provide 제공하다, 준비하다

　　 beginner 초보자, 초심자

　　 free parking 무료 주차

　　 for up to 최대 ~까지

　　 proper 적당한, 적절한, 적합한

　　 require 필요하다, 요구하다

18 **해설** 제시문의 마지막 문장에서 요즘에는 아프리카 국가들도 또한 쌀 소비가 증가하고 있다고 밝히고 있으므로, '아프리카 국가에서 소비가 감소하고 있다.'는 ④의 설명은 제시문의 내용과 일치하지 않는다.

해석 쌀은 세계의 주요 작물 중 하나이다. 쌀이 도입되고 재배된 이래로, 쌀은 대부분의 아시아인의 주식이었다.

사실 아시아 국가들은 전 세계에서 쌀을 가장 많이 생산하고 소비한다. 요즘에는 아프리카 국가들도 또한 쌀 소비가 증가하고 있다.

어휘 rice 쌀, 벼

major 주요한, 중대한

crop 작물, 농작물

introduction 도입, 소개

cultivation 경작, 재배

produce 생산하다

consume 소비하다, 먹다

worldwide 세계적인, 전 세계의

increase 증가하다, 늘다

consumption 소비, 소모

19 **해설** 제시문에서 문화적 차이를 배우는 것은 현지인을 더 잘 이해하는 데 도움이 되며, 자신과 자신의 문화를 이해하는 데 또한 도움이 될 수 있다고 하였다. 그러므로 ④의 '문화적 차이를 배우는 것의 유용성'이 제시문의 주제로 가장 적절하다.

해석 외국에 가면 사람, 언어, 관습이 자신과 다른 곳에 있다는 사실을 깨닫는다. 문화적 차이에 대해 배우는 것은 유용한 경험이 될 수 있다. 그것은 현지인을 더 잘 이해하는 데 도움이 될 수 있다. 또한 자신과 자신의 문화를 더 많이 이해하는 데 도움이 될 수 있다.

어휘 abroad 외국에, 해외에

find oneself 깨닫다, 알다

language 언어

custom 관습, 습관

be different from ~과 다르다

own 자신의

cultural 문화의

difference 차이, 다름

useful 유용한, 유능한

experience 경험

local people 지역 주민, 현지인

20 **해설** 제시문에서 프랑스 사람들은 저녁 식사를 오래 하므로 식사를 빨리 끝내려고 하는 것은 무례한 행동으로 해석될 수 있다고 하였다. 따라서 프랑스 사람들은 식사하는 과정을 서두르지 않을 것이므로, 빈칸에 들어갈 말로는 'rush(서두르다)'가 가장 적절하다.

① 즐기다

③ 제공하다

④ 경고하다

해석 프랑스에서는 가족, 친구들과 함께 저녁 식사를 하기 때문에 저녁 식사가 오래 지속된다. 프랑스 사람들은 이 과정을 서두르지 않는다. 저녁 식사를 빨리 끝내려고 하는 것은 무례한 행동의 표시로 해석할 수 있다.

어휘 last 계속되다, 지속되다

process 과정, 처리

quickly 빨리, 곧

interpret 해석하다, 통역하다

sign 징후, 표시, 신호

impolite 무례한, 예의 없는

rush 급히 움직이다, 서두르다

warn 경고하다

21 **해설** 제시문에서 선택에 대해 책임을 지는 것은 결과를 통해 배우는 데 도움을 주므로, 어떤 선택에 대해 남을 탓하지 말고 자신이 책임을 지는 것이 중요하다고 설명하고 있다. 또한 'take responsibility for'는 '~을 책임지다'라는 숙어로 사용되므로, 빈칸에 들어갈 말로는 'responsibility(책임)'가 가장 적절하다.

① 갈등

② 욕망

③ 도움

해석 인생에서 어떤 선택에 대해 책임을 지는 것은 중요하다. 선택의 결과가 원하던 것이 아니더라도, 다른 사람을 탓하면 안 된다. 선택에 대해 책임을 지는 것은 결과를 통해 배우는 데 도움을 준다.

어휘 take responsibility for ~을 책임지다

result 결과, 결실

blame 탓하다, 비난하다

charge 책임, 임무

be in charge of ~을 담당하다, ~을 책임지다

conflict 충돌, 갈등

desire 욕망, 욕구

22 **해설** 주어진 문장에서 'on the other hand'는 '다른 한편으로' 또는 '반면에'라는 뜻으로 글의 앞뒤 내용이 서로 상반될 때 사용된다. ③번 이전에는 온라인 수업의 단점에 대해 설명한다. 그 이후부터 온라인 수업은 언제 어디서나 컴퓨터를 켜기만 하면 공부를 시작할 수 있다고 그 이점에 대해 설명하고 있다. 그러므로 주어진 문장은 ③에 들어가는 것이 가장 적절하다.

해석 다른 한 편으로, 큰 이점이 있다.

온라인 수업을 듣는 것은 좋을 수도 있고 나쁠 수도 있다. (①) 온라인 수업을 들으면, 대면 의사소통 부족에

대해 걱정할 수도 있다. (②) 수업을 온라인으로 들으면 선생님 및 반 친구들과 돈독한 관계를 만들기 어렵다. (③) 온라인 수업은 언제 어디서나 자유롭게 들을 수 있다. (④) 컴퓨터를 켜기만 하면 공부를 시작할 수 있다.

어휘 on the other hand 다른 한편으로, 반면에
advantage 이점, 장점
take classes 수업을 듣다
worry about ~에 대해 걱정하다
lack 부족, 결핍
face-to-face 마주보는, 대면하는
communication 의사소통
difficult 어려운, 힘든
create 창조하다, 만들다
relationship 관계, 관련성

23 **해설** 제시문의 마지막 문장에서 반려견 산책으로 인한 문제점을 방지하기 위해, 반려견을 산책시킬 때 지침을 따르라고 하였다. 그러므로 ②의 '반려견 산책 시 지켜야 할 사항'이 제시문 다음에 이어질 글의 내용으로 가장 적절하다.

해석 반려견 산책은 공원에서 흔히 볼 수 있는 활동입니다. 하지만 더 많은 사람들이 이렇게 하면서 공원에서 문제가 발생하고 있습니다. 이러한 문제를 방지하기 위해, 반려견을 산책시킬 때 다음 지침을 따르세요.

어휘 common 보통의, 흔한
activity 활동
problem 문제
arise 유발되다, 발생하다
avoid 방지하다, 피하다
issue 주제, 문제
guideline 지침, 지도요강

[24~25]

해석 신발과 양말이 함께 진열되어 있다는 사실을 알고 있습니까? 그것들은 서로 전략적으로 배치된 상품이다. 이미 신발 한 켤레를 구매하기로 결정했다면, 양말 한 켤레 또한 구매하는 것은 어떨까? 매장에 상품을 배치하는 것은 <u>임의적인</u> 것이 아니라는 것을 기억해라. 상품을 배치하는 것은 고객이 쇼핑하는 동안 무의식적으로 고객에게 암시를 주는 것이다.

어휘 notice 알다, 의식하다
item 물품, 품목, 상품
strategically 전략적으로

decide 결심하다, 결정하다
a pair of 한 벌[켤레]
why not? ~하는 게 어때?
placement 설치, 배치
arrange 정리하다, 배열[배치]하다
suggestion 제안, 암시, 시사
customer 고객, 단골
in a way that is not obvious 무의식적으로
obvious 분명한, 확실한
accurate 정확한, 정밀한
positive 긍정적인
random 임의의, 마구잡이의

24 **해설** 신발과 양말을 함께 진열하는 것처럼 매장에서 상품을 배치하는 것은 임의적이 아닌 즉, 전략적이라는 것이다. 그러므로 빈칸에는 ④의 'random(임의적인)'이 들어갈 말로 가장 적절하다.
① 정확한
② 충분한
③ 긍정적인

25 **해설** 제시문에 따르면 매장에 상품을 진열할 때 임의적으로 진열하는 것이 아니라, 고객이 쇼핑하는 동안 필요한 물건을 함께 구매하도록 유도하는 전략이 숨어 있다는 것이다. 그러므로 ③의 '전략적 상품 진열 방식'이 제시문의 주제로 가장 적절하다.

제4교시 **사 회**

정답 및 해설 |

▮ 정답

01 ①	02 ④	03 ④	04 ②	05 ②
06 ①	07 ②	08 ②	09 ④	10 ②
11 ①	12 ④	13 ③	14 ④	15 ③
16 ③	17 ④	18 ①	19 ①	20 ②
21 ②	22 ④	23 ③	24 ①	25 ③

▮ 해설

01 정주 환경은 인간이 정착하여 살아가고 있는 지역의 주거지와 그 주변 생활 환경을 말한다. 질 높은 정주 환경을 위한 조건에는 깨끗한 자연환경, 안락한 주거 환경, 기본적인 위생 시설, 교육과 의료 혜택을 누릴 수 있는 시설 등이 포함된다.

02 ㄷ. 인간이 태어나면서부터 가지는 천부적 권리이다. (O)
ㄹ. 인간이라면 누구나 누릴 수 있는 기본적 권리이다. (O)
ㄱ. 누구나 침범할 수 있는 권리이다. (X) → 누구도 침범할 수 없는 권리이다.
ㄴ. 타인에게 양도할 수 있는 권리이다. (X) → 타인에게 양도할 수 없는 권리이다.

03 국가의 의사 결정 과정에 참여할 수 있는 권리는 참정권으로 선거권, 공무 담임권, 국민 투표권 등이 이에 해당한다.
① **사회권** : 국민이 인간다운 삶을 위하여 필요한 사회적 보장책을 국가에 요구할 수 있는 권리.
② **평등권** : 모든 국민이 법 앞에 평등하고, 성별 · 종교 또는 사회적 신분 등을 이유로 차별을 받지 않을 권리
③ **청구권** : 국가에 대해 일정한 행위를 요구할 수 있는 권리이자 다른 기본권이 침해되었을 때 이를 구제하도록 요구할 수 있는 권리

04 개인이 재산을 자유롭게 획득하고 사용할 수 있는 사유 재산 제도를 바탕으로 하는 경제 체제는 자본주의로, 시장에서의 자유로운 경쟁을 통해 상품의 생산, 교환, 분배, 소비가 이루어진다.
① **법치주의** : 국가가 국민의 자유와 권리를 제한하거나 국민에게 의무를 부과할 때에는 반드시 국민의 대표기관인 의회에서 제정한 법률로써 해야 하고, 행정작용과 사법작용도 법률에 근거를 두어야 한다는 원칙
③ **공동체주의** : 공동체의 가치를 강조하며 개인의 좋은 삶을 공동체와 분리될 수 없는 것으로 보고, 공동선에 대한 의무를 제시하는 정치사상
④ **자문화 중심주의** : 자기 문화만을 가장 우수한 것으로 생각하고 다른 문화를 무시하거나 부정하는 태도

05 헌법 제37조는 국민의 기본권 보장과 관련된 내용으로, 국민의 기본권은 국가 안전보장 · 질서 유지 또는 **공공복리**를 위하여 필요한 경우에 한하여 법률로써 제한할 수 있으며, 제한하는 경우에도 자유와 권리의 본질적인 내용을 침해할 수 없다.
① **기후 변화** : 지구 온난화처럼 지구의 평균 기온이 점진적으로 상승하면서 전지구적 기후 패턴이 급격하게 변화하는 현상
③ **문화 동화** : 다른 사회의 문화 요소가 전파되었을 때 기존의 문화 요소가 전파된 문화 요소에 흡수되어 소멸되는 현상
④ **비폭력성** : 파괴적인 방법을 자제하고 평화적인 방법으로 변화의 필요성을 주장하는 성향

06 ⓐ 일정 수준의 소득이 있는 개인과 정부, 기업이 보험료를 분담하여 구성원의 사회적 위험에 대비하는 제도는 사회 보험이다. 예 국민 건강 보험
ⓑ 저소득 계층이 최소한의 삶을 꾸릴 수 있도록 국가가 전액 지원하여 돕는 제도는 공공 부조이다. 예 국민 기초 생활 보장 제도
• **개인 보험** : 사회 개개인이 각자의 생명 · 재산 · 배상 책임 등에 관한 경제적 보장을 위하여 임의로 이용하는 모든 종류의 보험

07 시장 실패는 시장 기구가 그 기능을 제대로 발휘하지 못하여 시장에서 자원의 배분이 효율적으로 이루어지지 못하는 상태로, 공공재의 공급 부족 문제가 발생한다.

08 편익은 어떤 선택을 함으로써 얻는 이익이나 만족감을 말한다. 편익에는 물질적이고 금전적인 이익뿐만 아니라 즐거움이나 성취감 같은 비금전적인 것도 포함한다.

ㄴ. 경기 침체와 동시에 물가가 상승하는 현상은 스태그플레이션이다.

ㄷ. 대가를 지급하고 난 뒤 회수할 수 없는 비용은 매몰 비용이다.

09 노동조합을 통해 사용자와 자주적으로 교섭할 수 있는 권리는 단체 교섭권이다. 헌법 제33조에도 단결권과 단체 행동권 외에 단체 교섭권이 근로 3권의 하나로 명시되어 있다.

① **문화권** : 공통된 특징을 보이는 어떤 문화가 지리적으로 분포하는 범위

② **자유권** : 개인이 국가나 타인으로부터 간섭이나 침해를 받지 않고 자유로운 생활을 영위할 권리

③ **행복 추구권** : 국민이 인간으로서의 행복을 추구할 수 있는 권리

10 생애 주기별 금융 설계는 특정 생애 주기만을 고려하여 설계하는 것이 아니라, 생애 주기 전체를 고려하여 설계하는 것이 바람직하다.

① 생애 주기별로 소득 수준이 다르므로, 현재의 소득만을 고려하는 것은 바람직하지 않다.

③ 은퇴 후의 노년기를 대비하여 중·장년기에도 소득 중 적절한 저축과 지출의 자금 운용이 필요하다.

④ 생애 주기의 각 단계에 따라 필요한 자금의 크기는 다르다.

11 문화 변동의 내재적 변동 요인으로, 이미 존재하고 있었지만 알려지지 않은 문화 요소를 찾아내는 것은 발견이다.

② **전파** : 문화 변동의 외재적 요인으로, 직접 전파와 간접 전파가 있음

③ **비교 우위** : 국제 무역에서 한 나라가 생산하는 특정한 상품이 상대국과의 모든 교류 상품들에 비해 더 낮은 비용으로 생산되어 생산 효율성 면에서 우위를 차지하는 것

④ **절대 우위** : 국제 무역에서 생산비가 타국에 비해 절대적으로 적은 상품의 생산에 각각 특화하여 교역하면 양국 모두에게 이익이 발생한다는 것

> **TIP 문화 변동**
>
> 문화가 새로운 문화 요소의 등장이나 다른 문화와의 교류·접촉을 통해 상호 작용하면서 변화하는 현상이다.
> - **내재적 요인** : 발견, 발명
> - **외재적 요인** : 전파(직접 전파, 간접 전파)

12 한 사회에서 부, 권력, 명예 등의 사회적 자원이 개인이나 집단에 차등적으로 분배되어 사회 구성원들이 차지하는 위치가 서열화되어 있는 상태를 사회 불평등이라 한다.

② **소비자 주권** : 소비자가 단순히 소비만 하는 수동적 역할에서 재화의 생산 및 서비스까지 결정하는 권한

③ **문화 상대주의** : 각 문화의 다양성을 인정하고, 문화가 가진 독특한 환경과 역사적·사회적 상황에서 다른 문화를 바라보는 태도

④ **스태그플레이션** : 경기 침체와 동시에 물가가 상승하는 현상

13 분배적 정의를 실현하기 위한 실질적 기준에는 필요, 업적, 능력 등이 있다. 필요에 따른 분배는 각자의 실질적 필요를 충족할 수 있도록 분배해야 한다는 것으로, 사회적 약자를 보호할 수 있고 누구나 필요한 만큼 자신의 몫을 가질 수는 있지만, 모든 사람의 필요를 충족하는 것은 사실 불가능하며 경제적인 효율성이 저하될 수 있다.

① **담합** : 이윤을 올리기 위해 판매자 간에 재화 또는 서비스의 가격이나 생산 수량, 거래 조건 등을 제한하는 것

② **독점** : 오직 한 명의 사람이나 하나의 기업만이 상품이나 서비스를 제공하는 것

④ **특화** : 한 나라의 어떤 산업 또는 수출상품이 상대적으로 큰 비중을 차지하는 상태, 또는 그 부분에서 전문화하는 것

14 겨울이 길고 몹시 추운 북극해 연안의 툰드라나 빙설 지역 등은 한대 기후 지역에 해당한다. 추운 날씨의 영향으로 사냥·어로·순록 유목 등의 전통 산업이 발달하였으며, 주민들은 동물의 가죽이나 털로 만든 두꺼운 옷을 입고 생활한다.

① **열대 기후 지역** : 적도 인근의 연중 고온다습하고 강수량이 2,000mm 이상인 열대 우림 및 사바나 기후 지역

② **건조 기후 지역** : 연강수량이 500mm 미만의 사막과 스텝 기후 지역

③ **온대 기후 지역** : 사계절이 뚜렷하고 기후가 온난하며, 강수량도 적당하여 사람이 살기에 적당한 기후 지역

15 사막화는 오랜 가뭄 또한 인간의 과도한 개발로 인해 토지가 사막으로 변해가는 현상으로, 과도한 목축으로 가축의 수가 늘어나면서 가축들이 초원의 풀을 닥치는 대로 뜯어먹는 것도 사막화의 한 원이이다.

16 인간을 자연보다 우월한 존재로 여기고, 인간의 이익이나 행복을 먼저 고려하는 관점은 인간 중심주의이다. 이는 산업화·도시화 과정에서 발생한 환경 파괴의 주된 요인으로 지적받기도 한다.

① **문화 사대주의** : 다른 문화를 더 좋은 것으로 생각하고 자신의 문화를 과소평가하거나 무시하는 태도

② **생태 중심주의** : 인간을 자연의 일부분으로 간주하고 인간

을 포함한 자연 전체의 균형과 안정을 중시하는 관점
④ **직접 민주주의** : 모든 참정권을 가진 시민이 직접 정치 활동에 참여하는 형태의 민주주의

17 ㉠ 주로 인도에서 신봉하는 다신교로, 소를 신성시하는 종교는 힌두교이다.
㉡ 성지인 메카를 향해 기도하며, 돼지고기와 술을 금기시하는 종교는 이슬람교이다.
• 불교 : 인도의 석가모니가 창시한 후 동양 여러 나라에 전파된 종교

18 합계출산율이 인구 대체가 가능한 수준(평균 2.1명)을 밑도는 현상을 저출산이라 하며, 이를 해결하기 위한 방안에는 보육 시설 확충, 출산 장려금 지원 등이 있다.
ㄴ. 산아 제한 정책은 높은 출산율을 억제하고자 출산율을 계획적으로 조절하는 정책이다.
ㄹ. 개발 제한 구역은 도시 주변의 녹지를 보존하기 위해 지정한 구역으로, 도시의 무질서한 확산을 방지하고 도시 주변 자연환경 및 생태계를 보전하기 위한 것이다.

19 과학 기술의 발달과 더불어 교통 · 통신의 발달은 사람과 물자, 정보의 교류를 확대시키고 시공간적 제약을 완화시켰다.
② 지역 간의 교류가 단절(→ 활성화)되었다.
③ 경제 활동의 범위가 축소(→ 확대)되었다.
④ 다른 지역과의 접근성이 낮아졌다(→ 높아졌다).

20 기업이 성장하며 기업의 본사, 연구소, 공장 등이 각각의 기능을 수행하는 데 적합한 지역을 찾아 지리적으로 분산되는 것을 공간적 분업이라 한다.
① **공정 무역** : 불공정 무역 행위를 규제하고 상품의 전 과정에서 경제 주체들의 이익이 공정하게 분배되도록 하는 무역
③ **탄소 발자국** : 제품 및 서비스의 원료 채취, 생산, 운송 및 유통, 소비, 폐기 등, 전 과정에 걸쳐 발생하는 온실가스의 양을 정량적으로 나타낸 것
④ **지리적 표시제** : 품질이나 명성 등이 드러나는 지역 상품에 대해 지역 생산품임을 표시하는 제도

21 정보화는 정보가 중심이 되어 가치를 만들어 내는 사회경제로, 인간의 생활을 편리하고 풍요롭게 만들어 주었지만 인터넷 중독, 사생활 침해, 사이버 범죄, 정보 격차 등의 문제 또한 발생시켰다.
① **교외화** : 도시의 인구나 기능, 시설 등이 대도시 주변 지역으로 확산되는 현상
③ **님비 현상** : 공공의 이익에는 부합하지만 자신이 속한 지

역에는 이롭지 아니한 일을 반대하는 행동
④ **열섬 현상** : 도시의 아스팔트 도로와 콘크리트 구조물로부터 발생하는 도시 내부의 인공 열로 인해 도시 중심부의 기온이 주변 지역보다 높게 나타나는 현상

22 리오그란데강 이남 지역으로, 남부 유럽의 문화가 전파되어 주로 에스파냐어와 포르투갈어를 사용하는 문화권은 D(라틴 아메리카 문화권)이다. 이 문화권의 주된 종교는 가톨릭이며 원주민(인디오)과 아프리카인, 유럽인의 문화가 혼재되어 나타난다.
① **A(북극 문화권)** : 유라시아와 북아메리카의 북극해 연안 툰드라 지역에 형성된 문화권으로, 유라시아 대륙의 라프 족과 사모예드 족은 순록을 유목하며, 아메리카의 이누이트(에스키모) 족은 어로와 물개잡이를 하였으나 최근에는 근대 문명의 유입이 계속되어 전통적 생활양식을 상실하고 점차 유럽 문화에 흡수되고 있다.
② **B(아프리카 문화권)** : 사하라 사막 이남의 중 · 남부 아프리카 일대로, 열대 기후 지역에 속한다. 다양한 부족이 분포하고 부족 단위의 공동체 문화와 토속 신앙이 발달하였다.
③ **C(동아시아 문화권)** : 고대 중국의 문화에 기반을 둔 문화권으로, 중국의 한나라를 거쳐 당나라에 이르러 완성된 중국, 한국, 일본, 등의 문화권을 말한다. 이들 지역은 유교와 불교, 한자, 율령 체제 같은 문화적 공통점을 갖고 있다.

23 일정한 지역 안의 인구를 성별, 연령별 등의 기준으로 나누어 분류한 것을 인구 구조라 하며, 이는 해당 지역의 사회 · 경제적 특성을 파악하는 데 유용하다.
① **인구 절벽** : 생애주기에서 소비가 정점에 이르는 연령대인 45~49세의 인구가 줄어들기 시작하는 시점
② **인구 과잉** : 일정한 지역에 사는 인구의 수가 지나치게 많은 상태
④ **인구 이동** : 둘 이상 지역 간에 발생하는 전출과 전입 현상

24 그린피스(Greenpeace), 국경 없는 의사회(MSF)는 국제 사회의 보편적 가치와 관련된 다양한 활동을 하는 대표적인 국제 비정부 기구(NGO)이다.
② 자국의 이익 실현을 최우선으로 하는 기구는 개별 국가들이다.
③ 국제 분쟁 지역에 평화 유지군을 파견하는 기구는 국제연합(UN)이다.
④ 국가를 회원으로 하는 정부 간 국제기구(IGO)에는 UN, 유럽연합, NATO 등이 있다.

> **TIP** 국제 비정부 기구(NGO)
> - **그린피스(Greenpeace)** : 지구의 환경을 보존하고 세계 평화를 증진시키는 활동을 벌이는 대표적인 국제 비정부 기구
> - **국경 없는 의사회(MSF)** : 의료 지원의 부족, 무력 분쟁, 전염병, 자연재해 등으로 인해 생존의 위협에 처한 사람들을 위해 긴급구호 활동을 펼치는 국제 비정부 기구

25 자원의 특징 중 하나로 언젠가는 고갈된다는 성질을 자원의 유한성이라고 한다.

> **TIP** 자원의 특성
> - **희소성** : 무한한 인간의 욕구에 비해 자원은 유한함
> - **유한성** : 매장량이 한정되어 고갈 위험이 있음
> - **편재성** : 일부 지역에 치우쳐 분포하며, 생산자와 소비자가 일치하지 않음
> - **가변성** : 자원의 가치는 시대와 장소, 경제 상황, 기술 발달 등에 따라 달라짐

제5교시

과 학

▌정답

01 ①	02 ③	03 ④	04 ③	05 ③
06 ④	07 ①	08 ④	09 ①	10 ④
11 ③	12 ②	13 ②	14 ①	15 ②
16 ②	17 ①	18 ①	19 ④	20 ④
21 ①	22 ②	23 ④	24 ③	25 ①

▌해설

01 파도의 상하운동 에너지를 전기 에너지로 전환하는 발전은
파력 발전으로, 파도 상황에 따라 전력 생산량이 일정하지 못
한 단점이 있다.
　② 화력 발전 : 석탄, 석유, 천연가스 등을 연소시켜 전기를
　　얻는 발전
　③ 원자력 발전 : 우라늄의 원자핵이 핵분열을 일으킬 때 방
　　출되는 에너지를 이용하여 전력을 생산하는 발전
　④ 태양광 발전 : 태양의 빛에너지를 광전효과를 이용하여 전
　　기에너지로 바꿔주는 태양전지를 이용한 발전

02 ㄱ. 발전소에서 수력, 화력, 원자력, 태양광 등의 에너지를 이
　　용하여 전기 에너지를 생산한다.
　ㄴ. 송전 중에 발생하는 전력 손실을 줄이기 위해 승압 변전
　　소에서 전압을 높였다가 1ㆍ2차 변전소에서 전압을 차례
　　대로 낮추고, 주상 변압기를 거쳐 가정에 송전될 때 또 한
　　번 전압을 낮추므로 ㉠에 해당하는 전압은 22.9 kV보다
　　작다.
　ㄷ. 수송 과정에서 손실되는 전기 에너지는 없다. → 송전선
　　의 저항 때문에 송전선에서 열이 발생하여 전기 에너지의
　　일부가 손실된다.

03 | 충격량 = 운동량의 변화량(나중 운동량 − 처음 운동량) |
　충격량은 물체의 운동을 변화시키는 물리량을 말한다.
　충격량은 운동량의 변화량과 같으므로,
　운동량의 변화량 = 나중 운동량 − 처음 운동량'에서
　A : $5kg \cdot m/s - 2kg \cdot m/s = 3kg \cdot m/s$
　B : $7kg \cdot m/s - 3kg \cdot m/s = 4kg \cdot m/s$
　C : $8kg \cdot m/s - 3kg \cdot m/s = 5kg \cdot m/s$

　D : $10kg \cdot m/s - 4kg \cdot m/s = 6kg \cdot m/s$
　그러므로 물체 A~D 중 받은 충격량의 크기가 가장 큰 것은
　D이다.

04 열기관에서 고열원으로 100J의 열에너지를 공급받아 저열원
으로 50J의 열에너지를 방출하였으므로, 열기관이 한 일 W
의 양은 고열원 − 저열원 = 100J − 50J = 50J이다.

05 고온ㆍ고압인 태양의 내부에서 수소 원자핵이 융합하는 수소
핵융합 반응으로 헬륨이 생성된다. 즉, 수소 핵융합 반응으로
4개의 수소 원자핵이 융합하여 1개의 헬륨 원자핵이 생성되
는 동안 줄어든 질량이 에너지로 전환된다.

06 자유 낙하 운동을 하는 물체가 중력만을 받아 $10m/s$의 속력으
로 떨어질 때, 낙하하는 방향으로 중력의 힘이 작용하여 물체
의 속도가 매초 $10m/s$씩 증가하므로 D 지점에서 물체의 속도
가 가장 빠르다.

07 자석을 코일 속에 넣으면 전자기 유도 현상으로 인해 유도
전류가 발생하는데, 자석의 극을 바꾸면 검류계의 바늘이 반
대 방향으로도 움직인다. 그러므로 유도 전류의 방향을 변화
시킬 수 있는 요인은 ㄱ의 '자석의 극을 바꾼다.'이다.
　ㄴ의 '자석을 더 빠르게 넣는다.'와 ㄷ의 '더 강한 자석을 사
용한다.'는 유도 전류의 방향을 변화시키는 요인이 아니라,
유도 전류의 세기를 변화시키는 요인에 해당한다.

08 원자가 전자는 원자의 전자 배치 중 가장 바깥 전자 껍질에
들어 있는 전자로, 주기율표에서 〈족〉의 1의 자리수와 같다.
즉, A와 C는 1개, B는 6개, D는 7개의 원자가 전자를 갖는다.
그러므로 A~D 중 원자가 전자 수가 가장 큰 원소는 D이다.

09 | $Na \rightarrow Na^+$ |
　나트륨의 이온 생성 과정 모형에서 나트륨 원자(Na)가 1개의
전자를 잃어 양의 나트륨 이온(Na^+)이 된 것이므로, 나트륨
원자가 잃은 전자의 개수는 1개이다.

10

$$Na^+ + Cl^- \rightarrow NaCl$$

금속 원소의 양이온과 비금속 원소의 음이온의 정전기적 인력으로 형성되는 화학 결합은 이온 결합이며, 염화 나트륨($NaCl$)은 금속 원소의 양이온인 나트륨(Na^+)과 비금속 원소의 음이온인 염소(Cl^-)가 결합한 대표적인 이온 결합 물질이다.

> **TIP** 공유 결합과 이온 결합
> - **공유 결합** : 비금속 원소들이 원자들 사이에서 전자쌍을 공유하며 형성되는 화학 결합
> - **이온 결합** : 금속 원소의 양이온과 비금속 원소의 음이온의 전기적 인력으로 형성되는 화학 결합

11 산성화된 토양에 염기성의 석회 가루를 뿌리는 것은 산과 염기가 반응하여 물과 염이 만들어지는 중화 반응에 해당된다.
① 메탄가스가 산소를 얻어 연소되면 이산화탄소와 물이 되므로 산화 환원 반응에 해당한다.
② 철이 공기 중의 산소를 만나 산화철이 된 것이므로 산화 환원 반응에 해당된다.
④ 사과를 깎아 놓으면 산소와 반응하여 색이 갈변하는 것은 산환 환원 반응에 해당된다.

12

$$HCl \rightarrow H^+ + Cl^-$$
$$H_2SO_4 \rightarrow 2H^+ + SO_4^{2-}$$

염산(HCl)과 황산(H_2SO_4)은 대표적인 산성 물질인데, 산성 물질은 물에 녹아 수소 이온(H^+)을 내놓는다.

> **TIP** 산성의 특성
> - 이온화하여 수소 이온(H^+)을 내놓고 전류를 흐르게 한다.
> - 금속과 반응하여 수소 기체가 발생한다.
> - 탄산칼슘과 반응하여 이산화탄소가 발생한다.
> - 신맛이 나는 과일, 식초, 탄산 음료 등이다.

13 단위체인 아미노산이 펩타이드 결합으로 연결된 물질은 단백질이다. 단백질은 근육과 항체, 세포의 원형질, 효소와 호르몬을 구성하는 생명체의 주성분이다.
① 핵산 : 생명체의 유전 정보를 가지고 있는 생물체의 유전 물질
③ 포도당 : 단맛이 있고 물에 잘 녹으며 환원성이 있는 단당류의 하나
④ 글리코젠 : 포도당으로 이루어진 다당류로 사람, 동물, 균류, 세균에서 에너지 저장의 한 형태로 작용함

14 사막여우, 붉은여우, 북극여우 순으로 귀가 작고 짧다. 사막여우는 더운 날씨 때문에 열을 몸 밖으로 내보내기 좋게 귀가 큰 반면에, 북극여우는 추운 날씨 때문에 몸 속의 열을 빼앗기지 않기 위해 귀가 작고 짧다. 이것은 생물이 온도라는 환경 요인에 적응하여 진화한 것이다.

15 개체 수 피라미드에서 A는 생산자이고 B는 2차 소비자이다. 생산자는 식물이고, 1차 소비자는 초식동물, 2차 소비자는 육식 동물에 해당하므로, 1차 소비자의 수가 증가하게 되면 생산자인 A의 개체 수는 ① 감소하게 되고, 2차 소비자인 B의 개체 수는 1차 소비자가 증가하므로 역시 ① 증가하게 된다.

16 물질대사는 생물이 생명 유지를 위해 생명체 내에서 일어나는 모든 화학 반응으로, 이러한 물질대사에는 효소가 관여한다. 효소는 생명체에서 화학 반응을 촉진하는 생체 촉매로, 효소가 없다면 음식을 먹어도 영양소를 소화·흡수할 수 없다.
① 녹말 : 탄수화물의 일종으로, 여러 개의 포도당이 글루코시드 결합으로 결합된 다당류
③ 인지질 : 당지질, 콜레스테롤, 단백질과 함께 생체막의 주요 성분으로 인을 포함하는 지질의 일종
④ 셀룰로스 : 고등식물 세포벽의 주성분으로 목질부의 대부분을 차지하는 다당류로 섬유소

17 DNA는 두 가닥의 폴리뉴클레오타이드가 나선형으로 꼬여있는 이중 나선 구조로, 구아닌(G)과 사이토신(C) 그리고 아데닌(A)과 타이민(T)이 짝을 이루어 배열된다. 그러므로 ⊙에 해당하는 염기는 타이민(T)과 짝을 이루는 아데닌(A)이다.

18 세포막을 경계로 세포 안팎에 농도가 다른 용액이 있을 때, 물 분자가 세포막을 통해 농도가 낮은 곳에서 높은 곳으로 이동하는 현상은 삼투이다.
② 호흡 : 산소를 이용해 영양소를 분해하여 에너지를 얻는 과정
③ 광합성 : 녹색 식물이 빛에너지를 이용해 물과 이산화 탄소를 원료로 포도당과 산소를 만드는 과정
④ 이화 작용 : 에너지를 방출하며 복잡한 분자를 단순한 화합물로 분해하는 작용

19 일정 지역에 서식하는 생물종의 다양한 정도를 종 다양성이라고 한다. 서식하는 생물종이 많고 그 분포가 고르게 나타날수록 종 다양성은 높다.
① 개체 : 모든 기관계가 연결되어 생존의 최소 단위를 구성하는 하나의 생물체
② 군집 : 여러 개체군이 같은 서식지에 지은 무리

③ **개체군** : 일정한 지역에 같은 종의 개체가 지은 무리

20 ㄴ. 대규모의 화산 폭발로 화산구가 형성되고 분출된 화산재가 쌓여 주변의 지형을 변화시킨다.

ㄷ. 화산 활동은 온천을 개발하여 관광 명소를 만들고, 지열을 이용하여 발전을 하는 등 인간 생활을 이롭게 하기도 한다.

ㄱ. 화산 활동은 지하 깊은 곳에 있던 마그마가 지각의 갈라진 틈을 뚫고 분출하는 현상이므로, 태양 에너지에 의해 일어나는 것은 아니다.

21 지각을 구성하는 물질 중 규산염(SiO_4) 광물은 규소(Si) 원자 1개와 산소(O) 원자 4개가 공유 결합한 사면체 구조이다. 따라서 ⊙에 해당하는 원소는 산소이다.

22 해저 지진 활동이 일어난 곳은 지권이고, 지진 해일이 발생한 곳은 수권에 해당한다. 그러므로 해저 지진 활동으로 인해 지진 해일이 발생하는 것은 지권과 수권의 상호 작용인 B에 해당한다.

TIP 지구 시스템

지권	바깥쪽으로부터 지각–맨틀–외핵–내핵으로 구분됨
수권	혼합층–수온 약층–심해층 순으로 깊어지며 해수, 빙하, 지하수, 하천수 등으로 분포됨
기권	대류권–성층권–중간권–열권 순으로 올라감
생물권	지권, 수권, 기권에 걸쳐 분포
외권	기권 바깥의 태양계 천체, 별, 은하 등을 모두 포함

23 화석 연료 등의 사용으로 이산화탄소, 오존 등의 온실 기체의 농도가 크게 증가하여 지구의 평균 기온이 상승하는 현상은 지구 온난화이다.

① **황사** : 봄철에 중국 내륙에서 발생한 흙먼지와 모래먼지가 편서풍을 타고 이동하는 현상

② **사막화** : 오랜 가뭄 또는 인간의 과도한 개발로 인해 토지가 사막으로 변해가는 현상

③ **엘니뇨** : 태평양의 적도 부근에서 부는 무역풍이 몇 년에 한 번씩 약해지면서 남적도 해류의 흐름이 느려져서, 동태평양 적도 해역의 표층 수온이 평상시보다 높아지는 현상

24 C처럼 두 판이 서로 멀어지는 판의 경계를 발산형 경계라 하는데, 이 경계에서는 맨틀 대류의 상승으로 지진과 화산이 잦고 해령이나 열곡대가 발달한다.

25 그림에서 A는 신생대가 곧 시작되는 중생대 말기에 해당하므로, A에서 멸종한 생물은 제5차 대멸종 시기의 생물인 공룡이다.

② 매머드 → 신생대 생물

③ 삼엽충 → 고생대 생물

④ 화폐석 → 신생대 생물

TIP 지질 시대의 구분

• **선캄브리아 시대** : 지질시대의 약 85%를 차지하는 가장 긴 시대이며 이 당시의 생물들은 모두 바다에서 살았다. 세포생물, 해조류, 스트로마톨라이트 등의 생물이 있다.

• **고생대** : 대기권에 오존층이 형성되면서 바다에서 생활하던 생물들이 육상으로 진출하였다. 삼엽충 외에 필석, 갑주어, 양치식물 등이 번성하였다.

• **중생대** : 대체로 기후가 온난하였으며, 공룡 외에 암모나이트, 파충류, 겉씨식물 등의 생물이 번성하였다.

• **신생대** : 4번의 빙하기, 3번의 간빙기가 있었다. 포유류가 크게 번성하여 포유류의 시대라고 부른다. 인류가 출현하였고, 화폐석, 매머드, 속씨식물 등의 생물이 있다.

제6교시

한국사

정답 및 해설 |

정답

01 ②	02 ①	03 ①	04 ③	05 ②
06 ①	07 ③	08 ④	09 ①	10 ④
11 ④	12 ③	13 ②	14 ③	15 ①
16 ④	17 ①	18 ④	19 ③	20 ④
21 ④	22 ②	23 ③	24 ②	25 ④

해설

01 경기 연천 전곡리에서 발견된 구석기 시대의 대표적인 유물은 뗀석기인 주먹도끼이다. 주먹도끼는 주로 사냥을 하거나 가죽을 벗기는 등의 용도로 사용되었다.
① **해국도지** : 청나라의 위원이 지은 세계 지리서
③ **수월관음도** : 관음보살이 그려진 대표적인 고려 시대의 불화
④ **임신서기석** : 신라의 두 화랑이 유교 경전의 학습과 인격 도야, 국가에 대한 충성 등을 맹세한 비문

02 서희는 거란의 1차 침입 때 소손녕과 외교 담판을 벌여 강동 6주를 확보하였고, 강감찬은 거란의 3차 침입 때 소배압의 10만 대군에 맞서 귀주에서 거란을 격퇴하였다.

03 고려 무신 집권기 때 세속화된 불교를 개혁하기 위해 정혜쌍수와 돈오점수를 내세우며 수선사를 중심으로 결사 운동을 펼친 인물은 보조국사 지눌이다.
② **원효** : 신라의 승려로 일심과 화쟁 사상을 중심으로 몸소 아미타 신앙을 전개하여 불교의 대중화에 힘썼다.
③ **이순신** : 임진왜란 당시 삼도수군통제사가 되어 조선의 수군을 이끌고 왜구를 무찌른 명장이다.
④ **장수왕** : 고구려 광개토 대왕의 아들로 수도를 평양으로 옮기고 남진 정책을 추진하였으며, 백제의 수도 한성을 함락하였다.

> **TIP** 지눌의 불교 사상
> • **정혜쌍수** : 선정과 지혜를 같이 닦아야 한다는 것으로, 선과 교학이 근본에 있어 둘이 아니라는 사상 체계를 말함
> • **돈오점수** : 인간의 마음이 곧 부처의 마음임을 깨닫고(돈오) 그 뒤에 깨달음을 꾸준히 실천하는 것(점수)을 말함

04 동학 농민 운동은 조선 후기에 발발한 농민 운동으로, 당시 농민군이 서울로 북진하다 공주 우금치 전투에서 관군 및 일본군에 패하여 전봉준이 체포되었다.
① **국학 설치** : 통일 신라 신문왕이 유학 교육을 진흥시키기 위해 교육 기관인 국학을 설치하였다.
② **사비 천도** : 백제 성왕이 웅진(공주)에서 사비(부여)로 천도하고 국호를 남부여로 변경하였다.
④ **고구려 멸망** : 연개소문의 사후 집권층의 내부 분열과 나 · 당 연합군의 협공으로 고구려가 멸망하였다.

> **TIP** 동학 농민 운동의 전개
> 삼례 집회 → 경복궁 상소 → 보은 집회 → 고부민란 → 백산 집결 → 황토현 전투 → 황룡천 전투 → 전주성 점령 → 전주 화약 → 집강소 설치 → 일본군 경복궁 침입 → 청 · 일 전쟁 → 남접과 북접의 연합 → 공주 우금치 전투

05 세도 정치기에는 정치 기강이 문란해져 수령 · 아전들의 부패가 심하였고, 전정 · 군정 · 환곡의 삼정이 문란하여 백성들의 삶이 매우 힘들었다.
① **회사령** : 일제는 조선에서 회사를 설립할 경우 조선 총독부의 허가를 받도록 규정한 회사령을 공포하여 한국인의 회사 설립을 억제하였다.
③ **발췌 개헌** : 이승만 정부와 자유당은 6 · 25 전쟁 중 부산에서 계엄령을 선포한 가운데 대통령 직선제와 양원제의 발췌 개헌안을 통과시켰다.
④ **정읍 발언** : 제1차 미 · 소 공동 위원회가 개최되었으나 결렬되자 이승만에 의해 남한만의 단독 정부 수립을 주장한 정읍 발언이 제기되었다.

06 조선 후기 흥선 대원군은 국가 재정을 좀먹고 백성을 수탈하며 붕당의 온상이던 서원을 일부만 남긴 채 모두 철폐하였다.
② **녹읍 설치** : 녹읍은 신라 때 관리에게 주던 토지로, 신문왕 때 폐지되었다가 경덕왕 때 다시 부활하였다.
③ **교정도감 폐지** : 고려 무신 집권기 때 최충헌에 의해 설치된 교정도감은 무신정권이 소멸되기 전까지 고려 최고의 국정 총괄 기구였다.
④ **동 · 서 대비원 설치** : 고려 정종 때 개경에 동 · 서 대비원을 설치하여 환자 진료 및 빈민 구휼을 담당하였다.

07 김옥균, 박영효, 김윤식, 김홍집 등은 개화파 인물들로 조선 말 갑신정변을 주도하고 개화당 정부를 수립하였으며, 서양의 근대적 제도와 과학 기술을 수용하고자 하였다.

① 호족 : 신라 말 고려 초의 사회변동을 주도적으로 이끈 지방세력

② 무신 : 신하 가운데 무과 출신의 벼슬아치

④ 오경박사 : 백제시대에 역경, 시경, 서경, 예기, 춘추의 다섯 경서에 능통한 사람에게 주었던 관직

08 충남 부여의 능산리 절터에서 발견된 금동 대향로는 백제의 문화유산으로, 불교와 도교의 요소가 복합적으로 표현된 걸작이다.

① 택리지 : 조선 영조 때 이중환이 저술한 인문 지리지

② 상평통보 : 조선 중기 인조 때 발행되었으나 거의 사용되지 못하다가 조선 후기 숙종 때 다시 발행되어 전국적으로 유통된 주화

③ 곤여만국전도 : 천주교의 전도를 위해 중국에 온 이탈리아 선교사 마테오 리치가 제작한 세계지도를 조선에서 모사한 지도

09 선조 이후 왕위에 오른 광해군은 임진왜란 이후 피해 극복을 위해 노력하였고, 명과 후금 사이에서 실리를 취하는 중립 외교를 펼쳤다. 그러나 폭정으로 서인들이 주도한 인조반정 때 폐위되었다.

② 혜공왕 → 신라 제36대 왕

③ 법흥왕 → 신라 제23대 왕

④ 고국천왕 → 고구려 제9대 왕

10 고종이 을사늑약의 불법성을 알리기 위해 네덜란드의 헤이그에서 개최된 만국 평화 회의에 헤이그 특사인 이준, 이상설, 이위종을 파견하였다.

① 중추원 : 고려시대 군사 기밀 및 왕명 출납을 담당한 중앙 관청

② 도병마사 : 중서문하성과 중추원의 고위 관리들이 모여 국가의 중대사를 의논했던 고려 시대 최고의 의사 결정 기구

③ 중서문하성 : 고려시대 국정을 총괄하던 최고의 중앙 정치 기구

11 전남 신안군 암태도에서 지주 문재철의 횡포에 맞서 농민들이 소작료 인상률 저지를 위한 암태도 소작 쟁의가 일어났고, 이는 1920년대 전국의 농민 운동을 자극하였다.

① 6 · 3 시위 : 박정희 정부 때에 한 · 일 회담에 따른 굴욕적인 한 · 일 국교 정상화에 반대하여 전개된 시위

② 이자겸의 난 : 고려 인종 때 왕실 외척인 이자겸이 일으킨 난

③ 강조의 정변 : 고려 목종 때 강조가 김치양을 제거한 후 목종까지 폐하고 대량군(현종)을 즉위시킨 정변

12 대한매일신보는 영국인 베델과 한말의 언론인이자 독립운동가인 양기탁이 공동으로 창간한 신문으로 순 한글, 국한문, 영문의 세 종류로 발행되었다.

① 독사신론 : 신채호는 만주와 부여족 중심의 고대사를 서술한 독사신론을 발표하여 민족주의 사학의 기반을 마련하였다.

② 동경대전 : 최제우가 지은 동학의 경전으로, 최제우 생전에는 간행되지 못하고 제2대 교주인 최시형 때 간행되었다.

④ 조선왕조실록 : 조선 태조 때부터 철종 때까지 472년의 역사를 연대순으로 기록한 편년체 역사서로, 왕의 사후 사초와 시정기 등을 바탕으로 춘추관에서 편찬되었다.

13 3 · 1 운동을 계기로 일제는 무단 통치로는 한국을 지배하기 어렵다고 판단하여 한글 신문의 발행을 허용하는 등 문화적 제도의 혁신을 내세운 문화 통치를 실시하였다.

① 기인 제도 : 지방 호족의 자제를 중앙에 인질로 둔 고려 태조의 호족 통합 정책

③ 대통령 중심제 : 국가원수인 대통령이 입법부와 독립된 행정적 실권을 가지는 체제

④ 친명 배금 정책 : 명을 가까이 하고 금을 배척하는 조선 인조의 정책으로, 정묘호란과 병자호란의 발발 원인이 됨

14 3 · 1 운동이 일어나자 천안에 있는 아우내 장터에서 태극기를 나누어주며 독립 만세 운동을 전개한 인물은 유관순 열사이다.

① 김흠돌 : 신라 신문왕의 장인으로 반란을 꾀하다 숙청되었다.

② 나운규 : 일제 강점기 영화인으로, 나운규가 감독한 영화 아리랑이 단성사에서 처음 상영되어 한국 영화를 획기적으로 도약시키는 계기가 되었다.

④ 윤원형 : 문정왕후의 동생으로 을사사화를 통해 권력을 장악한 인종의 외척 세력이다.

15 개항 이후 일본으로 지나치게 곡물이 반출되자 이를 막기 위해 함경도 관찰사 조병식이 방곡령을 선포하여 곡물 유출을 막고자 하였다.

② 봉사 10조 : 고려 무신 집권기 때 최충헌이 사회 개혁책인 봉사 10조를 명종에게 올려 시정 개혁을 건의하였다.

③ 교육 입국 조서 : 갑오개혁 때 고종이 우리나라 근대 교육의 이념을 담아 반포한 교육 관련 문서이다.

④ 좌우 합작 7원칙 : 이승만의 정읍 발언 후 우익 측을 대표

한 김규식과 좌익 측을 대표한 여운형이 좌우 합작 위원회를 구성하고 발표한 7가지 원칙이다.

16 국내 진공 작전은 대한민국 임시 정부의 한국 광복군이 미국 전략 정보국(OSS)과 협력하여 일본과의 정규전을 준비한 작전 계획이다.
① 위화도 회군 : 명나라의 요동을 공략하기 위해 출정했던 이성계가 위화도에서 회군한 사건
② YH 무역 사건 : 박정희 정부 때 신민당 당사에서 폐업에 항의하는 YH 무역 노동자들의 농성을 강경 진압한 사건
④ 서경 천도 운동 : 고려 인종 때 묘청이 풍수지리설에 근거하여 서경 천도를 주장한 운동

17 모스크바 3국 외상 회의에서 임시 민주 정부 수립과 이를 위한 미·소 공동 위원회의 설치 및 최대 5년간의 신탁 통치 실시 등이 결정되었다.
② 제가 회의 : 국가의 중대사를 결정한 고구려의 귀족 회의체
③ 나·제 동맹 : 고구려 장수왕의 남진 정책에 대비하여 신라 눌지왕과 백제 비유왕이 맺은 동맹
④ 독서삼품과 : 통일 신라 원성왕이 인재 등용을 위해 시행한 관인 선발 제도

18 친일파의 반민족 행위를 처벌하기 위해 1948년 10월 제헌국회에서 반민족 행위자 조사 및 처벌을 위한 기구인 반민족 행위 특별 조사 위원회가 설치되었다.
① 정당성 : 선조성, 중대성과 함께 3성을 이루었던 발해의 국정 총괄 기구
② 식목도감 : 법의 제정이나 각종 시행 규정을 다루고 국가 중요 의식을 관장했던 고려의 회의 기관
③ 건국 준비 위원회 : 8·15 광복 직후 건국 작업을 진행하기 위해 여운형이 중심이 되어 조직된 단체

19 1920년대 물산 장려 운동은 조만식 등이 중심이 되어 평양에서 조선 물산 장려회가 발족되고, '조선 사람 조선 것'이라는 구호 아래 전국으로 확산되었다.
① 5·16 군사정변 이후 군사혁명위원회가 '선 건설 후 통일'을 내세우며 경제발전을 먼저 이룬 다음 남북한 교류와 협력을 통해 통일을 이룩하자고 주장하였다.
② YH 사건으로 부산과 마산에서 유신 철폐와 독재 타도를 외치며 부·마 민주 항쟁이 발발하였고 유신 체제가 붕괴되는 계기가 되었다.
④ 박정희 정부 때에 서울 동대문 평화시장에서 피복공장 재단사로 일하던 노동운동가 전태일이 근로 기준법 준수를 외치며 분신하였다.

20 이승만 정권의 독재와 3·15 부정 선거를 계기로 1960년에 4·19 혁명이 발발하였고, 그 결과 이승만 대통령이 하야하였다.
① 집강소 설치 : 동학 농민군이 일본과 청의 개입으로 정부와 전주 화약을 맺은 후 개혁을 위해 집강소를 설치하였다.
② 기묘사화 발생 : 조선 중종 때 조광조의 급격한 개혁에 대한 반발로 사림 세력이 훈구 세력에 의해 숙청된 사건이다.
③ 노비안검법 실시 : 고려 광종은 노비안검법을 시행하여 양인이었다가 불법으로 노비가 된 자를 조사하여 해방시켜 줌으로써 호족과 공신 세력을 견제하였다.

21 북한군의 남침으로 6·25 전쟁이 발발하자 맥아더 장군의 인천 상륙 작전을 계기로 국군과 유엔군은 전세를 역전시키고 서울을 수복하였으나, 중공군의 개입으로 1·4 후퇴한 후 정전 협정이 체결되었다. 그러므로 ⊙에 들어갈 내용은 '북한군의 남침'이다.
① 자유시 참변 : 1921년 일본군을 피해 자유시로 옮긴 독립군이 소련 적색군에게 무장 해제를 당하고 큰 피해를 입음
② 미쓰야 협정 : 한국 독립군을 탄압하기 위하여 일본 총독부 경무국장 미쓰야와 만주의 군벌 장쭤린이 맺은 조약
③ 별기군 창설 : 1881년에 설립된 조선 최초의 신식 군대

22 김대중 정부 때에 대북 화해 협력 정책인 햇볕 정책이 추진되어 금강산 관광 사업이 시작되었고, 남북 정상 회담이 최초로 개최되어 6·15 남북 공동 선언이 발표되었다.
① 장면 내각 : 4·19 혁명으로 이승만 대통령이 하야한 후 허정 과도 정부가 내각 책임제를 채택하면서 장면 내각이 출범하였다.
③ 노태우 정부 : 1987년 전 국민적인 민주화 시위로 집권당의 대통령 후보인 노태우가 6·29 선언을 통해 5년 단임의 대통령 직선제를 발표하였고, 그해 대통령 선거에 당선되면서 노태우 정부가 출범하였다.
④ 이명박 정부 : 제17대 대통령 선거에서 당선된 이명박이 이끌었던 정부로, 이 시기에 G20 주요 경제국 정상들이 모이는 G20 정상 회의가 서울에서 개최되었다.

23 전두환 등 신군부 세력이 불법적으로 병력을 동원하여 계엄 사령관을 비롯한 군의 주요 지휘관들을 몰아내고 군권을 장악한 사건은 12·12 군사 반란이다. 이 사건 이후 통치권을 장악한 전두환이 대통령이 되면서 군사 정권이 시작되었다.
① 3포 왜란 : 중종 때 조선 정부의 통제에 반발하여 부산포·제포·염포의 3포에 거주하고 있던 왜인들이 대마도의 지원을 받아 일으킨 왜란
② 거문도 사건 : 갑신정변 이후 조·러 수호 통상 조약이 체

결되자 영국군이 러시아를 견제하기 위해 거문도를 불법 점령한 사건

④ **임술 농민 봉기** : 조선 철종 때 삼정의 문란과 백낙신의 탐학으로 진주 농민들이 봉기한 민란

24 김대중 정부 때 전 국민이 참여한 금 모으기 운동으로 국제 통화 기금(IMF)의 지원금을 전액 조기 상환하였다.

① **형평 운동** : 갑오개혁으로 신분이 해방된 뒤에도 오랜 관습 속에 차별을 받던 백정들이 일으킨 신분 해방 운동

③ **교조 신원 운동** : 처형된 동학의 창시자 최제우의 억울함을 풀고 동학에 대한 탄압을 중지해달라는 동학교도들의 운동

④ **문자 보급 운동** : 1929년 조선일보가 중심이 되어 우리글인 한글을 보급해 민족의 역량을 키우자는 애국 계몽 운동

25 박정희 정부 때에 경제 개발 5개년 계획이 추진되면서 서울과 부산을 연결하는 경부 고속 국도가 건설되었다.

① **원산 총파업** : 원산 노동 연합회의 소속 노동자와 일반 노동자들이 합세하여 노동 조건 개선을 요구하며 1920년대 최대의 파업 투쟁을 전개하였다.

② **상평창 설치** : 고려 성종 때 물가 조절을 위해 개경과 서경 및 각 12목에 물가 조절 기관인 상평창이 설치되었다.

③ **당백전 발행** : 흥선 대원군은 경복궁 중건에 필요한 재원 마련을 위해 당백전을 발행하였다.

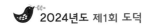

제7교시

도 덕

정답

01 ①	02 ④	03 ②	04 ④	05 ④
06 ③	07 ①	08 ③	09 ③	10 ①
11 ④	12 ①	13 ②	14 ④	15 ②
16 ①	17 ②	18 ②	19 ③	20 ②
21 ③	22 ③	23 ①	24 ④	25 ①

해설

01 딜레마란 두 개의 판단 사이에 끼어 어느 쪽도 결정할 수 없는 상태에 빠져 있는 것을 말한다. 윤리적 문제 상황에서 딜레마는 두 가지 이상의 도덕 원칙 사이에 갈등과 충돌이 전개되는 상황을 의미한다.

② **이데아** : 감각 세계의 너머에 있는 모든 사물의 원인이자 본질로, 지각되거나 시간에 의해 변형되거나 사라지는 것이 아니라 경험의 세계를 넘어서서 이루어지는 인식의 최고의 단계

③ **가상 현실** : 컴퓨터 등을 통해서 현실이 아닌데도 실제처럼 보이게 하고 실제처럼 체험할 수 있게 하는 최첨단 기술

④ **정언 명령** : 행위의 결과와 상관없이 행위 자체가 선(善)이기 때문에 무조건 수행해야 하는 도덕적 명령

02 사단(四端), 오륜(五倫), 효제(孝悌), 충서(忠恕)는 모두 유교 사상과 관련이 있다.

- **사단** : 사람의 본성에서 우러나는 네 가지 마음씨
- **오륜** : 유교에서 말하는 사람이 지켜야 할 다섯 가지 도리
- **효제** : 부모에 대한 효도와 형제에 대한 우애
- **충서** : 참된 마음을 바탕으로 다른 사람의 마음을 헤아리는 것

① **도가** : 무위자연을 추구하며 인간의 의지, 욕구와 상관없이 존재하는 자연의 가치와 아름다움을 강조한 사상

② **불교** : 석가모니의 가르침을 따르는 종교

③ **법가** : 법치주의를 내세운 중국의 사상

03 통일, 국제 사회의 분쟁 등은 모두 평화 윤리에서 다루는 주제들이다.

① **성 윤리** : 성적인 문제에 있어서 남녀 사이에 마땅히 지켜야 할 윤리

③ **직업 윤리** : 자신이 맡은 직업에서 지켜야 하는 행동 기준과 규범

④ **생명 윤리** : 생명 과학 기술의 발달에 따라 기존의 윤리학으로 대처할 수 없는 유전자 조작, 복제 등과 관련된 윤리

04 도덕 원리를 모든 사람에게 적용했을 때 나타나는 결과에 문제가 없는지 확인하는 도덕 원리 검사 방법은 '보편화 결과 검사'이다.

① **포섭 검사** : 선택한 도덕 원리를 더 일반적인 상위의 도덕 원리에 포함시켜 판단하는 방법

② **기술 영향 검사** : 급속히 진보·발전하는 기술이 주위의 자연환경과 인류사회에 어떤 영향을 끼치는지를 검사하는 방법

③ **사실 판단 검사** : 어떤 사실이 참인지 거짓인지 객관적인 근거를 토대로 판단하는 검사

> **TIP 도덕 원리 검사 방법**
>
> - **역할 교환 검사** : 도덕 원리가 다른 사람에게 적용되었을 때도 그것에 동의할 수 있는지 확인하는 것으로, 역지사지의 자세를 따르는 것이라 할 수 있다.
> - **반증 사례 검사** : 도덕 원리가 적용되지 않는 새로운 사례는 없는지 확인해 보는 것이다.
> - **보편화 결과 검사** : 도덕 원리가 모든 사람에게 적용되었을 때 결과적으로 다른 문제가 발생하지는 않는지 확인해 보는 것이다.

05 기술이나 규범의 변화에 빠르게 적응하는 젊은 세대와 상대적으로 그렇지 못한 기성세대 간의 갈등은 세대 갈등이다. 세대 갈등은 서로 다른 연령대 사이에서 발생하는 긴장, 불일치, 오해를 말한다.

① **지역 갈등** : 둘 이상의 지역에서 여러 가지 이해관계가 상충되어 나타나는 갈등

② **남녀 갈등** : 남녀 간의 차별과 불평등으로 인한 갈등

③ **노사 갈등** : 노동자와 기업 간의 노사 문제로 발생하는 갈등

06 바람직한 토론을 위해서는 자기 생각의 오류 가능성을 배제하는 것이 아니라 인정하는 태도가 필요하다.

TIP 바람직한 토론 자세
- 주제와 상관없는 발언은 하지 않는다.
- 상대방의 말을 중간에 끊지 않고, 잘 경청한다.
- 정해진 발언 시간과 토론의 규칙을 잘 지킨다.
- 상대방이 제시하는 근거를 기록하여 타당한지 생각해본다.
- 상대방의 의도를 이해하고, 자신의 의견과 비교하며 듣는다.
- 발언을 할 때에는 높임말을 사용하고, 자신의 의견을 간결하고 명확하게 말한다.

07 이익 평등 고려의 원칙을 근거로 동물 해방론을 주장한 윤리 사상가는 싱어(Singer, P.)이다. 싱어는 또한 원조에 대해 공리주의적 관점에서 모든 사람의 고통을 감소시키고 쾌락을 증진시키는 것이 인류의 의무라고 주장하며 해외 원조의 필요성을 강조하였다.
　② **칸트** : 근대 계몽주의를 정점에 올려놓고 독일 관념철학의 기반을 확립한 철학자
　③ **슈바이처** : 아프리카 의료 봉사로 생명에 대한 경외라는 그의 철학을 실천에 옮긴 의사이자 노벨평화상 수상자
　④ **아리스토텔레스** : 현재의 서양 철학의 근본을 이루는 데 이바지한 고대 그리스의 철학자

08 공리주의는 '최대 다수의 최대 행복'의 실현을 윤리적 목적으로 본다. 그러므로 다수의 행복을 추구하기 위해 소수의 권리와 이익이 훼손될 우려가 있다는 비판을 받는다.
　① 행위의 결과보다 동기를 중시하는 것은 칸트의 의무론이다.
　② 공리주의는 행위자 내면의 품성보다 행위의 효용을 강조하며, 의무 의식과 선의지를 강조하는 것은 칸트의 의무론이다.
　④ 공리주의는 개인의 행복보다 사회 전체의 행복을 우선한다.

09 인간의 욕구는 무한하지만 이를 충족시킬 재화는 한정되어 있기 때문에 분배적 정의의 문제가 발생한다. 분배적 정의는 각자에게 자신의 정당한 몫을 누릴 수 있게 하고 아무도 불만을 제기하지 않는 방식으로 분배함으로써 정의를 실현하는 것이다.
　① **규범적 정의** : 인간 사회에서 지켜야 할 예의, 도덕, 관습 등의 규칙이 바람직한지 그렇지 못한지를 판단하여 정의를 실현하는 것
　② **교정적 정의** : 잘못이 있을 때는 공정하게 처벌하고 피해가 발생했을 때는 합당하게 배상하여 정의를 실현하는 것
　④ **형벌적 정의** : 죄를 저지른 사람에게 반드시 그에 합당한 형벌을 내려 정의를 실현하는 것

10 프롬(Fromm, E.)이 주장한 진정한 사랑은 상대를 지배하고 소유하는 것이 아니라, 사랑하는 사람을 있는 그대로 받아들이며 존경하는 것이다.

TIP 프롬 : 사랑의 4요소
- **존경** : 사랑하는 사람을 있는 그대로 받아들이며 존경하는 것
- **책임** : 사랑하는 사람의 요구를 배려하면서 자신의 행동에 책임을 지는 것
- **이해** : 사랑하는 사람을 올바로 이해하는 것
- **보호** : 사랑하는 사람을 보살피고 돌보는 것

11 시민 불복종이란 정의롭지 못한 법 또는 정부 정책을 변혁시키려는 목적으로 행해지는 의도적인 위법 행위로 간디의 소금법 폐지 운동, 소로의 납세 거부 운동 그리고 마틴 루서 킹의 흑인 차별 철폐 운동 등이 이에 해당한다.
　① **공정 무역** : 불공정 무역 행위를 규제하고 상품의 전 과정에서 경제 주체들의 이익이 공정하게 분배되도록 하는 무역
　② **생명 공학** : 인체를 포함한 동물, 식물 그리고 미생물 등의 세포 내에서 수행되는 생명체 활동의 기본 현상과 원리를 규명하고 이를 인간에게 유익하게 응용하는 학문
　③ **사이버 범죄** : 컴퓨터 통신 등을 악용하여 사이버 공간에서 행하는 범죄

12 생명체 복제는 한 개체와 동일한 유전자 세트를 지닌 새로운 개체를 만드는 것으로, 생명의 존엄성을 훼손하거나 자연의 질서에 위배된다는 측면에서 생명 윤리의 문제가 발생할 수 있다. 그러므로 생명 복제를 반대하는 입장에서 A, B 둘 다 그 대답은 '예'이다.

13 부패는 공정 경쟁의 틀을 깨뜨리며 국민들 간의 위화감을 조성하여 정의 사회 실현을 어렵게 하므로, 공직자가 지녀야 할 덕목에 해당하지 않는다. 공직자는 공익실현을 위해 노력해야 하며, 성실하고 정직하며 책임 있는 자세로 국민을 위해 봉사해야 한다.

14 과학 기술자는 과학 기술의 개발을 통해 인류의 삶의 질 향상을 위해 노력해야 하며, 과학 기술을 개발할 때는 과학 기술의 위험성과 부작용을 충분히 검토해야 한다. 자료들을 표절하거나 연구 결과를 위·변조하는 것은 과학 기술자의 윤리적 자세로 옳지 않다.

15 집단의 도덕성이 개인의 도덕성보다 현저히 떨어지므로, 개인의 도덕성 함양뿐만 아니라 사회 정책과 제도의 개선이 필요하다고 주장한 사상가는 니부어(Niebuhr, R)이다.

441

① **벤담** : 최대 다수의 최대 행복을 주장한 공리주의자
② **칸트** : 근대 계몽주의를 정점에 올려놓았고 독일 관념철학의 기반을 확립한 철학자
④ **베카리아** : 최초로 근현대적 개념의 죄형법정주의를 창시하고 형법 사상의 기초를 마련하여 근대 형법의 아버지라고 불리는 이탈리아 법학자

16 바람직한 통일 한국의 모습은 대립하는 무력 국가가 아니라 전쟁의 공포가 사라진 평화로운 국가를 지향한다.

> **TIP** 통일 한국이 지향해야 할 가치
> • **평화** : 전쟁의 공포가 사라진 평화로운 국가를 지향해야 함
> • **자유** : 자신의 신념과 선택에 따른 자유로운 삶이 보장되는 국가를 지향해야 함
> • **인권** : 모든 사람의 존엄과 가치가 존중되는 인권 국가를 지향해야 함
> • **정의** : 모두가 합당한 대우를 받는 정의로운 국가를 지향해야 함

17 (가)의 동물 중심주의는 생태계를 구성하는 존재 중 인간을 포함한 동물을 도덕적 고려의 대상으로 보며, (나)의 생명 중심주의는 생태계를 구성하는 존재 중 인간과 동·식물을 포함한 모든 생명체를 도덕적 고려의 대상으로 본다. 그러므로 도덕적 고려의 범위에 동물이 포함되는 것은 (가)와 (나)의 공통적 요소에 해당한다.
① 동물을 인간만을 위한 수단으로 여긴다. → 인간 중심주의
③ 인간만이 도덕적 지위를 지닌다고 본다. → 인간 중심주의
④ 무생물을 도덕적 고려의 대상으로 여긴다. → 생태 중심주의

18 정식으로 음반을 구입하지 않고 인터넷에서 불법으로 노래 파일을 내려 받는 행위는 저작권 침해 행위에 해당한다. 즉, 저작권 침해는 저작권법에 의해 배타적으로 보호되는 저작물을 무단으로 이용하여 저작권자의 권리를 침해하는 행위이다.
① **정보 격차** : 정보에 대한 불평등한 접근 기회와 정보 활용 능력의 차이로 인해 발생하는 경제적·사회적 불평등
③ **보이스 피싱** : 전화나 휴대전화 등 전기통신수단을 이용해 개인정보를 알아낸 뒤 이를 범죄에 이용하는 전화금융사기 수법
④ **사이버 따돌림** : 인터넷, 휴대전화 등 정보통신기기를 이용하여 학생들이 특정 학생들을 대상으로 지속적·반복적으로 심리적 공격을 가하거나, 특정 학생과 관련된 개인정보 또는 허위사실을 유포하여 상대방이 고통을 느끼도록 하는 일체의 행위

19 다양한 문화가 폭넓게 창조되지 않는 것이 대중문화의 윤리적 규제를 반대하는 입장에 부합하므로, '다양한 문화가 폭넓게 창조된다.'는 ③의 설명은 (나)에 부합하지 않는다.
① 성 상품화를 예방할 수 있는 것은 대중문화의 윤리적 규제를 찬성하는 입장에 부합한다.
② 청소년을 폭력적 문화로부터 보호할 수 있는 것은 대중문화의 윤리적 규제를 찬성하는 입장에 부합한다.
④ 창작자의 표현할 자유와 권리가 침해되는 것은 대중문화의 윤리적 규제를 반대하는 입장에 부합한다.

20 이주민의 고유한 문화와 자율성을 존중하여 문화 다양성을 실현하고자 하는 것은 다문화주의이다. 대표적인 다문화 이론으로는 샐러드처럼 다양한 사회구성원들이 상호 공존하며 각각이 색깔과 향기를 지니고 조화로운 통합을 이룬다는 샐러드 볼 이론이 있다.
① **동화주의** : 이주민의 문화와 같은 소수 문화를 주류 문화에 적응시키고 통합하려는 태도
③ **문화 사대주의** : 다른 사회권의 문화가 자신이 속한 문화보다 우월하다고 믿고 무비판적으로 그것을 동경하거나 숭상하며, 자신의 문화에 대해서는 업신여기고 낮게 평가하는 태도
④ **자문화 중심주의** : 자기 문화만을 가장 우수한 것으로 생각하고 다른 문화를 무시하거나 부정하는 태도

21 타인의 신념에 따라 수동적인 소비를 실천하는 것은 의복 문화와 관련된 바람직한 자세라고 볼 수 없다. 자신의 신념에 따라 능동적인 소비를 실천하는 것이 의복 문화와 관련된 바람직한 자세이다.
㉠ 유행에 무비판적으로 동조하는 유행 추구 현상은 의복 문화와 관련된 윤리적 문제에 해당한다.
㉡ 무분별한 명품 소비로 사치 풍조를 조장하는 명품 선호 현상은 의복 문화와 관련된 윤리적 문제에 해당한다.
㉣ 환경을 고려하여 과도한 욕망을 절제하는 것은 의복 문화와 관련된 바람직한 자세라고 할 수 있다.

22 상호 무관심한 사람들이 무지의 베일하에서 합의를 통해 정의의 원칙을 도출하는 가상적 상황은 '원초적 입장'이다. 롤스는 원초적 입장이라는 가상적 상황에서 모두가 합의할 수 있는 절차적 정의에 따르는 '정의의 원칙'을 제시하였다.
① **판옵티콘** : 감시자의 존재는 드러나지 않으면서 끊임없이 수용자를 감시할 수 있는 원형 모양의 감옥 건축양식
② **윤리적 공백** : 급격한 과학 기술의 발전으로 파생되는 윤리적 문제를 기존의 윤리가 해결해 주지 못하는 데서 발생하는 공백

④ **공유지의 비극** : 누구나 자유롭게 사용할 수 있는 공공자
원이 사람들의 남용으로 쉽게 고갈되는 현상

23 예술은 인간에게 올바른 품성을 함양하게 하고 도덕적 교훈
이나 모범을 제공해야 한다고 보는 예술과 윤리의 관계는 예
술 도덕주의이다.

TIP 예술과 윤리의 관계

예술 지상주의	• 예술은 예술 그 자체나 미적 가치를 추구해야 한다. • 예술을 윤리적 가치의 기준으로 판단하는 것은 잘못 된 태도라 주장한다. • 예술의 자율성을 옹호하는 '순수 예술론'을 지지하 며, 예술을 위한 예술을 주장한다.
예술 도덕주의	• 예술은 도덕적 가치를 실현하는 데 기여해야 한다. • 예술은 도덕적 교훈이나 모범을 제공해야 한다. • 도덕적 가치가 미적 가치보다 우위에 있으므로, 예 술에 대한 윤리적 규제가 필요하다고 본다. • 예술의 목적은 도덕적 교훈을 제공하는 것으로 예술 의 사회성을 강조한다.

24 요나스가 과학 기술 시대의 새로운 윤리적 관점으로 제시한
책임 윤리는 인간뿐만 아니라 생태계까지, 또한 현 세대뿐만
아니라 미래 세대까지 고려하여 인간의 행위에 대한 책임을
강조하는 윤리적 관점이다. 따라서 ㉠에 들어갈 용어는 ④의
'미래 세대'가 가장 적절하다.

25 노직은 자신의 부를 어떻게 이용할 것인지는 전적으로 개인
의 자유이기 때문에 해외 원조나 기부를 실천해야 할 윤리적
의무는 존재하지 않는다고 주장하면서 해외 원조의 자발적
선택을 강조하였다.
• 해외 원조는 윤리적 의무이다. → 칸트, 싱어, 롤스
• 해외 원조는 질서 정연한 사회가 되도록 돕는 것이다. →
롤스

정답 및 해설

2024년도

제2회

제1교시
국 어
정답 및 해설 |

▌정답

01 ③	02 ③	03 ④	04 ③	05 ②
06 ①	07 ①	08 ④	09 ①	10 ②
11 ②	12 ④	13 ②	14 ①	15 ②
16 ②	17 ④	18 ④	19 ③	20 ②
21 ①	22 ④	23 ②	24 ④	25 ③

▌해설

01 수정 전에는 '은수야, 네 축구공 줘!'라고 말하며 상대방에게 명령조로 부담을 주고 있지만, 수정 후에는 '은수야, 네 축구공 좀 빌려줄 수 있겠니?'라고 질문형으로 상대방의 부담을 덜어 주며 말하고 있다. 이는 공손성의 원리 중 상대방에게 부담이 가는 표현을 최소화하고 상대방의 이익을 극대화하는 '요령의 격률'에 해당한다.
① 자신의 탓으로 돌려서 말한다. → 관용의 격률
② 자신을 낮추어 겸손하게 말한다. → 겸양의 격률
④ 상대방과의 친밀도를 강조하며 말하고 있지는 않다.

> **TIP 공손성의 원리**
> • **요령의 격률** : 상대방에게 부담이 가는 표현을 최소화하고 상대방의 이익을 극대화하는 것
> • **관용의 격률** : 화자 자신에게 혜택을 주는 표현을 최소화하고 화자 자신에게 부담을 주는 표현은 최대화하는 것
> • **찬동의 격률** : 다른 사람에 대한 비방을 최소화하고 칭찬을 극대화하는 것
> • **겸양의 격률** : 자기 자신에 대한 칭찬은 최소화하고 자신에 대한 비방을 극대화하는 것
> • **동의의 격률** : 자신의 의견과 다른 사람의 의견 사이의 차이점을 최소화하고 자신의 의견과 다른 사람의 의견의 일치점을 극대화하는 것

02 발표자가 '여러분, 판다를 아시나요?'라고 말하며, 발표의 중심 화제인 '판다'에 대해 청중이 알고 있는지 확인한 후 발표를 시작하고 있다.

03 딱찌 → 딱지
한글 맞춤법 제5항은 된소리되기 규정으로, ④의 '얼마 전 다친 상처에 딱찌가 앉았다.'에서 '딱찌'는 'ㄱ, ㅂ' 받침 뒤에서

나는 된소리는, 같은 음절이나 비슷한 음절이 겹쳐 나는 경우가 아니면 된소리로 적지 아니한다고 하였으므로 '딱지'로 적어야 옳다.
① '담뿍'은 'ㅁ' 받침 뒤에서 나는 된소리이므로, '뿍'이라고 된소리로 표기한 것은 적절하다.
② '법석'은 'ㅂ' 받침 뒤에서 나는 된소리이므로, '석'을 된소리로 표기하지 않은 것은 적절하다.
③ '훨씬'은 'ㄹ' 받침 뒤에 나는 된소리이므로, '씬'이라고 된소리로 표기한 것은 적절하다.

04 '오빠가 구슬을 굴렸다'에서 '굴렸다'는 주어인 '오빠가' 목적어인 '구슬을' 굴린 행위이므로 사동 표현에 해당한다. '굴렸다'는 '굴리었다'의 준말로, 이때 '-리'는 사동 접미사에 해당한다.
① '덮였다'는 '덮이었다'의 준말로, 피동 접미사 '-이-'를 붙여 만든 피동 표현이다.
② '맺혔다'는 '맺히었다'의 준말로, 피동 접미사 '-히-'를 붙여 만든 피동 표현이다.
④ '담겼다'는 '담기었다'의 준말로, 피동 접미사 '-기-'를 붙여 만든 피동 표현이다.

05 ㉡의 '얼굴이며'는 이어 적기가 아닌 끊어 적기로 표기한 것이다. 앞말의 받침을 그대로 이어서 쓴 이어 적기로 표기하면 '얼구리며'가 된다.
① ㉠의 '공지'는 '공ㅈ'에 주격 조사 'ㅣ'가 붙어 '공자가'라는 주어로 사용되었다.
③ ㉢에서 '·'을 사용하여 소리의 높낮이를 나타내는 성조를 방점으로 표현하였다.
④ ㉣의 '베퍼쎠'에서 '쎠'의 초성에 'ㅆ'의 어두 자음군이 사용되었다.

> **TIP 한글 표기법**
> • **이어적기** : 소리나는 대로 적은 표음적 표기법으로, 중세 국어에 사용됨
> • **끊어적기** : 여러 형태소가 연결될 때 그 각각을 음절이나 성분 단위로 밝혀 적음. 현대 국어에 사용됨

06 제시문의 본론은 '과잉 연결의 문제점과 일상에서의 대응 방안'이다. ㉠에는 사이버 범죄에 쉽게 노출될 수 있다는 문제

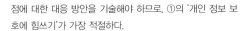

점에 대한 대응 방안을 기술해야 하므로, ⓒ의 '개인 정보 보호에 힘쓰기'가 가장 적절하다.

07 ⓐ의 '연결과'는 '끊다'의 목적어가 되어야 하므로, 목적격 조사 '을/를'을 사용하여 '연결을'로 고쳐써야 옳다.
② ⓑ은 '과잉 연결 해소를 위한 적절한 대응 권유'라는 중심 내용과 어울리지 않으므로 삭제한 것은 적절하다.
③ ⓒ의 '다다익선'은 많으면 많을수록 좋다는 의미이므로, 문맥상 모자람이 지나침보다 낫다는 의미인 '과유불급(過猶不及)'으로 고친 것은 적절하다.
④ ⓓ의 '어떻까'는 맞춤법에 어긋난 표현이므로 '어떨까'로 수정한 것은 적절하다.

08 'ㄱ, ㄷ, ㅂ'이 뒤에 오는 비음 'ㄴ, ㅁ'의 영향을 받아 각각 비음 'ㅇ, ㄴ, ㅁ'으로 교체되어 발음되는 현상은 비음화이다. '국물'은 '국'의 'ㄱ' 뒤에 'ㅁ'이 왔으므로, 비음화에 해당되어 '궁물'로 발음된다.
① '축하'는 '죽'의 'ㄱ' 뒤에 'ㅎ'이 왔으므로 비음화에 해당되지 않는다. '축하'는 'ㄱ+ㅎ'이 'ㅋ'으로 축약되어 '추카'로 발음되므로, 거센소리되기에 해당한다.
② '밥집'은 '밥'의 'ㅂ' 뒤에 'ㅈ'이 왔으므로 비음화에 해당되지 않는다. '밥집'은 'ㅈ'이 된소리 'ㅉ'으로 바뀌어 '밥찝'으로 발음되므로, 된소리되기에 해당한다.
③ '굳이'는 '굳'의 'ㄷ' 뒤에 'ㅇ'이 왔으므로 비음화에 해당되지 않는다. '굳이'는 'ㅇ'이 구개음인 'ㅈ'으로 바뀌어 '구지'로 발음되므로, 구개음화에 해당한다.

[09~11]

> **이육사, 「광야」**
> • 갈래 : 자유시, 서정시
> • 성격 : 의지적, 저항적, 상징적, 미래지향적
> • 제재 : 광야
> • 주제 : 조국 광복에 대한 의지와 염원
> • 특징
> – 독백적 어조를 통해 내면의 신념을 드러냄
> – 상징적 시어와 속죄양 모티프를 통해 주제를 형상화함
> – 과거-현재-미래의 시간적 흐름에 따라 시상을 전개함

09 '까마득한 날'의 과거에서 '지금'의 현재, 그리고 '천고의 뒤'인 미래로 시상이 움직이고 있다. 즉, '과거-현재-미래'의 시간의 흐름에 따라 시상을 전개하고 있다.

10 2연은 '차마 이곳을 범하던 못하였으리라'라고 하며 우리 민족의 삶의 터전인 광야의 신성함과 불가침성을 드러내고 있다. 그러므로 '외부 세력에 대한 호감을 드러내고 있다.'는 ②의 설명은 적절하지 못하다.
① 1연에서는 '하늘이 처음 열리고'에서 새로운 세상이 열리는 천지개벽의 모습을 그리고 있다.
③ 3연에서는 '끊임없는 광음'에서 끊이지 않는 세월의 흐름을 보여 주고 있다.
④ 5연에서는 '백마 타고 오는 초인'에서 미래에 출현할 존재를 제시하고 있다.

11 [A]에서는 '홀로' 있는 고독한 상황에서 '눈'이 내리는 부정적 현실을 '노래의 씨'를 뿌리며 극복하고자 하는 화자의 의지적 태도를 엿볼 수 있다.

[12~14]

> **작자 미상, 「박씨전」**
> • 갈래 : 고전소설, 역사소설, 군담소설, 여걸소설
> • 성격 : 영웅적, 전기적, 역사적
> • 배경 : 시간 – 조선시대, 병자호란 / 장소 – 한반도 전역
> • 시점 : 전지적 작가 시점
> • 제재 : 병자호란
> • 주제 : 박씨 부인의 영웅적 기상과 재주
> • 특징
> – 여성을 주인공으로 한 영웅 소설임
> – 변신 모티프가 적용됨
> – 전기적 요소와 설화적 요소가 반영됨

12 '공중으로 두 줄기 무지개가 일어나며, 모진 비가 천지를 뒤덮게 오며, 음풍이 일어나며, 백설이 날리며, 얼음이 얼어 오랑캐 군중의 말 발이 땅에 붙어 한 걸음도 옮기지 못하는지라.'에서 오랑캐를 제압하는 박 씨의 초월적 능력을 보여주고 있다. 그러므로 '초월적 능력을 발휘하는 인물이 등장한다.'는 ④의 설명은 적절하다.
① 위 작품의 시점은 1인칭 주인공 시점이 아니라 전지적 작가 시점이다.
② 속담을 활용하여 인물의 심리를 묘사한 곳은 없다.
③ 동물이 인간을 위기에서 구하는 우화적 요소는 나타나 있지 않다.

13 ㉡의 '왕대비'를 제외한 ㉠의 '조그만 계집', ㉢의 '박 부인', ㉣의 '내'는 모두 '박 씨'를 가리킨다.

14 '박 부인 덕택에 살려 주옵소서'라고 오랑캐 장수들이 애걸하는 장면에서 '박 씨'가 오랑캐의 용맹함을 두려워하고 있는 것이 아니라, 오랑캐가 '박 씨'의 용맹함을 두려워하고 있음을 알 수 있다.

② '너희 놈이 본디 간사하여 넘치는 죄를 지었으나'라고 말한 대목에서 '박 씨'는 오랑캐가 큰 죄를 지었다고 말하고 있음을 알 수 있다.

③ '박 씨가 시비 계화를 시켜 외치기를'이라는 서술 내용을 통해 '박 씨'는 '계화'를 통해 자신의 의사를 전달하고 있음을 알 수 있다.

④ '조심하여 들어가며, 우리 세자, 대군을 부디 태평히 모셔 가라.'라고 말한 대목에서 '박 씨'는 오랑캐에게 세자와 대군을 잘 모셔 가라고 말하고 있음을 알 수 있다.

[15~16]

작자 미상, 「두터비 파리를 물고」
- **갈래** : 사설시조
- **성격** : 풍자적, 해학적, 우의적, 희화적
- **제재** : 두꺼비
- **주제** : 탐관오리의 횡포와 허장성세 비판
- **특징**
  – 우의적 수법을 통해 탐관오리를 비판함
  – 상징적 소재를 사용하여 내용을 전개함
  – 부정적 대상에 대한 희화화를 통해 주제 의식을 전달함

15 중장에 해당하는 '것넌산 ~ 쟛바지거고'가 초장, 중장에 비해 길다. 이는 사설시조의 특징에 해당한다.

① 10구체 형식으로 되어 있는 문학 장르는 향가이다. 위의 작품은 초장, 중장, 종장으로 구성된 사설시조이다.

③ 동일한 후렴구가 반복되고 있는 문학 장르는 고려 가요나 민요 등이다.

④ 수미상관 구조는 시나 문학 작품에서 첫 부분과 마지막 부분이 서로 닮은 구조를 이루는 것을 의미하는데, 해당 작품에서는 수미상관 구조가 적용되어 있지 않다.

16 '두험 아래 쟛바지거고', '에헐질 번 하괘라' 등의 해학적인 표현을 통해 탐관오리를 상징하는 두꺼비를 희화화하고 있다. 두꺼비의 희화화를 통해 '탐관오리의 횡포와 허장성세 비판'이라는 주제 의식을 전달하고 있다.

[17~19]

김애란 원작, 최민석 외 각본, 「두근두근 내 인생」
- **갈래** : 시나리오
- **성격** : 감성적, 서정적
- **배경** : 시간 – 2010년대 / 장소 – 서울
- **제재** : 조로증에 걸린 소년의 삶
- **주제** : 조로증으로 죽음을 앞둔 소년의 삶에 대한 소망과 가족 간의 사랑
- **특징**
  – 난치병을 앓고 있는 소년의 삶을 담담하고 유쾌한 시각으로 그려 냄
  – 인물이 상상하는 장면을 통해 인물의 심리를 형상화함

17 장면번호인 'S#17', 'S#18'과 장면 전환을 위한 '컷 투(cut to)' 등은 모두 촬영을 고려한 시나리오 전문 용어이다.

①·② 무대 위에서 사건이 전개되고, 장과 막을 구성단위로 사용하는 것은 연극의 대본인 희곡에 대한 설명이다.

③ 위의 작품은 영화를 위한 시나리오이므로, 등장인물이 관객과 직접 소통하고 있는 것은 아니다.

18 아름이가 ㉠의 이메일 '편지'를 받은 후 이서하라는 또래 아이의 이름이 반복되는 환청이 들리고 계속해서 목소리가 귓가에 맴도는 등 잠을 이루지 못한다. 그러므로 ㉠의 '편지'는 '아름'에게 또래 아이에 대한 설렘을 느끼게 하는 기능을 수행한다.

19 '서하'는 집에 직접 찾아와서 '아름'을 만난 것이 아니라, 전자 우편을 통해 이메일 편지를 보내 왔다.

① 심장 통증으로 약통에서 진통제를 꺼내 먹고 괴로워하다 잠이 드는 장면에서 '아름'은 심장 통증으로 고통받고 있음을 알 수 있다.

② 서하가 방송을 본 후 아름이와 친구가 되고 싶어 보낸 이메일 편지 내용을 통해 '서하'는 '아름'이 출연한 방송을 보았음을 알 수 있다.

④ 아름이가 심장에 통증이 오자 대수가 눈치챌까 봐 방문을 닫고 약통에서 진통제를 꺼내 먹은 장면을 통해 '아름'은 '대수'에게 걱정을 끼치지 않으려고 한다는 사실을 알 수 있다.

[20~22]

20 제시문에는 인간 배아 복제를 연구하는 과학자의 자유로운 연구를 보장해야 한다는 주장과 인간 배아 복제를 초래할 수 있는 연구에 엄격한 사회적 규제를 가해야 한다는 주장이 서로 대립하고 있다. 즉, 제시문은 화제에 대한 상반된 입장을 제시하고 있다.

21 ㉑의 '이와 같은 입장'은 정부의 규제가 과학자들의 연구 자유를 침해하는 행위이므로, 과학자의 자유로운 연구를 보장함으로써 과학 발전을 인위적으로 막아서는 안 된다는 입장이다.

22 ㉣의 '쟁점'의 사전적 의미는 '서로 다투는 중심이 되는 점'이다. '어떤 일을 서로 양보하여 협의함'을 뜻하는 사전적 용어는 '타협'이다.

[23~25]

23 2문단의 마지막 문장에서 '그들의 학문적 지향이 다르듯~'에서 이용후생 학파와 경세치용 학파는 학문적 지향이 서로 달랐음을 알 수 있다.
① 3문단에서 '서양화법의 유행은 그리 오래 지속되지 않았다.'고 하였으므로, 서양화법의 유행이 조선 시대 전반에 걸쳐 지속된 것은 아니다.
② 2문단에 따르면 이용후생 학파는 주로 서양화의 회화적 표현에 관심이 많았고, 경세치용 학파는 회화에 사용되는 기구에 관심이 많았다.
④ 4문단에 따르면 서양의 화가들은 눈에 보이는 것을 그대로 화폭에 담는 사실적 표현을 추구했고, 동양의 화가들은 먹과 선을 통해 대상의 의미를 드러내고자 하였다.

24 ㉠의 앞 문장에서 서양화법은 다양한 분야의 그림에 영향을 끼쳤다고 하였으나, ㉠의 뒤 문장에서 서양화법의 유행은 그리 오래 지속되지 않았다고 서로 상반된 내용을 보이고 있다. 그러므로 ㉠에는 역접의 접속사 '하지만'이 들어갈 말로 가장 적절하다.

25 [A]에 따르면 동양화와 서양화에 나타나는 차이는 정신적인 것을 추구하는 동양인과 눈에 보이는 현상에 집중하는 서양인의 삶에 대한 태도의 차이에서 비롯되었다고 설명하고 있다. 즉, [A]는 동양화와 서양화의 회화적 표현이 서로 다른 이유를 제시하고 있다.

제2교시

수 학

정답

01 ①	02 ④	03 ②	04 ②	05 ①
06 ③	07 ④	08 ③	09 ①	10 ②
11 ①	12 ④	13 ④	14 ①	15 ④
16 ①	17 ②	18 ③	19 ④	20 ③

해설

01
$A-B=(2x^3+3x)-(3x+2)$
$=2x^3+3x-3x-2$
$=2x^3-2$

02
> 다항식 $f(x)$가 $x-a$로 나누어떨어질 때 $\Rightarrow f(a)=0$

주어진 다항식을 $f(x)$라 놓으면
$f(x)=x^3-3x^2+a$
나머지 정리에 의해
다항식 $f(x)$가 $x-2$로 나누어떨어질 때 $f(2)=0$
$f(2)$를 주어진 다항식에 대입하면
$f(2)=(1\times2^3)-(3\times2^2)+a=0$
$f(2)=8-12+a=0$
$\therefore a=4$

03
> $a^3-b^3=(a-b)(a^2+ab+b^2)$

인수분해 공식에 따라
$x^3-3^3=(x-3)(x^2+3x+9)$
다항식 x^3-3^3을 인수분해한 식이
$(x-3)(x^2+ax+9)$라고 하였으므로,
$(x^2+ax+9)=(x^2+3x+9)$
$\therefore a=3$

04
복소수 $5-3i$의 켤레복소수는 $5+3i$이므로
$5+ai=5+3i$에서 $a=3$

05
이차방정식 $x^2-2x+a=0$이 중근을 가지려면
판별식 $D=0$이므로, $D=b^2-4ac=0$에서
$(-2)^2-4\times1\times a=0$

$4-4a=0$
$\therefore a=1$

> **TIP 이차방정식의 판별식**
>
> 이차방정식 $ax^2+bx+c=0$에서
> - $D=b^2-4ac>0$: 서로 다른 두 실근
> - $D=b^2-4ac=0$: 중근
> - $D=b^2-4ac<0$: 서로 다른 두 허근

06
> $x^2-(\alpha+\beta)x+\alpha\beta=0$
> $\Rightarrow x^2-(두 근의 합)x+(두 근의 곱)=0$

x^2의 계수가 1인 이차방정식 $x^2-x-6=0$에서
두 근을 α, β라 할 때, $\alpha+\beta$는 두 근의 합이다.
근과 계수의 관계에 의해
$x^2-(\alpha+\beta)x+\alpha\beta=x^2-x-6$
$\therefore \alpha+\beta=1$

07
주어진 범위의 그래프에서
$x=2$일 때 → 최댓값 3
$x=0$일 때 → 최솟값 -1
그러므로 이차함수 $y=-(x-2)^2+3$의 최댓값은 3이다.

08
$|x+1|\geq5$를 풀면
$x+1\leq-5$ 또는 $x+1\geq5$
$\therefore x\leq-6$ 또는 $x\geq4$
해를 수직선 위에 나타낸 문제의 그림에서
$x\leq-6$이므로 $a=-6$이다.

> **TIP 절댓값 기호를 포함한 일차부등식의 풀이**
>
> - $|x|<a\ (a>0)$의 해 : $-a<x<a$
> - $|x|>a\ (a>0)$의 해 : $x<-a$ 또는 $x>a$
> - $a<|x|<b\ (0<a<b)$의 해 : $-b<x<-a$ 또는 $a<x<b$

09
> 좌표평면 위의 두 점 $A(x_1, y_1)$, $B(x_2, y_2)$에 대하여 $\overline{AB}$
> 를 $m:n(m>0, n>0)$으로 내분하는 점 P의 좌표
> $\Rightarrow P\left(\dfrac{mx_2+nx_1}{m+n}, \dfrac{my_2+ny_1}{m+n}\right)$

좌표평면 위의 두 점 $A(-2, -1)$, $B(2, 3)$에 대하여 선분 AB를 $3:1$로 내분하는 점 P의 좌표는

$$P\left(\frac{mx_2+nx_1}{m+n}, \frac{my_2+ny_1}{m+n}\right)$$에서

$$P\left(\frac{3\times2+1\times-2}{3+1}, \frac{3\times3+1\times-1}{3+1}\right)=\left(\frac{4}{4}, \frac{8}{4}\right)$$

$$\therefore P(1, 2)$$

10

> 원점과 직선 $ax+by+c=0$ 사이의 거리
> $$\Rightarrow \frac{|c|}{\sqrt{a^2+b^2}}$$

원점과 직선 $x+y-2=0$ 사이의 거리는

$$\frac{|c|}{\sqrt{a^2+b^2}}$$에서 $$\frac{|-2|}{\sqrt{1^2+1^2}}=\frac{2}{\sqrt{2}}$$

분모, 분자에 $\sqrt{2}$를 곱하면, $$\frac{2}{\sqrt{2}}\times\frac{\sqrt{2}}{\sqrt{2}}=\frac{2\sqrt{2}}{2}=\sqrt{2}$$

11 원점을 중심으로 하는 원의 방정식은 $x^2+y^2=r^2$이므로, 원 $x^2+y^2=4$는 반지름이 2인 원이다.

$y=1$일 때 원과 서로 다른 두 점에서 만난다.

$y=2$일 때 원에 접한다.

$y=3$, $y=4$일 때는 원과 만나지 않는다.

그러므로 직선 $y=a$와 원 $x^2+y^2=4$가 서로 다른 두 점에서 만날 때, 자연수 a의 값은 1이다.

12

> 점 (x, y)를 $y=x$에 대하여 대칭이동한 점의 좌표 $\Rightarrow$ (y, x)

점 $(1, 3)$을 직선 $y=x$에 대하여 대칭이동한 점의 좌표는 (y, x)에서 $(3, 1)$이다. 즉, x, y의 좌표가 서로 바뀐다.

13 수학에서 집합은 어떤 명확한 조건을 만족시키는 서로 다른 대상들의 모임이다. 7 이하의 자연수의 모임은 $\{1, 2, 3, 4, 5, 6, 7\}$로 그 대상이 명확하므로 집합에 해당한다.

①의 '작은 동물', ②의 '유명한 가수', ③의 '키가 큰 사람'은 그 대상이 불명확하므로 집합으로 볼 수 없다.

14 $A=\{2, 4, 6, 8\}$, $B=\{6, 7, 8\}$에서 차집합 $A-B$는 A에만 있는 원소의 집합이므로 $A-B=\{2, 4\}$

15 $P\subset Q$일 때, p는 q이기 위한 충분조건이다.

p에서 $x-2=0$이므로 $x=2$

p가 q의 충분조건이라고 했으므로, $x=2$를 q의 $x^2-a=0$에 대입하면 $4-a=0$

$$\therefore a=4$$

16

> $$(g\circ f)(x)=g(f(x))$$

합성함수의 성질에 따라 $(g\circ f)(1)=g(f(1))$

주어진 합성함수의 대응에서 $f(1)=b$

$$\therefore (g\circ f)(1)=g(b)$$

주어진 합성함수의 대응에서 $g(b)=1$

$$\therefore (g\circ f)(1)=1$$

17

> 역함수의 성질 : $f^{-1}(a)=b$이면 $f(b)=a$

역함수의 성질에 따라 $f^{-1}(a)=b$이면 $f(b)=a$이므로 $f^{-1}(5)=k$이면 $f(k)=5$

따라서 함숫값 5를 갖는 k의 값은

$f(x)=2x+1$에서 $f(k)=2k+1=5$

$k=2$이므로 $f(2)=5$이고, 따라서 $f^{-1}(5)=2$

18

> $y=\sqrt{a(x-m)}+n$ $(a\neq0)$의 그래프는 $y=\sqrt{ax}$의 그래프를 x축의 방향으로 m만큼, y축의 방향으로 n만큼 평행이동한 그래프이다.

무리함수 $y=\sqrt{x-2}+4$의 그래프는 무리함수 $y=\sqrt{x}$의 그래프를 x축의 방향으로 2만큼, y축의 방향으로 4만큼 평행이동한 그래프이므로 $a=2$, $b=4$이다.

$$\therefore a+b=6$$

19

> 서로 다른 n개에서 r개를 택하여 일렬로 나열하는 순열의 수 $\Rightarrow {}_nP_r$

한국 문화를 알리는 4종류의 카드 중에서 서로 다른 3장의 카드를 택하여 일렬로 나열하는 경우의 수는 선택한 카드의 순서를 생각하며 일렬로 나열한 경우의 수와 같다. 그러므로 구하는 경우의 수는 ${}_4P_3=4\times3\times2=24$

20

> 서로 다른 n개에서 r개를 택하는 조합의 수 $\Rightarrow {}_nC_r$

유네스코에 등재된 5개의 우리나라 세계 기록 유산 중 서로 다른 2개의 세계 기록 유산을 선택하는 경우의 수는 순서를 생각하지 않고 택하는 조합의 수와 같다. 그러므로 경우의 수는

$${}_5C_2=\frac{5\times4}{2\times1}=\frac{20}{2}=10$$

제3교시

영 어

정답 및 해설 |

정답

01 ②	02 ④	03 ③	04 ③	05 ②
06 ②	07 ①	08 ①	09 ②	10 ④
11 ③	12 ①	13 ④	14 ④	15 ③
16 ④	17 ③	18 ③	19 ②	20 ①
21 ②	22 ①	23 ②	24 ①	25 ①

해설

01 **해설** opportunity는 '기회'라는 뜻이다.
① 갈등 conflict
③ 법칙 rule
④ 인기 popularity
해석 나는 운이 좋게도 그에게서 배울 <u>기회</u>를 얻었다.
어휘 be lucky to 부정사 운 좋게 ~하다
learn from ~에서 배우다

02 **해설** be aware of는 '~을 알다'라는 뜻이다.
해석 많은 사람들이 에너지 음료의 건강 위험에 대해 <u>알고</u> 있다.
어휘 risk 위험, 모험
energy drink 에너지 음료

03 **해설** due to는 '~때문에'라는 뜻이다.
① 게다가 in addition
② 대신에 instead of
④ 반면에 on the other hand
해석 폭풍 <u>때문에</u> 해변으로의 여행이 취소되었다.
어휘 trip 여행
cancel 취소하다
storm 폭풍

04 **해설** 주어진 문장에서 'rose(장미)'는 'flower(꽃)' 중의 하나로, 상위어-하위어 관계이다. 마찬가지로 ①, ②, ④는 모두 상위어-하위어 관계이나, ③의 'north(북)'와 'south(남)'는 반의어 관계이다.
① 색깔 – 회색

② 스포츠 – 농구
④ 언어 – 영어
해석 정원의 모든 꽃이 아름답지만, 나는 이 빨간 <u>장미</u>를 정말 좋아한다.
어휘 garden 정원
beautiful 아름다운

05 **해설** ① 관람 장소 : 그랜드 호텔
② 관람 연령 : 알 수 없음
③ 티켓 가격 : 20,000원
④ 주차 정보 : 호텔 뒤편 주차장
해석

위대한 마술 쇼
와서 놀랄 준비하세요!
• 날짜 : 8월 17일, 오후 2시~5시
• 장소 : 그랜드 호텔
• 티켓 : 20,000원
* 호텔 뒤편에 주차장이 있습니다.

어휘 magic show 마술 쇼
amaze 놀라게 하다
location 위치, 장소
parking area 주차장

06 **해설** 첫 번째 문장에는 '주문하다'라는 의미를 갖는 동사 'order'가 들어가야 하고, 두 번째 문장에는 '순서'라는 의미의 명사 'order'가 들어가야 한다.
① 운전하다
③ 존경하다
④ 일하다
해석 • 디저트로 아이스크림을 <u>주문할</u> 것이다.
• 책을 알파벳 <u>순서</u>로 놓아주세요.
어휘 dessert 디저트
alphabetical 알파벳의, 알파벳순의

07 **해설** 첫 번째 문장에는 타동사 believe의 목적어로써 명사절을 이끄는 접속사 'that'이 들어가야 하고, 두 번째 문장에는 뒤의 종속절이 사물인 선행사 'a car'를 수식하기 위해 관계대명사 'that'이 들어가야 한다.
해석 • 그녀는 시험에 합격할 수 있다고 믿는다.
• 그는 조용하고 빠른 자동차를 구입했다.

어휘 quiet 조용한
fast 빠른

08 **해설** 첫 번째 문장에는 '~으로 유명하다'의 의미의 숙어 'be famous for'가 와야 하고, 두 번째 문장에는 '~을 요청하다'라는 의미의 숙어 'ask for'가 와야 한다. 그러므로 빈칸에 공통으로 들어갈 말은 전치사 'for'이다.
해석 • 프랑스는 에펠탑으로 <u>유명하다</u>.
• 그는 친구들에게 전화를 걸어 도움을 <u>요청했다</u>.
어휘 be famous for ~으로 유명하다
ask for ~을 요청하다

09 **해설** A가 자기 손만큼이나 큰 거미가 있다고 하자, B가 정말 네 손만큼이나 큰 거미가 있냐며 확인해 보자고 하였다. 그러므로 'Seeing is believing(보는 것이 믿는 것이다)'은 '눈으로 확인해야 믿을 수 있다.'는 표현으로 적절하다.
해석 A : 와! 내 손만큼이나 큰 거미가 있어!
B : 네 손만큼 크다고? 정말?
A : 응, 엄청 커!
B : 확인해 보자. 봐야 믿지.
어휘 spider 거미
huge 거대한, 엄청난
check 살피다, 확인하다

10 **해설** A가 자기가 정말 좋아하는 밴드의 공연을 보기 위해 티켓을 예약했고, 라이브 공연이 시작될 때까지 기다릴 수 없다며 빨리 보기를 학수고대하고 있다. 그러므로 A의 심정은 ④의 '행복하다'이다.
해석 A : 드디어 내가 정말 좋아하는 밴드를 보기 위해 티켓을 예약했어!
B : 정말 대단하구나! 콘서트는 언제야?
A : 금요일이야. 라이브 공연을 보기 위해 기다릴 수가 없어.
B : 정말 운이 좋구나. 재밌게 봐!
어휘 finally 마침내, 드디어
book 예약하다
favorite 마음에 드는, 아주 좋아하는
awesome 대단한, 엄청난
perform live 라이브 공연을 하다

11 **해설** A가 사진에서 마음에 드는 헤어스타일을 고른 후 B에게 머리를 잘라달라고 부탁하고 있다. 그러므로 위의 대화가 이루어지는 장소는 미용실이다.

해석 A : 짧은 헤어스타일을 보여주실 수 있나요?
B : 물론이죠. 여기 사진이 몇 장 있습니다. 그것들 중 마음에 드는 게 있나요?
A : 저는 이게 마음에 듭니다. 이렇게 머리를 잘라주실 수 있나요?
B : 그럼요, 바로 시작할 수 있습니다.
어휘 hairstyle 헤어스타일, 머리 모양
sure 그럼요, 물론이지
absolutely 전적으로, 그럼, 물론이지

12 **해설** 첫 번째 문장에서 주어 'Exercise(운동)'이 신체에 미치는 유익한 점에 대해 설명하고 있다. 마찬가지로 두 번째 문장에서도 운동이 가져다주는 유익한 점에 대해 설명하고 있다. 그러므로 지시대명사 'It'가 가리키는 것은 ①의 'exercise(운동)'이다.
② 마음
③ 문제
④ 머무름
해석 운동은 건강한 몸무게를 유지하는 데 도움이 될 수 있다. 그것은 칼로리를 소모하고 근육을 만들며 전반적인 건강에 중요한 역할을 한다. <u>그것은</u> 또한 여러분이 일에 집중할 수 있도록 더 활기차고 생산적인 기분을 느끼도록 도와줄 것이다. 활동적으로 지냄으로써, 많은 건강 문제를 예방할 수 있다.
어휘 exercise 운동, 연습
maintain 유지하다, 지탱하다
healthy 건강에 좋은, 유익한
burn calorie 칼로리를 소모하다
muscle 근육
overall 종합적인, 전반적인
energetic 정력적인, 활기찬
productive 생산적인
focus on ~에 초점[중점]을 두다
by ~ ing ~함으로써
stay 머무르다, 가만있다
prevent 막다, 예방하다

13 **해설** B는 일주일에 한 번 정도 외식을 한다고 하고, A는 거의 매일 외식을 한다고 답하고 있다. 그러므로 빈칸에 알맞은 질문 내용은 ④의 'How often do you eat out(외식은 얼마나 자주 하나요?)'이다.
① 여기 근처에 레스토랑이 있나요?
② 어떤 종류의 음식을 먹나요?
③ 쉬운 요리법을 어디서 구할 수 있나요?

해석 A : <u>외식은 얼마나 자주 하나요?</u>
　　　B : 너무 자주는 아니고 일주일에 한 번 정도요. 당신은요?
　　　A : 저는 거의 매일 외식을 합니다. 스케줄이 있으면 그게 더 편해요.
　　　B : 네, 이해합니다.

어휘 schedule 일정, 스케줄
　　　recipe 조리법, 요리법

14　**해설** 질문 내용이 의사소통 능력을 향상시키는 방법이므로 ④의 'practice speaking with people regularly(사람들과 정기적으로 말하기 연습을 하는 것)'이 빈칸에 들어갈 말로 가장 적절하다.
　　　① 과일과 채소를 더 많이 먹는다
　　　② 엄마를 위해 베이킹 소다를 산다
　　　③ 손을 따뜻하게 유지하기 위해 장갑을 낀다

해석 A : 의사소통 능력을 향상시키려면 어떻게 해야 할까요?
　　　B : 한 가지 방법은 <u>사람들과 정기적으로 말하기 연습을 하는 것</u>입니다.

어휘 improve 향상시키다, 개선하다
　　　communication 의사소통
　　　skill 능력, 기술
　　　vegetable 야채
　　　baking soda 베이킹 소다
　　　wear glove 장갑을 끼다
　　　warm 따뜻한
　　　practice 연습하다, 실행하다
　　　regularly 정규적으로, 규칙적으로

15　**해설** 차를 마시면 어떤 장점이 있냐는 A의 질문에 B가 차를 마시면 긴장이 풀리고 스트레스를 줄이며 소화에도 도움이 된다고 하였다. 그러므로 위 대화의 주제는 ③의 '차를 마시는 것의 장점'이다.

해석 A : 차를 마시면 어떤 장점이 있는지 아세요?
　　　B : 물론입니다. 긴장이 풀리고 스트레스를 줄이는 데 도움이 될 수 있습니다. 차 마시는 것을 좋아하나요?
　　　A : 네, 그렇습니다. 그것은 또한 소화에도 도움이 된다고 들었습니다.

어휘 benefit 이점, 장점
　　　relax 휴식을 취하다, 긴장이 풀리다
　　　reduce 줄어들다, 감소하다
　　　stress 스트레스
　　　digestion 소화, 소화력

16　**해설** 아래층에 사는 사람이 소음 때문에 잠을 잘 수가 없다며 늦은 시간에는 소음을 낮춰달라고 부탁하고 있다. 그러므로 해당 글을 쓴 목적은 소음을 낮춰달라고 '요청하기' 위해서이다.

해석 저는 아래층에 살고 있는데 최근 아파트에서 많은 소음이 들리고 있습니다. 밤에 잠을 잘 수가 없습니다. 특히 늦은 시간에는 소음 수준을 낮춰주세요. 그러면 정말 감사하겠습니다.

어휘 downstairs 아래층
　　　a lot of 많은
　　　noise 소음, 잡음
　　　apartment 아파트
　　　lately 최근에
　　　keep down 억제하다, 낮추다
　　　level 수준, 정도
　　　especially 특히, 특별히
　　　appreciate 감사하다, 고마워하다

17　**해설** 동아리 안내문에 스니커즈 운동화를 지참하라고 명시되어 있다. 그러므로 '동아리 가입 시 운동화가 제공된다.'는 ③의 설명은 안내문의 내용과 일치하지 않는다.
　　　① 매주 화요일에 참여할 수 있다. → 댄스 동아리는 매주 화요일 오후 5시 마가렛 홀에서 열림
　　　② 댄스 경험이 없어도 참여 가능하다. → 동아리 회원 가입은 댄스 경험을 필요로 하지 않음
　　　④ 이메일로 추가 문의를 할 수 있다. → 더 많은 정보는 dance@email.com로 문의 함

해석
> **브레이크댄스 클럽**
> 우리와 함께 몇 가지 동작을 배워보세요!
>
> • 화요일 오후 5시 마가렛 홀에서
> • 댄스 경험이 필요하지 않습니다.
> • 스니커즈 운동화를 가져오세요.
> • 더 많은 정보가 필요하면 dance@email.com으로 메일을 보내주세요.

어휘 breakdancing 브레이크댄싱
　　　experience 경험
　　　require 필요하다, 요구하다
　　　bring 가져오다
　　　sneaker 스니커즈 운동화
　　　information 정보

18　**해설** 제시문에 다채로운 해양 생물을 관찰할 수 있는 다이빙 장소도 많이 있다고 하였으므로, '다이빙은 안전상의 이유로 금지된다.'는 ③의 설명은 제시문의 내용과 일치하지 않는다.

해석 파라다이스 리조트는 태국에 위치해 있습니다. 그 리조트는 바다 옆에 있어서 수영과 낚시를 즐길 수 있습니다. 또한 다채로운 해양 생물을 관찰할 수 있는 다이빙 장소도 많이 있습니다. 그 리조트에는 전 세계의 다양한 요리를 즐길 수 있는 식당들이 있습니다. 파라다이스에 방문해 주세요!

어휘 be located in ~에 위치하다
Thailand 태국
resort 리조트, 휴양지
next to 바로 옆에, 인접한
ocean 바다, 해양
diving 다이빙, 잠수
spot 지점, 장소
observe 보다, 관찰하다
colorful 다채로운, 형형색색의
marine life 해양 생물
restaurant 식당
various 여러 가지의, 다양한
dishes 요리
paradise 파라다이스, 낙원

19 **해설** 제시문에서 키를 더 커 보이게 하려면 헐렁한 옷을 피하고, 비슷한 색상의 옷을 입으라고 권유하고 있다. 그러므로 ②의 '키가 커 보이게 옷을 입는 방법'이 제시문의 주제로 가장 적절하다.

해석 키를 더 커 보이게 하는 몇 가지 팁을 알려드릴게요. 첫째, 헐렁한 옷을 피하세요. 많은 사람들이 큰 사이즈의 옷을 선호할 수 있지만, 키가 작아 보일 수 있습니다. 둘째, 비슷한 색상의 옷을 입으세요. 다른 색상의 옷을 입는 것은 몸이 분리되어 키를 작게 보이게 하는 원인이 됩니다.

어휘 tip 팁, 조언
avoid 피하다, 방지하다
loose 느슨한, 헐렁한
clothes 옷
prefer 더 좋아하다, 선호하다
oversized 특대의, 너무 큰
appear 나타나다, 보이다
similar 비슷한, 닮은
divide 나누다, 분리하다
cause 야기하다, 초래하다

20 **해설** 제시문에 따르면 영화 제작은 촬영 장소, 배우와의 일정, 예산 관리 및 날씨와 기술적인 문제도 고려해야 하는 힘든 작업이라고 하였다. 그러므로 빈칸에 들어갈

말로는 ①의 'challenging(도전적인)'이 가장 적절하다.
② 이기적인
③ 독립적인
④ 입을 수 있는

해석 영화 제작은 신중한 계획과 팀워크가 필요하기 때문에 도전적일 수 있다. 적합한 촬영 장소를 찾고, 배우와 함께 일정을 짜고, 예산을 관리하는 것은 모두 어려운 작업이다. 촬영 중 날씨와 기술적인 문제로 또한 지연될 수도 있다.

어휘 film-making 영화 제작
require 필요하다, 요구하다
careful 주의 깊은, 조심하는
location 위치, 장소, 야외 촬영지
actor 배우
manage 관리하다, 운영하다
budget 예산
technical 과학 기술의, 기술적인
issue 문제, 주제
filming 촬영
delay 지연, 지체, 연기

21 **해설** 제시문에서 3D 프린터는 일반 프린터와 달리 플라스틱 또는 금속과 같은 재료를 넣어 장난감이나 집과 같은 실제 제품을 인쇄한다고 설명하고 있다. 그러므로 ②의 'different(다른)'이 빈칸에 들어갈 말로 가장 적절하다.
① 보통의
③ 잦은
④ 나쁜

해석 3D 프린터란 무엇인가? 일반 프린터와 비슷하지만 조금 다르다. 첫째, 잉크가 아니라 플라스틱 혹은 금속과 같은 다른 재료를 넣는다. 다음으로 소프트웨어를 사용하여 종이를 인쇄하지 않고, 장난감과 심지어 집과 같은 실제 제품을 인쇄한다. 놀랍지 않은가?

어휘 normal 일반의, 정상적인
material 물질, 재료
plastic 플라스틱
metal 금속
real-life 실제의
product 제품, 상품, 생산물
amazing 놀라운

22 **해설** 글의 내용상 새해 첫날 친구와 산에 오를 계획이었으나 예상치 못한 폭설이 내려 산에 오르지 못했다는 의미이므로, 주어진 문장은 ①에 들어가는 것이 가장 적절하다.

해석 | 하지만 예상치 못한 폭설이 내렸다. |

새해 첫날, 친구와 나는 마을 근처의 산에 오를 계획이었다. (①) 위험할 수 있었기 때문에 산에 오르는 것을 그만두었다. (②) 그래서 우리는 실내에 머물렀다. (③) 우리는 매우 실망했지만, 다시 한 번 시도하기로 했다. (④)

어휘 heavy snow 폭설

unexpectedly 뜻밖에, 갑자기, 예상치 못하게

climb 오르다, 등산하다

stop from ~ing ~을 중지시키다, ~하는 것을 그만두게 하다

dangerous 위험한

as a result 결과적으로

stay 머무르다, 보내다

indoor 실내의, 집안의

disappoint 실망시키다, 좌절시키다

23 **해설** 제시문의 마지막 부분에 반려동물은 주인에게 많은 의미를 주며, 그런 이유가 몇 가지 있다고 하였다. 그러므로 '반려동물이 주인들에게 중요한 이유'가 주어진 글 다음에 이어질 내용으로 가장 적절하다.

해석 오늘날 개, 고양이, 토끼와 같은 반려동물은 주인의 마음속에 특별한 위치를 차지한다. 많은 사람들이 반려동물과 많은 시간을 보낸다. 어떤 사람들은 반려동물에게 많은 돈을 쓴다. 반려동물은 주인에게 많은 의미가 될 수 있다. 여기 몇 가지 이유가 있다.

어휘 pet 애완동물, 반려동물

such as 가령, 예를 들어

rabbit 토끼

hold 자리하다, 차지하다

owner 소유주, 주인

spend 쓰다, 보내다

reason 이유, 사유, 까닭

[24~25]

해석 인간은 사회적 존재이다. 우리는 혼자 살 수 없고 다른 사람의 도움이 필요하다. 우리는 협력해서 일을 하려고 노력해야 한다. 우리가 팀으로 일할 때, 더 성공할 수 있다. 헬렌 켈러는 "혼자서 할 수 있는 일은 거의 없고, 함께 할 수 있는 일은 너무 많습니다."라고 말한 적이 있다. 우리 중 누구도 우리 모두만큼 똑똑하지는 않다. 이 점을 명심하면, 더 나은 사회를 건설할 것이라고 나는 확신한다.

어휘 human 인간

social 사회적인

being 존재, 생명체

alone 혼자, 홀로

support 지원, 도움

cooperation 협력, 협동

successful 성공적인

keep in mind 기억하다, 명심하다

24 **해설** 제시문에 따르면 인간은 사회적 존재이므로 혼자 살 수 없고 서로 협력하면 더 나은 사회를 만들 수 있다고 말하고 있다. 그러므로 빈칸에 들어갈 말은 ①의 'build(건설하다)'이다.

② 잊어버리다

③ 제안하다

④ 속이다

25 **해설** 헬렌 켈러가 "혼자서 할 수 있는 일은 거의 없고, 함께 할 수 있는 일은 너무 많습니다."라고 말한 것처럼, 팀으로 일할 때 성공할 확률이 더 높다고 하였다. 그러므로 ①의 '협력의 중요성'이 제시문의 주제로 가장 적절하다.

제4교시　　　　사 회

정답 및 해설 |

정답

01 ②	02 ②	03 ②	04 ③	05 ①
06 ④	07 ③	08 ③	09 ①	10 ①
11 ④	12 ①	13 ①	14 ②	15 ③
16 ②	17 ②	18 ④	19 ①	20 ③
21 ③	22 ④	23 ③	24 ②	25 ④

해설

01 민원 제기, 청원 운동, 집회 참가 등은 '시민 참여'의 대표적 사례들로, 민주주의를 실현하기 위해 시민의 권리를 능동적으로 행사할 필요성이 있다.
① 편익 : 어떤 경제적 선택을 함으로써 얻는 이익이나 만족감
③ 규모의 경제 : 생산량이 증가할수록 평균 생산 단가가 감소하는 현상
④ 불완전 경쟁 : 독점적 경쟁과 과점 등 완전 경쟁의 조건을 만족하지 않는 시장

02 인간이라면 누구나 누릴 수 있는 기본적인 권리는 '인권'이다. 프랑스 시민 혁명 때 '인간과 시민의 권리 선언'을 통해 천부 인권의 권리를 명시적으로 언급하였다.
① 억압 : 자기의 뜻대로 자유로이 행동하지 못하도록 억지로 억누름
③ 종전 : 전쟁이 끝남
④ 채권 : 정부, 공공 기관, 회사 등이 자금을 빌리기 위해 발행하는 증서

03 권력 분립은 국가 권력을 나누어 각각 다른 기관에 분담시켜 서로 견제·균형하게 함으로써 국민의 자유와 권리를 보장하려는 것으로 입법권은 국회에, 행정권은 정부에 그리고 사법권은 법원에 있다.
• **건강권** : 최소한의 건강을 보장받거나 건강에 대한 보호를 요구할 권리
• **주거권** : 인간다운 주거생활을 영위할 수 있는 권리
• **참정권** : 국가의 의사 결정에 참여할 수 있는 권리
• **사회권** : 인간다운 삶의 보장을 국가에 요구할 수 있는 권리
• **청구권** : 국가에 대해 일정한 행위를 요구할 수 있는 권리로, 다른 기본권 보장을 위한 수단적 권리

• **단결권** : 근로자가 근로조건의 유지 및 개선을 위해 단체를 결성할 수 있는 권리

04 '준법 의식'은 스스로 법을 지키려는 자세로, 정의 실현 및 사회 질서 유지를 위해 함양해야 할 시민 의식이 하나이다.
① 유동성 : 필요할 때 쉽고 빠르게 현금으로 전환할 수 있는 정도
② 기회비용 : 어떤 선택으로 인해 포기된 기회들 가운데 가장 큰 가치
④ 인플레이션 : 화폐가치가 하락하여 물가가 전반적·지속적으로 상승하는 경제 현상

05 조세 정책을 세워 소득 불평등을 완화하고, 공정 거래 위원회를 통해 불공정 거래 행위를 규제하는 경제 주체는 정부이다.

> **TIP 경제의 3대 주체**
> • **가계** : 가계는 주로 재화와 서비스를 소비하는 주체로서 생산 활동에 참여하여 얻은 소득으로 소비 활동을 한다.
> • **기업** : 기업은 소비자에게 필요한 재화와 서비스를 생산하며 이를 운반, 판매하여 이윤을 얻는 생산 활동의 주체이다.
> • **정부** : 정부는 세금을 바탕으로 공공재와 사회 간접 자본을 생산하여 공급하며, 이를 운영하는 과정에서 재화와 서비스를 소비한다.

06 특정 국가 간에 무역 특혜를 부여하기 위해 관세나 무역 장벽을 완화하거나 제거하기로 맺은 약정은 자유 무역 협정(FTA)으로, 특정 국가 간의 상호 무역증진을 위해 물자나 서비스의 이동을 자유화시키는 것이다.
① 브렉시트(Brexit) : 영국(Britain)과 탈출(Exit)의 합성어로, 영국의 유럽연합(EU) 탈퇴를 의미함
② 님비(NIMBY) 현상 : 공공의 이익에는 부합하지만 자신이 속한 지역에는 이롭지 아니한 일을 반대하는 행동
③ 누리 소통망(SNS) : 인맥 구축을 목적으로 개설된 커뮤니티형 웹사이트

07 대공황을 계기로 1930년대에 등장한 수정 자본주의는 정부가 지출을 확대하여 실업자를 구제하는 등 적극적으로 시장에 개입해야 한다고 주장한다. 미국은 이러한 수정 자본주의에 입각한 뉴딜 정책을 통해 대공황을 극복하였다.
① 연고주의 : 학연, 지연, 혈연 등과 같은 전통적·자연 발생

적 인간관계를 우선시하거나 중요하게 여기는 사고방식

② **상업 자본주의** : 무역과 상업을 중심으로 상품의 유통 과정에서 이윤을 창출하는 초기 자본주의 경제 체제

④ **자유 방임주의** : 개인의 경제활동의 자유를 최대한 보장하고, 이에 대한 국가의 간섭을 가능한 한 배제하려는 경제 사상 및 정책

08 "계란을 한 바구니에 담지 말라."라는 격언처럼 투자 위험을 줄이기 위해 자산을 다양한 곳에 분산하여 투자하는 것을 포트폴리오라고 한다.

① **빨대 효과** : 대도시가 주변 중소 도시의 인구나 경제력을 흡수하는 대도시 집중 현상

② **외부 효과** : 경제 주체의 경제 활동이 다른 경제 주체에게 의도하지 않은 이익을 주거나 의도하지 않게 피해를 주는데도 이에 대해 아무런 경제적 대가를 치르거나 받지 않는 것

④ **사이버 불링** : 가상공간을 뜻하는 사이버(cyber)와 집단 따돌림을 뜻하는 불링(bullying)의 합성어로, 사이버 상에서 특정인을 집단적으로 따돌리거나 집요하게 괴롭히는 행위

09 사회 구성원 전체의 이익이 개인의 이익과 조화를 이룸으로써 공동체 모두에게 유익한 것은 '공동선'이다. 이는 공동체의 가치와 전통에 따라 구성원의 자아실현과 인격 완성을 추구한다.

② **희소성** : 무한한 인간의 욕구에 비해 그것을 충족시킬 자원의 양이 상대적으로 한정된 것

③ **무임승차** : 자원이나 공공재로 이익을 보는 사람이 대가를 지불하지 않을 때, 해당 재화나 서비스의 공급이 줄어드는 현상

④ **인간 소외** : 인간이 자신을 둘러싼 환경, 노동 및 노동의 산물 또는 자아로부터 멀어지거나 분리되는 것

10 사회 복지 제도 중 사회 보험은 일정 수준의 소득이 있는 개인과 정부, 기업이 보험료를 분담하여 구성원의 사회적 위험에 대비하는 제도로 국민연금과 고용 보험 등이 이에 해당한다.

> **TIP 사회 복지 제도**
> • **사회 보험** : 국민이 미래에 직면할 수 있는 사회적 위험에 대비하여, 국가나 국민의 건강과 생활 보전을 목적으로 보험방식에 의하여 사전에 대비하는 제도
> • **공공 부조** : 국가가 생활 유지 능력이 없거나 생활이 어려운 국민의 최저 생활을 보장하고 자립을 지원하는 제도
> • **사회 서비스** : 도움이 필요한 국민에게 노인 돌봄, 장애인 활동 지원, 가사·간병 방문 지원 등 비금전적인 서비스를 제공하는 제도

11 기존의 문화 요소와 다른 사회로부터 전파된 문화 요소가 함께 공존하는 현상은 문화 병존이다. 즉, 둘 이상의 문화가 각자의 고유한 성질을 간직한 채 함께 존재하는 현상을 의미한다.

① **발견** : 이미 존재하고 있었으나 알려지지 않은 문화 요소나 원리를 찾아내는 것

② **소멸** : 문화 동화 현상으로 인해 기존의 문화 요소가 소멸되고 외래 문화만 살아남는 현상

③ **문화 동화** : 다른 사회의 문화 요소가 전파되었을 때 기존의 문화 요소가 전파된 문화 요소에 흡수되어 소멸되는 현상

12 ⊙ **문화 사대주의** : 다른 문화를 더 우월한 것으로 믿고 자신의 문화를 무시하거나 낮게 평가하는 태도

ⓒ **문화 상대주의** : 문화의 우열을 가릴 수 없다고 보며, 해당 사회의 환경과 역사적 맥락 속에서 문화를 바라보는 태도

• **자문화 중심주의** : 자기 문화만을 가장 우수한 것으로 생각하고 다른 문화를 무시하거나 부정하는 태도

13 다문화 정책 중 용광로 정책은 기존 문화에 이주민의 문화를 흡수하여 단일한 정체성을 이루어야 한다는 문화적 동화주의 정책이고, 샐러드 볼 이론은 샐러드처럼 다양한 사회구성원들이 상호공존하며 각각이 색깔과 향기를 지니고 조화로운 통합을 이루려는 정책을 말한다.

① **효용** : 인간의 욕망을 만족시킬 수 있는 재화의 효능

③ **유리 천장** : 여성과 소수민족 출신자들의 고위직 승진을 막는 조직 내의 보이지 않는 장벽

④ **로컬 푸드** : 소비되는 곳과 가까운 거리에서 생산되는 식자재나 그 식자재로 만든 음식

14 오아시스 농업은 건조 기후 지역의 특징에 해당한다. 한대 기후 지역은 겨울이 길고 몹시 추운 북극해 연안의 툰드라나 빙설 지역으로 순록 유목, 폐쇄적 가옥 구조, 털가죽 의복 등의 생활 모습을 보인다.

15 폭설은 비교적 짧은 시간에 많은 양의 눈이 오는 기상 현상으로, 교통 혼란을 야기하고 비닐하우스나 축사 등의 시설물을 붕괴시킨다. 폭설이 내리면 자가용 이용을 자제하고 신속한 제설 작업을 진행해야 한다.

① **가뭄** : 강수량 부족과 대륙 내부의 건조 기후로 인해 땅이 메마르고 물이 부족한 현상

② **지진** : 지구 내부의 에너지가 지표로 나와 땅이 갈라지며 흔들리는 현상

④ **화산** : 지하 깊은 곳에서 있던 마그마가 지각의 갈라진 틈을 뚫고 분출하는 현상

16 차티스트 운동은 보통선거를 바탕으로 한 의회민주주의의 실시를 요구하며 영국에서 벌어졌던 최초의 노동자 운동이다. ① · ③ · ④는 모두 국제 환경 문제 해결을 위한 협약들이다.
　① **교토 의정서** : 기후변화협약에 따른 온실가스 감축목표에 관한 의정서
　③ **몬트리올 의정서** : 오존층 파괴물질의 규제에 관한 국제협약
　④ **사막화 방지 협약** : 무리한 개발과 오남용으로 인한 사막화 방지를 위해 체결된 협약

17 도시화는 도시 인구 비율이 증가하고 주민의 생활양식이 도시적으로 변화하는 현상으로, 직업의 다양성이 증가하는 변화를 가져왔다.
　① 도시화로 인해 도시 중심부의 기온이 주변 지역보다 높게 나타나는 열섬 현상이 나타났다.
　③ 도시화로 인해 인간에 의해 인위적으로 건설된 인공 건축물이 증가하였다.
　④ 도시화로 인해 산업화 이전의 농업 중심의 사회가 공업 중심의 사회로 변화하였다.

18 한 여성이 가임 기간(15~49세) 동안 낳을 것으로 예상되는 평균 출생아 수를 합계 출산율이라고 하며, 특히 합계 출산율이 인구 대체가 가능한 수준(평균 2.1명)을 밑도는 현상을 저출산이라고 한다.
　① **고령화** : 총인구 가운데 65세 이상 노인 인구의 비율이 증가하는 현상
　② **인구 구조** : 일정한 지역 안의 인구를 성별, 연령별 등의 기준으로 나누어 분류한 것
　③ **인구 이동** : 둘 이상 지역 간에 발생하는 전출과 전입 현상

19 (가)는 고대 중국의 문화에 기반을 둔 동아시아 문화권으로 불교 문화가 나타난다. 중국의 한나라를 거쳐 당나라에 이르러 완성된 중국, 한국, 일본. 등의 문화권으로, 이들 지역은 유교와 불교, 한자, 율령 체제 같은 문화적 공통점을 갖고 있다.

20 이슬람교는 무함마드가 창시한 종교로 알라를 유일신으로 믿는다. 술과 돼지고기 먹는 것을 금기시하며, 성지는 메카이고 예배당은 모스크라 불린다. ① · ② · ④는 모두 힌두교에 대한 설명이다.

21 인간의 이익을 위해 자연을 훼손하는 것은 인간과 자연의 관계에서 인간의 이익이나 행복을 먼저 고려하는 인간 중심주의 관점이다. 따라서 인간의 이익을 위해 자연을 훼손하는 것은 인간과 자연의 공존을 위한 노력으로 볼 수 없다.
　①의 '지속 가능한 발전', ②의 '생태 통로', ④의 '환경친화적 가

치관'은 모두 인간과 자연이 공존하기 위한 노력에 해당한다.

22 영어 사용이 확산되면서 영어를 제외한 다른 언어들이 소멸될 위기에 처한 것처럼 한 지역의 문화적 특성이 다른 지역에서도 유사하거나 동일하게 나타남으로써 세계 문화가 점차 비슷해지는 현상을 '문화의 획일화'라고 한다.
　① **저출산** : 합계출산율이 인구 대체가 가능한 수준(평균 2.1명)을 밑도는 현상
　② **플랜테이션** : 유럽 식민지배 이후 유럽의 자본과 기술, 유리한 기후, 원주민의 노동력이 결합한 농업 형태
　③ **공간적 분업** : 기업이 성장하며 기업의 본사, 연구소, 공장 등이 각각의 기능을 수행하는 데 적합한 지역을 찾아 지리적으로 분산되는 것

23 전쟁 · 기아 · 질병 · 자연재해 등으로 고통받는 세계 각 지역의 주민들을 구호하기 위해 설립된 국제 비정부 기구는 국경없는 의사회(MSF)이다.
　① **국제 통화 기금(IMF)** : 국제 통화와 세계 무역의 안정을 목적으로 설립한 국제 금융 기구
　② **세계 무역 기구(WTO)** : 제 무역에 관한 규정과 협정을 관리하고, 무역 분쟁을 해결하기 위해 설립된 국제기구
　④ **경제 협력 개발 기구(OECD)** : 경제 발전과 세계 무역의 촉진을 위해 설립된 국제기구

24 개인의 행동이나 기록이 정보화 기기에 노출되거나 CCTV의 발전으로 개인이 감시나 통제를 받는 정보화의 문제점은 '사생활 침해'이다. 사생활 침해란 자신의 의사와 상관없이 개인 정보가 다른 사람에게 공개되어 피해를 받는 것을 말한다.
　① **환경 난민** : 환경변화로 인해 생존조건이 악화되어 종래에 거주했던 지역 또는 국가를 떠나 새로운 피난처를 구하는 집단
　③ **자원 민족주의** : 자원 보유국이 자원을 무기로 삼아 이익을 극대화하려는 태도
　④ **산아 제한 정책** : 높은 출산율을 억제하고자 출산율을 계획적으로 조절하는 정책

25 ⓒ(천연가스)이 ㉠(석유) 보다 현재 세계에서 소비량이 더 많다. 현재 세계에서 에너지 자원 소비량은 석유 〉석탄 〉천연가스 순이다.
　① ㉠(석유)은 신생대 지층에 매장되어 있다.
　② ㉠(석유)은 연소하면서 이산화탄소나 질소산화물 등의 오염 물질을 배출한다.
　③ 18세기 산업 혁명의 주요 동력원은 ⓒ(천연가스)이 아니라 석탄이다.

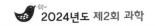

제5교시

과 학

▌정답

01 ④	02 ①	03 ③	04 ④	05 ③
06 ④	07 ③	08 ②	09 ④	10 ②
11 ①	12 ②	13 ④	14 ④	15 ③
16 ③	17 ①	18 ②	19 ③	20 ④
21 ②	22 ①	23 ②	24 ①	25 ④

▌해설

01 태양 전지의 광전효과를 이용하여 태양의 빛에너지를 전기 에너지로 직접 전환하는 발전 방식은 태양광 발전이다. 태양광 발전은 친환경적이기는 하나 일조량에 따라 전력 생산량이 달라지는 단점이 있다.
① **수력 발전** : 물의 낙차를 이용하여 전기를 생산하는 방식
② **조력 발전** : 밀물과 썰물의 해수면 수위 차를 이용하여 발전하는 방식
③ **파력 발전** : 파도의 상하운동 에너지를 전기 에너지로 전환하는 방식

02

> 운동량 = 질량 × 속력

운동량은 질량 × 속력이므로, 2kg인 물체가 6㎧의 일정한 속력으로 운동할 때, 이 물체의 운동량 = 2kg × 6㎧ = 12kg · ㎧이다.

03 코일 근처에서 자석을 움직이면 코일에 전류가 유도되는데, 이것은 도체의 주변에서 자기장을 변화시켰을 때 전압이 유도되어 전류가 흐르는 전자기 유도 현상 때문이다. 변압기는 이러한 전자기 유도를 이용하여 전압을 변화시키는 장치로, 각 코일에 걸린 전압은 코일의 감은 수에 비례한다.
① **열효율** : 열기관에 공급한 에너지 중 일로 전환된 비율
② **핵발전** : 핵분열로 발생한 에너지를 이용한 발전 방식
④ **초전도 현상** : 매우 낮은 온도에서 전기저항이 0에 가까워지는 현상

04 ㄱ. 수평 방향으로 던진 공은 등속 운동을 하므로 그 속력은 일정하다. 그러므로 A와 B 지점에서의 물리량은 같다.
ㄷ. 수평 방향으로 던진 공에 작용하는 힘의 크기는 A와 B

모두 0으로 동일하고, 연직 방향으로 떨어질 때 공에 작용하는 힘의 크기도 중력가속도(10㎨)로 A와 B 모두 동일하다. 그러므로 A와 B 지점에서의 물리량은 같다.
ㄴ. 공의 연직 방향으로 떨어지는 물체는 중력 가속도(10㎨)의 속도로 자유낙하 운동을 하므로 일정한 빠르기로 속력이 증가한다. 그러므로 A 지점에서의 물리량보다 B 지점에서의 물리량이 크다.

05

> $$열효율(\%) = \frac{열기관이\ 한\ 일}{열기관에\ 공급된\ 에너지} \times 100$$

열효율은 열기관에 공급한 에너지 중 일로 전환된 비율을 말한다. 문제에서 75J의 열에너지를 공급받아 외부에 15J의 일을 하고 60J의 열에너지를 방출하였다고 하였으므로,

$$열효율(\%) = \frac{15J}{75J} \times 100 = 20$$

∴ 열효율 = 20%

06 그래핀은 탄소 원자가 육각형 벌집 모양으로 배열된 평면 구조로, 전기 전도성이 뛰어나고 강철보다 단단하면서도 잘 휘어진다. 그러므로 ㉠에 들어갈 말은 탄소이다.

> **TIP** 탄소로 이루어진 신소재
> • **그래핀** : 탄소 원자가 육각형 벌집 모양으로 배열된 평면의 구조를 가진 신소재로, 강철보다 단단하고 구리보다 열전도율이 높으면서 잘 휘어지는 성질을 가지고 있어 휘어지는 디스플레이의 투명 전극 소재, 태양 전지, 발광 다이오드 조명 등에 쓰인다.
> • **풀러렌** : 분자식이 C_{60}인 나노물질로, 오각형과 육각형 형태로 이루어진 축구공 모양의 물질이다. 풀러렌은 유도체를 만드는 데에 잘 쓰이는데, 풀러렌의 비어있는 공간에 다른 분자를 넣어 물리 · 화학적 특성 변화를 이끌어 낼 수 있기 때문이다.
> • **탄소 나노 튜브** : 탄소 6개로 이루어진 육각형들이 서로 연결되어 관 모양을 이루고 있는 신소재로, 튜브의 직경이 10억분의 1m 수준으로 극히 작은 영역의 물질이다. 탄소 나노튜브는 우수한 기계적 특성, 전기적 선택성, 고효율의 수소 저장 매체 특성 등을 지닌다.

07 주기율표에서 〈족〉의 1의 자리의 수는 원자가 전자의 수를 가리킨다. 즉, 최외각 전자의 수가 〈족〉의 1의 자리의 수와 동일하다. 그러므로 13족 원소의 원자가 전자는 3으로, 최외각 전자의 수가 3개이다.

08 원자의 전자 배치 중 가장 바깥 전자 껍질에 들어 있는 전자를 원자가 전자라고 하며, 주기율표에서 〈족〉의 1의 자리수와 같다. 즉, 가장 바깥 전자 껍질의 전자 수가 8개이고, 반응성이 거의 없는 것은 비활성기체로써 18족 원소인 (나)이다.

09 ㄴ. 대표적인 이온 결합 물질인 염화 나트륨(NaCl)은 물에 녹아 이온이 되므로 수용액 상태에서 전류가 흐른다.
    ㄷ. 이온 결합 물질은 금속 원소의 양이온과 비금속 원소의 음이온의 정전기적 인력에 의해 생성된다.
    ㄱ. 산소 기체(O_2)는 비금속 원소들의 화학 결합이므로, 이온 결합 물질이 아니라 공유 결합 물질에 해당한다.

10
$$Ca(OH)_2 \rightarrow Ca^{2+} + 2OH^-$$
$Ca(OH)_2$(수산화칼슘)은 물에 녹아 수산화 이온인 OH^-를 내놓는 염기성 물질이다.
①의 HCl(염산), ③의 H_2SO_4(황산), ④의 CH_3COOH(아세트산)은 모두 물에 녹아 수소 이온(H^+)을 내놓는 산성 물질이다.

11
$$HCl \rightarrow H^+ + Cl^-$$
중화 반응은 산과 염기가 반응하여 물과 염이 만들어지는 반응을 말한다. 그림에서 수산화 나트륨(NaOH)이 물과 만나면 이온화되어 Na^+와 OH^-를 생성한다. 또한 H^+와 수산화 나트륨 수용액의 OH^-가 만나 물(H_2O)이 되었고, 그 외 염화이온인 Cl^-가 존재하므로 중화 반응에 사용된 A 수용액은 HCl(염산)이다.
② HNO_3(질산) $\rightarrow H^+ + NO_3^-$
③ H_2CO_3(탄산) $\rightarrow 2H^+ + CO_3^{2-}$
④ H_2SO_4(황산) $\rightarrow 2H^+ + SO_4^{2-}$

12 반응 물질 중 C(탄소)는 CO_2(이산화탄소)가 되어 산소를 얻었으므로 산화에 해당한다. 반면에 반응 물질 중 2CuO(산화 구리)는 2Cu(구리)가 되어 산소를 잃었으므로 환원에 해당한다.

> **TIP** 산화 환원 반응
> - 산화 : 물질이 산소를 얻거나 전자를 잃는 반응
> - 환원 : 물질이 산소를 잃거나 전자를 얻는 반응

13 같은 종의 무당벌레 개체군에서 겉날개의 색과 반점 무늬가 개체마다 달라지면 유전적 다양성이 증가한다. 유전적 다양성이란 하나의 종 내에서 유전자의 다양함으로 인해 나타나는 형질의 다양성을 말한다.
    ① **생물 대멸종** : 지구상에서 생물종의 다양성이 짧은 시간 동안 광범위한 지역에서 감소하는 것

② **외래종 도입** : 외국으로부터 자연적 혹은 인위적으로 유입되어 들어온 생물
③ **서식지 단편화** : 도로나 택지, 토목 공사 등을 통해 생물의 서식지가 조각나서 연속성이 단절되는 것

14 뉴클레오타이드는 DNA와 RNA와 같은 핵산을 구성하는 기본 단위체로, 염기 및 당과 인산으로 구성되어 있다.
    ① **지질** : 기본 단위는 지방산, 글리세롤으로 에너지원으로 이용되거나 세포막의 성분이 됨
    ② **포도당** : 단맛이 있고 물에 잘 녹으며 환원성이 있는 단당류의 하나
    ③ **아미노산** : 생물의 몸을 구성하는 단백질의 기본 구성단위

15

유전 정보의 전달
DNA →전사→ RNA →번역→ 단백질

㉠(전사)는 DNA의 유전 정보를 RNA로 전달하는 과정이며, ㉡(번역)은 RNA의 유정 정보에 따라 단백질을 합성하는 과정이다.

16 ㄱ. A는 포도당과 같은 물질로 막단백질을 통해 이동한다.
    ㄴ. B는 산소와 같은 기체로 인지질 사이로 확산한다. 여기서 확산은 물질이 높은 농도에서 낮은 농도로 이동하는 현상을 말한다.
    ㄷ. 세포막은 막단백질로만 구성되어 있다. → 세포막은 인지질 2중층과 막단백질로 구성되어 있다.

17 항생제를 반복적으로 사용하다 보면 세균 집단 내에 항생제 내성 세균의 비율이 증가하게 되는데, 이것은 특수한 환경 하에서 생존에 적합한 형질을 지닌 개체군이 그 환경 하에서 생존에 부적합한 형질을 지닌 개체군에 비해 생존과 번식에서 이익을 본다는 다윈의 '자연선택' 이론으로 설명할 수 있다.
    ② **생태계 평형** : 급격한 환경의 변화가 일어나지 않는 상태에서 생태계를 이루는 각 개체군의 종류와 수가 크게 변하지 않고 안정된 상태를 유지하는 것
    ③ **생태 피라미드** : 생태계가 먹이 단계가 올라갈수록 생물의 수가 줄어드는 피라미드 모양을 이루는 것
    ④ **생명 중심 원리** : 생명체의 세포에서 유전정보가 어떻게 이용되는지 그 흐름의 방향을 설명하는 원리

18 ㉠ **참나무** : 식물이므로 생태계의 생물학적 요인 중 생산자에 해당한다.
    ㉡ **햇빛** : 물, 온도, 공기, 태양 등과 마찬가지로 햇빛은 생태계의 비생물적 요인에 해당한다.

TIP **생태계의 생물적 요인**

- 생산자 : 생명 활동에 필요한 양분을 스스로 만듦
  - 예 식물, 식물 플랑크톤 등
- 소비자 : 다른 생물을 섭취하여 양분을 얻음
  - 예 초식 동물, 육식 동물 등
- 분해자 : 생물의 배설물과 사체를 분해하여 양분 얻음
  - 예 세균, 곰팡이 등

19 개체 수 피라미드에서 B는 생산자이고 A는 1차 소비자이다. 생산자는 식물이고, 1차 소비자는 초식동물, 2차 소비자는 육식 동물에 해당한다.

    ㄴ. 참새는 B에 해당한다. → 참새는 식물이 아니므로 B에 해당하지 않는다.

    ㄷ. 상위 영양 단계로 갈수록 개체 수는 증가(→ 감소)한다.

20 지각을 구성하는 물질 중 규산염(SiO_4) 광물은 규소(Si) 원자 1개와 산소(O) 원자 4개가 공유 결합한 사면체 구조이다. 또한 사람을 구성하는 원소 중 가장 많은 질량을 차지하는 것도 산소이다.

21 고온 · 고압인 태양의 내부에서 수소 원자핵이 융합하는 수소 핵융합 반응으로 헬륨이 생성된다. 즉, 수소 핵융합 반응으로 4개의 수소 원자핵이 융합하여 1개의 헬륨 원자핵이 생성되는 동안 줄어든 질량이 에너지로 전환된다. 따라서 ㉠은 수소, ㉡은 헬륨이다.

22 A는 혼합층으로 태양의 복사에너지가 흡수되거나 바람에 의한 혼합작용으로 해수가 섞이는 등 기권과의 상호 작용이 활발하게 일어난다.

    ㄴ. B는 수온 약층으로 수온이 급격히 낮아진다.

    ㄷ. C는 깊이에 따른 수온의 변화가 거의 없는 심해층이다.

TIP **해수의 층상 구조**

- 혼합층 : 해양의 표층에서 흡수된 태양 복사에너지가 바람에 의한 혼합작용으로 깊이에 따른 수온이 일정한 층
- 수온약층 : 수온이 높은 혼합층과 수온이 낮은 심해층 사이에서 수온이 급격이 낮아지는 층
- 심해층 : 수온약층의 아래에 깊이에 따른 수온의 변화가 거의 없는 층

23 B는 판이 생성되는 발산형 경계이다.

    ㄱ. A는 판이 소멸되는 수렴형 경계이다.

    ㄷ. 해구는 판이 소멸되는 수렴형 경계(A)에서 발달하며, 판이 생성되는 발산형 경계(B)에서는 해령이 발달한다.

24 A(삼엽충)는 고생대 생물이고, B(암모나이트)는 중생대 생물이며, C(매머드)는 신생대 생물이다. 그러므로 오래된 시대부터 화석을 나열한 것은 A(삼엽충)-B(암모나이트)-C(매머드) 순이다.

TIP **지질 시대의 구분**

- 선캄브리아 시대 : 지질시대의 약 85%를 차지하는 가장 긴 시대이며 이 당시의 생물들은 모두 바다에서 살았다. 세포생물, 해조류, 스트로마톨라이트 등의 생물이 있다.
- 고생대 : 대기권에 오존층이 형성되면서 바다에서 생활하던 생물들이 육상으로 진출하였다. 삼엽충 외에 필석, 갑주어, 양치식물 등이 번성하였다.
- 중생대 : 대체로 기후가 온난하였으며, 공룡 외에 암모나이트, 파충류, 겉씨식물 등의 생물이 번성하였다.
- 신생대 : 4번의 빙하기, 3번의 간빙기가 있었다. 포유류가 크게 번성하여 포유류의 시대라고 부른다. 인류가 출현하였고, 화폐석, 매머드, 속씨식물 등의 생물이 있다.

25 지진과 화산 활동을 일으키고 맨틀 대류를 일으켜 판을 이동시키는 에너지는 지구 중심에서 흘러나오는 열 또는 방사성 원소가 붕괴할 때 방출되는 열에너지 등 지구 내부의 물질로부터 나오는 '지구 내부 에너지'이다.

    ① 조력 에너지 : 밀물과 썰물에 의한 해수면의 높이 차에서 나오는 에너지

    ② 풍력 에너지 : 바람의 힘에서 나오는 에너지

    ③ 바이오 에너지 : 나무, 고구마, 사탕수수, 종이, 음식물 쓰레기 등의 유기물을 이용하여 만든 연료로부터 나오는 에너지

제6교시

한국사

정답 및 해설 |

정답

01 ②	02 ④	03 ②	04 ③	05 ②
06 ①	07 ①	08 ②	09 ④	10 ④
11 ④	12 ③	13 ①	14 ④	15 ②
16 ①	17 ③	18 ①	19 ③	20 ①
21 ③	22 ④	23 ③	24 ④	25 ④

해설

01 농경과 목축을 시작하여 식량을 생산한 시대는 신석기 시대로, 대표적인 유물은 빗살무늬 토기이다.

> **TIP 신석기 혁명**
>
> 신석기 혁명은 식량 채집 단계로부터 식량 생산 단계로의 변화를 낳은 농업혁명을 의미한다. 이전의 시대에는 먹을 것을 찾아 이동 생활을 하였으나 농사를 짓게 되면서 적당한 곳에 정착 생활을 하게 되었는데, 이는 문명을 발전시키는 계기가 되었다.

02 진흥왕은 신라의 제24대 왕으로 한강 유역을 확보하고 대가야를 정복하는 등 활발한 정복활동을 펼쳤다. 또한 정복한 영토에는 순수비를 세워 이를 기념하였다.
① 세종 → 조선 제4대 왕
② 공민왕 → 고려 제31대 왕
③ 광해군 → 조선 제15대 왕

> **TIP 진흥왕 순수비**
>
> 진흥왕 순수비는 신라 진흥왕이 재위 기간 중 영토를 확장하면서, 그 확장된 지역을 돌아보고(순수. 巡狩) 정복지에 신라의 영토임을 알리기 위해 세운 비석을 가리킨다.

03 선종은 신라 하대에 유행한 불교 종파의 하나로, 경전 공부보다 참선 수행을 강조하였다. 지방 호족 세력의 적극적인 후원을 받아 성장하였으며, 대표적인 사원으로는 '9산선문'이 있다.
① 서학 : 조선후기 중국에서 도입된 한역 서양 학술서적과 서양 과학기술 문물을 토대로 연구하던 학문
③ 대종교 : 단군 숭배 사상을 통해 민족의식을 높이고자 나철이 창시한 우리 민족 고유의 종교
④ 천도교 : 최제우가 세운 동학을 3대 교주인 손병희가 개칭

하여 계승한 종교

04 고려 인종은 묘청, 정지상 등 서경 세력을 등용하였으나 이들은 칭제 건원과 금국 정벌 및 풍수지리설에 근거한 서경 천도 등을 주장하였다. 이들의 주장이 좌절되자 묘청은 반란을 일으켰다.
① 개항 반대 : 1870년대에 일본이 조선에 개항을 요구하자 최익현 등의 유생은 일본이 서양 오랑캐와 다를 것이 없다는 왜양일체론을 주장하며 개항에 반대하였다.
② 녹읍 폐지 : 통일 신라 신문왕은 관리들에게 관료전을 지급하고 귀족의 경제 기반이던 녹읍을 폐지하였다.
④ 반민족 행위자 처벌 : 제헌 국회에서 일제 강점기에 친일 행위를 한 반민족 행위자를 처벌하기 위해 반민족 행위 처벌법을 시행하고 반민족 행위 특별 조사 위원회를 설치하였다.

05 고려의 승려 일연이 불교의 입장에서 신화, 설화 등을 수록한 역사서는 삼국유사로, 단군의 고조선 건국 이야기가 포함되어 있다.
① 택리지 : 조선 영조 때 이중환이 저술한 인문 지리지
③ 홍길동전 : 조선 후기에 허균이 지은 우리나라 최초의 한글 소설
④ 대동여지도 : 조선 철종 때 김정호가 제작한 우리나라 대축척 지도

06 조선 정조는 붕당 간 정쟁의 폐단을 막고 정국을 안정시키고자 영조의 탕평책을 계승하였다. 또한 왕실의 학문 연구 기관인 규장각을 설치하였다.
② 유신 헌법 제정 : 박정희 정부 시기에 장기 집권을 위해 대통령의 권한을 강화한 유신 헌법을 제정하였다.
③ 수선사 결사 결성 : 고려 무신 집권기 때 보조국사 지눌이 세속화된 불교를 개혁하기 위해 수선사를 중심으로 결사 운동을 전개하였다.
④ 통리기무아문 설치 : 고종은 통리기무아문을 설치하고 그 아래 12사를 두어 신문물 수용과 부국강병 도모 등의 개화 정책을 추진하였다.

07 조선 광해군 때 방납의 폐단을 시정하고 전후 농민의 부담을 경감하기 위해 토산물 대신 쌀, 옷감, 동전 등으로 공납을 납

부하도록 한 정책은 대동법이다. 대동법의 시행으로 관허 상인인 공인이 등장하고, 상품 화폐 경제가 발달하였다.

② **양천제** : 모든 백성을 양인과 천민으로 구분한 국가적 신분제도

③ **전시과** : 고려 경종 때 관리에게 전지(농작물을 수확할 수 있는 논이나 밭)와 시지(땔감을 얻을 수 있는 임야)를 차등 지급한 토지 제도

④ **호포제** : 흥선 대원군이 실시한 군역 제도로, 양반과 상민의 구분 없이 집집마다 군포를 내도록 한 세금 제도

08 미국은 제너럴셔먼호 사건을 구실로 로저스 제독이 이끄는 미군을 보내 강화도에서 신미양요를 일으켰다. 또한 미국은 서구 열강 중 최초로 조선과 근대적 조약인 조·미 수호 통상 조약을 체결하였다.

> **TIP 신미양요**
> • **원인** : 병인양요 직전에 미국 상선 제너럴셔먼호가 통상을 요구하다 평양 군민과 충돌하여 불타 침몰함
> • **경과** : 미국은 제너럴셔먼호 사건을 구실로 로저스 제독이 이끄는 5척의 군함으로 강화도를 공격
> • **결과** : 어재연 등이 이끄는 조선의 수비대가 광성보와 갑곶 등지에서 격퇴하고 척화비 건립

09 1884년 급진 개화파는 우정총국 개국 축하연을 이용하여 갑신정변을 일으키고 14개조의 개혁 정강을 마련하였다. 개혁 정강에는 문벌을 폐지하고 인민 평등권을 제정하고 재능에 의하여 인재를 등용할 것을 명시하였다.

① **율령 반포** : 고대 국가를 완성한 고구려, 백제, 신라 등은 율령을 반포하여 체제를 정비하였다.

② **모내기법 보급** : 조선 후기에는 모내기법이 전국적으로 확산되면서 벼와 보리의 이모작이 성행하였다.

③ **정동행성 설치** : 원 간섭기인 고려 충렬왕 때 원의 요청에 따라 정동행성이 설치되고 여·몽 연합군이 조직되어 일본 원정에 참여하였다.

> **TIP 갑신정변 14개조 정강 주요 내용**
> • 대원군을 조속히 귀국하게 하고 청국에 대한 조공 허례를 폐지할 것
> • 문벌을 폐지하고 인민 평등권을 제정하고 재능에 의하여 인재를 등용할 것
> • 지조법을 개혁하여 간악한 관리를 근절하고 굶주린 백성을 구제하며 국가 재정을 충실하게 할 것
> • 혜상공국을 폐지할 것
> • 일체의 국가 재정은 호조로 하여금 관할하게 하고 그 밖의 재무 관청은 폐지할 것

10 1904년에 발발한 러·일 전쟁에서 일본이 승리하자 1905년 을사늑약이 강제로 체결되고 통감부가 설치되었다. 이후 1910년에 한국 병합 조약이 체결됨으로써 국권이 피탈되고, 식민 통치의 중추 기관인 조선 총독부가 설치되어 일제의 식민 통치가 시작되었다.

① **붕당 형성** : 조선 중기에 중앙 정치 무대에 등장한 사림은 학문과 이념의 차이에 따라 동인과 서인, 남인과 북인 등으로 붕당이 형성되었다.

② **예송 논쟁** : 조선 현종 때 자의 대비의 복상 문제를 둘러싸고 서인과 남인 사이에 두 차례에 걸쳐 예송이 전개되었다.

③ **무신 정권 수립** : 고려 시대 때 정중부, 이의방 등의 무신들이 문벌 귀족들을 제거하고 무신 정권을 수립하였다.

11 신민회는 안창호, 양기탁 등이 국권 회복과 공화 정체의 근대 국가 건설을 목표로 설립한 비밀 결사 단체로, 실력 양성을 도모하고 국외 독립운동 기지를 건설하였다.

① **별기군** : 1881년에 설립된 조선 최초의 신식 군대

② **비변사** : 조선 중종 때 외적에 대비하기 위해 처음 설치되었으며, 임진왜란을 거치면서 국정 전반을 총괄하는 국정 최고 기구로 성장함

③ **승정원** : 조선 시대 왕명의 출납을 관장하던 임금 직속의 비서 기관

12 동학 농민 운동을 주도하다 우금치 전투에서 체포되어 처형된 인물은 녹두 장군 전봉준이다.

① **이황** : 조선의 문신이자 유학자로 주자의 사상을 깊게 연구하여 조선 성리학 발달의 기초를 형성하였다.

② **강감찬** : 고려의 장수로 10만 대군의 소배압이 이끄는 거란의 3차 침입에 맞서 귀주대첩에서 대승을 거두었다.

④ **을지문덕** : 고구려의 장수로 수나라 양제가 고구려를 2차 침입했을 때 우중문의 30만 별동대를 살수로 유인하여 크게 물리쳤다.

13 제2차 갑오개혁 때 고종이 우리나라 근대 교육의 이념을 담은 교육입국 조서를 반포하였고, 이로 인해 소학교, 외국어 학교, 사범 학교 등 많은 관립 학교가 세워지며 근대적 교육 제도가 마련되었다

② **신라 촌락 문서** : 일본 도다이사 쇼소인에서 발견된 신라 촌락 문서는 서원경에 속한 촌을 비롯한 4개 촌락의 경제 상황이 기록되어 있다.

③ **조선 혁명 선언** : 신채호는 조선 혁명 선언을 통해 폭력을 통한 민중의 직접 혁명을 주장하였다.

④ **7·4 남북 공동 성명** : 박정희 정부 때에 7·4 남북 공동

성명을 발표하여 '자주, 평화, 민족 대단결'의 민족 통일 3대 원칙을 제시하였다.

14 일제가 1910년에 대한 제국을 강제로 병합하고 설치한 식민 통치의 최고 기구는 조선 총독부이다. 초대 총독으로 데라우치가 부임하면서 일제의 식민 통치가 시작되었다.

① **삼별초** : 고려 무신 집권기 때 설치된 최씨 무신 정권의 사병 부대로, 몽골의 침입 때 항쟁함

② **도병마사** : 중서문하성과 중추원의 고위 관리들이 모여 국가의 중대사를 의논했던 고려 시대 최고의 의사 결정 기구

③ **제가 회의** : 국가의 중대사를 결정한 고구려의 귀족 회의체

15 단재 신채호는 조선사연구초에서 낭가 사상을 강조하여 묘청의 서경 천도 운동을 '조선 1천년래 제일대 사건'으로 높이 평가하였다. 또한 조선상고사를 저술하고 역사를 '아(我)와 비아(非我)의 투쟁'의 기록으로 정의하였다.

① **궁예** : 후고구려를 건국한 왕

③ **이성계** : 고려 말 위화도에서 회군하여 정권을 잡고 조선을 건국한 왕

④ **정약용** : 실학 사상을 집대성한 조선 최고의 실학자

> **TIP** 단재 신채호의 저술
>
> • **조선상고사** : 역사는 아(我)와 비아(非我)의 투쟁의 기록
> • **조선사연구초** : 낭가 사상을 강조하여 묘청의 서경 천도 운동을 '조선 1천년래 제일대 사건'으로 높이 평가
> • **조선상고문화사** : 조선 상고사에서 다루지 못한 상고사 관련 부분과 우리 민족의 전통적 풍속, 문화 등을 다룸
> • **독사신론** : 일제 식민사관에 기초한 일부 국사교과서를 비판하기 위해 대한 매일 신보에 연재, 만주와 부여족 중심의 고대사 서술로 근대 민족주의 역사학의 초석을 다짐
> • **조선 혁명 선언** : 의열단의 행동 지침으로, 무장 투쟁과 민중 혁명을 강조한 민중 봉기를 주장
> • **기타 저술** : 을지문덕전, 이충무공전 등 애국 명장의 전기를 저술하여 애국심 고취

16 강화도 조약은 일본과 맺은 최초의 근대적 조약이자 불평등 조약으로, 3 · 1 운동 이전인 1876년에 체결되었다.

② 고종의 인산일에 민족 대표 33인의 이름으로 독립 선언서를 발표함으로써 전개된 3 · 1 운동은 대한민국 임시 정부 수립의 계기가 되었다.

③ 일제 강점기 최대의 민족 운동인 3 · 1 운동은 중국 전역에서 일어난 반일 애국 운동인 중국의 5 · 4 운동에 영향을 주었다.

④ 일제는 3 · 1운동으로 인해 국제 여론이 악화되자 통치 방식을 무단 통치에서 이른바 문화 통치로 바꾸었다.

17 1931년 동아일보사가 주축이 되어 문맹 퇴치와 미신 타파를 목표로 전개한 농촌 계몽 운동은 브나로드 운동이다. 이 운동은 러시아어로 '민중 속으로'라는 뜻으로, '배우자 가르치자 다 함께 브나로드' 등의 구호를 내세웠다.

① **북벌 운동** : 병자호란 이후 조선 효종 때 조선을 도운 명에 대한 의리를 내세우며 청에 당한 치욕을 갚자고 추진한 운동

② **새마을 운동** : 박정희 정부 때의 농촌 근대화를 표방한 범국민적 지역 사회 개발 운동

④ **금 모으기 운동** : 김대중 정부 때 IMF의 외환 위기 극복을 위해 전 국민이 참여한 금 모으기 운동

18 1919년 만주에서 김원봉이 신채호의 조선 혁명 선언을 활동 지침으로 결성한 단체는 의열단이다. 의열단 소속의 김상옥은 종로 경찰서에 폭탄을 투척하였고, 김지섭은 일본 왕궁에 폭탄을 투척하였다.

② **보안회** : 일제의 황무지 개간권 탈취에 대항하기 위해 결성된 항일단체

③ **황국 협회** : 보부상 단체를 앞세워 독립협회를 탄압하고자 만든 친일 어용 단체

④ **통일 주체 국민 회의** : 박정희 정부 시기에 유신 헌법이 제정되면서 조국의 평화적 통일을 추진한다는 명목으로 설치된 헌법 기관

> **TIP** 의열단의 독립 투쟁
>
> • **박재혁** : 부산 경찰서 폭탄 투척(1920)
> • **김익상** : 조선 총독부 폭탄 투척(1921)
> • **김상옥** : 종로 경찰서 폭탄 투척(1923)
> • **김지섭** : 일본 황궁 침입 시도(1923)
> • **나석주** : 조선 식산 은행, 동양 척식 주식회사 폭탄 투척(1926)

19 제1차 미 · 소 공동 위원회의 결렬 이후 남한만의 단독 정부 수립운동이 일어나자, 이에 분단을 우려한 중도 좌파 여운형과 중도 우파 김규식 등이 중심이 되어 좌우 합작 위원회를 결성하고, 단독 정부 수립을 반대하는 좌우 합작 운동을 전개하였다.

① **형평 운동** : 갑오개혁으로 신분이 해방된 뒤에도 오랜 관습 속에 차별을 받던 백정들이 일으킨 신분 해방 운동

② **위정척사 운동** : 조선 말기에 성리학 이외의 모든 종교와 사상을 사학으로 보고 배격하는 운동

④ **국채 보상 운동** : 일본에 진 빚을 국민들의 모금으로 갚기 위해 전개된 경제적 구국 운동

20 1941년 충칭의 대한민국 임시 정부는 조소앙의 삼균주의를
    기초로 하는 건국 강령을 발표하였다. 삼균주의는 정치, 경
    제, 교육에서의 균등을 바탕으로 개인과 개인, 민족과 민족,
    국가와 국가 간의 균등을 추구하자는 주장이다.
    ② 돈오점수 : 인간의 마음이 곧 부처의 마음임을 깨닫고(돈
       오) 그 뒤에 깨달음을 꾸준히 실천하는 것(점수)을 말함
    ③ 시무 28조 : 고려 성종 때 최승로가 올린 시무책
    ④ 최혜국 대우 : 통상이나 조약 등에서 한 나라가 어떤 외국
       에 부여하고 있는 가장 유리한 대우를 상대국에도 부여하
       는 일

21 소련이 유엔 대표를 통해 휴전을 제의하자 미국이 이를 받아
    들이고 중국과 북한에 휴전 회담을 제의함으로써 6 · 25 전
    쟁이 중단되는 정전 협정이 판문점에서 체결되었다.
    ① 임오군란 : 구식 군대가 신식 군대인 별기군과의 차별에
       반발하여 선혜청과 일본 공사관을 공격하면서 발발한 사건
    ② 임진왜란 : 조선 선조 때 일본의 도요토미 정권이 조선을
       침략하여 발발한 전쟁
    ④ 청산리 대첩 : 김좌진이 이끄는 북로 군정서와 홍범도가
       이끄는 대한 독립군의 독립군 연합 부대가 백운평과 어랑
       촌 등지에서 일본군을 크게 격파한 전투

22 박정희 정부 때에 장면 정부의 정책을 수정 · 보완하여 자립
    경제 구축을 위한 경제 개발 5개년 계획이 추진되었다.
    ① 사창제 : 흥선 대원군은 환곡의 폐단을 시정하고자 사창제
       를 실시하여 농민 부담을 경감하고 재정 수입을 확보하였다.
    ② 진대법 : 고구려의 고국천왕은 을파소의 건의로 백성에
       게 곡식을 빌려주는 진대법을 시행하였다.
    ③ 친명배금 정책 : 명을 가까이 하고 금을 배척하는 조선 인조
       의 정책으로, 정묘호란과 병자호란의 발발 원인이 되었다.

    ┌─ TIP 경제 개발 5개년 계획 ─
    • 제1 · 2차 경제 개발 계획(1962~1971) : 기간산업, 사회 간접 자본
    확충, 경공업 중심의 수출 산업 육성, 베트남 특수로 호황, 새마을
    운동 시작
    • 제3 · 4차 경제 개발 계획(1972~1981) : 중화학 공업 육성, 중동 진
    출, 새마을 운동 확산

23 ┌─────────────────────────────────┐
    │ 5 · 18 민주화 운동(1980. 5. 18) → 6월 민주 항쟁(1987. 6. 10) │
    │ → 대통령 직선제 개헌(1987. 6. 29)   │
    └─────────────────────────────────┘
    • 5 · 18 민주화 운동 : 신군부 세력의 비상 계엄 확대와 무력
      진압에 저항하여 일어난 민주화 운동
    • 6월 민주 항쟁 : 국민들의 대통령 직선제 요구를 거부하는
      전두한 대통령의 4 · 13 호헌 초치에 맞서 시민들이 호헌

철폐, 독재 타도를 외치며 벌인 반정부 시위
    • 대통령 직선제 개헌 : 전 국민적인 민주화 시위로 집권당의
      대통령 후보인 노태우가 6 · 29 선언을 통해 5년 단임의 대
      통령 직선제로 개헌
    ① 아관파천 : 명성황후가 시해된 을미사변 이후 신변에 위협
       을 느낀 고종이 약 1년간 조선의 왕궁을 떠나 러시아 공사
       관에 옮겨 거처한 사건
    ② 5 · 10 총선거 : 제헌국회의 국회의원들을 선출하기 위한
       우리나라 역사상 최초의 민주적 보통 선거
    ④ 모스크바 3국 외상 회의 : 한국의 임시 민주 정부의 수립
       과 미 · 소 공동 위원회의 설치 그리고 미 · 영 · 중 · 소에
       의한 최고 5년간의 한반도 신탁 통치 등을 결정한 회의

24 김영삼 정부에서 투명한 금융 거래 정착과 부당한 정치 자금
    거래 근절 등을 목적으로 시행한 제도는 금융 실명제이다. 이
    제도는 금융 거래에서 실제 이름을 사용해야 하는 것으로, 대
    통령 긴급 명령으로 전격 시행되었다.
    ① 농지 개혁 : 이승만 정부 때 소작제를 철폐하고 자영농을
       육성하고자 실시한 유상 매수, 유상 분배 원칙의 개혁
    ② 노비안검법 : 고려 광종이 양인이었다가 불법으로 노비가
       된 자를 조사하여 해방시키기 위해 시행한 법
    ④ 황국 신민화 정책 : 황국 신민 서사 암송, 창씨개명, 신사
       참배, 궁성 요배 등을 통해 한국인의 정체성을 말살하고
       일본 민족에 통합하려는 민족 말살 정책

25 제시문의 제1조와 제9조는 남북 기본 합의서의 내용으로, 노
    태우 정부 때 남북한이 화해 및 불가침, 교류협력 등에 관해
    공동 합의한 기본 문서이다.
    ① 과전법 : 고려 말 공민왕 때 경기 지방 관리에게 등급에
       따라 수조권(토지로부터 조세를 거둘 수 있는 권리)을 지
       급했던 토지 제도
    ② 전주 화약 : 동학 농민 운동 당시 농민군이 전주를 점령하
       고 정부와 맺은 조약
    ③ 국가 총동원법 : 일본이 전쟁을 수행하기 위하여 인적, 물
       적 자원을 통제하고 동원할 목적으로 제정한 법률

제7교시 도 덕

정답 및 해설 |

▌정답

01 ①	02 ③	03 ②	04 ③	05 ①
06 ①	07 ③	08 ③	09 ①	10 ①
11 ①	12 ①	13 ④	14 ④	15 ③
16 ②	17 ④	18 ④	19 ②	20 ①
21 ④	22 ②	23 ④	24 ②	25 ④

▌해설

01 생명 윤리, 정보 윤리 등 현실의 구체적인 문제 원인을 분석하고 타당한 해결책을 제시하는 것을 목표로 하는 윤리학은 실천 윤리학이다.
② **기술 윤리학** : 도덕 현상과 문제를 명확하게 기술하고, 기술된 현상들 간의 인과 관계를 설명함
③ **이론 윤리학** : 도덕 원리나 도덕적 정당성에 대해 이론적으로 분석하고 그 근거를 제시하는 데 관심을 둠
④ **메타 윤리학** : 윤리학의 학문적 성립 가능성을 모색하기 위해 도덕적 언어의 의미 분석과 도덕적 추론의 정당성을 검증하기 위한 논리를 분석함

02 인간이 스스로 환경을 파괴하지 않도록 배려하려는 윤리가 환경 윤리이다. 따라서 자연이 개발의 대상인지 보존의 대상인지 논의하는 것은 환경 윤리 영역의 쟁점에 해당한다.
① 생명 과학 기술의 발달에 따라 기존의 윤리학으로 대처할 수 없는 유전자 조작, 복제 등과 관련된 윤리는 생명 윤리이다. 따라서 안락사를 인정할 수 있는지의 여부를 논의하는 것은 생명 윤리에 해당한다.
② 성적인 문제에 있어서 남녀 사이에 마땅히 지켜야 할 윤리는 성 윤리이다. 따라서 성적 욕망과 사랑의 차이는 무엇인지 논의하는 것은 성 윤리에 해당한다.
④ 분쟁과 다툼이 없이 서로 이해하고 우호적이며 조화를 이루는데 필요한 윤리가 평화 윤리이다. 따라서 통일이 지향해야 할 윤리적 가치는 무엇인지 논의하는 것은 평화 윤리의 쟁점에 해당한다.

03 측은지심, 수오지심, 사양지심, 시비지심의 사단(四端)에 근거한 성선설을 주장한 윤리 사상가는 맹자이다. 맹자는 또한 일정한 생업 즉, 항산(恒産)이 있어야 바른 마음, 즉 항심(恒心)을 지킬 수 있다고 주장하였다.
① **노자** : 무위자연을 추구하며 도(道)와 조화를 이루는 삶을 강조함
③ **순자** : 성악설을 주장하며 예치를 강조함
④ **묵자** : 유교의 차별적 사랑을 비판하며 무차별적 사랑을 강조함

> **TIP** 맹자의 사단(四端)
> • 측은지심(惻隱之心) : 불쌍하고 가엾게 여기는 마음
> • 수오지심(羞惡之心) : 불의를 부끄러워하고 미워하는 마음
> • 사양지심(辭讓之心) : 양보하고 공경하는 마음
> • 시비지심(是非之心) : 옳고 그름을 분별하는 마음

04 도덕과 입법의 원리로 최대 다수의 최대 행복을 주장하는 윤리 이론은 공리주의이다. 공리주의의 대표적인 사상가 벤담은 쾌락은 선이고 고통은 악이며, 행복이 삶의 목적이라고 보았다.
① **의무론** : 언제 어디서나 우리가 따라야 할 보편타당한 법칙이 존재하며, 우리의 행위가 이 법칙을 따르면 옳고 따르지 않으면 그르다고 판단한다. 의무론의 대표적인 윤리 사상으로는 칸트 윤리와 자연법 윤리가 있다.
② **덕 윤리** : 윤리적으로 옳고 선한 결정을 하려면 유덕한 품성을 길러야 한다는 주장이다.
④ **진화 윤리** : 이타적 행동 및 성품과 관련된 도덕성은 자연 선택을 통해 진화한 결과라는 주장이다.

05 장자는 죽음을 기(氣)가 흩어지는 것으로 자연적이고 필연적인 과정이라고 하였고, 플라톤은 죽음을 영혼이 육체로부터 해방되어 이데아 세계로 들어가는 것이라고 하였다. 또한 에피쿠로스는 죽음을 인간을 구성하던 원자가 흩어져 개별 원자로 돌아가는 것이라고 하였다.

06 세상 만물을 차별하지 않고 한결같이 보는 상태를 제물(齊物)이라고 하며, 장자는 제물의 경지에 이르기 위한 방법으로 좌망(坐忘)과 심재(心齋)를 제시하였다.
② **오륜(五倫)** : 유교에서 말하는 사람이 지켜야 할 다섯 가지 도리
③ **효제(孝悌)** : 부모에 대한 효도와 형제에 대한 우애

④ **충서(忠恕)** : 참된 마음을 바탕으로 다른 사람의 마음을 헤아리는 것

> **TIP** 장자 : 제물(齊物)의 경지에 이르는 방법
> • **좌망(坐忘)** : 조용히 앉아서 잡념을 버리고 무아의 경지에 들어감
> • **심재(心齋)** : 마음을 비워서 깨끗이 함

07 "너의 행위의 결과가 인류의 존속 가능성을 파괴하지 않도록 행위하라."며 인간과 자연, 미래 세대에 대한 책임 윤리를 강조한 사상가는 요나스이다.
① 밀 : 쾌락의 질적 차이를 주장한 공리주의 사상가
② 벤담 : 최대 다수의 최대 행복을 주장한 공리주의자
④ 베이컨 : 관찰과 실험을 통한 귀납적 방법론을 체계적으로 제시한 경험론의 창시자

08 시민 불복종은 정의롭지 못한 법이나 정부 정책을 변혁시키려는 목적으로 행하는 의도적인 위법 행위로, 부당한 법을 어김으로써 받게 되는 처벌을 감수한다. 이는 시민 불복종의 일반적인 정당화 조건으로, 자신의 위법 행위에 대한 책임을 져야 한다는 것을 의미한다.

> **TIP** 시민 불복종의 정당화 조건
> • **행위 목적의 정당성** : 공공의 이익을 위해 실시되어야 한다.
> • **비폭력성** : 파괴적인 방법을 자제하고 평화적인 방법을 사용한다.
> • **처벌의 감수** : 부당한 법을 어김으로써 받게 되는 처벌을 감수한다.
> • **최후의 수단** : 합법적인 수단과 노력 후에 마지막 수단으로 채택된다.
> • **양심적 행위** : 비록 위법일지라도 양심적이고 도덕적인 동기를 지니고 있어야 한다.

09 프롬(Fromm, E.)은 진정한 사랑은 상대를 지배하고 소유하는 것이 아니라, 사랑하는 사람을 있는 그대로 받아들이며 존경하는 것이라고 주장하였다. 그러므로 빈칸의 ㉠은 '사랑'이다.

> **TIP** 프롬 : 사랑의 4요소
> • **존경** : 사랑하는 사람을 있는 그대로 받아들이며 존경하는 것
> • **책임** : 사랑하는 사람의 요구를 배려하면서 자신의 행동에 책임을 지는 것
> • **이해** : 사랑하는 사람을 올바로 이해하는 것
> • **보호** : 사랑하는 사람을 보살피고 돌보는 것

10 (가)의 인간 중심주의는 인간만을 도덕적 고려의 대상으로 보며, (나)의 동물 중심주의는 생태계를 구성하는 존재 중 인간을 포함한 동물을 도덕적 고려의 대상으로 본다. 그러므로 인간을 도덕적 고려의 대상으로 보는 것이 (가)와 (나)의 공통적

요소에 해당한다.
② 모든 생명체는 도덕적 지위를 갖는다. → 생명 중심주의
③ 생태계 전체가 도덕 공동체의 범위이다. → 생태 중심주의
④ 생태계의 안정을 위해 각 생명체의 희생을 강요한다. → 환경 파시즘

11 프랑스 종교 개혁자 칼뱅(Calvin, J.)은 직업을 '신으로부터 부름을 받은 자기 몫의 일'이라고 주장하면서 자신의 직업에 충실히 종사하는 것이 바로 신의 명령에 따르는 것이라고 말했다. 즉, 모든 직업은 소명이며 노동은 신과 이웃에 봉사하는 것이라고 주장하였다. 따라서 주어진 내용이 설명하는 직업 윤리 의식은 소명 의식이다.
② **경로 사상** : 노인을 공경하는 태도
③ **장인 정신** : 자기 일에 긍지를 가지고 평생 전념하거나 한 가지 기술에 정통하려고 노력하는 정신
④ **특권 의식** : 사회 · 정치 · 경제적으로 특별한 권리를 누리고자 하는 태도

12 과학 기술을 개발할 때는 과학 기술의 위험성과 부작용을 충분히 검토해야 한다. 자신이 연구하는 정보나 자료를 위조해서는 안 되며, 다른 연구자들이 신뢰할 수 있는 검증 절차를 활용해야 한다. 또한 연구 결과가 인간의 존엄성을 침해해서는 안 된다.

13 생명과 자유, 재산을 보장받기 위해 개인 간 합의를 통해 국가를 수립하는 것은 사회 계약론이다. 이는 평등하고 이성적인 개인 간의 계약을 통해 정치사회를 성립하며 국가를 구성한다는 정치이론이다.
① **겸애** : 모든 사람을 똑같이 사랑하고 이롭게 하여야 한다는 묵자의 사상
② **중용** : 아리스토텔레스가 말하는 인간의 본성이 완전히 실현된 상태로, 너무 지나치지도 않고 모자라지도 않는 상태를 말함
③ **상업화** : 재화, 서비스, 관념, 개인정보, 사람 또는 동물 등을 교역의 물건 또는 상품으로 변환하는 일

14 A 국가의 사람들은 식량이 풍족하여 비만으로 건강을 해치는 반면, B 국가의 사람들은 식량이 부족하여 영양실조와 기아로 고통받고 있다. 이는 식량의 불평등으로 인해 나타나는 문제이다.
① **동물 복지 문제** : 동물 복지를 실현하기 위한 윤리적 고민, 문화 · 관습의 차이, 경제적 제약, 미비한 법과 규제로 인해 나타는 문제
③ **사이버 폭력 문제** : 가상공간에서 익명성을 이용한 비윤리

적 행위로 악성 댓글, 허위 사실 유포, 해킹 등으로 타인에게 정신적·물질적 피해를 주는 문제

④ **사생활 침해 문제** : 자신의 의사와 상관없이 개인 정보가 다른 사람에게 공개되어 피해를 입는 문제

15 A(예술 지상주의) : 예술의 미적 가치만을 추구한다.

B(예술 도덕주의) : 예술이 사회의 도덕적 성숙에 기여한다.

TIP 예술과 윤리의 관계

예술 지상주의	• 예술은 예술 그 자체나 미적 가치를 추구해야 한다. • 예술을 윤리적 가치의 기준으로 판단하는 것은 잘못된 태도라 주장한다. • 예술의 자율성을 옹호하는 '순수 예술론'을 지지하며, 예술을 위한 예술을 주장한다.
예술 도덕주의	• 예술은 도덕적 가치를 실현하는 데 기여해야 한다. • 예술은 도덕적 교훈이나 모범을 제공해야 한다. • 도덕적 가치가 미적 가치보다 우위에 있으므로, 예술에 대한 윤리적 규제가 필요하다고 본다. • 예술의 목적은 도덕적 교훈을 제공하는 것으로 예술의 사회성을 강조한다.

16 갈퉁이 주장한 평화는 적극적 평화로 직접적 폭력뿐 아니라 문화적 폭력과 구조적 폭력까지 모두 제거된 평화를 말한다. 이에 반하여 소극적 평화는 전쟁, 테러, 범죄, 폭행과 같은 직접적이고 물리적인 폭력이 없는 평화를 말한다.

(가) 소극적 평화 : 전쟁, 테러, 범죄, 폭행 등과 같은 직접적 폭력이 없는 상태

(나) 적극적 평화 : 직접적 폭력은 물론 가난, 차별 등 구조적·문화적 폭력도 사라져 인간다운 삶을 누릴 수 있는 상태

17 국가가 개인의 소유권을 보호하는 역할을 수행해야 한다고 보는 입장은 노직이다. 노직은 정의로운 사회는 개인의 소유권이 최우선적으로 보장되는 사회라고 하였다.

① 롤스는 분배 절차가 공정하면 분배 결과도 공정하다는 절차적 정의를 강조한다.

② 롤스의 제1원칙에 해당하는 '평등한 자유의 원칙'은 모든 사람은 기본적인 자유에서 평등한 권리를 지녀야 한다는 것이다.

③ 롤스는 무지의 베일을 쓴 가상적 상황에서 개인들 모두 제2원칙인 '차등의 원칙'에 합의할 수 있다고 본다.

TIP 롤스와 노직의 비교

롤스	• 정의로운 사회는 공정한 절차를 통해 사회 구성원이 합의한 원칙이 사회 제도의 기반이 되는 사회이다. • 정의의 원칙은 원초적 입장(무지의 베일을 쓴 상태)에서 합리적인 개인들에 의해 도출될 수 있다.
노직	• 정의로운 사회는 개인의 소유권이 최우선적으로 보장되는 사회이다. • 국가는 시민의 안전 보호와 계약 집행의 감독만을 수행하는 최소 국가가 되어야 한다.

18 • 범죄 행위에 상응하는 형벌을 내려야 한다. → 응보주의적 관점

• 자신의 행위에 책임질 수 있는 자율적 주체를 전제로 한다. → 응보주의적 관점

• 범죄 강도와 상관없이 범죄 예방의 가장 효과적인 방법은 종신 노역형이다. → 예방주의적 관점

TIP 처벌에 관한 응보주의적 관점

• 타인에게 해악을 준 사실만을 처벌의 근거로 본다.

• 처벌의 경중을 범죄의 해악 정도에 비례하여 정해야 한다.

19 개인정보의 자기결정권이란 정보주체가 자신에 관한 정보를 보호받기 위하여 자신에 관한 정보의 공개와 이용에 관하여 자율적으로 결정하고 관리할 수 있는 권리이다. 즉, 자신에 관한 정보가 언제 누구에게 어느 범위까지 알려지고 또 이용되도록 할 것인지를 정보주체가 스스로 결정할 수 있는 권리를 말한다.

20 통일 과정과 통일 이후 남북한 격차를 해소하기 위해 부담해야 할 비용은 통일 비용에 해당한다. 통일 비용은 분리되었던 두 체제의 통일 후 부담해야 할 비용을 말한다.

③ **기회 비용** : 어떤 선택으로 인해 포기된 기회들 가운데 가장 큰 가치

④ **통일 편익** : 남북한이 통일로 인하여 얻게 되는 모든 이익

21 니부어(Niebuhr, R)는 집단의 도덕성이 개인의 도덕성보다 현저히 떨어지므로, 개인의 도덕성 함양뿐만 아니라 사회 정책과 제도의 개선이 필요하다고 주장하였다. 그러므로 '사회 문제 해결을 위해서는 제도의 개선보다는 개인의 도덕성 함양이 필요하다.'는 ⓔ의 설명은 적절하지 않다.

22 소수자 우대 정책은 차별받아 온 사람들에게 고용이나 교육 등 다양한 측면에서 직간접적으로 혜택을 제공함으로써 사회

적 이익의 공정한 분배를 실현하려는 제도이다. ②의 '부당한 차별을 극대화할 수 있다.'는 (가)의 찬성 논거로 부적합하므로, '부당한 차별을 완화할 수 있다'로 고쳐야 옳다.

① '사회적 약자를 배려할 수 있다.'는 (가)의 찬성 논거로 적절하다.

③ '역차별로 새로운 사회 갈등을 유발할 수 있다.'는 (나)의 반대 논거로 적절하다.

④ '개인의 노력과 성취에 따른 업적을 간과할 수 있다.'는 (나)의 반대 논거로 적절하다.

TIP 소수자 우대 정책의 윤리적 쟁점

찬성 입장	• 과거의 부당한 차별을 보상한다. • 사회 갈등을 완화하고 사회 전체의 이익을 극대화한다. • 자연적, 사회적 운으로 발생한 불평등을 시정하여 기회의 평등을 보장한다.
반대 입장	• 특정 집단에 부당한 특혜를 제공한다. • 소수 집단에 부정적 낙인이 될 수 있다. • 과거의 피해와 현재의 보상 간에 불일치 문제가 발생한다. • 역차별로 새로운 사회 갈등을 유발한다.

23 하버마스(Habermas, J.)가 제시한 이상적 담화 조건에는 진리성, 정당성, 진실성, 이해가능성이 있다. 그러므로 개인의 주관적인 도덕 판단에만 근거해야 한다는 학생 4의 말은 이상적 담화 조건에 해당하지 않는다.

① 학생 1 : 서로 무슨 뜻인지 이해할 수 있어야 해. → 이해 가능성

② 학생 2 : 말하는 내용이 참이어야 해. → 진리성

③ 학생 3 : 대화 당사자들은 진실하게 표현해야 해. → 진실성

24 종교 간 갈등을 해결하기 위해 힘의 논리에 따라 종교 간의 질서를 확립하는 것은 종교 전쟁으로 번질 위험이 있으므로, 종교 간 갈등을 해결하기 위한 자세로 적절하지 않다.

25 ㄱ. 정직과 성실, ㄴ. 봉사와 책임, ㄹ. 청렴과 연대 의식은 공직자가 지녀야 할 바람직한 태도이다.
ㄷ의 청탁과 비리는 공정 경쟁의 틀을 깨뜨리며 국민들 간의 위화감을 조성하여 정의 사회 실현을 어렵게 하므로, 공직자가 지녀야 할 덕목에 해당하지 않는다.

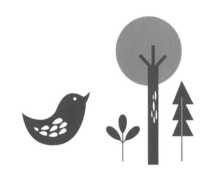

정답 및 해설

2023년도

제1회

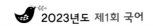

제1교시

국 어

정답 및 해설 |

해설

01 '부추'를 지역마다 각각 '분추, 솔, 졸, 정구지'라고 부르는 것은 지역에 따라 같은 대상을 다르게 표현한 것이다.

02 제시문의 속담들은 모두 말을 신중하게 해야 한다는 우리말의 담화 관습을 나타낸 것이다.

- 발 없는 말이 천 리 간다. → 말은 비록 발이 없지만 천 리 밖까지도 순식간에 퍼지니 말을 삼가야 한다.
- 화살은 쏘고 주워도, 말은 하고 못 줍는다. → 말은 한 번 하면 다시 주워 담기가 어려우니 말을 조심해야 한다.
- 가루는 칠수록 고와지고, 말은 할수록 거칠어진다. → 말은 옮길수록 거칠어지므로 함부로 하지 말아야 한다.

03
피동 접사 : -이-, -하-, -리-, -기-

'밝혔다'의 기본형은 '밝히다'로 '-히-'가 피동 접사가 아니므로 '밝다'의 피동 표현에 해당하지 않는다. '밝히다'는 '드러나지 않거나 알려지지 않은 사실, 내용, 생각 따위를 드러내 알리다'라는 의미의 동사이다.
① 업히다 → '업다'의 피동 표현
② 물리다 → '물다'의 피동 표현
③ 잡히다 → '잡다'의 피동 표현

04 닭을: [다글] → [달글]
'닭을'은 '닭'의 겹받침 'ㄺ'이 뒤에 오는 조사 '을'과 결합되어 'ㄺ'의 뒷받침 'ㄱ'이 '을'의 첫소리로 옮겨진다. 따라서 [달글]이라고 발음해야 한다.
① 값을 – [갑슬] – [갑쓸]
② 넋이 – [넉시] – [넉씨]

④ 앉아 – [안자]

05 '선생님께서 우리를 사랑하신다.'는 주격 조사 '께서'와 선어말 어미 '-시-'를 사용하여 주체인 '선생님'을 높이는 주체 높임법에 해당한다.
① 서술어 '모시다'의 대상인 '어머니'를 높이는 객체 높임법이다.
③ 서술어 '여쭈다'의 대상인 '아버지'에 부사격 조사 '께'를 사용하여 높인 객체 높임법이다.
④ 서술어 '찾아뵙다'의 대상인 '할아버지'를 높이는 객체 높임법이다.

[06–07]

06 (나)는 학생이 교장 선생님께 문제점을 찾아 해결 방안을 제안하는 건의문으로, 글쓴이의 주장을 뒷받침하기 위해 구체적인 설문 조사 결과를 제시한 내용은 나타나 있지 않다.
① 최근 자신을 포함해 매점에서 식품을 사 먹은 학생들이 배탈이 난 경험을 토대로 매점의 식품 안전에 대한 문제점을 드러내고 있다.
② 예상 독자인 '교장 선생님'이 수행할 수 있는 해결 방안인 '교내 식품 안전 지킴이' 제도의 도입을 제시하고 있다.
③ 건의 내용이 받아들여졌을 때 학생들이 안전한 먹거리를 섭취하고 바람직한 식습관을 형성할 수 있다는 예상 효과를 제시하고 있다.

07 학교 매점은 학생들에게 안전하고 영양가 있는 식품을 공급하도록 노력해야 하는데 우리 학교 매점은 그러한 노력을 소홀히 하고 있다고 하였으므로, 앞뒤의 문장 내용이 상반된다. 그러므로 ㉣에 앞뒤의 문장 내용이 상반될 때 사용하는 접속 부사 '하지만'을 사용한 것은 적절하다. '그래서'는 앞뒤의 내용이 원인과 결과를 나타낼 때 사용하는 접속 부사이다.

08 ㉢의 '일·홈 · 을'은 앞말의 종성을 적고 뒷말의 초성에 'ㅇ'을 적었으므로 끊어 적기에 해당한다. 이어 적기로 표기하면 앞말의 종성을 뒷말의 초성에 내려 적어야 하므로, '일호믈'이라고 표기해야 한다.

> **TIP** 이어 적기 / 거듭 적기 / 끊어 적기
> - **이어 적기(연철)** : 앞말의 종성을 뒷말의 초성에 내려 적는 것
>   예 기픈, 니믈
> - **거듭 적기(중철)** : 앞말의 종성을 적고 뒷말의 초성에도 내려적는 것 예 깁픈, 님믈
> - **끊어 적기(분철)** : 앞말의 종성을 적고 뒷말의 초성에는 'ㅇ'을 적는 것 예 깊은, 님을

[09~11]

> 이육사, 「절정」
> - **갈래** : 자유시, 서정시
> - **성격** : 저항적, 의지적, 상징적
> - **제재** : 암울한 현실
> - **주제** : 극한의 현실에 대한 초극 의지
> - **특징**
>   - 강렬한 시어와 남성적 어조를 통해 내면의 강인한 의지 표현
>   - 현재형 시제를 사용하여 긴박감을 더하고 대결 의식을 나타냄
>   - 역설적 표현을 통해 주제를 효과적으로 형상화함

09 ⊙, ⓒ, ⓒ은 모두 일제 강점기의 가혹한 현실을 나타내는 시어인 반면, ⓔ의 '무지개'는 그러한 가혹한 현실을 초극하려는 시적 화자의 의지가 담긴 '희망'의 시어이다.

10 '매운 계절, 채찍, 북방, 고원, 서릿발 칼날' 등의 상징적 표현을 사용하여 화자가 처한 가혹한 상황을 부각하고 있다.
① 동일한 구절이 반복된 곳은 없다.
③ 수사법 중 의인법의 활용은 보이지 않는다.
④ 첫 연과 마지막 연이 다르므로, 수미 상관식 구조는 아니다.

11 해당 작품의 마지막 연인 '겨울은 강철로 된 무지갠가 보다'에서 시인은 역설법을 사용하여 극한 상황을 초월하려는 희망의 의지를 보여주고 있다. 즉, 이육사는 시인이자 항일 운동가로 해당 작품을 통해 극한의 상황에서도 꺾이지 않는 항일 의지를 표현하고 있다.

[12~14]

> 김유정, 「봄·봄」
> - **갈래** : 단편 소설, 순수 소설, 농촌 소설
> - **성격** : 해학적, 토속적
> - **배경** : 시간 – 1930년대 봄 / 장소 – 강원도 산골의 농촌 마을
> - **시점** : 1인칭 주인공 시점
> - **제재** : 성례(결혼)
> - **주제** : 우직하고 순박한 데릴사위와 그를 이용하는 교활한 장인 간의 갈등
> - **특징**
>   - 시간과 사건의 서술을 역순행적으로 구성함
>   - 토속어, 방언, 비속어 등을 사용하여 향토성과 현장감을 생동감 있게 표현함

12 해당 작품의 서술자는 작품 속 주인공인 '나'로, 1인칭 주인공 시점이다. 작품 밖의 서술자가 인물의 심리를 묘사하는 것은 3인칭 전지적 작가 시점에 해당한다.
① 나와 장인, 그리고 구장과의 대화를 통해 사건을 전개하고 있다.
③ '나'라는 인물의 어리숙한 언행을 통해 해학성을 드러내고 있다.
④ 글의 서두에서 '1930년대의 어느 농촌'이라는 배경을 설정해 당시의 생활상을 묘사하고 있다.

13 구장은 처음에는 '자네 말두 하기야 옳지' 하면서 '나'의 입장에서 이야기를 시작하고 있다. 그러므로 '나'의 잘못을 언급하며 대화를 시작하고 있는 것은 아니다.
② 구장은 손해죄로 징역을 간다는 말로 '나'에게 겁을 주고 있다.
③ 구장은 법률에 성년이란 게 있다며 결혼에 대한 법률적 근거를 제시하고 있다.
④ 구장은 빙장님이 올 가을에 성례를 시켜 주겠다고 하셨다는 성례의 가능성을 제시하며 '나'를 회유하고 있다.

14 ⓔ은 '나'의 상황에 대한 뭉태의 객관적 판단에도 불구하고 난 그렇게 생각 않는다는 '나'의 생각을 통해 '나'가 '뭉태'의 말에 전적으로 동의하고 있지 않음을 알 수 있다.

[15-16]

정극인, 「상춘곡」
- **갈래** : 은일 가사, 양반 가사
- **성격** : 서정적, 묘사적, 자연친화적
- **제재** : 봄의 아름다운 풍경
- **주제** : 봄의 경치를 감상하며 느낀 즐거움과 안빈낙도
- **특징**
  - 화자의 공간 이동에 따라 시상을 전개함
  - 다양한 표현법과 감각적 이미지를 사용하여 봄의 경치와 화자의 심경을 드러냄
  - 감정 이입을 통해 화자의 정서를 효과적으로 드러냄
  - 물아일체의 경지로 자연에 동화되는 화자의 모습을 구체적으로 드러냄

15 해당 작품의 갈래는 가사로, 시조와 마찬가지로 4음보의 율격이 주로 나타난다.
② 후렴구의 사용 → 고려 가요의 특징
③ 4구체, 8구체, 10구체 형식 → 향가의 특징
④ 초장, 중장, 종장의 3장 구성 → 시조의 특징

16 해당 작품에서 화자는 큰 고을의 주인이 아니라 '풍월주인', 곧 자연을 벗 삼아 살아가는 바람과 달의 주인이다. 또한 해당 작품은 임금의 은혜에 감사하는 연군가가 아니라, 봄의 정취를 만끽하는 풍류가에 해당한다.

[17-19]

작자 미상, 「춘향전」
- **갈래** : 고전 소설, 애정 소설, 판소리계 소설
- **성격** : 풍자적, 해학적
- **배경** : 시간 - 조선 후기 / 공간 - 전라남도 남원
- **시점** : 전지적 작가 시점
- **제재** : 암행어사 출두
- **주제** : 지고지순한 남녀 간의 사랑
         탐관오리에 대한 응징
         평등한 사회에 대한 갈망
- **특징**
  - 오랫동안 다양한 갈래로 재구성 됨
  - 운문체와 산문체가 복합적으로 등장함
  - 편집자적 논평이 드러남

17 해당 작품은 구전되어 온 근원 설화가 판소리로 공연되다가 기록물인 고전 소설로 정착된 판소리계 소설이다.
② 판소리계 소설은 민간에서 판소리로 불렸던 것이 한글 소설로 정착된 것이다.
③ 판소리계 소설은 조선 시대 평민과 양반 계층 모두가 향유하였다.
④ 판소리계 소설은 우리 문자가 없었던 시기에는 구전되다가 이후 훈민정음이 창제되면서 한글로 기록되었다.

18 (가)는 어사또의 출두에 변 사또와 수령들이 황급히 도망치는 모습을 언어유희를 통해 묘사하고 있으나, 의성어나 의태어 등의 음성 상징어를 활용하고 있지는 않다.

19 어사또가 춘향에게 "내 수청도 거역할까?"라고 말하며 수청들 것을 명하였으나, 춘향이는 "바삐 죽여 주오."라고 말하며 어사또의 수청 제안을 거절하였다.
② 지난밤에 옥 문간에서 '걸인(어사또)'을 만난 사람은 춘향이다.
③ 춘향은 "내려오는 관장마다 모두 명관(名官)이로구나."라고 반어적으로 말하며, 내려오는 관장을 모두 부정적으로 평가했다.
④ 어사또의 정체를 알고 기쁨의 눈물을 흘린 사람은 춘향이다.

[20-22]

20 (나)에서 사회적 약자는 그들의 신체적 제약 때문에 도시공원을 이용하기 어렵다고 서술하고 있다. 그러므로 '사회적 약자가 이용하기 어려운 도시공원'이 (나)의 중심 내용으로 적절하다.

21 '공원을 찾는'에서 기본형 '찾다'는 '어떤 사람을 만나거나 어떤 곳을 보러 그와 관련된 장소로 옮겨 가다.'라는 의미로 사용되었다. ②의 '산을 찾는'에서 '찾다'도 이와 유사한 의미로 사용되었다.
① 국산품을 찾다 → '어떤 것을 구하다.'
③ 떨어진 바늘을 찾다 → '주변에 없는 것을 얻거나 사람을 만나려고 여기저기를 뒤지거나 살피다.'
④ 마음의 안정을 찾다 → '원상태를 회복하다.'

22 (라)에서 도시공원은 일반인뿐 아니라 사회적 약자들도 동등하게 이용할 수 있는 공간이어야 한다고 했으므로, 공원 내에 사회적 약자와 일반인의 공간을 분리하여 설계하는 것은 ㉠의 사회적 약자를 배려한 방안으로 적절하지 않다.

①·② (나)의 동선이 복잡하거나 안내 표시가 없어서 불편을 겪는 문제를 해결하기 위한 방안으로 적절하다.
④ (나)의 도시공원이 대중교통을 이용해서 가기 어려운 위치에 있는 문제점을 해결하기 위한 방안으로 적절하다.

[23~25]

23 이글에 나타난 '잊힐 권리'에 대한 핵심 내용을 요약하는 것은 글의 내용을 파악하는 활동이지 타인과 소통하며 이해를 확장하는 활동에 해당되지 않는다.

24 '잊힐 권리'를 인정하면 정보 비공개로 인해 공익이 저해될 수 있기 때문에 '알 권리'라고 하는 또 다른 권리가 침해될 수 있다. 그러므로 ㉮의 근거로 ③이 가장 적절하다.
① '잊힐 권리'를 인정하면 사생활을 보호할 수 있다.
② 망각이 쉽게 일어날 수 있다는 내용은 두 권리와 무관하다.
④ '알 권리'를 인정하면 정보 유출로 인한 고통이 늘어난다.

25 ㉣(확실하게)의 기본형 '확실하다'는 '틀림없이 그러하다'는 의미이므로, 고유어 '두말없게'로 바꾸어 쓸 수 있다.
㉠ '수용하게'의 기본형 '수용하다'는 '어떠한 것을 받아들이다'의 의미이므로 '받아들이게'로 바꾸어 쓸 수 있다.
㉡ '구속되지'의 기본형 '구속되다'는 '행동이나 의사의 자유가 제한되거나 속박되다'의 의미이므로 '얽매이지'로 바꾸어 쓸 수 있다.
㉢ '노출되길'의 기본형 '노출되다'는 '겉으로 드러나다'의 의미이므로, '드러나길'로 바꾸어 쓸 수 있다.

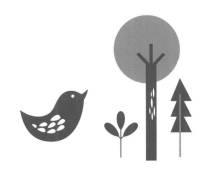

제2교시

수 학

정답 및 해설 |

▌ 정답

01 ④	02 ①	03 ③	04 ②	05 ①
06 ④	07 ①	08 ①	09 ②	10 ④
11 ③	12 ④	13 ②	14 ②	15 ②
16 ③	17 ①	18 ②	19 ③	20 ④

▌ 해설

01

$$A+B=(x^2+2x)+(2x^2-x)$$
$$=(x^2+2x^2)+(2x-x)$$
$$=3x^2+x$$

> **TIP** 다항식의 덧셈과 뺄셈
> • **다항식의 덧셈** : 괄호를 먼저 풀고 동류항끼리 모아서 계산한다.
> • **다항식의 뺄셈** : 빼는 식의 각 항의 부호를 바꾸어 더한다.

02

항등식일 때, 양변의 동류항의 계수는 같으므로
$x^2+ax+3=x^2+5x+b$에서
$a=5,\ b=3$
$\therefore a-b=2$

03

> 다항식 $f(x)$를 $x-a$로 나누었을 때의 나머지 $\Rightarrow f(a)$

주어진 다항식을 $f(x)$라 놓으면
$f(x)=2x^3+3x^2-1$
나머지 정리에 의해
다항식 $f(x)$를 $x-1$로 나눈 나머지는 $f(1)$
$f(1)$을 주어진 다항식에 대입하면
$f(1)=(2\times1^3)+(3\times1^2)-1=2+3-1$
$\therefore f(1)=4$

04

> $$a^3-3a^2b+3ab^2-b^3=(a-b)^3$$

인수분해 공식에 따라
$x^3-6x^2+12x-8=(x-2)^3$
$(x-a)^3=(x-2)^3$
$\therefore a=2$

05

복소수 $5+4i$의 켤레복소수는 $5-4i$이므로
$a+bi=5-4i$에서 $a=5,\ b=-4$
$\therefore a+b=1$

06

> $$x^2-(\alpha+\beta)x+\alpha\beta=0$$
> $$\Rightarrow x^2-(두\ 근의\ 합)x+(두\ 근의\ 곱)=0$$

x^2의 계수가 1인 이차방정식 $x^2-7x+a=0$에서 상수 a는 두 근의 곱이다.
두 수 3, 4를 근으로 한다고 하였으므로,
$a=3\times4=12$

07

주어진 범위의 그래프에서
$x=-3$일 때 → 최댓값 2
$x=-1$일 때 → 최솟값 -2
그러므로 이차함수 $y=x^2+2x-1$의 최솟값은 -2이다.

08

사차방정식 $x^4+2x^2+a=0$의 한 근이 1이라고 했으므로,
$f(1)=0$
$x^4+2x^2+a=0$에 $x=1$을 대입하면
$1^4+2\times1^2+a=0,\ 1+2+a=0$
$\therefore a=-3$

09

$\begin{cases} x+y=6 & \cdots\ \text{㉠} \\ xy=a & \cdots\ \text{㉡} \end{cases}$
$x=4,\ y=b$를 ㉠에 대입하면
$x+y=4+b=6\ \therefore b=2$
$x=4,\ y=2$를 ㉡에 대입하면
$xy=4\times2=a\ \therefore a=8$
따라서 $a+b=8+2=10$

10

> 판별식 $D>0$일 때, $f(x)\geq0$의 해
> $\Rightarrow x\leq\alpha$ 또는 $x\geq\beta$

이차부등식 $(x+3)(x-2)\geq0$의 해는
$\alpha=-3,\ \beta=2$이므로
$x\leq-3$ 또는 $x\geq2$

11

> 수직선 위의 두 점 $A(x_1)$, $B(x_2)$에 대하여
> $\overline{AB}$를 $m:n(m>0,\ n>0)$으로 내분하는 점 P의 좌표
> $\Rightarrow P\left(\dfrac{mx_2+nx_1}{m+n}\right)$

수직선 위의 두 점 $A(1)$, $B(5)$에 대하여 선분 AB를 $3:1$로 내분하는 점 P의 좌표는
$$P\left(\frac{mx_2+nx_1}{m+n}\right)=\left(\frac{3\times5+1\times1}{3+1}\right)=\left(\frac{16}{4}\right)=4$$

12

> 점 $(x_1,\ y_1)$을 지나고 기울기가 m인 직선의 방정식
> $\Rightarrow y-y_1=m(x-x_1)$

점 $(-2,\ 1)$을 지나고 기울기가 3인 직선의 방정식은
$y-y_1=m(x-x_1)$에서
$y-1=3(x+2)$
$\therefore y=3x+7$

13

> 중심 좌표가 $(a,\ b)$이고 y축에 접하는 원의 방정식
> $\Rightarrow (x-a)^2+(y-b)^2=a^2$

중심 좌표가 $(2,\ 1)$이고 y축에 접하는 원의 방정식은
$(x-a)^2+(y-b)^2=a^2$에서
$(x-2)^2+(y-1)^2=2^2$
$(x-2)^2+(y-1)^2=4$

14

> 점 $(x,\ y)$를 y축에 대하여 대칭이동한 점의 좌표
> $\Rightarrow (-x,\ y)$

점 $(2,\ 4)$를 y축에 대하여 대칭이동한 점의 좌표는 $(-x,\ y)$에서 $(-2,\ 4)$이다. 즉, x좌표의 부호만 반대가 된다.

15

A=B이므로 두 집합 A, B의 원소는 모두 같다.
$A=\{1,\ a-1,\ 5\}$, $B=\{1,\ 3,\ a+1\}$에서
$a-1=3$, $5=a+1$
$\therefore a=4$

16

> 명제 $p \to q$의 대우 $\Rightarrow \sim q \to \sim p$

명제 $p \to q$의 대우는 $\sim q \to \sim p$이므로,
명제 '평행사변형이면 사다리꼴이다.'의 대우는
'사다리꼴이 아니면 평행사변형이 아니다.'이다.

17

> $(g \circ f)(x)=g(f(x))$

합성함수의 성질에 따라 $(g \circ f)(3)=g(f(3))$
주어진 합성함수의 대응에서 $f(3)=c$

$\therefore (g \circ f)(3)=g(c)$
주어진 합성함수의 대응에서 $g(c)=5$
$\therefore (g \circ f)(3)=5$

18

> 유리함수 $y=\dfrac{k}{x-p}+q(k\neq0)$의 그래프
> $\Rightarrow y=\dfrac{k}{x}$의 그래프를 x축의 방향으로 p만큼, y축의 방향으로 q만큼 평행이동한 그래프

유리함수 $y=\dfrac{1}{x-2}-1$의 그래프는 유리함수 $y=\dfrac{1}{x}$의 그래프를 x축의 방향으로 2만큼, y축의 방향으로 -1만큼 평행이동한 그래프이므로 $a=2$, $b=-1$이다.
$\therefore a+b=1$

19

> 서로 다른 n개에서 r개를 택하여 일렬로 나열하는 순열의 수 $\Rightarrow {}_nP_r$

3명의 수학자 사진 중에서 서로 다른 2명의 사진을 택하여 신문의 1면과 2면에 각각 싣는 경우의 수는 선택한 사진의 순서를 생각하며 일렬로 나열한 경우의 수와 같다. 그러므로 구하는 경우의 수는
${}_3P_2=3\times2=6$

20

> 서로 다른 n개에서 r개를 택하는 조합의 수 $\Rightarrow {}_nC_r$

4가지의 수학 진로 선택 과목 중에서 서로 다른 2과목을 선택하는 경우의 수는 순서를 생각하지 않고 택하는 조합의 수와 같다. 그러므로 구하는 경우의 수는
${}_4C_2=\dfrac{4\times3}{2\times1}=\dfrac{12}{2}=6$

제3교시

영 어

정답 및 해설 |

▌정답

01 ③	02 ③	03 ①	04 ①	05 ④
06 ③	07 ③	08 ③	09 ①	10 ③
11 ①	12 ②	13 ①	14 ①	15 ①
16 ②	17 ②	18 ④	19 ④	20 ④
21 ①	22 ②	23 ④	24 ④	25 ③

▌해설

01 해설 duty는 '의무'라는 뜻이다.
① 갈등 conflict
② 노력 effort
④ 자유 freedom
해석 일요일마다 집에 있는 쓰레기를 버리는 것은 나의 의무이다.
어휘 take out 가지고 나가다, 버리다
trash 쓰레기
on Sundays 일요일마다

02 해설 depend on은 '의지하다, 의존하다'라는 뜻이다.
① 찾다 look for
② 내리다 get off
④ 비난하다 call down
해석 사람들은 팀으로 일할 때 서로 의존할 필요가 있다.
어휘 need to ~할 필요가 있다
each other 서로

03 해설 thanks to는 '덕분에'라는 뜻이다.
② 대신에 instead of
③ 불구하고 in spite of
④ 제외하고 except for
해석 저는 당신 덕분에 좋은 사람들을 많이 만났습니다.
어휘 a lot of 많은

04 해설 주어진 문장에서 'polite(공손한)'와 'rude(무례한)'는 반의어 관계이다. 마찬가지로 ②, ③, ④는 모두 반의어 관계이나, ①의 'smart(영리한)'와 'wise(현명한)'는 유의

어 관계이다.
② 옳은 – 틀린
③ 안전한 – 위험한
④ 같은 – 다른
해석 어떤 나라에서 공손한 행동이 다른 나라에서는 무례할 수도 있다.
어휘 gesture 몸짓, 동작

05 해설 ① 날짜 : 2023년 6월 8일(목요일)
② 장소 : 월드컵 경기장
③ 시간 : 오후 7시 30분 – 오후 9시 30분
④ 입장료 : 알 수 없음

해석
> **케이팝 콘서트 2023**
> 세계적으로 유명한 8개의 케이팝 그룹이
> 공연을 합니다!
>
> **날짜** : 2023년 6월 8일(목요일)
> **장소** : 월드컵 경기장
> **시간** : 오후 7시 30분 – 오후 9시 30분

어휘 world-famous 세계적으로 유명한
perform 공연하다

06 해설 첫 번째 문장에는 'up'과 함께 사용되어 '일어서다'라는 의미를 갖는 자동사 'stand'가 들어가야 한다. 두 번째 문장에는 '~을 참다[견디다]'라는 의미에서 목적어를 동반하는 타동사 'stand'가 들어가야 한다.
해석 • 우리는 더 좋은 시야를 확보하기 위해 일어서야만 했다.
• 나는 공공의 규칙을 지키지 않는 사람들을 참을 수 없다.
어휘 in order to ~하기 위해서
view 시야, 전망
follow 따르다, 지키다
in public 공공의, 공중의

07 해설 첫 번째 문장에는 '어느'라는 의미의 선택 의문문을 만드는 의문사 'which'가 들어가야 한다. 두 번째 문장에는 뒤의 종속절이 사물인 선행사 'a book'을 수식하므로 관계대명사 'which'가 들어가야 한다.

해석 · Jinsu야, 너는 내일 <u>어느</u> 박물관을 방문할 거니?
　　· 사전은 단어에 대한 설명이 있는 책이다.
어휘 museum 박물관
　　dictionary 사전
　　explanation 설명

08 해설 첫 번째 문장에는 '~과 다르다'의 의미의 숙어 'be different from'이 와야 하고, 두 번째 문장에는 '~로부터 나오다'라는 의미의 숙어 'come from'이 와야 한다. 그러므로 빈칸에 공통으로 들어갈 말은 전치사 'from'이다.
해석 · 내 취향은 당신과 다르다.
　　· 영어 단어들은 다양한 출처에서 나온다.
어휘 taste 맛, 기호, 취향
　　wide 넓은
　　a variety of 다양한
　　source 출처, 유래

09 해설 A가 수학 시험에서 A를 받은 비결이 주말에도 늦게까지 잠을 안 자고 매일 수학 공부를 했기 때문이다. 이를 잘 표현한 말이 'no pain, no gain(수고 없이 얻는 것은 없다)'이다.
해석 A : Junho야, 봐봐. 나는 마침내 수학 시험에서 A를 받았어.
　　B : 너는 시험을 정말 잘 봤구나. 비결이 뭐니?
　　A : 나는 매일 수학을 공부했고, 심지어 주말에는 늦게까지 안 잤어.
　　B : 너는 '<u>수고 없이 얻는 것은 없다</u>'의 좋은 사례구나.
어휘 finally 드디어, 마침내
　　do well on ~을 잘하다, 잘 보다
　　secret 비밀, 비결
　　stay up late 늦게까지 안 자다
　　example 예, 사례

10 해설 A가 'raining cats and dogs'는 비가 매우 심하게 내리는 것을 의미한다고 말하자, B가 그 표현의 유래가 흥미 있다고 말했다. 그러므로 B의 심정은 '흥미'가 가장 적절하다.
해석 A : 비가 억수같이 내리고 있어.
　　B : 비가 억수같이 내린다고? 그게 무슨 의미인지 얘기해 줄 수 있겠니?
　　A : 그 말은 비가 매우 심하게 내린다는 의미야.
　　B : 정말? 그 표현의 유래가 흥미 있네.
어휘 rain cats and dogs 비가 억수같이 내리다

mean 의미하다
heavily 세게, 심하게
origin 기원, 유래
expression 표현

11 해설 방금 오븐에서 나온 빵을 사고파는 상황이므로, 대화가 이루어진 장소는 제과점이다.
해석 A : 좋은 아침입니다. 무엇을 도와드릴까요?
　　B : 와, 여기 냄새가 정말 좋네요.
　　A : 네, 방금 빵이 오븐에서 나왔어요.
　　B : 이 갓 구운 빵으로 주세요.
어휘 come out of ~에서 나오다
　　oven 오븐
　　freshly 갓~한, 신선하게
　　bake 굽다

12 해설 첫 번째 문장에서 주어 'Smiling(웃는 것)'이 신체에 미치는 유익한 점에 대해 설명하고 있다. 마찬가지로 두 번째 문장에서도 웃음이 주는 유익한 점에 대해 설명하고 있다. 그러므로 지시대명사 'It'가 가리키는 것은 'smiling'이다.
① 친구
③ 나라
④ 운동하는 것
해석 웃는 것은 스트레스를 줄이고 혈압을 낮추어 우리의 신체적 행복에 기여한다. <u>그것은</u> 또한 좋은 운동을 하는 것과 마찬가지로 기분 좋은 호르몬 양을 증가시킨다. 그리고 무엇보다도, 웃음은 다른 사람들이 우리와 어떻게 관계를 형성하는 지에 영향을 미친다.
어휘 reduce 줄이다
　　lower 낮추다
　　blood pressure 혈압
　　contribute to ~에 기여하다
　　physical 육체적인, 신체적인
　　well-being 행복, 잘 사는 것
　　increase 증가시키다
　　amount 양
　　hormone 호르몬
　　in the same way 같은 방식으로, 마찬가지로
　　most of all 무엇보다도
　　influence 영향을 미치다[주다]
　　relate ~와 관련되다, ~와 관계하다

13 **해설** B가 'N 서울 타워'라는 장소를 권하고 있으므로, 빈칸에는 장소를 묻는 질문 내용이 들어가야 한다. 그러므로 'where shall we go first(어디로 먼저 갈까)'가 들어갈 말로 가장 적절하다.
② 직업이 뭐니?
③ 여기에 얼마나 자주 오니?
④ 왜 배우가 되고 싶니?

해석 A : Matt, 어디로 먼저 갈까?
B : N 서울 타워는 어때? 타워에서 도시 전체를 볼 수 있어.
A : 그 이후, 서울 성곽을 따라 걷자.
B : 완벽해! 이제 서울을 탐방하자.

어휘 whole 전체의
walk along ∼을 따라 걷다
City Wall 성곽
perfect 완벽한
explore 탐험하다, 탐방하다

14 **해설** A가 친구를 많이 사귀는 방법에 대해 묻고 있으므로, 밑줄 친 빈칸에는 'be nice to people around you(주위 사람들에게 친절하게 하는 것)'가 들어갈 말로 가장 적절하다.
① 쉽게 화를 내다
② 지금 주문을 취소하다
③ 예약을 확인하다

해석 A : 더 많은 친구를 사귀려면 어떻게 해야 하나요?
B : 주위 사람들에게 친절하게 하는 것이 중요하다.

어휘 make friends 친구를 사귀다
important 중요한
get angry 화를 내다
cancel 취소하다
reservation 예약

15 **해설** 쇼핑 조언 좀 해달라는 A의 물음에 B가 예산을 명심하고, 세일을 한다고 해서 무조건 사지 말 것을 조언하고 있다. 그러므로 대화의 주제는 '현명하게 쇼핑하는 방법'이다.

해석 A : 쇼핑 조언 좀 공유해 줄래?
B : 그럼. 우선 예산을 항상 명심해야 해.
A : 좋은 말이네. 그 밖에는?
B : 또한 세일 한다고 해서 물건들을 막 사지 마.
A : 고마워! 훌륭한 조언이야.

어휘 share 나누다, 공유하다
tip 팁, 조언

first of all 우선
keep in mind 명심하다
budget 예산
on sale 할인 중

16 **해설** 제시문은 조언해 줄 사람을 찾는데 어려움을 겪는 사람들에게 자신의 온라인 지원 단체에 가입해 도움을 받을 것을 권유하고 있다. 그러므로 해당 글을 쓴 목적은 가입을 '권유하기 위해서'이다.

해석 많은 사람들이 조언을 해 줄 사람을 찾는 데 어려움을 겪고 있습니다. 몇몇 개인적인 문제들이 있을 수 있고 부모님이나 친구들에게 그것에 관해 이야기 하고 싶지 않을 수도 있습니다. 저희 온라인 지원 단체에 가입해 보세요. 당신을 도우러 왔습니다.

어휘 have difficulty ∼ing ∼하는 데 어려움을 겪다
personal 사적인, 개인적인
support 지지, 지원

17 **해설** 제시된 광고문에서 판매하려고 하는 기타가 '중고지만 좋은 상태'라고 하였다. 그러므로 '새것이라 완벽한 상태'라는 ②의 내용은 제시된 광고문의 내용과 일치하지 않는다.

해석
> **판매합니다**
> **특징** : 6가닥의 줄이 있는 기타입니다.
> **상태** : 중고지만 상태가 좋습니다.
> **가격** : 150달러(정가: 350달러)
> **연락처** : 문의 사항이 있으시면, 014-4365-8704로 전화 주세요.

어휘 feature 특징
string 끈, 줄
condition 상태
used 익숙한, 중고의
original price 정가

18 **해설** 제시문의 마지막 문장에서 그날 사람들은 오후 8시 30분부터 오후 9시 30분까지 전등을 끈다고 설명하고 있다. 그러므로 사람들이 그날 하루 종일 전등을 끈다는 ④의 내용은 제시문의 설명과 일치하지 않는다.

해석 Earth Hour 캠페인에 참여해 보지 않으실래요? 그것은 2007년 호주 시드니에서 시작되었습니다. 근래에, 전 세계 7,000개 이상의 도시들이 참여하고 있습니다. Earth Hour는 3월의 마지막 토요일에 개최됩니다. 그날 사람들은 오후 8시 30분부터 오후 9시 30분까지 전등을 끕니다.

어휘 campaign 캠페인
participate 참여하다
take place 일어나다, 개최되다
turn off 끄다

19 **해설** 첫 문장에서 성공한 사람들이 아침에 시간을 어떻게 보내는지에 관한 최근의 연구를 거론한 뒤, 이후의 문장에서 성공한 사람들의 아침 일상을 자세히 소개하고 있다. 그러므로 제시문의 주제는 '성공한 사람들의 아침 시간 활용 방법'이다.

해석 최근의 연구는 성공한 사람들이 아침에 시간을 어떻게 보내는지 보여 준다. 그들은 일찍 일어나 조용한 시간을 즐긴다. 그들은 규칙적으로 운동을 한다. 게다가, 그들은 그 날 해야 할 일들의 목록을 만든다. 작은 습관들이 성공하는 데 큰 차이를 만들 수 있다.

어휘 recent 최근의
research 연구
successful 성공한
spend 쓰다, 보내다
regularly 규칙적으로
in addition 게다가
difference 차이
towards ~을 향해서

20 **해설** 제시문에서 실수로부터 배우는 과정은 그들을 더 똑똑하게 만든다고 하였고, 그것이 더 나아지기 위한 발걸음이라고 하였다. 그러므로 빈칸에 들어갈 말로는 'mistake(실수)'가 가장 적절하다.
① 사랑
② 나라
③ 마을

해석 자신을 향상시키는 사람들은 그들이 무엇을 잘못했는지 이해하려고 노력하며, 그래서 다음번에 더 잘 할 수 있다. 실수로부터 배우는 과정은 그들을 더 똑똑하게 만든다. 그들에게 모든 실수는 더 나아지기 위한 발걸음이다.

어휘 improve 개선시키다, 향상시키다
do wrong 잘못하다
the next time 다음번
process 과정
mistake 잘못, 실수
get better 더 나아지다

21 **해설** 제시문에서 앵무새는 말을 잘 따라하고, 깃털이 멋있으며, 집에 있는 다른 동물들보다 오래 살기 때문에 글쓴이는 앵무새를 '반려동물'로 기르고 싶다고 하였다.
② 단어
③ 색깔
④ 식물

해석 앵무새를 반려동물로 갖고 싶습니다. 이유를 말씀드리겠습니다. 첫째로, 앵무새는 제 말을 반복할 수 있습니다. 만일 제가 "안녕하세요"라고 말하면, 앵무새도 저에게 "안녕하세요"라고 말할 겁니다. 다음으로, 그것은 아주 멋있고, 다채로운 깃털을 갖고 있고, 그래서 그것을 보는 것만으로도 행복해집니다. 마지막으로, 앵무새는 집에 있는 대부분의 다른 동물들보다도 더 오래 삽니다.

어휘 parrot 앵무새
repeat 반복하다, 되풀이하다
gorgeous 아주 멋진
feather 깃털

22 **해설** 주어진 문장은 'However(하지만)'로 시작하므로, 앞의 문장은 해당 내용과 반대되는 내용이 와야 한다. 주어진 문장이 플라스틱이 환경을 심각하게 오염시킨다며 그것의 단점에 대해 설명하고 있으므로, 앞 문장이 플라스틱의 장점에 대해 설명하고 있는 ②에 들어가는 것이 가장 적절하다.

해석 > 하지만, 유용성에도 불구하고, 플라스틱은 환경을 심각하게 오염시킨다.

플라스틱은 매우 유용한 재료이다. (①) 그것의 유용성은 플라스틱이 싸고, 가볍고, 강하다는 사실에서 비롯된다. (②) 예를 들면, 플라스틱은 수백 년 또는 심지어 수천 년 동안 매립지에 남아 토양 오염을 초래한다. (③) 이 문제에 대한 가장 좋은 해결책은 플라스틱에 대한 친환경적인 대안을 만드는 것이다. (④)

어휘 despite ~에도 불구하고
usefulness 유용성
pollute 오염시키다
severely 심각하게
material 재료
come from ~에서 비롯되다
lightweight 가벼운
remain 남다
landfill 매립지
result in ~을 초래하다
soil pollution 토양 오염

481

solution 해결책
eco-friendly 친환경적인
alternative 대안

23 **해설** 제시문의 마지막 문장에서 전 세계에서 콩이 어떻게 다양한 방법으로 요리되는 지 배워보자고 제안하고 있으므로, 제시문의 바로 뒤에 이어질 내용은 '콩의 다양한 요리법'이다.

해석 콩은 수천 년 동안 우리와 함께 해 왔다. 그것들은 어디서든지 쉽게 자란다. 더 중요한 것은, 그것들은 단백질이 높고 지방이 낮다는 것이다. 이러한 요인들은 콩을 세계 최고의 슈퍼 푸드 중 하나로 만든다. 이제, 전 세계에서 콩이 어떻게 다양한 방법으로 요리되는지 배워 보자.

어휘 bean 콩
grow 자라다
importantly 중요하게
protein 단백질
fat 지방
factor 요소, 요인
in a variety of 여러 가지의, 다양한

[24~25]

해석 자원봉사는 여러분에게 건강한 정신을 준다. 한 조사에 따르면, 자원봉사자의 96%가 자원봉사를 한 후 더 행복하다고 보고한다. 만일 지역사회에서 다른 사람들을 돕는다면, 여러분 자신에 대해 더 기분이 좋아질 것이다. 그것은 또한 여러분의 평범한 일상생활에 도움을 줄 수 있는 더 많은 에너지를 가지고 살도록 동기를 부여할 수 있다. 그러므로, 여러분은 더 긍정적인 삶의 관점을 갖게 될 것이다.

어휘 volunteering 자원봉사
healthy 건강한
according to ~에 따르면
survey (설문) 조사
volunteer 자원봉사자
community 공동체, 지역사회
motivate 동기를 부여하다
ordinary 평범한
useless 쓸모없는
positive 긍정적인

24 **해설** 제시문은 자원봉사 활동으로 인한 이점들에 대해 설명하고 있다. 마지막 문장은 'Therefore(그러므로)'로 시작

하므로 자원봉사 활동으로 인한 앞의 이점들을 고려할 때, '긍정적인(positive)' 삶의 관점을 갖게 됨을 알 수 있다.
① 부끄러운
② 쓸모없는
③ 불행한

25 **해설** 제시문에서 자원봉사를 하면 스스로가 더 기분이 좋아지며, 평범한 일상생활에 동기를 부여하며, 긍정적인 삶의 관점을 갖게 된다고 설명하고 있다. 그러므로 제시문의 주제는 '자원봉사가 주는 이점'이다.

제4교시

사 회

정답 및 해설 |

정답

01 ④	02 ③	03 ③	04 ①	05 ②
06 ②	07 ①	08 ①	09 ①	10 ④
11 ③	12 ①	13 ④	14 ②	15 ③
16 ④	17 ③	18 ①	19 ②	20 ④
21 ②	22 ①	23 ④	24 ③	25 ①

해설

01 국가의 통치 조직과 운영 원리 및 국민의 기본적 인권을 규정한 최고의 법은 헌법으로, 다른 법률이나 법령으로써 변경할 수 없는 한 국가의 최고 법규이다.
① 명령 : 법률에 따라 행정권에 의하여 정립되는 법률의 하위 법
② 법률 : 국회의 의결을 거쳐 대통령이 서명하고 공포함으로써 성립하는 국법
③ 조례 : 지방의 사무를 운영하기 위하여 각 지방자치단체의 의회가 제정하는 법

02 청구권은 국가에 대해 일정한 행위를 요구할 수 있는 권리로, 다른 기본권이 침해되었을 때 이를 구제하도록 요구할 수 있는 권리이다.
① 자유권 : 개인이 국가나 타인으로부터 간섭이나 침해를 받지 않고 자유로운 생활을 영위할 권리
② 참정권 : 국가의 의사 결정에 참여할 수 있는 권리
④ 평등권 : 모든 국민이 법 앞에 평등하고, 성별·종교 또는 사회적 신분 등을 이유로 차별을 받지 않을 권리

03 인간이라면 누구나 누릴 수 있는 기본적인 권리는 인권이다. 인권은 보편성, 천부성, 항구성, 불가침성의 특성을 가지며, 사람이 태어나면서 당연히 가지는 권리이므로 국가나 다른 사람이 함부로 침해할 수 없다.

04 편익은 어떤 선택을 함으로써 얻는 이익이나 만족감을 말한다. 편익에는 물질적이고 금전적인 이익뿐만 아니라 즐거움이나 성취감 같은 비금전적인 것도 포함한다.
② 희소성 : 무한한 인간의 욕구에 비해 그것을 충족시킬 자

원의 양이 상대적으로 한정된 것
③ 금융 자산 : 예금, 현금, 주식, 채권, 보험, 펀드 등으로, 부동산이나 상품 등의 실물자산에 대비되는 자산
④ 암묵적 비용 : 자신이 선택하지 않아 포기하여야 하는 기회의 잠재적 비용

05 국가들 사이의 이해관계를 조정하거나 국가 간 분쟁을 중재하는 국제 사회의 행위 주체는 국제기구로, 유럽 연합(EU), 세계 무역 기구(WTO), 경제 협력 개발 기구(OECD) 등이 이에 속한다. 다문화 사회는 다양한 문화를 향유하는 사람들이 함께 생활하는 사회이다.
① 유럽 연합(EU) : 유럽의 정치·경제 통합을 실현하기 위해 설립된 국제기구
③ 세계 무역 기구(WTO) : 국제 무역에 관한 규정과 협정을 관리하고, 무역 분쟁을 해결하기 위해 설립된 국제기구
④ 경제 협력 개발 기구(OECD) : 경제 발전과 세계 무역의 촉진을 위해 설립된 국제기구

06 시장 실패는 시장 기구가 그 기능을 제대로 발휘하지 못하여 시장에서 자원의 배분이 효율적으로 이루어지지 못하는 상태를 말한다.
① 남초 현상 : 한 인구 집단 내에서 남성의 수가 여성의 수를 초과하는 현상
③ 규모의 경제 : 생산량이 증가할수록 평균 생산 단가가 감소하는 현상
④ 소비자 주권 : 소비자가 단순히 소비만 하는 수동적 역할에서 재화의 생산 및 서비스까지 결정하는 권한

07 국가 권력을 입법권, 행정권, 사법권으로 각각 분리하여 국가의 권력 남용을 막고 국민의 기본권을 보장하는 것은 권력 분립 제도이다.
② 사회 보장 제도 : 사회적 위험을 예방하고 치료하기 위한 정부의 입법과 조직적 행정
③ 위헌 법률 심판 : 국회에서 제정한 법률이 헌법에 위반되는지 여부를 헌법 재판소가 심사하는 제도
④ 헌법 소원 심판 : 공권력에 의하여 헌법상 보장된 국민의 기본권이 침해된 경우에 헌법재판소에 제소하여 그 침해된 기본권의 구제를 청구하는 제도

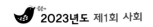

08 공공 부조는 국가가 생활 유지 능력이 없거나 생활이 어려운 국민의 최저 생활을 보장하고 자립을 지원하는 제도이다.
② 재무 설계 : 생애주기별 재무 관련 목표를 세우고 이에 맞춰 자금 준비 등을 계획하고 실천하는 과정
③ 정주 환경 : 인간이 정착하여 살아가고 있는 지역의 주거지와 그 주변 생활 환경
④ 지리적 표시제 : 품질이나 명성 등이 드러나는 지역 상품에 대해 지역 생산품임을 표시하는 제도

09 자산 관리의 3원칙 중 수익성은 원금에 비해 얻을 수 있는 이익의 정도로, 수익성이 높은 금융 자산일수록 위험성이 크므로 여러 상품에 분산하여 투자하는 것이 바람직하다.

TIP 자산 관리의 3원칙
- **안전성** : 투자한 원금이 손실되지 않고 보장되는 정도
- **수익성** : 투자를 통해 수익을 얻을 수 있는 정도
- **유동성** : 필요할 때 쉽고 빠르게 현금으로 전환할 수 있는 정도

10 문화를 우열 관계로 인식하는 태도는 문화 절대주의로 문화 사대주의와 자문화 중심주의가 이에 해당한다.
ㄱ. **문화 상대주의** : 각 문화의 다양성을 인정하고, 문화가 가진 독특한 환경과 역사적·사회적 상황에서 다른 문화를 바라보는 태도
ㄴ. **자유 방임주의** : 개인의 경제활동의 자유를 최대한 보장하고, 이에 대한 국가의 간섭을 가능한 한 배제하려는 경제사상 및 정책
ㄷ. **문화 사대주의** : 다른 문화를 더 좋은 것으로 생각하고 자신의 문화를 과소평가하거나 무시하는 태도
ㄹ. **자문화 중심주의** : 자기 문화만을 가장 우수한 것으로 생각하고 다른 문화를 무시하거나 부정하는 태도

11 윤리적 소비는 소비자가 상품이나 서비스 등을 구매할 때 윤리적인 가치판단에 따라 의식적인 선택을 하는 것으로, 지역 농산물의 구매나 공정 무역 커피의 구매 등이 이에 해당한다.
① 뉴딜 정책 : 미국의 루스벨트 대통령이 경제 공황에 대처하기 위하여 시행한 경제 부흥 정책
② 유리 천장 : 여성과 소수민족 출신자들의 고위직 승진을 막는 조직 내의 보이지 않는 장벽
④ 샐러드 볼 이론 : 샐러드처럼 다양한 사회구성원들이 상호 공존하며 각각이 색깔과 향기를 지니고 조화로운 통합을 이룬다는 논리

12 세계 인권 선언(1948)은 제1·2차 세계 대전에서의 인권 침해에 대한 반성과 인간의 기본적인 권리 존중을 위해 국제 연합(UN) 총회에서 채택된 선언이다.
① 권리 장전(1689) : 영국의 명예혁명의 결과로 이루어진 권리 선언
② 바이마르 헌법(1919) : 독일 바이마르 공화국에서 제정된 민주주의 헌법
④ 미국 독립 선언(1776) : 영국의 식민지 상태였던 아메리카 합중국이 대내외적으로 독립을 선포한 선언

13 문화 동화는 다른 사회의 문화 요소가 전파되었을 때 기존의 문화 요소가 전파된 문화 요소에 흡수되어 소멸되는 현상이다.
① 문화 갈등 : 서로 다른 문화가 문화 차이로 인해 충돌하거나 적대시하는 현상
② 문화 성찰 : 자신이 속한 문화나 다른 문화를 바람직한 기준에 따라 살피고 인정하는 것
③ 문화 병존 : 둘 이상의 문화가 각자의 고유한 성질을 간직한 채 함께 존재하는 현상

14 한대 기후는 가장 따뜻한 달의 평균 기온이 10℃ 미만인 기후로 툰드라나 빙설 지역 등이 이에 해당한다. 추운 날씨의 영향으로 순록 유목, 털가죽 의복, 폐쇄적 가옥 구조 등의 생활 모습을 보인다.
ㄹ. 통풍을 위한 큰 창문 ⎫
ㄴ. 이동식 화전 농업 ⎬→ 열대 기후

15 지진 해일은 해저에서의 지진, 해저 화산 폭발, 단층 운동 같은 급격한 지각변동 등으로 발생하는 해일이다.
① 가뭄 : 강수량 부족과 대륙 내부의 건조 기후로 인해 땅이 메마르고 물이 부족한 현상
② 폭설 : 비교적 짧은 시간에 많은 양의 눈이 오는 기상 현상
④ 열대 저기압 : 지구의 열대 지역에서 발생하는 저기압으로, 발생 지역에 따라 태풍, 허리케인, 사이클론 등으로 불림

16 ㉠ (석탄) : 18세기 산업 혁명기에 증기기관의 연료와 제철 공업의 원료로 이용된 에너지 자원이다.
㉡ (석유) : 오늘날 가장 많이 사용되는 중요 에너지 자원으로, 자동차 등의 운송수단의 확산으로 수요가 급증하였다.

TIP 주요 에너지 자원의 특징

석탄	• 산업 혁명 이후 증기 기관 연료와 제철 공업 원료로 이용 • 생산지에서 소비하는 경우가 많아 국제적 이동 적음
석유	• 현대 사회 생활 전반에서 가장 중요한 자원 • 자원의 편재성이 매우 큰 편 • 생산지와 소비지의 불일치로 국제적 이동량이 많음

천연가스	• 에너지 효율이 좋고 오염물질이 적음 • 액화 기술의 발달로 생산량과 소비량 증가

17 부르카는 이슬람의 전통 의상이다. 머리부터 발 끝까지를 천으로 감는. 이슬람의 여성 복장 중에서도 가장 폐쇄적이다.
① **게르** : 나무로 만든 뼈대에 가축의 털로 짠 두꺼운 천이나 가죽을 씌운 몽골의 전통 가옥
② **판초** : 천에 중앙에 뚫린 구멍으로 머리를 내어 어깨에 늘어지도록 입는 망토의 일종
④ **마타도르** : 스페인식 투우에서 소에게 최후의 일격을 가하는 역할을 맡은 투우사

18 대도시권은 대도시의 기능과 영향력이 주변 지역으로 확대되면서 형성되는 생활권으로, 집과 직장의 거리가 멀어지는 사람들이 많아진다.
② **누리 소통망(SNS)** : 인맥 구축을 목적으로 개설된 커뮤니티형 웹사이트
③ **커뮤니티 매핑** : 커뮤니티와 매핑의 합성어로 집단지성에 기반하는 참여형 지도 제작 활동
④ **지리 정보 시스템(GIS)** : 어떤 지역에 관한 지리적 정보를 입력 · 저장 · 처리 · 분석하는 정보 처리 시스템

19 열섬 현상은 도시의 아스팔트 도로와 콘크리트 구조물의 증가로 인해 발생하는 도시 내부의 인공 열을 말한다. 열섬 현상으로 도시 중심부의 기온이 주변 지역보다 높게 나타난다.
① **슬럼** : 어떤 지역의 주거 환경이 나쁜 상태로 쇠퇴하는 현상
③ **빨대 효과** : 대도시가 주변 중소 도시의 인구나 경제력을 흡수하는 대도시 집중 현상
④ **제노포비아** : 외국인 또는 이민족 집단을 혐오 · 배척 · 증오하는 외국인 혐오증

20 인구 분포에 영향을 미치는 요인은 자연적 요인과 사회 · 경제적 요인으로 나눈다. 사막, 온화한 기후, 험준한 산지 등은 자연적 요인에 해당하며 ④의 풍부한 일자리는 사회 · 경제적 요인에 해당한다.

21 카슈미르 분쟁은 인도와 파키스탄의 분리 독립 이후 카슈미르 지역에서 발생하는 인도와 파키스탄 간의 종교 분쟁이다. 카슈미르는 지리적으로 인도와 파키스탄의 중간에 위치한 B 지역에 해당한다.

22 정보화 사회는 컴퓨터와 통신 기술의 발달로 정보의 가치가 중시되고 다양한 정보 교류가 가능해진 사회를 말한다. 정보화로 인해 우리의 생활 공간이 가상 공간까지 확장되었으나, 시공간의 제약이 완전히 사라진 것은 아니다.

23 산업화 사회는 자본과 노동에 의한 제품의 생산을 중심으로 사회나 경제가 운영되고 발전되어 가는 사회로, 도시화가 촉진되고 직업의 다양성이 증가하는 변화를 가져왔다.
ㄱ. 녹지 면적 증가 → 녹지 면적 감소
ㄴ. 농업 중심 사회 형성 → 공업 중심 사회 형성

24 환경 영향 평가는 각종 개발 사업이 시행되기 전에 환경에 미치게 될 영향을 예측하고 평가하여 환경 오염을 줄이려는 방안을 마련하는 제도이다.
① **용광로 정책** : 기존 문화에 이주민의 문화를 흡수하여 단일한 정체성을 이루어야 한다는 문화적 동화주의 정책
② **공적 개발 원조(ODA)** : 정부 또는 공공기관의 공적 자원 지원금을 활용한 선진국의 개발도상국 원조
④ **핵 확산 금지 조약(NPT)** : 비핵보유국이 새로 핵무기를 보유하는 것과 보유국이 비보유국에 대하여 핵무기를 양여하는 것을 동시에 금지하는 조약

25 그린피스(Greenpeace)는 지구의 환경을 보존하고 세계 평화를 증진시키는 활동을 벌이는 대표적인 비정부 기구이다.
② **브렉시트(Brexit)** : 영국(Britain)과 탈출(Exit)의 합성어로, 영국의 유럽연합(EU) 탈퇴를 의미함
③ **국제통화기금(IMF)** : 국제 통화와 세계 무역의 안정을 목적으로 설립한 국제 금융 기구
④ **세계 보건 기구(WHO)** : 보건 · 위생 분야의 국제적인 협력을 위하여 설립한 UN 전문기구

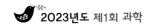

제5교시

과 학

정답 및 해설 |

▌정답

01 ④	02 ②	03 ④	04 ①	05 ④
06 ②	07 ③	08 ②	09 ④	10 ②
11 ①	12 ④	13 ③	14 ④	15 ②
16 ③	17 ①	18 ①	19 ②	20 ③
21 ①	22 ①	23 ③	24 ③	25 ①

▌해설

01 핵분열 반응을 이용하는 핵발전 연료는 우라늄이다. 핵분열은 우라늄과 같은 무거운 원자핵이 중성자를 흡수하고 원자핵이 쪼개지면서 감소한 생성물의 질량만큼 에너지가 발생한다.

> **TIP 핵분열과 핵융합**
> • **핵분열** : 무거운 원자핵(우라늄)이 중성자를 흡수 → 원자핵이 쪼개짐 → 감소한 생성물의 질량만큼 에너지 발생
> • **핵융합** : 가벼운 원소(수소, 헬륨 등)가 충돌 → 무거운 원소로 바뀜 → 질량 손실만큼 에너지로 전환

02

$$열효율(\%) = \frac{열기관이\ 한\ 일}{열기관에\ 공급된\ 에너지} \times 100$$

열효율은 열기관에 공급한 에너지 중 일로 전환된 비율을 말한다.

$열효율(\%) = \dfrac{열기관이\ 한\ 일}{열기관에\ 공급된\ 에너지} \times 100$ 에서

$열기관이\ 한\ 일 = \dfrac{열효율 \times 열기관에\ 공급된\ 에너지}{100}$

$= \dfrac{20 \times 100}{100} = 20J$

03 자유 낙하 운동은 물체가 중력만 받을 때, 1초에 속력이 약 9.8㎧씩 증가하며 낙하하는 운동으로, A와 B 구간에서 물체에 작용하는 힘의 방향은 수평과 직각인 연직 방향으로 같다.
① A 구간에서 가속도는 9.8㎧이다.
② B 구간에서 속력은 일정하게 증가한다.
③ C 구간에서도 물체에 중력이 작용한다.

04

$$운동량 = 질량 \times 속도$$

A의 운동량 $= 3kg \times 1㎧ = 3kg㎧$
A의 운동량과 B의 운동량이 같으므로,
B의 운동량 $= 1kg \times v㎧ = 3kg㎧$
∴ B의 속도$(v) = 3㎧$

05 탄소 나노 튜브는 그래핀이 튜브 형태로 결합된 구조로, 구리보다 열전도율이 뛰어나다. 탄소 나노 튜브는 탄소 6개로 이루어진 육각형들이 서로 연결되어 관 모양을 이루고 있는 신소재이다.

06 염화 나트륨($NaCl$)은 이온 결합 물질로 물에 녹아 이온이 되므로 수용액 상태에서 전기가 통한다.
ㄱ. 설탕은 공유 결합 물질이다.
ㄴ. 설탕을 물에 녹여도 이온이 되지 않는다.

> **TIP 공유 결합과 이온 결합**
> • **공유 결합** : 비금속 원소들이 원자들 사이에서 전자쌍을 공유하며 형성되는 화학 결합
> • **이온 결합** : 금속 원소의 양이온과 비금속 원소의 음이온의 전기적 인력으로 형성되는 화학 결합

07 송전선의 저항 때문에 송전선에서 열이 발생하여 전력 손실이 발생하며, 특히 1초 동안에 송전선에서 손실되는 에너지를 전력손실이라고 한다.

08 네온 원자는 옥텟 규칙에 따라 최외각 전자껍질에 8개의 전자가 배치되어 안정한 상태이다. 마찬가지로 산소 원자도 안정한 상태가 되려면 최외각 전자껍질에 현재 6개의 전자가 있으므로 2개의 전자가 추가로 필요하다.

> **TIP 옥텟 규칙**
> • 원자의 최외각 전자껍질에 전자가 최대로 채워질 때 안정함
> • 첫 번째 전자껍질에 최대 2개의 전자가, 두 번째와 세 번째 전자껍질에 최대 8개의 전자가 채워질 수 있음

09 은 이온(Ag^+)이 전자를 얻어 은(Ag)이 된 것은 물질이 산소를 잃거나 전자를 얻는 환원에 해당한다.

① 산화 : 물질이 산소를 얻거나 전자를 잃는 반응
② 연소 : 물질이 산소와 빠르게 반응하여 빛과 열을 내며 타는 현상
③ 중화 : 산과 염기가 반응하여 물과 염이 만들어지는 반응

③ 세포막 : 세포를 둘러싸서 세포 안을 주변 환경과 분리, 세포 안팎으로 물질이 출입하는 것을 조절함
④ 미토콘드리아 : 세포호흡이 일어나 세포가 생명 활동을 하는데 필요한 형태의 에너지를 생산함

10 붉은색 리트머스 종이를 푸른색으로 변하게 하는 성질을 가진 것은 염기로, 수용액 상태에서 수산화 이온(OH⁻)을 내놓는다. 수산화 칼륨(KOH)은 수용액 상태에서 수산화 이온(OH⁻)을 내놓으므로 염기에 해당한다.
① · ③ · ④ HCl, HNO₃, H₂SO₄ → 산

11 수소 이온(H^+)과 수산화 이온(OH^-)의 반응은 산과 염기의 반응으로, 수소 이온(H^+)과 수산화 이온(OH^-)이 1:1의 개수비로 중화한다.

12 단백질을 구성하는 기본 단위체는 아미노산이다. 단백질은 근육과 항체, 세포의 원형질, 효소와 호르몬을 구성한다.
① 녹말 : 탄수화물의 일종으로, 여러 개의 포도당이 글루코시드 결합으로 결합된 다당류
② 핵산 : 생명체의 유전 정보를 가지고 있는 생물체의 유전 물질
③ 포도당 : 단맛이 있고 물에 잘 녹으며 환원성이 있는 단당류의 하나

13 하나의 종 내에서 유전자의 다양함으로 인해 나타나는 형질의 다양성을 유전적 다양성이라고 한다.
① 군집 : 여러 개체군이 같은 서식지에 지은 무리
② 개체군 : 일정한 지역에 같은 종의 개체가 지은 무리
④ 생태계 다양성 : 다양한 생물 종들이 공존하고 서로 상호작용하는 것

14 생물이 생명 유지를 위해 생명체 내에서 물질을 분해하거나 합성하는 모든 화학 반응을 물질대사라고 한다.
① 삼투 : 농도가 낮은 용액에서 높은 용액으로 용매가 이동하는 현상
② 연소 : 물질이 산소와 빠르게 반응하여 빛과 열을 내는 현상
③ 확산 : 물질이 높은 농도에서 낮은 농도로 이동하는 현상

15 광합성이 일어나는 식물의 세포 소기관은 엽록체로 포도당을 합성한다.
① 핵 : 유전 물질인 DNA가 있어 세포의 구조와 기능을 결정하고 생명 활동을 조절함

16

전사는 DNA의 유전 정보를 ⊙(RNA)로 전달하는 과정이며, 번역은 RNA의 유전 정보에 따라 ⓒ(단백질)을 합성하는 과정이다.

17 DNA는 두 가닥의 폴리뉴클레오타이드가 나선형으로 꼬여 있는 이중 나선 구조로, 아데닌(A), 구아닌(G), 사이토신(C), 티민(T)의 염기 서열로 유전 정보를 저장한다.
① 지방 : 생명체의 에너지원으로 사용되는 유기 화합물
② 효소 : 생명체에서 화학 반응을 촉진하는 생체 촉매
③ 단백질 : 근육과 항체, 세포의 원형질, 효소와 호르몬을 구성하는 생명체의 주성분

18 생태계의 구성 요소 중 생물적 요인은 생산자, 소비자, 분해자로 구성되므로 A는 생산자이다. 생산자는 생명 활동에 필요한 양분을 스스로 만드는 생물적 요인으로 벼 등의 식물 등이 이에 해당한다.
② · ③ 토끼, 독수리 → 소비자
④ 곰팡이 → 분해자

TIP 생태계의 생물적 요인
• **생산자** : 생명 활동에 필요한 양분을 스스로 만듦 예 식물, 식물 플랑크톤 등
• **소비자** : 다른 생물을 섭취하여 양분을 얻음 예 초식 동물, 육식 동물 등
• **분해자** : 생물의 배설물과 사체를 분해하여 양분을 얻음 예 세균, 곰팡이 등

19 공룡이 번성한 것은 중생대이다. 중생대는 대체로 기후가 온난하였으며, 공룡 외에 암모나이트, 파충류, 겉씨식물 등의 생물이 있다.
① 신생대 : 4번의 빙하기, 3번의 간빙기가 있었다. 포유류가 크게 번성하여 포유류의 시대라고도 부른다. 인류가 출현하였고, 화폐석, 매머드, 속씨식물 등의 생물이 있다.
③ 고생대 : 대기권에 오존층이 형성되면서 바다에서 생활하던 생물들이 육상으로 진출하였다. 삼엽충, 필석, 갑주어,

양치식물 등이 번성하였다.

④ **선캄브리아 시대** : 지질시대의 약 85%를 차지하는 가장 긴 시대이며 이 당시의 생물들은 모두 바다에서 살았다. 세포생물, 해조류, 스트로마톨라이트 등의 생물이 있다.

20 지구 내부의 층상 구조 중 액체 상태로 존재하는 부분은 핵의 바깥쪽 부분인 외핵으로 C에 해당한다.
① **A(지각)** : 암석으로 이루어진 지구의 겉 부분으로 고체 상태임
② **B(맨틀)** : 지구 내부의 지각과 외핵 사이에 존재하는 부분으로 고체 상태임
④ **D(내핵)** : 지구의 가장 중심에 위치하며 철과 니켈 등의 고체로 구성됨

21 두 판이 서로 멀어지는 판의 경계를 발산형 경계라 하는데, 이 경계에서는 맨틀 대류의 상승으로 지진과 화산이 잦고 해령이나 열곡대가 발달한다.
② **해구** : 수렴형 경계에서 발생하는 해저지형으로, 심해저에서 움푹 들어간 길고 좁은 부분
③ **호상 열도** : 섬들이 활 모양으로 길게 배열된 지형
④ **변환 단층** : 두 판이 반대 방향으로 어긋나는 보존형 경계에서 볼 수 있는 단층 유형

22 화산 활동이 일어나는 곳은 지권이며, 화산 가스가 방출되는 대기는 기권에 해당한다. 그러므로 화산 활동에 의한 화산 가스가 대기 중에 방출되는 것은 지권과 기권의 상호 작용인 A에 해당한다.

23
무역풍 약화 → 남적도 해류 약화 → 페루 연안의 용승 약화 → 페루 연안의 수온 상승

태평양의 적도 부근에서 부는 무역풍이 몇 년에 한 번씩 약해지면서 남적도 해류의 흐름이 느려져서, 동태평양 적도 해역의 표층 수온이 평상시보다 높아지는 현상은 엘니뇨이다
① **사막화** : 오랜 가뭄 또는 인간의 과도한 개발로 인해 토지가 사막으로 변해가는 현상
② **산사태** : 폭우나 지진, 화산 따위로 산 중턱의 바윗돌이나 흙이 갑자기 무너져 내리는 현상
④ **한파** : 한랭기단이 위도가 낮은 지방으로 몰아닥쳐 급격한 기온의 하강을 일으키는 현상

24 수소 기체 방전관에서 나온 빛의 방출 스펙트럼은 선 스펙트럼으로 가시광선 영역에 속한다. 기체마다 흡수선이 나타나는 위치와 굵기가 다르므로, 스펙트럼을 분석하여 별의 온도,

밀도, 화학 성분 등을 알 수 있다.
ㄷ. 수소와 헬륨은 다른 원소이므로, 다른 위치에 선이 나타난다.

25 질량이 태양 정도인 별의 중심부에서 수소 핵융합이 일어나면 헬륨이 만들어지게 된다. 헬륨이 만들어진 후 헬륨 핵융합으로 탄소 핵이 만들어지게 되고, 그 이후에는 더 이상 핵융합을 하지 않는다. 따라서 ㉠에 해당하는 원소는 헬륨이다.

제6교시 한국사

정답 및 해설 |

정답

01 ③	02 ①	03 ④	04 ②	05 ②
06 ③	07 ②	08 ②	09 ④	10 ①
11 ①	12 ④	13 ①	14 ③	15 ④
16 ③	17 ④	18 ③	19 ②	20 ④
21 ①	22 ②	23 ①	24 ②	25 ④

해설

01 암사동 선사 유적지는 신석기 시대의 대표적인 유적지이다. 신석기 시대에는 가락바퀴를 이용하여 실을 뽑거나, 빗살무늬 토기를 이용하여 음식을 조리하고 저장하였다.
① 상평통보 → 조선 시대
② 비파형 동검 → 청동기 시대
④ 불국사 3층 석탑 → 통일 신라

02 법흥왕은 신라 제23대 왕으로 이차돈의 순교를 계기로 불교를 공인하였으며, 금관가야를 정복한 후 낙동강까지 영토를 확대하였다. 또한 율령을 반포하여 통치 질서를 확립하였다.
② 훈민정음 창제 → 조선 세종대왕
③ 사심관 제도 실시 → 고려 태조 왕건
④ 전민변정도감 설치 → 고려 공민왕

03 일본 도다이사 쇼소인에서 발견된 신라 촌락 문서는 서원경에 속한 촌을 비롯한 4개 촌락의 경제 상황이 기록되어 있다. 신라 촌락 문서는 농민에 대한 노동력 동원과 세금 징수를 위해 작성되었다.
① 공명첩 : 나라의 재정을 보충하기 위하여 부유층에게 돈이나 곡식을 받고 팔았던 명예직 임명장
② 시무 28조 : 고려 성종 때 최승로가 올린 시무책
③ 영남 만인소 : 조선 고종 때 영남 지방의 유생들이 개화정책에 반대하여 올린 상소

04 백제와 고구려가 멸망한 후 신라 문무왕은 매소성 전투에서 당의 군대를 격퇴하고 나·당 전쟁에서 승리하여 삼국 통일을 이룩하였다.
① 귀주 대첩 : 10만 대군의 소배압이 이끄는 거란의 3차 침

임에 맞서 강감찬이 귀주에서 거란을 격퇴한 전투
③ 봉오동 전투 : 홍범도의 대한 독립군이 중국 지린성의 봉오동에서 간도 지역을 기습한 일본군을 상대로 승리한 전투
④ 한산도 대첩 : 임진왜란 때 이순신 장군이 한산도 앞바다에서 학익진 전법을 이용하여 왜군을 격퇴한 전투

05 해동 천태종을 창시한 고려의 승려는 대각국사 의천이다. 그는 교관겸수를 내세워 이론 연마와 실천을 함께 중시하였다.
① 김구 : 대한민국 임시 정부를 이끈 독립 운동가로, 한인 애국단을 조직하였고 남한만의 단독 선거에 반대하여 남북 협상에 참여하였다.
③ 안중근 : 하얼빈에서 이토 히로부미를 처단하고 동양 평화론을 집필한 독립 운동가이다.
④ 전태일 : 서울 동대문 평화시장에서 노동환경 개선과 근로기준법 준수를 외치며 분신한 노동 운동가이다.

06 명성황후가 시해된 을미사변과 단발령의 시행에 대한 반발로 최초의 항일 의병인 을미의병이 일어났다.
① 갑신정변 : 김옥균을 중심으로 한 급진개혁파가 우정국 개국 축하연을 이용해 사대당 요인을 살해하고 개화당 정부를 수립하였다.
② 병자호란 : 조선이 청의 군신 관계 요구를 거절하자 청이 조선을 침략한 전쟁으로, 인조는 남한산성에서 항전하다 결국 삼전도에서 굴욕적인 강화를 맺었다.
④ 무신 정변 : 고려 시대 때 정중부, 이의방 등의 무신들이 문벌 귀족들을 제거하고 정권을 장악한 사건이다.

07 고려 광종은 노비안검법을 시행하여 양인이었다가 불법으로 노비가 된 자를 조사하여 해방시켜 줌으로써 호족과 공신 세력을 견제하였다.
① 신문지법 : 일제가 독립운동을 후원하는 신문사를 규제하고 민족 언론을 탄압할 목적으로 제정한 법률이다.
③ 치안 유지법 : 공산주의 및 무정부주의 운동을 탄압하기 위해 제정한다고 했으나 사실상 독립 운동에 대한 전반적 탄압을 위해 만들어진 법률이다.
④ 국가 총동원법 : 일본이 전쟁을 수행하기 위하여 인적, 물적 자원을 통제하고 동원할 목적으로 제정한 법률이다.

08 홍경래의 난과 임술 농민 봉기가 발발한 1800년대는 풍양 조씨와 안동 김씨 등 소수의 가문이 권력을 독점했던 세도 정치기이다.
① 권문세족의 농장 확대 → 고려 원 간섭기
③ 진골 귀족들이 왕위 쟁탈전 → 신라 하대
④ 황국 신민화 정책의 추진 → 일제 강점기

> **TIP** 세도 정치기
> • 순조(1800~1834) : 정순왕후의 수렴청정. 김조순의 안동 김씨 일파의 세도 정치 전개
> • 헌종(1834~1849) : 헌종의 외척인 조만영, 조인영 등의 풍양 조씨 가문이 득세
> • 철종(1849~1863) : 김문근 등 안동 김씨 세력이 다시 권력 장악

09 고려 시대에는 특수 행정 구역으로 향·소·부곡이 있었는데, 이곳에 거주하는 사람들은 양인임에도 불구하고 과거 응시와 거주 이전에 제한이 있었다. 또한 일반 군현민에 비해 많은 세금을 부담하였다. 향과 부곡에는 주로 농민들이 거주했고, 소에는 주로 수공업이나 광업 종사자들이 거주했다.

10 서원은 조선 시대 사림이 세운 사립 교육 기관으로, 중종 때 주세붕이 설립한 백운동 서원이 시초이다. 선현에 대한 제사와 학문 연구 및 교육을 담당하였다.
② 광혜원 : 우리나라 최초의 근대식 국립 의료 기관
③ 우정총국 : 우리나라 최초의 근대식 우편 업무 담당 기관
④ 경성 제국 대학 : 조선의 민립 대학 설립을 방해하기 위해 일제가 설립한 대학

11 사헌부, 사간원, 홍문관은 조선의 3사로 문필 활동을 통해 언론 기능을 담당하였다. 정사를 비판하고 관리의 비리를 감찰하여 권력의 독점과 부정을 방지하였다.
② 비변사 : 조선 중종 때 외적에 대비하기 위해 처음 설치되었으며, 임진왜란을 거치면서 국정 전반을 총괄하는 국정 최고 기구로 성장함
③ 식목도감 : 법의 제정이나 각종 시행 규정을 다루고 국가 중요 의식을 관장했던 고려의 회의 기관
④ 군국기무처 : 제1차 갑오개혁 때 개혁 추진을 위해 설치된 초정부적 의결 기구

> **TIP** 조선의 삼사
> • 사헌부 : 감찰 탄핵 기관, 사간원과 함께 대간을 구성하여 서경권 행사. 수장은 대사헌(종2품)
> • 사간원 : 언관(言官)으로서 왕에 대한 간쟁. 수장은 대사간
> • 홍문관 : 정치 자문 기관, 경연을 관장. 문필·학술 기관, 수장은 대제학

12 프랑스가 병인박해를 구실로 강화도를 공격한 것은 병인양요이다. 병인양요 당시 양헌수 부대가 정족산성에서 승리하였으나, 프랑스군이 철수하면서 외규장각 도서를 약탈하였다.
① 고려 공민왕은 반원 자주 정책의 일환으로 쌍성총관부를 탈환하고 철령 이북의 땅을 수복하였다.
② 고구려 장수왕의 남진 정책에 대비하여 신라와 백제가 나·제 동맹을 결성하였다.
③ 조선 숙종은 청의 요구로 조선과 청의 경계를 정한 백두산정계비를 건립하였다.

13 동학 농민 운동으로 청·일군이 개입하자 정부는 농민군에 휴전을 제의해 전주 화약이 성립하였다. 이후 동학 농민군은 집강소를 설치하여 탐관오리 처벌, 조세 제도 개혁, 사회적 악습 폐지 등의 폐정 개혁을 추진하였다.
② 성균관 : 조선 시대 최고의 교육 기관
③ 국문 연구소 : 한국어 연구 기관
④ 조선 총독부 : 일제가 설치한 식민 통치 기구

14 순종의 장례일에 맞추어 학생들의 주도로 전개된 시위 운동은 6·10 만세 운동이다. 시위를 준비하는 과정에서 민족주의 세력과 사회주의 세력이 연대하였다.
① 새마을 운동 : 박정희 정부 때의 농촌 근대화를 표방한 범국민적 지역 사회 개발 운동
② 서경 천도 운동 : 고려 인종 때 묘청이 풍수지리설에 근거하여 서경 천도를 주장한 운동
④ 5·18 민주화 운동 : 신군부 세력의 비상 계엄 확대와 무력 진압에 저항하여 일어난 민주화 운동

15 1910년대는 일제의 무단 통치기로, 교사도 제복을 입고 칼을 찼으며, 헌병 경찰 제도를 실시하여 헌병이 경찰 업무를 수행하게 하였다.
① 골품제 → 신라의 신분 제도
② 삼청 교육대 설치 → 전두환 정부
③ 사사오입 개헌 → 이승만 정부

> **TIP** 무단 통치기의 일제 정책
> • 헌병 경찰제 : 헌병이 경찰 업무 대행
> • 조선 태형령 : 조선인에 대한 태형 처벌
> • 토지 조사 사업 : 토지 약탈 및 식민지화에 필요한 재정 수입원 마련
> • 회사령 : 회사 설립 허가제를 통한 민족 기업의 성장 억제

16 윤봉길은 일제 강점기의 독립운동가로, 상하이 훙커우 공원에서 열린 일본군 축하 기념식에서 폭탄을 투척하였다. 이를

계기로 중국 국민당 정부가 한국의 독립운동을 적극 지원하였다.

① **일연** : 삼국유사를 편찬한 고려의 승려

② **김유신** : 삼국통일에 공을 세운 신라의 장군

④ **정약용** : 실학 사상을 집대성한 조선 최고의 실학자

17 제1차 세계 대전 후 문화 통치기에 일제는 고도성장과 공업화로 인한 식량 부족과 쌀값 폭등을 우리나라에서의 식량 수탈로 해결하려고 산미 증식 계획을 시행하였다

　① **대동법** : 조선 광해군 때 공납의 폐단을 시정하고 전후 농민의 부담을 경감하기 위해 특산물 대신 쌀로 세금을 내도록 한 정책

　② **탕평책** : 조선 영조와 정조가 붕당 간 정쟁의 폐단을 막고 정국을 안정시키고자 실시한 정책

　③ **의정부 서사제** : 조선 초기 육조의 업무를 의정부를 거쳐 왕에게 올리게 한 제도

18 소파 방정환은 천도교 소년회를 조직하고 어린이날 제정을 주도하는 등 소년 운동을 전개하였다.

　① 현량과 시행 → 조선 중종 : 조광조

　② 『삼국사기』 저술 → 고려 인종 : 김부식

　④ 이토 히로부미 처단 → 대한 제국기 : 안중근

19 국민들의 대통령 직선제 요구를 거부하는 전두한 대통령의 4 · 13 호헌 조치에 맞서 시민들이 호헌 철폐, 독재 타도를 외치며 6월 민주 항쟁이 발발하였고, 이에 전두환 정부는 결국 대통령 직선제 개헌안을 수용하였다(1987).

　① 3 · 1 운동 : 일제 강점기 최대 규모의 민족 운동

　③ **국채 보상 운동** : 일본에 진 빚을 국민들의 모금으로 갚기 위해 전개된 경제적 구국 운동

　④ **금 모으기 운동** : 김대중 정부 때 IMF의 외환 위기 극복을 위해 전 국민이 참여한 금 모으기 운동

20 한국의 임시 민주 정부의 수립과 미 · 소 공동 위원회의 설치 그리고 미 · 영 · 중 · 소에 의한 최고 5년간의 한반도 신탁 통치 등을 결정한 것은 1945년에 개최된 모스크바 3국 외상 회의이다.

　① **신민회** : 안창호, 양기탁 등이 국권 회복과 공화 정체의 근대 국가 건설을 목표로 설립한 비밀 결사 단체

　② **화백 회의** : 국가의 중대사를 만장일치로 결정한 신라의 귀족 회의 기구

　③ **조선 물산 장려회** : 물산 장려 운동을 전개하기 위해 조만식, 이상재 등의 주도로 설립된 단체

21 1950년 6월 25일 북한의 남침으로 발발한 전쟁은 6 · 25 전쟁으로 많은 군인과 민간인이 희생되고 이산가족과 전쟁고아가 발생하였으며 지금까지 남북 분단이 고착화되고 있다. 한편, 강화도 조약은 일본과 맺은 최초의 근대적 조약이자 불평등 조약으로, 조선 측의 포격을 받은 운요호 사건이 원인이 되어 체결되었다.

22 박정희 정부는 베트남에 국군을 파병하고, 7 · 4 남북 공동 성명을 발표하여 '자주, 평화, 민족 대단결'의 민족 통일 3대 원칙을 제시하였다. 또한 장기 집권을 위해 대통령의 권한을 강화한 유신 헌법을 제정하였다.

　① 별기군 창설 → 조선 후기 고종

　③ 독서삼품과 실시 → 통일 신라 원성왕

　④ 한 · 일 월드컵 대회 개최 → 김대중 정부

23 이승만 정부 때에는 미국의 원조 물자를 토대로 제분 · 제당 · 면방직과 같은 삼백 산업 중심의 소비재 산업이 발달하였다. 이 시기에 여당 부통령 후보 당선을 위한 3 · 15 부정 선거가 자행되어 4 · 19 혁명이 촉발되었다

24 1940년에 창설된 한국 광복군은 대한민국 임시 정부의 직할 부대로 총사령관에 지청천, 참모장에 이범석이 취임하였다. 미국 전략 정보국(OSS)과 협력하여 국내 진공 작전을 계획하였으나 일제의 패망으로 실현하지는 못했다.

　① **별무반** : 고려 숙종 때 윤관은 신기군, 신보군, 항마군으로 조직된 별무반을 편성하여 여진족의 침입에 대비하였다.

　② **삼별초** : 고려 무신 집권기 때 최우는 좌 · 우별초와 신의 군으로 삼별초를 조직하여 몽골의 침입에 대비하였다.

　③ **장용영** : 조선 정조는 왕의 친위 부대인 장용영을 설치하고 한양에는 내영, 수원 화성에는 외영을 두었다.

25 김영삼 정부 때에 금융 거래의 투명성을 확보하고자 금융 실명제가 대통령 긴급 명령으로 실시되었다.

　① **당백전 발행** : 조선 후기 흥선 대원군은 경복궁 중건에 필요한 재원 마련을 위해 당백전을 발행하였다.

　② **방곡령 선포** : 조선 정부는 일본으로의 지나친 곡물 유출을 막기 위해 방곡령을 선포하였다.

　③ **진대법 실시** : 고구려의 고국천왕은 을파소의 건의로 백성들에게 곡식을 빌려주는 진대법을 시행하였다.

제7교시

도 덕

정답 및 해설 |

정답

01 ①	02 ②	03 ④	04 ②	05 ④
06 ①	07 ②	08 ③	09 ④	10 ③
11 ④	12 ④	13 ④	14 ①	15 ③
16 ②	17 ③	18 ③	19 ①	20 ③
21 ②	22 ③	23 ②	24 ④	25 ①

해설

01 메타 윤리학은 윤리학의 학문적 성립 가능성을 모색하기 위해 도덕적 언어의 의미 분석과 도덕적 추론의 정당성을 검증하기 위한 논리 분석을 주된 목표로 한다.
  ② **실천 윤리학** : 이론 윤리학에서 제공하는 도덕 원리를 토대로 구체적인 윤리 문제를 해결하는 데 초점을 두는 학문
  ③ **신경 윤리학** : 과학적 측정 방법을 통해 이성과 정서의 역할이 무엇인지 등을 입증함
  ④ **기술 윤리학** : 도덕 현상과 문제를 명확하게 기술하고, 기술된 현상들 간의 인과 관계를 설명함

02 도가 사상의 창시자로 무위자연을 강조한 중국 춘추 시대의 사상가는 노자이다. 그는 도(道)와 조화를 이루는 삶을 강조한 『도덕경』을 저술하였다.
  ① **묵자** : 유교의 차별적 사랑을 비판하며 무차별적 사랑을 강조함
  ③ **순자** : 성악설을 주장하며 예치를 강조함
  ④ **맹자** : 성선설을 주장하며 왕도 정치를 강조함

03 도덕적 탐구란 도덕적 사고를 통해 도덕적 의미를 새롭게 구성하는 지적 활동으로, 이성적 사고의 과정을 중시하지만 정서적인 측면도 중시한다.

  TIP 도덕적 탐구의 특징
  • 현실 문제를 해결할 때 당위적 차원에 주목함
  • 대체로 윤리적 딜레마를 활용한 도덕적 추론으로 이루어짐
  • 정서적 측면을 고려함

04 세상의 모든 존재는 서로 의지한다는 불교의 근본 교리는 연기(緣起)이다. 즉, 모든 존재와 현상은 다양한 원인과 조건에 의해 생겨난다는 것을 의미한다.
  ① **심재(心齋)** : 마음을 비워서 깨끗이 함
  ③ **오륜(五倫)** : 유교 윤리의 5가지 핵심 규범
  ④ **정명(正名)** : 자신이 맡은 직분에 충실함

05 규칙 공리주의는 행위 공리주의의 한계를 극복하기 위해 등장한 사상으로, 어떤 규칙이 최대의 유용성을 산출하는지 판단한 후, 그 규칙에 부합하는 행위를 옳은 행위로 본다.
  ① **의무론** : 언제 어디서나 우리가 따라야 할 보편타당한 법칙이 존재하며, 우리의 행위가 이 법칙을 따르면 옳고 따르지 않으면 그르다고 판단한다. 의무론의 대표적인 윤리 사상으로는 칸트 윤리와 자연법 윤리가 있다.
  ② **덕 윤리** : 윤리적으로 옳고 선한 결정을 하려면 유덕한 품성을 길러야 한다는 주장이다.
  ③ **자연법 윤리** : 모든 인간에게 자연적으로 주어져 있는 보편적인 법으로, 자연의 질서를 따르는 행위는 옳지만 그것을 어기는 행위는 그르다고 본다.

06 과학적 지식을 활용하여 인간이 자연을 정복해야 한다는 자연관은 인간 중심주의이다. 인간 중심주의는 인간만이 직접적인 도덕적 고려의 대상이며 동물이나 식물 등 인간이 아닌 존재는 도덕적 고려의 대상이 아니라고 본다.
  ② **동물 중심주의** : 동물을 인간을 위한 수단으로 여기는 것에 반대하고 동물의 복지와 권리의 향상을 강조한다.
  ③ **생명 중심주의** : 모든 생명체는 그 자체로서 가치를 지니므로 도덕적 고려의 범위를 모든 생명체로 확대해야 한다고 본다.
  ④ **생태 중심주의** : 무생물을 포함한 생태계 전체를 도덕적 고려의 대상으로 보며, 생명 개체에만 초점을 맞추는 개체 중심적인 환경 윤리를 비판한다.

07 시민 불복종은 정의롭지 못한 법과 정책을 변화시키려는 목적을 가지고 의도적으로 법을 위반하는 행위이다. 정당한 시민 불복종의 조건은 공동선을 위해 다수에게 공공적으로 호소하는 행위여야 한다.
  ① **공정 무역** : 불공정 무역 행위를 규제하고 상품의 전 과정에서 경제 주체들의 이익이 공정하게 분배되도록 하는

무역

③ **합리적 소비** : 자신의 경제력 내에서 가장 큰 만족을 추구하는 소비

④ **주민 투표제** : 지방자치단체의 중요한 정책사항 등을 주민이 직접 투표로 결정하는 제도

08 과학 기술자는 공익을 추구해야 하며, 자신만의 이익을 위해 연구 결과를 조작해서는 안 된다.

> **TIP 과학 기술자의 사회적 책임**
>
> • 과학 기술의 결과물의 부정적 영향 등을 검토하여 예방적 조치를 해야 함
> • 기아나 환경 문제 등 전 지구적인 과제를 해결할 수 있는 과학 기술을 개발해야 함
> • 사회적 책임을 실현하기 위한 제도적인 장치를 마련해야 함

09 대중문화의 건전한 발전을 위해 소비자 측면에서는 대중문화를 주체적이고 비판적으로 수용해야 하며, 생산자 측면에서는 건전한 대중문화를 보급하기 위해 노력해야 한다.

10 ㄴ. 무력이나 흡수 통일이 아닌 민주적 절차에 따라 단계적으로 추진해야 한다.
ㄷ. 북한 주민을 화해와 협력의 대상으로 인식하고 남북 교류와 협력을 통해 서로 간에 신뢰를 형성해야 한다.

11 부부는 서로 존중하고 협력해야 하는 동등한 존재임을 인식해야 하며, 성별의 차이에 따른 고정된 성 역할을 절대시해서는 안 된다.

12 비주류 문화를 주류 문화에 녹여서 하나로 통합시켜야 한다는 동화주의의 대표적 이론은 용광로 이론이다.
② **모자이크 이론** : 소수 민족의 문화를 용해시키기 보다는 각 문화를 살려내 화려한 모자이크 패턴을 만드는 다문화주의 이론
③ **샐러드 볼 이론** : 샐러드처럼 다양한 사회구성원들이 상호 공존하며 각각이 색깔과 향기를 지니고 조화로운 통합을 이룬다는 논리
④ **국수 대접 이론** : 국수가 주된 역할을 하고 고명이 부수적인 역할을 하여 맛을 내듯이. 주류 문화와 비주류 문화가 공존해야 한다고 보는 입장

13 롤스(Rawls, J.)는 분배 절차가 공정하면 분배 결과도 공정하다는 절차적 정의를 강조하며, 원초적 입장으로부터 도출된 정의의 원칙을 따를 때 공정한 분배가 실현될 수 있다고 보

았다.

14 칸트(Kant, I.)의 도덕 법칙에 따르면 이성적이고 자율적인 인간은 보편적인 도덕 법칙을 의식할 수 있으며, 그러한 도덕 법칙은 정언 명령의 형식이어야 한다. 정언 명령은 행위의 결과와 상관없이 행위 자체가 선(善)이기 때문에 무조건 수행해야 하는 도덕적 명령을 의미한다.
ㄷ. 칸트의 도덕 법칙은 인간 존엄성의 정신을 강조한다.
ㄹ. 칸트의 도덕 법칙은 도덕성을 판단할 때 행위의 결과보다 동기를 중시한다.

15 태아에 대한 소유권이 임신한 여성에게 있다는 주장은 인공 임신 중절에 대한 찬성의 근거이다. 즉, 여성은 자기 몸에 대한 소유권을 지니며, 태아도 여성의 몸의 일부라고 본다.

> **TIP 인공 임신 중절의 윤리적 쟁점**

찬성 (선택 옹호주의)	• 태아는 인간이 아님 • 여성은 자기 몸에 대한 소유권을 지니며 태아도 여성의 몸의 일부임 • 여성은 자신의 삶을 자율적으로 결정할 수 있음 • 여성은 자기방어와 정당방위의 권리를 지니기 때문에 일정 조건하에서는 낙태할 권리를 지님
반대 (생명 옹호주의)	• 모든 인간 생명은 존엄하고, 태아 역시 인간이므로 보호해야 함 • 잘못이 없는 인간을 해치는 것은 도덕적으로 옳지 않은 일인데 태아는 잘못이 없는 인간임 • 태아는 인간으로 성장할 잠재성을 가지므로 인간으로서 지위를 갖고 있음

16 윤리적 소비는 윤리적 가치 판단에 따라 상품이나 서비스를 구매하고 사용하는 것을 중시하는 소비로, 환경오염을 방지하고 건강한 생태계를 유지하는 소비는 윤리적 소비에 해당한다. 따라서 윤리적 소비를 실천한 학생은 환경 보전을 위해 재활용 종이로 만든 지갑을 산 학생 20이다.

17 예술에 대한 도덕주의는 도덕적 가치가 미적 가치보다 우위에 있으므로, 예술에 대한 윤리적 규제가 필요하다고 본다. 또한 예술의 목적은 도덕적 교훈을 제공하는 것으로 예술의 사회성을 강조한다.
ㄱ·ㄷ **심미주의** : 예술의 가치를 순수하게 미적 추구로만 보는 입장으로, 예술의 자율성만을 강조한다.

18 바람직한 의사소통을 위해서는 진실에 근거하여 거짓 없는
    소통을 해야 하고 대화에 힘써야 한다.

> **TIP** 바람직한 소통과 담론 윤리
> - 소통과 담론에 참여할 수 있는 사람들의 권리를 인정해야 함
> - 대화의 상대방을 존중하는 태도를 지녀야 함
> - 진실에 근거하여 거짓 없는 소통을 해야 하고 대화에 힘써야 함
> - 자신의 오류 가능성을 인정하는 겸허한 태도를 지녀야 함
> - 공적 의사 결정 과정에 적극적으로 참여해야 함

19 전문직은 고도의 전문적 교육과 훈련을 거쳐야만 종사할 수
    있는 직업으로, 자신의 직업에 필요한 전문 지식과 기술을 축
    적해야 할 뿐만 아니라 높은 수준의 직업적 양심과 사회에
    대한 책임감을 지닐 수 있도록 노력해야 한다.

20 사이버 폭력은 사이버 공간에서 상대방이 원하지 않는 언어,
    이미지 등을 이용하여 정신적·심리적 피해를 주는 행위로,
    타인의 명예를 훼손하여 정신적 피해를 주는 것도 사이버 폭
    력에 해당한다.

21 형벌의 목적을 범죄 예방을 통해 사회 전체의 이익을 증대시
    키는 것으로 보는 관점은 공리주의이다. 공리주의의 입장에
    서 사회 전체의 이익이 형벌의 근거가 된다.
    ① **국수주의** : 자신의 나라에 대한 우월감으로 자국의 역사,
      문화 등이 다른 나라보다 우월한 것이라 믿는 극단적 배
      타주의
    ③ **이기주의** : 자기 자신의 이익만을 꾀하고, 사회 일반의 이
      익을 염두에 두지 않으려는 태도
    ④ **신비주의** : 인간의 정신과 현실에 대한 깊은 이해를 추구
      하는 사상이나 철학

22 자신의 인간관, 가치관, 세계관 등을 전체적으로 검토하고 반
    성하는 과정은 윤리적 성찰이다. 증자의 일일삼성(一日三省),
    이황의 경(敬), 불교의 참선(參禪), 소크라테스의 산파술 등이
    윤리적 성찰을 실천하는 방법에 해당한다.

23 ㉠ **(보수주의)** : 결혼과 출산 중심의 성 관계
    ㉡ **(자유주의)** : 자발적인 동의 중심의 성 관계

> **TIP** 사랑과 성의 관계
>
> | 보수주의 | • 결혼과 출산 중심의 성 윤리를 제시
• 부부간의 신뢰와 사랑을 전제로 할 때만 도덕적이라고 주장
• 혼전 또는 혼외 성관계는 부도덕함 |
> | --- | --- |
> | 중도주의 | • 사랑 중심의 성 윤리를 제시
• 사랑을 동반한 성적 관계는 허용될 수 있다고 주장
• 사랑이 결부된 성적 관계는 남녀가 육체적·정서적으로 교감할 수 있음 |
> | 자유주의 | • 자발적인 동의 중심의 성 윤리를 제시
• 성에 관한 개인의 자유로운 선택을 중시 |

24 기후 변화는 전 지구적 문제로 생태계 교란, 새로운 질병의
    유행, 자연재해의 증가 등은 기후 변화로 인한 문제점에 해당
    하나 ④의 '인류의 안전한 삶 보장'은 기후 변화로 인한 문제
    점으로 볼 수 없다.

25 국가는 이성적 존재이기 때문에 국제 분쟁은 국제법, 국제기
    구 등 제도의 개선으로 해결할 수 있다고 보는 국제 관계에
    대한 입장은 이상주의이다.
    ② **제국주의** : 강력한 군사력을 토대로 정치, 경제, 군사적 지
      배권을 다른 민족이나 국가로 확장시키려는 패권주의 정책
    ③ **현실주의** : 무정부 상태의 국제 관계를 국익과 세력 균형
      의 관점에서 보는 입장
    ④ **지역주의** : 특정 지역의 이익을 도모하거나, 특정 지역의
      독자성을 중시하는 정치 형태

정답 및 해설

2023년도

제2회

제1교시

국 어

정답 및 해설 |

▌정답

01 ②	02 ②	03 ③	04 ④	05 ①
06 ①	07 ④	08 ④	09 ①	10 ③
11 ①	12 ②	13 ②	14 ④	15 ②
16 ①	17 ①	18 ②	19 ②	20 ①
21 ②	22 ③	23 ④	24 ③	25 ④

▌해설

01 전공의와 신경외과장이 '이데마, 만니톨, 엔시드' 등의 전문어를 사용하여 대화하고 있다. 전문어는 학술 또는 기타 전문 분야에서 특별한 의미로 쓰이는 말이다.

02 주신 자료가 너무 어렵다며 선생님을 탓하는 말의 표현을 자료를 잘 이해하지 못하는 자신의 탓으로 돌려 말하고 있다. 이는 공손성의 원리 중 '관용의 격률'이 나타난 발화이다.
① '찬동의 격률'에 해당함
③ '동의의 격률'에 해당함
④ 공손성의 원리에 위배됨

> **TIP 공손성의 원리**
> • **요령의 격률** : 상대방에게 부담이 가는 표현을 최소화하고 상대방의 이익을 극대화하는 것
> • **관용의 격률** : 화자 자신에게 혜택을 주는 표현을 최소화하고 화자 자신에게 부담을 주는 표현은 최대화하는 것
> • **찬동의 격률** : 다른 사람에 대한 비방을 최소화하고 칭찬을 극대화하는 것
> • **겸양의 격률** : 자기 자신에 대한 칭찬은 최소화하고 자신에 대한 비방을 극대화하는 것
> • **동의의 격률** : 자신의 의견과 다른 사람의 의견 사이의 차이점을 최소화하고 자신의 의견과 다른 사람의 의견의 일치점을 극대화하는 것

03 '신라'는 앞 자음 'ㄴ'이 뒤 자음 'ㄹ'의 영향으로 'ㄴ(비음)'이 'ㄹ(유음)'로 바뀌는 유음화가 일어나 조음 방법이 같아졌다.
① 심리[심니] : 뒤 자음 'ㄹ(유음)'이 앞 자음 'ㅁ(비음)'과 조음 방법이 같은 'ㄴ(비음)'으로 바뀌는 비음화가 일어난다.
② 종로[종노] : 뒤 자음 'ㄹ(유음)'이 앞 자음 'ㅇ(비음)'과 조음 방법이 같은 'ㄴ(비음)'으로 바뀌는 비음화가 일어난다.

④ 국물[궁물] : 앞 자음 'ㄱ(파열음)'이 뒤 자음 'ㅁ(비음)'과 조음 방법이 같은 'ㅇ(비음)'으로 바뀌는 비음화가 일어난다.

04 떠러지다 → 떨어지다
'떨어지다'는 '물체가 작은 폭으로 흔들린다.'는 의미의 '떨다'와 '어떤 현상이나 상태가 이루어지다.'는 의미의 '지다'가 합해진 단어로, 두 개의 용언이 어울려 한 개의 용언이 된 것이다. 그런데 앞말인 '떨다'의 본뜻이 유지되고 있으므로, 한글 맞춤법 제15항에 따라 그 원형을 밝혀 '떨어지다'로 표기하는 것이 올바르다.
① '늘어나다'는 '늘다'의 본뜻이 유지되고 있으므로, 앞말의 원형을 밝혀 '늘어나다'로 표기한 것은 올바르다.
② '드러나다'는 '들다'의 본뜻이 멀어진 경우이므로, 앞말의 원형을 밝히지 않고 '드러나다'로 표기한 것은 올바르다.
③ '돌아가다'는 '돌다'의 본뜻이 유지되고 있으므로, 앞말의 원형을 밝혀 '돌아가다'로 표기한 것은 올바르다.

05 직접 인용 표현을 간접 인용 표현으로 고치려면 화자의 입장에서 인용 부호를 삭제한 후 인칭 대명사, 종결 어미, 인용격 조사 등을 바꾸어야 한다.

"너의 취미가 뭐야?"라고 → 나의 취미가 뭐냐고

• 인용 부호 : " " → 삭제
• 인칭 대명사 : '너' → '나'
• 종결 어미 : '-야' → '-냐'
• 인용격 조사 : '라고' → '고'

06 제시문의 주제가 '의약품 개발을 위한 동물 실험 반대'이고 ㉠은 동물 실험을 반대하는 세 번째 근거에 해당한다. 그러므로 ①의 '동물 실험을 대체할 실험 방안이 있다.'가 빈칸에 들어갈 말로 가장 적절하다.
②·③·④ 의약품 개발을 위한 동물 실험에 찬성하는 근거에 해당한다.

07 ㉢ 그리고 → 그러나
과거에는 메모지나 필기구가 없으면 메모가 불편했으나, 지금은 휴대 전화가 있어 쉽게 메모할 수 있다는 내용이 상반되므로 ㉢의 '그리고'는 '그러나'로 바꾸어 쓰는 것이 적절하다.

08 ㉣의 ':내·히'는 '내ㅎ+이'의 형태로, '히'가 아니라 '이'가 주
    격 조사이다.
    ㉠ '기·픈'은 '깊+은'을 소리 나는 대로 이어적기한 표기이
    다.
    ㉡ 'ᄇᆞᄅᆞ매'에 사용된 'ㆍ(아래아)'는 현재 쓰이지 않는 모음
    이다.
    ㉢ 'ᄆᆞᆯ·른'은 '믈+은'의 형태로, '믈'의 모음 'ㅡ'와 보조사
    '은'의 모음 'ㅡ'는 모음 조화에 따른 표기이다.

[09–11]

김소월, 「진달래꽃」
• 갈래 : 현대시, 자유시, 서정시
• 성격 : 민요적, 향토적, 애상적
• 운율 : 7·5조 3음보 율격
• 주제 : 님에 대한 사랑과 이별의 정한
• 특징
  – 반어적 표현과 역설적 표현으로 화자의 심리를 강조함
  – 이별의 상황을 가정하여 시상을 전개함
  – 수미상관식 구조로 안정적이고 효과적으로 정서를 전달함

09 설의법은 누구나 다 아는 사실을 의문 형식으로 제시하여 독
    자가 스스로 결론을 내게 하는 표현법으로, 해당 작품에서는
    설의법이 사용되고 있지 않다.
    ② 종결 어미 '–우리다'를 반복하여 리듬감을 형성하고 있다.
    ③ '죽어도 아니 눈물 흘리우리다.'라는 반어법을 활용하여
       임과의 이별로 인한 시적 화자의 슬픈 감정을 강조하고
       있다.
    ④ 1연과 4연에서 동일 내용을 반복하는 수미상관 구조를 통
       해 시의 형태적 안정감을 형성하고 있다.

10 ㉠의 '사뿐히 즈려밟고 가시옵소서.'는 임과 이별하는 상황
    속에서도 진달래꽃을 뿌리며 임의 앞길을 축원하는 자기 희
    생의 모습이 드러나 있다. 이는 임을 향한 헌신적인 사랑의
    정서를 표현한 것이다.

11 〈보기〉의 작품이 '아라랑 / 아리랑 / 아라리요'에서 3음보의
    율격을 형성하고 있는 것처럼, 해당 작품도 '나 보기가 / 역겨
    워 / 가실 때에는'에서 3음보의 율격을 형성하고 있다. 그러
    므로 우리나라 시가 문학의 특징인 3음보의 율격이 두 작품
    에서 공통으로 나타나고 있다.

[12–13]

송순, 「십 년을 경영하여」
• 갈래 : 평시조, 정형시, 서정시
• 성격 : 풍류적, 낭만적, 전원적, 한정적
• 제재 : 전원생활
• 주제 : 자연 친화와 안분지족의 삶
• 특징
  – 근경과 원경이 조화를 이룸
  – 자연을 소유의 대상으로 생각하지 않았던 동양의 자연관이
    잘 드러남
  – 의인법과 비유적 표현을 통해 물아일체의 모습을 나타냄

12 세 칸밖에 안 되는 아주 작은 집인 '초려 삼간'을 통해 자연
    속에서 소박하게 살고 있는 안분지족의 삶을 엿볼 수 있다.
    ① 전원생활을 통한 자연 친화적인 삶을 지향하고 있다.
    ② 임금을 걱정하는 연군가의 모습은 보이지 않는다.
    ④ 후학 양성에 대한 포부는 드러나 있지 않다.

13 해당 작품의 '강산'은 화자가 병풍처럼 둘러 볼 친화적 '자
    연'을 의미한다. 마찬가지로 윤선도의 작품 『만흥』에서도 '뫼
    (산)'는 화자가 멀리 있는 산을 바라보는 것이 임이 오는 반가
    움만큼이나 좋다고 하였으므로 친화적인 '자연'을 의미한다.

[14–16]

김원일, 「도요새에 관한 명상」
• 갈래 : 중편 소설, 환경 소설, 가족 소설
• 성격 : 사실적, 비판적, 생태적
• 배경 : 시간 – 1970년대 / 공간 – 동진강 유역
• 시점 : 1인칭 주인공 시점 + 전지적 작가 시점
• 주제 : 타락한 삶에 대한 비판과 순수한 인간성 회복
• 특징
  – 등장인물들 각각의 시점으로 서술됨
  – 장면에 따라 서술자의 변화가 드러남
  – 성장 중심의 가치관이 야기한 환경 파괴의 문제를 고발함

14 '병국'이가 '나'에게 "갑자기 떼죽음당하는 게 이상하잖아요?
    ~ 이번에는 뭔가 다른 것 같아요."라고 말한 대목에서 '병국'
    이 새들의 떼죽음에 의혹을 품고 있음을 알 수 있다.
    ① 아버지인 '나'는 아들인 '병국'의 일로 윤 소령을 만나 '병
       국'이 하고 있는 환경 오염 실태를 언급하고 있으므로 '나'
       가 '병국'의 일에 무관심한 것은 아니다.

497

② '병국'이가 '윤 소령'의 입장을 동정하는 것이 아니라, '윤 소령'이 '병국'이의 입장을 공감하며 이해하고 있다.

③ '나'가 아들인 '병국'이의 행동을 꾸짖고 '윤 소령'에게 미안한 마음을 느끼고 있으나 실망감을 느끼고 있지는 않다.

15 　[A]는 '나'가 군 통제 구역을 무단출입하여 군부대에 잡혀 있던 '병국'을 만난 상황으로, '병국'이의 외양 묘사를 통해 '병국'이의 현재 처한 처지와 상황을 보여주고 있다.

16 　㉠의 '그'는 파견 대장인 '윤 소령'을 가리킨다. ㉡의 '그 친구', ㉢의 '이 녀석' 그리고 ㉣의 '너'는 모두 '나'의 아들인 '병국'이를 가리킨다.

[17~19]

> **작자 미상, 「홍계월전」**
> • 갈래 : 여성 영웅 소설, 군담 소설
> • 성격 : 영웅적, 전기적, 일대기적
> • 배경 : 중국 명나라
> • 시점 : 전지적 작가 시점
> • 주제 : 홍계월의 영웅적 면모와 고난 극복
> • 특징
> 　－ 영웅의 일대기 구조
> 　－ 남성보다 우월한 능력을 지닌 여성 영웅
> 　－ 남자 모티프

17 　"평국을 누가 여자로 보았으리오? ~ 그 벼슬을 어찌 거두겠는가?"라는 말을 통해 천자가 평국에 대해 긍정적인 평가를 하고 있음을 알 수 있다.

18 　'평국'은 여자임에도 불구하고 천자로부터 능력을 인정받고 대원수가 되어 전쟁에 나서게 되었다.
　① '여공'은 계월(평국)을 구한 뒤 '평국'이라는 이름을 지어 준 인물이다. 천자는 계월을 대원수로 삼았고, 계월은 '보국'을 중군장으로 삼고자 하였다.
　③ '보국'은 부모에게 아내인 '계월'의 지시를 받는 것에 대해 불만을 표출하고 있으므로, '계월'의 권위를 인정하지 않고 있음을 알 수 있다.
　④ '여공'은 '보국'의 불만에 계월이를 괄시하다가 좌초한 일이라며, '보국'이 아닌 '계월'의 편을 들어 주고 있다.

19 　㉠의 '상소'는 계월이 자신이 여자임이 밝혀진 후 임금에게 올린 상소로, '임금을 속인 죄를 물어 신첩을 속히 처참하옵소서.'라는 내용을 통해 계월이가 천자를 속인 죄에 대해 벌을 청하고 있음을 알 수 있다.

[20~22]

20 　ㄱ. 제시문의 첫 번째 단락에서 치몽에 사는 사람들이 몸과 마음을 다해 손님을 접대하는 구체적인 상황을 예를 들어 설명하고 있다.
　ㄴ. 제시문의 두 번째 단락에서 치몽에서 늘 몸을 움직여야만 하는 비슷한 상황들을 열거하고 있다.

21 　㉠에서 의미하는 '이 나라에서의 삶'은 텔레비전으로 보고, 인터넷으로 검색하고, 카메라로 찍는 삶이 아니라 몸을 움직여 직접 만들고 경험하는 삶이라고 하였다. 그러므로 ②의 '대중 매체를 통해 놀이를 즐기는 삶'은 '이 나라에서의 삶'과 거리가 멀다.

22 　부탄 사람들은 노는 듯 일하고 일하듯 논다고 하였으므로, ㉡에는 '각 부분이 서로 밀접하게 관련을 가지고 있어서 떼어낼 수 없는'의 의미를 지닌 '유기적'이 들어갈 말로 가장 적절하다.
　① 대립적 : 의견이 처지, 속성 따위가 서로 반대되거나 모순되는
　③ 일시적 : 짧은 한 때
　④ 수동적 : 스스로 움직이지 않고 다른 것의 작용을 받아 움직이는

[23~25]

23 　제시문은 컵라면에 숨어 있는 과학적 원리를 객관적이고 **과학적인 사실에 근거하여 설명하고 있으나, 구체적인 통계 자료를 활용하고 있지는 않다.**
　① 면발의 '표면적'과 컵라면의 '대류 현상' 등에서 과학 용어를 사용하여 설명하고 있다.
　② 첫 번째 단락의 마지막 문장에서 '컵라면을 먹을 때마다 3분이 얼마나 긴 시간인지를 새삼 깨닫는다.'라는 내용을 통해 대상과 관련된 경험을 제시하고 있다.
　③ 첫 번째 단락에서는 라면을 국수나 우동과 대조하여 설명하고 있고, 두 번째와 세 번째 단락에서는 컵라면을 봉지 라면과 대조하여 설명하고 있다.

24 　제시문의 두 번째 단락에 컵라면의 면발이 봉지 라면에 비해 더 가늘거나 납작한 이유는 면발의 표면적을 넓혀 뜨거운 물

에 더 많이 닿게 하기 위해서라고 서술되어 있다. 그러므로 면발이 납작해지면 뜨거운 물에 닿는 표면적이 넓어짐을 알 수 있다.

① 밀가루에는 전분 외에 단백질을 포함한 다른 성분도 들어 있다고 하였으므로, 컵라면의 면발이 단백질과 전분으로 만 이루어진 것이 아님을 알 수 있다.

② 한 번 튀겨서 익힌 것은 국수나 우동이 아니라 라면이다.

④ 면에 순수한 전분의 비율을 높이면 그 만큼 알파화가 많이 일어난다고 하였으므로, 면에 전분 외에 다른 성분의 비율을 높이면 알파화가 덜 일어난다.

25 제시문을 통해 알 수 있는 ㉠의 이유는 뜨거운 물의 대류 현상을 원활하게 하여 물을 계속 끓이지 않아도 면이 고르게 익도록 하기 위해서이다.

2023년 2회

제2교시

수 학

정답 및 해설 ┃

┃ 정답

01 ③	02 ②	03 ①	04 ③	05 ②
06 ④	07 ④	08 ①	09 ④	10 ③
11 ③	12 ②	13 ①	14 ②	15 ③
16 ②	17 ①	18 ②	19 ④	20 ①

┃ 해설

01

$$A+2B=2x^2+x+2(x^2-1)$$
$$=2x^2+x+2x^2-2$$
$$=4x^2+x-2$$

02 항등식일 때, 양변의 동류항의 계수는 같으므로

$(x-2)^2=x^2-4x+a$에서

$$x^2-4x+4=x^2-4x+a$$
$$\therefore a=4$$

03

> 다항식 $f(x)$를 $x-a$로 나누었을 때의 나머지 $\Rightarrow f(a)$

주어진 다항식을 $f(x)$라 놓으면

$f(x)=x^3-3x+7$

나머지 정리에 의해

다항식 $f(x)$를 $x-1$로 나눈 나머지는 $f(1)$

$f(1)$을 주어진 다항식에 대입하면

$f(1)=(1\times1^3)-(3\times1)+7=1-3+7$

$\therefore f(1)=5$

04

> $a^3+3a^2b+3ab^2+b^3=(a+b)^3$

인수분해 공식에 따라

$$x^3+9x^2+27x+27=(x+3)^3$$
$$(x+a)^3=(x+3)^3$$
$$\therefore a=3$$

05

$$i(2+i)=a+2i$$
$$2i+i^2=a+2i$$
$i^2=-1$이므로 $2i-1=a+2i$
$$\therefore a=-1$$

TIP **복소수의 상등**

두 복소수 $a+bi$, $c+di$(단, a, b, c, d는 실수)에 대하여

① $a+bi=c+di \Leftrightarrow a=c$, $b=d$

② $a+bi=0 \Leftrightarrow a=0$, $b=0$

06

> $x^2-(\alpha+\beta)x+\alpha\beta=0$
> $\Rightarrow x^2-($두 근의 합$)x+($두 근의 곱$)=0$

x^2의 계수가 1인 이차방정식 $x^2-6x+a=0$에서 상수 a는 두 근의 곱이다.

두 수 2, 4를 근으로 한다고 하였으므로,

$a=2\times4=8$

07 주어진 범위의 그래프에서

$x=2$일 때 → 최댓값 5

$x=0$일 때 → 최솟값 1

그러므로 이차함수 $y=-x^2+4x+1$의 최댓값은 5이다.

08 사차방정식 $x^4-3x^2+a=0$의 한 근이 2이라고 했으므로,

$f(2)=0$

$x^4-3x^2+a=0$에 $x=2$를 대입하면

$2^4-3\times2^2+a=0$, $16-12+a=0$

$\therefore a=-4$

09 연립부등식 $\begin{cases} x+2y=10 \cdots ㉠ \\ x^2+y^2=a \cdots ㉡ \end{cases}$

$x=2$, $y=b$를 ㉠에 대입하면

$x+2y=2+2b=10$, $2b=8$ $\therefore b=4$

$x=2$, $y=4$를 ㉡에 대입하면

$x^2+y^2=2^2+4^2=a$ $\therefore a=20$

따라서 $a+b=20+4=24$

10

> 판별식 $D>0$일 때, $f(x)\leq0$의 해
> $\Rightarrow \alpha\leq x\leq\beta$

이차부등식 $(x+1)(x-4)\leq0$의 해는

$\alpha=-1$, $\beta=4$이므로

$-1\leq x\leq4$

11

> 좌표평면 위의 두 점 $A(x_1, y_1)$, $B(x_2, y_2)$에 대하여
> $\overline{AB}$를 $m:n(m>0, n>0)$으로 내분하는 점 P의 좌표
> $\Rightarrow P\left(\dfrac{mx_2+nx_1}{m+n}, \dfrac{my_2+ny_1}{m+n}\right)$

좌표평면 위의 두 점 $A(-1, 1)$, $B(2, 4)$에 대하여 선분 AB를 를 1:2로 내분하는 점 P의 좌표는

$P\left(\dfrac{mx_2+nx_1}{m+n}, \dfrac{my_2+ny_1}{m+n}\right)$에서

$P\left(\dfrac{1\times2+2\times-1}{1+2}, \dfrac{1\times4+2\times1}{1+2}\right)=\left(\dfrac{0}{3}, \dfrac{6}{3}\right)$

$\therefore P(0, 2)$

12

> • 두 직선이 서로 수직일 때 기울기의 곱 $\Rightarrow -1$
> • 점 (x_1, y_1)을 지나고 기울기가 m인 직선의 방정식
> $\Rightarrow y-y_1=m(x-x_1)$

두 직선이 서로 수직일 때 기울기의 곱은 -1이므로
직선 $y=x+2$에 수직인 직선의 기울기는 -1
기울기가 -1이고 점 $(4, 0)$을 지나는 직선의 방정식은
$y-y_1=m(x-x_1)$에서
$y-0=-1(x-4)$
$\therefore y=-x+4$

13

> 중심 좌표가 (a, b)이고 x축에 접하는 원의 방정식
> $\Rightarrow (x-a)^2+(y-b)^2=b^2$

중심 좌표가 $(3, 1)$이고 x축에 접하는 원의 방정식은
$(x-a)^2+(y-b)^2=b^2$에서
$(x-3)^2+(y-1)^2=1^2$
$(x-3)^2+(y-1)^2=1$

14

> 점 (x, y)를 $y=x$에 대하여 대칭이동한 점의 좌표
> $\Rightarrow (y, x)$

점 $(2, 3)$을 직선 $y=x$에 대하여 대칭이동한 점의 좌표는 (y, x)에서 $(3, 2)$이다. 즉, x, y의 좌표가 서로 바뀐다.

15

> $A\cap B=\{x|x\in A \text{ 그리고 } x\in B\}$

$A\cap B$는 두 집합 A와 B에 모두 속하는 원소들의 집합이다.
$A=\{1, 3, 6\}$, $B=\{3, 5, 6\}$이므로
$\therefore A\cap B=\{3, 6\}$

16

전체집합 U의 원소 중에서 조건이 참이 되는 모든 원소의 집합을 진리집합이라 한다.

'x는 짝수이다.'가 조건이므로,
전체집합 $U=\{1, 2, 3, 4, 5, 6\}$에서 짝수인 원소는 2, 4, 6 이다.
따라서 조건을 만족하는 진리집합은 $\{2, 4, 6\}$이다.

17

> 역함수의 성질 : $f^{-1}(a)=b$이면 $f(b)=a$

주어진 함수 $f:X \rightarrow Y$에서 $f(1)=c$
역함수의 성질에 따라 $f^{-1}(a)=b$이면 $f(b)=a$
$\therefore f^{-1}(c)=1$

18

> $y=\sqrt{a(x-m)}+n(a\neq0)$의 그래프는 $y=\sqrt{ax}$의 그래프를 x축의 방향으로 m만큼, y축의 방향으로 n만큼 평행이동한 그래프이다.

무리함수 $y=\sqrt{x-a}+b$의 그래프가 무리함수 $y=\sqrt{x}$의 그래프를 x축의 방향으로 1만큼, y축의 방향으로 4만큼 평행이동한 그래프이므로 $a=1$, $b=4$이다.
$\therefore a+b=5$

19

입구에서 쉼터를 거쳐 전망대까지 길을 따라 가는 경우의 수는 동시에 일어나는 사건이므로, 곱의 법칙에 따라 $4\times2=8$(가지)이다.
그러므로 경우의 수는 8이다.

> **TIP** 경우의 수
> • **합의 법칙** : 사건 A와 B가 일어나는 경우의 수가 각각 m, n이고, 두 사건 A, B가 동시에 일어나지 않을 때, 사건 A 또는 사건 B가 일어나는 경우의 수 $\Rightarrow m+n$
> • **곱의 법칙** : 사건 A가 일어나는 경우의 수가 m이고, 그 각각의 경우에 일어나는 경우의 수가 n일 때, 두 사건 A, B가 동시에 일어나는 경우의 수 $\Rightarrow m\times n$

20

> 서로 다른 n개에서 r개를 택하는 조합의 수 $\Rightarrow {}_nC_r$

6종류의 과일 중에서 서로 다른 2종류의 과일을 선택하는 경우의 수는 순서를 생각하지 않고 택하는 조합의 수와 같다.
그러므로 구하는 경우의 수는
${}_6C_2=\dfrac{6\times5}{2\times1}=\dfrac{30}{2}=15$

제3교시

영 어

정답 및 해설 |

▋ 정답

01 ④	02 ③	03 ③	04 ④	05 ②
06 ④	07 ①	08 ③	09 ③	10 ②
11 ①	12 ①	13 ④	14 ④	15 ③
16 ①	17 ④	18 ③	19 ③	20 ②
21 ①	22 ②	23 ②	24 ②	25 ④

▋ 해설

01 **해설** knowledge는 '지식'이라는 뜻이다.
　　① 균형 balance
　　② 목표 aim, goal
　　③ 우정 friendship
해석 책을 읽는 것은 지식을 얻는 좋은 방법이다.

02 **해설** give up은 '포기하다'라는 뜻이다.
해석 그녀는 어려움을 겪더라도 그녀의 꿈을 결코 포기하지 않을 것이다.
어휘 even if 비록 ~일지라도
difficulty 고난, 어려움

03 **해설** For example은 '예를 들면'이라는 뜻이다.
해석 많은 동물들이 장난감을 가지고 노는 것을 좋아한다. 예를 들면, 개들은 공을 가지고 노는 것을 즐긴다.
어휘 animal 동물
play with ~와 놀다

04 **해설** 주어진 문장에서 'spring(봄)'은 'season(계절)' 중의 하나로, 하위어─상위어 관계이다. 마찬가지로 ①, ②, ③은 모두 하위어─상위어 관계이나, ④의 'shoulder(어깨)'와 'country(나라)'는 아무런 관계가 없다.
　　② 사과 − 과일
　　③ 간호사 − 직업
　　④ 삼각형 − 모양
해석 봄은 아름다운 꽃과 따뜻한 날씨 때문에 내가 가장 좋아하는 계절이다.
어휘 favorite 가장 좋아하는

warm 따뜻한
weather 날씨

05 **해설** ① 날짜 : 2023년 9월 10일(일)
　　② 장소 : 알 수 없음
　　③ 활동 내용 : 다양한 종류의 치즈 맛보기와 치즈 케이크 굽기
　　④ 입장료 : 10,000원
해석
┌─────────────────────────────┐
│　　　　　　　치즈 박람회　　　　　　　│
│ • **날짜** : 2023년 9월 10일(일)　　　　│
│ • **활동** :　　　　　　　　　　　　│
│ 　 − 다양한 종류의 치즈 맛보기　　　│
│ 　 − 치즈 케이크 굽기　　　　　　　│
│ • **입장료** : 10,000원　　　　　　　│
└─────────────────────────────┘
어휘 fair 박람회
activity 활동
taste 맛이 나다
various 다양한, 여러 가지의
entrance 입구, 입장
fee 요금

06 **해설** 첫 번째 문장에는 '발표하다'라는 의미를 갖는 동사 'present'가 들어가야 하고, 두 번째 문장에는 '현재'라는 의미의 명사 'present'가 들어가야 한다.
　　① 자라다
　　② 지다
　　③ 잊다
해석 • 당신의 프로젝트를 수업 중에 발표할 준비가 되었나요?
　　• 과거에 대한 걱정은 그만두고 현재를 사세요.
어휘 be ready to ~할 준비가 되다
stop ~ing ~하는 것을 멈추다[그만두다]
worry about ~관해 걱정하다

07 **해설** 「how + 형용사/부사」는 '얼마나 ~한/하게'의 의미이며, 이 때 how는 정도를 나타내는 의문사이다. 첫 번째 문장의 'how many~?'는 '얼마나 많은'의 의미로 사용되었고, 두 번째 문장의 'how far~?'는 '얼마나 먼'의

의미로 사용되었다.

해석 • John, 아시아에는 <u>얼마나</u> 많은 나라가 있습니까?
　　　• 그는 그곳이 여기서 <u>얼마나</u> 멀리 떨어져 있는지 모른다.

어휘 country 나라
　　　far (거리가) 먼

08　**해설** 첫 번째 문장의 focus on은 '~에 집중하다'는 의미이고, 두 번째 문장의 put on은 '~을 입다'는 의미이다. 따라서 빈칸에 공통으로 들어갈 말은 전치사 on이다.

해석 • 그는 게임을 하는 대신 공부에 집중해야 한다.
　　　• 입고 벗기 쉬운 재킷을 가져오세요.

어휘 instead of ~대신에
　　　take off 벗다

09　**해설** 성격을 묻는 A의 질문에 B가 신중한 편이라고 답했으므로, 밑줄 친 "Look before you leap."의 의미는 ③의 '행동하기 전에 더 신중하게 생각해라.'이다.

해석 A : 당신의 성격을 어떻게 설명하시겠습니까, 수미 씨?
　　　B : 저는 신중한 편입니다. 저는 이런 말을 따르려고 노력합니다. <u>"뛰기 전에 조심하세요."</u>
　　　A : 아, 당신은 어떤 일을 하기 전에 신중하게 생각하시는군요.

어휘 describe 묘사하다, 설명하다
　　　personality 개성, 성격
　　　tend to ~하는 경향이 있다. ~하는 편이다
　　　saying 말, 격언, 속담
　　　leap 뛰다, 도약하다
　　　carefully 조심히, 신중하게

10　**해설** A가 헤드폰을 반품하고 싶은 이유가 소리가 충분히 크게 나지 않아서 헤드폰이 만족스럽지 않기 때문이다. 그러므로 대화를 통해 알 수 있는 A의 심정은 '불만'이다.

해석 A : 이 헤드폰을 반품하고 싶습니다.
　　　B : 왜요? 어떤 문제가 있나요?
　　　A : 소리가 만족스럽지 않아요. 소리가 충분히 크게 나지 않습니다.

어휘 return 반환하다, 반품하다
　　　be satisfied with ~에 만족하다
　　　loud (소리가) 큰
　　　enough 충분한

11　**해설** 사람들이 많은 피자 식당에서 주문을 하고 있으므로,

대화가 이루어지는 장소는 '식당'이다.

해석 A : 이 식당에는 사람들이 정말 많네요.
　　　B : 맞아요. 이 곳은 피자로 유명해요.
　　　A : 그래요. 주문을 좀 합시다.

어휘 be known for ~로 유명하다
　　　order 주문하다

12　**해설** 제시문의 글쓴이는 『그리스와 로마 신화』라는 책을 읽고 있는데, 그것이 서양 예술에 관해 더 많이 이해하게 한다고 하였으므로, 밑줄 친 it가 가리키는 것은 'book(책)'이다.
　　② 연필
　　③ 언어
　　④ 암호

해석 요즘 나는 『그리스와 로마 신화』라는 책을 읽고 있다. 그 책은 매우 흥미롭고 상상력을 북돋아 준다. 더욱이, 신화는 서양 문화의 근원이기 때문에 <u>그것은</u> 서양 예술에 관해 더 많이 이해하게 한다.

어휘 these days 요즘
　　　myth 신화
　　　encourage 북돋다, 격려하다
　　　imagination 상상력
　　　moreover 더욱이, 게다가
　　　western 서양의
　　　source 원천, 근원
　　　culture 문화

13　**해설** B가 걷기보다 자전거 타는 것을 더 좋아한다고 했으므로, 빈칸에는 둘 중 하나를 고르는 선택의문문과 어울리는 말이 들어가야 한다. 그러므로 빈칸에는 ③의 '어떤 종류의 운동을 더 좋아하니'가 들어갈 말로 가장 적절하다.
　　① 어디서 차를 빌릴 수 있니
　　② 공연은 언제 시작하니
　　③ 왜 영어를 배우고 싶니

해석 A : 자전거를 타는 것과 걷기 중 <u>어떤 종류의 운동을 더 좋아하니?</u>
　　　B : 나는 걷기보다 자전거 타는 것을 더 좋아해.
　　　A : 왜 그것을 좋아하는데?
　　　B : 내 생각에 자전거를 타는 것이 더 많은 칼로리를 소모하기 때문이야.

어휘 cycling 자전거 타기
　　　A rather than B B보다 A
　　　burn 태우다, 소모하다
　　　calorie 열량, 칼로리

rent 빌리다, 임대하다

prefer ~을 더 좋아하다[선호하다]

14 **해설** A가 다른 사람들을 존중할 수 있는 방법에 대해 묻고 있으므로, B에 들어갈 말은 'a good listener(남의 말을 잘 들어주는 사람)'와 호응하는 말인 ④가 가장 적절하다.
① 영화를 보다
② 이 가방을 교환하다
③ 다음 거리에서 좌회전하다

해석 A : 어떻게 우리가 다른 사람들을 존중할 수 있을까?
B : 다른 사람들이 말할 때 주의 깊게 들어야 한다고 생각해.
A : 그 때문에 네가 남의 말을 잘 들어주는 구나.

어휘 respect 존경, 존중
That's why 그 때문에~, 그 이유로~
a good listener 남의 말을 잘 들어주는 사람
exchange 바꾸다, 교환하다

15 **해설** 코알라가 나무를 껴안고 있는 이유가 궁금하다는 A의 물음에 B가 더위를 식히기 위해서라고 답하고 있다. 그러므로 ③의 '코알라가 나무를 껴안고 있는 이유'가 대화의 주제로 가장 적절하다.

해석 A : 저는 나무에 있는 코알라를 볼 때마다, 왜 그처럼 나무를 껴안는지 궁금해요.
B : 코알라는 더위를 식히기 위해 나무를 껴안습니다.
A : 오, 말이 되네요. 호주는 매우 더운 기후지요.

어휘 whenever ~할 때마다
koala 코알라
wonder 궁금해 하다
hug 껴안다
cool down 식히다
make sense 타당하다, 말이 되다
Australia 호주
climate 기후

16 **해설** 제시문은 호텔 예약을 확인하기 위해 쓴 이메일이다. 그러므로 ③의 '확인하려고'가 글을 쓴 목적으로 가장 적절하다.

해석 저는 예약을 확인하기 위해 이 메일을 보냅니다. 저는 귀 호텔에 2박으로 가족 객실을 예약했습니다. 우리는 성인 2명과 아이 1명입니다. 12월 22일 오후에 도착할 예정입니다. 답장을 기다리겠습니다.

어휘 confirm 확인하다

reservation 예약

book 예약하다

adult 어른, 성인

arrive 도착하다

look forward to ~을 학수고대하다

reply 답변, 답장

17 **해설** 경기 안내문의 마지막 줄에 비가 온다면 대회는 취소된다고 했으므로, '비가 와도 경기가 진행된다.'는 ④의 설명은 안내문의 내용과 일치하지 않는다.

해석
> **테니스 경기**
> • 초보자만 참가할 수 있습니다.
> • 오전 10시에 시작해서 오후 5시에 끝납니다.
> • 점심은 제공되지 않습니다.
> • 비가 오면, 대회는 취소됩니다.

어휘 competition 대회, 경기
beginner 초보자
participate 참가[참여]하다
serve 제공하다
cancel 취소하다

18 **해설** 제시문의 두 번째 문장에서 참가자들은 아픈 아이들을 위한 돈을 모으기 위해 달린다고 하였으므로, '멸종 위기 동물을 돕기 위해 모금을 한다.'는 ③의 설명은 제시문의 내용과 일치하지 않는다.

해석 Santa Fun Run은 매년 12월에 개최된다. 참가자들은 산타 복장을 입고 5킬로미터를 달린다. 그들은 아픈 아이들을 위한 돈을 모으기 위해 달린다. 여러분은 모든 연령대의 산타들이 걷고 뛰는 것을 볼 수 있다.

어휘 be held 개최되다
participant 참가자
costume 복장
raise (자금·사람을) 모으다

19 **해설** 제시문은 외로움에 고통 받을 때 다른 사람들과 감정을 공유하고, 긍정적인 행동을 취하라고 설명하고 있다. 그러므로 ③의 '외로움에 대처하는 방법'이 제시문의 주제로 가장 적절하다.

해석 여러분은 외로움에 고통 받습니까? 그런 경우, 여러분의 감정을 부모님, 선생님 혹은 상담사와 공유하는 것이 도움이 될 수 있습니다. 여러분이 부정적인 감정을 극복하기 위해 긍정적인 행동을 취하는 것 또한 중요합니다.

어휘 suffer from ～로 고통 받다

loneliness 외로움

in such cases 그런 경우

share A with B A를 B와 공유하다

counselor 고문, 상담사

take actions 조치를 취하다

positive 긍정적인

overcome 이기다, 극복하다

negative 부정적인

20 해설 제시문에서 잠을 잘 때 목과 척추가 펴지기 때문에 등을 대고 눕는 것이 잠을 자기 위한 가장 좋은 자세라고 설명하고 있다. 그러므로 빈칸에 들어갈 말로는 ②의 'position(자세)'이 가장 적절하다.

　① 글자

　③ 감정

　④ 인구

해석 대부분의 사람들에게, 잠을 자기 위한 가장 좋은 <u>자세</u>는 등을 대고 눕는 것이다. 등을 대고 자면, 목과 등의 통증이 덜할 것이다. 그 이유는 잠을 잘 때 목과 척추가 펴지기 때문이다.

어휘 on one's back 등을 대고 누워, 반듯이 누워

pain 고통, 통증

spine 척추

straight 똑바른, 펴지는

letter 글자, 문자

position 태도, 자세

emotion 감정

population 인구, 주민

21 해설 제시문은 문제를 해결하기 위한 방법을 3단계로 나누어 설명하고 있다. 그러므로 빈칸에는 앞의 'problem(문제)'과 호응하는 동사 'solve(해결하다)'가 들어갈 말로 가장 적절하다.

　② 춤추다

　③ 기부하다

　④ 약속하다

해석 여기 여러분의 문제를 <u>해결하기</u> 위한 몇 가지 단계가 있다. 첫째, 필요한 모든 정보를 모아서 다양한 해결책을 찾아야 한다. 둘째, 가능한 최선의 해결책을 선택한 후 실행에 옮긴다. 마지막으로, 그 결과를 평가한다. 나는 이러한 단계가 여러분에게 도움이 될 거라고 확신한다.

어휘 various 다양한

solution 해결책

gather 모으다

necessary 필요한

put into action 실행에 옮기다, 실천하다

at the end 마지막으로

evaluate 평가하다

donate 기증하다, 기부하다

22 해설 주어진 문장이 'Instead(대신)'로 시작하므로, 앞 문장은 주어진 문장과 반대되는 내용이 와야 한다. 또한 ③의 문장에서 이런 '가벼운 대화'는 주어진 문장의 '가벼운 대화'를 가리키는 것이므로, 주어진 문장은 ②에 들어가는 것이 가장 적절하다.

해석 대신, 우리는 날씨 혹은 교통과 같은 덜 심각한 것들에 대한 가벼운 대화를 시작한다.

여러분이 누군가를 처음 만났을 때, 어떻게 대화를 시작하는가? (①) 우리는 보통 처음에 우리의 인생 이야기를 서로에게 말 하지 않는다. (②) 이런 가벼운 대화는 잡담이라고 불린다. (③) 그것은 우리가 편안함을 느끼고 서로를 더 잘 알 수 있도록 도와준다. (④) 그것은 어색한 분위기를 깨는 좋은 방법이다.

어휘 instead 대신에

casual 가벼운, 평상시의

conversation 대화

serious 심각한

traffic 교통

be referred to ～로 언급되다, 불리다

small talk 한담, 잡담

comfortable 편안한

get to ～하게 되다

break the ice 어색한 분위기를 깨다

23 해설 제시문의 후반부에서 영어 속담을 더 쉽게 기억하기 위한 전략 중 하나는 그것들의 기원에 관해 배우는 것이라며 몇 가지 예를 살펴보자고 제안하고 있다. 그러므로 제시문의 바로 뒤에 이어질 내용은 '영어 속담의 기원에 관한 예시'이다.

해석 영어 속담은 모국어 사용자가 아닌 사람들에게는 이상하게 보일 수 있고 그들이 배우고 기억하는 것은 매우 어려울 수 있다. 영어 속담을 더 쉽게 기억하기 위한 한 가지 전략은 그것들의 기원에 관해 배우는 것이다. 몇 가지 예를 살펴보자.

어휘 proverb 속담

strange 이상한

non-native 모국어 사용자가 아닌

remember 기억하다
strategy 계획, 전략
origin 유래, 기원
example 예시, 사례

[24~25]

해석 독서 감상문은 책에 대한 독자의 견해입니다. 감상문을 쓸 때, 책에 대한 간단한 요약이나 설명으로 시작하세요. 그런 다음 당신이 그것을 좋아하는지 안 좋아하는지 그리고 왜 그런지에 대한 당신의 <u>견해</u>를 진술하세요.

어휘 review 비평, 감상문
opinion 의견, 견해
brief 짤막한, 간단한
summary 요약
description 묘사, 설명
state 말하다, 진술하다
flight 비행
gesture 몸짓, 제스처
architecture 건축

24 **해설** 제시문의 첫 문장에서 독서 감상문은 책에 관한 독자의 견해라고 하였다. 그러므로 감상문을 쓸 때 책에 대한 간단한 요약이나 설명으로 시작한 후 자신의 견해를 진술하라고 쓰는 것이 타당하다. 따라서 빈칸에는 ②의 'opinion(견해)'이 들어갈 말로 가장 적절하다.
① 비행
③ 몸짓
④ 건축

25 **해설** 제시문은 독서 감상문을 쓰는 요령에 대해 단계별로 설명하고 있다. 그러므로 ④의 '독서 감상문 쓰는 법'이 제시문의 주제로 가장 적절하다.

제4교시

사 회

정답 및 해설 |

정답

01 ③	02 ③	03 ①	04 ②	05 ①
06 ④	07 ①	08 ②	09 ③	10 ④
11 ③	12 ④	13 ①	14 ②	15 ③
16 ①	17 ②	18 ④	19 ④	20 ②
21 ②	22 ①	23 ③	24 ③	25 ④

해설

01 행복한 삶을 실현하기 위한 조건 중 내적으로 성찰하고 옳은 일을 실천하는 것을 통해 개인의 만족감과 행복감을 얻는 것은 도덕적 실천이다.

> **TIP** 행복한 삶을 실현하기 위한 조건
> • 정주 환경
> • 경제적 안정
> • 시민 참여가 활성화되는 민주주의의 실현
> • 도덕적 실천과 성찰하는 삶

02 사회 복지 제도란 질병, 실업, 빈곤, 재해 등 다양한 사회적 위험에서 벗어나 인간다운 삶을 살 수 있도록 지원하는 제도를 말하는데, 공공 부조, 사회 보험, 사회 서비스 등이 이에 해당된다.
① **선거 제도** : 민주주의의 꽃이라 불리며, 투표를 통해 대표자를 선출하는 제도
② **권력 분립 제도** : 국가 권력을 나누어 각각 다른 기관에 분담시켜 서로 견제·균형하게 함으로써 국민의 자유와 권리를 보장하려는 제도
④ **헌법 소원 심판 제도** : 공권력의 행사 또는 불행사로 헌법상 보장된 국민의 기본권이 침해되는 경우에 국민이 헌법재판소에 자신의 기본권을 구제하여 줄 것을 청구하는 제도

03 법치주의는 행정은 의회에서 제정한 법률에 의거하여 행하여야 한다는 원칙으로, 국민의 기본권을 제한하거나 국민에게 의무를 부과할 때에는 의회에서 제정된 법률에 근거해야 함을 의미한다.
② **인권 침해** : 인간의 기본적 인권을 침해하는 일

③ **준법 의식** : 법을 잘 준수하고자 하는 자세
④ **시민 불복종** : 정의롭지 못한 법 또는 정부 정책을 변혁시키려는 목적으로 행해지는 의도적인 위법 행위

04 자산 관리의 원칙 중 안전성은 투자한 자산의 가치가 온전하게 보전될 수 있는 가능성의 정도를 의미한다. 자산 관리의 3원칙에는 안전성과 더불어 수익성, 유동성이 있다.

05 문화 변동은 문화가 새로운 문화 요소의 등장이나 다른 문화와의 교류·접촉을 통해 상호 작용하면서 변화하는 현상으로, 내재적 요인으로는 발견, 발명 등이 있다.
ㄷ. **문화 동화** : 다른 사회의 문화 요소가 전파되었을 때 기존의 문화 요소가 전파된 문화 요소에 흡수되어 소멸되는 현상
ㄹ. **문화 전파** : 문화 변동의 외재적 요인(직접 전파, 간접 전파, 자극 전파)

06 사회적 소수자는 특정 사회나 국가의 지배적 가치와 기준을 달리한다는 이유로 차별받거나 불평등한 대우를 받는 사람을 말한다. 따라서 자신들이 차별받는 집단의 구성원이라는 인식이 존재한다.
① 사회에서 차별 대우를 받는다.
② 다양한 기준에 의해 규정된다.
③ 노인, 여성, 비정규직 근로자, 북한 이탈 주민 등도 해당된다.

07 근로 3권에는 단결권, 단체 교섭권, 단체 행동권이 있으며, 근로자들이 근로 조건의 향상을 위하여 자주적으로 노동조합이나 그 밖의 단결체를 조직·운영하거나 그에 가입하여 활동할 수 있는 권리는 단결권이다.

> **TIP** 근로 3권
> • **단결권** : 근로자들이 목적성과 자주성을 기초로 하여 단체를 결성할 수 있는 권리
> • **단체 교섭권** : 근로자 대표들이 사용주와 교섭할 수 있는 권리
> • **단체 행동권** : 근로자들이 노동쟁의행위를 할 수 있는 권리

2023년 2회

08 보편 윤리란 시대와 사회를 초월하여 모든 사람이 존중하고 따라야 할 행위 원칙이므로, 시장 실패의 사례로 볼 수 없다.
① 불완전 경쟁 : 독점적 경쟁과 과점 등 완전 경쟁의 조건을 만족하지 않는 시장
③ 외부 효과 발생 : 경제 주체의 경제 활동이 다른 경제 주체에게 의도하지 않은 이익을 주거나 의도하지 않게 피해를 주는데도 이에 대해 아무런 경제적 대가를 치르거나 받지 않는 것
④ 공공재의 공급 부족 : 공공재의 공급을 시장 기능에만 맡겨 둘 경우 사회에 필요한 만큼 충분히 공급되지 않는 것

09 자문화 중심주의는 자기 문화만을 가장 우수한 것으로 생각하고 다른 문화를 무시하거나 부정하는 태도이며, 문화 사대주의는 다른 문화를 더 좋은 것으로 생각하고 자신의 문화를 과소평가하거나 무시하는 태도이다. 그러므로 두 문화 모두 문화의 상대성을 인정하지 않고 특정 문화를 기준으로 다른 문화를 평가하는 공통적 특징이 있다.
① · ② · ④ → 문화 상대주의

10 헌법 제37조는 국민의 기본권 보장과 관련된 내용으로, 국민의 기본권은 국가 안전보장 · 질서 유지 또는 공공복리를 위하여 필요한 경우에 한하여 법률로써 제한할 수 있으며, 제한하는 경우에도 자유와 권리의 본질적인 내용을 침해할 수 없다.
① 대도시권 형성 : 대도시의 기능과 영향력이 주변 지역으로 확대되면서 형성되는 생활권
② 직업 분화 촉진 : 직업이 분화되고 전문성이 증가하면서 직업이 다양해지는 현상
③ 윤리적 소비 실천 : 소비자가 상품이나 서비스 등을 구매할 때 윤리적인 가치판단에 따라 의식적인 선택을 하는 소비 형태

11 세계화로 인해 선진국과 상대적으로 경쟁력이 뒤쳐진 개발 도상국 간 소득 격차가 확대됨에 따라 국가 간 빈부 격차가 심화될 수 있다.
① 사생활 침해 : 자신의 의사와 상관없이 개인 정보가 다른 사람에게 공개되어 피해를 받는 현상
② 인터넷 중독 : 일상생활과 인간관계를 외면하고 가상 세계에 지나치게 몰두하는 행동
④ 문화 다양성 보장 : 각각의 사회와 집단이 가지는 문화의 다양성을 존중하고 보장하는 것

12 국가들 사이의 이해관계를 조정하거나 국가 간 분쟁을 중재하는 국제 사회의 행위 주체는 정부 간 국제기구로, 유럽 연합(EU), 세계 무역 기구(WTO), 경제 협력 개발 기구(OECD) 등이 이에 속한다.
① 국가 : 일정한 영토와 구성원 그리고 주권에 의한 하나의 통치조직을 가지고 있는 사회집단
② 다국적 기업 : 생산비 절감, 해외 시장의 확대, 무역 규제 완화를 위해 다른 나라에 생산 공장을 건설하거나 지사를 설립 · 운영하는 기업
③ 자유 무역 협정(FTA) : 특정 국가 간의 상호 무역증진을 위해 물자나 서비스 이동을 자유화시키는 협정

13 정보 격차는 정보기기, 양질의 정보 확보, 정보를 다루는 능력을 보유한 사람과 그렇지 못한 사람 사이에 사회적 · 경제적 격차가 심화되는 현상이다.
② 규모의 경제 : 생산량이 증가할수록 평균 생산 단가가 감소하는 현상
③ 문화의 획일화 : 한 지역의 문화적 특성이 다른 지역에서도 유사하거나 동일하게 나타남으로써 세계 문화가 점차 비슷해지는 현상
④ 지역 이기주의 : 자신이 살고 있는 지역의 이익만을 추구하려는 태도

14 건조 기후 지역은 연 강수량이 500mm 이하인 지역으로 유목과 오아시스 농업이 발달하였다. 또한 주민들은 지붕이 평평한 흙벽돌집에서 생활한다.
ㄱ. 순록 유목 → 한대 기후 지역
ㄴ. 고상식 가옥 → 열대 기후 지역

15 여름철 장마나 태풍 등 집중 호우에 의한 하천의 범람으로 발생하는 자연재해 현상은 홍수이다.
① 가뭄 : 강수량 부족과 대륙 내부의 건조 기후로 인해 땅이 메마르고 물이 부족한 현상
② 지진 : 지구 내부의 에너지가 지표로 나와 땅이 갈라지며 흔들리는 현상
④ 화산 : 지하 깊은 곳에 있던 마그마가 지각의 갈라진 틈을 뚫고 분출하는 현상

16 도시화는 도시 인구 비율이 증가하고 주민의 생활양식이 도시적으로 변화하는 현상을 말한다.
② 남초 현상 : 한 인구 집단 내에서 남성의 수가 여성의 수를 초과하는 현상
③ 유리 천장 : 여성과 소수민족 출신자들의 고위직 승진을 막는 조직 내의 보이지 않는 장벽
④ 지리적 표시제 : 품질이나 명성 등이 드러나는 지역 상품에 대해 지역 생산품임을 표시하는 제도

TIP 도시화 과정

초기 단계	산업화 이전의 농업 사회, 주민의 대부분이 농촌에 거주
가속화 단계	산업화가 진행되면서 도시 인구 급증, 도시 문제 발생
종착 단계	도시 인구 증가율 둔화, 서비스업 중심, 역도시화(U턴 현상) 발생

17 생태 통로는 도로나 댐 등의 건설로 야생동물이 서식지를 잃는 것을 방지하기 위하여 야생동물이 지나다니도록 만든 인공 통로이다.

① **열섬** : 도시의 아스팔트 도로와 콘크리트 구조물의 증가로 인해 발생하는 도시 내부의 인공 열

③ **외래 하천** : 사막 등 건조기후 지역의 하천 중, 강수량이 풍부한 다른 기후 지역에서 발원하여 연중 마르지 않고 흐르는 하천

④ **업사이클링** : 단순 재활용의 차원을 넘어서 새로운 가치를 창출하는 제품으로 재탄생시키는 일

18 힌두교는 인도의 브라만교가 민간신앙과 융합하여 발전한 인도의 대표적 종교로, 소를 신성시하여 소고기 식용을 금기시한다.

ㄱ. 메카를 성지로 한다.
ㄷ. 무함마드를 유일신으로 믿는다. }→ 이슬람교

19 석유 수출국 기구(OPEC)는 중동 산유국을 중심으로 석유 자원의 수출을 통하여 자국의 경제적 이익을 추구하기 위해 결성된 국제 기구이다.

① **브렉시트(Brexit)** : 영국(Britain)과 탈출(Exit)의 합성어로, 영국의 유럽연합(EU) 탈퇴를 의미함

② **공적 개발 원조(ODA)** : 정부 또는 공공기관의 공적 자원 지원금을 활용한 선진국의 개발도상국 원조

③ **국제 통화 기금(IMF)** : 국제 통화와 세계 무역의 안정을 목적으로 설립한 국제 금융 기구

20 남중국해는 중국의 남쪽에 위치한 바다로, 중국, 타이완, 베트남, 필리핀, 말레이시아 및 브루나이 등 6개국이 석유와 천연가스 지대를 두고 영유권 갈등이 발생하고 있는 지역이다.

① **북극해** : 지구 온난화로 북극해의 빙하가 녹아 개발 가능성이 높아지면서 미국, 러시아, 캐나다 등이 석유와 천연가스 지대를 두고 분쟁이 심화된 지역

③ **카스피해** : 러시아, 카자흐스탄, 우즈베키스탄, 투르크메니스탄, 이란, 아제르바이잔 등 6개국이 천연자원을 두고 영

유권 분쟁이 일어난 지역

④ **쿠릴 열도** : 전략적 군사 요충지 및 자원 확보를 둘러싼 러시아와 일본 간의 갈등 지역

21 B(아프리카 문화권)는 사하라 사막 이남의 중 · 남부 아프리카 일대로, 열대 기후 지역에 속한다. 다양한 부족이 분포하고 부족 단위의 공동체 문화와 토속 신앙이 발달하였다.

① **A(유럽 문화권)** : 산업 혁명의 발상지이며 일찍 산업화를 이룬 세계 경제의 중심지로 크리스트교 문화가 발달함

③ **C(오세아니아 문화권)** : 오스트레일리아와 뉴질랜드 및 태평양 제도의 문화권으로, 영국계 중심의 유럽인들의 이주로 개신교를 신봉하고 영어를 사용함

④ **D(앵글로아메리카 문화권)** : 미국, 캐나다 중심의 세계 최대 경제 지역으로, 주로 영어를 사용하는 다인종 · 다문화 국가임

22 슬로시티는 공해 없는 자연 속에서 전통문화와 자연을 잘 보호하면서 자유로운 옛 농경시대로 돌아가자는 느림의 삶을 추구하는 국제 운동이다.

② **플랜테이션** : 유럽 식민지배 이후 유럽의 자본과 기술, 유리한 기후, 원주민의 노동력이 결합한 농업 형태

③ **환경 파시즘** : 생태계와 환경을 보호한다는 명분으로 전체주의를 정당화하는 사상

④ **차티스트 운동** : 보통선거를 바탕으로 한 의회민주주의의 실시를 요구하며 영국에서 벌어졌던 최초의 노동자 운동

23 총인구 가운데 65세 이상 인구의 비율이 7% 이상인 사회를 고령화 사회라 한다. 이를 해결하기 위한 정책에는 정년 연장, 노인 복지 시설 확충, 노인 연금 제도 확대 등이 있다.

ㄱ. **의무 투표제 시행** : 헌법이나 선거법을 통해 모든 국민이 의무적으로 투표에 참여할 것을 규정함으로써 투표를 권리가 아닌 의무로 정한 제도

ㄹ. **산아 제한 정책 시행** : 높은 출산율을 억제하고자 출산율을 계획적으로 조절하는 정책

24 공정 무역은 불공정 무역 행위를 규제하고 개발도상국에서 생산된 제품에 정당한 가격을 지급하여 생산자가 경제적으로 자립할 수 있도록 해 주는 무역 방식이다.

① **과점** : 어떤 상품을 두 개 이상의 소수 기업이 공급하는 시장 형태

② **독점** : 어떤 상품을 오직 하나의 기업만이 공급하는 시장 형태

④ **거점 개발** : 경제활동의 기반이 갖추어진 기존의 중심지를 개발 거점으로 선정한 후 집중적으로 산업을 육성하여 그

성장 효과를 주변 지역으로 확산시켜 지역 전체의 경제 성장을 달성하려는 방법

25   온실가스 배출권 거래제는 정부가 온실가스를 배출하는 사업장을 대상으로 연단위 배출권을 할당하여 할당범위 내에서 배출할 수 있도록 하고, 여분 또는 부족분의 배출권에 대해서는 사업장 간 거래를 허용하는 제도이다.
① **전자 상거래** : 온라인상에서 상품을 사고파는 행위
② **쓰레기 종량제** : 쓰레기 발생량에 대해 배출자부담의 원칙을 적용해 쓰레기에 대한 가격 개념을 도입한 제도
③ **빈 병 보증금제** : 주류나 음료의 판매가격에 공병 값을 포함해 소비자에게 판매한 후 소비자가 공병을 소매점에 반환할 때, 보증금을 환급해 주는 제도

제5교시 　　　**과 학**

정답 및 해설 |

2023년 2회

▍정답

01 ②	02 ③	03 ④	04 ②	05 ②
06 ④	07 ②	08 ④	09 ④	10 ③
11 ①	12 ①	13 ④	14 ②	15 ①
16 ②	17 ②	18 ④	19 ④	20 ①
21 ①	22 ③	23 ③	24 ①	25 ④

▍해설

01 조력발전은 밀물과 썰물 때의 바다 높이 차이를 이용하여 전기 에너지를 생산하는 발전 방식이다.
- ① **핵발전** : 핵분열로 발생한 에너지를 이용한 발전 방식
- ③ **풍력 발전** : 바람의 힘을 이용해 전기를 생산하는 방식
- ④ **화력 발전** : 석탄, 석유, 천연가스 등을 연소시켜 전기를 얻는 방식

02

> 충격량 = 힘 × 시간

충격량은 물체의 운동을 변화시키는 물리량을 말한다.
충격량 = 힘 × 시간 = 10N × 5s
∴ 충격량 = 50N · s

03 막대자석을 코일 속에 넣었다 뺐다 하면 코일의 도선에 전류가 유도되어 검류계의 바늘이 움직이는 것은 전자기 유도 현상 때문이다. 전자기 유도는 도체의 주변에서 자기장을 변화시켰을 때 전압이 유도되어 전류가 흐르는 현상이다.
- ① **대류** : 기체나 액체와 같이 유동성이 있는 유체 내에서 일어나는 열전달 방법
- ② **삼투** : 농도가 낮은 용액에서 높은 용액으로 용매가 이동하는 현상
- ③ **초전도** : 매우 낮은 온도에서 전기저항이 0에 가까워지는 현상

04 자유 낙하 운동은 물체가 중력만 받을 때, 1초에 속력이 약 9.8m/s씩 증가하며 낙하하는 운동으로 속력이 일정하게 증가한다. 그러므로 속력과 시간이 정비례하는 ②의 그래프가 옳다.

05

> 열효율(%) = $\dfrac{\text{열기관이 한 일}}{\text{열기관에 공급된 에너지}}$ × 100

열효율은 열기관에 공급한 에너지 중 일로 전환된 비율을 말한다. 문제에서 1000J의 열에너지를 흡수한 후 600J의 열에너지를 방출하였으므로,

열효율(%) = $\dfrac{(1000\text{J} - 600\text{J})}{1000\text{J}}$ × 100 = $\dfrac{400\text{J}}{1000\text{J}}$ × 100

∴ 열효율 = 40%

06
- ㄱ. 신재생 에너지는 화석 연료보다 친환경적이기 때문에 환경 오염 문제를 유발하지 않는다.
- ㄴ. 신재생 에너지에는 태양 에너지, 지열 에너지, 해양 에너지, 바이오 에너지 등이 있다.
- ㄷ. 신재생 에너지는 고갈되지 않는 친환경 에너지이므로, 인류 문명의 지속 가능한 발전을 위해 개발이 필요하다.

07 원자가 전자는 원자의 전자 배치 중 가장 바깥 전자 껍질에 들어 있는 전자로, 원자가 전자가 4개인 것은 ②이다.
- ① 원자가 전자 → 3개
- ③ 원자가 전자 → 5개
- ④ 원자가 전자 → 6개

08 염화 나트륨(NaCl)은 나트륨(Na)이 전자를 잃어 양이온 Na^+가 되고, 염소(Cl)가 전자를 얻어 음이온 Cl^-가 된 후 양이온과 음이온이 정전기적 인력에 의해 형성된 이온 결합 물질이다.

09 주기율표는 원소를 원자 번호 순서대로 나열하고, 성질이 비슷한 원소끼리는 같은 세로줄에 오도록 배열한 표이다. 제시된 주기율표에서 D의 원자 번호가 18번으로 가장 크다.
- A : 1주기 1족 → 원자 번호 1
- B : 2주기 2족 → 원자 번호 4
- C : 2주기 17족 → 원자 번호 9
- D : 3주기 18족 → 원자 번호 18

> **TIP** 주기율표
> • 주기 : 가로줄로 7개의 주기가 있음
> • 족 : 세로줄로 18개의 족이 있음. 같은 족끼리는 화학적 성질이 비슷함

10 제시된 분자 모형에서 알 수 있는 것처럼 메테인(CH_4)은 탄소(C) 원자 1개와 수소(H) 원자 4개로 이루어져 있다. 그러므로 메테인의 탄소 원자와 수소 원자의 개수비는 1:4이다.

11 제시된 화학 반응식에서 산소를 잃어 환원되는 반응 물질은 산화 철로, 반응 전 Fe_2O_3가 산소를 잃어 반응 후 Fe가 된다. 즉, 반응 물질은 화학 반응식에서 화살표를 기준으로 왼쪽에 있는 물질이다.

12 중화 반응은 산과 염기가 반응하여 물과 염이 만들어지는 반응을 말한다. 그림에서 수산화 나트륨(NaOH)이 물과 만나면 이온화되어 Na^+와 OH^-를 생성한다. 그러므로 이온 ㉠은 OH^-이다. 또한 묽은 염산의 H^+와 수산화 나트륨 수용액의 OH^-가 만나 물(H_2O)이 된다.

13 핵산은 생명체의 유전 정보를 가지고 있는 유전 물질로, 세포에서 유전 정보를 저장하거나 전달하는 역할을 한다.
① 물 : 생명체를 구성하는 성분 중 가장 많은 양을 차지하는 물질
② 지질 : 기본 단위는 지방산, 글리세롤로 에너지원으로 이용되거나 세포막의 성분이 됨
④ 탄수화물 : 우리 몸속에서 가장 먼저 쓰이는 주 에너지원으로, 포도당, 녹말 등이 이에 해당됨

14 세포 호흡이 일어나 생명 활동에 필요한 에너지를 생산하는 세포 소기관은 C(미토콘드리아)이다.
① A(리보솜) : 작은 알갱이 모양의 세포 소기관으로 단백질을 합성함
② B(핵) : 유전 물질인 DNA가 있어 세포의 구조와 기능을 결정하고 생명 활동을 조절함
④ D(소포체) : 리보솜에서 합성한 단백질을 골지체나 세포의 다른 곳으로 운반함

15 확산은 물질이 높은 농도에서 낮은 농도로 이동하는 현상을 말한다. 그림에서 물질 A가 세포막을 통해 농도가 높은 쪽에서 낮은 쪽으로 이동하는 방법은 확산이다.
② 합성 : 원소나 간단한 화합물이 더 복잡한 조직물질로 형성되는 것
③ 이화 : 에너지를 방출하며 복잡한 분자를 단순한 화합물로 분해하는 것
④ 복제 : 자연 상태의 생물 개체가 자신과 동일한 개체를 생산하는 것

16 효소는 생명체에서 화학 반응을 촉진하는 생체 촉매로, 반응물과 결합하여 활성화 에너지를 낮추어 화학 반응이 빠르게 일어나게 한다. 그림에서 효소가 있을 때의 활성화 에너지는 B이고, 효소가 없을 때의 활성화 에너지는 A이다.

17 (가)는 DNA의 유전 정보를 RNA로 전달하는 과정인 전사이며, 염기 ㉠은 DNA에서 C와 상보적 결합을 하는 G이다.

TIP 전사와 번역
• 전사 : DNA의 유전 정보를 RNA로 전달하는 과정
• 번역 : RNA의 유전 정보에 따라 단백질을 합성하는 과정

18 생태계 평형이 유지되고 있는 생태계의 먹이 그물에서 개체 수가 가장 많은 생물은 생산자이다. 생산자는 생명 활동에 필요한 양분을 스스로 만드는 생물적 요인으로, 제시된 먹이 그물에서는 옥수수가 이에 해당한다. 뱀, 쥐, 메뚜기는 모두 소비자이다.

19 생물 다양성은 생태계 내에 존재하는 생물의 다양한 정도를 의미하며 유전적 다양성, 종 다양성, 생태계 다양성을 포함한다.
① 초원 : 반건조 기후 지역의 초지대
② 개체군 : 일정한 지역에 같은 종의 개체가 지은 무리
③ 외래종 : 외국으로부터 자연적 혹은 인위적으로 유입되어 들어온 생물

20 빅뱅 우주론은 우주가 초고온, 초고밀도 상태의 한 점에서 폭발하여 팽창함에 따라 온도와 밀도가 감소하여 저온, 저밀도 상태의 현재 우주가 되었다는 이론이다. 우주가 팽창하는데 우주의 총 질량이 일정하므로, 우주의 평균 밀도는 감소하고, 평균 온도는 낮아진다.
ㄱ. 우주의 크기 → 증가
ㄴ. 우주의 평균 밀도 → 감소
ㄷ. 우주의 평균 온도 → 감소

21 온실 효과는 대기 중 온실 기체의 증가로 온실 효과가 커져서 지구의 평균 기온이 상승하는 현상이다. 온실 효과를 일으키는 대표적인 기체들로는 이산화 탄소, 메테인, 수증기, 오존 등이 있다.

22 별 중심부에서 모든 핵융합 반응이 끝나면 별의 중심부로 갈수록 무거운 물질로 구성되므로, A~D 중 가장 무거운 원소가 생성된 곳은 C이다.

23 습곡 산맥은 수렴형 경계에서 발생하는 지형으로, 두 판이 충
    돌하면서 높이 솟아올라 형성된 산맥이다.
    ① 해령 : 대양에 위치한 큰 해저 산맥
    ② 열곡 : 두 개의 단층 사이에서 생성된 폭이 좁고 긴 골짜기
    ④ 변환 단층 : 두 판이 반대 방향으로 어긋나는 보존형 경계
       에서 볼 수 있는 단층 유형

24 대기 중의 이산화 탄소가 있는 곳은 기권이며, 바닷물은 수권
    이다. 그러므로 대기 중의 이산화 탄소가 바닷물에 녹아 들어
    가는 것은 기권과 수권의 상호작용에 해당한다.

TIP 지구 시스템

지권	바깥쪽으로부터 지각－맨틀－외핵－내핵으로 구분됨
수권	혼합층－수온 약층－심해층 순으로 깊어지며 해수, 빙하, 지하수, 하천수 등으로 분포됨
기권	대류권－성층권－중간권－열권 순으로 올라감
생물권	지권, 수권, 기권에 걸쳐 분포
외권	기권 바깥의 태양계 천체, 별, 은하 등을 모두 포함

25 지질 시대 중 기간이 가장 짧은 시대는 신생대로, 매머드와
    같은 포유류가 크게 번성하여 포유류의 시대라고도 부른다.
    인류의 조상이 출현한 것도 이 시대이다.
    ① 선캄브리아 시대 : 지질시대의 약 85%를 차지하는 가장
       긴 시대이며 이 당시의 생물들은 모두 바다에서 살았다.
       세포생물, 해조류, 스트로마톨라이트 등의 생물이 있다.
    ② 고생대 : 대기권에 오존층이 형성되면서 바다에서 생활하
       던 생물들이 육상으로 진출하였다. 삼엽충, 필석, 갑주어,
       양치식물 등이 번성하였다.
    ③ 중생대 : 대체로 기후가 온난하였으며, 공룡 외에 암모나
       이트, 파충류, 겉씨식물 등의 생물이 번성하였다.

제6교시

한국사

정답 및 해설 |

정답

01 ③	02 ①	03 ②	04 ③	05 ④
06 ④	07 ①	08 ③	09 ①	10 ①
11 ④	12 ④	13 ④	14 ①	15 ④
16 ①	17 ④	18 ④	19 ③	20 ②
21 ④	22 ④	23 ③	24 ②	25 ①

해설

01 청동기 시대에는 사유 재산의 개념이 등장하면서 빈부의 차이와 계급의 분화가 발생하였다. 또한 청동기 문화를 바탕으로 우리 역사 최초의 국가인 고조선이 건국되었다. 청동기 시대의 대표적인 유물에는 비파형 동검 외에 고인돌, 반달 돌칼 등이 있다.

02 통일 신라의 신문왕은 국학을 설립하여 유학 교육을 진흥시키고 지방 행정 조직인 9주 5소경을 완비하였다. 또한 관리들에게 관료전을 지급하고 귀족의 경제 기반이었던 녹읍을 폐지하였다.
   ② 장수왕 : 고구려 광개토 대왕의 아들로 수도를 평양으로 옮기고 남진 정책을 추진하였으며, 백제의 수도 한성을 함락하였다.
   ③ 근초고왕 : 고구려의 평양성을 공격하고 마한의 나머지 세력을 정복하여 백제 최대의 영토를 확보하는 등 백제의 전성기를 이끌었다.
   ④ 광개토 대왕 : 활발한 영토 확장으로 고구려의 전성기를 이끌었으며, 영락이라는 독자적인 연호를 사용하였다. 또한 신라에 침입한 왜를 토벌하였다.

> **TIP** 통일 신라 신문왕
> • 김흠돌의 난을 평정하고 왕권 강화
> • 군사 조직인 9서당과 지방 행정 조직인 9주 5소경 완비
> • 관료전 지급 및 녹읍 폐지
> • 유학 교육을 위하여 국학 설립

03 고려 인종 때 김부식 등이 왕명을 받아 편찬한 삼국사기는 현존하는 우리나라 최고의 역사서로 본기, 열전 등 기전체 형식으로 서술되었다.

① 경국대전 : 세조 대에 편찬을 시작하여 성종 대에 완성 및 반포된 조선 시대의 기본 법전
③ 조선책략 : 청나라 외교관인 황준헌이 러시아의 남하정책에 대비하기 위해 조선, 일본, 청국의 외교정책에 대해 서술한 책
④ 팔만대장경 : 몽골이 침입하자 이를 부처의 힘으로 극복하기 위해 강화도에 대장도감을 설치하여 간행한 대장경판

04 공민왕은 반원 자주 정책에 따라 쌍성총관부를 공격하여 원에 빼앗긴 철령 이북의 땅을 되찾았다.
   ① 장용영 설치 → 조선 정조
   ② 금관가야 정복 → 신라 법흥왕
   ④ 치안 유지법 제정 → 일제 강점기

05 의정부 서사제는 조선 세종 때 왕권과 신권의 조화를 추구하여 육조의 업무를 의정부를 거쳐 왕에게 올리게 한 제도이다.
   ① 골품제 : 신라의 신분 제도
   ② 6조 직계제 : 의정부를 거치지 않고 6조에서 직접 왕에게 보고하도록 한 제도
   ③ 헌병 경찰제 : 헌병이 경찰 업무를 담당하게 한 일제 강점기 제도

06 함경도 덕원부사 정현석과 주민들이 힘을 합쳐 설립한 최초의 근대적 사립학교는 원산 학사로, 외국어와 자연 과학 등 근대 학문과 무술을 가르쳤다(1883).
   ① 태학 → 고구려 유학 교육 기관
   ② 국자감 → 고려 시대 국립 교육 기관
   ③ 성균관 → 조선 시대 최고의 국립대학

07 조선 후기 순조, 헌종, 철종 3대에 걸쳐 60여 년 동안 왕의 외척 가문인 안동 김씨, 풍양 조씨 등의 소수 가문이 권력을 장악한 정치 형태는 세도 정치이다.
   ① 도병마사 : 중서문하성과 중추원의 고위 관리들이 모여 국가의 중대사를 의논했던 고려 시대 최고의 의사 결정 기구
   ③ 무신 정권 : 고려 시대 때 정중부, 이의방 등의 무신들이 문벌 귀족들을 제거하고 세운 정권
   ④ 동북 공정 : 중국 동북부(만주)에 있었던 나라들이 중국

의 역사라고 주장하는 정부 주도의 수정주의적 역사 왜곡 시도

08 대구에서 시작된 국채 보상 운동은 일본에 진 빚을 국민들의 모금으로 갚기 위해 전개된 경제적 구국 운동으로, 대한매일 신보 등 언론사가 후원하면서 전국적으로 확산되었다.
① 형평 운동 : 갑오개혁으로 신분이 해방된 뒤에도 오랜 관습 속에 차별을 받던 백정들의 신분 해방 운동
② 북벌 운동 : 병자호란 이후 조선 효종 때 조선을 도운 명에 대한 의리를 내세우며 청에 당한 치욕을 갚자고 추진한 운동
④ 서경 천도 운동 : 고려 인종 때 묘청이 풍수지리설에 근거하여 서경 천도를 주장한 운동

09 을사늑약은 일본이 대한 제국을 강압하여 체결한 조약으로, 대한 제국의 외교권을 빼앗고 이토 히로부미를 초대 통감으로 한 통감부를 설치하였다(1905).
② 헌의 6조 : 독립협회가 개최한 관민공동회에서 결의한 6개조의 국정 개혁안
③ 남북 협상 : 남한만의 단독정부 수립에 반대하는 김구·김규식 등이 평양에서 북한 측 정치 지도자들과 통일 정부 수립을 위해 참석한 협상
④ 간도 협약 : 일본이 간도의 영유권에 대해 청나라와 맺은 협약

10 일본이 명성황후를 시해한 을미사변 이후 김홍집 내각이 근대적 개혁 운동인 을미개혁을 추진하였는데, 이 때 단발령을 시행하고 태양력을 사용하였다.
ㄷ. 노비안검법 : 고려 광종이 양인이었다가 불법으로 노비가 된 자를 조사하여 해방시키기 위해 시행한 법
ㄹ. 독서삼품과 : 통일 신라 원성왕이 인재 등용을 위해 시행한 관인 선발 제도

> **TIP** 을미개혁의 내용
> - 종두법 실시
> - 태양력 사용
> - 연호 건양 사용
> - 군제의 개편
> - 소학교 설립
> - 우편 제도 실시
> - 단발령 실시

11 병인양요와 신미양요의 결과 흥선 대원군은 종로를 비롯한 전국 각지에 척화비를 건립한 후 통상 수교 거부 정책을 시행하였다.
① 서희 : 거란의 1차 침입 때 거란의 소손녕과 외교 담판을 벌여 강동 6주를 확보한 고려의 외교관

② 안향 : 원으로부터 고려에 성리학을 최초로 소개한 고려의 유학자
③ 정약용 : 실학 사상을 집대성한 조선 최고의 실학자

12 이승만 정부 때 여당 부통령 후보인 이기붕의 당선을 위한 3·15 부정 선거가 자행되어 4·19 혁명이 촉발되었다(1960).
① 아관 파천 : 명성황후가 시해된 을미사변으로 신변에 위협을 느낀 고종이 러시아 공사관으로 거처를 옮긴 사건
② 위화도 회군 : 명나라의 요동을 공략하기 위해 출정했던 이성계가 위화도에서 회군한 사건
③ 국내 진공 작전 : 대한민국 임시 정부의 한국 광복군이 미국 전략 정보국(OSS)과 협력하여 일본과의 정규전을 준비한 작전 계획

13 고종은 통리기무아문을 설치하고 그 아래 12사를 두어 신문물 수용과 부국강병 도모 등의 개화 정책을 추진하였다(1880).
① 집현전 : 조선 세종 때 궁중에 설치한 학문 연구 기관
② 교정도감 : 고려 무신 집권기 때의 국정 총괄 기구
④ 동양 척식 주식회사 : 일제가 대한제국의 토지와 자원을 수탈할 목적으로 설치한 식민지 착취기관

14 일제는 조선에서 회사를 설립할 경우 조선 총독부의 허가를 받도록 규정한 회사령을 공포하여 한국인의 회사 설립을 억제하였다.
② 균역법 : 조선 영조 때 군역의 부담을 줄이기 위해 1년에 군포 2필을 부담하던 것을 1필로 경감한 정책
③ 공명첩 : 나라의 재정을 보충하기 위하여 부유층에게 돈이나 곡식을 받고 팔았던 명예직 임명장
④ 대동법 : 조선 광해군 때 공납의 폐단을 시정하고 전후 농민의 부담을 경감하기 위해 특산물 대신 쌀로 세금을 내도록 한 정책

15 청산리 대첩은 김좌진이 이끄는 북로 군정서와 홍범도의 대한 독립군을 중심으로 한 독립군 연합 부대가 백운평과 어랑촌 등지에서 일본군을 크게 격파한 전투이다(1920).
① 병자호란 : 조선이 청의 군신 관계 요구를 거절하자 청이 조선을 침략한 전쟁
③ 한산도 대첩 : 임진왜란 때 이순신 장군이 한산도 앞바다에서 학익진 전법을 이용하여 왜군을 격퇴한 전투
④ 황토현 전투 : 동학 농민 운동 당시 농민군이 전북 정읍 황토현 일대에서 관군을 무찌르고 첫 승리를 거둔 전투

16 민족 자결주의와 2·8 독립 선언의 영향을 받아 1919년에 일어난 일제 강점기 최대의 민족 운동은 3·1 운동이다.
② 제주 4·3 사건 : 제주도에서 남한만의 단독 선거에 반대하는 세력을 진압한다는 명분하에 무고한 사람들이 희생된 사건
③ 금 모으기 운동 : 김대중 정부 때 IMF의 외환 위기 극복을 위해 전 국민이 참여한 금 모으기 운동
④ 부·마 민주 항쟁 : 박정희 정부의 유신 독재에 항거하여 부산과 마산에서 촉발된 반정부 시위

17 민립 대학 설립 운동은 조선 총독부가 대학 설립 요구를 묵살하자 이상재를 중심으로 대학을 설립하기 위해 전개한 모금 운동이다.
① 만민 공동회 : 독립 협회가 개최한 우리나라 최초의 근대적 민중 대회
② 서울 진공 작전 : 정미의병 당시 의병 연합군인 13도 창의군이 서울에 주둔한 일본군을 몰아내기 위해 전개한 작전
③ 토지 조사 사업 : 일제가 조선의 토지를 약탈하기 위해 실시한 대규모 토지 조사 사업

18 미·소 공동 위원회는 모스크바 삼국 외상회의의 결정에 따라 미국과 소련이 한국의 임시 정부 수립을 목적으로 설치한 단체이다.
① 신간회 : 사회주의 세력과 민족주의 세력이 합작하여 결성한 항일 운동 단체
② 조선 형평사 : 백정들의 신분 해방과 사회적 처우 개선을 목적으로 설립된 단체
③ 국민 대표 회의 : 대한민국 임시 정부가 앞으로 나아갈 방향을 결정하기 위해 상하이에서 개최한 독립운동 계파간의 회의

19 일제는 민족 말살 통치기에 한국인을 전쟁에 동원하고자 국가 총동원령을 내렸다. 또한 황국 신민 서사 암송, 궁성 요배, 신사 참배를 강요하고 한국인의 성과 이름을 일본식으로 바꾸는 등 우리 민족의 전통과 뿌리를 말살하려 하였다.
① 호포제 : 흥선 대원군이 실시한 군역 제도로, 양반과 상민의 구분 없이 집집마다 군포를 내도록 한 세금 제도
② 금융 실명제 : 금융 거래의 투명성을 확보하고자 김영삼 정부 때 대통령 긴급 명령으로 전격 시행된 금융 제도
④ 4·13 호헌 조치 : 제5공화국 대통령 전두환이 일체의 개헌 논의를 중단하고 현행 헌법을 유지시킨 조치

20 김구는 대한민국 임시 정부를 이끈 독립 운동가로, 한인 애국단을 조직하였고 남한만의 단독 선거에 반대하여 남북 협상에 참여하였다. 주요 저서로 『백범일지』가 있다.
① 궁예 : 후고구려를 건국한 왕
③ 박제가 : 『북학의』를 저술한 조선 후기의 실학자
④ 연개소문 : 정변을 일으켜 권력을 장악한 고구려의 대막리지

21 반민족 행위 처벌법은 제헌 국회에서 친일 행위를 한 이들을 처벌하고 공민권을 제한하기 위해 마련한 법이다.
① 시무 28조 : 고려 성종 때 최승로가 올린 시무책
② 미쓰야 협정 : 한국 독립군을 탄압하기 위하여 일본 총독부 경무국장 미쓰야와 만주의 군벌 장쭤린이 맺은 조약
③ 남북 기본 합의서 : 노태우 정부 때 남북한이 화해 및 불가침, 교류협력 등에 관해 공동 합의한 기본 문서

22 신군부의 비상계엄 확대와 무력 진압에 5·18 민주화 운동이 발발하였고, 시위 과정에서 시민군이 자발적으로 조직되었다. 현재 5·18 민주화 운동 관련 기록물은 유네스코 세계 기록 유산으로 등재되어 있다.
① 갑신정변 : 김옥균을 중심으로 한 급진개혁파가 우정국 개국 축하연을 이용해 사대당 요인을 살해하고 개화당 정부를 수립한 정변
② 교조 신원 운동 : 동학의 창시자로 처형된 최제우의 억울함을 풀고 포교의 자유를 인정받고자 동학교도들이 전개한 운동
③ 물산 장려 운동 : 일제 강점기인 1920년대에 국산품을 사용하여 우리 민족 경제의 자립을 이루자는 운동

23 북한의 남침으로 6·25 전쟁이 발발하자 맥아더 장군의 인천 상륙 작전을 계기로 국군과 유엔군은 전세를 역전시키고 서울을 수복하였으나, 중공군의 개입으로 1·4 후퇴한 후 정전 협정이 체결되었다.
① 임진왜란 : 조선 선조 때 일본의 도요토미 정권이 조선을 침략하여 발발한 전쟁
② 귀주 대첩 : 10만 대군의 소배압이 이끄는 거란의 3차 침입에 맞서 강감찬이 귀주에서 거란을 격퇴한 전투
④ 쌍성보 전투 : 지청천의 한국 독립군과 중국의 호로군이 연합하여 만주 쌍성보에서 일본군에 승리한 전투

24 박정희 정부 시기에 베트남 전쟁에 국군을 파병하였고, 장기 집권을 위해 대통령의 권한을 강화한 유신 헌법을 제정하였다.
ㄴ. 전주 화약 체결 : 동학 농민 운동 당시 농민군이 전주를 점령하고 정부와 맺은 조약
ㄹ. 서울 올림픽 개최 : 노태우 정부 때에 동서 양 진영 160개국이 참가한 제24회 하계 올림픽 대회

25   러 · 일 전쟁 중에 일본이 자국 영토로 불법 편입한 지역은
      독도이다. 제2차 세계대전 종전 후 연합국 최고사령관 총사
      령부는 연합국 최고 사령관 각서 제677호를 통해 독도를 일
      본의 통치 · 행정 범위로부터 제외시켰다.

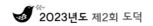

제7교시

도 덕

정답 및 해설 |

▎정답

01 ③	02 ①	03 ③	04 ④	05 ①
06 ④	07 ④	08 ②	09 ③	10 ②
11 ②	12 ①	13 ③	14 ①	15 ③
16 ④	17 ③	18 ②	19 ①	20 ②
21 ④	22 ①	23 ④	24 ②	25 ④

▎해설

01 도덕적 행위의 근거가 되는 보편적 원리의 정립을 주된 목표로 하는 윤리학은 규범 윤리학이다.
① **진화 윤리학** : 이타적 행동 및 성품과 관련된 도덕성은 자연 선택을 통해 진화한 결과라고 주장함
② **기술 윤리학** : 도덕 현상과 문제를 명확하게 기술하고, 기술된 현상들 간의 인과 관계를 설명함
④ **메타 윤리학** : 윤리학의 학문적 성립 가능성을 모색하기 위해 도덕적 언어의 의미 분석과 도덕적 추론의 정당성을 검증하기 위한 논리를 분석함

02 군자는 유교의 이상적 인간상으로, 도덕적 수양과 사회적 실천을 통해 이상적 인격에 도달한 사람을 말한다.
② **보살** : 불교의 이상적 인간상으로, 중생을 깨달음의 세계로 인도하는 구도자이다.
③ **진인** : 도가의 이상적 인간상으로, 도를 깨쳐 깊은 진리를 깨달은 사람을 말한다.
④ **철인** : 플라톤의 이상 국가에서 지혜의 덕목을 갖춘 통치자를 의미한다.

03 사이버 폭력은 가상 공간에서 익명성을 이용한 비윤리적 행위로 악성 댓글, 허위 사실 유포, 해킹 등으로 타인에게 정신적, 물질적 피해를 주는 행위이다.
① **기후 정의** : 기후 변화의 원인과 영향이 초래하는 비윤리적이고 정의롭지 못한 점을 인식하고 그것을 줄이기 위한 사회 운동
② **절대 빈곤** : 생활의 기본적 필수품을 획득할 수 없어 최저의 생활수준도 유지하지 못하는 상태
④ **윤리적 소비** : 윤리적 가치 판단에 따라 상품이나 서비스를 구매하고 사용하는 것을 중시하는 소비

04 윤리적 성찰은 자신의 인간관, 가치관, 세계관 등을 전체적으로 검토하고 반성하는 과정이다. 이 과정에서 권위가 있는 이론이라고 해서 비판 없이 무조건 수용하는 것이 아니라, 보편적 규범에 의해 비판하고 수용 · 개선해야 한다.

05 덕 윤리는 의무, 규칙, 혹은 행위의 결과보다는 도덕 행위자의 품성과 덕을 강조하는 규범 윤리학의 접근법으로, 도덕적 실천 가능성을 강조하고 공동체의 전통과 역사를 중시한다.
② **담론 윤리** : 언어를 매개로 의사소통하는 과정에서 상호 이해에 도달하고, 이를 토대로 도덕 규범의 타당성을 정당화하는 절차가 중시되는 윤리적 관점
③ **의무론 윤리** : 도덕성을 판단할 때 행위의 결과보다 동기, 의무 의식을 강조하는 윤리 관점
④ **공리주의 윤리** : 가치 판단의 기준을 유용성과 행복의 증대에 두는 윤리적 관점

06 개인 정보의 공개는 사람들의 알 권리를 충족시킬 수 있지만 인격권의 침해로도 이어질 수도 있으므로, 정보의 생산자들은 알 권리만을 우선해서는 안 된다.

07 가족은 혼인과 혈연 및 입양 등으로 이루어진 공동체로, 시대정신에 맞는 전통 가족 윤리는 계승해야 한다.

> **TIP** 가족 간의 바람직한 윤리
> • **부부유별(夫婦有別)** : 오륜(五倫)의 하나로 남편과 아내의 역할에는 구별이 있음
> • **부부상경(夫婦相敬)** : 부부는 서로 공경해야 한다는 의미
> • **부자유친(父子有親)** : 부모와 자녀 사이에는 친애가 있어야 함
> • **부자자효(父慈子孝)** : 부모는 자녀를 사랑하고 자녀는 부모에게 효도해야 함
> • **형우제공(兄友弟恭)** : 형은 아우를 사랑하고 아우는 형을 공경해야 함

08 쾌고 감수 능력은 쾌락과 고통을 느낄 수 있는 능력을 말하는데, 싱어(Singer, P.)는 공리주의에 기초하여 도덕적 고려의 기준을 쾌고 감수 능력의 유무로 보고, 쾌고 감수 능력을 갖고 있는 동물의 이익도 평등하게 고려되어야 한다고 주장했다.
① **정보 처리 능력** : 현재 존재하거나 저장된 정보를 조작하

거나 혹은 새로운 정보를 창조하는 능력
③ **도덕적 탐구 능력** : 도덕적 사고를 통해 도덕적 의미를 새롭게 구성하는 지적 활동 능력
④ **비판적 사고 능력** : 어떤 기준에 근거하여 주장이나 행동, 신념 등의 옳고 그름을 판단하는 사고 능력

09 고대 그리스의 철학자인 플라톤은 소크라테스의 제자로 이데아론을 주장하였다. 플라톤은 이데아를 지향하는 삶을 이상적인 삶으로 보았으며, 이데아를 인식한 철학자가 통치하는 국가를 정의로운 국가로 보았다.
① **로크** : 영국의 경험주의 철학자로, 백지설과 사회계약론을 주장하였다.
② **베이컨** : 영국의 경험론의 창시자로, 관찰과 실험을 통한 귀납적 방법론을 체계적으로 제시하였다.
④ **엘리아데** : 루마니아의 종교학자로, 종교 현상을 넘어 인간의 본질적인 성스러움을 말한 종교현상학을 주장하였다.

10 양성평등은 성별에 따라 서로 차별하지 않고 남녀 모두의 인권을 동등하게 보장하는 것을 말한다.
① **성폭력** : 성을 매개로 가해지는 신체적, 언어적, 심리적 폭력
③ **인종 차별** : 인종 집단에 따라 행동 특성의 차이나 우열이 존재한다는 신념이나 이에 기반한 행위
④ **지역 갈등** : 둘 이상의 지역에서 여러 가지 이해관계가 상충되어 나타나는 갈등

11 정언 명령은 행위의 결과와 상관없이 행위 자체가 선(善)이기 때문에 무조건 수행해야 하는 도덕적 명령을 의미한다.
① **가치 전도** : 높은 가치보다 낮은 가치를 추구하는 태도
③ **책임 전가** : 자기가 져야 할 책임을 고의적으로 남에게 미루는 태도
④ **가언 명령** : 어떤 목적을 달성하기 위한 수단으로서 내리는 조건부 명령

12 안락사는 불치병으로 극심한 고통을 겪고 있는 환자의 요구에 따라 의료진이 인위적으로 생명을 단축하는 행위이다. ①의 '인간답게 죽을 권리는 없다.'는 안락사의 반대 논거에 해당한다.

TIP 안락사에 대한 찬성 · 반대 입장

찬성	• 환자의 자율성과 삶의 질을 중시함 • **공리주의적 관점** : 치유 불가능한 환자에게 과다한 경비를 사용하는 것은 환자와 가족에게 경제적으로 큰 부담이며, 환자 본인에게 심리적, 신체적 고통을 주는 것이기 때문에 사회 전체의 이익에 부합하지 않음
반대	• 모든 인간의 생명은 존엄. 인간은 자신의 죽음을 인위적으로 선택할 권리를 갖고 있지 않음 • **자연법 윤리와 의무론적 관점** : 인간의 죽음을 인위적으로 앞당기는 행위는 자연의 질서에 어긋날 뿐만 아니라 생명의 존엄성을 훼손하는 일임

13 성품과 행실이 깨끗하고 맑으며 탐욕이 없는 것을 청렴이라고 하며, 특히 공직자에게 강조되는 바람직한 직업 윤리 의식이다.
① **경쟁 의식** : 남과 겨루어 이기거나 앞서려는 생각
② **패배 의식** : 성공이나 승리에 대한 자신감이 없어서, 미리 패배를 예상하거나 일을 쉽게 포기하려는 생각
④ **특권 의식** : 사회 · 정치 · 경제적으로 특별한 권리를 누리고자 하는 태도

14 윤리적 상대주의는 절대적이고 보편적인 윤리 규범은 존재하지 않으며 윤리적 가치는 시대와 장소에 따라 상대적이라고 보는 관점이다.
② **윤리적 이기주의** : 인간은 마땅히 자기 이익을 위해 행동해야 한다고 보는 관점
③ **윤리적 절대주의** : 모든 문화에 보편타당하게 적용될 수 있는 도덕 원리가 존재한다고 보는 관점
④ **윤리적 의무주의** : 결과가 아닌 도덕 법칙 준수 여부로 행동을 평가해야 한다고 보는 관점

15 다문화 사회에서는 문화적 배경이 다른 사람들이 차별 없이 그들의 문화적 정체성을 유지하며 살아갈 수 있도록 해야 한다. 그러므로 자신의 주관이나 문화적 정체성을 버리는 것은 바람직한 문화적 정체성을 유지하기 위한 관점으로 볼 수 없다.

TIP 다문화를 받아들이는 자세
• 문화적 역동성을 증진하여 문화 발전을 도모함
• 문화적 배경이 다른 사람들이 차별 없이 그들의 문화적 정체성을 유지하며 살아갈 수 있도록 해야 함
• 다문화에 대한 존중과 관용의 자세가 필요

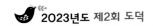

16 원효는 포용과 존중의 중요성을 강조하여 모든 종파와 사상을 분리시켜 고집하지 말고, 더 높은 차원에서 하나로 종합해야 한다는 화쟁 사상을 주장하였다.
① 겸애 사상 : 모든 사람을 똑같이 사랑하고 이롭게 하여야 한다는 묵자의 사상
② 덕치 사상 : 도덕에 의한 교화를 정치의 기본으로 삼는 공자의 사상
③ 무위 사상 : 자연법칙에 따라 행하고 인위적인 작위를 하지 않을 것을 강조한 노자의 사상

17 부정부패 행위는 개인의 권리를 침해하여 올바른 시민 의식의 형성을 어렵게 만들고, 사회적 비용의 낭비로 사회 발전을 저해할 수 있다.
ㄱ. 부정부패 행위는 국외 자본의 국내 투자를 어렵게 만든다.
ㄹ. 부정부패 행위는 국민 간 위화감을 조성하여 사회 통합을 어렵게 만든다.

18 노직은 자유 지상주의적 입장에서 개인의 소유권을 보호하고 존중하는 것을 정의로 보고, 국가의 강제적 소득 재분배를 개인의 권리를 침해하는 심각한 문제로 보았다.
① 홉스 : 이기적 존재인 인간이 자신의 생명과 재산을 보호하기 위해 국가를 만들었다고 주장한 사회계약론자
③ 벤담 : 최대 다수의 최대 행복을 주장한 공리주의자
④ 왈처 : 사회적 가치는 다양한 삶의 영역에서 각기 다른 기준에 따라 분배되어야 한다는 다원적 평등 분배의 원칙을 제시함

19 유전자 치료는 체세포 또는 생식 세포 안에 정상 유전자를 넣어 질병을 치료하는 방법으로, 유전적 질병으로 인한 고통 해소는 유전자 치료의 찬성 근거이다.

TIP 유전자 치료에 대한 찬성 · 반대 입장

찬성	• 병의 유전을 막아 다음 세대의 병을 예방 가능 • 의학적으로 유용(유전병 퇴치 등) • 유전 질환을 물려주지 않으려는 부모의 자율적 선택 존중 • 새로운 치료법의 개발로 경제적 효용 가치 산출
반대	• 미래 세대의 동의 여부 불확실 • 의학적으로 불확실, 임상적으로 위험 • 인간의 유전자를 조작하려는 우생학을 부추길 수 있음 • 고가의 치료비로 인해 그 혜택이 일부 사람에게 치중될 수 있음

20 분단 비용은 남북한이 분단으로 인해 부담하는 유무형의 비용으로 국방비, 외교적 경쟁 비용, 이념적 갈등과 대립, 소모적 성격의 비용 등이 이에 해당한다.
① 기본 소득 : 국가가 국민들에게 최소한의 인간다운 삶을 누리도록 조건 없이 지급하는 소득
③ 과시 소비 : 부를 과시하는 것을 의식하면서 행하는 소비
④ 통일 편익 : 남북한이 통일로 인하여 얻게 되는 모든 이익

21 소수자 우대 정책은 차별받아 온 사람들에게 고용이나 교육 등 다양한 측면에서 직간접적으로 혜택을 제공함으로써 사회적 이익의 공정한 분배를 실현하려는 제도이다.
① 청탁 금지법 : 부정 청탁, 금품 등의 수수를 근절하여 공직 사회에 대한 국민의 신뢰를 확보하기 위한 법
② 생물 다양성 협약 : 생물종의 멸종을 방지하기 위해 생물의 다양성을 포괄적으로 보존하고 지속적으로 이용하는 것을 목적으로 마련된 협약
③ 지속 가능한 개발 : 미래 세대가 그들의 필요를 충족시킬 수 있는 가능성을 손상시키지 않는 범위에서 현재 세대의 필요를 충족시키는 개발

22 현실주의는 무정부 상태의 국제 관계를 국익과 세력 균형의 관점에서 보는 입장으로, 국가의 힘을 키워서 세력 균형을 유지해야 분쟁을 막을 수 있다고 본다.
② 구성주의 : 국가 간 긍정적인 상호 작용을 통해 분쟁을 해결할 수 있다고 보는 관점
③ 이상주의 : 국가는 이성적 존재이기 때문에 국제 분쟁은 국제법, 국제기구 등 제도의 개선으로 해결할 수 있다고 보는 관점
④ 도덕주의 : 일반적으로 도덕적 가치 또는 도덕적 의미를 기본적으로 중시하는 관점

23 시민 불복종은 정의롭지 못한 법이나 정부 정책을 변혁시키려는 목적으로 행하는 의도적인 위법 행위로, 부당한 법을 어김으로써 받게 되는 처벌을 감수한다. 즉, 시민 불복종은 기존 법체계를 존중하므로 기존 사회 질서와 헌법 체계 전체를 부정하는 것은 시민 불복종의 특징으로 볼 수 없다.

TIP 시민 불복종의 정당화 조건
• 행위 목적의 정당성 : 공공의 이익을 위해 실시되어야 한다.
• 비폭력성 : 파괴적인 방법을 자제하고 평화적인 방법을 사용한다.
• 처벌의 감수 : 부당한 법을 어김으로써 받게 되는 처벌을 감수한다.
• 최후의 수단 : 합법적인 수단과 노력 후에 마지막 수단으로 채택된다.
• 양심적 행위 : 비록 위법일지라도 양심적이고 도덕적인 동기를 지니고 있어야 한다.

24 갈퉁(Galtung, J.)이 주장한 평화는 적극적 평화로 직접적 폭력뿐 아니라 문화적 폭력과 구조적 폭력까지 모두 제거된 평화를 말한다. 이에 반하여 소극적 평화는 전쟁, 테러, 범죄, 폭행과 같은 직접적이고 물리적인 폭력이 없는 평화를 말한다.

25 생태 중심주의 자연관은 무생물을 포함한 생태계 전체를 도덕적 고려의 대상으로 보며, 생명 개체에만 초점을 맞추는 개체 중심적인 환경 윤리를 비판한다.

① **인간 중심주의** : 인간을 가장 가치 있는 존재로 여기고, 인간과 자연의 관계에서 인간의 이익이나 행복을 먼저 고려하는 관점이다.

② **동물 중심주의** : 동물을 인간을 위한 수단으로 여기는 것에 반대하고 동물의 복지와 권리의 향상을 강조한다.

③ **생명 중심주의** : 모든 생명체는 그 자체로서 가치를 지니므로 도덕적 고려의 범위를 모든 생명체로 확대해야 한다고 본다.

정답 및 해설

2022년도

제1회

제1교시

국 어

정답 및 해설 |

정답

01 ④	02 ③	03 ③	04 ③	05 ④
06 ①	07 ②	08 ②	09 ③	10 ②
11 ③	12 ④	13 ①	14 ③	15 ①
16 ①	17 ②	18 ②	19 ④	20 ④
21 ①	22 ②	23 ①	24 ④	25 ②

해설

01　민우에게 막무가내로 색연필을 요구하는 준수의 말은 지금 색연필을 써야 하는 민우의 상황을 무시하고 기분을 상하게 하는 말하기 문제점을 보이고 있다. 그러나 준수의 말에 민우가 이해하지 못하는 관용 표현이 사용되고 있지는 않다.

02　[A]에서 은희는 "그런 어려움이 있구나."라고 상대방의 처지에 공감을 하고 있다. 그러면서도 춤 동작은 우리가 도와주겠다고 대안을 제시한 후, "이번 주만이라도 강당을 우리가 쓰도록 해 주면 좋겠어."라고 자신의 요구 사항을 전달하고 있다.

03　받침 'ㅁ, ㅇ' 뒤에 연결되는 'ㄹ'이 [ㄴ]으로 발음되는 것은 비음화 현상에 해당된다. 강릉, 담력, 항로는 모두 'ㅁ, ㅇ' 뒤에 'ㄹ'이 연결되므로 비음화 현상에 따라 각각 [강능], [담:녁], [항:노]로 발음된다. 그러나 송년은 'ㅁ, ㅇ' 뒤에 'ㄴ'이 연결되므로 비음화 현상에 따라 발음되지 않는다.

> **TIP 표준 발음법**
> **제19항 받침** 'ㅁ, ㅇ' 뒤에 연결되는 'ㄹ'은 [ㄴ]으로 발음한다.
> 담력[담:녁], 침략[침:냑], 강릉[강능], 항로[항:노], 대통령[대:통녕]
>
> **[붙임] 받침** 'ㄱ, ㅂ' 뒤에 연결되는 'ㄹ'도 [ㄴ]으로 발음한다.
> 막론[막논 → 망논], 백리[백니 → 뱅니], 협력[협녁 → 혐녁], 십리[십니 → 심니]

04　①·②·④는 문장의 주체를 높이는 주체 높임법에 해당한다. 주체 높임법은 ①의 '들으신다', ②의 '주무신다', ④의 '드시고'처럼 보통 선어말어미인 '-시-'로 실현된다. 그러나 ③은 말하는 이가 문장의 객체를 높이는 객체 높임법에 해당한다.

> **TIP 높임법**
> • **상대 높임** : 듣는 이를 높이거나 낮추는 높임 표현
> • **주체 높임** : 서술의 주체를 높이는 표현으로, 보통 선어말어미 '-시-'로 실현
> • **객체 높임** : 말하는 이가 문장의 객체를 높이는 표현

05　ⓔ의 '거시라'는 소리나는 대로 적은 이어적기에 해당한다. '거시라'를 끊어적기로 표현하면 '것이라'가 되어야 한다.

> **TIP 한글 표기법**
> • **이어적기** : 소리나는 대로 적은 표음적 표기법으로, 중세 국어에 사용됨
> • **끊어적기** : 여러 형태소가 연결될 때 그 각각을 음절이나 성분 단위로 밝혀 적음

06　다리다 → 달이다
'다리다'는 '옷이나 천 따위의 주름이나 구김을 펴고 줄을 세우기 위하여 다리미나 인두로 문지르다'는 뜻이므로, '약재 따위에 물을 부어 우러나오도록 끓이다'라는 의미인 '달이다'로 고쳐 써야 한다.

07　"봄날처럼 따뜻한 말씨, 보석처럼 빛나는 세상!"은 '봄날처럼'과 '보석처럼'에서 '처럼'을 사용하여 비유법 중 직유법을 사용하고 있고, 앞뒤의 구가 대구를 이루며 '고운 말을 사용하자'는 주제를 잘 드러내고 있다.

08　ⓒ의 '그러나'는 앞의 내용과 뒤의 내용이 상반될 때 쓰는 접속 부사이다. 해당 문장에서 한지는 바람이 잘 통하고 습도 조절이 잘된다고 하였고, 반면에 양지는 바람이 잘 통하지 않고 습기를 잘 흡수하지 못한다고 하였으므로, '그러나'를 그대로 사용해야 한다.

[09~11]

> **윤동주, 「자화상」**
> • 갈래 : 자유시, 서정시
> • 성격 : 고백적, 성찰적
> • 제제 : 우물 속에 비친 자신의 모습

- **주제** : 자아 성찰과 암울한 현실 속 자신에 대한 애증
- **특징**
  – 시상 전개에 따라 화자의 정서와 인식이 변화함
  – 열거법, 반복법, 점층법 등의 표현 방식을 사용함
  – '–ㅂ니다'로 끝나는 구어체를 사용하여 산문적으로 표현함

09 해당 작품에서는 설의적 표현을 사용하여 비판적 인식을 드러내고 있지는 않다. 설의적 표현은 누구나 다 아는 사실을 짐짓 의문형식으로 제시하여 독자가 스스로 결론을 내리게 하는 표현법을 말한다.

10 2연에는 우물 속의 평화로운 정경이 묘사되어 있으나, 비정한 현실에 분노하고 있는 시적 화자의 모습은 나타나 있지 않다.

11 ㉠에는 식민지 현실에 저항하지 못하고 안주해 있는 자신에 대한 부끄러움과 원망이 담겨 있다.

[12~14]

양귀자, 「마지막 땅」
- **갈래** : 현대 소설, 단편 소설, 세태 소설, 연작 소설
- **성격** : 세태적, 일상적, 비판적
- **배경** : 시간 – 1980년대 / 공간 – 원미동
- **시점** : 전지적 작가 시점
- **제재** : 땅을 둘러싼 강 노인과 원미동 사람들의 갈등
- **주제** : 자본주의적 도시화의 세태와 땅의 가치에 대한 인식
- **특징**
  – 원미동 사람들의 소박한 삶을 사실감 있게 드러냄
  – 1980년대 원미동이라는 구체적 배경을 바탕으로 평범한 사람들의 일상적인 삶을 다룸

12 '자그마한 체구에 검은 테 안경을 쓰고, 머리는 기름 발라 착 달라붙게 빗어 넘긴 박 씨의 면상을 보는 일이 강 노인으로서는 괴롭기 짝이 없었다.'에서 박 씨의 외양 묘사를 통해 강 노인이 박 씨를 못마땅하게 여기고 있음을 알 수 있다.
① 해당 작품은 전지적 작가 시점으로 작품 밖 서술자가 등장인물의 행동과 태도는 물론 심리까지 묘사하고 있다.
② 대화를 통해 인물 간 갈등 과정을 드러내고 있다.
③ 원미동이라는 구체적 배경을 바탕으로 평범한 사람들의 일상적인 삶을 다루고 있다.

13 '아직도 유 사장 마음은 이 땅에 있는 모양이니께 금액이야 영감님 마음에 맞게 잘 조정해 보기로 하고, 일단 결정해 뿌리시요!'라고 박 씨가 말한 대목에서 유 사장이 강 노인의 땅을 마음에 두고 있음을 알 수 있다.
② '우리사 셋방이나 얻어 주고 소개료 받는 것으로도 얼마든지 살 수 있지라우.'라는 고흥댁의 말에서 고흥댁이 소개료를 받지 못했거나 생활고를 겪고 있지 않다는 내용을 짐작할 수 있다.
③ '팔팔 올림픽 전에 북에서 쳐들어올 확률이 높다고 신문 방송에서 떠들어 쌓으니 이삼천짜리 집들도 매기가 뚝 끊겼다 이 말입니다.'라는 말을 통해 신문 방송의 영향으로 집을 사려는 분위기가 누그러져있음을 알 수 있다.
④ '얼굴만 마주쳤다 하면 땅을 팔아 보지 않겠느냐고 은근히 회유를 거듭하더니 지난 겨울부터는 임자가 나섰다고 숫제 집까지 찾아와서 온갖 감언이설을 다 늘어놓는 박 씨였다.'라는 대목을 통해 박 씨가 땅을 팔지 않으려는 강 노인을 끈질기게 설득하고 있음을 알 수 있다.

14 박 씨가 ㉡을 통해 유 사장이 동네 발전에 애쓴 것을 언급하며 강 노인에게 땅을 팔 것을 회유하고 있다.

[15~16]

월명사, 「제망매가」
- **갈래** : 향가
- **성격** : 서정적, 애상적, 추모적
- **제재** : 누이의 죽음
- **주제** : 누이의 죽음으로 인한 슬픔과 극복 의지
- **특징**
  – 누이의 죽음을 자연 현상에 비유함
  – 10구 향가의 정제된 형식미와 서정성이 드러남
  – 불교의 윤회 사상을 바탕으로 슬픔을 종교적으로 승화함

15 해당 작품은 10구체 향가로, 9~10행이 시상을 고양시키고 마무리하는 낙구이다. 9행의 낙구는 감탄사 '아아'로 시작하며 시상을 집약하는 기능을 한다.
② 10구체 향가는 행으로 이루어져 있으나, 연으로 구분된 것은 아니다.
③ 후렴구는 고려 가요의 특징이다.
④ 세 부분의 첫 어절이 각각 '생사, 어느, 아아'로 모두 2음절로 시작된다.

16 ⊙에서 화자는 죽은 누이를 미타찰에서 다시 만날 것을 기약하며 슬픔을 극복하고 있다. 즉, 화자는 대상과의 재회를 염원하고 있다.

[17~19]

작자 미상, 「심청전」
• 갈래 : 윤리 소설, 설화 소설, 판소리계 소설
• 성격 : 교훈적, 환상적, 비현실적
• 배경 : 시간 – 중국 송나라 말 / 장소 – 황주 도화동
• 시점 : 전지적 작가 시점
• 주제 : 부모에 대한 지극한 효심
• 특징
 – 유교적 덕목인 '효'를 강조함
 – 유 · 불 · 선 사상이 복합적으로 드러남
 – 현실 세계를 중심으로 펼쳐지는 전반부와 환상적인 이야기 중심의 후반부로 내용이 구분됨

17 '사당'은 조상의 신주를 모시고 제사를 지내던 집이므로, 심청이가 사당에 들어가 하직 인사를 한 대상은 아버지가 아니라 조상이다.
① 심청은 공양미 삼백 석에 인당수 제물로 팔려 간다며 자신이 떠나야 하는 까닭을 아버지에게 밝혔다.
③ 심 봉사는 '못 가리라, 못 가리라' 말하며 자신을 위해 제물이 되려는 심청의 결정을 만류하였다.
④ 심청은 '조상 제사를 끊게 되오니 사모하는 마음을 이기지 못하겠습니다.'라고 말하며 자신이 떠난 후 조상의 제사를 지내지 못하는 것을 안타까워하고 있다.

18 심청이가 수레를 타고 가는 심 봉사의 꿈은 '심청이는 저 죽을 꿈인 줄 짐작하고'에서 심청의 앞날에 일어날 일을 암시한다.

19 '참말이냐, 참말이냐?', '못 가리라, 못 가리라', '마라 마라, 못 하리라' 등의 반복적인 표현을 통해 자신을 위해 제물로 팔려 가는 심청을 만류하는 심 봉사의 안타까운 심정을 드러내고 있다.

① 설의적 표현이 사용되었으나 삶의 희망을 드러내기 위한 것이 아니라 심청의 결정을 만류하기 위한 것이다.
② 의인화 된 표현은 나타나 있지 않다.
③ 심 봉사가 딸이 공양미 삼백 석에 인당수의 제물로 팔려 간다는 사실에 슬퍼하고 있을 뿐, 슬픔을 웃음으로 승화하

고 있지는 않다.

[20~22]

20 제시문은 서두에서 밝힌 것처럼 글을 읽는 다양한 방법에 대해 소개하고 있다. 그러나 서로 다른 읽기 방법을 절충하여 새로운 읽기 방법을 보여 주고 있지는 않다.
① 글을 읽을 때 소리를 내는지의 여부, 글을 읽는 속도, 글을 읽는 범위 등의 기준에 따라 읽기 방법을 제시하고 있다.
② 음독, 묵독, 속독 등 다양한 읽기 방법의 개념을 설명하고 있다.
③ '차를 우려내듯 여유롭게 음미하며 읽는 것을 미독(味讀)이라고 한다.'에서 비유적 표현을 통해 읽기 방법을 설명하고 있다.

21 ⊙의 앞 문장에서는 대체로 묵독을 사용한다고 하였고, 뒤 문장에서는 음독이 사용되기도 한다며 앞뒤 문장의 내용이 서로 상반된다. 그러므로 ⊙에는 역접의 접속 부사 '그러나'가 들어갈 말로 가장 적절하다.

22 ㉮ 대강의 내용을 먼저 빠르게 보는 읽기 방법은 '속독'이다.
㉯ 목차를 보고 필요한 부분을 찾아 읽는 방법은 '발췌독'이다.
• 통독 : 글 전체를 처음부터 끝까지 훑어 읽는 방법
• 지독 : 뜻을 새겨 가며 글을 천천히 읽는 방법

[23~25]

23 ㄱ. 제시문은 하버드 대학교 심리학과 연구자들의 실험 사례를 통해 '무주의 맹시'라는 개념을 설명하고 있다.
ㄴ. 제시문의 첫 번째 단락에서 '도대체 이들은 왜 고릴라를 보지 못했을까?'라는 질문을 통해 독자의 호기심을 유발하고 있다.

24 제시문의 마지막 단락에서 뇌의 많은 영역이 시각이라는 감각에 배정되어 있음에도 눈으로 받아들이는 모든 정보를 보이는 그대로 뇌가 빠짐없이 처리하기는 어렵다고 설명하고 있다. 그러므로 실험 참가자들이 고릴라를 보지 못한 이유는 눈으로 들어오는 모든 정보를 처리하기 어려운 뇌의 특성 때문이다.

25 ⓒ의 '손상'은 '병이 들거나 다침'을 의미한다. '자기도 모르는 사이에 물건 따위를 잃어버림'을 뜻하는 단어는 '분실'이다.

제2교시

수 학

정답 및 해설 |

▌정답

01 ④	02 ②	03 ③	04 ③	05 ④
06 ①	07 ③	08 ①	09 ②	10 ③
11 ④	12 ②	13 ④	14 ③	15 ③
16 ①	17 ①	18 ③	19 ②	20 ①

▌해설

01
$$\begin{aligned} A+B &= (x^2+2x)+(2x^2-1) \\ &= (x^2+2x^2)+(2x-1) \\ &= 3x^2+2x-1 \end{aligned}$$

02 항등식일 때, 양변의 동류항의 계수는 같으므로
$(x+1)(x-1)=x^2+a$에서
$x^2-1=x^2+a$
$\therefore a=-1$

03 다항식 $(x^3-2x^2-x+5) \div (x-1)$을 조립제법을 이용하여 풀면,

$$\begin{array}{r|rrrr} 1 & 1 & -2 & -1 & 5 \\ & & 1 & -1 & -2 \\ \hline \text{몫} \to & 1 & -1 & -2 & \boxed{3} \to \text{나머지} \end{array}$$

그러므로 몫은 x^2-x-2이다.

04
$$a^3-3a^2b+3ab^2-b^3=(a-b)^3$$

인수분해 공식에 따라
$x^3-9x^2+27x-27=(x-3)^3$
$(x-a)^3=(x-3)^3$
$\therefore a=3$

05
$2-i+i^2=a-i$
$2+i^2=a-i+i$
$i^2=-1$이므로 $2-1=a$
$\therefore a=1$

06
$$x^2-(\alpha+\beta)x+\alpha\beta=0$$
$$\Rightarrow x^2-(두\ 근의\ 합)x+(두\ 근의\ 곱)=0$$

x^2의 계수가 1인 이차방정식 $x^2+3x-4=0$에서 두 근을 α, β라 할 때, $\alpha+\beta$는 두 근의 합이다.
근과 계수의 관계에 의해
$x^2-(\alpha+\beta)x+\alpha\beta=x^2+3x-4$
$\therefore \alpha+\beta=-3$

07 주어진 범위의 그래프에서
$x=2$일 때 → 최댓값 5
$x=0$일 때 → 최솟값 -3
그러므로 이차함수 $y=x^2+2x-3$의 최댓값은 5이다.

08 삼차방정식 $x^3-2x+a=0$의 한 근이 2라고 했으므로,
$f(2)=0$
$x^3-2x+a=0$에 $x=2$를 대입하면
$2^3-2\times2+a=0$, $8-4+a=0$
$\therefore a=-4$

09
$$\begin{cases} x+y=3 & \cdots \bigcirc \\ x^2-y^2=a & \cdots \bigcirc\!\!\!\bigcirc \end{cases}$$
$x=2$, $y=b$를 $\bigcirc$에 대입하면
$x+y=2+b=3$, $\therefore b=1$
$x=2$, $y=1$을 $\bigcirc\!\!\!\bigcirc$에 대입하면
$x^2-y^2=2^2-1^2=a$ $\therefore a=3$
따라서 $a+b=3+1=4$

10
$$판별식\ D>0일\ 때,\ f(x)\leq0의\ 해$$
$$\Rightarrow \alpha\leq x\leq\beta$$

이차부등식 $(x+3)(x-1)\leq0$의 해는
$\alpha=-3$, $\beta=1$이므로
$-3\leq x\leq1$

11
좌표평면 위의 두 점 $A(x_1, y_1)$, $B(x_2, y_2)$에 대하여 $\overline{AB}$의 중점의 좌표는 AB를 1:1로 내분하는 점이다.
$$\Rightarrow M\left(\frac{x_1+x_2}{2}, \frac{y_1+y_2}{2}\right)$$

2022년 1회

좌표평면 위의 두 점 A(1, 2), B(3, −4)에 대하여 선분 AB의 중점의 좌표는

$$M\left(\frac{x_1+x_2}{2},\ \frac{y_1+y_2}{2}\right)에서$$

$$M\left(\frac{1+3}{2},\ \frac{2-4}{2}\right)$$

$$\therefore M(2,\ -1)$$

12

두 직선이 서로 평행할 때 ⇒ 기울기는 같다.

두 직선이 평행할 때 두 직선의 기울기는 같으므로
$y=-2x+5$에서 구하는 직선의 기울기는 -2
또, 구하는 직선이 $(0,\ 1)$을 지나므로 y절편은 1이다.
그러므로 구하는 직선의 방정식은 $y=-2x+1$이다.

13

중심 좌표가 $(a,\ b)$이고 반지름의 길이가 r인 원의 방정식 ⇒ $(x-a)^2+(y-b)^2=r^2$

중심 좌표가 $(2,\ 1)$이고 반지름의 길이가 3인 원의 방정식은
$(x-a)^2+(y-b)^2=r^2$에서
$(x-2)^2+(y-1)^2=3^2$
$(x-2)^2+(y-1)^2=9$

14

점 $(x,\ y)$를 원점에 대하여 대칭이동한 점의 좌표 ⇒ $(-x,\ -y)$

점 $(-2,\ 1)$을 원점에 대하여 대칭이동한 점의 좌표는 $(-x,\ -y)$에서 $(2,-1)$이다. 즉, $x,\ y$의 좌표가 부호만 바뀐다.

15

$A=\{1,\ 3,\ 4,\ 5\}$, $B=\{2,\ 4\}$이므로
$A-B=\{1,\ 3,\ 5\}$

16

명제 $p\to q$의 역 ⇒ $q\to p$

명제 $p\to q$의 역은 $q\to p$이므로,
명제 '정삼각형이면 이등변삼각형이다.'의 역은
'이등변삼각형이면 정삼각형이다.'이다.

17

역함수의 성질 : $f^{-1}(a)=b$이면 $f(b)=a$

주어진 함수 $f:X\to Y$에서
$f^{-1}(4)=k$이면 역함수의 성질에 따라 $f(k)=4$
주어진 그림에서 함숫값 4를 갖는 x의 값은 1이므로
$f(1)=4$
$\therefore f^{-1}(4)=1$

18

$y=\sqrt{a(x-m)}+n\,(a\neq0)$의 그래프는 $y=\sqrt{ax}$의 그래프를 x축의 방향으로 m만큼, y축의 방향으로 n만큼 평행이동한 그래프이다.

무리함수 $y=\sqrt{x-a}+b$의 그래프가 무리함수 $y=\sqrt{x}$의 그래프를 x축의 방향으로 2만큼, y축의 방향으로 3만큼 평행이동한 그래프이므로 $a=2$, $b=3$이다.
$\therefore a+b=5$

19

서로 다른 n개에서 r개를 택하여 일렬로 나열하는 순열의 수 ⇒ $_n\mathrm{P}_r$

여행 순서를 정하는 경우의 수는 선택한 사진의 순서를 생각하며 일렬로 나열한 경우의 수와 같다.
그러므로 구하는 경우의 수는
$_3\mathrm{P}_3=3!=3\times2\times1=6$

20

서로 다른 n개에서 r개를 택하는 조합의 수 ⇒ $_n\mathrm{C}_r$

4종류의 꽃 중에서 서로 다른 3종류의 꽃을 선택하는 경우의 수는 순서를 생각하지 않고 택하는 조합의 수와 같다. 그러므로 구하는 경우의 수는
$_4\mathrm{C}_3=\dfrac{4\times3\times2}{3\times2\times1}=\dfrac{24}{6}=4$

제3교시

영 어

정답 및 해설 |

▌정답

01 ①	02 ②	03 ②	04 ③	05 ①
06 ③	07 ①	08 ④	09 ④	10 ①
11 ①	12 ②	13 ④	14 ③	15 ②
16 ①	17 ④	18 ③	19 ④	20 ③
21 ②	22 ④	23 ④	24 ②	25 ③

▌해설

01 **해설** 'behavior'는 '행동'이라는 뜻이다.
② 규칙 rule
③ 감정 feeling
④ 신념 belief
해석 아이들에게, 좋은 행동을 장려하는 것은 중요하다.
어휘 important 중요한
encourage 격려하다, 장려하다

02 **해설** 'put off'는 '미루다, 연기하다'라는 뜻이다.
해석 그녀는 폭우 때문에 여행을 연기해야만 했다.
어휘 put off 미루다, 연기하다
trip 여행
heavy rain 큰 비, 폭우

03 **해설** 'Besides'는 '게다가, 뿐만 아니라'는 뜻이다.
① 마침내 finally
③ 그러나 however
④ 예를 들면 for example
해석 많은 온라인 수업이 무료이다. 게다가 언제 어디서나 볼 수 있다.
어휘 online lessons 온라인 수업
free of charge 무료로, 공짜로
besides 게다가, 뿐만 아니라
anytime and anywhere 언제 어디서나

04 **해설** 주어진 문장에서 'full(가득한)'과 'empty(비어 있는)'는 반의어 관계이다. 마찬가지로 ①, ②, ④는 모두 반의어 관계이나, ③의 'tiny(아주 작은)'와 'small(작은)'은 유의

어 관계이다.
① 높은 – 낮은
② 더운 – 추운
④ 빠른 – 느린
해석 어떤 사람들은 잔이 반쯤 찼다고 말하는 반면, 다른 사람들은 그것이 반쯤 비었다고 말한다.
어휘 full 가득한, 충분한
empty 비어 있는
tiny 아주 작은[적은]
fast 빠른

05 **해설** ① 참가 자격 : 알 수 없음
② 행사 날짜 : 2022년 4월 22일
③ 행사 장소 : 주민 센터
④ 행사 내용 : 중고 물품 교환, 100% 천연 샴푸 만들기
해석

행복한 지구의 날 행사
언제 : 2022년 4월 22일
어디서 : 주민 센터
하는 일 : • 중고 물품 교환
• 100% 천연 샴푸 만들기

어휘 Community Center 지역 복지관, 주민 센터
exchange 교환하다, 맞바꾸다
used things 중고 물품들
natural 자연의, 천연의

06 **해설** 첫 번째 문장에는 교통수단인 'train'과 함께 사용되어 '내리다'라는 의미를 갖는 동사 'leave'가 들어가야 한다. 두 번째 문장에는 'book'과 함께 '놓다[두다]'라는 의미를 갖는 동사 'leave'가 들어가야 한다.
① 열다
② 배우다
④ 믿다
해석 • 기차에서 내릴 때는, 모든 소지품을 반드시 챙기세요.
• 책을 읽은 후에는 탁자 위에 놓아두세요.
어휘 make sure 반드시 ~하다
belongings 소지품

07 **해설** 첫 번째 문장은 의문문으로 '무엇을'에 해당하는 의문사 'what'이 들어가야 한다. 두 번째 문장에는 타동사 know의 목적어로써 명사절을 이끄는 접속사 'what'이 들어가야 한다.
해석 • Minsu야, 이번 주말에 뭐 할 거니?
• 아무도 정확히 무슨 일이 일어났는지 모른다.
어휘 exactly 정확하게
happen 발생하다, 일어나다

08 **해설** 첫 번째 문장에는 '~으로 가득 차 있다'의 의미의 숙어 'be filled with'가 와야 하고, 두 번째 문장에는 '~에 만족하다'라는 의미의 숙어 'be satisfied with'가 와야 한다. 그러므로 빈칸에 공통으로 들어갈 말은 전치사 'with'이다.
해석 • 아빠의 마음은 나에 대한 사랑으로 가득 차 있다.
• Alice는 그녀의 공연에 만족했다.
어휘 performance 실행, 공연

09 **해설** A가 수학 문제를 같이 풀어보자고 하였고 B가 이에 좋은 생각이라며 동의하였다. 그러므로 'Two heads are better than one(혼자보다는 두 명이 함께 생각하는 것이 낫다)'은 이에 어울리는 속담이다.
해석 A : Junho야, 뭐 하고 있니?
B : 이 수학 문제를 풀려고 하는데, 너무 어려워.
A : 같이 풀어보자.
B : 좋은 생각이야. 두 사람의 머리가 한 사람 보다는 낫지.
어휘 solve 풀다, 해결하다
math problem 수학 문제
difficult 어려운
figure out ~을 이해하다, 알아내다
better than ~보다 나은

10 **해설** B가 영어 말하기 대회에서 1등을 차지하여 인생에서 가장 행복한 날이라고 하였으므로, B의 심정은 ①의 '행복'이다.
해석 A : 영어 말하기 대회의 결과가 나왔니?
B : 응, 방금 나왔어.
A : 그래서, 어떻게 됐니?
B : 내가 1등상을 탔어. 내 인생에서 가장 행복한 날이야.
어휘 result 결과
speech contest 말하기 대회
first prize 1등상

11 **해설** B가 은행 계좌를 개설하고 싶다고 하자 A가 양식을 작성해 달라고 하는 것으로 보아, 해당 대화가 이루어진 장소는 은행이다.
해석 A : 좋은 아침입니다. 어떻게 도와드릴까요?
B : 안녕하세요, 은행 계좌를 개설하고 싶은데요.
A : 알겠습니다. 이 양식을 작성해 주세요.
B : 감사합니다. 바로 할 게요.
어휘 bank account 은행 계좌
fill out 작성하다
form 양식

12 **해설** Michael은 지역 신문에서 기자를 모집한다는 광고를 보았고, 그것이 그가 항상 꿈꾸던 직업이므로 지원하기로 결심했다. 그러므로 밑줄 친 'It'가 가리키는 것은 'reporter(기자)'이다.
① 배우
② 선생님
④ 디자이너
해석 어느 날, Michael은 지역 신문에서 기자 모집 광고를 보았다. 그것은 그가 항상 꿈꾸던 직업이다. 그래서 그는 그 직업에 지원하기로 결심했다.
어휘 advertisement 광고
reporter 기자
local 지방의, 지역의
make up one's mind ~을 결심하다
apply for ~에 지원하다

13 **해설** 외국인에게 한국어를 가르칠 거라는 B의 대답에 A가 좋은 마음으로 자원 봉사를 하라고 조언하고 있다. 그러므로 빈칸에 들어갈 말로는 ④의 '너는 어떤 종류의 자원 봉사 활동을 할 예정이니?'가 가장 적절하다.
① 네 생일이 언제니?
② 지난주 금요일에 뭘 했니?
③ 한국 음식에 대해 어떻게 생각하니?
해석 A : 너는 어떤 종류의 자원 봉사 활동을 할 예정이니?
B : 나는 외국인에게 한국어를 가르칠 거야.
A : 잘 됐네. 좋은 마음으로 자원 봉사를 해야만 한다는 것을 기억해.
B : 명심할 게.
어휘 foreigner 외국인
remember 기억하다
volunteer 자발적인, 자원 봉사하다
keep in mind 명심하다

14 **해설** 어느 동아리에 가입할지 결정했냐는 A의 물음에 대한 답변에는 동아리 이름이 들어가야 한다. 그러므로 빈칸에는 ③의 '나는 댄스 동아리에 가입하기로 결정했어.'가 들어갈 말로 가장 적절하다.
① 나는 한국을 떠나 캐나다로 갔어.
② 나는 어제 의사에게 진찰 받으러 갔어.
④ 나는 지난 밤 저녁에 스파게티를 먹었어.

해석 A : 너는 올해 어느 동아리에 가입할지 결정했니?
B : 나는 댄스 동아리에 가입하기로 결정했어.

어휘 decide 결심하다, 결정하다
join 가입하다
spaghetti 스파게티

15 **해설** A가 컴퓨터 작업으로 인해 피곤한 눈을 돌보는 방법에 대해 조언을 구하자, 의사인 B가 충분한 수면과 비타민이 많은 과일과 야채를 먹을 것을 추천하고 있다. 그러므로 ③의 '눈 건강을 돌보는 방법'이 대화의 주제로 가장 적절하다.

해석 A : 의사 선생님, 하루 종일 컴퓨터로 일을 하느라 눈이 피곤해요. 어떻게 눈을 돌볼 수 있을까요?
B : 눈이 쉬도록 충분히 잠을 자야만 해요.
A : 알겠습니다. 그 밖에 어떤 것을 추천해 주시겠어요?
B : 비타민이 많은 과일과 야채를 드세요.

어휘 tired 지친, 피곤한
look after 돌보다
make sure 확실하게 하다
enough 충분한
recommend 추천하다
lots of 많은
vitamin 비타민

16 **해설** 관리 사무소에서 오후 1시부터 2시까지 전기가 끊길 예정이라고 공지하고 있다. 그러므로 ③의 '공지하려고'가 글을 쓴 목적으로 가장 적절하다.

해석 관리 사무소에서 안내 말씀드립니다. 어제 알려 드린 대로 오늘 오후 1시부터 2시까지 전기가 끊길 예정입니다. 불편을 드려 죄송합니다. 이해 부탁드립니다.

어휘 announcement 발표, 알림
management office 관리 사무소
inform 알리다
electricity 전기
inconvenience 불편
understanding 이해

17 **해설** 안내문의 마지막 줄에 방문객은 사진을 찍을 수 있다고 하였으므로, '모든 사진 촬영은 금지된다.'는 ④의 설명은 안내문의 내용과 일치하지 않는다.

해석

세익스피어 박물관
시간
• 매일 개장 : 오전 9시 ~ 오후 6시
입장료
• 성인 : 12달러
• 학생 및 어린이 : 8달러
• 10인 이상 단체 10% 할인
사진 촬영
• 방문객은 사진을 찍을 수 있습니다.

어휘 museum 박물관
daily 매일
admission 입장, 입장료
adult 어른, 성인
discount 할인
take photograph 사진을 찍다

18 **해설** 제시문에서 참가자들은 개인으로만 대회에 참가할 수 있다고 하였다. 그러므로 '그룹 참가가 가능하다'는 ③의 설명은 제시문의 내용과 일치하지 않는다.

해석 2022년 과학 발표 대회는 2022년 5월 20일에 개최될 것입니다. 주제는 지구 온난화입니다. 참가자들은 개인으로만 대회에 참가할 수 있습니다. 발표는 10분을 초과해서는 안 됩니다. 보다 자세한 내용은 교무실에서 이 선생님을 만나세요.

어휘 presentation 발표
be held 열리다, 개최되다
topic 주제
global warming 지구 온난화
contestant 참가자
participate in ~에 참가하다
individual 개인
information 정보
teachers' office 교무실

19 **해설** 제시문은 화재나 지진 등의 비상사태에서 취해야 할 조치에 대해 설명하고 있다. 그러므로 ④의 '비상사태 발생 시 대처 방법'이 제시문의 주제로 가장 적절하다.

해석 비상사태에서 취해야 할 적절한 조치에 대해 알려 드리겠습니다. 첫째, 불이 났을 때에는 엘리베이터를 타는 대신 계단을 이용하세요. 둘째, 지진이 발생한 경우에는 공터로 가서 무너질 수도 있는 큰 빌딩으로부터 멀리 떨어지세요.

어휘 appropriate 적당한, 적절한

action 행동, 조치

emergency situation 응급 상황, 비상사태

instead of ~대신에

in the case of ~의 경우에

earthquake 지진

open area 공지, 공터

stary away from ~로부터 멀리 떨어지다

20 **해설** 제시문은 예약을 해 놓고 나타나지 않는 노쇼 고객들을 줄이기 위한 방법에 대해 소개하고 있다. 첫째는 보증금을 요청하고, 둘째는 예약 확인 전화를 하라는 내용이므로, 빈칸에는 ③의 'confirm(확인하다)'가 들어갈 말로 가장 적절하다.

① 요리하다

② 잊다

④ 상상하다

해석 요즘, 많은 사람들이 식당을 예약 해놓고 나타나지 않는다. 여기 식당들이 노쇼 손님을 줄이기 위한 몇 가지 조언들이 있다. 첫째, 보증금을 요청해라. 만일 손님이 나타나지 않으면, 그들은 돈을 손해 볼 것이다. 둘째, 예약을 확인하기 위해 전날 손님에게 전화를 해라.

어휘 reservation 예약

show up 나타나다

reduce 줄이다

no-show customer 노쇼 고객(예약해 놓고 나타나지 않는 손님)

ask for ~을 요구[요청]하다

deposit 보증금

21 **해설** 제시문은 기상 예보관들이 날씨 상황을 관찰하고 날씨 패턴에 관한 지식을 이용해 강우량, 풍속, 폭풍 경로들을 예측한다고 설명하고 있다. 그러므로 ②의 'predict(예측하다)'가 빈칸에 들어갈 말로 가장 적절하다.

① 무시하다

③ 위반하다

④ 협상하다

해석 기상 예보관들은 강우량, 풍속, 그리고 폭풍의 경로를 예측한다. 그렇게 하기 위해, 그들은 날씨 상황을 관찰하고 날씨 패턴에 관한 지식을 이용한다. 현재의 증거와 과거의 경험에 근거하여, 그들은 날씨가 어떻게 될지를 결정한다.

어휘 weather forecaster 기상 예보관

amount 양

path 경로

in order to ~하기 위해서

observe 관찰하다

knowledge 지식

based on ~에 근거하여

current 현재의

evidence 증거

experience 경험

decide 결심하다, 결정하다

ignore 무시하다

predict 예상하다, 예측하다

violate 위반하다

negotiate 협상하다

22 **해설** 주어진 글의 'this problem(이 문제)'은 ④ 앞의 문장에서 말한 '비누가 비싸다'는 문제를 가리킨다. 또한 주어진 글은 자원 봉사 단체들이 만든 비누를 필요한 나라에 기부하자는 해결책을 제시하고 있다. 그러므로 주어진 문장은 ④에 들어가는 것이 가장 적절하다.

해석 이 문제를 극복하기 위해, 비누를 자원 봉사 단체들이 만들고 그것을 필요로 하는 나라들에 기부되게 할 수 있다.

(①) 비누로 손을 씻는 것은 질병의 확산을 막는 데 도움이 된다. (②) 사실, 서아프리카와 중앙아프리카에서만 비누로 손을 씻는 것을 매년 약 50만 명의 생명을 구할 수 있었다. (③) 하지만, 문제는 비누가 이 지역에서 비싸다는 것이다. (④) 이러한 방법으로, 우리는 더 많은 생명을 구하도록 도울 수 있다.

어휘 overcome 극복하다

volunteer group 자원 봉사 단체

donate 기부하다

prevent 막다

spread 확산

disease 병, 질병

in fact 사실

about 약, 대략

half a million 50만

expensive 비싼

region 지역

23 **해설** 제시문의 마지막 문장에서 인구 노령화 시대에 맞는 몇 가지 직업 선택을 추천하겠다고 제안하고 있다. 그

러므로 제시문의 바로 뒤에 이어질 내용은 '노령화 시
대를 위한 직업 추천'이다.

해석 미래에, 많은 나라들이 인구 노령화 문제를 갖게 될 것
입니다. 점점 더 많은 노인들이 생길 것입니다. 이것은
인구 노령화와 관련된 일자리 수요가 있을 것이라는
의미입니다. 그래서 직업을 생각할 때, 이러한 변화를
고려해야만 합니다. 이제, 저는 인구 노령화 시대에 맞
는 몇 가지 직업 선택을 추천하겠습니다.

어휘 future 미래

aging population 인구 노령화

related to ~에 관련된

in demand 수요가 있는

consider 고려하다

recommend 추천하다

choice 선택

[24–25]

2022년 1회

> **해석** 당신은 꽃이 우리에게 건강상의 많은 이점을 제공한다는
> 사실을 알고 있는가? 예를 들어 장미꽃 냄새는 스트레스
> 수준을 <u>줄이는</u> 데 도움을 줄 수 있다. 또 다른 예는 라벤
> 더이다. 라벤더는 당신이 수면에 문제가 있다면 도움이 된
> 다고 알려져 있다. 이것들은 꽃들이 어떻게 우리 건강에
> 도움을 주는지에 대한 두 가지 사례에 불과하다.
>
> **어휘** provide A with B A에게 B를 제공하다
>
> benefit 이점
>
> for example 예를 들면
>
> have trouble ~ing ~하는 데 어려움을 겪다
>
> insist 고집하다, 주장하다
>
> reduce 줄이다
>
> trust 신뢰하다
>
> admire 찬양하다, 존경하다

24 **해설** 제시문에서 꽃이 주는 첫 번째 이점으로 장미 향기가
스트레스를 줄여준다고 설명하고 있다. 그러므로 빈칸
에는 ②의 'reduce(줄이다)'가 들어갈 말로 가장 적절
하다.
① 주장하다
③ 신뢰하다
④ 존경하다

25 **해설** 제시문은 꽃이 우리의 건강에 도움을 주는 두 가지 사
례를 들어 설명하고 있다. 그러므로 ③의 '꽃이 건강에
주는 이점'이 제시문의 주제로 가장 적절하다.

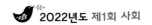

제4교시

사 회

정답 및 해설 |

▌정답

01 ②	02 ②	03 ①	04 ④	05 ③
06 ④	07 ①	08 ①	09 ③	10 ②
11 ④	12 ④	13 ③	14 ②	15 ④
16 ①	17 ①	18 ③	19 ②	20 ②
21 ①	22 ③	23 ④	24 ④	25 ③

▌해설

01 민주 국가에서 국민의 정치적 의사가 잘 반영되기 위해서는 시민 참여가 활성화되는 민주주의가 실현되어야 한다. 민주주의가 성숙한 나라일수록 구성원의 행복감도 높으므로, 참여 중심의 정치 문화는 행복한 삶을 실현하기 위한 조건에 해당한다.
① 과밀화된 주거 환경 → 정주 환경
③ 타인을 위한 무조건적인 희생 → 타인에 대한 이타심
④ 분배를 지양한 경제적 효율성 → 분배의 지향

02 참정권은 국가의 의사 결정 과정에 참여할 권리로, 선거권, 국민 투표권, 공무 담임권 등이 이에 해당한다.
① 자유권
③ 청구권
④ 평등권

03 국가 기관 간의 견제와 균형을 통한 권력 남용을 방지하기 위해 국가 권력을 서로 다른 국가 기관이 나누어 행사하도록 한 제도는 권력 분립 제도이다.
② **계획 경제 제도** : 한 나라 경제운영이 국가의 통일적 의사에 따라 계획적으로 시행되는 사회주의 경제 제도
③ **시장 경제 제도** : 시장에서 자유 경쟁을 통해 상품의 생산 · 교환 · 분배 · 소비의 모든 경제 활동이 이루어지는 제도
④ **헌법 소원 심판 제도** : 공권력에 의하여 헌법상 보장된 국민의 기본권이 침해된 경우에 헌법재판소에 제소하여 그 침해된 기본권의 구제를 청구하는 제도

04 시민 불복종은 정의롭지 못한 법과 정책을 변화시키려는 목적을 가지고 의도적으로 법을 위반하는 행위로, 양심적이고 비폭력적이며 공공성을 가져야 한다.

05 사용자와 분쟁이 발생한 경우 근로자들이 주장을 관철하기 위해 업무의 정상적인 운영을 저해할 수 있는 권리는 단체 행동권이다. 근로 3권에는 단체 행동권 외에 단결권과 단체 교섭권이 있다.
① **청원권** : 국민이 국가기관에 대하여 문서로써 어떤 희망사항을 청원할 수 있는 기본권
② **재판권** : 법원이 소송 사건을 해결하기 위하여 재판할 수 있는 권한
④ **공무 담임권** : 국민이 모든 국가기관과 공공단체의 공직에 취임하여 공무를 담당할 수 있는 권리

06 시장 실패는 시장 기구가 그 기능을 제대로 발휘하지 못하여 시장에서 자원의 배분이 효율적으로 이루어지지 못하는 상태로, 독과점 문제와 공공재의 공급 부족 등이 이에 해당한다.
ㄱ. **기회비용** : 어떤 선택으로 인해 포기된 기회들 가운데 가장 큰 가치
ㄴ. **규모의 경제** : 생산량이 증가할수록 평균 생산 단가가 감소하는 현상

07 유동성은 필요할 때 쉽고 빠르게 현금으로 전환할 수 있는 정도를 의미하며 '환금성'이라고도 한다. 자산 관리의 3원칙에는 유동성 외에 안전성, 수익성이 있다.
② **안전성** : 투자한 원금이 손실되지 않고 보장되는 정도
③ **수익성** : 투자를 통해 수익을 얻을 수 있는 정도
④ **보장성** : 어떤 일이 어려움 없이 이루어지도록 조건을 마련하여 보호하거나 보증함

08 대공황을 계기로 1930년대에 등장한 수정 자본주의는 국가가 민간 경제에 개입하여 문제를 해결해야 한다는 주장이다. 미국은 수정 자본주의에 입각한 뉴딜 정책을 통해 대공황을 극복하였다.
ㄷ. 절대 왕정의 중상주의로 인해 발달 → 상업 자본주의
ㄹ. 개인의 경제적 자유를 최대한 보장 → 산업 자본주의

09 도움이 필요한 국민에게 노인 돌봄, 장애인 활동 지원, 가사 · 간병 방문 지원 등 비금전적인 서비스를 제공하는 사회

복지 제도는 사회 서비스이다.

① **공공 부조** : 국가가 생활 유지 능력이 없거나 생활이 어려운 국민의 최저 생활을 보장하고 자립을 지원하는 제도

② **사회 보험** : 국민이 미래에 직면할 수 있는 사회적 위험에 대비하여, 국가나 국민의 건강과 생활 보전을 목적으로 보험방식에 의하여 사전에 대비하는 제도

④ **적극적 우대 조치** : 인종이나 경제적 신분간 갈등을 해소하고 과거의 잘못을 시정하기 위해 특혜를 주는 사회 제도

10 정의의 실질적 기준 중 기본적 필요를 충족하기 힘든 사회적 약자를 보호하기 위한 분배는 필요에 따른 분배이다. 그러므로 ㉠에 들어갈 말은 '필요'이다.

> **TIP** 정의의 실질적 기준
>
> • **능력을 기준으로 하는 분배** : 개인이 지닌 잠재력과 재능 등에 따라 분배 ❷ 능력 중심의 사원 선발. 잠재력과 재능을 보고 학생을 선발하는 입시 제도
> • **업적을 기준으로 하는 분배** : 업적과 기여에 비례하여 분배 ❷ 판매 우수 사원의 성과급 지급. 성적 우수자의 장학금 지급
> • **필요를 기준으로 하는 분배** : 사람들의 필요를 기준으로 분배 ❷ 실업 수당 제도, 장애인 고용 촉진 제도, 저소득층 교육비 지원 제도

11 산신각이나 재즈 음악처럼 기존의 문화 요소와 새로 전파된 다른 사회의 문화 요소의 상호 작용으로 이전의 두 문화 요소와는 다른 새로운 제3의 문화가 나타나는 현상을 문화 융합이라 한다.

① **발명** : 이전에 없던 문화 요소와 원리를 새롭게 만들어 내는 것

② **발견** : 이미 존재하고 있었으나 알려지지 않은 문화 요소나 원리를 찾아내는 것

③ **문화 소멸** : 문화 동화 현상으로 인해 기존의 문화 요소가 소멸되고 외래 문화만 살아남는 현상

12 인류의 보편적 가치에 어긋나는 식인 풍습. 명예 살인 등의 문화까지도 해당 사회에서 고유한 의미와 가치가 있다는 이유로 인정하는 태도는 극단적 문화 상대주의이다.

① **문화 절대주의** : 문화의 다양성과 상대성을 부정하는 태도

② **문화 사대주의** : 다른 문화를 더 좋은 것으로 생각하고 자신의 문화를 과소평가하거나 무시하는 태도

③ **자문화 중심주의** : 자기 문화만을 가장 우수한 것으로 생각하고 다른 문화를 무시하거나 부정하는 태도

13 국제 비정부 기구(NGO)는 국제 사회의 보편적 가치와 관련된 다양한 활동을 하는 국제 사회의 행위 주체로, 그린피스,

국경 없는 의사회. 유니세프 등이 이에 속한다.

① **정당** : 정치적 견해를 같이 하는 사람들이 모인 단체

② **국가 원수** : 국가의 최고 지도자이자 외국에 대해서는 국가를 대표하는 주체

④ **정부 간 국제기구** : 국가들 사이의 이해관계를 조정하거나 국가 간 분쟁을 중재하는 국제 사회의 행위 주체

14 인간과 자연환경이 조화를 이루며 공생하는 관계는 생태 중심주의로, 모든 생명체가 자연의 일부이며 자연의 가치를 인정하고 존중하는 관점이다.

① **인간 중심주의** : 인간을 가장 가치 있는 존재로 여기고, 인간과 자연의 관계에서 인간의 이익이나 행복을 먼저 고려하는 관점

③ **개인주의 가치관** : 국가와 사회보다 개인의 이익과 가치를 우선하는 태도

④ **이분법적 세계관** : 인간과 자연을 분리하여 바라보는 관점으로, 인간을 자연보다 우월하고 고귀한 존재로 보며 자연으로부터 독립된 존재라고 여김

15 도시화는 도시 인구 비율이 증가하고 주민의 생활양식이 도시적으로 변화하는 현상으로, 1차 산업 종사자 비율보다 2 · 3차 산업 종사자 비율이 더 증가했다.

16 정보화는 정보가 중심이 되어 가치를 만들어 내는 사회경제로, 전자 상거래와 원격 근무가 활성화되고 누리 소통망(SNS)을 통해 정치 참여의 기회가 확대된 것은 정보화의 결과이다.

② **공정 무역** : 불공정 무역 행위를 규제하고 상품의 전 과정에서 경제 주체들의 이익이 공정하게 분배되도록 하는 무역

③ **윤리적 소비** : 소비자가 상품이나 서비스 등을 구매할 때 윤리적인 가치판단에 따라 의식적인 선택을 하는 소비 형태

④ **공간적 분업** : 기업이 성장하며 기업의 본사, 연구소, 공장 등이 각각의 기능을 수행하는 데 적합한 지역을 찾아 지리적으로 분산되는 것

17 겨울이 길고 몹시 추운 날씨에 해당하는 지역은 C(한대 기후 지역)이다. 한대 기후는 가장 따뜻한 달의 평균 기온이 10℃ 미만인 기후로 툰드라나 빙설 지역 등이 이에 해당한다. 추운 날씨의 영향으로 순록 유목, 털가죽 의복, 폐쇄적 가옥 구조 등의 생활 모습을 보인다.

① **A(건조 기후 지역)** : 연강수량이 500mm 미만의 사막과 스텝 기후 지역

2022년 1회

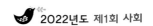

② **B(온대 기후 지역)** : 사계절이 뚜렷하고 기후가 온난하며, 강수량도 적당하여 사람이 살기에 적당한 기후 지역

④ **D(열대 기후 지역)** : 적도 인근의 연중 고온다습하고 강수량이 2,000mm 이상인 열대 우림 및 사바나 기후 지역

18 태양광, 풍력, 연료 전지, 지열 등 기존의 석유, 석탄, 천연가스 등의 연료를 변환하여 이용하거나 햇빛, 물, 바람 등을 이용하는 에너지는 신·재생 에너지이다.

① **사물 인터넷** : 인터넷을 기반으로 모든 사물을 연결하여 정보를 상호 소통하는 지능형 기술 및 서비스

② **브렉시트(Brexit)** : 영국(Britain)과 탈출(Exit)의 합성어로, 영국의 유럽연합(EU) 탈퇴를 의미함

④ **지리 정보 시스템(GIS)** : 어떤 지역에 관한 지리적 정보를 입력·저장·처리·분석하는 정보 처리 시스템

19 지진은 지구 내부의 에너지가 지표로 나와 땅이 갈라지며 흔들리는 현상으로, 판과 판의 경계에서 자주 발생한다.

① **가뭄** : 강수량 부족과 대륙 내부의 건조 기후로 인해 땅이 메마르고 물이 부족한 현상

③ **황사** : 봄철에 중국 내륙에서 발생한 흙먼지와 모래먼지가 편서풍을 타고 이동하는 현상

④ **산성비** : 수소이온 농도(pH)가 5.6 미만인 산성화된 비

20 힌두교는 수많은 신들을 섬기는 인도의 대표적 종교로, 소를 신성시하여 소고기 식용을 금기시한다. 또한 힌두교인들은 갠지스강을 성스러운 강으로 여겨 죄를 씻기 위해 그곳에 모인다.

① **유대교** : 유일신 여호와를 섬기는 유대인의 민족 종교

③ **이슬람교** : 알라를 유일신으로 믿는, 무함마드가 창시한 종교

④ **크리스트교** : 예수 그리스도의 삶과 가르침에 바탕을 둔 세계 최대의 종교

21 ⊙ **(편재성)** : 자원이 일부 지역에 치우쳐 분포하여 생산자와 소비자가 일치하지 않는 자원의 특성

ⓒ **(자원 민족주의)** : 자원 보유국이 자원을 무기로 삼아 이익을 극대화하려는 태도

TIP 자원의 특성

· **희소성** : 무한한 인간의 욕구에 비해 자원은 유한함

· **유한성** : 매장량이 한정되어 고갈 위험이 있음

· **편재성** : 일부 지역에 치우쳐 분포하며, 생산자와 소비자가 일치하지 않음

· **가변성** : 자원의 가치는 시대와 장소, 경제 상황, 기술 발달 등에 따라 달라짐

22 특정 지역이 그 지역의 고유한 전통이나 특성을 살려 세계적인 가치를 갖는 현상을 지역화라 하며, 지리적 표시제, 장소 마케팅, 지역 브랜드화 등이 대표적 사례이다.

① **교외화** : 도시의 인구나 기능, 시설 등이 대도시 주변 지역으로 확산되는 현상

② **도시화** : 도시 인구 비율이 증가하고 주민의 생활양식이 도시적으로 변화하는 현상

④ **산업화** : 농업 중심의 사회가 공업 중심의 사회로 변하는 현상

23 이스라엘과 주변 이슬람교 국가들 간의 민족·종교·영토 등의 문제가 얽힌 분쟁 지역은 팔레스타인이다. 팔레스타인은 공화국으로 서아시아의 레반트 지역에 위치해 있다.

① **난사 군도** : 남중국해 유전 지대의 영유권을 둘러싼 중국, 타이완, 필리핀, 브루나이, 말레이시아 등의 분쟁 지역

② **쿠릴 열도** : 전략적 군사 요충지 및 자원 확보를 둘러싼 러시아와 일본 간의 갈등 지역

③ **카슈미르** : 인도(힌두교)와 파키스탄(이슬람교) 간의 종교 분쟁 지역

24 ⊙ **(고령화)** : 총인구 가운데 65세 이상 노인 인구의 비율이 증가하는 현상을 고령화라 하며, 이를 해결하기 위한 정책에는 정년 연장, 노인 복지 시설 확충, 노인 연금 제도 확대 등이 있다.

ⓒ **(저출산)** : 합계출산율이 인구 대체가 가능한 수준(평균 2.1명)을 밑도는 현상을 저출산이라 하며, 이를 해결하기 위한 정책에는 출산과 양육 지원, 양성 평등을 위한 고용 문화 확산 등이 있다.

25 몬트리올 의정서는 오존층 파괴물질의 규제에 관한 국제협약이고, 파리 기후 변화 협약은 지구 온난화 등의 기후변화 대응과 온실 가스 감축 방안을 담은 국제적인 기후 변환 협약이다. 따라서 이들 두 조약의 체결 목적은 국제 환경 문제의 해결이다.

제5교시

과 학

정답 및 해설 |

▌정답

01 ④	02 ③	03 ①	04 ③	05 ②
06 ④	07 ③	08 ②	09 ①	10 ③
11 ①	12 ④	13 ③	14 ④	15 ①
16 ②	17 ②	18 ④	19 ④	20 ①
21 ③	22 ①	23 ④	24 ②	25 ②

▌해설

01 특정 온도 이하에서 전기 저항이 0이 되는 물질을 초전도체라 한다. 초전도 현상이 나타날 때 외부 자기장에 반자성을 띠는 마이스너 효과가 나타나 자석 위에 뜰 수 있다.

02 태양광 발전은 태양의 빛에너지를 광전효과를 이용하여 전기 에너지로 바꿔주는 태양전지를 이용하는데, 친환경적이기는 하나 날씨의 영향을 받는 단점이 있다.
ㄷ. 우라늄을 연료로 사용한다. → 핵발전

03 수평 방향으로 던진 물체는 수평 방향으로 등속 운동을 하므로 ㉠은 5(m/s)이다. 또한 연직 방향 속도는 중력 가속도가 10 m/s^2이므로 1초일 때 10m/s, 2초일 때 20m/s, 3초일 때 30m/s가 되므로 ㉡은 30(m/s)이다.
∴ ㉠+㉡=5+30=35(m/s)

04 자석을 코일 속에 넣었다 뺐다 하면 코일의 도선에 전류가 유도되어 검류계의 바늘이 움직이는 것은 전자기 유도 현상 때문이며, 발전기는 이러한 현상을 이용한 것이다.
ㄴ. 자석의 위치에 따라 검류계의 바늘이 반대 방향으로도 움직인다.

05
> 충격량＝힘×시간

충격량은 물체의 운동을 변화시키는 물리량으로 운동량의 변화량과 같다. 처음 운동량은 $3\text{kg} \times 4\text{m/s}＝12\text{kg} \cdot \text{m/s}$이고, 물체가 벽에 정지했을 때의 운동량은 $0\text{kg} \cdot \text{m/s}$이다.
∴ 충격량 ＝ $12\text{N} \cdot \text{s}$

06
> 연료 전지 : 화학 에너지 → 전기 에너지

연료 전지는 수소와 산소의 화학 반응으로 생성된 화학 에너지를 전기 에너지로 바꾸는 장치이다.

07 소금 즉, 염화나트륨(NaCl)을 구성하는 알칼리 금속 원소는 나트륨(Na)이다. 알칼리 금속은 주기율표에서 1족에 속하는 원소들이다.
① 수소 → 1족의 비금속 원소
② 질소 → 15족 원소
④ 아르곤 → 18족 원소

> **TIP** 알칼리 금속
> • 주기율표에서 1족에 한다.
> • 리튬(Li), 나트륨(Na), 칼륨(K) 등

08 산화는 물질이 산소를 얻거나 전자를 잃는 반응으로, 제시된 화학 반응식에서 Cu는 CU^{2+}가 되어 전자를 잃어버리므로 산화가 된다.
① Ag^+ → 환원
③ Ag → 생성물
④ Cu^{2+} → 생성물

09 염산(HCl), 황산(H_2SO_4), 아세트산(CH_3COOH) 등의 산은 수용액 상태에서 수소 이온(H^+)을 내놓는 물질이다.

> **TIP** 산성의 특성
> • 이온화하여 수소 이온(H^+)을 내놓고 전류를 흐르게 한다.
> • 금속과 반응하여 수소 기체가 발생한다.
> • 탄산칼슘과 반응하여 이산화탄소가 발생한다.
> • 신맛이 나는 과일, 식초, 탄산 음료 등이다.

10 플루오린 원자(F)의 전자는 9개이고, 가장 바깥 전자 껍질에 들어 있는 전자의 개수는 7개이다. 원자의 전자 배치 중 가장 바깥 전자 껍질에 들어 있는 전자를 원자가 전자라고 한다.

11 수소(H_2)의 연소 반응을 나타낸 화학 반응식에서 반응 전과 반응 후의 원자의 종류와 수는 같아야 한다. 그러므로 반응 후에 산소 원자가 2개이므로, ㉠에는 O_2가 들어가야 한다.

12 주기율표는 원소를 원자 번호 순서대로 나열하고, 성질이 비슷한 원소끼리는 같은 세로줄에 오도록 배열한 표이다. 제시된 주기율표에서 B와 D 원소가 17족 원소들로 화학적 성질이 비슷하다.

13 효소는 생명체에서 화학 반응을 촉진하는 생체 촉매로, 반응물과 결합하여 활성화 에너지를 낮추어 화학 반응이 빠르게 일어나게 한다.
① 물 : 생명체를 구성하는 성분 중 가장 많은 양을 차지하는 물질
② 녹말 : 탄수화물의 일종으로, 여러 개의 포도당이 글루코시드 결합으로 결합된 다당류
④ 셀룰로스 : 고등식물 세포벽의 주성분으로 목질부의 대부분을 차지하는 다당류로 섬유소

14 세포막은 인지질 2중층과 막단백질로 구성되어 있다. 산소는 인지질 2중층을 직접 통과하고, 포도당은 막단백질을 통해 이동한다.

15 A(핵)는 유전 물질인 DNA가 있어 세포의 구조와 기능을 결정하고 생명 활동을 조절한다.
② B(리보솜) : 작은 알갱이 모양의 세포 소기관으로 단백질을 합성함
③ C(소포체) : 리보솜에서 합성한 단백질을 골지체나 세포의 다른 곳으로 운반함
④ D(세포막) : 세포를 둘러싸서 세포 안을 주변 환경과 분리, 세포 안팎으로 물질이 출입하는 것을 조절함

16 지각을 구성하는 물질 중 규산염(SiO_4) 광물은 규소(Si)와 산소(O)가 결합된 규산염 사면체 구조이다. 따라서 ㉠에 해당하는 원소는 규소(Si)이다.

17 • 지하수가 있는 곳은 수권이고, 석회 동굴은 지권이다. 그러므로 지하수의 용해 작용으로 석회 동굴이 형성된 것은 지구 시스템 중 수권과 지권의 상호작용이다.
• 파도는 수권이고, 해안선은 지권이다. 그러므로 파도의 침식 작용으로 해안선의 모양이 변한 것은 지구 시스템 중 수권과 지권의 상호작용이다.

18 생태계의 구성 요소 중 소비자는 다른 생물을 섭취하여 양분을 얻는 요인이고, 생산자는 생명 활동에 필요한 양분을 스스로 만드는 요인이다. ㉠은 생산자이므로 ④의 식물 플랑크톤이 이에 해당한다.

①·②·③ 멸치, 상어, 오징어 → 소비자

19 생물 다양성은 생태계 내에 존재하는 생물의 다양한 정도를 의미하는데, 자연적 또는 인위적 위협 요인으로 개체 수가 크게 줄고 있거나 근래에 멸종할 우려가 있는 종을 멸종 위기종으로 지정하여 보호하는 것은 생물 다양성을 보존하기 위한 노력으로 적절하다.

20 태양 질량의 10배 이상인 별은 초거성으로, 수소 핵융합이 일어나 헬륨이 생성된 후 점차 무거운 원소가 생성되어 층상 구조를 이루게 되며 마지막에는 중심부인 ㉠에 철이 생성된다.

21 판게아가 분리되고 다양한 공룡이 번성한 것은 중생대이다. 중생대는 대체로 기후가 온난하였으며, 공룡 외에 암모나이트, 파충류, 겉씨식물 등의 생물이 있다.
① 선캄브리아 시대 : 지질시대의 약 85%를 차지하는 가장 긴 시대이며 이 당시의 생물들은 모두 바다에서 살았다. 세포생물, 해조류, 스트로마톨라이트 등의 생물이 있다.
② 고생대 : 대기권에 오존층이 형성되면서 바다에서 생활하던 생물들이 육상으로 진출하였다. 삼엽충, 필석, 갑주어, 양치식물 등이 번성하였다.
④ 신생대 : 4번의 빙하기, 3번의 간빙기가 있었다. 포유류가 크게 번성하여 포유류의 시대라고도 부른다. 인류가 출현하였고, 화폐석, 매머드, 속씨식물 등의 생물이 있다.

22 핵산의 한 종류로 염기에 아데닌(A), 구아닌(G), 사이토신(C), 유라실(U)을 가지는 물질은 RNA이다. RNA는 유전자 정보를 전달하거나 유전자의 발현을 조절한다.
② 지방 : 생명체의 에너지원으로 사용되는 유기 화합물
③ 단백질 : 근육과 항체, 세포의 원형질, 효소와 호르몬을 구성하는 생명체의 주성분
④ 탄수화물 : 우리 몸속에서 가장 먼저 쓰이는 주 에너지원으로, 포도당, 녹말 등이 이에 해당됨

23 생태계 다양성은 특정한 지역 또는 지구 전체에 존재하는 생태계의 다양한 정도를 뜻한다. 사막, 숲, 갯벌, 습지, 바다 등의 다양한 서식 환경에서 다양한 생물 종들이 공존하고 서로 상호작용하는 것을 의미한다.
① 내성 : 환경 조건의 변화에 견딜 수 있는 생물의 성질
② 개체군 : 일정한 지역에 같은 종의 개체가 지은 무리
③ 분해자 : 생물의 배설물과 사체를 분해하여 양분을 얻는 생물적 요인

24 맨틀 대류가 일어나고, 지권 전체 부피의 대부분을 차지하는
부분은 B(맨틀)이다. 맨틀의 대류로 인해 지진이나 화산이 발
생한다.
① A → 지각
③ C → 외핵
④ D → 내핵

25 수소(H)가 헬륨(He)으로 바뀌는 수소 핵융합 반응은 4개의
수소 원자핵이 융합하여 1개의 헬륨 원자핵을 만든다. 그러
므로 헬륨 원자핵 1개가 생성될 때 융합하는 수소 원자핵의
개수는 4개이다.

제6교시

한국사

정답 및 해설 |

정답

01 ③	02 ①	03 ④	04 ④	05 ①
06 ②	07 ③	08 ④	09 ④	10 ③
11 ①	12 ③	13 ②	14 ④	15 ①
16 ②	17 ④	18 ①	19 ③	20 ②
21 ④	22 ①	23 ②	24 ④	25 ①

TIP 권문세족과 신진 사대부의 비교

비교	권문세족	신진 사대부
배경	무신 집권기 성장한 가문	공민왕의 개혁 정치 때 성장한 세력
출신	문벌 귀족	지방 향리
분파	친원파	친명파
성향	보수적, 귀족적	진취적, 개혁적
사상	유학 사상, 불교 신봉	성리학 수용, 실천주의

해설

01 탁자식 고인돌은 청동기 시대의 대표적인 무덤 양식으로, 비파형 동검과 함께 만주와 한반도 북부에 집중적으로 분포한다.
① 구석기 시대 → 주먹도끼, 슴베찌르개
② 신석기 시대 → 가락바퀴, 빗살무늬 토기
④ 철기 시대 → 세형 동검, 철제 농기구

02 몸소 아미타 신앙을 전개하여 불교 대중화의 길을 개척한 신라의 승려는 원효이다. 그는 '모든 것이 한마음에서 나온다'는 일심 사상을 바탕으로 종파들 간의 사상적 대립을 조화시키고, 여러 종파의 사상을 융합하는 화쟁 사상을 주장하였다.
② 일연 : 삼국유사를 저술한 고려의 승려
③ 김부식 : 삼국사기를 저술한 고려의 문신
④ 정약용 : 실학사상을 집대성한 조선 최고의 실학자

03 고려 말 권문세족의 부정부패를 비판하고, 성리학을 수용하여 불교의 폐단을 시정하는 등 사회 모순을 개혁하고자 한 정치 세력은 신진 사대부이다.
① 6두품 : 신라의 신분 제도인 골품제의 신분 계급 중 하나로, 신라 하대에 반신라 세력으로 변모함
② 보부상 : 조선 후기 장시를 중심으로 활동한 봇짐장수와 등짐장수
③ 독립 협회 : 서재필이 창립한 한국 최초의 근대적 사회 정치 단체

04 임오군란은 구식 군대가 신식 군대인 별기군과의 차별에 반발하여 선혜청과 일본 공사관을 공격하면서 발발한 사건이다.
① 평양 천도 → 고구려 장수왕의 남진 정책
② 신사 참배 강요 → 일제의 민족 말살 통치 정책
③ 금의 군신 관계 요구 → 병자호란

05 일본의 전국시대를 통일한 도요토미 히데요시가 조선을 침략한 전쟁은 임진왜란으로, 당시 이순신이 이끄는 수군이 해전에서 일본군에 여러 차례 승리하면서 초반의 불리한 전세를 역전시켰다.
② 살수 대첩 : 고구려를 침략한 수 나라 군대를 을지문덕이 살수에서 크게 격파한 전투
③ 만적의 난 : 고려 무신 집권기에 최충헌의 노비 만적이 중심이 되어 일으킨 노비 해방운동
④ 봉오동 전투 : 홍범도의 대한 독립군이 중국 지린성의 봉오동에서 간도 지역을 기습한 일본군을 상대로 승리한 전투

06 광해군은 방납의 폐단을 바로잡고 전후 농민의 부담을 경감시키기 위해 현물 대신 토지 결수에 따라 쌀로 공납을 징수하는 대동법을 시행하였다.
① 골품제 : 신라의 신분 제도
③ 단발령 : 조선 말 을미개혁의 하나로 상투를 자르게 한 명령
④ 진대법 : 고구려 고국천왕 때 을파소의 건의로 시행된 춘대추납의 빈민 구휼 제도

TIP 대동법의 시행

- 광해군의 명으로 경기도에 한하여 시행
- 공물 대신 토지 결수에 따라 차등 과세
- 종래 현물 징수에서 쌀로 공납을 납부
- 선혜청에서 대동법의 관리 및 운영 담당
- 관허 상인인 공인의 등장
- 상품 화폐 경제의 발달

07 신미양요의 결과 흥선 대원군은 척화교서를 내리고 종로를 비롯한 전국 각지에 서양과의 통상을 거부한다는 내용의 ㉠ (척화비)을 건립하였다.

① **규장각** : 조선 정조 때 설치된 왕실의 학문 연구 기관
② **독립문** : 독립 협회가 조선과 대한제국의 독립을 기념하기 위해 기존의 영은문이 있던 자리에 건립한 문
④ **임신서기석** : 신라의 두 화랑이 유교 경전의 학습과 인격 도야, 국가에 대한 충성 등을 맹세한 비문

08 운요호 사건을 계기로 최초의 근대적 조약이자 불평등 조약인 강화도 조약이 일본과 체결되었다(1876). 이 조약의 체결로 부산 외 인천과 원산의 항구가 개항되었고, 해안 측량권과 영사 재판권이 인정되었다.

① **간도 협약** : 일본이 간도의 영유권에 대해 청나라와 맺은 협약
② **전주 화약** : 동학 농민 운동 당시 농민군이 전주를 점령하고 정부와 맺은 조약
③ **텐진 조약** : 갑신정변 후 조선에 군대 파병 시 사전 통보를 내용으로 일본과 청이 맺은 조약

09 고려 시대 몽골의 침입을 부처의 힘으로 물리치고자 제작한 문화유산은 현재 경남 합천사에 보관되어 있는 팔만대장경으로, 고려의 뛰어난 목판 인쇄술을 보여주고 있다.

① **석굴암** : 통일 신라 때 인공으로 축조한 석굴 사원
② **경국대전** : 세조 대에 편찬을 시작하여 성종 대에 완성 및 반포된 조선 시대의 기본 법전
③ **무령왕릉** : 충남 공주의 송산리 고분군에 위치한 백제 무령왕의 무덤

10 일본이 러 · 일 전쟁에서 승리하자 을사늑약이 강제로 체결되어 대한 제국의 외교권이 박탈되었으며, 통감부가 설치되고 이토 히로부미가 초대 통감으로 부임하였다(1905).

① **삼별초** : 고려 무신 집권기 때 설치된 최씨 무신 정권의 사병 부대로, 몽골의 침입 때 항쟁
② **집현전** : 조선 세종 때 궁중에 설치된 학문 연구 기관

④ **화랑도** : 씨족 공동체의 전통을 가진 신라의 청소년 집단

11 독도는 우리나라에서 가장 동쪽에 위치한 섬으로, 조선 숙종 때 동래의 어민인 안용복은 일본에 2차례 건너가 울릉도와 독도가 조선의 영토임을 확인받고 돌아왔다. 또한 대한 제국은 칙령 제41호를 통해 울릉도를 군으로 승격시키고 독도를 관할하게 하였다.

① **진도** : 배중손이 이끈 삼별초의 대몽항쟁 근거지
③ **벽란도** : 고려의 국제 무역항
④ **청해진** : 장보고가 완도에 설치한 무역 기지

12 1885년에 선교가 알렌(Allen)의 제안으로 설립된 우리나라 최초의 근대식 병원은 광혜원이다. 광혜원은 후에 제중원으로 개칭되었으며, 현재는 세브란스 병원으로 잘 알려져 있다.

① **서원** : 조선의 사립 교육 기관
② **향교** : 고려와 조선의 국립 지방 교육 기관
④ **성균관** : 고려와 조선의 국립 교육 기관

13 갑오개혁으로 신분이 해방된 뒤에도 오랜 관습 속에 차별을 받던 백정들이 조선 형평사를 조직하고 사회적으로 평등한 대우를 요구하는 형평 운동을 전개하였다.

① **병인박해** : 흥선 대원군에 의한 최대 대규모의 천주교 박해 사건
③ **거문도 사건** : 갑신정변 이후 조 · 러 수호 통상 조약이 체결되자 영국군이 러시아를 견제하기 위해 거문도를 불법 점령한 사건
④ **서경 천도 운동** : 고려 인종 때 묘청이 풍수지리설에 근거하여 서경 천도를 주장한 운동

14 1910년대 일제의 식민 지배 방식은 무단 통치이다. 이 시기에 일제는 헌병이 경찰의 업무를 대행하게 하고, 조선 태형령을 실시하여 한국인을 탄압하였으며, 학교 교원에게도 제복을 입히고 칼을 차게 하였다.

① **선대제** : 조선 후기에 수공업자가 상인에게 자금과 원료를 미리 받아 제품을 생산하는 방식
② **기인 제도** : 지방 호족의 자제를 중앙에 인질로 둔 고려 태조의 호족 통합 정책
④ **나 · 제 동맹** : 고구려 장수왕의 남진 정책에 대비하여 신라 눌지왕과 백제 비유왕이 맺은 동맹

15 3 · 1 운동 당시 민족 대표 33인 명의의 독립 선언서가 발표됨으로써 거족적인 만세 시위가 전개되었다. 이때 천안에 있는 아우내 장터에서 유관순 열사가 태극기를 나누어주며 독립 만세 운동을 전개하였다.

② **무신 정변** : 고려 시대 때 정중부, 이의방 등의 무신들이 문벌 귀족들을 제거하고 정권을 장악한 사건

③ **이자겸의 난** : 고려 인종 때 왕실 외척인 이자겸이 일으킨 난

④ **임술 농민 봉기** : 조선 철종 때 삼정의 문란과 백낙신의 탐학으로 진주 농민들이 봉기한 민란

16 청산리 대첩은 김좌진이 이끄는 북로 군정서와 홍범도의 대한 독립군을 중심으로 한 독립군 연합 부대가 백운평과 어랑촌 등지에서 일본군을 크게 격파한 전투이다.

① **명량 대첩** : 정유재란 당시 이순신이 명량의 울돌목에서 13척의 배로 왜의 수군을 대파한 전투

③ **홍경래의 난** : 조선 후기 세도 정치기에 수탈과 서북민에 대한 지역 차별에 반발하여 홍경래가 일으킨 난

④ **6 · 10 만세 운동** : 일제의 수탈과 식민지 교육에 대한 반발로, 순종의 장례일에 학생들이 주도한 만세 시위 운동

17 일제는 민족 말살 통치기에 국가 총동원법을 공포하여 인적 · 물적 자원을 수탈하였으며, 지원병제와 징병제로 청년을 침략 전쟁에 투입하였다. 또한 근로 정신대와 일본군 '위안부' 등으로 한국 여성을 강제 동원하였다.

① **정미의병** : 일제의 정미 7조약(한 · 일 신협약)에 따른 고종의 강제 퇴위와 군대 해산에 반발하여 일어난 의병 봉기

② **금융 실명제** : 금융 거래의 투명성을 확보하고자 김영삼 정부 때 대통령 긴급 명령으로 전격 시행된 금융 제도

③ **서울 올림픽** : 노태우 정부 때에 동서 양 진영 160개국이 참가한 제24회 하계 올림픽 대회

18 남북 협상은 1948년에 남한만의 단독정부 수립에 반대하는 김구 · 김규식 등이 평양에서 북한 측 정치 지도자들과 통일 정부 수립을 위해 참석한 협상이다.

② **아관 파천** : 명성황후가 시해된 을미사변으로 신변에 위협을 느낀 고종이 러시아 공사관으로 거처를 옮긴 사건

③ **우금치 전투** : 동학 농민 운동 당시 농민군이 서울로 북진하다 공주 우금치에서 관군 및 일본군과 벌인 전투

④ **쌍성총관부 공격** : 고려 공민왕이 반원 자주 정책에 따라 쌍성총관부를 공격하여 원에 빼앗긴 철령 이북의 땅을 되찾은 전투

19 1919년 3 · 1 운동을 계기로 대한민국 임시 정부가 중국 상하이에서 수립되었다. 이후 충칭으로 이동한 후 대한민국 임시 정부의 직할 부대인 한국 광복군을 창설하여 대일 선전 포고를 하고, 미국 전략 정보국(OSS)과 협력하여 국내 진공 작전을 준비하였다.

① **9산선문** : 신라 말에 유행한 선종의 9개 종파

② **급진 개화파** : 조선 말 갑신정변을 주도하고 개화당 정부를 수립한 정치 세력

④ **동양 척식 주식회사** : 일제가 대한제국의 토지와 자원을 수탈할 목적으로 설치한 식민지 착취기관

20 이승만 정부 때 제헌 국회에서 일제 강점기 친일 행위를 한 친일파 청산을 목적으로 반민족 행위 처벌법이 시행되었다.

① **과거제 실시** : 고려 광종 때 인재를 등용하기 위해 한림학사 쌍기의 건의로 과거 제도를 시행하였다.

③ **황무지 개간** : 보안회는 일제의 황무지 개간권 요구에 대한 지속적인 반대 운동을 벌여 일제의 황무지 개간권 요구를 저지하였다.

④ **방곡령 시행** : 조선 정부는 일본으로의 지나친 곡물 유출을 막기 위해 방곡령을 선포하였다.

21 북한의 남침으로 6 · 25 전쟁이 발발하자 맥아더 장군의 인천 상륙 작전을 계기로 국군과 유엔군은 전세를 역전시키고 서울을 수복하였으나, 중공군의 개입으로 1 · 4 후퇴한 후 정전 협정이 체결되었다.

① **녹읍 폐지** : 통일 신라 신문왕 때 관리에게 관료전을 지급하고 귀족의 경제 기반이었던 녹읍을 폐지하였다.

② **후삼국 통일** : 고려 태조 왕건은 신라의 항복을 받고 후백제를 격파하여 후삼국을 통일하였다.

③ **자유시 참변** : 간도 참변으로 인해 자유시로 이동한 대한 독립 군단은 적색군의 무장 해제 요구에 저항하다 공격을 받아 세력이 약화되었다.

22 자유당 정권의 3 · 15 부정선거 규탄 시위에 대한 유혈 진압에 항거하여 4 · 19 혁명이 발발하였으며, 국민들의 요구에 굴복하여 이승만 대통령이 하야하였다.

② **제주 4 · 3 사건** : 제주도에서 남한만의 단독 선거에 반대하는 세력을 진압한다는 명분하에 무고한 사람들이 희생된 사건

③ **12 · 12 사태** : 전두환 · 노태우 등의 신군부 세력이 계엄령을 선포하고 통치권을 장악한 사건

④ **5 · 18 민주화 운동** : 신군부 세력의 비상 계엄 확대와 무력 진압에 저항하여 일어난 민주화 운동

23 박정희 정부 때에 자립 경제 구축을 위한 제1차 경제 개발 5개년 계획이 추진되었고, 농촌 근대화를 표방한 범국민적 지역사회 개발운동인 새마을 운동이 추진되었다. 또한 이 시기에 서울 동대문 평화시장에서 피복공장 재단사로 일하던 노동운동가 전태일이 근로 기준법 준수를 외치며 분신하였고,

신민당 당사에서 폐업에 항의하는 YH 무역 노동자들의 농성을 강경 진압한 YH 사건이 발발하였다.

24 국민들의 대통령 직선제 요구를 거부하는 전두환 대통령의 4·13 호헌 조치에 맞서 시민들이 호헌 철폐, 독재 타도를 외치며 6월 민주 항쟁이 발발하였고, 이에 전두환 정부는 결국 6·29 선언을 통해 대통령 직선제 개헌안을 수용하였다.
① **집강소 설치** : 동학 농민군이 일본과 청의 개입으로 정부와 전주 화약을 맺은 후 개혁을 위해 집강소를 설치하였다.
② **정전 협정 체결** : 소련이 유엔 대표를 통해 휴전을 제의하자 미국이 이를 받아들이고 중국과 북한에 휴전 회담을 제의함으로써 6·25 전쟁이 중단되는 정전 협정이 체결되었다.
③ **노비안검법 실시** : 고려 광종은 노비안검법을 시행하여 양인이었다가 불법으로 노비가 된 자를 조사하여 해방시켜 줌으로써 호족과 공신 세력을 견제하였다.

25 외환 위기란 김영삼 정부 때인 1997년에 우리나라 경제가 위기에 빠지면서 국제 통화 기금(IMF)에 구제 금융을 요청한 것을 말한다.
② **베트남 파병** : 박정희 정부 때에 미국의 요청에 따라 국군의 전력 증강과 차관 원조를 약속받고 베트남 전쟁에 참전한 사건
③ **원산 총파업** : 원산 노동 연합회의 소속 노동자와 일반 노동자들이 합세하여 노동 조건 개선을 요구하며 전개한 1920년대 최대의 파업 투쟁
④ **서울 진공 작전** : 정미의병 당시 의병 연합군인 13도 창의군이 서울에 주둔한 일본군을 몰아내기 위해 전개한 작전

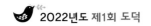

제7교시 도 덕

정답 및 해설 |

정답

01 ②	02 ④	03 ②	04 ①	05 ②
06 ②	07 ①	08 ③	09 ②	10 ①
11 ③	12 ①	13 ④	14 ①	15 ④
16 ③	17 ③	18 ③	19 ①	20 ④
21 ②	22 ③	23 ④	24 ①	25 ④

해설

01 기술 윤리학은 도덕적 관습 또는 풍습에 대한 묘사나 객관적 서술을 주된 목표로 하는 윤리학이다. 기술 윤리학은 도덕 현상과 문제를 명확하게 기술하고, 기술된 현상들 간의 인과 관계를 설명한다.
① 규범 윤리학 : 도덕적 행위의 근거가 되는 보편적 원리의 정립을 주된 목표로 하는 윤리학
③ 메타 윤리학 : 도덕적 언어의 의미 분석과 도덕적 추론의 정당성을 검증하여 윤리학의 학문적 성립 가능성을 모색하는 윤리학
④ 실천 윤리학 : 이론 윤리학에서 제공하는 도덕 원리를 토대로 구체적인 윤리 문제를 해결하는 데 초점을 두는 윤리학

02 칸트는 언제 어디서나 우리가 따라야 할 보편타당한 법칙이 존재하며, 우리의 행위가 이 법칙을 따르면 옳고 따르지 않으면 그르다고 판단한다. 이처럼 칸트의 의무론은 보편적 윤리의 확립과 인간 존엄성을 중시한다.
① 가언 명령의 형식을 중시한다. → 정언 명령의 형식을 중시한다.
② 행위의 동기보다는 결과를 강조한다. → 행위의 결과보다는 동기를 강조한다.
③ 공리의 원리에 따른 행동을 강조한다. → 의무에 따른 행동을 강조한다.

03 윤리적 소비는 소비자가 상품이나 서비스 등을 구매할 때 윤리적인 가치판단 따라 의식적인 선택을 하는 소비로, 생태계의 보존을 생각하거나 노동자의 인권과 복지를 고려한다.

04 맹자가 인간의 본성은 본래 선하다는 성선설을 뒷받침하기 위해 인간의 네 가지 마음인 사단(四端)을 제시하였다. 사단에는 측은지심, 수오지심, 사양지심, 시비지심이 있다.
② 삼학(三學) : 불도를 수행하는 자가 반드시 닦아야 할 세 가지 근본 수행인 계학(戒學), 정학(定學), 혜학(慧學)
③ 정명(正名) : 자신이 맡은 직분에 충실함
④ 삼독(三毒) : 불교에서 깨달음에 장애가 되는 근본적인 세 가지 번뇌인 탐욕(貪慾), 진에(瞋恚), 우치(愚癡), 줄여서 탐(탐욕), 진(분노), 치(무지)라고 함

> **TIP 맹자의 사단(四端)**
> • 측은지심(惻隱之心) : 불쌍하고 가엾게 여기는 마음
> • 수오지심(羞惡之心) : 불의를 부끄러워하고 미워하는 마음
> • 사양지심(辭讓之心) : 양보하고 공경하는 마음
> • 시비지심(是非之心) : 옳고 그름을 분별하는 마음

05 역할 교환 검사는 상대와 입장을 바꾸어 판단하는 도덕 원리 검사 방법으로, 도덕 원리가 다른 사람의 처지에서도 받아들여질 수 있는지 다른 사람의 입장을 취해보고 검토한다.
① 포섭 검사 : 선택한 도덕 원리를 더 일반적인 상위의 도덕 원리에 포함시켜 판단하는 방법
③ 반증 사례 검사 : 상대가 제시한 도덕 원리에 반대되는 사례를 제시해 보는 방법
④ 사실 판단 검사 : 어떤 사실이 참인지 거짓인지 객관적인 근거를 토대로 판단하는 검사

06 종교 간 갈등을 극복하기 위해서는 종교의 자유를 인정하고 타 종교에 대해 관용의 태도를 가져야 한다. 또한 종교 간에 적극적으로 대화하고 협력해야 한다.

07 프롬이 주장한 사랑의 4요소 중 존경은 지배하고 소유하는 것이 아니라 상대를 있는 그대로 보는 것이다.

> **TIP 프롬 : 사랑의 4요소**
> • 존경 : 사랑하는 사람을 있는 그대로 받아들이며 존경하는 것
> • 책임 : 사랑하는 사람의 요구를 배려하면서 자신의 행동에 책임을 지는 것
> • 이해 : 사랑하는 사람을 올바로 이해하는 것
> • 보호 : 사랑하는 사람을 보살피고 돌보는 것

08 시민 불복종은 정의롭지 못한 법과 정책을 변화시키려는 목적을 가지고 의도적으로 법을 위반하는 행위이다. 시민 불복종은 개인의 이익만을 위해서가 아니라, 공공의 이익을 위해 실시되어야 한다.

09 "으뜸이 되는 선(善)은 물과 같다."며 자연법칙에 따라 행하고 인위적인 작위를 하지 않을 것을 강조한 노자의 사상은 무위(無爲)이다.
① **충서(忠恕)** : 참된 마음을 바탕으로 다른 사람의 마음을 헤아리는 것
③ **열반(涅槃)** : 번뇌가 소멸된 상태 또는 완성된 깨달음의 세계를 의미하는 불교 교리
④ **효제(孝弟)** : 부모에 대한 효도와 형제에 대한 우애

10 정보 공유를 강조하는 입장은 모든 저작물이 인류가 생산한 정보와 지식을 활용하여 구성된 공공재이며 정보를 공유할 때 정보의 질적인 발전이 가능하다고 주장한다. 그런 의미에서 정보에 대한 자유로운 접근을 허용해야 하며, 정보를 공동의 이익을 위해서 사용해야 한다.

11 자연법은 모든 인간에게 자연적으로 주어져 있는 보편적인 법으로, 자연의 질서를 따르는 행위는 옳지만 그것을 어기는 행위는 그르다고 본다. 자연법 윤리는 "선을 행하고 악을 피하라."는 핵심 명제를 강조한다.
① **배려 윤리** : 도덕 판단에 있어 관계, 책임, 사랑, 동정심 등의 특성을 강조하는 접근 방법
② **담론 윤리** : 합리적 대화와 의사소통을 통해 문제를 해결하려는 접근 방법
④ **이기주의** : 자기 자신의 이익만을 꾀하고, 사회 일반의 이익을 염두에 두지 않으려는 태도

12 요나스가 과학 기술 시대의 새로운 윤리적 관점으로 제시한 책임 윤리는 인간뿐만 아니라 생태계까지, 또한 현 세대뿐만 아니라 미래 세대까지 고려하여 인간의 행위에 대한 책임을 강조하는 윤리적 관점이다.

13 생명 중심주의는 모든 생명체는 그 자체로서 내재적 가치를 지니므로 도덕적 고려의 범위를 모든 생명체로 확대해야 한다고 보는 입장이다.
①·③ 인간중심주의 관점
② 생태 중심주의 관점

14 중국 춘추시대의 사상가로 유교를 체계화 한 사상가는 공자

이다. 그는 도덕성의 회복을 위해 인(仁)과 예(禮)의 실천을 강조하였다.
② **장자** : 만물의 평등함과 정신의 자유로움을 강조함
③ **순자** : 성악설을 주장하며 예치를 강조함
④ **묵자** : 유교의 차별적 사랑을 비판하며 무차별적 사랑을 강조함

15 우대 정책은 차별받아 온 사람들에게 고용이나 교육 등 다양한 측면에서 직간접적으로 혜택을 제공함으로써 사회적 이익의 공정한 분배를 실현하려는 제도이다. 음식점 원산지 표시 제도는 공정한 거래 질서를 확립하고 소비자의 알 권리를 보장하기 위한 제도로, 우대 정책과는 거리가 멀다.
①·②·③ 지역 균형 선발 제도, 장애인 의무 고용 제도, 농어촌 특별 전형 제도는 불평등을 바로잡아 실질적인 기회의 평등을 보장하기 위한 제도로 우대 정책에 해당한다.

16 기업가는 법적 테두리 내에서 건전하게 이윤을 추구해야 하며, 근로자의 역할을 인정하고 권리자의 권리를 보호해야 한다. 또한 소비자에게 양질의 서비스와 제품을 제공해야 하며, 사회적 책임을 다하여 공익 가치 실현에 기여해야 한다.

> **TIP** 기업가 윤리
> • 건전한 이윤 추구
> • 사회적 책임을 다하여 공익 가치 실현
> • 소비자에게 양질의 제품 제공
> • 노동자의 권리 보장

17 싱어(Singer, P.)는 동물도 즐거움과 고통을 느낄 수 있는 능력을 갖고 있으므로 동물의 이익도 평등하게 고려되어야 한다고 주장한다. 따라서 동물 실험은 동물에게 고통을 주기 때문에 기본적으로 반대하며, 동물의 고통을 무시하는 행위는 '종 차별주의'라고 비판하였다.

18 공리주의 윤리는 가치 판단의 기준을 유용성과 행복의 증대에 두는 윤리적 관점으로, ①·②·④는 공리주의의 관점이다. 이와 달리 ③의 '결과와 상관없이 무조건적 의무에 따르는 행위'는 칸트의 의무론적 관점 및 자연법 윤리에 해당한다.

19 ㉠ **윤회(輪廻)** : 중생은 죽어도 다시 태어나 생이 반복된다고 하는 석가모니의 사상은 윤회이다.
㉡ **기(氣)** : 장자는 삶과 죽음을 기가 모이고 흩어지는 것으로 보면서, 자연적이고 필연적인 과정으로 이해하였다.
• **해탈(解脫)** : 불교에서 말하는 고뇌와 속박, 고통으로부터

2022년 1회

해방된 경지
- **오륜(五倫)** : 유교에서 말하는 사람이 지켜야 할 다섯 가지 도리

20 롤스는 고통 받는 사회를 질서 정연한 사회가 되도록 돕는 것을 해외 원조의 목적으로 보았다.
① 롤스는 해외 원조를 국제 사회의 일원이 되도록 돕는 것으로 보았다.
② 롤스는 해외 원조를 단순한 자선이 아니라 의무로 보았다.
③ 롤스는 고통 받는 사회에 살고 있는 사람을 위한 해외 원조를 실천할 의무가 있다고 보았다.

21 도덕주의는 미적 가치와 윤리적 가치의 관련성을 강조한 예술 관점으로, 예술의 목적은 도덕적 교훈을 제공하는 것으로 예술의 사회성을 강조한다.

22 법적 질서보다 개인의 이익을 우선시하는 태도는 사회 통합을 어렵게 만드는 저해 요인이다.

23 국수 대접 이론은 국수가 주된 역할을 하고 고명이 부수적인 역할을 하여 맛을 내듯이, 주류 문화와 비주류 문화가 공존해야 한다고 보는 다문화 이론이다.
① **용광로 이론** : 다양한 물질들이 용광로에서 용해되어 하나로 만들어지듯이, 다양한 문화를 섞어 하나의 문화로 탄생시키는 동화주의의 대표적 이론
② **동화주의 이론** : 이주민의 문화와 같은 소수 문화를 주류 문화에 적응시키고 통합하려는 다문화 이론
③ **샐러드 볼 이론** : 샐러드처럼 다양한 사회구성원들이 상호 공존하며 각각이 색깔과 향기를 지니고 조화로운 통합을 이룬다는 논리

24 하버마스는 소통과 담론의 윤리로 대화 당사자들이 자유롭고 평등하게 참여할 것을 주문하였다.
① 상대방이 이해할 수 있는 언어로 표현해야 한다.
② 어떤 참여자도 자유롭게 의사를 표현할 수 있어야 한다.
④ 누구든지 원하는 바를 표현하고 의사결정에 참여할 수 있다.

25 통일 편익은 남북한이 통일로 인하여 얻게 되는 모든 이익으로, 통일 직후에만 발생하는 단기적 이익이 아니라 통일 이후에도 지속적으로 발생한다.

정답 및 해설

2022년도

제2회

제1교시

국 어

정답 및 해설 |

정답

01 ④	02 ③	03 ④	04 ①	05 ②
06 ①	07 ③	08 ④	09 ②	10 ①
11 ③	12 ③	13 ④	14 ③	15 ①
16 ③	17 ④	18 ③	19 ③	20 ①
21 ④	22 ①	23 ③	24 ②	25 ④

해설

01 영준은 어제 친구랑 싸운 정우의 기분을 고려하여 '그랬구나. 마음이 복잡하겠네.'라고 말하며 정우의 마음에 공감하는 말을 하고 있다. 또한 '괜찮아질 거야.'라고 말하며 정우를 위로하고 있다.

02 겸양의 격률은 자기 자신에 대한 칭찬은 최소화하고 자신에 대한 비방을 극대화하는 표현이다. 나래는 '부족한 점이 많았는데'라고 말하며 자신에 대한 칭찬을 최소화하는 겸양의 발언을 보이고 있다.

03 표준 발음법 제17항은 구개음화와 관련된 조항으로, 받침 'ㄷ, ㅌ(ㄸ)'이 형식 형태소인 조사나 접미사의 모음 'ㅣ'와 결합될 때 나타난다. 그런데 '밭이랑'은 '밭'과 '이랑'의 합성어로, 이때 '이랑'은 실질적 의미를 가지는 실질 형태소이기 때문에 구개음화가 일어나지 않는다. 그러므로 '밭이랑'은 [바치랑]이 아니라 [반니랑]으로 발음된다.
① 끝이[끄치] : 받침 'ㅌ'이 모음 'ㅣ'와 결합하여 'ㅊ'이 되는 구개음화가 일어나 [끄치]로 발음된다.
② 굳이[구지] : 받침 'ㄷ'이 모음 'ㅣ'와 결합하여 'ㅈ'이 되는 구개음화가 일어나 [구지]로 발음된다.
③ 여닫이[여다지] : 받침 'ㄷ'이 모음 'ㅣ'와 결합하여 'ㅈ'이 되는 구개음화가 일어나 [여:다지]로 발음된다.

04 한글 맞춤법 제53항에서 'ㄹ'로 시작하는 어미는 된소리로 소리가 나더라도 소리 나는 대로 적지 않는다고 되어 있다. 그러므로 'ㄹ' 뒤에서 된소리로 발음되는 어미의 표기는 예사소리로 적어야 하므로 '갈게'는 올바른 표기이다.
② 웬지 → 왠지

'왠지'는 '왜인지'가 줄어든 말로 '왜 그런지 모르게 또는 뚜렷한 이유도 없이'라는 의미로 쓰인다. '웬지'는 '왠지'의 잘못된 표기이다.
③ 어떻해 → 어떻게
'어떻해'는 어떤 모양이나 이유 또는 감정이나 상태를 나타내는 상황에 쓰는 '어떻게'로 고쳐 써야 옳다.
④ 덥든지 → 덥던지
'덥든지'는 과거에 한 행동에 대하여 생각하거나 추측할 때 쓰는 '-던지'를 사용하여 '덥던지'로 고쳐 써야 옳다. '-든지'는 어느 것이든 선택될 수 있음을 나타낼 때 사용한다.

05 (가)에서 설명하는 시제는 현재로, 현재 시제는 동사에 선어말 어니 '-ㄴ/는-'을 붙여 표현한다. ㉠의 '내린다'는 동사 '내리다'의 어간 '내리-'에 선어말 어미 '-ㄴ-'을 붙여 현재 시제를 나타낸 것이고, ㉢의 '웃는다'는 동사 '웃다'의 어간 '웃-'에 선어말 어미 '-는-'을 붙여 현재 시제를 나타낸 것이다.
㉡ 근심하던 → 과거 시제
동사 '근심하다'의 어간 '근심하-'에 관형사형 어미 '-던'을 붙여 과거 시제를 나타낸 것이다.
㉣ 없겠다 → 미래 시제
형용사 '없다'의 어간 '없-'에 선어말 어미 '-겠-'을 붙여 미래 시제를 나타낸 것이다.

[06~07]

06

(가) Ⅰ. 처음 → (나) 1문단
(가) Ⅱ. 중간 1. → (나) 2문단
(가) Ⅱ. 중간 2. → (나) 3문단
(가) Ⅲ. 끝 → (나) 4문단

(가)의 'Ⅱ. 중간 2.'는 (나)의 3문단에 해당한다. 3문단의 내용이 1950년대부터 2000년대에 이르기까지 시대의 흐름에 따라 떡볶이가 어떻게 변모하고 있는지를 설명하고 있다. 그러므로 ⓐ에 들어갈 내용으로 ①의 '시대에 따른 떡볶이의 변모 과정'이 가장 적절하다.

07 '달렸지만'에서 '-지만'은 앞 내용과 반대되는 내용을 말할 때 쓰는 연결 어미이다. 그런데 해당 문장은 앞 내용과 반대되는 설명이 아니므로, ㉢의 '달렸는데'를 '달렸지만'으로 고

쳐 쓰는 것은 적절하지 않다.

① 2문단은 떡볶이의 유래인 조선 시대 궁중 떡볶이에 대해 설명하고 있는데, ㉠은 조선 시대의 궁중 요리인 신선로에 대해 언급하고 있으므로 삭제한다.

② 해당 문장의 주어 '가스가'와 호응하기 위해서는 피동 표현인 '공급되기'로 바꾸는 것이 적절하다.

④ '뿐'은 조사이므로 체언인 '입맛'과 붙여 써야 적절하다.

08 ㉣의 '뿌메'는 첫 글자 '뿌'에 두 개의 자음이 쓰였다. 이를 어두 자음군이라 한다. 그러므로 '단어의 첫머리에 한 개의 자음만 올 수 있었다.'는 ④의 설명은 적절하지 않다.

㉠ '내'는 '나'에 주격 조사 'ㅣ'가 결합하여 '내가'라는 의미로 사용되었다.

㉡ '字 · 쫑 · 롤'은 모두 양성 모음 'ㆍ'를 사용하여 모음 조화를 잘 지키고 있다.

㉢ '수 · 비'에는 현대 국어에 쓰이지 않는 순경음 비읍인 'ㅸ'이 사용되었다.

[09~11]

정호승, 「슬픔이 기쁨에게」
• 갈래 : 자유시, 서정시
• 성격 : 교훈적, 비판적, 의지적
• 제재 : 기쁨, 슬픔
• 주제 : 이기적인 삶에 대한 반성과 더불어 사는 삶의 추구
• 특징
  – 역설적 표현을 활용하여 주제를 효과적으로 드러냄
  – 추상적 개념을 의인화하여 말을 건네는 방식으로 시상을 전개함
  – 특정 음운과 어미 및 4음보 등을 반복하여 운율을 형성함

09 '사랑보다 소중한 슬픔'이라는 역설적 표현을 활용하여 이기적인 삶에 대한 반성과 더불어 사는 삶의 중요성을 드러내고 있다.

10 시적 화자는 소외된 이웃을 외면하고 자신의 이익만을 추구하는 이기적인 모습을 비판하는 동시에 소외된 약자를 배려하며 평등한 존재로 바라봄으로써 '이웃과 더불어 사는 삶'을 강조하고 있다.

11 ㉢의 '너'는 시적 화자가 타인에 대한 사랑, 연민, 배려를 이야기하고자 하는 청자이다. 반면에 ㉠의 '할머니', ㉡의 '동사자', ㉣의 '사람들'은 모두 고통스럽고 소외된 삶을 살아가는

사회적 약자들로, 화자가 연민하고 관심을 보이는 대상이다.

[12~14]

박완서, 「엄마의 말뚝 2」
• 갈래 : 중편 소설, 연작 소설, 전후 소설
• 성격 : 자전적, 회고적, 사실적
• 배경 : 시간 – 6 · 25 전쟁 당시와 현재 / 공간 – 서울
• 시점 : 1인칭 주인공 시점
• 주제 : 전쟁의 상처와 분단 문제의 극복 의지
• 특징
  – 세 편의 연작으로 되어 있는 소설 중의 한 편임
  – 현재 시점에서 과거를 회상하는 역순행적 구성임

12 해당 작품은 현재 시점에서 과거를 회상하는 역순행적 구성으로 이루어져 있다. 작품 속 주인공 '나'는 6 · 25 전쟁 당시 죽은 오빠를 화장했던 과거를 회상하며 인물의 상황을 서술하고 있다.

13 '어머니는 오빠를 죽게 한 것이 자기 죄처럼'에서 '오빠'의 죽음을 자신의 탓이라고 생각하는 사람은 '올케'가 아니라 '어머니'임을 알 수 있다.

14 어머니가 너무도 엄청난 것과의 싸움을 시도하는 대상은 어머니를 짓밟고 모든 것을 빼앗아 간, 어머니가 도저히 이해할 수 없는 분단이란 괴물을 의미하므로, ㉠은 '분단의 비극에 맞서려는 어머니의 의지'로 볼 수 있다.

[15~16]

황진이, 「동짓달 기나긴 밤을」
• 갈래 : 평시조, 서정시
• 성격 : 감상적, 낭만적, 연정가
• 제재 : 임에 대한 연모의 정
• 주제 : 임에 대한 기다림과 사랑
• 특징
  – 추상적 개념을 구체적으로 형상화하여, 참신하게 표현함
  – 음성상징어를 통하여 우리말의 묘미를 살림

15 눈에 보이지 않는 추상적 대상인 '동짓달 기나긴 밤'을 '허리를 베어 내어', '서리서리 넣었다가', '굽이굽이 펴리라'처럼 시각화하여 구체적으로 표현하고 있다.

2022년 2회

16 시적 화자는 임이 없는 '동짓달 기나긴 밤'의 한 허리를 베어 내어 사랑하는 임이 오신 날 밤 굽이굽이 펼치며 임과 함께 더 많은 시간을 보내기를 소망하고 있다.
① 임에 대한 원망보다는 그리움의 정서가 담겨 있다.
② 임이 부재한 상황은 나타나 있으나, 자책의 장면은 나타나 있지 않다.
④ 화자는 임이 없는 현재의 삶에 만족하고 있지는 않다.

[17~19]

이규보, 「이옥설」
- **갈래** : 설(說), 한문 수필
- **성격** : 교훈적, 유추적, 경험적
- **제재** : 행랑채를 수리한 일
- **주제** : 잘못을 알고 고쳐 나가는 자세의 필요성
- **특징**
  - '체험-깨달음'의 내용 구조
  - 유추의 방식으로 깨달음을 확장시킴

17 해당 작품은 글쓴이가 퇴락한 행랑채의 수리 과정에서 얻은 실생활의 체험을 토대로, 사람과 나라의 정사도 즉시 고쳐 나가는 자세가 필요하다는 교훈을 전달하고 있다.

18 ㉮는 잘못된 것을 알고도 고치지 않고 미루는 태도로, ㉡의 잘못을 알고도 곧 고치지 않은 것과 ㉣의 백성에게 심한 해가 될 것을 머뭇거리고 개혁하지 않는 것은 둘 다 잘못된 것을 바로 고치지 않는 ㉮의 태도에 해당한다.

19 '까마귀 날자 배 떨어진다.'라는 속담은 아무 관계 없이 한 일이 공교롭게도 때가 같아 어떤 관계가 있는 것처럼 의심을 받게 됨을 비유적으로 이르는 말이다. 그러므로 나쁜 습관을 바로 고쳐야 한다는 제시문의 주제와는 연관성이 없다.
① '쇠뿔도 단김에 빼라.' → 어떤 일이든지 하려고 생각했으면 한창 열이 올랐을 때 망설이지 말고 곧 행동으로 옮겨야 함을 비유적으로 이르는 말
② '호미로 막을 것을 가래로 막는다.' → 적은 힘으로 충분히 처리할 수 있는 일에 쓸데없이 많은 힘을 들이는 경우를 비유적으로 이르는 말
④ '가랑비에 옷 젖는 줄 모른다.' → 아무리 사소한 것이라도 그것이 거듭되면 무시하지 못할 정도로 크게 됨을 비유적으로 이르는 말

[20~22]

20 제시문은 전통적 주거 형태와 아파트로 대표되는 오늘날의 주거 형태의 대조를 통해 사적 관계를 형성하는 공동의 영역에 차이가 있음을 드러내고 있다.

21 제시문의 마지막 문장을 통해 아파트는 주택의 형태나 외관만 보면 모두 같은 공간에 사는 유사한 집단처럼 보이지만, 그 주민들은 생활 모습을 공유하고 있지 않음을 알 수 있다.
① 1문단에서 '사이 공간'은 통행을 목적으로 하는 공간이라기보다 주민들 사이에 사적 관계를 형성하는 공동의 영역임을 알 수 있다.
② 2문단에서 과거에는 공동의 영역에서 이웃과 친밀한 사회적 관계를 형성했음을 알 수 있다.
③ 5문단에서 아파트는 '사이 공간'의 부재로 인해 이웃과 친해질 기회가 사라졌음을 알 수 있다.

22 사람들이 매일 두 공간 사이를 오가며 그곳에서 다양한 일을 경험한 원인이 과거에는 개인이 생활하는 집과 일을 하는 장소가 멀리 떨어져 있지 않았기 때문이므로, 앞의 내용이 뒤의 내용의 원인이나 근거, 조건 따위가 될 때 쓰는 접속 부사 '그래서'가 ㉠에 들어갈 말로 가장 적절하다.

[23~25]

23 제시문의 세 번째 문단에서 인간에게는 감정과 의지가 있기 때문에 인공지능이 마침내 인간의 의식 현상을 구현해 낸다고 하더라도 인간과 인공지능은 여전히 구분될 것이라고 하였다. 그러므로 '인공지능이 인간의 의식 현상을 구현하면 인간과 인공지능은 구분될 수 없다.'는 ③의 설명은 제시문의 내용과 일치하지 않는다.
① 1문단의 '생각하는 기계가 축복이 될지 재앙이 될지는 알 수 없으나'를 통해 알 수 있다.
② 2문단에서 인공지능을 통제할 방법으로 입법적 차원과 기술적 차원의 두 가지 측면을 제시하고 있다.
④ 3문단에서 인류의 역사와 문명은 결핍과 고통에서 느낀 감정을 동력으로 발달해 온 고유의 생존 시스템이라고 언급한 부분에서 알 수 있다.

24 ㉡의 '통제'는 일정한 방침이나 목적에 따라 행위를 제한하거나 제약하는 것을 의미한다. '힘으로 으르고 협박함'을 뜻하는 단어는 '위협'이다.

25 제시문의 세 번째 문단에서 언급된 기계에 가르칠 수 없는 인간 고유의 속성인 유연성과 창의성을 발휘하여 인공지능 시대에 대응하는 것이 인공지능 시대 우리가 가야 할 사람의 길로 가장 적절하다.

제2교시

수 학

정답 및 해설 |

▌정답

01 ③	02 ③	03 ④	04 ①	05 ②
06 ④	07 ③	08 ②	09 ④	10 ①
11 ②	12 ②	13 ③	14 ①	15 ②
16 ④	17 ①	18 ③	19 ④	20 ②

▌해설

01
$$A-B=(2x^2+x)-(x+1)$$
$$=2x^2+x-x-1$$
$$=2x^2-1$$

> **TIP** 다항식의 덧셈과 뺄셈
>
> • **다항식의 덧셈** : 괄호를 먼저 풀고 동류항끼리 모아서 계산한다.
> • **다항식의 뺄셈** : 빼는 식의 각 항의 부호를 바꾸어 더한다.

02
항등식일 때, 양변의 동류항의 계수는 같으므로
$$x^2+ax-2=x^2+5x+b$$에서
$$a=5, \ b=-2$$
$$\therefore \ a+b=3$$

03

> 다항식 $f(x)$를 $x-a$로 나누었을 때의 나머지 $\Rightarrow f(a)$

주어진 다항식을 $f(x)$라 놓으면
$$f(x)=x^3+3x+4$$
나머지 정리에 의해
다항식 $f(x)$를 $x-1$로 나눈 나머지는 $f(1)$
$f(1)$을 주어진 다항식에 대입하면
$$f(1)=(1\times 1^3)+(3\times 1)+4=1+3+4$$
$$\therefore \ f(1)=8$$

04

> $$a^3+3a^2b+3ab^2+b^3=(a+b)^3$$

인수분해 공식에 따라
$$x^3+6x^2+12x+8=(x+2)^3$$
$$(x+a)^3=(x+2)^3$$
$$\therefore \ a=2$$

05
복소수 $3-2i$의 켤레복소수는 $3+2i$이므로
$3+ai=3+2i$에서 $a=2$

06

> $$x^2-(\alpha+\beta)x+\alpha\beta=0$$
> $$\Rightarrow x^2-(두 근의 합)x+(두 근의 곱)=0$$

x^2의 계수가 1인 이차방정식 $x^2+5x+4=0$에서 두 근을 α, β라 할 때, $\alpha\beta$는 두 근의 곱이다.
근과 계수의 관계에 의해
$$x^2-(\alpha+\beta)x+\alpha\beta=x^2+5x+4$$
$$\therefore \ \alpha\beta=4$$

07
주어진 범위의 그래프에서
$x=1$일 때 → 최댓값 3
$x=-1$일 때 → 최솟값 -1
그러므로 이차함수 $y=-(x-1)^2+3$의 최댓값은 3이다.

08
삼차방정식 $x^3+ax^2-3x-2=0$의 한 근이 1이라고 했으므로, $f(1)=0$
$x^3+ax^2-3x-2=0$에 $x=1$를 대입하면
$$1^3+a\times 1^2-3\times 1-2=0, \ 1+a-3-2=0$$
$$\therefore \ a=4$$

09
$$\begin{cases} x+y=4 & \cdots ㉠ \\ x^2-y^2=a & \cdots ㉡ \end{cases}$$
$x=3, y=b$를 ㉠에 대입하면
$x+y=3+b=4, \ \therefore \ b=1$
$x=3, y=1$을 ㉡에 대입하면
$x^2-y^2=3^2-1^2=a \ \therefore \ a=8$
따라서 $a+b=8+1=9$

10
$|x-3|\leq 3$을 풀면
$$-3\leq x-3\leq 3$$
부등식의 각 변에 3을 더하면
$$-3+3\leq x-3+3\leq 3+3$$
$$\therefore \ 0\leq x\leq 6$$
해를 수직선 위에 나타낸 주어진 그림에서
$$a=0$$

11

좌표평면 위의 두 점 $A(x_1, y_1)$, $B(x_2, y_2)$에 대하여 $\overline{AB}$의 중점의 좌표는 AB를 1:1로 내분하는 점이다.
$$\Rightarrow M\left(\frac{x_1+x_2}{2}, \frac{y_1+y_2}{2}\right)$$

좌표평면 위의 두 점 $A(-3, -2)$, $B(1, 4)$에 대하여 선분 AB의 중점의 좌표는

$M\left(\dfrac{x_1+x_2}{2}, \dfrac{y_1+y_2}{2}\right)$에서

$M\left(\dfrac{-3+1}{2}, \dfrac{-2+4}{2}\right)$

$\therefore M(-1, 1)$

12

• 두 직선이 서로 수직일 때 기울기의 곱 $\Rightarrow -1$
• 점 (x_1, y_1)을 지나고 기울기가 m인 직선의 방정식
$\Rightarrow y - y_1 = m(x - x_1)$

두 직선이 서로 수직일 때 기울기의 곱은 -1이므로 직선 $y = x - 1$에 수직인 직선의 기울기는 -1

기울기가 -1이고 점 $(0, 3)$을 지나는 직선의 방정식은

$y - y_1 = m(x - x_1)$에서

$y - 3 = -1(x - 0)$, $y - 3 = -x$

$\therefore y = -x + 3$

13

중심 좌표가 (a, b)이고 반지름의 길이기 r인 원의 방정식
$\Rightarrow (x-a)^2 + (y-b)^2 = r^2$

중심 좌표가 $(3, -1)$이고 반지름의 길이가 r인 원의 방정식은

$(x-a)^2 + (y-b)^2 = r^2$에서

$(x-3)^2 + (y+1)^2 = r^2$

원점을 지나므로 $x=0$, $y=0$을 대입하면

$(0-3)^2 + (0+1)^2 = r^2$, $\therefore r^2 = 10$

따라서 구하는 원의 방정식은

$(x-3)^2 + (y+1)^2 = 10$

14

점 (x, y)를 x축의 방향으로 a만큼, y축의 방향으로 b만큼 평행이동한 점의 좌표 $\Rightarrow (x+a, y+b)$

점 $(3, 4)$를 x축의 방향으로 -1만큼, y축의 방향으로 -3만큼 평행이동한 점의 좌표는 $(x+a, y+b)$에서

$x=3$, $y=4$ 그리고 $a=-1$, $b=-3$을 대입하면

$(3-1, 4-3)$

$\therefore (2, 1)$

15

차집합의 원소의 개수
$\Rightarrow n(A-B) = n(A) - n(A \cap B)$

$A = \{1, 2, 3, 4\}$, $B = \{3, 4, 6\}$이므로

$A - B = \{1, 2\}$

$\therefore n(A-B) = 4 - 2 = 2$

16

명제 $p \rightarrow q$의 대우 $\Rightarrow \sim q \rightarrow \sim p$

명제 $p \rightarrow q$의 대우는 $\sim q \rightarrow \sim p$이므로,

명제 '$x = 2$이면 $x^3 = 8$이다.'의 대우는

'$x^3 \neq 8$이면 $x \neq 2$이다.'이다.

17

역함수의 성질 : $f^{-1}(a) = b$이면 $f(b) = a$

함수 $f : X \rightarrow Y$에서 $f^{-1}(a) = b$이면 $f(b) = a$이므로

$f^{-1}(5) = k$이면 $f(k) = 5$

따라서 함숫값 5를 갖는 x의 값은 1이므로 $f(1) = 5$

$\therefore f^{-1}(5) = 1$

18

유리함수 $y = \dfrac{k}{x-p}(k \neq 0)$의 그래프
$\Rightarrow y = \dfrac{k}{x}$의 그래프를 x축의 방향으로 p만큼 평행이동한 그래프

유리함수 $y = \dfrac{1}{x-1}$의 그래프는 유리함수 $y = \dfrac{1}{x}$의 그래프를 x축의 방향으로 1만큼 평행이동한 그래프이다.

$\therefore a = 1$

19

서로 다른 n개에서 r개를 택하여 일렬로 나열하는 순열의 수 $\Rightarrow {}_n P_r$

서로 다른 4점의 작품에서 3점의 작품을 택하여 일렬로 나열하는 경우의 수는 ${}_n P_r$에서

${}_4 P_3 = 4 \times 3 \times 2 = 24$

20

서로 다른 n개에서 r개를 택하는 조합의 수 $\Rightarrow {}_n C_r$

5개의 방과 후 프로그램에서 서로 다른 3개의 프로그램을 선택하는 경우의 수는 ${}_n C_r$에서

${}_5 C_3 = \dfrac{5 \times 4 \times 3}{3 \times 2 \times 1} = \dfrac{60}{6} = 10$

2022년 2회

제3교시

영 어

정답 및 해설 |

▌정답

01 ②	02 ③	03 ①	04 ③	05 ①
06 ②	07 ④	08 ①	09 ④	10 ②
11 ②	12 ①	13 ③	14 ①	15 ②
16 ①	17 ④	18 ③	19 ④	20 ①
21 ③	22 ③	23 ④	24 ①	25 ④

▌해설

01 **해설** confidence는 '자신감'이라는 뜻이다.
 ① 논리력 logicality
 ③ 의구심 doubt
 ④ 창의력 creativity
 해석 영어를 잘 하기 위해서는 자신감을 가질 필요가 있다.
 어휘 need to ~할 필요가 있다

02 **해설** deal with는 '처리하다'라는 뜻이다.
 ① 생산하다 produce
 ② 연기하다 postpone
 ④ 확대하다 expand
 해석 그 나라는 식량 부족 문제를 처리해야만 했다.
 어휘 shortage 부족
 problem 문제

03 **해설** as a result는 '그 결과'라는 뜻이다.
 ② 사실은 in fact
 ③ 예를 들면 for example
 ④ 불행하게도 unfortunately
 해석 햇빛이 창문을 통해 들어오고 그 결과, 집은 따뜻하게 된다.
 어휘 sunlight 햇빛
 come in through ~을 통해 들어오다
 warm 따뜻한

04 **해설** 주어진 문장에서 'bitter(맛이 쓴)'와 'sweet(달콤한)'은 반의어 관계이다. 마찬가지로 ①, ②, ④는 모두 반의어 관계이나, ③의 'fine(괜찮은)'과 'good(좋은)'은 유의어

관계이다.
 ① 새로운 – 오래된
 ② 깨끗한 – 더러운
 ④ 쉬운 – 어려운
 해석 인내는 쓰지만, 그 열매는 달다.
 어휘 patience 인내, 참을성
 bitter (맛이) 쓴
 sweet 달콤한

05 **해설** ① 날짜 : 알 수 없음
 ② 장소 : 김치 박물관
 ③ 행사 내용 : 김치 만드는 법 배우기와 다양한 김치 맛보기
 ④ 입장료 : 5,000원
 해석

> ### 김치 축제
> 장소 : 김치 박물관
> 행사 내용 :
> – 김치 만드는 법 배우기
> – 다양한 김치 맛보기
> 입장료 : 5,000원
> 오셔서 한국 전통 음식을 맛보세요!

 어휘 festival 축제
 museum 박물관
 taste 맛보다
 various 다양한, 여러 가지의
 traditional 전통적인

06 **해설** 첫 번째 문장에는 약속 장소에서 '만나다'라는 의미로 자동사 'meet'가 들어가야 한다. 두 번째 문장에는 '~을 충족시키다'라는 의미에서 목적어를 동반하는 타동사 'meet'가 들어가야 한다.
 ① 다이빙하다
 ③ 입다
 ④ 발생하다
 해석 • 2시에 식당 앞에서 만나자.
 • 호텔 지배인은 손님들의 요구를 충족시키기 위해 최선을 다했다.
 어휘 in front of ~앞에

hotel manager 호텔 지배인
do one's best 최선을 다하다
need 요구

07 **해설** 첫 번째 문장은 의문문으로 '언제'라는 의미의 의문사 'when'이 들어가야 한다. 두 번째 문장에서는 'you feel bad'가 완전한 문장이므로 때를 나타내는 부사절을 이끄는 종속접속사 'when'이 들어가야 한다.

해석 • Jim, 언제 집에 올 거니?
• 기분이 나쁠 때 음악을 듣는 것은 도움이 될 수 있다.

어휘 helpful 도움이 되는

08 **해설** 첫 번째 문장에는 '무엇을 도와드릴까요?'의 관용 표현 'What can I do for you?'가 와야 하고, 두 번째 문장에는 '~을 기다리다'라는 의미의 숙어 'wait for'가 와야 한다. 그러므로 빈칸에 공통으로 들어갈 말은 전치사 'for'이다.

해석 • 어서 오세요. 오늘은 무엇을 도와드릴까요?
• 나는 버스를 기다리는데 거의 한 시간을 보냈다.

어휘 spend (돈을) 쓰다, (시간을) 보내다
almost 거의

09 **해설** 밑줄 친 'A journey of a thousand miles starts with a single step.'은 천리 길도 한 걸음부터라는 속담으로, 어려운 일도 일단 시작해야 이룰 수 있다는 의미이다.

해석 A : 어려운 아이들을 돕기 위해 무언가를 하고 싶어.
B : 훌륭해. 무슨 좋은 생각이 있니?
A : 내 헌 옷을 팔아서 그 돈을 아이들에게 쓸 거야. 하지만 쉽지는 않겠지.
B : 걱정하지 마. 천리 길도 한 걸음부터야.

어휘 in need 궁핍한, 어려움에 처한
old clothes 헌 옷
journey 여행, 여정
single 단 하나의

10 **해설** 번지 점프를 앞둔 B가 아주 안전하다는 A의 말에도 여전히 불안해하고 있다. 그러므로 B의 심정은 ②의 '불안'이 가장 적절하다.

해석 A : 번지 점프 하는 게 이번이 처음이니?
B : 응, 그래. 그래서 나는 정말 떨려.
A : 번지 점프는 아주 안전해. 괜찮아 질 거야.
B : 나도 그렇게 들었지만, 그것을 하고 싶은지 아직도 확실하지 않아.

어휘 bungee jumping 번지 점프

nervous 긴장한
perfectly 완전히, 완벽하게
safe 안전한

11 **해설** 집에 놓을 식탁을 찾고 있다는 A의 말에 B가 두 가지 다른 모델을 보여주겠다고 제안한다. 그러므로 해당 대화가 이루어지는 장소는 가구점이다.

해석 A : 안녕하세요. 우리 집에 놓을 식탁을 찾고 있어요.
B : 이쪽으로 오세요. 어떤 형태를 원하세요?
A : 전 둥근 것이 좋습니다.
B : 알겠습니다. 두 가지 다른 모델을 보여드릴게요.

어휘 look for ~을 찾다
dinner table 식탁
this way 이쪽으로
round 둥근
different 다른

12 **해설** 첫 문장에서 'donation(기부)'에 대해 소개하고 있고, 그것은 여러 형태를 취하며 자연 재해로 고통 받는 사람들에게 주어지는 돈, 음식, 의료 서비스도 될 수 있다고 하였다. 그러므로 지시대명사 it가 가리키는 것은 'donation(기부)'이다.

② 자연
③ 사람들
④ 괴로움

해석 기부는 대개 친절하고 좋은 마음의 목적으로 행해진다. 그것은 여러 형태를 취할 수 있다. 예를 들면, 그것은 자연 재해로 고통을 받는 사람들에게 주어지는 돈, 음식, 의료 서비스일 수도 있다.

어휘 donation 기부
good-hearted 좋은 마음의
purpose 목적
form 형태
medical care 의료 돌봄, 의료 서비스
suffer from ~로 고통받다
natural disaster 자연 재해

[13~14]

13 **해설** Mary가 생일이어서 B가 핸드폰 케이스를 사주자고 제안하고 있고, A는 커피 머그잔을 사주자고 다시 제안하고 있다. 그러므로 빈칸에는 '그녀에게 선물을 사 주는 건 어때?'가 들어갈 말로 가장 적절하다.

① 무엇에 쓰는 거야?
② 어디서 샀어?

④ 방과 후에 보통 무엇을 하니?

해석 A : Mary의 생일이 다가오고 있어. <u>그녀에게 선물을 사
　　주는 건 어때?</u>

B : 좋은 생각이야. 그녀에게 핸드폰 케이스를 주는 건
　　어때?

A : 그녀는 얼마 전 새 것을 샀어. 커피 머그잔은 어때?

B : 완벽해! 그녀는 커피 마시는 것을 좋아해.

어휘 coffee mug 커피 머그잔

perfect 완벽한

14 해설 'for a living'은 생계를 위해 하는 일을 의미하므로 A의
　　질문은 직업을 묻는 것이다. 그러므로 빈칸에는 '저는
　　고등학생들을 가르칩니다.'가 들어갈 말로 가장 적절
　　하다.

① 저는 여름보다 겨울이 더 좋아요.

② 그건 제가 원하던 게 아니에요.

④ 해변에 도착하려면 1시간이 걸릴 거예요.

해석 A : 무슨 일을 하세요?

B : <u>저는 고등학생들을 가르칩니다.</u>

어휘 for a living 먹고 살기 위해, 생계 수단으로

prefer A to B B보다 A를 좋아하다

get to ～에 도착하다

15 해설 직업에 대한 경험을 쌓을 수 방법을 묻는 A의 물음에
　　B가 직업 체험 프로그램에 참여할 것을 조언하고 있다.
　　그러므로 대화의 주제는 '진로 선택을 위한 조언'이다.

해석 A : 내가 미래에 어떤 직업을 갖고 싶은지 모르겠어.

B : 다방면에서 경험을 쌓는 건 어때?

A : 음…. 어떻게 그렇게 할 수 있지?

B : 직업 체험 프로그램에 참가하는 건 어때? 그건 틀
　　림없이 도움이 될 거야.

어휘 career 직업

in the future 장차, 미래에

experience 경험

in different ares 여러 분야에서, 다방면에서

participate in ～에 참여하다

16 해설 제시문은 공원 방문객들에게 쓰레기통에 쓰레기를 넣
　　어줄 것을 당부하고 있다. 그러므로 해당 글을 쓴 목적
　　은 '요청하기 위해서'이다.

해석 공원에 있는 쓰레기통에 쓰레기를 넣어줄 것을 요청
　　드립니다. 몇몇 방문객들의 부주의한 행동 때문에 우리
　　는 공원을 깨끗하게 유지하는 데 어려움을 겪고 있습
　　니다. 여러분의 협조가 필요합니다. 감사합니다.

어휘 trash can 쓰레기통

have difficulty in ～ing ～하는 데 어려움을 겪다

careless 부주의한

behavior 행동

cooperation 협력, 협조

17 해설 캠프 안내문의 마지막 문장에서 모든 아이들은 매일
　　수영복과 점심을 챙겨 와야 한다고 안내하고 있다. 그
　　러므로 '매일 점심이 제공된다.'는 ④의 설명은 제시문
　　의 내용과 일치하지 않는다.

해석
┌────────────────────────────────┐
│　　　　　　여름 스포츠 캠프　　　　　　│
│ － 7～12세의 어린이를 위한 재미있고 안전한 스포츠 │
│　 프로그램　　　　　　　　　　　　　　 │
│ － 8월 1일부터 8월 7일까지　　　　　　 │
│ － 배드민턴, 농구, 축구, 수영　　　　　　│
│ *모든 아이들은 매일 수영복과 점심을 챙겨 와야 합 │
│　 니다.　　　　　　　　　　　　　　　　 │
└────────────────────────────────┘

어휘 fun 즐거운, 재미있는

safe 안전한

swim suit 수영복

18 해설 제시문에서 학생 기자들이 기사를 평가할 것이라고 하
　　였으므로, '담당 교사가 기사를 평가한다.'는 ③의 설명
　　은 제시문의 내용과 일치하지 않는다.

해석 우리 학교 신문 기자를 찾고 있습니다. 관심이 있으신
　　분은 학교생활에 관한 기사 세 편을 제출해 주세요. 각
　　기사는 500단어 이상이어야 합니다. 우리 학생 기자들
　　이 당신의 기사를 평가할 것입니다. 마감일은 9월 5일
　　입니다.

어휘 reporter 기자

submit 제출하다

article 기사

evaluate 평가하다

deadline 마감일

19 해설 첫 문장에서 제스처는 나라마다 다른 의미를 가질 수
　　있다고 거론한 뒤, 이후의 문장에서 OK 표시를 예로
　　들어 나라마다 그 제스처가 어떻게 다른지 소개하고
　　있다. 그러므로 제시문의 주제는 '국가별 제스처의 의
　　미 차이'이다.

해석 제스처는 나라마다 다른 의미를 가질 수 있다. 예를 들
　　면, OK 표시는 많은 나라에서 "좋아요" 혹은 "괜찮아
　　요"를 의미한다. 그러나 동일한 제스처가 프랑스에서

는 "제로(0)"를 의미한다. 프랑스 사람들은 아무것도 없
다고 말하고 싶을 때 그것을 사용한다.

어휘 gesture 몸짓, 제스처
meaning 의미
sign 사인, 표시
same 같은, 동일한

[20~21]

20 해설 제시문에서 화석 연료들을 이용한 발전소들은 대기를
오염시키고 환경에 영향을 미치므로 지구를 살리기 위
해 에너지 효율이 높은 제품을 사용하자고 제안하고
있다. 그러므로 빈칸에 들어갈 말로는 'environment(환
경)'가 가장 적절하다.
② 물질
③ 제품
④ 무게

해석 많은 발전소들이 석탄이나 가스와 같은 화석 연료들을
태움으로써 에너지를 생산한다. 이것은 대기 오염을 유
발하고 환경에 영향을 미친다. 그러므로 에너지 효율이
높은 제품들을 선택함으로서 에너지를 덜 사용하도록
노력해라. 그것이 지구를 구하는 데 도움을 줄 수 있다.

어휘 power plant 발전소
produce 생산하다
burn 태우다
fossil fuel 화석 연료
coal 석탄
air pollution 대기 오염
influence 영향을 미치다
efficient 효율적인
product 제품

21 해설 제시문에서 인터넷은 편리함을 주기도 하지만 개인 정
보를 쉽게 도난당할 수도 있으므로 이를 보호하기 위
한 몇 가지 방법들을 소개하고 있다. 그러므로 빈칸에
들어갈 말로는 'protect(보호하다)'가 가장 적절하다.
① 취소하다
② 파괴하다
④ 환불하다

해석 인터넷은 우리의 삶을 더욱 편리하게 해준다. 우리는
인터넷에서 청구서를 지불하고 쇼핑을 할 수 있다. 하
지만 개인 정보가 온라인에서 쉽게 도용될 수 있다. 개
인 정보를 보호할 수 있는 방법들이 있다. 첫째, 강력한
비밀번호를 설정해라. 둘째, 알지 못하는 링크를 클릭
하지 마라.

어휘 convenient 편리한
pay 지불하다
bill 청구서
personal information 개인 정보
easily 쉽게
password 암호, 비밀번호
unknown 알려지지 않은

22 해설 주어진 문장은 'But(그러나)'로 시작하므로, 앞의 문장
은 해당 내용과 반대되는 내용이 와야 한다. 주어진 문
장이 요즘 지도들이 사진으로 만들어졌기 때문에 더욱
정확하다고 했으므로, 앞 문장이 부정확한 정보를 가
지고 있었다고 설명한 ③에 들어가는 것이 가장 적절
하다.

해석 그러나 요즘 지도들은 사진으로 만들어졌기 때문에
더욱 정확하다.
(①) 수천 년 전에 사람들은 새로운 장소에 갔을 때
지도를 만들었다. (②) 그들은 땅이나 동굴 벽에 지
도를 그렸는데, 종종 부정확한 정보를 가지고 있었다.
(③) 이러한 사진들은 비행기나 위성에서 촬영되었다.

어휘 nowadays 요즘
accurate 정확한
be made from ~로부터 만들어지다
photograph 사진
thousands of 수천의
cave 동굴
incorrect 부정확한
satellite 위성

23 해설 제시문의 마지막 문장에서 미안하다고 말할 때 고려
해야 할 세 가지 사항을 제안한다고 하였으므로, 제시
문의 바로 뒤에 이어질 내용은 '사과할 때 고려해야 할
것들'이다.

해석 때때로 우리는 의도하지 않더라도 다른 사람의 감정을
상하게 한다. 그럴 때, 우리는 사과할 필요가 있다. 그
렇다면 어떻게 제대로 사과를 해야 할까? 여기 당신이
미안하다고 말할 때 고려해야 할 세 가지가 있다.

어휘 sometimes 가끔, 때때로
hurt 상하게 하다
even if 비록 ~일지라도
mean 의미하다, 의도하다
apologize 사과하다
properly 적절하게, 제대로
consider 고려하다

[24~25]

해석 많은 사람들이 잠자는 데 어려움을 겪고 있어서 충분한 수면을 취하지 못한다. 그것은 고혈압처럼 건강에 <u>해로운</u> 영향을 미칠 수 있다. 만일 여러분이 이 규칙들을 따른다면, 수면 문제를 예방할 수 있다. 첫째, 밤에 카페인이 있는 음료를 마시지 마라. 둘째, 잠자리에 들기 전에 스마트폰을 사용하지 않도록 해라. 이것들은 여러분이 쉽게 잠들도록 도와줄 것이다.

어휘 have trouble ∼ing ∼하는 데 어려움을 겪다

fall asleep 잠들다

effect 영향

high blood pressure 고혈압

prevent 막다, 예방하다

caffeine 카페인

harmful 해로운

helpful 도움이 되는

positive 긍정적인

calming 차분한, 평온한

---

24 **해설** 제시문에서 충분한 수면을 취하지 못하는 것은 고혈압처럼 건강에 안 좋은 영향을 미치는 것이므로, 빈칸에 들어갈 말로는 'harmful(해로운)'이 가장 적절하다.

② 도움이 되는

③ 긍정적인

④ 평온한

25 **해설** 제시문은 잠자는 데 어려움을 겪고 있는 사람들을 위해 수면 문제를 예방하기 위한 두 가지 규칙을 제안하고 있다. 그러므로 제시문의 주제로 ④의 '수면 문제를 예방하는 방법'이 가장 적절하다.

제4교시 사 회

정답 및 해설 |

정답

01 ③	02 ②	03 ③	04 ③	05 ④
06 ②	07 ①	08 ②	09 ④	10 ②
11 ①	12 ④	13 ④	14 ①	15 ③
16 ③	17 ④	18 ②	19 ④	20 ②
21 ③	22 ①	23 ④	24 ①	25 ①

해설

01 정주 환경은 인간이 정착하여 살아가고 있는 지역의 주거지와 그 주변 생활 환경을 말한다. 질 높은 정주 환경을 위한 조건에는 안락한 주거 환경, 기본적인 위생 시설, 교육과 의료 혜택을 누릴 수 있는 시설 등이 포함된다.

02 인권은 인간이라면 누구나 누릴 수 있는 기본적인 권리로, 국가나 다른 사람이 침해할 수 없으며 타인에게 양도할 수도 없는 불가침성의 특성을 갖는다.

> **TIP** 인권의 특성
> • **천부성** : 하늘이 준 것이라는 의미로 태어나면서부터 갖게 되는 권리라는 것
> • **불가침성** : 국가나 다른 사람이 침해할 수 없으며 남에게 양도할 수도 없다는 것
> • **보편성** : 인종, 성별, 종교, 사회적 신분 등과 관계없이 누구에게나 보장되어야 한다는 것
> • **항구성** : 특정 기간에 박탈당하지 않고 영구히 보장된다는 것

03 자문화 중심주의는 자기 문화만을 가장 우수한 것으로 생각하고 다른 문화를 무시하거나 부정하는 태도이다. 자문화 중심주의는 자기 문화에 대한 자부심을 높일 수 있지만, 타 문화를 배척하는 태도로 이어질 수 있다.
① **문화 사대주의** : 다른 문화를 더 좋은 것으로 생각하고 자신의 문화를 과소평가하거나 무시하는 태도
② **문화 상대주의** : 각 문화의 다양성을 인정하고, 문화가 가진 독특한 환경과 역사적·사회적 상황에서 다른 문화를 바라보는 태도
④ **극단적 문화 상대주의** : 인류의 보편적 가치에 어긋나는 문화까지도 고유한 의미와 가치가 있다고 인정하는 태도

04 인종, 성별, 장애, 종교, 사회적 출신 등을 이유로 다른 사회 구성원으로부터 소외와 차별을 받는 사람들을 사회적 소수자라고 하며 장애인, 이주 외국인, 노인, 여성, 비정규직 근로자, 북한 이탈 주민 등이 이에 해당한다.
① **소호(SOHO)** : 보통 컴퓨터와 정보기술의 발달 덕분에 가능해진 소규모 개인 사업
② **바우처** : 일정한 조건을 갖춘 사람이 교육, 주택, 의료 따위의 복지 서비스를 이용할 때 정부가 비용을 대신 지급하거나 보조하기 위하여 내놓은 지불 보증서
④ **사물인터넷** : 인터넷을 기반으로 모든 사물을 연결하여 정보를 상호 소통하는 지능형 기술 및 서비스

05 헌법 재판소는 법원의 제청에 의한 법률의 위헌 여부 심판과 법률이 정하는 헌법 소원에 관한 심판 등을 관장하는 헌법 재판 기관이다.
① **정당** : 정치적 견해를 같이 하는 사람들이 모인 단체
② **행정부** : 국가의 삼권(입법, 행정, 사법) 중 행정권을 행사하는 집행 기구
③ **지방 법원** : 제1심 법원으로서 심판권을 행사하는 하급 법원

06 기회비용은 어떤 것을 선택함으로써 포기하게 되는 대안 중 가장 가치가 큰 것으로 명시적 비용과 암묵적 비용으로 구성된다. 명시적 비용은 회계적 비용으로 실제로 지출한 비용을 의미하고, 암묵적 비용은 실제 지불하지는 않았지만 선택한 대안에 따른 포기 비용을 말한다.
① **편익** : 어떤 경제적 선택을 함으로써 얻는 이익이나 만족감
③ **매몰비용** : 이미 지출되어 회수가 불가능한 비용
④ **물가 지수** : 물가의 움직임을 알아보기 쉽게 수치로 표현한 지표

07 공공재는 모든 사람이 대가를 지불하지 않고 공동으로 이용할 수 있는 재화나 서비스로 국방, 철도, 도로, 항만, 공원, 가로등, 치안 서비스 등이 이에 해당한다.
② **비교 우위** : 국제 무역에서 한 나라가 생산하는 특정 상품이 상대국과의 모든 교류 상품들에 비해 더 낮은 비용으로 생산되어 생산 효율성 면에서 우위를 차지하는 것
③ **외부 효과** : 경제 주체의 경제 활동이 다른 경제 주체에게

559

의도하지 않은 이익을 주거나 의도하지 않게 피해를 주는 데도 이에 대해 아무런 경제적 대가를 치르거나 받지 않는 것
④ 기업가 정신 : 기업의 본질인 이윤 추구와 사회적 책임의 수행을 위해 기업가가 마땅히 갖추어야 할 자세나 정신

08 주식회사가 사업 자금 조달을 위해 발행하는 증서는 주식으로, 시세차익과 배당수익을 통해 이익을 실현할 수 있다.
① 대출 : 돈이나 물건 등을 빌려 주는 일
③ 국민연금 : 대한민국에서 보험의 원리를 도입하여 만든 사회보험(공적연금)의 일종
④ 정기예금 : 예금주가 일정 금액을 일정 기간 동안 금융 기관에 맡기고 정한 기한 내에는 찾지 않겠다는 약속으로 하는 예금

09 사회 보험은 국민 건강 보험, 고용 보험, 국민연금 등 국민이 미래에 직면할 수 있는 사회적 위험에 대비하여, 국가나 국민의 건강과 생활 보전을 목적으로 보험방식에 의하여 사전에 대비하는 제도이다.
① 개인 보험 : 사회 개개인이 각자의 생명 · 재산 · 배상 책임 등에 관한 경제적 보장을 위하여 임의로 이용하는 모든 종류의 보험
② 공공 부조 : 국가가 생활 유지 능력이 없거나 생활이 어려운 국민의 최저 생활을 보장하고 자립을 지원하는 제도
③ 기초 연금 : 노후에 최소한의 기본적인 생활을 유지할 수 있도록 매달 일정액의 연금을 지급하는 제도

10 발명은 문화 변동의 내재적 요인 중 하나로, 이전에 없던 문화 요소와 원리를 새롭게 만들어 내는 것이다.
① 발견 : 이미 존재하고 있었으나 알려지지 않은 문화 요소나 원리를 찾아내는 것
③ 간접 전파 : 책, 신문, TV, 인터넷과 같은 매개체를 통하여 문화 요소가 전파되는 현상
④ 직접 전파 : 다른 문화에 속해있는 사람들과 접촉 및 교류하는 과정에서 문화 요소가 직접적으로 전파되는 현상

11 ⊙ 증가 / ⓒ 감소
규모의 경제는 일부 재화 및 서비스 생산의 경우에는 생산량이 증가할수록 평균비용이 감소하는 현상을 말한다.

12 샐러드 볼 정책은 샐러드처럼 다양한 사회구성원들이 상호공존하며 각각이 색깔과 향기를 지니고 조화로운 통합을 이루도록 하는 다문화 정책이다.
① 뉴딜 정책 : 미국의 루스벨트 대통령이 경제 공황에 대처

하기 위하여 시행한 경제 부흥 정책
② 셧다운 정책 : 청소년의 인터넷 게임 중독을 예방하기 위해 16세 미만의 청소년에게 심야 시간의 인터넷 게임 제공을 제한하는 제도
③ 용광로 정책 : 기존 문화에 이주민의 문화를 흡수하여 단일한 정체성을 이루어야 한다는 문화적 동화주의 정책

13 자유주의적 정의관은 자유 경쟁을 통해 공정하게 획득한 개인의 권리와 이익을 중시하는 정의관으로 국가와 사회보다 개인을 우선시하며, 개인을 독립적이고 자율적인 존재로 본다. 또한 개인의 자유를 가장 소중한 가치로 여긴다. ④의 '국가가 개인의 삶의 목적과 방식을 결정하는 것'은 공동체주의적 정의관이다.

14 '지구의 허파'라 불리는 열대림 지역은 브라질의 아마존강 유역(D)이다. 최근에는 무분별한 열대림 개발로 동식물의 서식지가 파괴되어 생물 종 다양성이 감소하는 등 심각한 환경 문제가 발생하고 있다.
A(건조 기후 지역) : 연강수량이 500mm 미만의 사막과 스텝 기후 지역
B · C(냉대 기후 지역) : 러시아와 미국 알래스카 등 겨울이 길고 추우며 침엽수림이 발달한 지역

15 도시화는 도시에 거주하는 사람들과 도시 수가 빠르게 증가하면서 도시적 생활 양식과 도시 경관이 확대되는 현상을 말한다. 도시화로 인해 상업 시설, 인공 건축물, 지표의 포장 면적 등은 증가하나 농경지와 녹지 면적 등은 감소한다.

16 이슬람교는 무함마드가 창시한 종교로 알라를 유일신으로 믿는다. 메카는 이슬람교의 성지이며, 모스크는 이슬람교의 예배당이다.
① 불교 : 인도의 석가모니가 창시한 후 동양 여러 나라에 전파된 종교
② 힌두교 : 인도의 브라만교가 민간신앙과 융합하여 발전한 인도의 대표적 종교
④ 크리스트교 : 예수 그리스도의 삶과 가르침에 바탕을 둔 세계 최대의 종교

17 열대 기후 지역은 적도 인근의 연중 고온다습하고 강수량이 2,000mm 이상인 열대 우림 및 사바나 기후 지역으로, 주민들은 얇고 간편한 의복이나 헐렁한 옷차림으로 통풍이 잘 되는 창문이 큰 개방적 가옥 구조에서 생활한다.
ㄱ. 순록 유목 → 한대 기후 지역
ㄴ. 오아시스 농업 → 건조 기후 지역

18 북극해는 지구 온난화로 빙하가 녹아 개발 가능성이 높아지면서 미국, 캐나다, 러시아, 덴마크, 노르웨이 등이 석유와 천연가스 지대를 두고 분쟁이 심화되는 지역이다.
  ① **기니만** : 서아프리카 연안 지역으로 대규모 유전이 발견되면서 앙골라, 카메룬, 콩고, 가봉, 나이지리아 등의 국가들 사이에서 분쟁이 끊이지 않는 지역
  ③ **남중국해** : 중국의 남쪽에 위치한 바다로, 중국, 타이완, 베트남, 필리핀, 말레이시아 및 브루나이 등 6개국이 석유와 천연가스 지대를 두고 영유권 갈등이 발생하고 있는 지역
  ④ **카슈미르** : 인도(힌두교)와 파키스탄(이슬람교) 간의 종교 분쟁 지역

19 지속 가능한 발전이란 미래 세대가 그들의 필요를 충족시킬 수 있는 가능성을 손상시키지 않는 범위에서 현재 세대의 필요를 충족시키는 발전을 말한다.
  ① **유비쿼터스** : 사용자가 컴퓨터나 네트워크를 의식하지 않고 장소에 상관없이 자유롭게 네트워크에 접속할 수 있는 환경
  ② **플랜테이션** : 유럽 식민지배 이후 유럽의 자본과 기술, 유리한 기후, 원주민의 노동력이 결합한 농업 형태
  ③ **성장 거점 개발** : 성장 잠재력이 높은 지역을 집중적으로 투자하고 개발하여 성장의 효과가 주변 지역까지 파급되도록 개발하는 방식

20 생태 도시는 브라질의 쿠리치바, 스웨덴의 예테보리 등 사람과 자연 혹은 환경이 조화되며 공생할 수 있는 도시의 체계를 갖춘 도시를 말한다.
  ① **슬럼** : 어떤 지역의 주거 환경이 나쁜 상태로 쇠퇴하는 현상
  ③ **성곽 도시** : 읍성이라고도 불리는 성곽으로 둘러싸인 도시
  ④ **고산 도시** : 해발고도 2,000m 이상의 높은 산지에 발달한 도시

21 ㉠ **(인간 중심주의 자연관)** : 인간을 가장 가치 있는 존재로 여기고, 인간과 자연의 관계에서 인간의 이익이나 행복을 먼저 고려하는 관점이다. 자연을 영혼이 없는 물질로 보고, 인간이 마음대로 이용하고 지배할 수 있는 대상으로 간주한다.
  ㉡ **(생태 중심주의 자연관)** : 무생물을 포함한 생태계 전체를 도덕적 고려의 대상으로 보는 관점이다. 모든 생명체가 자연의 일부이며, 인간도 자연을 구성하는 일부이다.

22 ㉠의 석유는 오늘날 가장 많이 사용되는 화석 에너지 자원으로, 자동차 등의 운송수단의 확산으로 수요가 급증하였다.

② 18세기 산업 혁명의 원동력이 된 에너지 자원은 석탄이다.
③ ㉠(석유)은 ㉡(태양광)에 비해 고갈 위험이 높다.
④ ㉡(태양광)은 ㉠(석유)보다 세계 에너지 소비 비중이 낮다.

23 합계출산율이 인구 대체가 가능한 수준(평균 2.1명)을 밑도는 현상을 저출산이라 하며, 이를 해결하기 위한 정책에는 양육 및 보육 시설 확충, 육아 비용 지원 및 가족 친화적 문화 확산 등이 있다.
  ① **열섬** : 도시의 아스팔트 도로와 콘크리트 구조물의 증가로 인해 발생하는 도시 내부의 인공 열
  ③ · ④ **사생활 침해 및 개인 정보 유출** : 자신의 의사와 상관없이 개인 정보가 다른 사람에게 공개되어 피해를 받는 현상

24 ㉠ **(태풍)** : 강한 바람과 많은 비를 동반하여 피해를 주는 열대 저기압으로 지역에 따라 허리케인, 사이클론 등으로도 불린다.
  ㉡ **(지진)** : 지구 내부의 에너지가 지표로 나와 땅이 갈라지며 흔들리는 현상으로, 주로 지각판의 경계에서 발생한다.

25 국제연합(UN)은 국제 평화를 목적으로 설립된 정부 간 국제 기구로, 주권 국가들을 구성원으로 하고 있으며, 다양한 국제 사회의 문제를 조정하는 역할을 한다.
  ② **그린피스** : 지구의 환경을 보존하고 세계 평화를 증진시키는 활동을 벌이는 대표적인 비정부 기구
  ③ **다국적 기업** : 생산비 절감, 해외 시장의 확대, 무역 규제 완화를 위해 다른 나라에 생산 공장을 건설하거나 지사를 설립 · 운영하는 기업
  ④ **국경 없는 의사회** : 의료 지원의 부족, 무력 분쟁, 전염병, 자연재해 등으로 인해 생존의 위협에 처한 사람들을 위해 긴급구호 활동을 펼치는 국제 비정부 기구

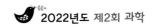

제5교시

과 학

정답 및 해설 |

정답

01 ②	02 ③	03 ①	04 ③	05 ③
06 ④	07 ③	08 ②	09 ④	10 ①
11 ①	12 ③	13 ④	14 ③	15 ④
16 ②	17 ③	18 ④	19 ③	20 ③
21 ②	22 ①	23 ③	24 ①	25 ②

해설

01　수평 방향으로 던져진 공에는 힘이 작용하지 않으므로 등속
운동을 한다.
　① 수평 방향으로 던져진 공은 등속 운동을 하므로 속력이
일정하다.
　③ 연직 아래 방향의 속력은 중력의 영향을 받아 계속 증가
한다.
　④ 연직 아래 방향으로 중력의 힘이 계속 작용한다.

02　
> 운동량의 변화량(충격량)＝나중 운동량－처음 운동량

충격량은 물체의 운동을 변화시키는 물리량을 말한다.
충격량은 운동량의 변화량과 같으므로,
운동량의 변화량＝나중 운동량－처음 운동량에서
$4kg \cdot \text{%} - 1kg \cdot \text{%} = 3kg \cdot \text{%}$
∴ 충격량＝3(N · s)

03　
> 열효율(%)＝$\dfrac{\text{열기관이 한 일}}{\text{열기관에 공급된 에너지}} \times 100$

열효율은 열기관에 공급한 에너지 중 일로 전환된 비율을 말
한다.
열효율(%)＝$\dfrac{\text{열기관이 한 일}}{\text{열기관에 공급된 에너지}} \times 100$

＝$\dfrac{40J}{200J} \times 100 = 20(\%)$

04　변전소는 발전소에서 생산된 전기를 선로를 통해 송전받아
전압을 변환시켜 배전하는 시설로, 송전선의 저항 때문에 송
전선에서 열이 발생하여 전기 에너지의 일부가 손실된다.
　ㄴ. 송전 전압을 낮추면 전력 손실을 줄일 수 있다. → 송전

전압을 높이면 전력 손실을 줄일 수 있다.

05　핵발전은 핵분열에서 발생하는 열에너지를 이용하는 발전 방
식으로, 발전 과정에서 방사성 폐기물이 발생하는 문제점이
있다.
　ㄷ. 발전 과정에서 배출되는 이산화 탄소의 양이 화력 발전보
다 많다. → 발전 과정에서 이산화 탄소는 거의 배출되지
않는다.

06　태양광 발전은 태양전지의 광전효과를 이용하여 태양의 빛에
너지를 전기에너지로 바꿔주는 발전 방식이다. 태양광 발전
은 친환경적이기는 하나 날씨의 영향을 받는 단점이 있다.
　① **수력 발전** : 물의 낙차를 이용하여 전기를 생산하는 방식
　② **풍력 발전** : 바람의 힘을 이용해 전기를 생산하는 방식
　③ **화력 발전** : 석탄, 석유, 천연가스 등을 연소시켜 전기를 얻
는 방식

07　주기율표는 원소를 원자 번호 순서대로 나열하고, 성질이 비
슷한 원소끼리는 같은 세로줄에 오도록 배열한 표이다. 주기
율표의 가로줄은 같은 주기의 원소에 해당하므로, (가)와 (나)
는 같은 주기이다.
　① (가)는 1번족이고 (나)는 17번족으로 다른 족이다.
　③ 원자 번호는 (가)가 (나)보다 작다.
　④ (가)는 금속 원소, (나)는 비금속 원소이다.

08　염화 나트륨(NaCl)은 나트륨 이온(Na^+)과 염화 이온(Cl^-)
이 결합하여 생성된 이온 결합 물질로, 물에 녹으면 양이온과
음이온으로 나누어진다.
　ㄱ. 공유 결합 물질이다. → 이온 결합 물질이다.
　ㄴ. 고체 상태에서 전기가 잘 흐른다. → 액체 상태에서 전기
가 잘 흐른다.

09　그래핀은 탄소 원자가 육각형 벌집 모양으로 배열된 평면 구
조로, 전기 전도성이 있고 강철보다 단단하면서도 잘 휘어
진다.
　ㄱ. 규소(Si) 원자로 이루어져 있다. → 탄소(C) 원자로 이루
어져 있다.

10 MgO은 마그네슘(Mg)과 산소(O_2)가 화학 반응을 하여 얻
    게 되는 생성물로, 화학 반응식의 오른쪽에 표기된다.
    ② 반응물의 종류는 1가지이다. → 반응물은 마그네슘(Mg)
    과 산소(O_2) 2가지이다.
    ③ Mg은 환원된다. → Mg는 산소를 얻어 산화된다.
    ④ O_2는 전자를 잃는다. → O_2는 전자를 얻는다.

11 산성 물질은 물에 녹아 수소 이온(H^+)을 내놓는 물질이다.
    염산(HCl)은 물에 녹아 수소 이온(H^+)을 내놓으므로 산성
    물질이다. 산성 물질에는 염산(HCl) 외에 황산(H_2SO_4), 아
    세트산(CH_3COOH) 등이 있다.
    ②·③·④ KOH, NaOH, $Ca(OH)_2$는 모두 물에 녹아
    OH^-를 내놓는다.

12 단백질을 구성하는 기본 단위체는 포도당이 아니라 아미노산
    이다. 단백질은 단위체인 아미노산이 펩타이드 결합으로 연
    결된 물질로, 항체의 주성분이며 세포막의 구성 성분이다.

13 빛에너지를 흡수하여 포도당을 합성하는 광합성 작용이 일어
    나는 곳은 D(엽록체)로 식물 세포에만 있는 세포 소기관이다.
    ① A → 핵
    ② B → 리보솜
    ③ C → 세포벽

14 물질대사는 생물이 생명 유지를 위해 생명체 내에서 일어나
    모든 화학 반응으로 세포 호흡도 물질대사에 속한다. 또한 효
    소는 생체 촉매로 물질대사에서 반응 속도를 변화시킨다.
    ㄴ. 에너지의 출입이 일어나지 않는다. → 에너지의 출입이
    일어난다.

15

    ㉠ A → U / ㉡ G → C
    DNA의 유전 정보를 RNA로 전달하는 과정은 전사이다.
    DNA의 유전 정보가 RNA로 전사될 때 DNA의 염기 A
    와 G는 각각 RNA의 U와 C로 전사된다.

16 유전적 다양성은 하나의 종 내에서 유전자의 다양함으로 인
    해 나타나는 형질의 다양성으로, 개체군 내에 존재하는 유전
    자의 변이가 다양한 정도를 말한다.
    ㄱ. 종 다양성은 동물뿐만 아니라 모든 생물 종에서 나타난다.

ㄴ. 생태계 다양성은 다양한 생물 종들이 공존하고 서로 상호
    작용하는 것으로 종 다양성에도 영향을 준다.

17 사막여우는 더운 날씨 때문에 열을 몸 밖으로 내보내기 좋게
    귀가 큰 반면에, 북극여우는 추운 날씨 때문에 몸 속의 열을
    빼앗기지 않기 위해 귀가 작고 짧다. 이것은 생물이 온도라는
    환경 요인에 적응하여 진화한 것이다.

18 생태 피라미드에서 에너지, 개체 수, 생물량 모두 생산자 →
    1차 소비자 → 2차 소비자 → 3차 소비자 순서를 따라 감소
    한다. 그러므로 상위 영양 단계로 갈수록 에너지 양은 줄어
    든다.
    ① 식물은 생산자에 해당한다.
    ② 생물량이 가장 많은 것은 생산자이다.
    ③ 초식동물은 1차 소비자에 해당한다.

19 별의 진화 과정에서 헬륨의 핵융합 반응으로 탄소가 생성된
    다. 또한 초신성 폭발로 철보다 무거운 원소가 생성된다.
    ㄷ. 질량이 태양과 비슷한 별의 중심에서는 헬륨의 핵융합으
    로 탄소 핵이 만들어지며, 그 이후에는 더 이상의 핵융합
    을 하지 않아 철이 생성되지 않는다.

20 식물은 생물권에 속하고 이산타 탄소는 기권에 속한다. 그
    러므로 식물이 이산화 탄소를 대기로부터 흡수하는 과정에
    서 상호작용하는 지구 시스템의 구성 요소는 생물권과 기권
    이다.

21 삼엽충이 번성한 시기는 고생대이다. 이 시기에는 대기권에
    오존층이 형성되면서 바다에서 생활하던 생물들이 육상으로
    진출하였다. 삼엽충 외에 필석, 갑주어, 양치식물 등이 번성
    하였다.
    ① A(선캄브리아 시대) : 지질시대의 약 85%를 차지하는 가
    장 긴 시대이며 이 당시의 생물들은 모두 바다에서 살았
    다. 세포생물, 해조류, 스트로마톨라이트 등의 생물이 있다.
    ③ C(중생대) : 대체로 기후가 온난하였으며, 공룡 외에 암모
    나이트, 파충류, 겉씨식물 등의 생물이 번성하였다.
    ④ D(신생대) : 4번의 빙하기, 3번의 간빙기가 있었다. 포유
    류가 크게 번성하여 포유류의 시대라고도 부른다. 인류가
    출현하였고, 화폐석, 매머드, 속씨식물 등의 생물이 있다.

22 A는 암석으로 구성되어 있는 지각 표층부인 암석권이다.
    ② B는 맨틀이다. → 대륙 지각이다.
    ③ C는 유동성이 없다. → 연약권으로 유동성 고체이다.

④ D는 대륙 지각이다. → 해양 지각이다.

23   A는 혼합층으로 바람에 의해 해수가 잘 섞인다. B는 수온약
      층으로 대류 현상이 거의 일어나지 않아 안정된 층이다.
      ㄷ. A에서가 C에서보다 낮다. → 수온은 심해층인 C에서 가
      장 낮다.

> **TIP** 해수의 층상 구조
>
>
>
> • **혼합층** : 해양의 표층에서 흡수
> 된 태양 복사에너지가 바람에
> 의한 혼합작용으로 깊이에 따른
> 수온이 일정한 층
> • **수온약층** : 수온이 높은 혼합층
> 과 수온이 낮은 심해층 사이에
> 서 수온이 급격이 낮아지는 층
> • **심해층** : 수온약층의 아래에 깊이에 따른 수온의 변화가 거의 없
> 는 층

24   빅뱅 우주론은 우주가 초고온, 초고밀도 상태의 한 점에서 폭
      발하여 팽창함에 따라 온도와 밀도가 감소하여 저온, 저밀도
      상태의 현재 우주가 되었다는 이론이다. 우주가 팽창하는데
      우주의 총 질량이 일정하므로, 우주의 평균 밀도는 감소하고,
      우주의 온도가 낮아진다.
      ㄴ. 수소 원자핵이 먼저 만들어진 후 원자핵에 전자가 결합하
      여 수소 원자가 만들어졌다.
      ㄷ. 수소가 헬륨으로 바뀌는 수소 핵융합 반응으로 수소 원자
      핵이 융합하여 헬륨 원자핵이 만들어졌다.

25   지구 온난화로 인해 지구 표면의 평균 온도가 상승하면서 지
      구의 빙하 및 영구동토층이 녹아내리고 이로 인해 해수면의
      평균 높이가 상승하였다.
      ㄱ. 지구의 평균 기온 하강 → 지구의 평균 기온 상승
      ㄷ. 대륙 빙하의 분포 면적 증가 → 대륙 빙하의 분포 면적
      감소

제6교시 한국사
정답 및 해설 |

정답

01 ①	02 ④	03 ③	04 ①	05 ④
06 ④	07 ③	08 ①	09 ①	10 ④
11 ③	12 ②	13 ③	14 ②	15 ①
16 ②	17 ③	18 ②	19 ①	20 ④
21 ③	22 ③	23 ①	24 ②	25 ④

해설

01 구석기 시대의 대표적인 뗀석기는 주먹도끼로 사냥을 하거나 가죽을 벗기는 용도로 사용되었다.
② 이불병좌상 → 발해
③ 비파형 동검 → 청동기 시대
④ 빗살무늬 토기 → 신석기 시대

02 4세기 말 즉위한 고구려 광개토 대왕은 활발한 영토 확장으로 고구려의 전성기를 이끌었다. 또한 '영락'이라는 독자적인 연호를 사용하였으며 신라에 침입한 왜를 격퇴하기도 하였다.
① 세종 → 조선의 왕
② 고이왕 → 백제의 왕
③ 공민왕 → 고려의 왕

03 도병마사는 고위 관리들이 모여 국가의 중대사를 의논했던 의사 결정 기구로, 식목도감과 함께 고려의 독자적인 정치 기구이다. 원 간섭기에는 도평의사사로 그 명칭과 권한이 변경되었다.
① 집사부 : 왕명을 수행하고 중요한 기밀업무 등을 처리한 신라의 최고 행정 기구
② 정당성 : 선조성, 중대성과 함께 3성을 이루었던 발해의 국정 총괄 기구
④ 군국기무처 : 제1차 갑오개혁 때 개혁 추진을 위해 설치된 초정부적 의결 기구

04 조선 성종은 집현전을 계승하여 홍문관을 설치하고 경연을 활성화하였다. 또한 세조 때 편찬을 시작한 조선의 기본 법전인 경국대전을 완성·반포하였다.
② 기인 제도 실시 → 고려 태조 왕건

③ 삼청 교육대 운영 → 전두환 정부
④ 전민변정도감 설치 → 고려 공민왕

05 경주 석굴암은 경상북도 토함산에 인공으로 축조한 석굴 사원으로, 불국토의 이상 세계를 표현한 통일 신라 시대의 대표적 건축물이다.
① 경복궁 : 태조 이성계가 조선을 건국한 후 한양으로 천도하면서 창건한 궁으로, 임진왜란 때 소실된 것을 흥선 대원군이 중건함
② 무령왕릉 : 충남 공주의 송산리 고분군에 위치한 백제 무령왕의 무덤
③ 수원 화성 : 조선 정조가 자신의 정치적 이상을 실현하기 위해 건립한 성

06 세종대왕은 집현전 학자들과 독창적인 문자인 훈민정음을 창제하였다.
① 서원 정리 : 흥선 대원군은 국가 재정을 좀먹고 백성을 수탈하며 붕당의 온상이던 서원을 정리하였다.
② 당백전 발행 : 흥선 대원군은 경복궁 중건에 필요한 재원 마련을 위해 당백전을 발행하였다.
③ 호포제 시행 : 흥선 대원군이 실시한 군역 제도로, 양반과 상민의 구분 없이 집집마다 군포를 내도록 하였다.

07 상평통보는 조선 후기에 주조된 화폐로, 상품 화폐 경제의 발달로 전국적으로 유통되면서 물품 구입이나 세금 납부 수단으로 사용되었다.
① 호패 : 조선 시대 16세 이상의 남자들이 신분을 증명하기 위해 몸에 차고 다니던 패
② 명도전 : 중국의 춘추 전국 시대에 사용되던 청동 화폐
④ 독립 공채 : 대한민국 임시 정부가 독립운동 자금을 마련하기 위해 국외 거주 동포들에게 발행한 공채

08 고려 시대에는 몽골의 침입 때 강화도로 수도를 옮겨 반몽정권을 수립하였고, 조선시대에는 병인박해로 인해 프랑스가 강화도를 공격하면서 병인양요가 발발하였다.

09 독립신문은 1896년 서재필이 창간한 근대적 민간 신문으로 독립협회의 기관지이다. 민중 계몽을 위해 순한글로 발행되

었으며 외국인을 위해 영문판도 함께 제작되었다.

② **동아일보** : 일제 강점기인 문화 통치기에 발행된 신문으로, 손정기 선수의 가슴에 있던 일장기를 삭제하고 게재하였고, 농촌 계몽 운동인 브나로드 운동을 전개하였다.

③ **조선일보** : 일제 강점기인 문화 통치기에 발행된 신문으로, 문자 보급 운동을 추진하였다.

④ **한성순보** : 박영효 등 개화파가 창간하여 박문국에서 발간한 최초의 근대식 신문이다.

10   동학 농민 운동 당시 녹두장군 전봉준이 농민군을 이끌고 황토현 전투에서 첫 승리를 거두었다.

① **거중기** : 정약용이 수원 화성 축조시 사용한 운반 기계

② **신민회** : 안창호와 양기탁이 국권 회복과 공화정체의 국민 국가 건설을 목적으로 설립한 비밀 결사 단체

③ **천리장성 축조** : 고구려의 연개소문이 당의 침입에 대비해 축조한 장성 또는 고려 강감찬이 거란의 침입에 대비해 축조한 장성

11   1907년 1,300만 원에 달하는 대한 제국의 빚을 갚기 위해 서상돈 등이 대구에서 시작한 국권 회복 운동은 국채 보상 운동이다.

① **새마을 운동** : 박정희 정부 때의 농촌 근대화를 표방한 범 국민적 지역 사회 개발 운동

② **위정척사 운동** : 조선 말기에 성리학 이외의 모든 종교와 사상을 사학으로 보고 배격하는 운동

④ **서경 천도 운동** : 고려 인종 때 묘청이 풍수지리설에 근거하여 서경 천도를 주장한 운동

12   8 · 15 광복 후 5 · 10 총선거가 남한 단독으로 실시되고 이승만을 초대 대통령으로 하는 대한민국 정부가 수립되었다.

① **기묘사화** : 조선 중종 때 조광조의 급격한 개혁에 대한 반발로 사림 세력이 훈구 세력에 의해 숙청된 사건

③ **오페르트 도굴 사건** : 독일 상인 오페르트가 통상을 거부당하자 흥선 대원군의 아버지인 남연군의 묘를 도굴하다 발각된 사건

④ **6 · 15 남북 공동 선언 발표** : 김대중 정부 때 평양에서 최초로 개최된 남북 정상회담 후 발표된 공동 선언문

13   토지 조사 사업은 1910년대 일제가 조선의 토지를 약탈하기 위해 시행한 경제 정책으로, 토지 소유권자가 정해진 기간 내에 직접 신고하여 소유지로 인정받는 신고주의 원칙에 따라 진행되었다.

① **균역법** : 조선 영조 때 군역의 부담을 줄이기 위해 1년에 군포 2필을 부담하던 것을 1필로 경감한 정책

② **노비안검법** : 고려 광종이 양인이었다가 불법으로 노비가 된 자를 조사하여 해방시키기 위해 시행한 법

④ **경부 고속 국도 개통** : 박정희 정부 때에 서울과 부산을 연결하는 경부 고속 도로 개통

14   1927년 비타협적 민족주의자들과 사회주의자들이 협력하여 창립한 단체는 신간회로, 광주 학생 항일 운동이 일어나자 신간회 중앙 본부가 진상 조사단을 파견하였다.

① **삼별초** : 고려 무신 집권기 때 설치된 최씨 무신 정권의 사병 부대로, 몽골의 침입 때 항쟁

③ **통신사** : 임진왜란 이후 에도 막부의 국교 재개 요청으로 일본에 파견한 사신

④ **화랑도** : 씨족 공동체의 전통을 가진 신라의 청소년 집단

15   1919년에 일어난 일제 강점기 최대 규모의 민족 운동은 3 · 1 운동이다. 3 · 1운동으로 인해 일제는 통치 방식을 무단 통치에서 문화 통치로 바꾸었고, 대한민국 임시 정부가 중국 상하이에 수립되었다.

② **제주 4 · 3 사건** : 제주도에서 남한만의 단독 선거에 반대하는 세력을 진압한다는 명분하에 무고한 사람들이 희생된 사건

③ **임술 농민 봉기** : 조선 철종 때 삼정의 문란과 백낙신의 탐학으로 진주 농민들이 봉기한 민란

④ **12 · 12 군사 반란** : 전두환 · 노태우 등의 신군부 세력이 계엄령을 선포하고 통치권을 장악한 사건

16   갑오개혁 때 김홍집 친일 내각은 군국기무처를 설치하고 신분제 폐지, 공사 노비법 혁파 등의 개혁을 추진하였다.

① 고려 숙종 때 윤관은 여진족의 침입에 대비하기 위해 별무반을 창설하였다.

③ 병인양요와 신미양요의 결과 흥선 대원군은 종로를 비롯한 전국 각지에 척화비를 건립하고 통상 수교를 거부하였다.

④ 조선 후기 순조, 헌종, 철종 3대에 걸쳐 60여 년 동안 왕의 외척 가문인 안동 김씨, 풍양 조씨 등의 소수 가문이 권력을 장악하는 세도 정치가 전개되었다.

17   민족 말살 정치기에 일제는 황국 신민화 정책을 통해 황국 신민 서사 암송, 창씨개명, 신사 참배, 궁성 요배 등을 강요하였다.

① **골품제 실시** : 신라의 신분 제도

② **사사오입 개헌** : 이승만 정부 때 사사오입의 논리로 대통령 중임 제한 철폐 개헌안을 불법 통과시킨 것

④ **사심관 제도 시행** : 고려 태조 왕건이 호족을 출신 지역의

지방관으로 임명한 제도

18 박정희 정부 때 서울 동대문 평화시장에서 전태일이 노동환경을 개선하고 근로 기준법을 준수하라며 분신하였다.
① 모스크바 3국 외상 회의에서 한국의 신탁 통치가 결정되자 신탁 통치를 반대하는 운동이 전개되었다.
③ 병자호란 이후 조선을 도운 명에 대한 의리를 내세우며 군사력을 강화하여 청을 정벌하자는 북벌 운동이 전개되었다.
④ 동학의 창시자로 처형된 교조 최제우의 억울함을 풀고 포교의 자유를 인정받고자 동학교도들이 교조 신원 운동을 전개하였다.

19 김영삼 정부 때 대통령 긴급 명령으로 금융 실명제를 실시하고 지방 자치제를 전면적으로 시행하였으나, 우리나라 경제가 위기에 빠지면서 국제 통화 기금(IMF)에 구제 금융 지원을 요청하였다.

20 1943년 카이로 회담에서 미·영·중 정상들이 모여 전후 처리를 논의하면서 한국의 독립을 처음으로 약속하였다.
① 팔관회 : 고려 시대에 불교를 통해 민심을 수습하고 왕실의 안전을 도모하기 위해 거행된 불교 행사
② 화백 회의 : 국가의 중대사를 만장일치로 결정한 신라의 귀족 회의 기구
③ 만민 공동회 : 독립 협회가 개최한 우리나라 최초의 근대적 민중 대회

21 5·18 민주화 운동은 1980년 신군부의 계엄령 확대와 휴교령에 반대하여 광주에서 일어난 시민 저항 운동이다. 현재 5·18 민주화 운동 관련 기록물은 유네스코 세계 기록 유산으로 등재되어 있다.
① 자유시 참변 : 간도 참변으로 인해 자유시로 이동한 대한 독립 군단이 적색군의 무장 해제 요구에 저항하다 공격을 받은 사건
② 6·10 만세 운동 : 일제의 수탈과 식민지 교육에 대한 반발로, 순종의 장례일에 학생들이 주도한 만세 시위 운동
④ 제너럴 셔먼호 사건 : 대동강에 침입하여 통상을 요구하며 행패를 부리던 미국 상선 제너럴 셔먼호를 박규수와 평양 관민들이 불태운 사건

22 나철이 단군 신앙을 내세우며 창시한 대종교는 항일 무장 단체인 중광단을 조직하여 독립운동을 전개하였다. 중광단은 3·1 운동 직후 만주 지역의 북로 군정서로 개편하여 청산리 대첩에서 항일 투쟁을 전개하였다.

23 북한의 남침으로 6·25 전쟁이 발발하자 맥아더 장군의 인천 상륙 작전을 계기로 국군과 유엔군은 전세를 역전시키고 서울을 수복하였으나, 중공군의 개입으로 1·4 후퇴한 후 정전 협정이 체결되었다.
② 명량 대첩 : 정유재란 당시 이순신이 명량의 울돌목에서 13척의 배로 왜의 수군을 대파한 전투
③ 무신 정변 : 고려 시대 때 정중부, 이의방 등의 무신들이 문벌 귀족들을 제거하고 정권을 장악한 사건
④ 아관 파천 : 명성황후가 시해된 을미사변으로 신변에 위협을 느낀 고종이 러시아 공사관으로 거처를 옮긴 사건

24 1919년 만주에서 김원봉이 결성한 의열단은 무장 투쟁과 민중의 직접 혁명을 주장한 신채호의 조선 혁명 선언을 활동 지침으로 삼았다.
① 별기군 : 1881년에 설립된 조선 최초의 신식 군대
③ 교정도감 : 고려 무신 집권기 때의 국정 총괄 기구
④ 조선어 학회 : 이윤재, 최현배 등이 조선어 연구회를 계승하여 조직한 국어 연구 단체

25 박정희 정부 때에 7·4 남북 공동 성명을 발표하여 '자주, 평화, 민족 대단결'의 민족 통일 3대 원칙을 제시하였다.
① 시무 28조 : 고려 성종 때 최승로가 올린 시무책
② 전주 화약 : 동학 농민 운동 당시 농민군이 전주를 점령하고 정부와 맺은 조약
③ 4·13 호헌 조치 : 제5공화국 대통령 전두환이 일체의 개헌 논의를 중단하고 현행 헌법을 유지시킨 조치

2022년 2회

제7교시

도 덕

정답 및 해설 |

▌정답

01 ③	02 ②	03 ③	04 ②	05 ①
06 ①	07 ④	08 ①	09 ③	10 ③
11 ④	12 ②	13 ③	14 ②	15 ①
16 ④	17 ④	18 ②	19 ④	20 ③
21 ①	22 ②	23 ①	24 ②	25 ②

▌해설

01 실천 윤리학은 이론 윤리학에서 제공하는 도덕 원리를 토대로 구체적인 윤리 문제를 해결하는 데 초점을 두는 윤리학으로 생명 윤리, 정보 윤리, 환경 윤리 등이 이에 해당한다.
- ① **기술 윤리학** : 도덕 현상과 문제를 명확하게 기술하고, 기술된 현상들 간의 인과 관계를 설명함
- ② **메타 윤리학** : 윤리학의 학문적 성립 가능성을 모색하기 위해 도덕적 언어의 의미 분석과 도덕적 추론의 정당성을 검증하기 위한 논리를 분석함
- ④ **진화 윤리학** : 이타적 행동 및 성품과 관련된 도덕성은 자연 선택을 통해 진화한 결과라고 주장함

02 칸트(Kant, I.)의 의무론에 따르면 이성적이고 자율적인 인간은 보편적인 도덕 법칙을 의식할 수 있으며, 그러한 도덕 법칙은 정언 명령의 형식이어야 한다. 정언 명령은 행위의 결과와 상관없이 행위 자체가 선(善)이기 때문에 무조건 수행해야 하는 도덕적 명령을 의미한다.
- ① **밀** : 쾌락의 질적 차이를 주장한 공리주의 사상가
- ③ **플라톤** : 소크라테스의 제자로 이데아론을 주장한 고대 그리스의 철학자
- ④ **데카르트** : 정신과 물질의 철저한 이원론, 기계론적 자연관 등에 의해서 근대과학의 이론적 틀을 최초로 확립한 사상가

03 도가는 무위자연(無爲自然)의 삶을 강조하고 이를 통해 이상적인 인간인 지인(至人)과 진인(眞人)으로 거듭 날 것을 강조한 사상이다.
- ① **유교** : 공자를 시조로 하는 중국의 대표적 사상
- ② **불교** : 석가모니의 가르침을 따르는 종교

- ④ **법가** : 법치주의를 내세운 중국의 사상

04 동물 실험 과정에서 동물이 부당하게 고통을 겪고 있다는 주장은 동물 실험을 반대하는 관점에 해당한다. 반면에, 동물 실험은 신약 개발을 위해 반드시 필요하다는 주장과 동물은 인간의 이익을 위해 사용되는 수단에 불과하다는 주장은 동물 실험을 찬성하는 관점에 해당한다.

05 공리주의는 옳은 행위를 결정하는 기준이 유용성의 원리라고 본다. 유용성의 원리란 행위의 결과가 모든 사람의 쾌락이나 행복을 증가 또는 감소시키는 정도에 따라 어떤 행위를 승인하거나 부인하는 원리를 말한다.
- ② 공리주의는 행위의 결과를 중시한다.
- ③ 공리주의는 행위자 내면의 품성보다 행위의 효용을 강조한다.
- ④ 공리주의는 개인의 행복 추구보다 사회 전체의 행복 추구를 중시한다.

06 성과 사랑은 결부할 필요가 없으며, 결혼을 하지 않아도 성적 관계가 가능하다는 관점은 자유주의이다. 자유주의는 성에 대한 개인의 자유로운 선택을 중시한다.
- ② **보수주의** : 성적 관계는 부부간의 신뢰와 사랑을 전제로 할 때만 도덕적이며, 혼전 또는 혼외 성관계는 부도덕한 것으로 본다.
- ③ **도덕주의** : 성과 사랑의 관계에서 도덕주의 관점은 논외 대상이다.
- ④ **중도주의** : 사랑을 동반한 성적 관계는 허용될 수 있다고 본다.

07 국가는 기본적으로 시민들의 생명과 안전을 지키고 질서를 유지해야 하며 인간답고 행복한 삶을 보장해야 한다. 또한 시민들의 다양한 정치적 견해와 요구를 경청해야 한다.

08 생태 중심주의의 대표적인 사상가 레오폴드는 '대지는 자연의 모든 존재가 서로 그물망처럼 얽혀 있는 생명 공동체'라는 대지 윤리를 주장하였다. 이는 인간을 동식물, 물, 바위 등과 함께 거대한 대지 공동체의 구성원으로 바라봐야 한다는 입장이다.

09 ③의 '응보적 정의 실현을 위한 수단'은 사형 제도의 찬성 근거이며, 나머지 ① · ② · ④는 사형 제도의 반대 근거이다.

> **TIP** 처벌에 관한 응보주의 관점
>
> • 타인에게 해악을 준 사실만을 처벌의 근거로 본다.
> • 처벌의 경중을 범죄의 해악 정도에 비례하여 정해야 한다.

10 윤리적 성찰은 자신의 정체성과 가치관 등을 도덕적 관점에서 깊이 있게 반성하고 살피는 과정으로, 어른들의 말씀을 무조건 비판 없이 받아들이는 것은 윤리적 성찰에 해당하지 않는다.

① 증자의 일일삼성(一日三省)
② 유교의 거경(居敬)   ⟹ 윤리적 성찰의 실천 방법
④ 소크라테스의 산파술

11 정약용은 목민관이 지녀야 할 덕목으로 검소함과 사사로운 이익을 추구하지 않는 청렴을 강조했다. 청렴은 성품과 행실이 깨끗하고 맑으며 탐욕이 없는 것을 의미하는 말로, 특히 공직자에게 강조되는 직업윤리 의식이다.

12 과학 기술을 비윤리적이고 비인간적인 것이라고 보는 것은 과학 기술 혐오주의에 해당한다.
① · ③ · ④ → 과학기술 지상주의

> **TIP** 과학 기술 지상주의와 혐오주의

과학 기술 지상주의	과학기술의 긍정적인 측면을 강조하여 과학기술이 사회의 모든 문제를 해결해 줄 수 있다고 보는 입장
과학 기술 혐오주의	과학기술의 부정적인 측면을 강조하여 과학기술의 가치를 인정하지 않고 거부하는 입장

13 통일 편익은 남북한이 통일로 인하여 얻게 되는 모든 이익으로, 통일 직후에만 발생하는 단기적 이익이 아니라 통일 이후에도 지속적으로 발생한다.

14 예술 지상주의는 예술의 자율성을 옹호하는 '순수 예술론'을 지지하며, 예술을 위한 예술을 주장한다.
① · ③ · ④ **예술 도덕주의** : 도덕적 가치가 미적 가치보다 우위에 있으므로, 예술에 대한 윤리적 규제가 필요하다고 본다. 또한 예술의 목적은 도덕적 교훈을 제공하는 것으로 예술의 사회성을 강조한다.

15 안락사는 불치병으로 극심한 고통을 겪고 있는 환자의 요구에 따라 의료진이 인위적으로 생명을 단축하는 행위인데, 이를 허용하는 문제는 생명의 존엄성과 관련하여 심각한 윤리적 문제를 발생시킬 수 있으므로 윤리적 쟁점이 된다.

16 분배의 결과보다는 분배를 위한 공정한 순서나 방법을 강조하는 관점은 절차적 정의로, 공정한 과정을 통해 발생한 결과는 정당하다는 정의관이다.
① **결과적 정의** : 능력에 따라 일하고 결과에 따라 몫을 얻는 것
② **교정적 정의** : 잘못이 있을 때는 공정하게 처벌하고 피해가 발생했을 때는 합당하게 배상하여 정의를 실현하는 것
③ **산술적 정의** : 다른 사람에게 해를 끼친 경우 그만큼 보상해 주고, 이익을 준 경우 그만큼 받아야 하는 것

17 시민 불복종은 정의롭지 못한 법과 정책을 변화시키려는 목적을 가지고 의도적으로 법을 위반하는 행위로 소로의 세금 납부 거부나 간디의 소금법 폐지 행진 등이 이에 해당한다.

18 벤담은 '최대 다수의 최대 행복'을 도덕 원리로 제시한 영국의 공리주의 철학자이다.
① **레건** : 칸트의 의무론에 기초하여 동물 권리론을 주장한 미국의 철학자
③ **아퀴나스** : 자연법 윤리를 주장한 중세의 철학자
④ **매킨타이어** : 현대 공동체주의 윤리와 덕 윤리를 대표하는 스코트랜드 철학자

19 잊힐 권리는 정보 주체가 온라인상에서 개인이 원하지 않는 자신의 정보에 대해 삭제 또는 확산 방지를 요구할 수 있는 권리를 의미한다.

20 공자가 제시한 모두가 더불어 잘 사는 사회는 대동 사회이다. 대동 사회는 인륜(人倫)이 실현된 사회로서 누구에게나 기본적인 삶이 보장되는 도덕 공동체이다.
① **공산 사회** : 생산수단이 소수 지배계급의 사적 소유에 속하는 것이 아니라 사회 전체의 공유로 귀속되는 사회
② **소국과민** : 작은 나라에 적은 백성, 즉 문명의 발달이 없는 무위와 무욕의 이상 사회
④ **철인 통치 국가** : 지혜의 덕목을 갖춘 통치자인 철인(哲人)이 다스리는 플라톤의 이상 국가

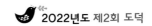

21 (가) 합리적 소비 : 자신의 경제력 내에서 가장 큰 만족을 추
       구하는 소비
    (나) 윤리적 소비 : 윤리적 가치 판단에 따라 상품이나 서비스
       를 구매하고 사용하는 것을 중시하는 소비
    • 과시적 소비 : 부를 과시하는 것을 의식하면서 행하는 소비

22 불교에서 죽음은 생, 노, 병과 더불어 대표적인 고통이며, 현
    실의 세계로부터 벗어나 또 다른 세계로 윤회하게 됨을 의미
    한다.
    ① 죽음 이후의 또 다른 세계가 존재한다.
    ② 죽음을 통해 영혼은 이데아의 세계로 들어간다고 보는 것
       은 플라톤의 죽음관이다.
    ④ 죽음이 개별 원자로 흩어져 영원히 소멸된다고 보는 것은
       에피쿠로스의 죽음관이다.

    TIP 서양 사상가들의 죽음에 대한 견해

플라톤	육체에 갇혀 있는 영혼이 죽음을 통해 영원불변한 이데아의 세계로 들어감
에피쿠로스	영원불멸한 원자가 잠시 모인 것이 삶이며, 그것이 다시 흩어지는 것이 죽음임
하이데거	죽음에 대한 자각을 통해 삶을 더욱 의미 있고 가치 있게 살 수 있음
야스퍼스	죽음은 인간이 피할 수 없는 한계 상황임

23 장인 정신은 자기 일에 긍지를 가지고 평생 전념하거나 한
    가지 기술에 정통하려고 노력하는 정신을 말한다. 결국 장인
    은 자신의 직업에 자부심을 가지고 사회적 책임을 다하려는
    직업의식을 소유한 사람이라 할 수 있다.
    ② 특권 의식 : 사회 · 정치 · 경제적으로 특별한 권리를 누리
       고자 하는 태도
    ③ 비판 의식 : 사물의 옳고 그름을 판단하여 밝히거나 잘못
       된 점을 지적하려는 의식
    ④ 관용 정신 : 다양성이 보장되는 민주 사회에서 자기와 다
       른 사람의 이질성을 받아들이고 용인하는 능동적이고 개
       방적인 자세

24 국가 간의 힘의 논리를 통한 세력 균형보다 소통과 대화를
    중시하는 관점은 이상주의이다. 현실주의는 무정부 상태의
    국제 관계를 국익과 세력 균형의 관점에서 보는 입장으로, 국
    가의 힘을 키워서 세력 균형을 유지해야 분쟁을 막을 수 있
    다고 본다.
    ㉠ 현실주의
    ㉢ · ㉣ 이상주의

25 공직자는 국가 기관이나 공공 단체의 일을 보는 직책이나 직
    무를 맡은 사람으로 국민을 위해 봉사하는 자세를 가져야
    한다.
    ① 사익보다 공익을 우선시해야 한다.
    ③ 생계유지에 필요한 기본적인 재화, 재산은 소유할 수 있다.
    ④ 학연, 혈연, 지연에 기반한 개인적인 청탁은 모두 거절해
       야 한다.

정답 및 해설

2021년도

제1회

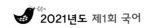

제1교시

국 어

정답 및 해설 |

❙ 정답

01 ④	02 ①	03 ③	04 ③	05 ②
06 ④	07 ④	08 ④	09 ①	10 ①
11 ②	12 ①	13 ③	14 ②	15 ②
16 ③	17 ②	18 ①	19 ④	20 ④
21 ③	22 ②	23 ②	24 ③	25 ③

❙ 해설

01 고객이 먼저 수리 기사에게 꼼꼼하게 수리해 주어 편리하게 사용할 수 있게 되었다며 솜씨를 칭찬해 주었다. 수리 기사는 고객님 말씀 덕분에 제가 더 힘이 난다며 서로 좋은 말을 주고받고 있으므로, 자기가 남에게 말이나 행동을 좋게 하여야 남도 자기에게 좋게 한다는 말을 의미하는 '가는 말이 고와야 오는 말이 곱다.'라는 속담이 어울린다.
① 모기도 모이면 천둥소리 난다 : 힘없고 미약한 것이라도 많이 모이면 큰 힘을 낼 수 있다는 말
② 사촌이 땅을 사면 배가 아프다 : 남이 잘되는 것을 기뻐해 주지는 않고 오히려 질투하고 시기하는 경우를 비유적으로 이르는 말
③ 털어서 먼지 안 나는 사람 없다 : 누구나 다 조그마한 허물은 가지고 있다는 말

02 지난번 너의 말에 상처를 받았다는 은영에게 소윤은 말로는 미안하다고 하면서 표정은 기분 나쁜 표정을 짓고 있다. 또한 정말로 잘못했다고 진심으로 사과하고 있는 것이 아니라 '내가 잘못했다고 치자.'라고 말하여 은영을 더욱 화나게 하고 있으므로 소윤은 진정성 없는 사과를 하는 문제점을 가지고 있다.

03 제시된 표준 발음법 규정은 어간 받침 'ㄴ(ㄵ), ㅁ(ㄻ)'뒤에 결합되는 어미의 첫소리와 관련된 규정이다. ③의 '옮기고'는 '옮-'에 사동의 접미사 '-기-'가 붙은 형태이므로 이때는 된소리로 발음하지 않고 [옴기다]로 발음해야 한다.
① 앉지[안찌]
② 안고[안꼬]
④ 감고서[감꼬서]

04 남의 행동을 입어서 행하여지는 동작을 일컬어 피동 표현이라고 하는데, ③의 '업었다'는 피동 표현이 아닌 '업다'의 과거형으로 볼 수 있다.
① 잡혔다 : 잡- + -히- + -었다
② 풀렸다 : 풀- + -리- + -었다
④ 사용된다 : 사용 + 된다

05 음료를 높일 수는 없으므로 '음료 나오셨습니다'는 잘못된 표현이다. '여기 주문하신 음료 나왔습니다.'라고 해야 옳은 표현이다.

06 'ㅁ·춈:내제·쁘·들시·러펴·디:몯홇 ㉣ ·노·미하·니·라'는 '마침내 제 뜻을 능히 펴지 못하는 사람이 많으니라'라는 뜻인데, 여기서 ㉣의 '노미'는 사람을 의미하는 '놈'으로 끊어 적기가 아닌 이어 적기로 표기하였다.

07 본론은 잊힐 권리를 법적으로 허용해야 하는 이유에 대해 설명하고 있으므로 ㉠에는 온라인 공간에서 개인 정보가 잊혀지지 않을 경우 발생할 수 있는 문제 또는 피해에 대한 내용이 와야 한다. 그러므로 개인 정보가 지워지지 않고 온라인 공간에 남아 지속적인 노출이 되게 되면 정신적 피해를 줄 수 있다는 ④가 ㉠에 들어갈 내용으로 가장 적절하다.

08 주어진 글에서는 칭찬을 잘할 줄 아는 사람은 많은 사람들의 사랑과 존경을 받는다고 하였으므로 ⓔ에는 어떤 목적을 지닌 행위에 의하여 보람이나 좋은 결과가 드러나는 것을 의미하는 효과적이 그대로 쓰이는 것이 적절하다. 권위적이란, 권위를 내세우는 것을 의미하므로 부정적 느낌을 주기 때문에 ⓔ에 들어가기 적절하지 않다.

[09~11]

김수영, 「눈」
• 갈래 : 자유시, 서정시
• 성격 : 비판적, 참여적, 상징적
• 제재 : 눈
• 주제 : 순수하고 정의로운 삶의 소망과 부정적 현실 극복 의지
• 특징
 – '눈'과 '기침(가래)'의 이미지가 대립 구조를 보임
 – 추상적인 관념을 구체적인 대상에 빗대어 감각적으로 형상화함
 – 동일한 문장의 반복과 변형을 통해 점층적으로 시상을 전개함

09 이 시에서는 '눈은 살아 있다'와 '기침을 하자'라는 시구를 반복하여 사용함으로써 운율감을 형성하고 시적 의미를 강조하고 있다.
② 이미 알고 있는 사실을 의문형으로 제시하는 표현기법인 설의적 표현은 이 시에서 사용되지 않았다.
③ 문장을 명사형이 아닌 서술형으로 끝내고 있다.
④ 미각적 심상은 사용되지 않았다.

10 이 시에서 '눈'은 순수하고 순결한 생명력, 양심 등을 의미한다.

11 화자는 기침을 하고 가래를 뱉는 행위를 통해 독재정권이라는 부정한 시대적 현실과 불의에 저항하려 하고 있다.

[12~14]

황석영, 「삼포 가는 길」
• 갈래 : 단편소설, 사실주의 소설
• 성격 : 현실 비판적, 사실적
• 배경
 – 시간적 배경 : 1970년대의 겨울날
 – 공간적 배경 : 공사장에서 철도역까지의 여로
• 시점 : 전지적 작가 시점
• 주제
 – 고향 상실과 소외의 쓸쓸한 삶
 – 산업화 과정에서 소외된 하층민들의 애환과 연대 의식
• 특징
 – 여로 소설의 구조를 통해 주제를 형상화함
 – 대화나 행동 묘사를 주로 사용하여 사실적이고 극적인 효과를 냄

12 이 글에서는 세 사람(영달, 정 씨, 백화)의 대화를 통해 인물들이 처한 상황을 나타내고 있다.
② 이 글에서는 영웅적 인물에 대해 표현하고 있지 않다.
③ 비현실적인 소재가 쓰였다는 설명은 적절하지 않다.
④ 작품 밖 서술자가 서술하고 있으며 서로 불신하는 현실을 비판한다는 설명은 적절하지 않다.

13 ⓒ은 백화와 잘 해보라는 정 씨의 말에 대한 영달의 대답이다.

14 영달과 정 씨는 삼포로 가고 백화는 그들과 함께 가지 않는데, [가]에서 백화가 개찰구로 가다가 다시 돌아와 본명을 말하는 모습, 눈이 젖은 모습 등을 통해 두 사람과의 헤어짐을 아쉬워하고 있음을 알 수 있다.

[15~16]

윤선도 「오우가」
- **갈래** : 연시조(6수), 평시조
- **성격** : 예찬적, 찬미적, 자연친화적
- **제재** : 물, 돌, 소나무, 대나무, 달
- **주제** : 다섯 자연물의 덕에 대한 예찬
- **구성**
  - 제1수 : 오우에 대한 소개
  - 제2수 : 깨끗하고 그치지 않는 물에 대한 예찬
  - 제3수 : 변함없는 바위에 대한 예찬
  - 제4수 : 곧은 뿌리를 가진 소나무에 대한 예찬
  - 제5수 : 사계절 푸르른 대나무에 대한 예찬
  - 제6수 : 과묵한 달에 대한 예찬
- **특징**
  - 다섯 자연물을 벗으로 의인화하여 그것들의 특징을 예찬함
  - 물아일체와 자연친화 사상이 나타남
  - 설의법과 의인법의 표현이 두드러짐
  - 다섯 자연물의 관습적 상징성을 인간의 덕목으로 드러냄

15 제1수에서 '두어라', 제2수에서 '조코도', 제4수에서 '구천의'로 모두 종장의 첫 음보가 3음절이다.
① 유사하게 반복되는 후렴구는 쓰이지 않았다.
③ 기승전결의 구조를 띠고 있지 않다.
④ 오우가는 3장 6구 45자 내외의 정형시이며, 3(4) · 4조를 기본으로 한 4음보 율격을 사용하고 있다.

16 이 작품은 물, 바위, 소나무, 대나무, 달을 의인화하여 벗으로 칭하며 구름, 바람, 꽃, 풀, 잎 등과 비교하며 사대부들이 추구하던 윤리적 가치를 예찬하는 글이다. 그러므로 ㉠~㉣ 중 깨끗하며 변함이 없는 성질을 나타내는 ㉡ 물이 가장 적절하다.

[17~19]

정약용, 「수오재기」
- **갈래** : 기(記), 한문 수필
- **성격** : 자성적, 회고적
- **주제** : 나를 지키는 것의 중요성
- **구성**
  - 기 : '수오재'라는 이에 대한 의문 제기
  - 승 : 나를 지켜야 하는 이유
  - 전 : 본질적 자아(나)를 소홀히 했던 삶에 대한 반성
  - 결 : 수오재기를 쓰게 된 내력
- **특징**
  - 경험과 깨달음을 통한 글쓴이의 인식 변화가 나타남
  - 대상에 대한 의문으로부터 깨달음을 얻기까지의 과정이 제시됨

17 이 글은 글쓴이가 자신의 경험(큰형님이 서재에 붙인 '수오재'라는 이름에 대한 사연)을 통해 깨달음을 얻는 기(記) 또는 한문 수필에 해당한다.

18 ㉡, ㉢, ㉣는 누가 훔쳐가거나 없앨 수 없는 것이므로 지키지 않아도 괜찮은 것이지만, ㉠ '나'는 잃어버리기 쉬우므로 지켜야 하는 것에 해당된다.

19 글쓴이는 '수오재'라는 이름에 대해 의문을 가지다가 '나'를 잃어버리지 않도록 잘 지켜야 함을 깨닫는다. '나'는 유혹이나 위협에 잃어버리기 쉬우며 한번 떠나가면 돌아올 줄 모르는 것이기 때문이다.

> **TIP** '나'의 의미
> 본성을 의미하며 특히 '본질적인 나'를 잃지 않도록 굳게 지켜야 한다고 말하고 있다.

[20~22]

김정수, 「바닷속 미세 플라스틱의 위협」
• 갈래 : 기사문
• 성격 : 성찰적, 비판적
• 주제 : 미세 플라스틱의 문제점과 해결책
• 특징
    – 미세 플라스틱의 생성과정 및 현황과 문제점을 사실적으로
      서술함
    – 미세 플라스틱 문제에 대한 관심과 대책을 촉구함

20 이 글은 과학 잡지 『사이언스』나 한국 해양 과학 기술원의 실험 결과 등을 인용하여 미세 플라스틱이 증가하고 있으며 이는 인간에게도 위협이 될 수 있음을 주장하고 있다.

21 3문단에서 나노 크기까지 쪼개진 발포 스티렌은 인간의 주요 장기는 물론 뇌 속까지 침투할 수 있으며 내장을 제거하지 않은 채 먹는 수산물을 통해 이들의 체내에서 미처 배출되지 못한 미세 플라스틱을 함께 섭취할 수도 있다고 하였다. 이때 미세 플라스틱은 인간에게도 위협이 될 수 있다고 하였으므로 유해물질이 모두 인간의 몸 밖으로 배출된다는 내용은 윗글과 일치하지 않는다.
① 1문단에서 미세 플라스틱이 사람들의 눈길을 끌기 시작한 것은 오래되지 않았다고 하였다.
② 2문단에서 플라스틱은 바다로 흘러들어 간 후에는 물속에 녹아 있는 다른 유해 물질을 끌어당긴다고 하였다.
④ 2문단에서 먹이 사슬 과정에서 농축된 미세 플라스틱의 독성 물질은 해양 생물의 생식력을 떨어뜨릴 수 있다고 하였다.

22 ㉠에서 쓰인 '끌다'는 남의 관심 따위를 쏠리게 한다는 의미로 쓰였으므로 관심을 끈다는 의미로 사용된 ②가 적절하다.
① 바닥에 댄 채로 잡아당기다.
③ 바퀴 달린 것을 움직이게 하다.
④ 시간이나 일을 늦추거나 미루다.

23 윗글은 "어떻게 살 것인가?"라는 질문에 대한 답을 세 가지(신나게 살기, 의미 있게 살기, 몰두하며 살기)로 나누어 제시하고 있다.

24 ㉢의 접근하다는 가까이 다가가다, 친밀하고 밀접한 관계를 가진다는 뜻이다.

25 2문단에서 즐거운 삶을 살라고는 하였지만, 3문단에서 감각적인 즐거움은 덜하더라도 원대한 목표를 위해 헌신하는 것 또한 매우 의미 있는 삶이라고 하였으므로 즐거움만을 위해 사는 삶이 의미 있는 삶이라고 볼 수 없다.
① 1문단에서 "어떻게 살 것인가?"라는 질문에 쉽게 답을 내릴 수 있는 사람은 없다고 하였다.
② 2문단에서 신나게 살기에 대해 설명하며 우리가 꿈꾸는 삶 중에 하나는 죽는 순간까지 장난기를 잃지 않는 것이라고 하였다.
④ 4문단에서 가끔 무언가에 미친 듯이 몰두하는 경험은 우리의 삶을 좀 더 긍정적인 방향으로 안내한다고 하였다.

제2교시

수 학

정답 및 해설 |

정답

01 ④	02 ②	03 ②	04 ①	05 ④
06 ④	07 ③	08 ①	09 ①	10 ①
11 ④	12 ②	13 ③	14 ②	15 ②
16 ④	17 ①	18 ①	19 ②	20 ③

해설

01 $A=x^2+1$, $B=x+2$이므로
$$A+B=(x^2+1)+(x+2)$$
$$=x^2+x+3$$

02 x에 대한 항등식은 x에 어떤 값을 넣어도 언제나 성립하는 등식을 뜻하므로 좌변과 우변의 식이 같아야 한다.
주어진 식 $x^2+ax+2=x^2+3x+b$를 보면 좌변에서 x의 계수가 a, 우변에서 x의 계수가 3이므로 $a=3$, 좌변에서 상수항은 2, 우변에서 상수항이 b이므로 $b=2$이다.
$$\therefore a+b=3+2=5$$

> **TIP** 항등식의 성질
> 다음 식이 x, y에 대한 항등식일 때,
> - $ax+b=0 \Leftrightarrow a=0$, $b=0$
> - $ax^2+bx+c=0 \Leftrightarrow a=0$, $b=0$, $c=0$
> - $ax^2+bx+c=a'x^2+b'x+c' \Leftrightarrow a=a'$, $b=b'$, $c=c'$
> - $ax+by+c=0 \Leftrightarrow a=0$, $b=0$, $c=0$

03 $f(x)=2x^2+4x-3$이라 하면
$f(x)$를 $(x-1)$로 나누었을 때 나머지는 $f(1)$이므로
$$f(1)=2 \times 1^2+4 \times 1-3$$
$$=2+4-3$$
$$=3$$

> **TIP** 나머지정리
> - x에 대한 다항식 $f(x)$를 일차식 $x-a$로 나누었을 때의 나머지를 R이라고 하면, $R=f(a)$
> - x에 대한 다항식 $f(x)$를 일차식 $ax+b$로 나누었을 때의 나머지를 R이라고 하면, $R=f\left(-\dfrac{b}{a}\right)$

04 다항식 x^3-2^3을 인수분해하면 다음과 같다.
$$x^3-2^3=(x-2)(x^2+2x+2^2)$$
$$=(x-2)(x^2+2x+4)$$
$$\therefore a=2$$

> **TIP** 인수분해 기본공식
> - $ma+mb-mc=m(a+b-c)$
> - $a^2+2ab+b^2=(a+b)^2$
> $a^2-2ab+b^2=(a-b)^2$
> - $a^2-b^2=(a+b)(a-b)$
> - $x^2+(a+b)x+ab=(x+a)(x+b)$
> - $acx^2+(ad+bc)x+bd=(ax+b)(cx+d)$
> - $a^3+3a^2b+3ab^2+b^3=(a+b)^3$
> $a^3-3a^2b+3ab^2-b^3=(a-b)^3$
> - $a^3+b^3=(a+b)(a^2-ab+b^2)$
> $a^3-b^3=(a-b)(a^2+ab+b^2)$

05 복소수가 있는 등식을 만족하려면 실수부분은 실수부분끼리, 허수부분은 허수부분끼리 같으면 된다.
그러므로 $(x-2)+yi=1+4i$에서
$(x-2)=1$, $yi=4i$를 만족하면 되므로
$$x=3, y=4$$

06 이차방정식 $x^2-3x+2=0$의 두 근을 α, β라고 하면 근과 계수의 관계에 의하여 $\alpha\beta=2$이다.

> **TIP** 근과 계수와의 관계
> - $ax^2+bx+c=0(a\neq 0)$의 두 근이 α, β이면
> $\alpha+\beta=-\dfrac{b}{a}$, $\alpha\beta=\dfrac{c}{a}$
> - $ax^3+bx^2+cx+d=0(a\neq 0)$의 세 근이 α, β, γ이면
> $\alpha+\beta+\gamma=-\dfrac{b}{a}$, $\alpha\beta+\beta\gamma+\gamma\alpha=\dfrac{c}{a}$, $\alpha\beta\gamma=-\dfrac{d}{a}$

07 $-1 \leq x \leq 2$일 때, 이차함수 $y=-x^2+5$의 그래프를 보면 $x=0$일 때 최댓값 5를 가진다.

TIP 이차함수의 최대 · 최소

$y=ax^2+bx+c=a(x-m)^2+n$ $(\alpha \leq x \leq \beta)$에서 꼭짓점의 x 좌표가 제한된 범위에 포함될 때

• $a>0$이면 $x=m$에서 최솟값 n이고 $f(\alpha)$, $f(\beta)$ 중 큰 값이 최댓값이다.

• $a<0$이면 $x=m$에서 최댓값 n이고 $f(\alpha)$, $f(\beta)$ 중 작은 값이 최솟값이다.

---

08 삼차방정식의 한 근이 2이므로

$x=2$를 대입했을 때 방정식을 만족해야 한다.

따라서 $2^3-2\times2^2+2a+4=0$이므로

$8-8+2a+4=0$

$\therefore a=-2$

---

09 연립부등식 $\begin{cases} 3x>6 & \cdots \text{㉠} \\ x<10-x & \cdots \text{㉡} \end{cases}$을 풀면

㉠은 $x>2$, ㉡은 $x<5$이므로

연립부등식의 해는 $2<x<5$이다.

$\therefore a=5$

---

10 $|x+1|\leq2$는 $-2\leq x+1\leq2$, $-3\leq x\leq1$이므로 상수 $a=1$이다.

TIP 절댓값 기호를 포함한 일차부등식의 풀이

• $|x|<a$ $(a>0)$의 해 : $-a<x<a$
원점으로부터의 거리가 a보다 작은 x의 값들의 모임

• $|x|>a$ $(a>0)$의 해 : $x<-a$ 또는 $x>a$
원점으로부터의 거리가 a보다 큰 x의 값들의 모임

• $a<|x|<b$ $(0<a<b)$의 해 : $-b<x<-a$ 또는 $a<x<b$
원점으로부터의 거리가 a보다 크고 b보다 작은 x의 값들의 모임

---

11 두 점 $A(-1, 2)$, $B(1, 4)$ 사이의 거리는

$\sqrt{(1-(-1))^2+(4-2)^2}$

$=\sqrt{2^2+2^2}$

$=\sqrt{4+4}$

$=\sqrt{8}$

$=2\sqrt{2}$

TIP 좌표평면 위의 두 점 $A(x_1, y_1)$, $B(x_2, y_2)$ 사이의 거리

$\overline{AB}=\sqrt{(x_2-x_1)^2+(y_2-y_1)^2}$

---

12 구하고자 하는 직선의 방정식을 $y=ax+b$라 하면,

직선 $y=x+1$에 수직이므로 $1\times a=-1$, $a=-1$이다.

또한 이 직선이 $(0, 2)$를 지나므로 $b=2$이다.

$\therefore$ 직선의 방정식은 $y=-x+2$

TIP 두 직선 사이의 관계

두 직선이 $y=mx+n$, $y=m'x+n'$일 때,

• 수직관계 : $m\times m'=-1$

• 평행관계 : $m=m'$

• 한 점에서 만날 경우 : $m\neq m'$

---

13 중심이 $(-2, 1)$이고 반지름을 r이라 하면

원의 방정식은 $(x+2)^2+(y-1)^2=r^2$이다.

이 원이 원점$(0, 0)$을 지나므로 이 점을 원의 방정식에 대입하면

$(0+2)^2+(0-1)^2=r^2$

$2^2+(-1)^2=r^2$, $r^2=5$이다.

그러므로 원의 방정식은 $(x+2)^2+(y-1)^2=5$이다.

TIP 원의 방정식

• 기본형 : 중심이 $(0, 0)$, 반지름이 r인 원의 방정식
$\Rightarrow x^2+y^2=r^2$

• 표준형 : 중심이 (a, b), 반지름이 r인 원의 방정식
$\Rightarrow (x-a)^2+(y-b)^2=r^2$

---

14 점 $(2, 1)$을 x축의 방향으로 -2만큼, y축의 방향으로 2만큼 평행이동한 점은

$(2-2, 1+2)=(0, 3)$이다.

TIP 평행이동과 대칭이동

• 평행이동 : 점 (x, y)가 x축으로 a만큼, y축으로 b만큼 평행이동하면 점 $(x+a, y+b)$가 된다.

• 대칭이동 : 점 (x, y)일 때,

  - x축의 대칭 : $(x, -y)$
  - y축의 대칭 : $(-x, y)$
  - 원점 대칭 : $(-x, -y)$
  - $y=x$ 대칭 : (y, x)

---

15 $A=\{1, 3, 4\}$, $B=\{2, 4, 5\}$에서 합집합 $A\cup B$는 집합 A에 있는 원소와 B에 있는 원소를 모두 구해야 하므로

$A\cup B=\{1, 2, 3, 4, 5\}$이고, 원소의 개수는 5이다.

$\therefore n(A\cup B)=5$

---

16 $p \to q$의 대우는 $\sim q \to \sim p$이다.

그러므로 명제 '$x=2$이면 $x^2=4$이다.'의 대우는 '$x^2 \neq 4$이면 $x \neq 2$이다.'가 된다.

> **TIP 명제의 역과 대우**
> - 명제 : $p \to q$
> - 명제의 역 : $q \to p$
> - 명제의 대우 : $\sim q \to \sim p$

17 $(g \circ f)(2) = g(f(2))$이므로

$f(2)$의 값은 함수 $f : X \to Y$에서 $f(2) = a$

$g(a)$의 값은 함수 $g : Y \to Z$에서 $g(a) = 4$

∴ $(g \circ f)(2) = 4$

> **TIP 합성함수**
> 두 함수 $f : X \to Y$, $g : Y \to Z$에 대하여 X의 각 원소 x에 Z의 원소 $g(f(x))$를 대응시켜 X를 정의역, Z를 공역으로 하는 새로운 함수를 f와 g의 합성함수라고 하고, 기호로 $g \circ f : X \to Z$, $(g \circ f)(x)$, $g(f(x))$로 나타낸다.

18 무리함수 $y = \sqrt{x-1} + a$의 그래프가 점 $(1, -2)$와 점 $(5, 0)$을 지나고 있으므로 이 두 점을 대입하면 a값을 구할 수 있다.

$(1, -2)$를 대입하면

$-2 = \sqrt{1-1} + a$

∴ $a = -2$

19 3장의 카드 중에서 서로 다른 2장을 선택하여 일렬로 나열해야 하므로 순열의 공식을 사용한다.

$_3P_2 = 3 \times 2 = 6$

∴ 경우의 수는 6

> **TIP 순열**
> 서로 다른 n개에서 $r(r \leq n)$개를 선택하여 일렬로 나열하는 것을 n개에서 r개를 선택하는 순열이라 하고, 그 순열의 수를 기호로 $_nP_r$로 나타낸다.
> - $_nP_r = n \times (n-1) \times (n-2) \times \cdots \times (n-r+1)$ (단, $0 < r \leq n$)
> - $_nP_n = n \times (n-1) \times (n-2) \times \cdots \times 3 \times 2 \times 1 = n!$
> - $_nP_r = \dfrac{n!}{(n-r)!}$ (단, $0 \leq r \leq n$)
> - $_nP_0 = 1$, $0! = 1$

20 4개 중에서 서로 다른 2개를 고르기만 하면 되므로 조합의 공식을 사용한다.

$_4C_2 = \dfrac{4 \times 3}{2 \times 1} = 6$

∴ 경우의 수는 6

> **TIP 조합**
> 서로 다른 n개에서 순서를 생각하지 않고 $r(r \leq n)$개를 선택하는 것을 n개에서 r개를 선택하는 조합이라 하고, 그 조합의 수를 기호로 $_nC_r$로 나타낸다.
> - $_nC_r = \dfrac{_nP_r}{r!} = \dfrac{n!}{r!(n-r)!}$ (단, $0 \leq r \leq n$)
> - $_nC_n = 1$, $_nC_0 = 1$, $_nC_1 = n$
> - $_nC_r = {}_nC_{n-r}$

제3교시

영 어

정답 및 해설 |

▌정답

01 ②	02 ①	03 ③	04 ①	05 ②
06 ④	07 ④	08 ③	09 ②	10 ④
11 ①	12 ④	13 ①	14 ①	15 ④
16 ③	17 ③	18 ④	19 ①	20 ④
21 ④	22 ②	23 ③	24 ①	25 ③

▌해설

01 **해설** 'decorate'은 '꾸미다'라는 뜻이다.
　　 해석 나는 네가 집을 꽃으로 꾸미는 것을 도와줄 수 있다.
　　 어휘 help 돕다, 거들다
　　　　 decorate 꾸미다

02 **해설** 'take care of'는 '~을 돌보다'라는 뜻이다.
　　 해석 내 고양이를 돌봐주다니 정말 친절하구나.
　　 어휘 kind 친절한, 다정한
　　　　 take care of ~을 돌보다

03 **해설** 'In fact'는 '사실상'이라는 뜻이다.
　　 해석 사실상 스마트폰은 많은 면에서 컴퓨터를 대체해왔다.
　　 어휘 in fact 실제로, 사실은, 사실상
　　　　 smartphone 스마트폰
　　　　 replace 대신[대체]하다
　　　　 in many ways 여러모로

04 **해설** 주어진 지문의 두 단어는 반의어 관계이다. ②, ③, ④ 모두 반의어 관계이지만, ①은 유의어 관계이다.
　　 해석 밖은 비록 어두울지라도, 우리 집은 밝다.
　　　　 ① 동일한 – 같은
　　　　 ② 단단한 – 부드러운
　　　　 ③ 긍정적인 – 부정적인
　　　　 ④ 넓은 – 좁은
　　 어휘 Even though 비록 ~일지라도, ~에도 불구하고

05 **해설** 전시 기간, 티켓 가격, 휴관일은 언급되어 있지만 환불 규정은 언급되어 있지 않다.

해석 미술 전시회
　　 날짜 : 11월 12일~25일
　　 시간 : 오전 10시~오후 6시
　　 장소 : 중앙 미술관
　　 티켓 : 성인 15달러, 학생 10달러
　　 화요일은 휴무입니다.
어휘 exhibition 전시회
　　 November 11월
　　 museum 박물관, 미술관
　　 adult 성인
　　 close 가까운, 닫다, 감다

06 **해설** 첫 번째 문장에서 'run'은 '달리기'라는 뜻이고, 두 번째 문장에서 'run'은 '운영하다'라는 뜻이다.
　　　　 ① 들고[데리고] 있다
　　　　 ② 가지다
　　　　 ③ 문제
　　 해석 • 나는 매일 아침마다 달리기를 한다.
　　　　 • 그의 부모님은 작은 커피숍을 운영한다.
　　 어휘 every morning 매일 아침
　　　　 parent 부모
　　　　 coffee shop 커피숍

07 **해설** 첫 번째 문장에서 'who'는 어떤 사람을 수식하는 형용사절을 이끄는 관계대명사로 쓰였고, 두 번째 문장에서 'who'는 '누가'라는 뜻을 가진 의문사로 쓰였다.
　　　　 ① 어떻게
　　　　 ② 무엇
　　　　 ③ 언제
　　 해석 • 나는 미국에 사는 친구가 있다.
　　　　 • 아빠, 어젯밤 테니스 경기에서 누가 이겼어요?
　　 어휘 live 살다
　　　　 America 미국
　　　　 tennis match 테니스 경기
　　　　 last night 어젯밤

08 **해설** 첫 번째 문장에서 'in front of'는 '~의 앞쪽에'라는 뜻이고, 두 번째 문장에서 'be interested in'은 '~에 관심이 있다'라는 뜻이므로 빈칸에 공통으로 들어갈 말은 'in'이다.

① ~에

② 위한, ~에 대해

④ ~쪽으로

해석 • 집 앞에 커다란 나무들이 있다.

 • 많은 사람들이 한국에 관심이 있다.

어휘 large (규모가) 큰, (양이) 많은

be interested in ~에 관심[흥미]이 있다

South Korea 남한, 대한민국

09 **해설** 새해를 기념한 게 어제 같은데 벌써 5월이라니 믿을 수 없다는 내용의 대화이므로 ② '시간은 쏜살같이 지나간다'가 적절하다.

해석 A : 오늘이 어린이날인 거 알고 있었어?

 B : 응. 벌써 5월이라니 믿을 수가 없어.

 A : 우리가 새해를 기념한 게 어제 같은데.

 B : 맞아. 엄마는 시간이 쏜살처럼 지나가기 때문에 매 순간을 소중하게 생각하라고 말씀하셨어.

어휘 Children's day 어린이날

May 5월

already 이미, 벌써

celebrate 기념하다, 축하하다

New Year's Day 새해 첫 날

value 가치, 소중하게 생각하다

moment 잠깐, 순간, 시기

10 **해설** 오늘 기분이 어떠냐는 A의 물음에 좋아하는 가수를 직접 봐서 매우 기쁘다고 하였으므로 대화에서 알 수 있는 B의 심정은 ④의 '행복하다'이다.

해석 A : 오늘 기분이 어때?

 B : 너무 행복해. 세상 최고가 된 기분이야!

 A : 잘됐네. 무슨 일인데?

 B : 방금 내가 좋아하는 가수를 직접 봤어!

어휘 feel on top of the world 굉장히 기쁘다

happen 일어나다

favorite 매우 좋아하는

in person 직접

11 **해설** 책을 대출하고 싶다는 내용의 대화이므로 대화가 이루어지는 장소로 가장 적절한 곳은 ①의 '도서관'이다.

해석 A : 안녕하세요. 이 책들을 대출하고 싶습니다.

 B : 네, 세 권 모두 빌릴 건가요?

 A : 음, 지금 생각해 보니, 저는 이 두 권만 있으면 됩니다.

 B : 문제없습니다.

어휘 would like to ~하고 싶다

check out (도서관 등에서) 대출하다

borrow 빌리다

no problem 그럼요, 문제없습니다, 괜찮아요

12 **해설** 모든 동식물이 살기 위해 물에 의존하며 우리 몸의 60~70퍼센트가 물로 이루어져 있고, 물 없이는 며칠 버티지 못할 것이라는 것으로 보아 밑줄 친 It이 가리키는 것은 ④의 '물'이다.

해석 모든 동물과 식물은 살기 위해 물에 의존한다. 우리 몸은 약 60에서 70퍼센트 정도의 수분이에요. 우리는 음식 없이 몇 주를 보낼 수 있다. 하지만 물이 없다면, 우리는 며칠 안에 죽을 것이다. 그것은 우리의 삶에 매우 중요합니다.

어휘 plant 식물, 초목, 나무

depend on ~에 의존하다

about 약, ~쯤

percent 퍼센트, 백분율

without ~없이

a few 조금

important 중요한

13 **해설** A는 맛있어 보이는 메뉴가 많다고 하자, B가 크림소스를 넣은 스파게티를 추천해 주었으므로 빈칸에 들어갈 말로 가장 적절한 것은 'Can you recommend a dish for me? (나한테 요리를 추천해줄 수 있니?)'이다.

② 네가 가장 좋아하는 식당은 어디야?

③ 왜 너는 이탈리아 패션을 좋아하니?

④ 이탈리아에 가본 적 있니?

해석 A : 메뉴에 있는 게 다 맛있어 보여!

 B : 맞아. 여기는 내가 가장 좋아하는 식당 중 하나야.

 A : 훌륭해! 나한테 요리를 추천해줄 수 있니?

 B : 크림소스를 넣은 스파게티는 어때? 그것은 그들의 최고의 요리 중 하나야.

어휘 delicious 아주 맛있는, 냄새가 좋은

restaurant 식당, 레스토랑

spaghetti 스파게티

sauce 소스

dish 접시, 요리

recommend 추천하다

fashion 유행하는 스타일

14 **해설** A의 질문에 대해 B는 환경을 살려야 하기 때문이라고 하였으므로 빈칸에 들어갈 말로 가장 적절한 것은

'Why do we have to recycle? (왜 재활용을 해야 하나요?)'이다.

② 여기에서 얼마나 살았나요?

③ 당신의 짐은 어떻게 생겼나요?

④ 당신의 인생에서 가장 좋았던 순간은 언제였나요?

해석 A : 왜 재활용을 해야 하나요?

B : 우리는 환경을 살려야 하기 때문입니다.

어휘 have to 해야한다

save 구하다, 모으다

environment 환경

recycle 재활용하다

luggage 짐[수하물]

moment 잠깐, 잠시, 순간, 때[시기]

15 해설 손으로 쓰기를 하면 무언가를 기억하는 데 도움을 주고 편지를 쓸 때 개인적인 느낌을 더하여 줄 수 있다고 하였으므로 대화의 주제로 가장 적절한 것은 ②의 '손으로 쓰기의 장점'이다.

해석 A : 손으로 쓰는 것은 많은 장점이 있다고 생각해.

B : 정말? 어떠한 것들이?

A : 우선, 그것은 우리가 무언가를 외우는 데 도움을 줘.

B : 알 것 같아. 다른 것은?

A : 또한 편지에 개인적인 느낌을 더할 수 있어.

어휘 advantage 유리한 점, 이점, 장점

memorize 암기하다

else (이미 언급된 것에 덧붙여) 또[그 밖의] 다른

add 첨가[추가]하다, 덧붙이다

personal 개인적

letter 편지

16 해설 상대방을 오해하여 불친절하게 대했던 것에 대해 미안하다고 말을 하기 위해 메일을 썼으므로 글을 쓴 목적으로 가장 적절한 것은 ③의 '사과하려고'이다.

해석 지난 며칠간 내가 한 일 때문에 너에게 미안하다는 말을 하려고 메일을 써. 나는 너와 Jessica가 일부러 나를 무시하는 줄 알고 너에게 불친절하게 대했어. 이제 내가 너를 오해했다는 걸 알아. 나는 정말 미안하다고 말하고 싶어.

어휘 last couple of days 지난 며칠간

ignore 무시하다

on purpose 고의로[일부러]

treat (특정한 태도로) 대하다

unkindly 불친절하게

misunderstand 오해하다

17 해설 점심은 제공된다고 하였으므로 ③의 '점심은 각자 준비한다.'가 안내문의 내용과 일치하지 않는다.

해석 토요일 통영 여행

예정된 일정 :

• 미륵산 케이블카 탑승

• 해저 터널 및 중앙시장 방문

점심은 제공됩니다.

당신은 목요일까지 투어를 예약해야 합니다.

어휘 Saturday 토요일

cable car 케이블카

undersea tunnel 해저 터널

provide 제공[공급]하다, 주다

reserve 예약하다

Thursday 목요일

18 해설 Lascaux 동굴은 1963년에 그림을 보존하기 위해 폐쇄하였다고 했으므로 ④의 설명과 일치하지 않는다.

해석 Lascaux 동굴은 프랑스 남서부에 위치해 있다. 그것은 커다란 동물들의 고대 그림을 담고 있다. 1940년까지는 아무도 그 동굴에 대해 몰랐다. 네 명의 십대들이 그들의 개를 쫓다가 우연히 발견했다. 1963년, 그림을 보존하기 위해 대중들에게 동굴은 폐쇄되었다.

어휘 cave 동굴

located 위치한

southwestern 남서쪽의

contain ∼이 들어[함유되어] 있다

ancient 고대의, 아주 오래된

teenager 십대

accidentally 우연히

discover 발견하다

in order to 위하여

preserve 지키다, 보존하다, 보호하다

close 닫다

public 일반인[대중]의, 일반사람들

19 해설 걷기는 격렬한 운동만큼이나 건강에 유익하며 체지방을 줄여주고 정신건강에도 좋다고 하였으므로 이 글의 주제로 가장 적절한 것은 ①의 '걷기의 장점'이다.

해석 걷기는 격렬한 운동만큼이나 건강에 유익할 수 있다. 걷기의 신체적 이점은 체지방을 줄일 수 있다는 것이다. 그것은 또한 스트레스를 줄이는 데 도움을 줄 수 있기 때문에 정신 건강에 유익하다. 그러니 일어나서 걸어라!

2021년 1회

어휘 beneficial 유익한, 이로운

health 건강

intense 극심한, 강렬한, 열정적인

exercise 운동

physical 육체[신체]의

reduce 줄이다, 낮추다

body fat 체지방

mental 정신의, 마음의, 정신적인

20

해설 자동차는 충돌 시 받는 충격을 견딜 수 있도록 설계되는데, 그 목적은 운전자와 승객을 보호하기 위함일 것이므로 빈칸에 들어갈 말로 가장 적절한 것은 ④의 'protect(보호하다)'이다.

① 묘사하다

② 격려하다

③ 증가하다

해석 자동차는 다른 차나 물체와 충돌할 때 받는 강한 충격을 견딜 수 있어야 한다. 따라서, 차체는 심한 충격을 흡수하도록 설계된다. 심각한 자동차 사고에 대비해 운전자와 승객을 보호하는 것이 목표다.

어휘 be able to ~을 할 수 있다

endure 견디다, 참다

impact 영향, 충격, 충돌

receive 받다

crash into ~와 충돌하다

object 물건, 물체

Thus 따라서, 그러므로

absorb 흡수하다

shock 충격

passenger 승객

serious 심각한

accident 사고

21

해설 청량음료 업체들이 맛과는 관계없이 단지 음료수를 예뻐 보이게 하기 위해서 인공의 색을 넣는다고 하였으므로 빈칸에 들어갈 말로 가장 적절한 것은 ④의 'natural(자연스러운)'이다.

① 편리한

② 겁먹은

③ 획기적인

해석 청량음료 업체들은 자사 제품에 밝은 색상을 더해 소비자들을 유혹한다. 그러나 이러한 색상의 대부분은 자연스럽지 않다. 그것들은 인공이다. 예를 들어 일부 파인애플 주스에 사용되는 노란색 6번은 아무런 맛도 더

하지 않는다. 그것은 단지 음료수를 예쁘게 보이게 하기 위해 거기에 있는 것이다.

어휘 soft drink 청량음료

company 회사

attract 마음을 끌다

consumer 소비자

man-made 인공적인, 사람이 만든

artificial 인공[인조]의, 인위적인

taste 맛, 미각

22

해설 ②의 앞에 나오는 내용은 과학이 위험하다는 주장이다. 주어진 문장은 과학이 해보다는 득이 된다고 하였고, ②의 뒤로 과학이 우리 세상에 도움이 되는 것에 대한 내용이 나오므로 주어진 문장이 들어가기에 가장 적절한 곳은 ②이다.

해석

> 하지만 과학은 우리에게 해보다는 득이 된다고 생각한다.

어떤 사람들은 과학이 위험할 수 있다고 주장한다. (①) 그들은 원자폭탄이 과학의 위험에 대한 완벽한 예라고 말한다. (②) 예를 들어, 과학은 더 나은 약을 만드는 데 도움을 준다. (③) 그것은 분명히 우리 삶의 질을 향상시켜준다. (④) 나는 과학이 계속해서 우리를 위해 더 나은 세상을 만들 것이라고 믿는다.

어휘 science 과학

harm 피해, 손해

argue 언쟁을 하다, 다투다, 주장하다

dangerous 위험한

atomic bomb 원자폭탄

medicine 의학, 의술, 의료

definitely 분명히

improve 개선되다, 나아지다, 향상시키다

quality 질

23

해설 아래로 뒤집힌 나무처럼 보이는 바오바브나무가 왜 독특한 모양을 하고 있는지 아냐고 질문을 던진 뒤, 알아보자고 하였으므로 이 글의 바로 뒤에 이어질 내용은 ③이 가장 적절하다.

해석 남아프리카 공화국이나 마다가스카르에 가면 바오바브라고 불리는 거대하고 이상하게 생긴 나무들을 볼 수 있다. "아래로 뒤집힌 나무"로 알려진 그들의 가지는 그들의 뿌리가 하늘로 뻗어나가는 것처럼 보인다. 당신은 왜 바오바브나무가 독특한 모양을 하고 있다고 생각하는가? 알아보자.

어휘 South Africa 남아프리카 공화국
Madagascar 마다가스카르
huge 막대한[엄청난], 거대한
strange-looking 이상하게 생긴
upside-down 거꾸로의, 뒤집힌
branch 나뭇가지
root 뿌리
spread 펼치다[펴다]
towards (어떤 방향) 쪽으로, (어떤 방향을) 향하여
unique 독특한, 특별한
shape 모양
find out 발견하다, 생각해 내다, 풀다, 알아내다

[24~25]

해석 당신은 새로운 것을 발명하는 방법을 아나요? 좋은 방법은 덧셈으로 발명하는 것입니다. 이것은 이미 존재하는 것에 새로운 요소를 추가하여 무언가를 발명하는 것을 의미합니다. 예를 들어, Hyman Lipman은 연필 위에 지우개를 부착함으로써 미국의 위대한 발명가가 되었습니다. 이제 무언가를 발명하는 법을 알게 되었으니, 발명품을 만들어 보세요.

어휘 invent 발명하다
method 방법
addition 덧셈, 추가, 부가
element 요소, 성분
exist 존재[실재/현존]하다
inventor 발명가
attach 붙이다, 첨부하다
eraser 지우개

2021년 1회

24 **해설** 새로운 것을 발명하는 방법으로 가장 좋은 것은 이미 존재하는 무언가에 새로운 요소를 추가하는 것이라고 말하며, 빈칸 뒤에 그 예시인 지우개 달린 연필이 나왔으므로 빈칸에 들어갈 말로 가장 적절한 것은 ①의 'For example(예를 들어)'이다.
② 대신에
③ 그에 반해서
④ 그럼에도 불구하고

25 **해설** 윗글은 새로운 것을 발명하는 방법에 대해 예시를 들어 설명하고 있으므로 주제로 가장 적절한 것은 ③이다.

제4교시

사 회

정답 및 해설 |

▌정답

01 ②	02 ②	03 ③	04 ③	05 ④
06 ①	07 ②	08 ④	09 ②	10 ③
11 ③	12 ④	13 ③	14 ①	15 ①
16 ②	17 ②	18 ①	19 ③	20 ④
21 ①	22 ④	23 ②	24 ④	25 ④

▌해설

01 사회를 구성하고 유지하는 공정하고 올바른 도리이며 각자가 받아야 할 적합한 몫을 주되, 동일한 경우를 동일하게 취급하고 다른 것은 다르게 취급하는 것을 정의라 한다.
  ① 소비 : 분배된 소득으로 필요한 재화와 서비스를 구입해서 사용 또는 소모하는 일
  ③ 종교 : 신을 숭배하거나 절대적인 힘을 통하여 고민을 해결하고 행복을 얻으며 삶의 근본 목적을 찾으려는 일
  ④ 통일 : 나누어진 것들을 합쳐서 하나의 조직·체계 아래로 모이게 하는 일

> **TIP** 정의의 실질적 기준

능력을 기준으로 하는 정의	• 의미 : 개인이 지닌 잠재력과 재능 등에 따라 분배 • 장점 : 사람들의 성취동기를 높여 주어 사회 발전에 기여 • 한계 : 선천적으로 결정된다는 점을 고려하지 않으므로 사회적·경제적 약자의 소외감을 유발하고 사회 불평등을 심화시킴
업적을 기준으로 하는 정의	• 의미 : 업적과 기여에 비례하여 분배 • 장점 : 성취동기를 높여주고 성취 의욕과 창의성을 높임, 사회의 역동적 발전과 생산성의 향상을 가져올 수 있음 • 한계 : 과열 경쟁이 유발되어 그로 인한 부작용이 발생할 수 있음, 절대적·상대적으로 능력이 부족한 사람들에게 불리한 결과가 나타남
필요를 기준으로 하는 정의	• 의미 : 사람들의 필요를 기준으로 분배 • 장점 : 기본적 필요를 충족하기 힘든 사회적 약자를 보호, 사회 구성원들이 인간다운 삶을 영위할 수 있음 • 한계 : 개인의 성취동기와 창의성을 저하시켜 경제적 비효율성을 증가시킬 수 있음, 한정된 재화를 가지고 모든 사람의 필요를 충족하기가 어려움

02 행복한 삶을 위해서는 삶의 질을 높이는 정주 환경을 위한 노력, 시민참여가 활성화되는 민주주의의 실현, 경제적 안정, 도덕적 실천과 성찰하는 삶이 필요하다.

03 **생애 주기** : 사람은 아동기, 청년기, 중·장년기, 노년기로 이어지는 연속적인 과정을 겪는데 이처럼 각각의 단계를 거쳐 삶이 변화하는 모습을 단계별로 나타낸 것
  ① **가치 판단** : 어떤 현상을 주관적으로 평가하여 서술하는 것으로 참과 거짓을 구분할 수 없으며 관련된 문제의 정답을 찾기 어려움
  ② **비교 우위** : 한 경제 주체가 수행하는 어떤 활동의 기회 비용이 다른 경제주체에 비해 낮을 때 비교우위에 있다고 함
  ④ **매몰 비용** : 어떠한 선택의 번복 여부와는 관련 없이 한번 투입하면 회수가 불가능한 비용

04 **공정 거래 위원회** : 소비자와 중소기업을 보호하기 위해서 독점을 규제하고 시장에서 자유로운 경쟁을 지원하는 업무를 수행하는 우리나라 정부 기관
  ① **국제 사면 위원회** : 부당하게 체포되거나 투옥된 정치범의 석방 운동, 인권 옹호를 목적으로 창설된 국제적 민간 조직
  ② **국가 인권 위원회** : 모든 개인이 가지는 불가침의 기본적 인권을 보호·증진하여 인간으로서의 존엄과 가치를 구현하고 민주적 기본질서 확립을 위한 인권전담 독립 국가 기관
  ④ **선거 관리 위원회** : 선거와 국민 투표의 공정한 관리 및 정당에 관한 사무를 처리하기 위하여 두는 합의제 독립 기관

05 다문화 사회는 한 국가나 한 사회 속에 다른 인종·민족·계급 등 여러 집단이 지닌 문화가 함께 존재하는 사회로, 교통 수단의 발달과 정보통신 기술의 발전, 국가 간 활발한 인구 이동 등으로 심화되어 나타난다.
  ① **감시 사회** : 어떠한 사회에 속한 개인 및 집단의 정보를 광범위하게 수집·저장·분석하여 활용하는 사회
  ② **생태 도시** : 사람과 자연환경이 조화되어 공생할 수 있는 체계를 갖춘 친환경적인 도시
  ③ **사회 계약설** : 평등하고 이성적인 개인 간의 계약을 통해 정치사회를 성립하며 국가를 구성한다는 정치이론

06 사회 복지 제도란 질병, 실업, 빈곤, 재해 등 다양한 사회적 위험에서 벗어나 인간다운 삶을 살 수 있도록 지원하는 제도를 말하는데, 공공 부조, 사회 보험, 사회 서비스 등이 이에 해당된다. 담합은 사업자가 다른 사업자와 짜고 가격을 결정하거나 거래를 제한하는 사업자 집단의 부당 공동행위의 일종이다.

> **TIP** 사회 복지 제도
>
> • **사회 보험** : 다양한 사회적 위험을 공적 보험의 방식으로 대처
> • **공공 부조** : 생활이 어려운 국민의 최저 생활을 보장하고 자립 지원
> • **사회 서비스** : 사회 취약 계층에 대해 상담, 재활, 돌봄 등의 서비스를 제공

07 국가는 국제 사회를 구성하는 가장 기본적인 행위 주체로, 국제 사회에서 법적 지위를 갖고 공식적인 활동을 할 수 있는 자격이 있다.
④ **비정부 기구** : 개인이나 민간단체를 회원으로 하는 국제 사회의 행위 주체로, 그린피스, 국제 사면 위원회, 국경 없는 의사회 등이 있다.

08 ㉠ **문화 전파** : 한 사회의 문화 요소들이 다른 사회로 전해져서 그 사회의 문화 변동 과정에 정착하는 현상으로, 문화 변동의 외재적 요인에 해당함
㉡ **발명** : 이미 존재하는 문화 요소들을 변형하거나 조합하여 기존에 존재하지 않았던 새로운 문화 요소를 만들어 내는 것으로, 문화 변동의 내재적 요인에 해당함
㉢ **발견** : 기존에 이미 존재하고 있었지만 알려지지는 않았던 문화 요소를 찾아내는 것으로, 문화 변동의 내재적 요인에 해당함

> **TIP** 문화 전파의 종류
>
> • **직접 전파** : 두 문화 간의 직접적인 접촉
> • **간접 전파** : 인터넷 등과 같은 매체를 통해 이루어짐
> • **자극 전파** : 다른 사회의 문화 요소에 자극을 받아 새로운 문화 요소를 발명

09 예금은 목돈을 일정 기간 은행에 예치하여 만기일에 원금과 이자를 받는 금융 상품으로, 안전성이 높은 금융 자산 중 하나이다.

> **TIP** 여러 가지 금융 자산
>
> • **예금** : 목돈을 일정 기간 은행에 예치하여 만기일에 원금과 이자를 받는 금융 상품
> • **적금** : 계약 기간 동안 일정한 금액을 여러 번 납입하여 만기 시에 원금과 이자를 받는 것
> • **주식** : 주식회사가 경영 자금을 마련하기 위해 투자자로부터 돈을 받고 발행하는 증서
> • **채권** : 정부, 은행, 기업 등이 미래에 일정한 이자를 지급할 것을 약속하고 돈을 빌린 후 제공하는 증서
> • **펀드** : 금융 기관에 돈을 맡겨서 대신 투자하도록 하는 금융 상품
> • **보험** : 장래에 예상되는 위험(사고, 질병 등)을 보험사에 보험료를 납부하여 기금을 만든 후 사고가 나면 약속한 보험금을 지급받는 제도
> • **연금** : 경제 활동을 하는 동안 일정금액을 적립해 두었다가 노령, 퇴직 등의 사유가 발생했을 때 급여를 지급받는 금융 상품

10 **규모의 경제** : 생산량이 늘어나면 생산비가 절약되거나 수익이 향상되는 현상으로, 주로 대규모 생산 산업에서 일어남
① **시장 실패** : 시장에 맡겨두었을 시장의 '보이지 않는 손'이 제대로 작동하지 못하는 경우
② **소득 재분배** : 소득 분배의 불평등을 완화하기 위한 정부의 경제정책
④ **스태그플레이션** : 경제불황과 물가상승이 동시에 발생하고 있는 상태

11 우리 헌법은 모든 국민들의 인간다운 삶을 보장해 주기 위해 법적으로 권리를 규정하고 있는데, 헌법 제37조 제2항에서는 국가안전보장·질서유지 또는 공공복리를 위하여 필요한 경우에 한하여 국민의 자유와 권리를 법률로써 제한할 수 있다고 명시하고 있다.

> **TIP** 헌법 제37조
>
> • **제1항** : 국민의 자유와 권리는 헌법에 열거되지 아니한 이유로 경시되지 아니한다.
> • **제2항** : 국민의 모든 자유와 권리는 국가안전보장·질서유지 또는 공공복리를 위하여 필요한 경우에 한하여 법률로써 제한할 수 있으며, 제한하는 경우에도 자유와 권리의 본질적인 내용을 침해할 수 없다.

12 신자유주의는 20세기 후반에 정부 역할의 축소와 시장 기능 확대를 주장하며 등장한 개념으로, 세계화와 자유 무역 확대의 사상적 바탕이 되었다. 대표적인 정책으로는 정부 규제 완화 및 철폐, 복지 축소, 공기업 민영화 등이 있다.
ㄱ. 케인스는 대공황을 극복하기 위해 정부의 시장 개입이 필요하다는 이론인 수정 자본주의를 지지하였다.

ㄴ. 대공황이 일어나자 자본주의가 더 이상 유지되기 힘들어지며 수정 자본주의가 등장하였다. 특히 미국의 경우 수정 자본주의에 입각한 뉴딜 정책을 통해 대공황을 극복하였다.

13 인권은 사람이라면 누구나 누릴 수 있는 기본적인 권리로, 사람이 태어나면서 당연히 가지게 되는 것이므로 국가나 다른 사람이 함부로 침해할 수 없다. 특히나 현대 사회에서는 과거에 비해 인권의 영역이 확대되고 있다.

> **TIP** 인권의 특징
> • **보편성** : 인종, 성별, 종교, 사회적 신분에 관계없이 모든 인간이 누리는 권리임
> • **천부성** : 사람이면 누구나 처음부터 가지고 태어나는 권리임
> • **항구성** : 박탈당하지 않고 영구히 보장되는 권리임
> • **불가침성** : 누구도 침범할 수 없는 권리임

14 열대 기후는 가장 추운 달의 평균 기온이 18℃ 이상인 기후를 의미하며 일년 내내 매우 덥고 비가 많이 내리는 기후이다. 그렇기 때문에 열기와 습기를 피하기 위해 집을 지면에서 띄워 짓는 고상 가옥 형태가 특징이며, 옷차림이 얇고 가볍고 통풍이 잘 되며 음식이 상하는 것을 방지하기 위해 향신료를 많이 사용한다. 또한 토양이 척박하여 이동식 화전 농업을 행하여 얌, 카사바 등의 작물을 재배한다.
   ② **건조 기후** : 수분이 부족해서 수목이 자라기 힘든 기후로 주로 중위도 고압대의 회귀선 부근에 분포하며 증발에 의한 기온의 일교차와 연교차가 큰 지역, 사막 기후와 스텝 기후로 구분된다.
   ③ **온대 기후** : 최한월 평균기온이 −3℃∼18℃인 기후를 의미하며 다른 기후에 비해 상대적으로 온화하고 사계절의 변화가 뚜렷하다. 채광과 통풍을 위해 창문이 크며, 난방 시설을 설치하고 주로 북서부 유럽에서는 혼합 농업, 남유럽은 수목 농업, 아시아는 벼농사를 짓는다.
   ④ **한대 기후** : 제일 따뜻한 달의 평균 기온이 10℃ 미만인 기후를 의미하며 옷차림은 두껍고 무겁다. 눈과 얼음으로 집을 짓고 난방과 보온 기능을 중시한다. 육류를 주로 먹으며 저장 음식의 형태가 발달하였다.

15 열섬 현상은 도시 중심부의 기온이 주변 지역보다 높게 나타나는 현상으로 인구의 증가, 각종 시설물 및 콘크리트 건물, 아스팔트 도로의 증가, 자동차 배기가스 배출 및 온실 효과의 증가 등이 원인이다. 열섬 현상을 완화하기 위해서는 녹지 면적을 증가시켜야 한다.

> **TIP** 열섬 현상
> 도시 중심부의 기온이 주변 지역보다 높은 현상으로, 일교차가 큰 봄과 가을 또는 겨울에 뚜렷하며 낮보다는 밤에 심하게 나타난다.

16 보편 윤리란 시대와 사회를 초월하여 모든 사람이 존중하고 따라야 할 행위 원칙으로, 명예 살인, 식인 풍습, 전족 풍습 등은 인간의 존엄성이나 자유, 평등의 가치에 어긋나므로 보편 윤리를 훼손했다고 볼 수 있다. 그러므로 이러한 행위는 문화 상대주의 관점에서 바라보면 안 된다.
   ① **공정 무역** : 국제 무역이 이뤄지는 상호 국가 간에 무역혜택이 동등하게 이뤄지도록 하는 무역
   ③ **권력 분립** : 국가권력을 나누어 각각 다른 기관에 분담시켜 서로 견제·균형하게 함으로써 국민의 자유와 권리를 보장하려는 자유주의적 조직원리 또는 그 제도
   ④ **외부 효과** : 경제 주체의 경제 활동이 다른 경제 주체에게 의도하지 않은 이익을 주거나 의도하지 않게 피해를 주는데도 이에 대해 아무런 경제적 대가를 치르거나 받지 않는 것

17 **인간 소외** : 인간의 풍요로운 생활을 위해 만든 물질이 거꾸로 인간을 지배하는 현상으로 도시화와 산업화로 인해 생기는 문제
   ① **연고주의** : 학연, 지연, 혈연 등과 같은 전통적·자연 발생적 인간관계를 우선시하거나 중요하게 여기는 사고방식
   ③ **공간 불평등** : 지역을 기준으로 사회적 자원이 불균등하게 분배되는 현상
   ④ **계층의 양극화** : 서로 다른 계층이나 집단이 점점 더 차이를 나타내고 관계가 멀어지는 것

18 세계 도시는 주로 경제, 문화, 정치적인 기능이 집적해 있고 다국적 기업의 중심 역할을 하는 도시를 의미한다. 이러한 도시들에는 다국적 기업의 본사, 국제 기구의 본부, 생산자 서비스 기능, 국제 금융 업무 기능 등이 집중되어 있다. 반면, 플랜테이션은 주로 열대·아열대에서 이루어지는 농업 방식으로, 다국적기업의 자본 및 기술과 원주민의 값싼 노동력을 결합하여 상품작물을 대규모로 경작하는데 이러한 플랜테이션 농장은 주로 개발도상국에 위치한다.

19 석유는 19세기 후반 내연 기관의 발명으로 본격적으로 사용되었으며, 현재 소비량이 가장 많은 에너지 자원이고 지역적 편재성이 커서 이동량이 많으며 국제 가격 변동이 심하다.
   ① **풍력** : 바람에 의해 작용하는 힘
   ② **석탄** : 매장량이 풍부하고 채굴 가능한 기간도 길어, 산업 혁명의 원동력으로 이용된 화석 연료

④ **천연가스** : 석유와 함께 매장되어 있으며, 석유보다 공해가 적고 열효율이 높으며 매장량도 비교적 많은 에너지 자원

20 지도에 표시된 (가)문화권은 북부 아프리카, 서남아시아, 중앙아시아가 포함된 건조 문화권으로, 전통적으로 유목과 오아시스 농업이 발달되어 왔으며 대부분 이슬람교를 믿고 아랍어를 사용한다.

21 총인구 가운데 65세 이상 인구의 비율이 7% 이상인 사회를 고령화 사회라 한다. 이를 해결하기 위한 정책에는 정년 연장, 노인 복지 시설 확충, 노인 연금 제도 등이 있다.

> **TIP** 고령화 문제를 해결하기 위한 노력
>
> • **노인 일자리 만들기**
>   – 일할 수 있는 능력이 있는 노인들에게 일자리를 제공한다.
>   – 취업 교육을 실시한다.
>   – 정년을 연장한다.
> • **노인 복지 정책 마련하기**
>   – 경제적 능력이 없는 노인들에게 생활비를 지원한다.
>   – 노인 전문 병원과 복지 시설을 늘린다.

22 공간적 제약의 완화는 정보화로 인한 문제점이 아니라 정보화로 인한 이점이다. 정보화로 인한 문제점에는 사생활 침해, 인터넷 중독, 개인 정보 유출, 사이버 범죄, 정보 격차 등이 있다.

23 **생태 중심주의** : 전체론적 관점에서 개체보다 상호 의존성에 바탕을 둔 생명 공동체 그 자체에 관심을 가지는 관점으로, 대표적인 사상가로는 레오폴드가 있다.

① **물질 만능주의** : 경제적 · 물질적인 가치를 가장 중요시 여겨 인간을 경시하며 물질로 모든 것을 다 이룰 수 있다고 여기는 주의를 말한다.

③ **수정 자본주의** : 국가가 민간 경제에 개입하여 문제를 해결해야 한다는 주장으로, 미국의 뉴딜 정책이 이에 해당한다.

④ **인간 중심주의** : 인간만이 도덕적 권리를 행사할 수 있으며, 자연은 인간의 생존과 복지를 위한 수단일 뿐이므로 유용성의 관점에서 파악한다. 대표적인 사상가로는 아리스토텔레스, 아퀴나스, 베이컨, 데카르트, 칸트가 있다.

24 **파리 기후 협약** : 1997년에 채택된 교토의정서를 대체하는 것으로, 2020년 이후 적용할 새로운 기후협약이다. 선진국에게만 온실가스 감축 의무가 있었던 교토의정서와는 달리, 파리

기후 협약에서는 이에 참여한 195개국이 모두 감축 목표를 지키기로 하였다.

① **런던 협약** : 폐기물이나 다른 물질의 투기를 규제하는 해양오염 방지조약

② **바젤 협약** : 유해 폐기물의 국가 간 이동 및 처리에 관한 국제협약

③ **람사르 협약** : 습지를 보호하기 위해 맺은 협약

25 탄소 발자국은 개인 또는 기업 등이 직 · 간접적으로 발생시키는 온실 기체의 총량을 의미하며, 우리는 이산화탄소 배출을 최대한 줄여 탄소 발자국을 감소시키기 위해 노력해야 한다.

제5교시

과 학

정답 및 해설 |

▌정답

01 ①	02 ①	03 ③	04 ④	05 ②
06 ②	07 ①	08 ④	09 ①	10 ①
11 ④	12 ②	13 ③	14 ③	15 ④
16 ①	17 ②	18 ②	19 ④	20 ②
21 ④	22 ③	23 ④	24 ③	25 ②

▌해설

01 **그래핀** : 탄소 원자가 육각형 벌집 모양으로 배열된 평면의 구조를 가진 신소재로, 강철보다 단단하고 구리보다 열전도율이 높으면서 잘 휘어지는 성질을 가지고 있어 휘어지는 디스플레이의 투명 전극 소재, 태양 전지, 발광 다이오드 조명 등에 쓰인다.
② **초전도체** : 매우 낮은 온도에서 전기저항이 0에 가까워지는 초전도 현상이 나타나는 도체로, 공명 장치, 입자 가속기, 자기 부상 열차 등에 쓰인다.
③ **네오디뮴 자석** : 일반 자석보다 자력이 강한 자석으로, 스피커, 헤드폰, 자기공명영상(MRI) 등에 쓰인다.
④ **형상 기억 합금** : 변형이 일어나더라도 원래의 모양으로 돌아가려는 성질을 가지고 있는 합금으로, 인공 장기, 화재경보기의 온도 디바이스 등에 쓰인다.

02 핵분열로 발생한 에너지를 이용하는 발전 방식은 핵발전이다.
② **파력 발전** : 파도의 오르내리는 힘을 이용한 발전 방식
③ **풍력 발전** : 바람의 힘으로 전기를 생산하는 발전 방식
④ **태양광 발전** : 발전기의 도움 없이 태양전지를 이용하여 태양의 빛에너지를 직접 전기에너지로 변환시키는 발전 방식

03 충격량＝나중 운동량－처음 운동량이므로
A의 충격량＝6－3＝3
B의 충격량＝7－4＝3
A, B, C 모두 같은 크기의 충격량을 받았다고 하였으므로
C 역시 운동량이 3만큼 증가하여 5＋3＝8
∴ ㉠＝8

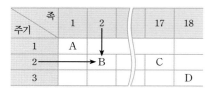

TIP 운동량과 충격량	
운동량	• 물체의 운동 정도를 나타내는 물리량 • 운동량＝질량×속도 • 물체의 질량이 클수록, 속도가 빠를수록 운동량도 큼
충격량	• 물체의 운동을 변화시키는 물리량 • 충격량＝힘×시간 • 충격량＝운동량의 변화량＝나중 운동량－처음 운동량

04 코일 근처에서 자석을 움직일 때 자석의 운동을 방해하는 방향으로 코일에 유도 전류가 흐르는데, 이를 전자기 유도라 한다. 주어진 그림에서 자석을 코일에 가까이 가져갈 때 바늘이 왼쪽으로 움직였다고 하였으므로 자석을 코일에서 멀어지게 하면 바늘은 반대로(오른쪽으로) 움직이게 된다. 이때 코일의 감은 수가 많을수록, 자석이 강할수록, 자석을 움직이는 속력이 빠를수록 유도 전류가 많이 흘러 검류계의 바늘이 더 많이 움직이므로 ①, ②, ③의 경우에는 왼쪽으로 더 크게 움직이게 된다.

05 주기는 가로줄을 말하고, 족은 세로줄을 말하므로 2주기 2족 원소의 위치는 다음과 같다.

주기＼족	1	2		17	18
1	A				
2	→	B		C	
3					D

그러므로 A~D 중 2주기 2족 원소는 B이다.

TIP 주기율표	

• **주기율** : 지구에서 발견된 여러 가지 원소들이 주기적으로 비슷한 화학적 성질을 나타내는 것
• **주기율표** : 원소를 원자 번호 순서대로 나열하고, 성질이 비슷한 원소끼리는 같은 세로줄에 오도록 배열한 표
－ 주기 : 가로줄로 7개의 주기가 있음
－ 족 : 세로줄로 18개의 족이 있으며 같은 족끼리는 화학적 성질이 비슷함

06 이 반응에서 C는 산소를 얻어 CO_2가 되며 산화되었고, CuO는 산소를 잃고 Cu로 환원되었다. 그러므로 산화된 물질은 C이다.

> **TIP** 산화 환원 반응
>
> 산화와 환원은 항상 동시에 일어나고, 산화로 잃은 전자의 수와 환원으로 얻은 전자의 수는 같다.
> - **산화** : 물질이 산소를 얻거나 전자를 잃는 반응
>   - 예 $C + O_2 \rightarrow CO_2$: C는 산화됨
> - **환원** : 물질이 산소를 잃거나 전자를 얻는 반응
>   - 예 $CuO + H_2 \rightarrow Cu + H_2O$: CuO는 환원됨

07 구리는 전기와 열이 매우 잘 통하며 광택이 있고 금속 원소이다.
② **염소** : 17족에 속하는 할로젠 원소로 독특한 색을 가지며 음이온이 되기 쉽고, 상온에서는 두 원자가 결합한 상태로 존재한다. 특히 실온에서 기체로 존재한다.
③ **헬륨** : 18족에 속하는 비활성 기체로 반응성이 아주 낮으며 안정하여 쉽게 화합물을 만들지 않는다.
④ **브로민** : 17족에 속하는 할로젠 원소로 독특한 색을 가지기 쉬우며 음이온이 되기 쉽고, 상온에서는 두 원자가 결합한 상태로 존재한다. 특히 실온에서 액체로 존재한다.

08 탄소 원자(C)의 원자 번호는 6이며 이는 양성자의 수이자 전자의 수이기도 하다. 이때 가장 바깥 전자 껍질에 들어 있는 전자는 4개이다.

09 중화 반응은 산과 염기가 반응하여 물과 염이 생성되는 반응을 말한다. 주어진 반응식에서 산인 염산(HCl)과 염기인 수산화 나트륨(NaOH)이 반응하였으므로 물(H_2O)과 염(NaCl)이 생겨야 한다. 그러므로 ㉠에 해당하는 물질은 H_2O이다.

10 산소(O_2)는 산소 원자(O) 2개가 공유 결합을 이루고 있는 물질이며 동식물의 호흡에 이용되는 기체이다.

> **TIP** 공유 결합
>
> 원자들이 각각 전자를 내놓아 전자쌍을 만들고 이 전자쌍을 공유하는 결합
> - **단일 결합**
>   - 1개의 전자쌍을 공유
>   - 메테인(CH_4), 암모니아(NH_3), 물(H_2O) 등
> - **이중 결합**
>   - 2개의 전자쌍을 공유
>   - 산소(O_2), 이산화탄소(CO_2) 등
> - **삼중 결합**
>   - 3개의 전자쌍을 공유
>   - 질소(N_2), 일산화탄소(CO) 등

11 **종 다양성** : 일정한 지역에 살고 있는 생물종의 다양한 정도를 나타내는 것으로 예를 들면 어느 지역의 숲에 서식하는 나무와 동물의 종류 등이 있다.
① **개체 수** : 일정한 지역에 모여 살며 자손을 생산할 수 있는 개개의 생물체의 수를 의미한다.
② **소비자** : 생태계의 생물적 요인 중 하나로, 다른 생물을 섭취하여 양분을 얻는 개체이다. 예를 들면 초식 동물, 육식 동물 등이 있다.
③ **영양 단계** : 먹이사슬에서 물질에너지가 차례대로 전달되는 과정이자 생물이 차지하는 지위를 의미한다.

12 **B(리보솜)** : 작은 알갱이 모양의 세포 소기관으로 단백질을 합성한다.
① **A(핵)** : 유전 물질인 DNA가 있어 세포의 구조와 기능을 결정함
③ **C(미토콘드리아)** : 세포호흡이 일어나 세포가 생명 활동을 하는데 필요한 형태의 에너지를 생산함
④ **D(엽록체)** : 식물 세포에만 있는 세포 소기관으로 광합성이 일어남

> **TIP** 세포 소기관의 종류와 기능
>
> | 핵 | 유전 물질인 DNA가 있어 세포의 구조와 기능을 결정. 생명 활동을 조절 |
> |---|---|
> | 리보솜 | 작은 알갱이 모양의 세포 소기관으로 단백질을 합성 |
> | 소포체 | 리보솜에서 합성한 단백질을 골지체나 세포의 다른 곳으로 운반 |
> | 세포막 | 세포를 둘러싸서 세포 안을 주변 환경과 분리. 세포 안팎으로 물질이 출입하는 것을 조절 |
> | 미토콘드리아 | 세포 호흡이 일어나 세포가 생명 활동을 하는 데 필요한 형태의 에너지 생산 |
> | 골지체 | 물질을 저장하거나 단백질을 세포 밖으로 분비하는 데 관여 |
> | 세포벽 | 식물 세포의 세포막 바깥쪽에 있는 단단한 벽으로, 세포를 보호하고 세포의 형태를 유지 |
> | 액포 | 식물 세포에서 크게 발달한 세포 소기관으로 물, 색소, 노폐물 등을 저장 |
> | 엽록체 | 식물 세포에만 있는 세포 소기관으로 광합성이 일어나 포도당을 합성 |

13 생태계 평형이란 생태계를 이루는 구성 요소가 균형을 이루는 상태를 의미하므로 ㉠에 들어갈 말로 가장 적절한 것은 생태계 평형이다.
    ① 생산자 : 생태계의 생물적 요인 중 하나로, 생명 활동에 필요한 양분을 스스로 만드는 개체이다. 예를 들면 식물, 식물 플랑크톤 등이 있다.
    ② 서식지 : 어떤 특정 생물 또는 개체군이 살고 있는 자연 환경, 지역을 의미한다.
    ④ 유전적 다양성 : 같은 종 내에서 유전자의 다양함으로 인해 나타나는 형질의 다양함이다. 예를 들면 얼룩말의 무늬, 바나나의 종류 등이 있다.

14 세포막은 인지질 2중층에 단백질이 끼어 있거나 표면에 붙어 있는 구조로 되어 있다. 이때 세포막의 인지질은 친수성인 머리와 소수성인 꼬리로 구성되어 있는데, 이 인지질이 각각 머리는 바깥으로, 꼬리는 안쪽으로 향하는 2중층으로 배열되어 있다.
    ㄴ. 단백질을 통해 촉진 확산이 일어나고, 인지질 2중층을 통해 단순 확산이 일어난다.

15 탄소 화합물이란 탄소(C) 원소를 중심으로 산소, 수소 등이 결합하여 만들어진 화합물을 뜻한다.

TIP 지질, 단백질, 핵산의 구성 물질

• 지질 : C, H, O
• 단백질 : C, H, O, N
• 핵산 : 뉴클레오타이드(인산, 당, 염기)

16 DNA는 아데닌(A), 타이민(T), 사이토신(C), 구아닌(G)의 염기로 구성되어 있는데, 이때 염기는 A−T, G−C가 서로 상보결합한다. 그러므로 ㉠은 T와 결합되어야 하므로 A이다.

17 고생대는 약 5.4억~2.5억 년 전으로 대기권에 오존층이 형성되면서 기후가 온난하고 바다에서 생활하던 생물들이 육상으로 진출한 시기이다. 말기에 판게아가 형성되었고 대표적으로 삼엽충, 필석, 갑주어, 양치식물이 번성하였다.

TIP 지질 시대

구분	환경	생물
선캄브리아대	몇 차례 빙하기가 있던 가장 긴 시대	세포 생물, 해조류, 스트로마톨라이트 등
고생대	대기권에 오존층이 형성	삼엽충, 필석, 갑주어, 양치식물 등
중생대	대체로 기후가 온난	암모나이트, 공룡, 파충류, 겉씨식물 등
신생대	4번의 빙하기, 3번의 간빙기	포유류 크게 번성, 인류 출현, 화폐석, 매머드, 속씨식물 등

18 화석 연료가 연소되는 것은 지권에서 일어나고, 기체가 되어 대기 중으로 이동하는 것은 기권에 일어난다.

19 주계열성 별에서는 수소(H)가 헬륨(He)으로 바뀌는 수소 핵융합이 일어난다.

20 두 판이 반대 방향으로 어긋나는 판의 경계를 보존형 경계라 하는데, 이 경계에서는 변환 단층, 산안드레아스 단층 등이 발달한다.

TIP 판의 경계

• **발산형 경계** : 두 판이 서로 멀어지는 판의 경계 → 지진과 화산 잦고 해령이나 열곡대 발달
  예) 동태평양 해령, 대서양 중앙 해령, 동아프리카 열곡대 등
• **수렴형 경계** : 두 판이 서로 가까워지는 판의 경계 → 지진과 화산 잦고 해구와 습곡 산맥 발달
  예) 일본 해구, 마리아나 해구, 히말라야산맥, 안데스산맥 등
• **보존형 경계** : 두 판이 반대 방향으로 어긋나는 판의 경계 → 지진은 잦으나 화산은 안 일어남, 해령 부근의 변환 단층으로 판의 생성이나 소멸 없음
  예) 변환 단층, 산안드레아스 단층 등

21 지구 내부의 물질(지구 중심에서 흘러나오는 열 또는 방사성 원소가 붕괴할 때 방출되는 열에너지 등)로부터 나오는 에너지는 지구 내부 에너지이다. 이 에너지는 지권에서 지진, 화산 활동, 판 운동 등의 지각 변동을 일으킨다.

22 사막화는 오랜 가뭄 또한 인간의 과도한 개발로 인해 토지가 사막으로 변해가는 현상으로 아프리카 사하라 사막 남부 지역 등에서 주로 나타난다.

23 규산염 광물은 가운데에 규소(Si) 원자가 있고, 4개의 산소(O)가 그 주위에 결합되어 있는 사면체 구조를 갖는다.

24 Q_1은 공급받은 에너지이고 Q_2는 일을 하고 남은 방출된 열이므로 $Q_1 > Q_2$이다. 또한 열효율$(\%) = \dfrac{W}{Q_1} \times 100 = \dfrac{Q_1 - Q_2}{Q_1} \times 100$이므로 W가 클수록 열효율도 크다.
ㄴ. $W = Q_1 - Q_2$

25 속도가 10m/s이므로 1초에 10m를 간다는 뜻이다. 그러므로 2초에는 20m를 갈 수 있고, 인접한 두 점선 사이의 거리가 10m씩이라고 하였으므로 공의 시작 지점에서부터 20m 떨어져 있는 B에 도달한다.

제6교시

한국사

정답 및 해설 |

▌정답

01 ①	02 ④	03 ③	04 ②	05 ④
06 ①	07 ②	08 ③	09 ①	10 ②
11 ①	12 ②	13 ②	14 ②	15 ④
16 ①	17 ③	18 ④	19 ①	20 ①
21 ①	22 ②	23 ③	24 ④	25 ④

▌해설

01 주먹도끼는 구석기 시대의 대표적인 사냥 도구이다.

02 삼한은 5월과 10월에 계절제를 열어 하늘에 제사를 지내고, 한반도 남부에 마한, 진한, 변한의 연맹체를 형성하였다. 또, 정치적 지배자인 군장과 제사장인 천군이 존재하는 제정 분리 사회이다.
① 고구려
② 조선
③ 고려

03 **화랑도** : 신라 진흥왕 때 국가적 조직으로 개편된 청소년 수양단체
① **5군영** : 조선 후기 서울과 외곽지역을 방어하기 위해 설치되었던 5개의 군영
② **별무반** : 윤관의 건의로 조직된 특수부대로 신기군(기병), 신보군(보병), 항마군(승병)으로 이루어짐
④ **군국기무처** : 조선 말기 갑오개혁을 추진하였던 최고 정책 결정 기관

04 세종은 집현전을 설치하여 학문 연구를 하였고, 한글 창제를 하였다.
ㄴ. 조선 세조 때 집필을 시작하여 성종 때 완성하였다.
ㄹ. 고려 광종이 실시한 정책이다.

TIP 세종의 업적
• 훈민정음 창제
• 집현전 설치(학문과 정책 연구 및 경연 활성화)
• 민족문화 발달(과학 발달, 편찬 사업)
• 민생 안정

• 4군 6진 개척을 통한 영토 확장
• 의정부 서사제 실시(왕권과 신권의 조화)

05 주어진 글은 무령왕릉에 대한 설명으로 무덤 주인은 백제 무령왕이다.
① 신라 시기의 무덤
② 고구려의 돌무덤
③ 고구려의 벽화 무덤

06 **삼별초** : 최씨 정권의 사병 집단인 야별초에 신의군(귀환포로)을 합쳐 편성한 특수군으로 도방과 함께 최씨 정권의 군사적 기반이었다. 몽고군과 항쟁하여 고려 무신의 전통적 자주성을 보여주었다.
② **장용영** : 조선 정조 때 왕권 강화를 위해 창설된 친위부대
③ **훈련도감** : 조선시대에 수도의 수비를 맡아보던 5군영 중 가장 먼저 설치된 것
④ **대한 독립군** : 1919년 홍범도가 만주에서 창설한 항일 독립군 부대

07 고려시대 때 최하층 신분에 해당하며 주인에게 예속되었던 신분은 천민인 노비이다.

TIP 고려의 신분제도
• **귀족** : 왕족, 5품 이상 관료
• **중류층** : 하급관리(남반, 군반, 향리, 서리, 역리, 기술관 등)
• **평민(양민)** : 농민(백정), 상인, 상공업자
• **천민** : 노비

08 삼국유사는 고려 후기 승려 일연이 저술한 역사서로, 불교적 · 자주적 · 신이적 사관을 가지고 있으며 단군 조선과 가야, 민간 전승과 불교 설화 및 향가 등이 수록되어 있다.
① **동의보감** : 조선 선조의 명을 받은 허준이 집필하기 시작하여 광해군 때 완성한 의서
② **농사직설** : 세종 때 우리의 실정에 맞는 독자적인 농법을 정리하여 만든 우리나라 최초의 농서
④ **향약집성방** : 세종 때 우리 풍토에 맞는 약재 개발과 1천여 종의 병명 및 치료방법을 개발, 정리하여 체계화한 의서

09 어사대는 정치의 잘잘못을 논의하고 풍속을 교정하며 백관을 규찰하고 탄핵하는 일을 맡았던 고려의 정치 기구이다.
② **집사부** : 신라의 최고 정무 기구
③ **제가 회의** : 고구려의 정치 기구
④ **통리기무아문** : 1880년대 개화 정책을 추진하기 위하여 설치한 기구

10 신라 말에는 중앙 진골 귀족들의 왕위 쟁탈전으로 인해 왕권과 지방 통제력이 약해졌고, 지방에서는 호족들이 성장하여 지배권을 행사하기 시작했다.
① **사림** : 조선 시대 유교를 닦는 선비들을 부르는 말로 향촌 사회의 성리학적 질서와 수신, 왕도 정치를 중요시 여긴다.
③ **권문세족** : 무신정권 붕괴 이후 등장하여 원 간섭기에 주요 직위를 차지하였다.
④ **신진 사대부** : 고려 말기 과거를 통해 관계에 진출한 세력으로 하급관리나 향리 출신으로 성리학을 수용하고 개혁적 성향을 지녔다.

11 **통신사** : 조선시대 조선 국왕의 명의로 일본의 에도 막부 장군에게 보낸 공식적인 외교 사절단
① **영선사** : 조선 말기 개화기에 중국의 선진 문물(무기 제조법)을 견학하기 위해 젊은 유학생들을 거느리고 건너가 청나라의 무기제조법 등을 배워오고, 미국과의 수교문제에 관하여 사전 조율하기 위해 중국을 다녀온 사신
② **보빙사** : 조선에서는 최초로 미국 등 서방 세계에 파견된 외교 사절단
④ **연행사** : 조선 후기에 청나라에 보낸 사신

12 홍경래의 난은 1811년 홍경래 등을 중심으로 평안도의 차별 등이 원인이 되어 일어난 농민반란이다. 이는 이후 각지의 농민 봉기 발생에 영향을 미쳤다.
① **만적의 난** : 고려 시대에 개경에서 최충헌의 노비였던 만적이 중심이 되어 일으킨 노비 반란
③ **부 · 마 민주 항쟁** : 1979년 부산 및 마산 지역을 중심으로 벌어진 박정희 유신독재에 반대하는 시위
④ **암태도 소작 쟁의** : 1923년 전남 무안군 암태도의 소작인과 지주가 벌인 쟁의사건

13 조선 후기에는 우리의 자연을 사실적으로 그린 화풍이 유행하였다. 이 화풍을 개척한 이는 정선으로, 대표적인 작품에는 '인왕제색도'와 '금강전도'가 있다.

14 주어진 글에서 설명하는 정책은 호포제이다.
① 고구려 소수림왕
③ 조선 세종
④ 조선 정조

> **TIP** 흥선대원군 주요 정책
> • **왕권 강화** : 고른 인재 등용, 통치 체제 정비(법전 편찬, 군제 개편), 경복궁 중건 등
> • **민생 안정** : 서원 정리, 삼정 개혁(호포법 실시, 사창제 실기, 양전 사업 실시)

15 주어진 ㉠에 들어갈 사건은 1894년 전봉준 등을 지도자로 동학교도와 농민이 합세하여 일으킨 농민운동인 동학 농민 운동이다.
① **병자호란** : 1636년(인조 14) 12월부터 이듬해 1월에 청나라가 조선에 대한 제2차 침입으로 일어난 전쟁
② **김흠돌의 난** : 신문왕 1년(681) 소판 김흠돌이 파진찬 흥원, 대아찬 진공 등과 함께 모반을 꾀하다가 발각되어 처형된 사건
③ **이자겸의 난** : 1126년 왕실의 외척이었던 이자겸이 왕위를 찬탈하려고 일으킨 반란

16 임오군란은 1882년(고종 19) 6월 9일 구식군대가 신식군대에 대한 불만으로 일으킨 병란이다.
② **갑신정변** : 1884년(고종 21) 김옥균을 비롯한 급진개화파가 개화사상을 바탕으로 조선의 자주독립과 근대화를 목표로 일으킨 정변
③ **갑오개혁** : 1894년 7월부터 1896년 2월까지 정부가 추진한 자주적인 개혁
④ **을미사변** : 1895년(고종32년) 일본공사 미우라 고로가 주동이 되어 명성황후를 시해하고 일본세력 강화를 획책한 정변

17 독립 협회는 1896년(고종 33) 7월 설립한 한국 최초의 근대적인 사회정치단체이다. 정부의 외세의존 정책에 반대하는 개화 지식층이 한국의 자주독립과 내정개혁을 표방하고 활동하였고, 서재필을 중심으로 독립신문을 발간하여 민중계몽에 나섰으며 독립문을 건립하고 만민 공동회를 개최하였다.
① **신민회** : 안창호 등이 대표로 있었던 비밀 결사 단체
② **근우회** : 항일여성운동 단체
④ **조선 형평사** : 평등한 세상을 만들기 위한 목적으로 만들어진 단체

18 **조선어 학회** : 국어 연구와 발전을 목적으로 하는 민간 학술 단체로 한글 맞춤법 통일안과 조선어 사전을 편찬하고, 한글 잡지를 발간하였다.
   ① **황국 협회** : 보부상 단체를 앞세워 독립협회를 탄압하고자 만든 친일 어용 단체
   ② **한국 광복군** : 지청천을 총사령관으로 한 대한민국 임시 정부의 독자적인 부대로, 일본에 선전포고를 한 뒤 연합군과 함께 독립 전쟁을 전개하였음
   ③ **한인 애국단** : 대한민국 임시 정부의 활발한 활동을 목적으로 김구가 비밀리에 설립한 단체

19 **영정법**은 조선 후기에 인조가 시행한 제도로, 전세의 폐단을 시정하기 위해 풍흉에 관계없이 토지 1결당 미곡 4두를 고정하여 걷는 전세 제도이다.
   ② **남면북양 정책 추진** : 1930년대 일제가 공업원료 증산을 위해 한반도의 남쪽에서는 목화재배를, 북쪽에서는 양사육을 강요한 정책
   ③ **산미 증식 계획** : 일제가 조선을 일본의 식량공급지로 만들기 위해 1920~1934년 실시한 농업정책
   ④ **토지 조사 사업** : 1910년부터 1918년까지 일제가 우리나라에서 식민지적 토지제도를 확립할 목적으로 실시한 대규모의 조사사업

20 **3·1운동**은 1919년 3월 1일을 기점으로 일본의 식민지 지배에 저항하여 전 민족이 일어난 항일독립운동으로 일제 강점기에 나타난 최대 규모의 민족운동이었으며, 대한민국 임시 정부가 수립되는 계기가 되었다.
   ② **새마을 운동** : 1970년부터 시작된 범국민적 지역사회 개발 운동
   ③ **문자 보급 운동** : 1929년 조선일보가 중심이 되어 우리글인 한글을 보급해 민족의 역량을 키우자는 애국 계몽 운동
   ④ **서경 천도 운동** : 문벌 귀족 사회 내부의 분열과 지역 세력 간의 대립, 풍수지리설이 결부된 전통 사상과 사대적 유교 정치사상의 충돌 등이 얽혀 일어난 것으로, 묘청이 고려의 수도를 서경으로 옮기려 전개한 움직임

21 **반민족 행위 처벌법**은 일제 강점기 때 일본에 협력하며 반민족적 행위로 민족에게 해를 끼친 친일파를 처벌하기 위하여 제정한 법률이다.
   ② **신분제 폐지** : 1894년 1차 갑오개혁 때 과거제를 폐지하여 신분 차별 없는 새로운 관리 임용 제도를 채택하고, 신분제를 폐지(양반과 평민의 계급타파, 노비제도 폐지)하였다.
   ③ **삼정 문란 해결** : 조선 후기 세도 정치 때 삼정(전세의 문란, 군포의 문란, 환곡의 문란)은 매우 문란하였는데, 이를

해결하기 위해 삼정이정청을 설치하고, 삼정을 개혁하려 하였다.
   ④ **외환 위기 극복** : 김대중 정부 때 금 모으기 운동, 아나바다 운동, 국산품 쓰기 운동 등을 통해 외환 위기를 극복하였다.

22 하얼빈에서 이토 히로부미를 처단하고 동양 평화론을 집필한 독립 운동가는 안중근이다.
   ① **서희** : 거란의 1차 침입 때 거란의 적장 소손녕과 외교 담판을 벌여 고려가 고구려의 후손이라는 점을 인정받고, 여진의 땅을 확보하면 통교한다는 조건을 걸어 강동 6주를 돌려받았다.
   ③ **정약용** : 조선 후기 18세기 실학사상을 집대성한 한국 최대의 실학자이자 개혁가로, 목민심서와 경세유표, 흠흠신서를 저술했으며, 당대 최첨단 기자재인 거중기를 도입해 수원 화성을 초고속으로 축조하였다.
   ④ **최승로** : 고려 6대왕 성종을 보필하여 고려사회를 유교사회로 전환시키고 시무 28조를 성종에게 바쳐 정치 개혁을 이룩하였다.

23 이승만 정부의 독재와 부정부패가 극에 달하고, 3·15 부정선거가 터지자 반정부시위가 선거 전후 전국에 걸쳐 대도시에서 일어나기 시작했다.
   ① **브나로드 운동** : 일제강점기에 동아일보사가 주축이 되어 일으킨 농촌계몽운동으로 전국 규모의 문맹퇴치운동
   ② **농촌 진흥 운동** : 1932년 일제가 수립·추진한 식민지 농업정책
   ④ **민족 유일당 운동** : 1920년대 후반 만주와 중국 지역에 분립되어 있던 항일 민족단체들을 중심으로 독립운동 단체들이 하나로 통합되기 위해 전개한 운동

24 쌍성총관부를 공격하여 철령 이북의 땅을 회복한 것은 공민왕이다.

 의열단
   1919년 만주 길림성에서 조직된 항일독립운동단체로 김대지, 황상규가 지도했고, 김원봉, 윤세주 등 13명의 단원이 있었다. 1920년대에 활발한 활동을 하였고, 1930년대에 급진적 민족주의 색채를 띠었다.

25 **노태우 정부** : 7·7 특별선언(1988), 남북한 UN 동시 가입(1991), 남북기본합의서 채택(1991), 한반도 비핵화 공동 선언(1991)
   ① 고려 무신 정권의 최충헌
   ② 조선 시대 성종
   ③ 김대중 정부

제7교시 도 덕

정답 및 해설 |

정답

01 ①	02 ②	03 ③	04 ③	05 ①
06 ①	07 ②	08 ①	09 ①	10 ②
11 ④	12 ③	13 ①	14 ②	15 ①
16 ②	17 ④	18 ④	19 ④	20 ②
21 ③	22 ④	23 ③	24 ③	25 ④

해설

01 안락사 허용 문제, 자살, 뇌사, 인공 임신 중절, 생명 복제, 동물실험 등 생명의 존엄성과 관련된 문제는 생명 윤리 영역의 윤리적 쟁점이라 볼 수 있다.

TIP 생명 윤리

과학기술의 급속한 발달과 더불어 종래의 기술 수준으로는 치료할 수 없다고 생각되던 다양한 의료 분야에서 생명을 연장할 수 있는 치료법의 개발이 이루어진 결과, 삶과 죽음, 인격과 비인격 간의 경계가 애매해지고 기존의 윤리학으로는 대처할 수 없는 윤리적 문제들이 발생한 데서 기인한다.

02 칸트는 윤리적 의사 결정 과정에서 보편화 가능성과 인간 존엄성을 중시하였고, 모든 사람을 수단이 아닌 목적 자체로 대해야 한다는 정언 명령을 강조하였다. 그러므로 ㉠에 들어갈 용어는 보편적, ㉡에 들어갈 용어는 목적이다.

TIP 칸트 윤리

• 결과적으로 옳은 행동을 했더라도 사익 추구나 사회적 비난을 피하려는 의도 등에서 비롯한 행위는 옳지 않음
• 도덕 법칙은 정언 명령(행위의 결과와 상관없이 행위 자체가 선(善)이기 때문에 무조건 수행해야 하는 도덕적 명령)의 형식을 띠고 있음
• 도덕성을 판단할 때 행위의 결과보다 동기를 중시하면서 오로지 의무 의식에서 나온 행위만이 도덕적 가치를 지닌다고 봄
• 이성적이고 자율적인 인간은 보편적인 도덕 법칙을 의식할 수 있음
• 윤리적 의사 결정 과정에서 보편화 가능성과 인간 존엄성을 중시함

03 공리주의에서는 옳은 행위를 결정하는 기준이 유용성의 원리라고 보았다. 또한 벤담의 공리주의는 최대 다수의 최대 행복을 도덕과 입법의 원리로 제시한다.
  ㄱ. 행위의 결과보다 동기를 중시하는 것은 의무론적 관점에서의 칸트의 윤리이다.
  ㄷ. 보편타당한 법칙이 존재하며 이를 따라야 한다는 것은 의무론적 관점이다.

04 통일 한국이 지향하는 가치는 평화, 인권, 자유, 정의이다.

TIP 통일 한국이 지향해야 할 가치

• **평화** : 전쟁의 공포가 사라진 평화로운 국가를 지향해야 함
• **자유** : 자신의 신념과 선택에 따른 자유로운 삶이 보장되는 국가를 지향해야 함
• **인권** : 모든 사람의 존엄과 가치가 존중되는 인권 국가를 지향해야 함
• **정의** : 모두가 합당한 대우를 받는 정의로운 국가를 지향해야 함

05 (가)는 인간 개체 복제에 찬성하는 의견이므로 그에 대한 입장이 와야 한다. 인간 개체 복제는 불임 부부의 고통을 덜어 줄 수는 있지만, 인간의 존엄성을 훼손하거나 자연의 고유한 질서를 해칠 수 있으며 가족 관계에 혼란을 줄 수도 있다.

06 주어진 글에서 설명하는 사상은 유교 사상이다.
② **도가** : 무위자연을 추구하며 인간의 의지, 욕구와 상관없이 존재하는 자연의 가치와 아름다움을 강조
③ **법가** : 실정법적인 법의 우위를 주장
④ **불교** : 생명의 상호 의존 관계를 강조하며 불살생의 가르침을 주장

07 성의 인격적 가치는 사랑하는 사람과 상호 간의 존중과 배려를 실현하게 해준다.

TIP 성이 갖는 가치

• **생식적 가치** : 자연법 윤리에서 말하는 종족 보존의 자연적 성향과 관계가 있음
• **쾌락적 가치** : 인간의 감각적인 욕구를 충족시켜 줌. 성적 욕망과 관련이 있음
• **인격적 가치** : 사랑하는 사람과 상호 간의 존중과 배려를 실현하게 해 줌

08 시민 불복종은 부정의한 법과 정책에 대한 시민들의 의도적 위법 행위를 말하며, 대표적인 사례로는 간디의 소금 행진(비폭력 불복종 운동), 소로의 세금 납부 거부 운동, 마틴 루서 킹의 흑인 인권 운동, 여성의 참정권 운동 등이 있다.

09 부부는 서로 동등한 존재임을 인식하여 서로를 존중하고 협력해야 하며 배려하고 부족함을 보완해야 한다.
　ㄷ. 능력 차이를 이용하여 위계 질서를 세워서는 안 되며, 남녀가 서로의 차이를 존중해야 한다.
　ㄹ. 남성과 여성이라는 성별만으로 경제 활동과 육아를 이분하여서는 안 된다.

10 정명(正名) : 공자의 정명은 일반적으로 군·신·부·자 등 신분질서를 지칭하는 이름에 한정하여, 그 이름에 걸맞은 각 주체의 역할과 행위가 실현되어야 함을 강조하는 것으로 해석한다. 즉, 자신이 맡은 직분 및 각자의 신분과 지위에 맞는 역할에 충실해야 한다는 뜻이다.
　① 겸애(兼愛) : 모든 인간을 가리지 않고 조건 없이 똑같이 사랑하는 것
　③ 무위(無爲) : 인위적이거나 작위적이지 않은 자연스러운 것을 추구함
　④ 해탈(解脫) : 인간의 속세적인 것에서 벗어난 자유로운 상태

11 예술에 대한 도덕적인 입장에서 예술은 도덕적 가치를 실현하는 데 기여해야 하므로, 도덕적 교훈이나 모범을 제공해야 한다고 주장한다.

> **TIP 예술과 윤리의 관계**
> • 예술 지상주의
> 　– 예술은 예술 그 자체나 미적 가치를 추구해야 함
> 　– 예술을 윤리적 가치의 기준으로 판단하는 것은 잘못된 태도라 주장
> • 도덕주의
> 　– 예술은 도덕적 가치를 실현하는 데 기여해야 함
> 　– 예술은 도덕적 교훈이나 모범을 제공해야 한다고 주장

12 니부어는 집단의 도덕성이 개인의 도덕성보다 떨어진다고 보아 개인 윤리와 사회 윤리를 구분할 필요가 있다고 보았다. 그는 개인의 도덕성 함양과 개선이 이루어지는 가운데, 도덕적 정당성을 가진 제도적 강제력을 통해 문제 해결에 나설 때 사회 문제가 바르게 해결될 수 있다고 보았다.
　① 노직 : 자신의 부를 어떻게 이용할 것인지는 전적으로 개인의 자유이기 때문에 해외 원조나 기부를 실천해야 할 윤리적 의무는 존재하지 않는다고 주장

② 벤담 : 최대 다수의 최대 행복을 주장한 공리주의자
④ 슈바이처 : 생명을 보호하고 살리는 것은 좋은 일이며, 생명을 파괴하고 억제하는 것은 나쁜 일이라는 생명 외경 사상을 강조

13 주어진 사례들은 최소 수혜자에게 최대 혜택을 주는 차등의 원칙과 관련이 있다.

> **TIP 롤스의 정의론**
> 절차적 정의에 따르는 '정의의 원칙'을 주장하며 원초적 입장(무지의 베일을 쓴 상태)이라는 가상적 상황에서 모두가 합의할 수 있는 정의의 원칙을 제시하였다.
>
> | 제1원칙 | 평등한 자유의 원칙 : 모든 사람은 기본적인 자유에서 평등한 권리를 지녀야 함 |
> | --- | --- |
> | 제2원칙 | • 차등의 원칙 : 사회·경제적 불평등은 사회의 최소 수혜자에게 최대의 이익이 되어야 함
• 공정한 기회 균등의 원칙 : 공직과 지위는 불평등할 수 있지만 그것이 공정한 기회 균등의 조건 아래 모두에게 개방되어야 함 |

14 윤리적 성찰이란 자신이 경험하는 일에 대해 윤리적 의미를 탐구하는 것으로 삶을 성찰하고 도덕적인 판단과 행위를 하기 위해 필요하다. 일기 쓰기, 좌우명 만들기 등으로 실천할 수 있다.
　① 사실 판단 : 존재하는 현상을 객관적으로 서술하며 객관적인 근거를 바탕으로 참과 거짓을 분명히 구별하고 개념과 사실관계를 명확하게 판단하는 것
　③ 가치 전도 : 가치가 서로 뒤바뀐 현상
　④ 쾌락의 역설 : 쾌락을 너무 추구하여 쾌락에 몰두하다 보면 오히려 고통을 겪게 되는 현상

15 다른 사람의 기본적 자유와 권리를 침해하지 않고, 정보의 진실성과 공정성을 추구하는 것을 정보 윤리의 정의의 원칙이라 한다.

16 대중문화에 대한 윤리적 규제를 반대하는 입장으로는 자율성 및 표현의 자유 중시, 다양한 문화를 누릴 대중의 권리 보장 등이 있다. 성의 상품화 예방, 대중의 정서에 미칠 부정적 영향 방지 등은 대중문화에 대한 윤리적 규제를 찬성하는 입장이다.

17 과학 기술 지상주의는 과학 기술이 모든 문제를 해결할 수 있다고 보는 관점이다.

18 공직자는 공익실현을 위해 노력해야 하며 국민을 위해 봉사하는 자세를 가져야 하고, 권한을 남용하여서는 안 되며 청렴해야 한다.

19 지속 가능한 발전을 위해서는 에너지를 절약하고 친환경 에너지 개발을 해야 한다. 또한 일회용품 사용을 자제하며 자원 재활용을 위해 노력하고 환경 보전을 생활 속에서 습관적으로 실천하는 자세를 가져야 한다.

20 인간 중심주의는 인간만이 가장 중요하며 그 외의 자연은 모두 인간을 위한 수단이자 도구로 활용할 수 있다고 생각하는 관점이다.

> **TIP** 자연과 윤리
>
> • **인간 중심주의** : 인간만이 도덕적 권리를 행사할 수 있으며, 자연은 인간의 생존과 복지를 위한 수단일 뿐이므로 유용성의 관점에서 파악한다. 대표적인 사상가로는 아리스토텔레스, 아퀴나스, 베이컨, 데카르트, 칸트가 있다.
> • **동물 중심주의** : 생태계를 구성하는 존재 중 동물에 강조점을 두는 관점으로, 대표적인 사상가로는 벤담, 밀, 싱어가 있다.
> • **생명 중심주의** : 모든 생명체는 그 자체로 도덕적 고려를 받아야 할 가치가 있다고 보는 관점으로, 대표적인 사상가로는 슈바이처, 테일러가 있다.
> • **생태 중심주의** : 전체론적 관점에서 개체보다 상호 의존성에 바탕을 둔 생명 공동체 그 자체에 관심을 가지는 관점으로, 대표적인 사상가로는 레오폴드가 있다.

21 싱어는 공리주의적 관점에서 모든 사람의 고통을 감소시키고 쾌락을 증진시키는 것이 인류의 의무라고 보았다.

> **TIP** 원조에 대한 입장
>
> • **의무적인 입장** : 칸트, 싱어, 롤스
> • **자선적인 입장** : 노직

22 종교 갈등 해결을 위해서는 종교의 자유를 인정하고 다른 종교에 대해 관용의 태도를 가져야 한다. 또한 종교 간에 적극적으로 대화하고 협력해야 하며 사랑, 평화와 같은 가치를 실천하기 위해 노력해야 한다.

23 윤리적 소비란 공정무역 운동을 포함한 소비자 운동으로 인간, 동물, 환경에 해를 끼치는 상품을 사지 않는 소비행위를 말한다. 즉 이웃과 환경을 모두 고려하는 소비 형태로, 개발도상국 노동자들의 인권 향상을 위한 소비를 하고, 환경 마크나 공정 무역 마크가 부착된 제품을 구매하는 것 등을 통해 실천할 수 있다. 대량 소비나 과시적 소비 등은 윤리적 소비를 위한 방법이 아니다.

24 식인 문화, 순장 등과 같이 보편적 가치에 어긋나는 비윤리적인 문화까지 수용해서는 안 된다.

25 하버마스는 논쟁을 할 때에도 수용하는 자세를 잃지 않고 대화와 토론을 통한 '의사소통의 합리성'이라는 이성의 잣대를 세웠다. 또한 이상적 담화 상황 조건으로 진리성, 정당성, 진실성, 이해가능성을 제시하였다.

> **TIP** 하버마스의 이상적 담화 조건
>
> • **이해 가능성** : 서로 이해할 수 있어야 함
> • **정당성** : 사회적으로 정당한 규범에 근거해야 함
> • **진리성** : 참이며, 진리에 바탕을 두어야 함
> • **진실성** : 자신이 말한 의도를 믿을 수 있도록 진실하게 표현해야 함

정답 및 해설

2021년도

제2회

제1교시

국 어

정답

01 ①	02 ④	03 ④	04 ③	05 ②
06 ③	07 ①	08 ②	09 ②	10 ④
11 ①	12 ③	13 ①	14 ④	15 ①
16 ②	17 ③	18 ②	19 ①	20 ②
21 ④	22 ③	23 ①	24 ③	25 ④

해설

01 소감문을 잘 썼다며 칭찬해주는 선생님께 영호는 아직 부족하다고 대답하였으므로 자신을 낮추어 겸손하게 말하고 있다고 볼 수 있다.

02 '혼밥'과 같은 줄임말은 요즘 사람들이 쓰는 용어이므로, 할머니는 알아듣기 힘든 신조어이다. 손녀는 대화의 상대방을 고려하지 않고 이해하기 어려운 줄임말을 사용하는 문제를 범하고 있다.

03 제시된 표준 발음법 규정은 'ㄴ'이 'ㄹ'의 앞이나 뒤에서 [ㄹ]로 발음되는 유음화 현상에 대한 내용이다. ④의 '종로'는 'ㄴ'이 들어있지 않으므로 유음화 현상이 일어난다고 볼 수 없고, 'ㅇ'이 'ㄹ'을 만나 'ㄴ'으로 발음되는 비음화 현상에 해당되어 [종노]로 발음해야 한다.
① 신라[실라]
② 논리[놀리]
③ 설날[설랄]

> **TIP** 표준어 규정 비음화와 유음화
>
> • 비음화
> – 제18항: 받침 'ㄱ(ㄲ, ㅋ, ㄳ, ㄺ), ㄷ(ㅅ, ㅆ, ㅈ, ㅊ, ㅌ, ㅎ), ㅂ(ㅍ, ㄼ, ㄿ, ㅄ)'은 'ㄴ, ㅁ' 앞에서 [ㅇ, ㄴ, ㅁ]으로 발음한다.
> 예 먹는[멍는] 닫는[단는] 밥물[밤물] 앞마당[암마당] 놓는[논는]
> – 제19항: 받침 'ㅁ, ㅇ' 뒤에 연결되는 'ㄹ'은 [ㄴ]으로 발음한다.
> 예 담력[담녁] 강릉[강능] 항로[항노]
> • 유음화(제20항): 'ㄴ'은 'ㄹ'의 앞이나 뒤에서 [ㄹ]로 발음한다.
> 예 난로[날로] 신라[실라] 광한루[광할루] 대관령[대괄령] 칼날[칼랄] 물난리[물랄리]

04 • 맞히다 : 문제에 대한 답을 틀리지 않게 하다. 물체를 쏘거나 던져서 어떤 물체에 닿게 하다.
• 맞추다 : 서로 떨어져 있는 부분을 제자리에 맞게 대어 붙이다. 둘 이상의 일정한 대상들을 나란히 놓고 비교하여 살피다.
정답을 알맞게 고를 때는 '맞히다'를 써야 한다.
① 반듯이 → 반드시
② 붙였다 → 부쳤다
④ 저렸다 → 절였다

> **TIP** 형태가 유사한 단어
>
> • 맞히다 vs 맞추다
> – 맞히다 : 문제에 대한 답을 틀리지 않게 하다. 예 화살로 적을 맞히다.
> – 맞추다 : 서로 떨어져 있는 부분을 제자리에 맞게 대어 붙이다. 둘 이상의 일정한 대상들을 나란히 놓고 비교하여 살피다. 예 퍼즐을 맞추다.
> • 반듯이 vs 반드시
> – 반듯이 : 작은 물체. 또는 생각이나 행동 따위가 비뚤어지거나 기울거나 굽지 아니하고 바르게. 예 위를 보고 반듯이 누워라.
> – 반드시 : 틀림없이 꼭. 예 반드시 시간에 맞춰 도착해야 한다.
> • 붙이다 vs 부치다
> – 붙이다 : 맞닿아 떨어지지 않게 하다. 예 봉투에 우표를 붙이다.
> – 부치다 : 편지나 물건 따위를 일정한 수단이나 방법을 써서 상대에게로 보내다. 예 할머니께 택배를 부치다.
> • 저리다 vs 절이다
> – 저리다 : 뼈마디나 몸의 일부가 오래 눌려서 피가 잘 통하지 못하여 감각이 둔하고 아리다. 예 다리를 꼬고 앉았더니 다리가 저리다.
> – 절이다 : 푸성귀나 생선 따위를 소금이나 식초. 설탕 따위에 담가 간이 배어들게 하다. 예 배추를 소금물에 절이다.

05 (가)에서 설명하는 시제는 현재보다 앞서 일어난 사건을 말하므로 과거 시제이다. ㉠과 ㉢은 모두 과거 시제를 사용하였다. ㉡은 현재 시제, ㉣은 미래 시제이다.

06 '㉢ :싀·미 기·픈 ·므·른'은 '샘이 깊은 물은'이라는 뜻인데, 여기서 주어는 '샘'이고 '이'는 주격 조사로 쓰였다.

TIP 여러 가지 주격조사

문장 안에서, 체언이나 체언 구실을 하는 말 뒤에 붙어 주어의 자격을 가지게 하는 격 조사

예 이/가, 께서, 에서 등

TIP 시의 표현 기법

- **의인법** : 사람 아닌 사물을 사람처럼 나타내는 표현법
- **활유법** : 생명이 없는 것을 마치 있는 것처럼 비유하는 법
- **영탄법** : 기쁨, 슬픔, 놀라움, 무서움 따위의 감정을 표현하여 글의 효과를 높이는 법
- **점층법** : 어구(語句)의 의미를 점차로 강하게, 크게, 깊게, 높게 함으로써 그 뜻이나 가락을 절정으로 끌어올리는 방법
- **도치법** : 문법상, 논리상으로 순서를 바꿔 놓는 법
- **설의법** : 서술로 해도 무관한 것을 의문형으로 나타내는 법
- **대구법** : 가락이 비슷한 글귀를 짝지어 나란히 놓아 흥취를 높이려는 법
- **반어법** : 겉으로 표현되는 말과는 반대의 뜻을 나타내는 법
- **역설법** : 표면적으로는 이치에 어긋난 논리적 모순으로 보이지만 그 속에 보다 깊은 뜻이나 시적 진실을 담고 있는 표현법

07 본론 2에는 공원 내 쓰레기 불법 투기의 해결 방안이 와야 한다. ②, ③, ④는 모두 이에 대한 해결 방안으로 옳지만, ①의 내용은 반려견과 관련된 내용이므로 쓰레기 불법 투기와는 관련이 없다.

08 '왜냐하면'은 '~하기 때문이다'와 호응되므로 주어진 문장은 고치지 않고 그대로 쓰는 것이 적절하다.

[09~11]

고재종, 「첫사랑」
- **갈래** : 서정시, 자유시
- **성격** : 서정적, 낭만적, 감각적, 비유적
- **제재** : 눈
- **주제** : 사랑을 이루기 위한 아픔과 노력, 아름다움
- **특징**
  - 시간의 흐름에 따라 시상을 전개함
  - 자연의 섭리에서 사랑의 의미를 발견함
  - 역설적 표현을 통해 주제를 효과적으로 드러냄
  - 다양한 감각적 이미지를 사용함

09 청유형 문장은 화자가 청자에게 같이 행동할 것을 요청하는 뜻을 나타내는 문장이며, 어말어미로는 '-자, -자꾸나, -세, -읍시다' 등을 사용하는데 이 글에서는 청유형 문장이 사용되지 않았다.

10 ㉠, ㉡, ㉢은 모두 꽃, 즉 사랑을 피우기 위한 눈의 노력을 의미하지만, ㉣은 순간적이며 이루기 쉽지 않은 사랑을 의미한다.

11 아름다운 상처가 의미하는 것은 시련과 노력, 인내, 헌신 등을 겪은 뒤에 오는 소중한 사랑의 아름다움이므로 성숙한 사랑의 가치를 뜻한다고 할 수 있다. 또한 아름답다와 상처는 서로 논리적으로 모순이 되지만 그 안에 어떠한 의미를 담고 있으므로 역설법을 사용한 것이다.

[12~14]

윤흥길, 「아홉 켤레의 구두로 남은 사내」
- **갈래** : 중편 소설, 세대 소설
- **성격** : 사실적, 현실 비판적
- **시점** : 1인칭 관찰자 시점
- **배경**
  - 시간적 배경 : 1970년대 후반
  - 공간적 배경 : 성남시
- **주제** : 산업사회에서 소외된 계층의 어려운 삶
- **특징** : 상징적 물건을 통하여 인물의 내면 심리를 표현함

12 윗글은 '나'가 작품 속에서 일어나는 사건을 서술하는 1인칭 관찰자 시점 소설이다.

13 '나'는 '강도'가 누구인지 이미 눈치를 채고 있는 상태이며 심지어 '터지려는 웃음을 꾹 참은 채 강도의 애교스러운 행각을 시종 주목'하며 강도가 떨어뜨린 칼을 웃으며 넘겨주기도 한다. 이를 통해 '나'는 '강도'의 행위에 대해 두려워하고 있지 않다는 것을 알 수 있다.

14 '강도'는 도둑질을 하러 '나'의 집에 들어왔으나, 하는 행동이 어설프며 심지어는 위협용으로 가져온 칼을 떨어뜨려 '나'에게서부터 다시 받아가기도 한다. 몹시 자존심이 상해 도둑맞을 물건 하나 제대로 없는 주제에 이죽거린다며 대꾸하지만, 이내 식구 중의 누군가가 몹시 아프다던가, 하는 '나'의 말에 자신이 누구인지 들켰음을 깨닫고 갈기갈기 찢어진 한 줌의 자존심을 끌어안고 나가버린다. 그러므로 ㉠의 이유는 자신의 정체를 들킨 것 같아 자존심이 상해서임을 알 수 있다.

[15~16]

작자 미상, 「가시리」
- 갈래 : 고려가요(여요, 속요, 장가)
- 운율 : 3 · 3 · 2조(3음보)
- 성격 : 애상적, 전통적, 민요적
- 제재 : 이별
- 주제 : 이별의 슬픔

15 매 연이 끝날 때마다 '위 증즐가 대평성딕(大平盛代)'라는 후렴구를 반복하여 운율을 형성하고 있다.
② 선경후정이란 자연경관을 먼저 제시한 후 감정을 노래하는 구조인데, 윗글에서는 드러나지 않는다.
③ 자연과 인간을 대비하고 있지 않다.
④ 계절의 변화에 대한 내용은 나타나있지 않다.

16 2연에서는 날더러 어찌 살라 하고 버리고 가시냐며 자신을 떠나려는 임을 원망하고 있다. 임에 대한 헌신과 순종을 다짐한다는 설명은 적절하지 않다.

[17~19]

조위한, 「최척전」
- 갈래 : 고전소설, 한문소설, 전쟁소설, 군담소설
- 성격 : 우연적, 사실적
- 배경
  - 시간적 배경 : 임진왜란, 정유재란
  - 공간적 배경 : 조선, 중국, 일본, 베트남 등
- 시점 : 전지적 작가 시점
- 주제 : 이산가족의 고통과 가족애를 통한 재회
- 특징
  - 작품의 배경이 조선뿐 아니라 중국, 일본, 베트남 등으로 확장되어 있음
  - 실제 역사적 사건(임진왜란, 정유재란)을 배경으로 하여 당시의 고통을 생생하게 표현함

17 최척은 현재 전란으로 인해 가족이 헤어진 슬프고 안타까운 상황에 처해있는데, 최척의 통소 소리에 바다와 하늘이 애처로운 빛을 띠고 구름과 안개도 수심에 잠긴 듯했다고 하였다. 그러므로 자연물에 감정을 이입하여 작품의 분위기를 드러내고 있다는 설명은 옳다.
① 동물을 의인화하거나 풍자하는 부분은 나타나지 않는다.
② 꿈과 현실을 교차하고 있지 않다.

④ 인물의 행위에 대해 작가가 부정적 평가를 하고 있지 않다.

18 [A]는 최척의 통소 소리를 들은 옥영이 혹시 자기 남편이 저쪽 배에 타고 있는 것이 아닐까 하며 예전에 지었던 시를 읊는 부분이다. 이 소리를 들은 최척 역시 옥영이 저쪽 배에 타고 있을지도 모른다는 생각을 하게 되었고, 결국 부부가 만나게 되었으므로 [A]는 전란으로 헤어졌던 인물들(최척과 옥영)이 재회하는 계기이다.

19 최척은 옥영과 헤어진 슬픈 처지를 떠올리며 통소를 불고 있다.
② 옥영은 남편인 최척의 것으로 들리는 통소 소리에 대한 화답으로 시를 읊은 것이며, 송우는 옥영이 아닌 최척에게 물음을 던지고 있다.
③ 옥영은 통소 소리를 듣고 최척이 건너편 배에 타고 있을지도 모른다고 생각하였다.
④ 최척은 배 안의 사람들에게 왜적에게 당했던 일의 전말을 알려주고 있다.

20 전문가의 이론을 시대순으로 설명하고 있지 않다.
① 외부 효과라는 개념에 대해 설명하며 화제를 제시하고 있다.
③ 외부 경제와 외부 불경제에 대한 설명을 하면서 꽃집과 트럭이라는 구체적인 사례를 활용하고 있다.
④ 2문단에서 '누이 좋고 매부 좋은'이라는 속담을 활용하여 설명 대상의 특성을 제시하고 있다.

21 3문단에서 죄악세는 피구세 중에서도 국민 건강과 복지에 나쁜 영향을 끼치는 특정 품목의 소비 억제를 위해 물리는 세금이라 하였으므로, 이는 부정적 외부 효과(외부 불경제)를 억제하기 위해 물리는 세금이라고 볼 수 있다.
① 2문단에서 피구세는 외부 불경제를 유발한 당사자에게 물리는 것이라고 하였다.
② 1문단에서 낡은 트럭에서 내뿜는 시커먼 매연은 외부 불경제를 제공하는 것이라고 하였다. 외부 경제로 볼 수 있는 것은 화사한 화분을 진열해 놓은 꽃집이다.
③ 2문단에서 외부 불경제를 법으로 규제하거나 시정하기 위해 피구세를 물린다고 하였다.

22 ⓒ의 '고안'은 연구하여 새로운 안을 생각해낸다는 뜻이다. 참고로 비교하고 대조하여 본다는 의미를 가진 단어는 '참조'이다.

23 "텔레비전을 함께 보던 가족이 갑자기 의식을 잃고 쓰러졌을
때, 우리가 할 수 있는 일은 무엇일까요?"라는 물음으로 글
을 시작하고 "바로 심폐 소생술입니다."라고 답하며 중심 화
제인 심폐 소생술을 제시하고 있다.
② 다양한 관점이 등장하지는 않는다.
③ 대립되는 의견을 절충하고 있지 않다.
④ 중심 화제의 한계를 제시하는 것이 아니라 중심 화제인
   심폐 소생술을 배워야 함을 다시 한 번 상기시키며 글을
   마무리하고 있다.

24 심폐 소생술을 통해 심정지 발생 원인을 제거할 수 있다는
내용은 나와 있지 않다.
① 2문단에서 심정지 발생 후 초기 대응 시간이 환자의 생사
   를 좌우하므로 즉시 응급 처치를 해야 한다고 하였다.
② 3문단에서 실제와 유사한 상황에서 실습 위주의 심폐 소
   생술 교육을 받고 반복적으로 연습하면, 실제 상황이 발생
   했을 때 당황하지 않고 심폐 소생술을 실행할 수 있을 것
   이라고 하였다.
④ 3문단에서 자신의 응급 처치가 환자에게 해를 끼칠지도
   모른다는 걱정을 떨쳐 버릴 수 있는 가장 좋은 방법은 심
   폐 소생술을 배우는 것이라고 하였다.

25 ㉠에서 쓰인 '지키다'는 어떠한 상태나 태도 따위를 그대로
계속 유지한다는 의미로 쓰였으므로 건강을 유지시켜야 한다
는 의미로 사용된 ④가 적절하다.
① 재산, 이익, 안전 따위를 잃거나 침해당하지 아니하도록
   보호하거나 감시하여 막다.
② 길목이나 통과 지점 따위를 주의를 기울여 살피다.
③ 규정, 약속, 법, 예의 따위를 어기지 아니하고 그대로 실행
   하다.

제2교시

수 학

정답 및 해설 |

정답

01 ④	02 ②	03 ①	04 ④	05 ①
06 ③	07 ①	08 ②	09 ①	10 ①
11 ③	12 ④	13 ④	14 ③	15 ①
16 ③	17 ④	18 ②	19 ①	20 ②

해설

01   $A=2x^2+x$, $B=x^2-x$이므로
$A-B=(2x^2+x)-(x^2-x)$
$=2x^2+x-x^2+x$
$=x^2+2x$

02   x에 대한 항등식은 x에 어떤 값을 넣어도 언제나 성립하는 등식을 뜻하므로 좌변과 우변의 식이 같아야 한다.
주어진 식 $x^2+3x-7=x^2+ax+b$를 보면 좌변에서 x의 계수가 3, 우변에서 x의 계수가 a이므로 $a=3$, 좌변에서 상수항은 -7, 우변에서 상수항은 b이므로 $b=-7$이다.

> **TIP** 항등식
> 항상 같은 등식으로 좌변=우변이다. x에 대한 항등식이라고 하면
> $ax+b=0 \Leftrightarrow a=0$, $b=0$
> $ax+b=cx+d \Leftrightarrow a=c$, $b=d$

03   $f(x)=x^3-2x+a$라 하면
$f(x)$는 $(x-1)$로 나누어떨어지므로 $f(1)=0$
$f(1)=1^3-2\times1+a$
$1-2+a=0$
$\therefore a=1$

> **TIP** 나머지 정리
> • x에 대한 다항식 $f(x)$를 일차식 $x-a$로 나누었을 때의 나머지를 R이라고 하면, $R=f(a)$
> • x에 대한 다항식 $f(x)$를 일차식 $ax+b$로 나누었을 때의 나머지를 R이라고 하면, $R=f\left(-\dfrac{b}{a}\right)$
> • x에 대한 다항식 $f(x)$가 일차식 $ax+b$로 나누어떨어진다면
> $f\left(-\dfrac{b}{a}\right)=0$

04   다항식 x^3+3^3을 인수분해하면 다음과 같다.
$x^3+3^3=(x+3)(x^2-3x+3^2)$
$=(x+3)(x^2-3x+9)$
$\therefore a=9$

> **TIP** 인수분해 기본공식
> • $ma+mb-mc=m(a+b-c)$
> • $a^2+2ab+b^2=(a+b)^2$
> $a^2-2ab+b^2=(a-b)^2$
> • $a^2-b^2=(a+b)(a-b)$
> • $x^2+(a+b)x+ab=(x+a)(x+b)$
> • $acx^2+(ad+bc)x+bd=(ax+b)(cx+d)$
> • $a^3+3a^2b+3ab^2+b^3=(a+b)^3$
> $a^3-3a^2b+3ab^2-b^3=(a-b)^3$
> • $a^3+b^3=(a+b)(a^2-ab+b^2)$
> $a^3-b^3=(a-b)(a^2+ab+b^2)$

05   복소수가 있는 등식을 만족하려면 실수부분은 실수부분끼리, 허수부분은 허수부분끼리 같으면 된다.
그러므로 $i(1+2i)=a+i$를 정리하면
$i-2=a+i$
$\therefore a=-2$

> **TIP** 허수의 정의와 복소수의 상등
> • **허수단위**($i=\sqrt{-1}$) : 제곱해서 -1이 되는 수를 i로 나타낸다. 이때 i를 허수단위라 하고 i를 포함하는 수를 허수라 한다.
>
> | |
> |---|
> | $i=i^{4n+1}=\sqrt{-1}$ |
> | $i^2=i^{4n+2}=-1$ |
> | $i^3=i^{4n+3}=-i$ |
> | $i^4=i^{4n}=1$ |
>
> • **복소수** : 임의의 실수 a, b에 대하여 $a+bi$의 꼴로 나타내는 수를 복소수라 한다. a를 실수 부분, b를 허수 부분이라 하고 $a=0$일 때 순허수라고 한다.
> • **복소수의 상등**
> $- a+bi=0 \Leftrightarrow a=0$, $b=0$
> $- a+bi=c+di \Leftrightarrow a=c$, $b=d$

06   이차방정식 $x^2-4x-5=0$의 두 근을 α, β라고 하면 근과 계수의 관계에 의하여 $\alpha+\beta=4$이다.

- $ax^2+bx+c=0(a\neq0)$의 두 근이 α, β이면
$\alpha+\beta=-\dfrac{b}{a}$, $\alpha\beta=\dfrac{c}{a}$
- $ax^3+bx^2+cx+d=0(a\neq0)$의 세 근이 α, β, γ이면
$\alpha+\beta+\gamma=-\dfrac{b}{a}$, $\alpha\beta+\beta\gamma+\gamma\alpha=\dfrac{c}{a}$, $\alpha\beta\gamma=-\dfrac{d}{a}$

07 $-1\le x\le2$일 때, 이차함수 $y=x^2-3$의 그래프를 보면
$x=0$일 때 최솟값 -3을 가진다.

TIP **이차함수의 최대 · 최소**

$y=ax^2+bx+c=a(x-m)^2+n$ $(\alpha\le x\le\beta)$에서 꼭짓점의 x
좌표가 제한된 범위에 포함될 때
- $a>0$이면 $x=m$에서 최솟값 n이고 $f(\alpha)$, $f(\beta)$ 중 큰 값이 최댓값이다.
- $a<0$이면 $x=m$에서 최댓값 n이고 $f(\alpha)$, $f(\beta)$ 중 작은 값이 최솟값이다.

08 삼차방정식의 한 근이 1이므로
$x=1$을 대입했을 때 방정식을 만족해야 한다.
따라서 $1^3+a\times1^2-2\times1-1=0$이므로
$1+a-2-1=0$
∴ $a=2$

09 연립부등식 $\begin{cases}3x<2x+5 \cdots ㉠\\4x>3x-1 \cdots ㉡\end{cases}$을 풀면
㉠은 $x<5$, ㉡은 $x>-1$이므로
연립부등식의 해는 $-1<x<5$이다.
∴ $a=5$

10 $|x-2|\le2$는 $-2\le x-2\le2$, $0\le x\le4$이므로 상수
$a=4$이다.

TIP **절댓값 기호를 포함한 일차부등식의 풀이**

- $|x|<a\,(a>0)$의 해 : $-a<x<a$
원점으로부터의 거리가 a보다 작은 x의 값들의 모임
- $|x|>a\,(a>0)$의 해 : $x<-a$ 또는 $x>a$
원점으로부터의 거리가 a보다 큰 x의 값들의 모임
- $a<|x|<b\,(0<a<b)$의 해 : $-b<x<-a$ 또는 $a<x<b$
원점으로부터의 거리가 a보다 크고 b보다 작은 x의 값들의 모임

11 두 점 $A(-2,1)$, $B(2,4)$ 사이의 거리는
$\sqrt{(2-(-2))^2+(4-1)^2}$
$=\sqrt{4^2+3^2}$
$=\sqrt{16+9}$
$=\sqrt{25}$
$=5$

TIP **좌표평면 위의 두 점 $A(x_1,y_1)$, $B(x_2,y_2)$ 사이의 거리**
$\overline{AB}=\sqrt{(x_2-x_1)^2+(y_2-y_1)^2}$

12 구하고자 하는 직선의 방정식을 $y=ax+b$라 하면,
직선 $y=2x+3$에 평행이므로 $a=2$이다.
또한 이 직선이 $(0,6)$을 지나므로 $b=6$이다.
∴ 직선의 방정식은 $y=2x+6$

TIP **직선의 방정식**

- 기울기가 a이고 y절편이 b인 직선의 방정식은 $y=ax+b$로 나타낸다.
- $y=ax+b$, $y=cx+d$일 때 두 직선의 위치 관계
 – 평행일 경우(기울기 같음) : $a=c$
 – 수직일 경우(기울기의 부호는 반대이며 서로 역수관계)
 : $a\times c=-1$

13 두 점 $(-1,-1)$, $(3,3)$을 지름의 양 끝점으로 하므로 두
점의 중점은 원의 중심이다. 따라서 두 점의 중점의 좌표는
$\left(\dfrac{-1+3}{2},\dfrac{-1+3}{2}\right)=(1,1)$
또한 지름의 길이는 두 점 사이의 거리와 같으므로
$\sqrt{(3-(-1))^2+(3-(-1))^2}$
$=\sqrt{4^2+4^2}$
$=\sqrt{16+16}$
$=\sqrt{32}$
$=4\sqrt{2}$
따라서 반지름의 길이는 $2\sqrt{2}$이다.
중심이 $(1,1)$이고 반지름의 길이가 $2\sqrt{2}$인 원의 방정식은
$(x-1)2+(y-1)2=(2\sqrt{2})2$
∴ $(x-1)2+(y-1)2=8$

TIP **선분 AB의 중점**
두 점 $A(x_1,y_1)$, $B(x_2,y_2)$를 이은 $\overline{AB}$의 중점은
$M\left(\dfrac{x_1+x_2}{2},\dfrac{y_1+y_2}{2}\right)$

14　점 $(2, 5)$를 x축에 대하여 대칭이동하면 y값의 부호가 바뀌므로 $(2, -5)$가 된다.

> **TIP 점의 대칭이동**
> - x축에 대한 대칭이동 : $(x, y) \rightarrow (x, -y)$
> - y축에 대한 대칭이동 : $(x, y) \rightarrow (-x, y)$
> - 원점에 대한 대칭이동 : $(x, y) \rightarrow (-x, -y)$
> - $y=x$에 대한 대칭이동 : $(x, y) \rightarrow (y, x)$
> - $y=-x$에 대한 대칭이동 : $(x, y) \rightarrow (-y, -x)$

15　$A=\{1, 2, 3, 6\}$, $B=\{1, 2, 4, 8\}$에서 교집합 $A \cap B$는 집합 A와 집합 B에 공통으로 들어 있는 원소를 구해야 하므로 $A \cap B=\{1, 2\}$이고, 원소의 개수는 2이다.
∴ $n(A \cap B)=2$

> **TIP 집합의 연산**
> - 교집합 : $A \cap B=\{x \,|\, x \in A$ 그리고 $x \in B\}$
> - 합집합 : $A \cup B=\{x \,|\, x \in A$ 또는 $x \in B\}$
> - 집합의 서로소 : 두 집합 A, B에 대하여 $A \cap B=\varnothing$일 때, 두 집합 A와 B는 서로소이다.
> - 여집합 : $A^C=\{x \,|\, x \in U$ 그리고 $x \notin A\}$
> - 차집합 : $A-B=\{x \,|\, x \in A$ 그리고 $x \notin B\}$

16　$p \rightarrow q$의 역은 $q \rightarrow p$이다.
그러므로 명제 '$x=1$이면 $x^3=1$이다.'의 역은 '$x^3=1$이면 $x=1$이다.'가 된다.

17　$(f \circ f)(2)=f(f(2))$이므로
$f(2)$의 값은 함수 $f:X \rightarrow Y$에서 $f(2)=3$
$f(3)$의 값은 함수 $f:X \rightarrow Y$에서 $f(3)=4$
∴ $(f \circ f)(2)=4$

18　유리함수 $y=\dfrac{1}{x-a}+4$의 점근선은 $x=3$, $y=4$라고 하였으므로 $a=3$이다.

> **TIP 함수 $y=\dfrac{k}{x-p}+q \,(k \neq 0)$의 그래프**
> - 함수 $y=\dfrac{k}{x} \,(k \neq 0)$의 그래프를 x축 방향으로 p만큼, y축 방향으로 q만큼 평행이동한 것이다.
> - 정의역은 $\{x \,|\, x \neq p$인 실수$\}$이고, 치역은 $\{y \,|\, y \neq q$인 실수$\}$이다.
> - 점 (p, q)에 대하여 대칭이다.
> - 점근선은 두 직선 $x=p$, $y=q$이다.

19　4개의 경기 종목 중에서 서로 다른 2개를 선택하여 일렬로 나열해야 하므로 순열의 공식을 사용한다.
${}_4P_2=4 \times 3=12$
∴ 경우의 수는 12

> **TIP 순열**
> 서로 다른 n개에서 $r(r \leq n)$개를 선택하여 일렬로 나열하는 것을 n개에서 r개를 선택하는 순열이라 하고, 그 순열의 수를 기호로 ${}_nP_r$로 나타낸다.
> - ${}_nP_r=n \times (n-1) \times (n-2) \times \cdots \times (n-r+1)$ (단, $0<r \leq n$)
> - ${}_nP_n=n \times (n-1) \times (n-2) \times \cdots \times 3 \times 2 \times 1=n!$
> - ${}_nP_r=\dfrac{n!}{(n-r)!}$ (단, $0 \leq r \leq n$)
> - ${}_nP_0=1$, $0!=1$

20　5개 중에서 서로 다른 2개를 고르기만 하면 되므로 조합의 공식을 사용한다.
${}_5C_2=\dfrac{5 \times 4}{2 \times 1}=10$
∴ 경우의 수는 10

> **TIP 조합**
> 서로 다른 n개에서 순서를 생각하지 않고 $r(r \leq n)$개를 선택하는 것을 n개에서 r개를 선택하는 조합이라 하고, 그 조합의 수를 기호로 ${}_nC_r$로 나타낸다.
> - ${}_nC_r=\dfrac{{}_nP_r}{r!}=\dfrac{n!}{r!(n-r)!}$ (단, $0 \leq r \leq n$)
> - ${}_nC_n=1$, ${}_nC_0=1$, ${}_nC_1=n$
> - ${}_nC_r={}_nC_{n-r}$

제3교시 영 어

정답 및 해설 |

▌정답

01 ④	02 ②	03 ①	04 ②	05 ④
06 ①	07 ③	08 ①	09 ④	10 ③
11 ①	12 ③	13 ③	14 ②	15 ②
16 ①	17 ①	18 ④	19 ③	20 ②
21 ④	22 ④	23 ①	24 ②	25 ④

▌해설

01 **해설** 'benefit'은 '혜택'이라는 뜻이다.
    해석 과학은 세상에 많은 혜택을 가져다주었다.
    어휘 science 과학
           benefit 혜택, 이득

02 **해설** 'get along with'는 '어울리다'라는 뜻이다.
    해석 올해는 반 친구들과 더 잘 어울릴 거예요.
    어휘 get along with 어울리다, ～와 잘 지내다
           better 더 잘
           classmate 급우, 반 친구

03 **해설** 'After all'은 '결국'이라는 뜻이다.
    해석 결국 그 소식은 사실로 드러났다.
    어휘 After all 결국
           news 소식
           turn out 드러내다[나타나다], 되다
           true 사실인, 참인

04 **해설** 주어진 지문의 두 단어는 포함 관계이다. ①, ③, ④ 모두 뒤에 나오는 단어가 앞에 나오는 단어에 포함되는 포함 관계이지만, ②는 반의어 관계이다.
    해석 사람들이 내게 내가 제일 좋아하는 음식에 대해 물어볼 때마다 나는 항상 피자라고 대답해요.
        ① 동물 – 말
        ② 위험 – 안전
        ③ 야채 – 양파
        ④ 감정 – 행복

    어휘 ask 묻다, 물어보다
           always 항상, 언제나, 늘
           answer 대답하다, 대응하다

05 **해설** 행사 날짜, 행사 시간, 행사 장소는 언급되어 있지만 행사 참가비는 언급되어 있지 않다.
    해석 자선 달리기 행사
        나와서 암환자에 대한 여러분의 지지를 보여주세요!
        • 날짜 : 9월 24일
        • 시간 : 오전 9시–오후 4시
        • 장소 : 아시아 경기장
        *참가자에게 무료 티셔츠를 드립니다.
    어휘 charity 자선[구호]
           Come out 나오다
           support 지지[옹호]하다, 지원하다
           cancer patient 암환자
           September 9월
           stadium 경기장
           participant 참가자

06 **해설** 첫 번째 문장에서 'face'는 '얼굴'이라는 뜻이고, 두 번째 문장에서 'face'는 '직면하다'라는 뜻이다.
        ① 열기
        ② 만나다, 회의
        ③ 걷다
    해석 • 그녀의 얼굴에 함박웃음이 떠올랐다.
        • 당신의 문제에 직면하는 법을 배워야 합니다.
    어휘 big smile 함박웃음
           problem 문제

07 **해설** 첫 번째 문장에서 'where'은 '어디'라는 뜻을 가진 의문사로 쓰였고, 두 번째 문장에서 'where'은 어떤 장소를 수식하는 형용사절을 이끄는 관계대명사로 쓰였다.
        ① 누구
        ② 무엇
        ④ 어떤
    해석 • Tom, 어디로 갈 계획이야?
        • 우리가 머물 수 있는 안전한 장소가 있어.

어휘　plan 계획, 계획을 세우다
　　　safe 안전한, 안심할 수 있는
　　　place 장소
　　　stay 계속 있다[머무르다]

08　해설　첫 번째 문장에서 'calm down'은 '진정하다'라는 뜻이
　　　고, 두 번째 문장에서 'turn down'은 '(소리ㆍ온도 등을)
　　　낮추다'라는 뜻이므로 빈칸에 공통으로 들어갈 말은
　　　'down'이다.
　　　② 위한, ~에 대해
　　　③ ~안[속]으로
　　　④ ~와 함께
　　해석　• 부디 진정하시고 제 말을 들어주세요.
　　　• 음량을 좀 줄여주실래요?
　　어휘　listen 듣다, 귀 기울이다
　　　volume 용량, 음량[볼륨]

09　해설　독일에서는 칼이 아니라 포크로 감자를 자르는 식사
　　　관습이 있다며 그 나라에 가면 그 나라 관습을 따르라
　　　고 충고해주는 내용이므로 ④의 '다른 나라에 가면 그
　　　나라의 풍습을 따라야 한다.'가 적절하다.
　　해석　A : 나 다음 주에 독일에 갈 거야. 조언 좀 해줄래?
　　　B : 칼이 아니라 포크로 감자를 자르는 것을 잊지 마.
　　　A : 왜?
　　　B : 그건 독일식 식사 관습이야. 로마에 있을 때는 로마
　　　　법을 따라야지.
　　어휘　Germany 독일
　　　next week 다음주
　　　advice 조언, 충고
　　　remember 기억하다, 명심[유념]하다
　　　custom 관습, 풍습
　　　Rome 로마

10　해설　새 직장이 어떠냐는 A의 질문에 B는 일이 많긴 하지
　　　만 매우 좋다며 만족하고 있다고 하였으므로 B의 심정
　　　은 ③의 '만족하다'이다.
　　해석　A : 네 새 직장은 어때?
　　　B : 일이 많긴 하지만, 매우 좋아.
　　　A : 정말? 잘 됐다.
　　　B : 고마워. 나 매우 만족하고 있어.
　　어휘　how do you like ~은 어떻습니까?
　　　job 일, 직장, 일자리
　　　a lot of 많은
　　　satisfied 만족하는

11　해설　구매한 재킷이 나한테 너무 커서 환불받고 싶다는 내
　　　용의 대화이므로 대화가 이루어지는 장소로 가장 적절
　　　한 곳은 ①의 '옷가게'이다.
　　해석　A : 이 재킷을 환불받고 싶어요.
　　　B : 뭐가 문제인지 여쭤봐도 될까요?
　　　A : 저한테 사이즈가 너무 커요.
　　　B : 더 작은 사이즈로 교환해 드릴까요?
　　　A : 아뇨, 감사합니다.
　　어휘　would like to ~하고 싶다
　　　refund 환불하다
　　　jacket 재킷
　　　problem 문제
　　　exchange 교환
　　　smaller 더 작은

12　해설　Mary는 수학 시간에 문제를 풀겠다고 자원하여 칠판
　　　앞에 나갔는데, 문제가 어렵다는 것을 깨달았다는 내용
　　　이므로 밑줄 친 it이 가리키는 것은 ③의 '문제'이다.
　　해석　어느 날 수학시간에 Mary는 문제를 풀겠다고 자원했
　　　다. 그녀가 교실 맨 앞에 갔을 때, 그녀는 그것이 매우
　　　어렵다는 것을 깨달았다. 그러나 그녀는 침착하게 칠판
　　　에 답을 쓰기 시작했다.
　　어휘　one day 어느 날
　　　math 수학
　　　volunteer 자원하다
　　　solve 해결하다, 풀다
　　　realize 깨닫다, 알아차리다
　　　difficult 어려운, 힘든
　　　remain calm 평정을 유지하다
　　　begin 시작하다
　　　blackboard 칠판

13　해설　A는 B에게 슈퍼에서 계란 좀 사와 달라고 부탁하고
　　　있으므로 빈칸에 들어갈 말로 가장 적절한 것은 'Can
　　　you do me a favor? (부탁 하나 들어주겠니?)'이다.
　　　① 왜 그렇게 화가 났니?
　　　② 어떻게 하는지 가르쳐 주겠니?
　　　④ 버스 정류장은 얼마나 멀어?
　　해석　A : 부탁 하나 들어주겠니?
　　　B : 네, 엄마. 뭔데요?
　　　A : 슈퍼마켓에서 계란 좀 사다 줄 수 있니?
　　　B : 알았어요. 집에 가는 길에 들를게요.
　　어휘　pick up 가져가다
　　　supermarket 슈퍼마켓
　　　stop by 가는 길에 들르다

upset 속상하게 만들다
teach 가르치다
favor 호의, 친절, 청, 부탁
far 멀리

14

해설 스케이트를 타온 지 얼마나 되었냐는 물음에 대한 답변이 와야 하므로 빈칸에 들어갈 말로 가장 적절한 것은 'I have been skating since I was 10 (저는 10살 때부터 스케이트를 타왔습니다.)'이다.
① 저는 지난달에 스키를 타러 갔어요.
③ 저는 이번 겨울에 스케이트 타는 법을 배울 거예요.
④ 저는 부모님과 스케이트를 타러 가고 싶어요.

해석 A : 스케이트를 타신 지 얼마나 되셨어요?
B : 저는 10살 때부터 스케이트를 타왔습니다.

어휘 how long have you been ~한지 얼마나 되었나요?
skate 스케이트를 타다
since ~부터[이후]
parent 부모

15

해설 전기를 절약하는 방법에 대해 이야기를 나누고 있으므로 대화의 주제로 가장 적절한 것은 ②의 '전기 절약 방법'이다.

해석 A : 전기를 절약하기 위해 우리는 무엇을 할 수 있을까?
B : 우리는 방에서 나갈 때 불을 끌 수 있어.
A : 그렇구나. 또 다른 건 뭐가 있지?
B : 엘리베이터 대신 계단을 이용하는 것도 좋은 생각이야.

어휘 save 구하다, 저축하다, 절약하다
electricity 전기, 전력
switch off 스위치를 끄다
light 빛
leave 떠나다
else 또[그 밖의] 다른
stairs 계단
instead of ~대신에
elevator 엘리베이터

16

해설 추천서를 써준 덕분에 꿈꾸던 대학에서 공부할 기회를 갖게 되었음에 감사를 표하고 싶다고 하였으므로 글을 쓴 목적으로 가장 적절한 것은 ①의 '감사하려고'이다.

해석 저를 위해 추천서를 써 주신 것에 대해 감사를 표하고 싶습니다. 덕분에 저는 이제 제가 꿈꾸던 대학에서 공부할 기회를 갖게 되었습니다. 당신의 도움과 친절을 결코 잊지 않겠습니다.

어휘 express 나타내다, 표현하다
recommendation letter 추천편지, 추천장
chance 가능성, 기회
dream 꿈, 꿈꾸다[상상하다]
university 대학
forget 잊다
kindness 친절, 다정함

17

해설 수영장에 들어가기 전에 샤워를 해야 한다고 하였으므로 ①의 '수영 후에는 샤워를 해야 한다.'가 안내문의 내용과 일치하지 않는다.

해석 수영장 이용 규칙
다음을 지켜야 합니다.
• 수영장에 들어가기 전에 샤워를 한다.
• 항상 수영모를 착용한다.
• 안전 요원의 지시를 따른다.
*다이빙은 허용되지 않습니다.

어휘 rule 규칙, 원칙
before 전에
enter 들어가다
wear 입고[쓰고/끼고/신고/착용하고] 있다
swimming cap 수영모자
follow 따라가다
instruction 지시, 명령
lifeguard 인명 구조원[안전 요원]
permit 허용[허락]하다

18

해설 550종 이상의 망고를 무료로 맛볼 수 있는 기회를 제공한다고 하였으므로 ④의 설명과 일치하지 않는다.

해석 1987년에 시작된 국제 망고 축제는 망고의 모든 것을 기념한다. 그것은 매년 여름에 인도에서 열린다. 망고 먹기 대회와 퀴즈 쇼와 같은 많은 행사가 있다. 이 축제는 550종 이상의 망고를 무료로 맛볼 수 있는 기회를 제공한다.

어휘 international 국제적인
festival 축제
celebrate 기념하다, 축하하다
such as 예를 들어(~와 같은)
competition 경쟁, 대회, 시합
provide 제공[공급]하다
opportunity 기회
taste 맛, 맛보다

19

해설 증가하는 음식물 쓰레기가 심각한 환경 문제가 되고 있다고 하며 음식물 쓰레기의 양을 줄이는 방법들에 대하여 설명하고 있으므로 이 글의 주제로 가장 적절한 것은 ③의 '음식물 쓰레기를 줄이는 방법'이다.

해석 증가하는 음식물 쓰레기의 양은 심각한 환경 문제가 되고 있다. 여기 음식물 쓰레기의 양을 줄일 수 있는 쉬운 방법들이 있다. 먼저, 쇼핑하기 전에 필요한 음식 목록을 만들어라. 둘째, 매 끼니마다 너무 많은 음식을 준비하지 않도록 해라. 셋째, 나중에 사용하기 위해 남겨진 음식을 저장해라.

어휘 increase 증가하다
amount 총액, 총계
trash 쓰레기
serious 심각한, 진지한
environmental 환경의
decrease 줄다[감소하다]
prepare 준비하다

20

해설 러시아, 태국, 칠레 등 다양한 국가에서 온 학생들이 있는 고등학교라고 하였으므로 빈칸에 들어갈 말로 가장 적절한 것은 ②의 'diverse(다양한)'이다.
① 가까운
③ 부정적인
④ 단일의

해석 우리 고등학교의 학생들은 다양한 배경을 가지고 있다. 그들은 러시아, 태국, 칠레와 같은 다른 나라에서 왔다. 나는 국제 학급 친구들과 다문화 환경에 있는 것이 꽤 행복하다.

어휘 background 배경
different 다른
country 국가, 나라
Thailand 태국
Chile 칠레
quite 꽤, 상당히
multicultural 다문화의
environment 환경
classmate 급우, 반 친구

21

해설 한때 발전소였던 Tate Modern이 발전소가 폐쇄된 후 파괴되는 대신 미술관이 되었다고 하였으므로 빈칸에 들어갈 말로 가장 적절한 것은 ④의 'transform(변화시키다)'이다.
① 균형을 유지하다
② 금지하다
③ 막다

해석 Tate Modern은 런던에 위치한 미술관이다. 그것은 한 때 발전소였다. 1981년에 그 발전소가 폐쇄된 후, 영국 정부는 그것을 파괴하는 대신 미술관으로 바꾸기로 결정했다. 현재 이 미술관은 영국 현대 미술품의 국가적인 컬렉션을 소장하고 있다.

어휘 museum 박물관, 미술관
locate (특정 위치에) 두다, 장소
power station 발전소
British 영국의
government 정부
decide 결정하다
destroy 파괴하다
collection 수집품, 소장품
artwork 삽화, 미술품

22

해설 좋아하는 아이스크림 맛은 그 사람이 어떤 종류의 사람인지를 보여줄 수 있다고 하며 먼저 초콜릿 맛을 예로 들었다. 그 뒤로 딸기 맛을 좋아하는 사람에 대한 성향이 나오므로 주어진 문장이 들어가기에 가장 적절한 곳은 ④이다.

해석 만약 여러분이 가장 좋아하는 맛이 딸기라면 어떨까요?

여러분은 아이스크림을 좋아하나요? (①) 대부분의 사람들처럼, 저도 아이스크림을 매우 좋아합니다. (②) 신문 기사에 따르면, 여러분이 가장 좋아하는 아이스크림 맛은 여러분이 어떤 종류의 사람인지를 보여줄 수 있다고 합니다. (③) 예를 들어, 여러분이 가장 좋아하는 맛이 초콜릿이라면, 그것은 여러분이 매우 창의적이고 열정적이라는 것을 의미합니다. (④) 그것은 당신이 논리적이고 사려 깊다는 뜻입니다.

어휘 favorite 마음에 드는, 매우 좋아하는
flavor 풍미, 향미, 맛
strawberry 딸기
According to ~에 따르면
article 기사, 글
creative 창조적인, 창의적인
enthusiastic 열렬한, 열정적인
logical 타당한, 논리적인
thoughtful 배려심 있는, 친절한, 사려 깊은

23

해설 많은 현대인들이 목 통증으로 고통 받고 있다고 화제를 던진 후 걱정하지 말라며 목 통증을 예방하고 줄일 수 있는 운동법을 알고 있다고 하였으므로 이 글의 바로 뒤에 이어질 내용은 ③이 가장 적절하다.

해석 당신도 알다시피. 요즘 많은 젊은이들이 목 통증으로
고통 받고 있다. 이것은 그들이 공부하거나 스마트폰을
사용하는 동안 하루에 많은 시간을 책상에 기대며 보
내기 때문이다. 하지만 걱정하지 마라. 우리는 목 통증
을 예방하고 줄이는 데 도움이 되는 몇 가지 운동법을
알고 있다. 바로 이렇게 하면 된다.

어휘 suffer 고통 받다. 시달리다. 겪다
neck pain 목 통증
lean 기울다. 숙이다. 기대다
exercise 운동
prevent 막다[예방/방지하다]
reduce 줄이다

[24~25]

해석 테니스와 탁구를 비교할 때. 몇 가지 유사점과 차이점이
있다. 첫째, 둘 다 라켓 스포츠이다. 또한. 두 선수가 네트
를 가로질러 왔다갔다 공을 친다. 하지만. 차이점도 있다.
테니스가 코트에서 경기를 하는 반면에. 탁구는 테이블에
서 경기한다. 또 다른 차이점은 탁구에 비해 테니스에서
훨씬 더 큰 라켓이 사용된다는 것이다.

어휘 compare 비교하다
tennis 테니스
table tennis 탁구
similarity 유사점
difference 차이점
racket 라켓
back and forth 왔다갔다. 앞뒤(좌우)로
across 가로질러
net 그물, 네트
While ~하는 동안에, ~인 반면에
court 코트

24 **해설** 테니스와 탁구는 유사점과 차이점이 있다고 하며 빈칸
의 앞에서 유사점을 먼저 설명하였다. 빈칸의 뒤로 차
이점에 대해 설명하고 있으므로 빈칸에 들어갈 말로
가장 적절한 것은 ②의 'However(하지만)'이다.
① 마침내
③ 그러므로
④ 예를 들어

25 **해설** 윗글은 테니스와 탁구의 유사점과 차이점에 대해 설명
하고 있으므로 주제로 가장 적절한 것은 ④이다.

611

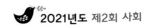

제4교시

사 회

정답 및 해설 |

▌정답

01 ④	02 ①	03 ③	04 ①	05 ④
06 ④	07 ①	08 ④	09 ②	10 ①
11 ①	12 ①	13 ②	14 ②	15 ③
16 ②	17 ④	18 ②	19 ②	20 ④
21 ③	22 ①	23 ③	24 ①	25 ②

▌해설

01 우리나라 헌법 제10조에서는 모든 국민이 인간으로서의 존엄과 가치를 가지며 행복을 추구할 권리를 가진다고 하였고, 아리스토텔레스는 인간 삶의 궁극적인 목적이 바로 행복이라고 하였다. 그러므로 ㉠에 들어갈 것은 ④ 행복이다.

TIP **동양에서의 행복과 서양에서의 행복**

동양에서의 행복	서양에서의 행복
• 몸과 마음을 바르게 하는 수양을 통해 인간 본성을 실현하는 것을 중시함 • 유교 : 하늘로부터 부여받은 도덕적 본성을 보존, 함양하며 인(仁)을 실현하는 것을 행복으로 봄 • 불교 : 청정한 불성을 바탕으로 '나'라는 의식을 벗어버리는 수행과 고통 받는 중생을 구제하여 해탈의 경지에 이르는 것 • 도가 : 인위적인 것이 더해지지 않은 자연 그대로의 모습으로 살아가는 것	• 고대 그리스부터 근대에 이르기까지 행복에 관한 다양한 논의가 이루어짐 • 아리스토텔레스 : 인간 삶의 궁극적인 목적은 행복이며, 행복은 이성의 기능을 잘 발휘할 때 달성된다고 봄 • 칸트 : 자신의 복지와 처지에 관한 만족을 행복으로 여김 • 벤담 : 쾌락의 충족을 행복이라고 여김. 최대 다수의 최대 행복을 가져다 주는 행위를 할 것을 강조함

02 (가) **영국의 권리 장전 승인** : 1689년

(나) **독일의 바이마르 헌법 제정** : 1919년

(다) **국제 연합의 세계 인권 선언 채택** : 1948년

그러므로 발생 시기가 이른 순서대로 나열하면 (가) – (나) – (다)이다.

03 **담합** : 비슷한 상품을 생산하는 기업들끼리 다른 사업자와 짜고 가격을 결정하거나 거래를 제한하여 시장의 자유로운 경쟁을 제한하고 소비자의 선택권을 침해하는 일종의 부당 공동 행위

① **신용** : 장래에 갚을 것을 약속하고 현재에 돈을 빌려 사용할 수 있는 능력

② **예금** : 은행 등 금융기관이 불특정 다수인으로부터 그 보관과 운용을 위탁받은 자금

④ **채권** : 정부, 공공 기관, 회사 등이 자금을 빌리기 위해 발행하는 증서

04 미국의 루스벨트 대통령은 대공황을 극복하기 위해 수정 자본주의에 입각한 뉴딜 정책을 시행하였다.

② **석유 파동** : 국제적으로 석유 가격이 올라 석유 소비국을 비롯한 전 세계 경제에 닥친 혼란

③ **시민 불복종** : 특정의 법률이나 정책이 올바르지 않다는 판단에 서서 정부에 대해 이의를 신청하는 정치행태

④ **보이지 않는 손** : 개개인이 경쟁하는 과정에서 누가 의도하거나 계획하지 않아도 개인의 모든 이해가 궁극적, 자연적으로는 조화를 이루게 된다는 시장 경제의 암묵적 자율 작동 원리

05 **특화** : 국가가 보유한 생산 요소를 특정 상품 생산에 집중 투입하여 전문성과 생산성을 높이는 생산 방식이다.

① **화폐** : 상품거래 시 상품의 가치를 표시하기 위해 사용하는 유통 · 교환 수단

② **펀드** : 불특정 다수인으로부터 모금한 실적 배당형 성격의 투자기금

③ **편익** : 자신이 지불한 비용으로 얻게 되는 만족감을 금전화한 개념

06 헌법에 따르면 입법권은 ㉠ 국회에 속하고 ㉡ 행정권은 정부에 속한다. 즉, 우리나라의 입법권은 국회, 행정권은 정부, 사법권은 법원에 두면서 서로 견제와 균형을 이루고 있다.

TIP 권력 분립

• 헌법
  - 제40조 : 입법권은 국회에 속한다.
  - 제66조 제4항 : 행정권은 대통령을 수반으로 하는 정부에 속한다.
  - 제101조 : 사법권은 법관으로 구성된 법원에 속한다.
• 통치기구 간 상호 견제 수단

입법부	• 행정부에 대한 견제 : 국정 감사권, 탄핵 소추권 • 사법부에 대한 견제 : 대법원장 임명 동의권
행정부	• 입법부에 대한 견제 : 법률안 거부권 • 사법부에 대한 견제 : 대법관 임명권
사법부	• 입법부에 대한 견제 : 위헌 법률 심사 제청권 • 행정부에 대한 견제 : 명령 · 규칙 · 처분 심사권

07 금융 설계 시, 생애 주기 전체를 고려해야 하며 생애 주기별 과업을 바탕으로 재무 목표를 설정해야 한다.

ㄷ. 중 · 장년기에는 가족을 구성하여 배우자 및 부모로서의 역할을 수행하며 저축 등을 통해 은퇴 자금을 마련해야 한다.

ㄹ. 현재 소득뿐만 아니라 미래의 소득까지 고려하여 장기적인 관점에서 소비와 저축을 고려해야 한다.

08 **문화 병존** : 한 사회 내에서 다른 두 사회의 문화가 각각의 독립성을 유지하면서 함께 존재하는 현상

① **문화 갈등** : 서로 다른 문화끼리 공존하는 과정에서 발생하는 문제

② **문화 융합** : 다른 사회의 문화와 접촉하게 될 때 두 개의 다른 문화 요소가 결합되어 새로운 문화가 나타나는 현상

③ **문화 성찰** : 다양한 문화의 문화적 차이를 인정하면서도 보편 윤리를 통해 문화를 비판적으로 성찰함

09 **유리 천장** : 여성 또는 소수민족 출신자 등이 자격과 능력이 있음에도 여성이라는 이유로, 소수민족 출신이라는 이유로 고위직 승진을 하지 못하는 조직 내의 보이지 않는 장벽을 의미한다.

① **가상 현실** : 컴퓨터 등을 통해서 현실이 아닌데도 실제처럼 보이게 하고 실제처럼 체험할 수 있게 하는 최첨단 기술

③ **사이버 범죄** : 컴퓨터 통신 등을 악용하여 사이버 공간에서 행하는 범죄

④ **소비자 주권** : 시장경제에서 소비자의 행동이 자원 배분의 방향을 결정하므로 적정 소비, 합리적 소비의 노력이 필요함을 의미

10 **문화 사대주의** : 다른 사회권의 문화가 자신이 속한 문화보다 우월하다고 믿고 무비판적으로 그것을 동경하거나 숭상하며, 자신의 문화에 대해서는 업신여기고 낮게 평가하는 태도나 주의

① 문화 상대주의

②, ③ 자문화 중심주의

TIP 문화를 대하는 여러 가지 태도

• **문화 상대주의** : 다양한 문화를 존중하는 태도로 각 문화를 그 사회의 자연적 환경이나 역사적, 사회적 맥락에 비추어 이해하는 관점

• **문화 사대주의** : 특정 문화를 기준으로 자기 문화를 평가하여 다른 문화가 자기 문화보다 우월하다고 보는 관점

• **문화 제국주의** : 자기 문화의 우월성에 빠져, 강제적으로 자기 문화를 이식하려는 태도

• **자문화 중심주의** : 자기 문화의 우월성에 빠져, 다른 문화를 부정적으로 평가하는 태도

11 **외부 효과** : 경제 주체의 경제 활동이 다른 경제 주체에게 의도하지 않은 이익을 주거나 의도하지 않게 피해를 주는데도 이에 대해 아무런 경제적 대가를 치르거나 받지 않는 것

② **공정 무역** : 국제 무역이 이뤄지는 상호 국가 간에 무역혜택이 동등하게 이뤄지도록 하는 무역

③ **규모의 경제** : 생산량이 늘어나면 생산비가 절약되거나 수익이 향상되는 현상으로, 주로 대규모 생산 산업에서 일어남

④ **윤리적 소비** : 소비자가 상품, 서비스 등을 구매할 때 원료 재배, 생산, 유통 등의 전 과정이 소비와 연결되어 있다는 것을 인식하고 윤리적으로 소비하는 것

12 **용광로 정책** : 철광석과 같은 이민자들이 거대한 용광로인 미국 사회에 융해돼 새로운 인종으로 바뀐다는 개념으로, 여러 민족의 다양한 문화를 하나로 녹여 그 사회의 주류 문화에 동화시키고자 하는 다문화 정책이다.

② **셧다운제 정책** : 16세 미만의 청소년에게 오전 0시부터 오전 6시까지 심야 6시간 동안 인터넷 게임 제공을 제한하는 제도

③ **고용 보험 정책** : 사회보험의 하나로, 근로자가 실직한 경우 생활안정을 위하여 일정기간 동안 급여를 지급하는 실업급여사업과 구직자 재취업의 촉진, 실업예방을 위한 고용안정사업 및 직업능력개발사업 등을 실시

④ **샐러드 볼 정책** : 샐러드처럼 다양한 사회구성원들이 상호 공존하며 각각의 색깔과 향기를 지니고 조화로운 통합을 이룬다는 내용

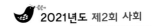

13 자유주의적 정의관은 개인의 자유에 최고의 가치를 부여하여 개인의 자유로운 선택과 노력에 의해 얻은 결과물에 대한 소유권을 절대적 가치로 인정한다. 또한 국가는 개인의 자유로운 선택권과 자율성을 최대한 허용해야 하고, 개인에게 특정한 가치나 삶의 방식을 강제해서는 안 된다고 주장한다.

14 **건조 기후** : 수분이 부족해서 수목이 자라기 힘든 기후로 주로 중위도 고압대의 회귀선 부근에 분포하며 증발에 의한 기온의 일교차와 연교차가 큰 지역. 사막 기후와 스텝 기후로 구분된다. 전통적으로 유목생활, 오아시스 농업이 발달하였으며 지붕이 평평한 흙벽돌집을 짓고 산다.

15 **태풍** : 북태평양 서부에서 발생하여 아시아 대륙 동부로 불어오는 열대성 저기압으로, 강풍과 집중 호우에 의한 피해를 발생시킨다.
　① **가뭄** : 오랫동안 비가 내리지 않아 물이 부족하고 땅이 메마르는 현상
　② **지진** : 지구 내부의 에너지가 지표로 나와 땅이 갈라지며 흔들리는 현상
　④ **폭설** : 비교적 짧은 시간에 많은 양의 눈이 내리는 현상

16 녹지 면적이 감소하고, 열섬 현상이 나타나며 빗물이 토양에 잘 흡수되지 않는 것은 모두 도시의 특징이다.

17 **천연가스** : 석유와 함께 매장되어 있으며, 석유보다 공해가 적고 열효율이 높으며 매장량도 비교적 많은 에너지 자원이다.
　① **석유** : 서남아시아(중동)가 대표적인 생산 지역이며 자동차의 연료, 화학 공업의 원료로 사용된다. 지역적 편재성이 커서 이동량이 많고(페르시아 만 지역에 집중 분포), 국제 가격 변동이 심하다.
　② **석탄** : 매장량이 풍부하고 채굴 가능한 기간도 길어, 산업혁명의 원동력으로 이용된 화석 연료이다. 증기 기관의 연료와 제철 공업의 원료로 이용하며 생산지에서 소비하는 경우가 많아 국제적 이동이 적다.
　③ **원자력** : 원자핵의 변환에 따라서 방출되는 에너지 자원이다.

18 **누리 소통망(SNS)** : 온라인상에서 사람과 사람을 연결해 주어 인맥을 구축하고 정보를 공유하기 위해 제공되는 서비스
　① **브렉시트(Brexit)** : 유럽의 유럽연합(EU) 탈퇴를 뜻하는 단어
　③ **인플레이션(inflation)** : 화폐가치가 하락하여 물가가 전반적 · 지속적으로 상승하는 경제 현상

　④ **배리어 프리(barrier free)** : 고령자, 장애인들도 살기 좋은 사회를 만들기 위해 물리적 · 심리적 · 제도적 장벽을 허물자는 운동

19 주어진 설명에 해당하는 종교는 이슬람교이다. 그리스도교 · 불교와 함께 세계 3대 종교의 하나이다.

> **TIP** 여러 가지 종교
> - **불교** : 기원전 5세기경 인도에 나온 석가에 의해서 제창된 가르침을 받드는 깨달음의 종교
> - **유대교** : 천지만물의 창조자인 유일신 야훼를 믿는 유대인의 종교로 율법과 할례를 중시하는 유일신교
> - **이슬람교** : 무함마드가 창시자이며 쿠란이라는 경전을 사용하고, 부르카와 히잡 등의 복식문화가 있음. 돼지고기와 술을 금기시하며 카슈미르 지역에서 힌두교와 갈등이 있음
> - **크리스트교** : 천지 만물을 창조한 유일신을 하나님으로 하고, 그 독생자 예수 그리스도를 구세주로 믿는 종교
> - **힌두교** : 인도의 브라만교가 민간신앙과 융합하여 발전한 종교로 여러 신의 존재를 믿고, 소를 신성하게 여김

20 라틴 아메리카 문화권은 리오그란데강 이남 지역으로 중남미 지역이 해당된다. 포르투갈어, 에스파냐어를 사용하며 가톨릭교를 믿는다.

21 **세계 도시** : 주로 경제, 문화, 정치적인 기능이 집적해 있고 다국적 기업의 중심 역할을 하는 도시를 의미한다. 이러한 도시들에는 다국적 기업의 본사, 국제 기구의 본부, 생산자 서비스 기능, 국제 금융 업무 기능 등이 집중되어 있다. 대표적인 세계 도시로는 뉴욕, 런던, 도쿄 등이 있다.
　① **공업 도시** : 공업기능이 탁월하게 발달하여 제조업이 우위를 차지하는 도시
　② **생태 도시** : 사람과 자연환경이 조화되어 공생할 수 있는 체계를 갖춘 친환경적인 도시
　④ **슬로 시티** : 공해 없는 자연 속에서 전통문화와 자연을 보호하면서 느림의 삶을 추구하려는 마을

22 **사막화** : 오랫동안의 가뭄과 인간의 과도한 개발로 숲이 사라지고, 토지가 사막으로 변해가는 현상이다.
　② **산성비** : 대기 중의 질소 산화물과 황산화물이 비와 함께 섞여 내리는 것
　③ **열대림 파괴** : 무분별한 벌목과 개간, 목축 등으로 원시림이 파괴되는 현상
　④ **폐기물 해양 투기** : 폐기물 따위의 물질을 해역에 버리는 것

TIP 환경 문제의 종류

- **지구 온난화** : 화석 에너지의 소비 증가로 인해 지구의 평균기온이 상승하는 현상
- **사막화** : 극심한 가뭄, 인간의 과도한 개발 등으로 나타나는 현상
- **오존층 파괴** : 염화 플루오린화 탄소의 사용 증가로 나타나는 현상
- **산성비** : 공장 매연, 자동차 배기가스의 증가로 나타나는 현상
- **열대림의 파괴** : 무분별한 벌목과 개간, 목축 등으로 나타나는 현상

---

23 중국, 필리핀, 브루나이, 말레이시아, 베트남 등이 영유권을 주장하며 다투는 지역은 남중국해의 난사 군도이다.

① **기니만** : 아프리카 대서양의 상부 기니에서 하부 기니 연안을 따라 만입된 해역

② **카슈미르** : 인도의 힌두교와 파키스탄의 이슬람교 사이의 갈등이 있는 지역

④ **쿠릴 열도** : 러시아와 일본의 영토 분쟁이 있는 지역

TIP 세계의 여러 분쟁

- **카슈미르 분쟁** : 인도의 힌두교와 파키스탄의 이슬람교 사이의 갈등
- **북아일랜드 분쟁** : 영국 내 가톨릭 신자와 개신교 신자 사이의 갈등
- **카스피해 분쟁** : 러시아 · 카자흐스탄 · 우즈베키스탄 · 투르크메니스탄 · 이란 · 아제르바이잔 등 6개국에 둘러싸인 세계 최대 내해(內海)인 카스피해의 천연자원을 두고 벌이고 있는 영유권 분쟁
- **쿠릴 열도 분쟁** : 러시아와 일본의 해상 경계에 있는 남쿠릴 열도에 대한 주권을 주장하는 양국 간의 영토 분쟁
- **팔레스타인 분쟁** : 유대인과 팔레스타인인 사이의 민족과 종교적 차이로 발생한 분쟁
- **시사 군도 분쟁** : 석유 및 천연가스 등의 자원 및 해상 교통로 확보를 둘러싼 중국, 베트남 간의 갈등
- **난사 군도 분쟁** : 중국, 타이완, 베트남, 말레이시아, 브루나이, 필리핀 등 사이의 영유권 분쟁
- **센카쿠 열도 분쟁** : 중국, 타이완, 일본의 영토 분쟁으로 일본이 실효적 지배함

---

24 **저출산** : 출생률이 저하되는 현상으로 개인주의, 가치관의 다원화, 성격문제, 인간관계 스트레스 등 다양한 원인이 존재한다. 해결 방안으로는 출산 장려금 지원, 육아 휴직 보장, 육아와 가사의 남녀 분담 등이 있다.

25 **국제기구** : 주권을 가진 국가들 중 2개 이상의 국가들이 합의에 의해 만든 국제협력체

① **정당** : 정치적인 주의나 주장이 같은 사람들이 정권을 잡고 정치적 이상을 실현하기 위하여 조직한 단체

③ **이익 집단** : 공통의 이익을 증진시키기 위해 정책과정에 일정한 영향력을 행사하는 조직화된 집단

---

④ **비정부 기구** : 지역, 국가, 종교에 상관없이 조직된 자발적인 시민 단체

TIP 주요 국제기구

- **세계무역기구(WTO)** : 자유 무역을 바탕으로 한 국제 경제질서를 확립하고자 설립한 국제기구
- **세계보건기구(WHO)** : 건강의 증진 및 보건 · 위생 분야의 국제 협력 도모하기 위한 국제기구
- **국제노동기구(ILO)** : 스위스 제네바에 본부를 두고 노동 문제를 다루는 국제연합의 전문기구
- **국제통화기금(IMF)** : 세계 무역 안정을 위하여 설립된 국제금융기구
- **유럽 연합(EU)** : 유럽 내 단일시장을 구축하고 단일통화를 실현하여 유럽의 경제 · 사회 발전을 촉진하기 위해 유럽 공동체

제5교시

과 학

정답 및 해설 |

정답

01 ①	02 ②	03 ④	04 ③	05 ②
06 ②	07 ③	08 ③	09 ①	10 ④
11 ④	12 ②	13 ②	14 ③	15 ①
16 ①	17 ③	18 ④	19 ②	20 ④
21 ①	22 ②	23 ③	24 ③	25 ①

해설

01 **중력** : 지구의 만유인력과 자전에 의한 원심력을 합한 힘으로, 질량이 있는 모든 물체 사이에 서로 당기는 힘(만유인력)이 작용한다.
② **마찰력** : 접촉하고 있는 두 물체 사이에서 상대적인 움직임을 방해하는 힘
③ **자기력** : 자석이나 전류끼리 또는 자석과 전류가 서로 끌어당기거나 밀어내는 힘
④ **전기력** : 전기를 띤 물체 사이에 작용하는 힘

02 바람의 운동 에너지를 전기 에너지로 전환하는 발전 방식은 풍력 발전이다.
① **수력 발전** : 높은 곳에 위치한 물의 위치 에너지를 발전기 터빈의 운동 에너지로 변환시키고 발전기 내부의 전자기 유도 현상을 이용하여 전기를 얻는 발전 방식
③ **화력 발전** : 연료에너지를 연소시켜 얻어낸 기계적 에너지로 회전기를 회전시킴으로써 전기 에너지를 얻는 발전 방식
④ **태양광 발전** : 발전기의 도움 없이 태양전지를 이용하여 태양의 빛에너지를 직접 전기에너지로 변환시키는 발전 방식

> **TIP 발전 방식별 에너지 전환**
>
> • **수력 발전** : 물의 위치 에너지 → 운동 에너지 → 전기 에너지
> • **화력 발전** : 화학 에너지 → 열에너지 → 운동 에너지 → 전기 에너지
> • **원자력 발전** : 핵에너지 → 열에너지 → 운동 에너지 → 전기 에너지
> • **태양열 발전** : 태양의 열에너지 → 운동 에너지 → 전기 에너지
> • **조력 발전** : 물의 위치 에너지 → 운동 에너지 → 전기 에너지
> • **풍력 발전** : 바람의 운동 에너지 → 전기 에너지

03 운동량＝질량×속도이므로 물체 A~D의 운동량을 각각 구해보면 다음과 같다.
A : 2×1＝2
B : 2×2＝4
C : 3×1＝3
D : 3×2＝6
그러므로 운동량이 가장 큰 것은 D이다.

> **TIP 운동량과 충격량**
>
> | 운동량 | • 물체의 운동 정도를 나타내는 물리량
• 운동량＝질량×속도
• 물체의 질량이 클수록, 속도가 빠를수록 운동량도 큼 |
> |---|---|
> | 충격량 | • 물체의 운동을 변화시키는 물리량
• 충격량＝힘×시간
• 충격량＝운동량의 변화량＝나중 운동량－처음 운동량 |

04 코일의 감은 수가 많을수록, 자석이 강할수록, 자석을 움직이는 속력이 빠를수록 유도 전류가 세진다.
ㄷ. 단위 길이당 코일의 감은 수를 많게 해야 유도 전류의 세기가 커진다.

05 1차 코일과 2차 코일에 걸리는 전압은 감은 수에 비례하므로
$V_1 : V_2 = 5 : 10 = 1 : 2$

> **TIP 변압기**
>
> 변압기란 패러데이 전자기 유도 법칙을 이용하여 교류 전압을 변화시키는 장치를 말한다. 1차 코일과 2차 코일에 걸리는 전압(V)은 감은 수(N)에 비례하고, 흐르는 전류(I)는 감은 수(N)에 반비례한다.
> • $V_1 : V_2 = N_1 : N_2$
> • $I_1 : I_2 = N_2 : N_1$

06 가속도는 단위 시간(1초) 동안의 속도 변화량을 의미하는데, 중력 가속도가 $10m/s^2$이라고 하였으므로 물체 A는 1초에 10m/s씩 속력이 증가하면서 낙하한다고 볼 수 있다. 그러므로 처음에 5m만큼 이동한 후 계속해서 10m씩 더 움직이고 있으므로 ㉠은 25＋10＝35m임을 알 수 있다.

07 주어진 탄소 원자 모형에서 양성자도 6개, 전자도 6개이므로 전기적으로 중성을 띠며, 양성자의 수는 곧 원자 번호와 같으므로 원자번호 역시 6이다.

ㄷ. 원자가 전자는 가장 바깥 전자껍질에 들어 있는 전자의 수이므로 4개이다.

> **TIP** 원자의 구성
>
> • **원자의 구성** : 원자핵(양성자＋중성자), 전자
> • **원자 번호** : 원자핵을 이루고 있는 양성자의 수이자 전자의 수
>   **예** 탄소(C)의 원자 번호＝양성자의 수＝전자의 수＝6
> • **전자껍질** : 원자핵 주위의 전자가 운동하는 특정한 에너지 준위의 궤도
> • **원자가 전자** : 가장 바깥 전자껍질에 들어 있는 전자
>   − 같은 족 원소끼리는 원자가 전자의 수가 같음(＝화학적 성질이 비슷함)
>   − 같은 주기의 원소끼리는 전자껍질 수가 같음

08 같은 족 원소끼리는 가장 바깥쪽 전자 껍질에 배치되어 있는 전자 수가 같으므로 Li과 Na이 같은 족에 속함을 알 수 있다.

09 물(H_2O)는 수소 원자(H) 2개와 산소 원자(O) 1개가 공유 결합하여 만들어진 물질이며 인체의 약 70%를 차지하는 물질이다.

② **암모니아(NH_3)** : 질소 원자(N) 1개와 수소 원자(H) 3개가 공유결합하여 만들어진 물질로 고약한 냄새가 나고 약염기성을 띤다.

③ **염화 나트륨(NaCl)** : 나트륨 이온(Na^+)과 염소 이온(Cl^-)이 1:1 비율로 이온결합하여 만들어진 물질로 소금을 말한다.

④ **수산화 나트륨(NaOH)** : 나트륨 이온(Na^+)과 수산화 이온이(OH^-) 1:1 비율로 이온결합하여 만들어진 물질로 물에 녹으면 강한 염기성을 띤다.

10 그래핀, 풀러렌, 탄소 나노 튜브 모두 탄소(C)로 이루어진 신소재이다.

• **그래핀** : 탄소 원자가 육각형 벌집 모양으로 배열된 평면의 구조를 가진 신소재로, 강철보다 단단하고 구리보다 열전도율이 높으면서 잘 휘어지는 성질을 가지고 있어 휘어지는 디스플레이의 투명 전극 소재, 태양 전지, 발광 다이오드 조명 등에 쓰인다.

• **풀러렌** : 분자식이 C_{60}인 나노물질로, 오각형과 육각형 형태로 이루어진 축구공 모양의 물질이다. 풀러렌은 유도체를 만드는 데에 잘 쓰이는데, 풀러렌의 비어있는 공간에 다른 분자를 넣어 물리 · 화학적 특성 변화를 이끌어 낼 수 있기 때문이다.

• **탄소 나노 튜브** : 탄소 6개로 이루어진 육각형들이 서로 연결되어 관 모양을 이루고 있는 신소재로, 튜브의 직경이 10억분의 1m 수준으로 극히 작은 영역의 물질이다. 탄소 나노튜브는 우수한 기계적 특성, 전기적 선택성, 고효율의 수소 저장 매체 특성 등을 지닌다.

11 염기의 공통적 성질을 나타내는 이온은 수산화 이온(OH^-)이다.

> **TIP** 산과 염기
>
> • **산** : 수용액에서 수소 이온(H^+)을 내놓는 물질
>   **예** 염산(HCl), 황산(H_2SO_4), 아세트산(CH_3COOH) 등
> • **염기** : 수용액에서 수산화 이온(OH^-)을 내놓는 물질
>   **예** 수산화 나트륨(NaOH), 수산화 칼륨(KOH) 등

12 철이 공기 중의 산소와 만나 녹스는 것은 산과 염기의 중화 반응 사례가 아닌 산화 반응의 사례이다.

① 속이 쓰릴 때(위산−산성) 제산제(염기성)를 먹는다.

③ 생선 요리(비린내−염기성)에 레몬이나 식초(산성)를 뿌린다.

④ 산성화된 토양(산성)에 석회 가루(염기성)를 뿌린다.

13 단백질의 기본 단위는 아미노산이며 단백질은 근육과 항체, 세포의 원형질, 효소와 호르몬을 구성하는 물질이다.

14 물질을 종류에 따라 선택적으로 이동시켜 신체가 정상적으로 작동할 수 있도록 하는 세포막의 특성을 선택적 투과성이라 한다.

① **내성** : 약물의 반복 복용에 의해 약효가 저하되는 등 어떤 물질을 반복하여 사용할 때 이전과 동일한 효과를 얻기 위해서는 사용량을 더 늘려야 하는 것

② **주기성** : 일정한 간격을 두고 되풀이하여 진행하거나 나타나는 성질

③ **종 다양성** : 일정한 지역에 살고 있는 생물종의 다양한 정도를 나타내는 것

15 **물질대사** : 생물체에서 일어나는 화학 반응으로 물질이 분해되거나(이화 작용) 합성되는(동화 작용) 모든 반응을 의미한다. 물질대사는 생물체 내에서만 일어나고 생체 촉매인 효소가 관여하며, 에너지가 여러 단계에 걸쳐 조금씩 출입한다.

② **부영양화** : 강이나 호수, 바다 등에 영양물질이 과다하게 공급되는 현상

③ **먹이 그물** : 먹이사슬이 여러 개 얽혀서 그물처럼 복잡하게 이루어진 관계

④ 유전적 다양성 : 같은 종 내에서 유전자의 다양함으로 인해 나타나는 형질의 다양함

16 유전정보의 흐름 DNA → RNA → 단백질
- 전사 : DNA의 유전정보가 RNA로 전달되는 과정(핵에서 일어남)
- 번역 : RNA의 유전정보에 따라 단백질이 합성되는 과정
- 복제 : 하나의 원래 DNA에서 2개의 동일한 DNA 복제본을 생산하는 과정
그러므로 물질 ㉠은 RNA이다.

> TIP DNA, RNA
>
> - DNA
>   - 염기 : A, T, G, C
>   - 기능 : 유전자의 본체
> - RNA
>   - 염기 : A, U, G, C
>   - 기능 : DNA의 정보전달

17 C(세포벽) : 식물 세포에만 있는, 세포막의 바깥쪽을 둘러싸고 있는 단단한 벽이다.
① A(미토콘드리아) : 세포 활동에 필요한 에너지를 생산한다.
② B(핵) : 세포의 구조와 기능을 결정하고 생명 활동을 조절한다.
④ D(엽록체) : 식물 세포에만 있으며, 햇빛을 받아 광합성이 일어나는 장소이다.

18 안정된 생태계 평형을 이루려면 상위 영양 단계로 갈수록 에너지, 개체 수, 생물량 모두 점차 감소하는 피라미드 형태가 되어야 한다.

19 • 생태계의 비생물적 요인 : 물, 빛, 온도, 공기, 토양 등
• 생태계의 생물적 요인 : 생산자(식물, 식물 플랑크톤 등), 소비자(초식동물, 육식동물 등), 분해자(세균, 곰팡이 등)

20 수소 핵융합이 일어나면 헬륨이 만들어지게 된다. 태양 정도의 질량을 갖는 별은 헬륨이 만들어진 후 헬륨 핵융합으로 탄소 핵이 만들어지게 되고, 그 이후에는 더 이상 핵융합을 하지 않는다.

> TIP 주계열성과 별의 진화
>
> - 주계열성 : 수소(H)가 헬륨(He)으로 바뀌는 수소 핵융합이 일어나는 별
>   - 주계열성은 질량이 클수록 표면 온도가 높고 밝은 별로, 별은 일생의 약 90%를 주계열 단계에서 보냄
>   - 질량이 큰 별일수록 에너지 발생량이 커서 주계열성으로 머무는 시간이 짧고 진화 속도가 빠름
> - 태양 정도의 질량을 가진 별의 진화 : 성간 물질 → 원시별 → 주계열성 → 적색 거성 → 행성상 성운 → 백색 왜성
> - 태양의 10배 이상의 질량을 가진 별의 진화 : 성간 물질 → 원시별 → 주계열성 → 초거성 → 초신성 폭발 → 중성자별, 블랙홀

21 해수는 수권에서 일어나고, 수증기가 응결되는 것은 기권에서 일어난다.

22 두 판이 서로 멀어지는 판의 경계를 발산형 경계라 하는데, 이 경계에서는 지진과 화산이 잦고 해령이나 열곡대가 발달한다.
① 해구 : 수렴형 경계에서 발생하는 해저지형으로, 심해저에서 움푹 들어간 길고 좁은 부분
③ 습곡 산맥 : 수렴형 경계에서 발생하는 지형으로 습곡 작용에 의해 형성된 산맥
④ 호상 열도 : 섬들이 활 모양으로 길게 배열된 지형

23 물의 순환은 태양 에너지에 의해 일어난다.

> TIP 물의 순환
>
> 수권의 물 증발 → 기권으로 이동 → 기권의 수증기 응결하여 구름 형성 → 비나 눈으로 지표면에 내림 → 식물에 흡수되거나 지하로 스며들거나 바다로 흘러감

24 오존층이 존재하며 대류가 일어나지 않는 안정된 층은 C(성층권)이다.
① A(열권) : 일교차가 크고 오로라가 생김
② B(중간권) : 대류는 일어나지만 기상 현상은 없음
④ D(대류권) : 기상 현상이 있으며 대류가 활발함

25 신생대의 대표적인 표준 화석은 매머드와 화폐석인데, 그중 육지에 살았던 생물은 매머드이다.

제6교시 한국사

정답 및 해설 |

▌ 정답

01 ③	02 ④	03 ④	04 ①	05 ②
06 ①	07 ①	08 ②	09 ①	10 ③
11 ②	12 ②	13 ①	14 ②	15 ①
16 ④	17 ②	18 ④	19 ①	20 ③
21 ④	22 ②	23 ③	24 ④	25 ③

▌ 해설

01 빗살무늬 토기는 신석기 시대의 대표적인 유물이며, 신석기 시대에 농경과 목축이 시작되었다.

> **TIP** 신석기 혁명
>
> 구석기 시대 사람들이 수렵과 채집 생활을 했던 것과는 다른 신석기 시대에 시작된 농경과 목축 등을 중심으로 한 생산 활동의 변화. 신석기 시대 농경의 시작으로 사람들은 정착 생활을 하게 되었으며 인구도 증가하게 되어 도시와 사회 계급이 형성되었다.

02 주어진 8조법은 고조선에 시행되었던 만민법적 보복법이다. 사회가 복잡해지고 통치조직이 확립되면서 사회 질서를 유지하기 위한 8개 조항의 법규를 제정하였는데 현재는 3개만 전한다. '사람을 죽인 자는 즉시 죽인다.'라는 조항을 통해 생명 존중 사상을, '남에게 상처를 입힌 자는 곡식으로 갚는다.'라는 조항을 통해 재산보호 정책을, '도둑질한 자는 그 집의 노비로 삼는다.'를 통해 신분제도가 존재하였음을 알 수 있다.

03 612년(영양왕 23)에 중국 수나라의 군대를 고구려의 을지문덕이 크게 무찌른 전투는 살수 대첩이다.
① **기묘사화** : 조광조의 개혁 정치에 불만을 품은 훈구파가 '주초위왕' 모략을 통해 사림파를 제거한 사건
② **신미양요** : 1871년 미국이 제너럴셔먼호사건을 빌미로 조선을 개항시키려고 무력 침략한 사건
③ **무신 정변** : 1170년 정중부, 이의방 등의 무신들이 일으킨 정변으로, 정권을 장악하여 문신 중심의 관료조직 및 전시과가 붕괴되었고 무신이 독재정치를 하게 된 사건

04 발해는 고구려 장군 대조영을 중심으로 한 고구려 유민과 말갈 집단이 길림성의 돈화시 동모산 기슭에 건국한 나라이다. 고구려인인 대조영이 세운 국가이며, 지배층도 고구려인이었고 심지어 문화도 고구려 문화를 계승했다는 점에서 고구려 계승 의식을 내세웠음을 알 수 있다. 또한 선왕(818~830) 때 요동 지역을 지배하고 남쪽으로 신라와 국경을 접하며 발해 최대의 영토를 형성하여, 중국은 당대의 발해를 '해동성국'이라 불렀다.
ㄷ. 신라
ㄹ. 조선

05 고려의 공민왕은 쌍성총관부를 공격하여 철령 이북의 땅을 회복하였고, 여러 가지 폐단과 불법, 부정을 바로잡기 위하여 전민변정도감을 설치하여 권세가에게 점탈된 토지나 농민을 되찾았다.
① **성왕** : 백제의 왕으로 수도를 사비로 천도하고, 국호를 남부여로 바꾸었으며 한강 하류지역을 되찾았으나 다시 신라에게 빼앗기고, 신라를 공격하다 전사하였다.
③ **장수왕** : 고구려의 왕으로 수도를 평양으로 천도하고, 남하정책을 펼쳐 한강 지역을 차지하였다.
④ **진흥왕** : 신라의 왕으로 단양 적성비를 세웠다. 한강 하류 백제 지역을 차지한 후 북한산 순수비를 세우고 중국과 직접 교류하였다. 화랑도를 공인하고, 황룡사를 완공하였다.

> **TIP** 공민왕의 개혁 정치
>
> • 반원 자주 정책
> – 정동행성 폐지
> – 철령 이북의 땅 수복
> – 몽골풍 폐지
> – 원의 연호 폐지
> • 대내적 개혁
> – 왕권을 제약하고 신진 사대부의 등장을 억제하고 있던 정방 폐지
> – 전민변정도감을 설치하여 권문세족이 부당하게 빼앗은 토지를 돌려줌
> – 성균관을 통해 유학 교육 강화

06 고려의 토지 제도인 전시과 제도는 역분전 → 시정 전시과 → 개정 전시과 → 경정 전시과로 정비되다가, 귀족들의 토지 독점과 세습 경향으로 원칙대로 운영되지 못하였고 조세를 거둘 수 있는 토지가 점차 감소하여 무신정변을 거치면서

붕괴되고 녹과전을 지급하게 되었다. 공음전과 군인전은 모두 고려 시대의 전시과 제도인데, 공음전은 5품 이상의 관리에게 지급하던 토지이고, 군인전은 군역의 대가로 직업군에게 주던 토지이다.

TIP 고려의 전시과 제도 종류

- **과전** : 일반적으로 전시과 규정에 의해 문무 현직관리에게 지급되는 토지로 반납이 원칙이나 직역 승계에 따라 세습이 가능
- **공음전** : 5품 이상의 관리에게 지급하던 세습이 가능한 토지
- **한인전** : 6품 이하 하급 관료의 자제로서 관직에 오르지 못한 자에게 지급
- **군인전** : 군역의 대가로 직업군에게 주는 토지로 군역이 세습됨에 따라 토지도 자손에게 세습됨
- **구분전** : 하급 관료와 군인의 유가족에게 생계를 위해 지급
- **내장전** : 왕실의 경비를 충당하기 위해 지급
- **공해전** : 각 관청 경비 충당을 위해 지급
- **사원전** : 사원에 지급
- **외역전** : 향리에게 지급

07 주어진 내용은 고려의 대표적인 공예품인 고려청자에 대한 설명이다. 특히 상감 기법을 이용하여 무늬를 넣은 상감 청자가 유명하다.
② 활구 : 고려 시대에 화폐로, 병 모양의 은화
③ 거중기 : 조선 시대에 정약용이 화성을 건축할 때 만든 것으로, 도르래의 원리를 이용하여 무거운 물건을 들어올리는 기계
④ 신기전 : 조선 시대 세종 때 제작된 로켓추진 화살

08 고려의 승려 지눌에 대한 설명으로, 지눌은 조계종을 창시해 선종을 중심으로 교종을 포용하여 선·교 일치 사상의 완성을 추구하였다. 정혜쌍수와 돈오점수를 제시하였고, 수선사 결사를 조직하여 명리에 집착하는 무신 집권기 당시 불교계의 타락상을 비판하고 승려 본연의 자세로 돌아가 독경과 선수행 등에 고루 힘쓰자는 개혁 운동을 전개하였다.

TIP 정혜쌍수와 돈오점수

- **정혜쌍수(定慧雙修)** : 선정과 지혜를 같이 닦아야 한다는 것으로, 선과 교학이 근본에 있어 둘이 아니라는 사상 체계를 말함(→ 철저한 수행을 선도)
- **돈오점수(頓悟漸修)** : 인간의 마음이 곧 부처의 마음임을 깨닫고(돈오) 그 뒤에 깨달음을 꾸준히 실천하는 것(점수)를 말함(→ 꾸준한 수행으로 깨달음의 확인을 아울러 강조)

09 경국대전 : 조선 시대에 나라를 다스리는 기준이 된 최고의 법전으로 세조 때 집필을 시작하여 성종 때 완성하였다.

② **농사직설** : 세종 때 우리의 실정에 맞는 독자적인 농법을 정리하여 만든 우리나라 최초의 농서이다.
③ **목민심서** : 조선 후기 실학자 정약용이 쓴 책으로 지방 행정 개혁과 관련된 내용이 실려 있다.
④ **삼국사기** : 고려 때 김부식 등이 왕명을 받아 편찬한 역사서로, 유교적 합리주의 사관에 기초하였으며 신라 계승 의식을 반영하였다. 기전체로 서술되어 있다.

10 정조는 왕권 강화를 위해 적극적인 탕평정치를 실시하였는데 이를 위한 정책으로는 고른 인재 등용, 규장각 육성, 장용영 설치, 화성 건설, 초계문신제 시행 등이 있다.
① 신라 진흥왕
② 조선 세종대왕
④ 고려 광종

11 병자호란은 조선 인조 때인 1636년에 청나라가 조선을 침략해 일으킨 전쟁이다. 조선군은 청의 군대에 맞서 치열하게 싸웠으나 끝내 이기지 못했고, 인조가 직접 청 태종에게 머리를 조아리는 항복 절차를 거친 후 청의 강요에 의해 태종을 칭송하는 내용의 삼전도비가 세워졌다.
① **방곡령** : 조선 고종 때 일본이 쌀을 대량으로 수탈하면서 곡식이 부족해지자 곡물의 수출을 금지한 명령
③ **을미사변** : 명성황후가 친러정책을 펼치면서 러시아를 통해 일본을 견제하려고 하자, 세력이 위축되던 일본이 1895년에 명성황후를 시해한 사건
④ **홍경래의 난** : 1812년 홍경래 등을 중심으로 평안도의 차별 등이 원인이 되어 일어난 농민반란

12 균역법 : 조선 후기 영조 때 종전의 군적수포제에서 군포 2필을 부담하던 것을 1년에 군포 1필로 경감해준 제도
① **과전법** : 고려 말 공민왕 시절의 정책으로 경기 지방 관리에게 등급에 따라 수조권을 지급했던 제도
③ **진대법** : 고구려에서 가난한 백성들을 구하기 위해 봄에 백성들에게 곡식을 빌려 주고 가을에 갚도록 한 제도
④ **호패법** : 조선 시대 때 16세 이상의 남자에게 오늘날의 신분증과 같은 호패를 차고 다니도록 한 제도

TIP 조선 후기 수취 제도의 개편

- **영정법** : 풍흉에 관계없이 토지 1결당 쌀 4두 징수
- **대동법** : 방납의 폐단 해결 목적, 가호에 부과되던 현물을 소유한 토지 결수에 따라 쌀·포목·동전으로 징수 → 지주의 부담 증가, 공인의 성장
- **균역법** : 군포를 1년에 2필에서 1필로 줄임, 부족한 군포는 결작과 왕실에서 채움

13 **갑신정변** : 1884년 김옥균을 비롯한 급진개화파가 개화사상을 바탕으로 조선의 완전 자주독립과 자주 근대화를 추구하여 일으킨 정변

② **묘청의 난** : 고려 인종 때 승려 묘청이 서경천도를 추진하다 실패하자 일으킨 반란

③ **삼별초 항쟁** : 고려 무신 정권 때 야별초에 신의군을 합쳐 편성한 특수군인 야별초가 개경 정부와 몽고군에 대항하여 일으킨 항쟁

④ **위화도 회군** : 최영의 명에 따라 이성계는 5만 명의 군사를 끌고 요동 정벌을 하러 떠났다가 4불가론을 말하며 불복종 후 개경으로 돌아와 최영을 제거하고 우왕을 왕위에서 물러나게 한 사건

14 **동학** : 1860년 최제우가 창시한 민족 종교로 기일원론과 후천개벽 사상, 인내천 사상을 특징으로 한다. 1894년에 일어나는 농민 운동에 큰 영향을 끼친다.

① **도교** : 무위자연설을 근간으로 하는 중국의 대표적인 민족 종교이자 철학사상

③ **대종교** : 나철이 단군 신앙을 바탕으로 창시한 종교이며 항일 무장 단체인 중광단을 조직하였고, 3 · 1운동 직후 북로 군정서로 개편하여 청산리 대첩에 참여

④ **원불교** : 박중빈이 창시한 종교로 개간사업, 저축 운동, 남녀평등 등 새 생활 운동을 전개함

15 흥선 대원군은 왕권을 강화하고 국가 위신의 제고 및 정체성을 회복하기 위해 소실된 경복궁을 중건하였다. 이때 필요한 경비를 마련하려고 당백전을 발행하였는데 이는 물가 상승이라는 경제적 혼란을 초래하였으며 중건 공사에 백성을 징발하는 과정에 큰 원성이 발생하였다.

② **우산국 정복** : 신라 지증왕 때 이사부가 우산국을 정복하였다.

③ **삼국유사 편찬** : 고려 후기 승려 일연이 불교적 · 자주적 · 신이적 사관을 가지고 편찬한 역사서로 단군을 우리 민족의 시조로 보아 단군 건국 이야기를 수록하고 있으며 그 외에도 가야에 대한 기록과 고대의 민간 설화나 전래 기록, 불교 설화, 향가 등을 수록하고 있다.

④ **독서삼품과 실시** : 788년 원성왕 4년에 설치된 통일신라 시대의 관리등용 방법으로 국학의 학생들을 독서능력에 따라 상 · 중 · 하로 구분하였으며 이를 관리임용에 참고하였다.

16 ㉠은 신민회이다. 신민회는 교육구국운동으로 오산학교, 대성학교 등 학교설립을 했고, 계몽강연 및 서적, 잡지 등 출판운동을 했다. 또한 민족 산업 자본의 발전을 위한 실업 장려운동과 국권회복을 위하여 의병운동을 지원했다. 그러나 1911년 일제가 조작한 105인 사건을 계기로 신민회 조직이 드러나고 국내에 남아 있던 세력이 탄압을 받으면서 조직이 무너졌다.

17 **독립 협회** : 1896년 서울에서 조직되었던 사회정치단체로 열강에 의한 국권 침탈과 지배층에 의한 민권 유린 상황 속에서 자주국권, 자유민권에 의해 민주주의, 근대화 운동을 전개하였다. 이들은 독립신문을 발간하였고, 만민 공동회를 개최하고 자유 민권 운동을 전개하였다.

> **TIP** 독립협회의 의의
> 19세기말 한반도를 둘러싼 열강의 세력균형이 이루어졌던 시기에, 자주국권 · 자유민권 · 자강개혁의 사상을 가지고 독립협회가 추진한 민족주의 · 민주주의 · 근대화운동은 그 뒤 일제의 주권침탈과 식민 통치과정에서 항일독립운동과 국민국가수립운동 등 한국민족운동의 내적 추진력이 되었다.

18 **대한민국 임시 정부** : 3 · 1운동 이후 일본통치에 조직적으로 항거하기 위하여 중국 상해에 대한민국 임시 정부가 수립되었다. 이들은 독립신문을 발행하여 국내외 독립운동의 소식을 알렸다. 1940년 충칭으로 청사를 옮긴 후 중국 정부의 협조를 얻어 정식 군대인 한국광복군을 창설하였다.

① **삼정이정청** : 조선 철종 때 삼정의 폐단을 고치기 위하여 임시로 만든 관청

② **통리기무아문** : 1880년대 개화 정책을 추진하기 위하여 설치한 기구

③ **문맹 퇴치 운동** : 사람들에게 한글을 가르치고 민족의식을 갖게 하려는 일제 강점기에 일어난 대표적인 사회 운동

19 1938년 4월에 일본은 중국과의 전쟁 때문에 인적 · 물적 자원을 통제하고 동원하기 위하여 국가 총동원법을 제정하고 공포하였다. 이때 여러 공출 제도가 실시되었고, 강제 징용이 이루어졌다.

20 한인 애국단은 대한민국 임시 정부의 활발한 활동을 목적으로 김구가 비밀리에 설립한 단체이다. 대표적인 활동으로 이봉창의 일본 국왕 폭탄 의거와 윤봉길의 상하이 훙커우 공원 의거가 있다.

① **별기군** : 1881년(고종 18) 설치된 신식 군대로 신식 무기로 무장하고 일본인 교관에게 근대식 군사 훈련을 받았다.

② **교정도감** : 고려시대 최충헌 이래 무신정권의 최고 정치기관으로, 이를 통하여 정치 권력을 행사하였다.

④ **조선어 학회** : 국어 연구와 발전을 목적으로 하는 민간 학술 단체로 한글 맞춤법 통일안과 조선어 사전을 편찬하고, 한글 잡지를 발간하였다.

21 신채호는 민족주의 사학의 발판을 마련한 인물이다. 자치론, 외교론, 준비론 등 기존의 독립 운동 방법을 비판하고 민중의 직접 혁명을 통한 독립 쟁취를 주장한 1923년 조선 혁명 선언을 하였다. 또한 조선 상고사, 조선사 연구초 등을 저술하고 독사신론을 연재하여 민족주의 역사학의 기반을 확립하였다.

22 유신 헌법 제정, 한 · 일 협정 체결, 새마을 운동 실시, 경제 개발 5개년 계획 추진 등은 모두 박정희 정부의 정책이다. 베트남 파병은 1964년 9월부터 1973년 3월까지 한국정부가 베트남전쟁에 전투부대를 파병하여 참전한 사건으로 외화를 획득하고 경제가 발전하긴 하였으나 많은 전사자가 발생하였다.
① 흥선대원군
② 일제강점기
④ 조선 후기 정조

23 물산 장려운동은 민족기업을 지원하고 민족 산업을 육성함으로써 민족 경제의 자립을 달성하려는 운동으로 '조선 사람 조선 것' 등의 구호를 내세워 일본 상품을 배격하고 국산품 애용 등을 강조하였고, 전국적 민족 운동으로 확산되면서 근검절약, 생활 개선, 금주 · 단연 운동도 전개되었다.
① **형평 운동** : 1923부터 일어난 백정들의 신분 해방 운동으로 법제상으로는 해방되었으나, 실제적으로 존속되고 있는 차별을 철폐하기 위해 전개되었다.
② **서경 천도 운동** : 문벌 귀족 사회 내부의 분열과 지역 세력 간의 대립, 풍수지리설이 결부된 전통 사상과 사대적 유교 정치사상의 충돌 등이 얽혀 일어난 것으로, 묘청이 고려의 수도를 서경으로 옮기려 전개한 움직임이다.
④ **좌 · 우 합작 운동** : 이승만의 정읍 발언 이후 단독 정부 수립운동이 일어나자, 이에 분단을 우려한 여운형(좌익) · 김규식(우익) 등의 중도파가 중심이 되어 좌우 합작 위원회를 결성하고, 단독 정부 수립을 반대하며 좌우 합작 운동을 전개하였다.

24 **5 · 18 민주화 운동** : 1980년 5월 18일에서 27일까지 전라남도 및 광주 시민들이 군사독재와 통치를 반대하고, 계엄령 철폐, 민주정치 지도자 석방 등을 요구하여 벌인 민주화운동이다.
① **병인박해** : 대원군이 천주교를 탄압하며, 수많은 천주교 신자들과 선교사들이 처형당한 사건

② **YH 무역 사건** : 회사의 폐업조치에 항의하며 농성 시위를 벌이던 YH 무역의 여성 노동자 한 명이 경찰의 강제 진압에 의해 사망한 사건
③ **교조 신원 운동** : 처형된 동학의 창시자 최제우의 억울함을 풀고 동학에 대한 탄압을 중지해달라는 동학교도들의 운동

25 **6 · 15 남북 공동 선언** : 대한민국의 김대중 대통령과 조선민주주의 인민공화국의 김정일 국방 위원장이 남북 정상회담을 가진 뒤, 2000년 6월 15일에 발표한 공동 선언이다. 이를 통해 이산가족 방문단의 교환이 이루어지고 협력과 교류가 활성화되었다.

> **TIP** 남북한 관련 외교

박정희 정부	• 8 · 15 선언(1970) • 남북 적십자 회담 제의(1971) • 7 · 4 남북 공동성명(1972) : 자주, 평화, 민족 대단결 • 6 · 23 평화 통일 외교 정책 선언(1973) • 상호 불가침 협정의 체결(1974)
노태우 정부	• 7 · 7선언(1988) • 한민족 공동체 통일 방안(1989) : 자주 · 평화 · 민주의 원칙 • 남북 고위급 회담, 남북한 유엔 동시 가입(1991) • 남북 기본 합의서 채택(1991. 12) · 발효(1992) • 한반도 비핵화 공동 선언 채택(1991. 12) · 발효(1992)
김영삼 정부	• 3단계 3기조 통일 정책(1993) • 민족 공동체 통일 방안(1994. 8) • 제네바 합의(1994)
김대중 정부	• 베를린 선언(2000) • 남북 정상 회담 개최(2000) • 6 · 15 남북 공동 선언(2000) • 금강산 관광 시작(1998) • 경의선 철도 연결 사업(2000년 9월 착공)

제7교시 | 도 덕

정답 및 해설 |

▍ 정답

01 ②	02 ③	03 ③	04 ①	05 ④
06 ③	07 ①	08 ①	09 ③	10 ④
11 ③	12 ④	13 ④	14 ②	15 ①
16 ②	17 ④	18 ②	19 ②	20 ④
21 ①	22 ①	23 ②	24 ③	25 ③

▍ 해설

01 사회 참여에 관한 쟁점이나 사회적 가치에 대한 쟁점 등 사회의 구조와 제도의 개선 등과 관련된 문제는 사회 윤리 분야에서 다룬다.

02 결혼과 출산을 중심으로 성적 관계를 생각하고, 혼전 또는 혼외 성적 관계는 부도덕하다고 보는 것은 보수주의적 관점이다.

> **TIP** 사랑과 성의 관계
> • 보수주의 입장
>   – 결혼과 출산 중심의 성 윤리를 제시
>   – 부부간의 신뢰와 사랑을 전제로 할 때만 도덕적이라고 주장
>   – 혼전 또는 혼외 성관계는 부도덕함
> • 중도주의 입장
>   – 사랑 중심의 성 윤리를 제시
>   – 사랑을 동반한 성적 관계는 허용될 수 있다고 주장
>   – 사랑이 결부된 성적 관계는 남녀가 육체적·정서적으로 교감할 수 있음
> • 자유주의 입장
>   – 자발적인 동의 중심의 성 윤리를 제시
>   – 성에 관한 개인의 자유로운 선택을 중시

03 생활 속에서 자신의 마음가짐, 행동 또는 그 속에 담긴 자신의 정체성과 가치관에 관하여 윤리적 관점에서 깊이 있게 반성하고 살피는 태도를 윤리적 성찰이라고 하는데, 윤리적 성찰을 통해 자신의 존재를 자각함으로써 도덕적이고 가치 있는 삶을 살 수 있게 된다.
① **가치 전도** : 가치가 서로 뒤바뀐 현상
② **특권 의식** : 사회·정치·경제적으로 특별한 권리를 누리고자 하는 태도

④ **이기적 실천** : 이타적이지 않고 이기적인 실천

04 덕 윤리는 의무, 규칙, 혹은 행위의 결과보다는 도덕 행위자의 품성과 덕을 강조하는 규범 윤리학의 접근법으로, 도덕적 실천 가능성을 강조하고 공동체의 전통과 역사를 중시한다.

05 (나)에는 동물 복제를 반대하는 의견이므로 그에 대한 입장이 와야 한다. 동물 복제는 자연의 질서를 위배하고 종의 다양성을 해치며 동물의 생명을 수단으로 여기는 등의 문제가 발생할 수 있다.

06 처벌의 본질을 범죄 행위에 상응하는 해악(보복)을 가하는 것이라고 보는 것은 응보주의적 관점이다.

> **TIP** 교정적 정의의 관점
> • 처벌의 근거와 정도
>
> | 응보주의 관점 | • 타인에게 해악을 준 사실만을 처벌의 근거로 봄
• 처벌의 경중을 범죄의 해악 정도에 비례하여 정해야 한다고 주장 |
> |---|---|
> | 공리주의 관점 | • 사회 전체의 이익을 처벌의 근거로 삼음
• 범죄의 해악 정도보다는 사회의 이익에 따라 처벌의 경중을 정해야 한다고 주장 |
>
> • 사형제도에 대한 예방주의 관점
>
> | 일반 예방주의 | 사형 제도를 통해 일반인들에게 경고하여 그들이 죄를 짓지 않도록 예방할 수 있다고 봄 |
> |---|---|
> | 특수 예방주의 | 사형 제도는 범죄자의 재사회화 가능성을 박탈하기 때문에 사형 제도에 반대함 |

07 정의의 두 원칙으로 평등한 자유의 원칙과 공정한 기회균등의 원칙, 차등의 원칙을 주장한 사상가는 롤스이다. 롤스는 개인의 평등하고 기본적인 자유를 보장해야 한다고 주장하였다.

> **TIP** 롤스의 정의론
>
> | 제1원칙 | 평등한 자유의 원칙 : 모든 사람은 기본적인 자유에서 평등한 권리를 지녀야 함 |
> |---|---|
> | 제2원칙 | • 차등의 원칙 : 사회·경제적 불평등은 사회의 최소 수혜자에게 최대의 이익이 되어야 함
• 공정한 기회 균등의 원칙 : 공직과 지위는 불평등할 수 있지만 그것이 공정한 기회 균등의 조건 아래 모두에게 개방되어야 함 |

08 유교 윤리의 핵심 규범이자 인간관계에서 지켜야 할 다섯 가지 도덕 규범을 말하는 것은 오륜(五倫)이다.
- **부자유친(父子有親)** : 어버이와 자식 사이에는 친함이 있어야 한다.
- **군신유의(君臣有義)** : 임금과 신하 사이에는 의로움이 있어야 한다.
- **부부유별(夫婦有別)** : 부부 사이에는 구별이 있어야 한다.
- **장유유서(長幼有序)** : 어른과 아이 사이에는 차례와 질서가 있어야 한다.
- **붕우유신(朋友有信)** : 친구 사이에는 믿음이 있어야 한다.
② **충서** : 유교 윤리 중 하나로, 자신이 원하지 않는 일을 남에게 하지 말라는 의미를 담은 덕목이다.
③ **삼학** : 불교의 교리 중 하나로 불도를 수행하는 자가 반드시 닦아야 할 세 가지 근본 수행이다.
④ **좌망** : 도가 윤리에서 제물의 경지에 이르기 위한 방법으로 제시한 것으로, 조용히 앉아서 자신을 구속하는 일체의 것들을 잊어버리는 것을 의미한다.

09 **양성평등** : 남녀 모두에게 권리, 의무, 자격 따위가 차별 없이 고르고 한결같이 있다는 의식으로, 남녀의 차이는 인정하되 성별에 따른 차별이나 비하 등이 없는 바람직한 태도이다.
① **성차별** : 남녀 간의 차이를 잘못 이해하여 발생하는 차별
② **성폭력** : 성을 매개로 가해지는 신체적 · 언어적 · 심리적 폭력
④ **성 상품화** : 성 자체를 상품처럼 사고팔거나 다른 상품을 팔기 위한 수단으로 성을 이용하는 행위

10 시민 불복종이란 정의롭지 못한 법 또는 정부 정책을 변혁시키려는 목적으로 행해지는 의도적인 위법 행위이다. 시민 불복종의 정당화 조건으로는 비폭력적, 처벌 감수, 공동선(공익) 추구, 최후의 수단, 목적의 정당성, 공개성, 양심적 행위 등이 있다.

> **TIP** 시민 불복종의 근거
> - **드워킨** : 헌법 정신에 비추어 의심스러운 법률이라면 시민이 그에 대해 저항할 권리를 지닌다.
> - **소로** : 법을 넘어선 개인의 양심이 저항 판단의 최종 근거이다.
> - **롤스** : 사회적 다수에 의해 공유된 정의관이 저항의 기준이 되어야 한다.

11 청렴이란 성품과 행실이 높고 맑으며 탐욕이 없는 상태로 특히 정약용의 목민심서에서 가장 강조하고 있는 덕목이다. 주어진 제도들은 모두 청렴을 강조하는 덕목이다.
① **배려** : 다른 사람의 처지에서 생각하여 그 입장을 이해하고 공감하는 사고 과정

② **관용** : 남의 잘못을 너그럽게 받아들이거나 용서함
③ **자선** : 남을 불쌍히 여겨 도와줌

12 소크라테스는 보편주의 윤리를 주장했으며 특히 정신적 삶을 중시했고, 지식을 모든 덕과 행복의 원천으로 보는 주지주의를 강조했다. 또한 "너 자신을 알라."라는 말을 남기며 반성적으로 검토하는 삶을 강조하고 끊임없는 질문을 통해 자신의 무지를 자각해야 한다고 하였다.
① **밀** : 스승인 벤담의 공리주의에 공상적 사회주의와 낭만주의를 가미하여 자신만의 독특한 체계로 발전시킨 공리주의 철학자이다.
② **베이컨** : 기독교 사상만 진리라고 하는 중세 철학에서 벗어나 "아는 것이 힘이다."라고 말하며 과학적 지식을 중요하게 생각하고 경험을 강조한 경험주의 철학의 선구자이다.
④ **데카르트** : 모든 인간은 이성을 지니고 있다는 것을 깨달았고, "나는 생각한다, 그러므로 존재한다"라는 명제를 이끌어냈다.

13 과학 기술자는 자연 환경과 미래 세대가 존속할 수 있는 범위 내에서 과학 기술의 발전을 추구해야 하며 시민들은 과학 기술이 인간의 존엄성에 공헌하고 있는지 관심을 갖고 과학 기술의 사용 방향에 대한 선택과 결정에 적극적으로 참여해야 한다. 연구 결과를 자신의 이익만을 위해 공개하는 것은 과학 기술자의 윤리적 자세로 옳지 않다.

14 생태 중심주의는 전체론적 관점에서 개체보다 상호 의존성에 바탕을 둔 생명 공동체 그 자체에 관심을 가지는 관점으로, 자연 전체 즉, 생태계 전체가 도덕적 고려의 대상이다. 인간이 자연보다 우월한 존재이며 동물은 인간을 위한 수단일 뿐이라고 생각하는 것은 인간 중심주의적 관점이다.

> **TIP** 생태 중심주의의 대표적인 사상가
> - **레오폴드** : 대지는 자연의 모든 존재가 서로 그물망처럼 얽혀 있는 생명 공동체라고 하며 대지 윤리를 주장
> - **네스** : 세계관과 생활 양식 자체를 생태 중심적으로 바꾸는 심층적 생태주의를 주장

15 **정보 격차** : 정보에 대한 불평등한 접근 기회와 정보 활용 능력의 차이로 인해 발생하는 경제적 · 사회적 불평등
② **사생활 침해** : 정보 기술의 발달로 개인 정보를 쉽게 얻을 수 있게 되면서 사생활이 침해되는 일이 발생함
③ **저작권 침해** : 저작권법에 의해 배타적으로 보호되는 저작물을 무단으로 이용하여 저작권자의 권리를 침해하는 행위(소프트웨어 무단 복제, 인터넷의 각종 자료를 무단으로 내려 받는 행위)

④ **사이버 스토킹** : 인터넷을 통하여 상대방이 원하지 않는데
도 지속적이고 반복적인 접근을 시도하여 공포심이나 두
려움 따위를 유발하는 행위

16 연기설, 보살, 불살생, 해탈과 관련 있는 것은 불교이다.

> **TIP 연기설**
> 연기설은 불가의 우주론(만물의 본질론)으로 "모든 존재는 이것이 생
> (生)하면 저것이 생(生)하고, 이것이 멸(滅)하면 저것이 멸(滅)한다."는
> 만물의 인과관계와 상호의존성을 강조한다.

17 ㄱ, ㄴ는 예술의 상업화를 찬성하는 입장이고 ㄷ, ㄹ은 예술
의 상업화를 반대하는 입장이다.

18 뉴 미디어는 송신자와 수신자 간의 쌍방향 정보 교환을 가능
하게 한다.

> **TIP 뉴미디어**
> • **의미** : 기존의 매체들이 제공하던 정보를 인터넷을 통해 가공, 전
> 달, 소비하는 포괄적 융합 매체
> • **특징**
> – 상호 작용화 : 송수신자 간 쌍방향 정보 교환을 가능하게 함
> – 비동시화 : 정보 교환에서 송수신자가 공시에 참여하지 않고도
> 수신자가 원하는 시간에 정보를 볼 수 있게 함
> – 탈대중화 : 특정 대상과 특정 정보를 상호 교환할 수 있게 함
> – 능동화 : 이용자가 더욱 능동적으로 활동할 수 있게 함

19 칸트는 도덕성 판단 시에 행위의 동기를 중시하였고, 도덕의
보편성과 인간 존엄성 강조하였다. 또한 도덕법칙을 정언 명
령의 형식으로 제시하였다.

20 ㉠ **합리적 소비** : 자신의 경제력 내에서 가장 큰 만족을 추구
하는 소비로, 소비자 개인의 경제적 이익이나 만족감을 중
시하는 특성을 지닌다.
㉡ **윤리적 소비** : 소비자가 윤리적인 가치판단으로 상품이나
서비스를 구매하는 소비로, 원료의 재배 및 제품의 생산과
유통에 이르는 전 과정이 윤리적인지에도 관심을 가진다.

21 하버마스는 논쟁을 할 때에도 수용하는 자세를 잃지 않고 대
화와 토론을 통해야 한다며 '의사소통의 합리성'이라는 이성
의 잣대를 강조하였다. 또한 이상적 담화 상황 조건으로 진리
성, 정당성, 진실성, 이해가능성을 제시하였다. 그러므로 ㉠에
들어갈 용어로 가장 적절한 것은 ①의 담론이다.

22 **샐러드 볼 이론** : 한 국가 또는 사회 안에 있는 다양한 문화
를 평등하게 인정하며 각 재료의 특성이 살아 있는 샐러드처
럼 다양한 문화가 각각의 정체성을 유지하면서 조화를 이룰
수 있다는 장점이 있다. 다만, 사회적 연대감이나 결속력이
부족하여 사회적 통합을 이루기 어렵다는 한계가 있다.
② **동화주의 이론** : 이질적인 문화의 주변문화를 제도권 안
으로 수용하자는 입장이므로 다문화 시대에 필요한 자세
이다.
③ **국수 대접 이론** : 문화의 다양성을 인정하면서 주류 문화
의 역할을 강조한다. 주류 문화는 국수와 국물처럼 중심
역할을 하며, 이주민의 문화는 고명이 되어 자신의 문화적
정체성을 유지한다. 즉 비주류 문화를 주류 문화와 동등하
게 취급하지는 않는다.
④ **자문화 중심주의** : 자기 문화의 우월성에 빠져, 다른 문화
를 부정적으로 평가하는 태도이다.

23 인간은 유한하고 불완전한 존재이기 때문에 종교를 통해 유
한성을 극복하고 이상적인 경지에 이르고자 한다. 즉 주어진
설명에 해당하는 인간의 특성은 ②의 종교적 존재이다.

24 싱어는 원조에 대해 공리주의적 관점에서 모든 사람의 고통
을 감소시키고 쾌락을 증진시키는 것이 인류의 의무라고 주
장하였다.

> **TIP 원조에 대한 입장**
> • 의무적인 입장 : 칸트, 싱어, 롤스
> • 자선적인 입장 : 노직

25 북한 당국은 경계의 대상이지만, 북한 주민은 화해와 협력의
대상이므로 북한을 경계의 대상이자 동반자라는 양면적 측면
에서 이해해야 한다.

> **TIP 통일 편익**
> • 분단에 따른 남북한 주민의 고통과 불편을 해소
> • 국토 면적의 확장 및 인구 증가에 따라 내수 시장의 확대를 가져
> 올 수 있음
> • 해양과 대륙의 요충지에 있는 통일한국은 동북아시아의 교통 · 물
> 류 중심지의 역할을 할 수 있음
> • 평화의 실현에 이바지할 수 있음

2021년 2회

정답 및 해설

2020년도

제1회

제1교시

국 어

정답 및 해설 |

정답

01 ③	02 ④	03 ③	04 ③	05 ①
06 ③	07 ③	08 ③	09 ①	10 ③
11 ④	12 ④	13 ②	14 ②	15 ④
16 ③	17 ③	18 ③	19 ②	20 ②
21 ①	22 ②	23 ④	24 ①	25 ②

해설

01 상대방의 감정에 공감해주고 상대방의 말에 관심을 보이며 수용적인 입장에서 이해해주고 있다는 표현을 해주는 것이 공감적 듣기의 방법이다. 너무 힘들었다는 상대방의 말에 고개를 끄덕이며 '그래. 많이 힘들었구나'라고 답하는 ③이 공감적 듣기로 가장 적절하다.

02 관용의 격률에 따라 자신에게 혜택을 주는 표현은 최소화하고 부담을 주는 표현은 최대화 하는 사례가 가장 적절하다. 이에 부합하는 것은 ④이다.

> TIP 공손성의 원리
> • **요령의 격률** : 상대방에게 부담이 가는 표현을 최소화하고 상대방의 이익을 극대화하는 것
> • **관용의 격률** : 화자 자신에게 혜택을 주는 표현을 최소화하고 화자 자신에게 부담을 주는 표현은 최대화하는 것
> • **찬동의 격률** : 다른 사람에 대한 비방을 최소화하고 칭찬을 극대화하는 것
> • **겸양의 격률** : 자기 자신에 대한 칭찬은 최소화하고 자신에 대한 비방을 극대화하는 것
> • **동의의 격률** : 자신의 의견과 다른 사람의 의견 사이의 차이점을 최소화하고 자신의 의견과 다른 사람의 의견의 일치점을 극대화하는 것

03 명사형의 주어는 명사형의 서술어를 써야한다. 맞게 고치기 위해서는 서술어 뒤에 '~것이야.'가 붙어야 한다.
'내가 말하고자 하는 것은 너는 마음씨가 곱다.'에서 주어는 '내가 말하고자 하는 것은'의 명사형 어미로 끝난 부분이다. 명사형 어미로 끝났기 때문에 서술어 역시 명사형으로 끝내는 것이 좋다. 따라서 주어진 문장과 동일한 오류가 드러난 문장은 ③이다.

① '아름다운'이 '소녀'를 꾸며주는 것인지, '노래'를 꾸며주는지 의미가 모호하다.
② 우리말에서는 회의를 가지다는 말은 쓰지 않는다. '회의를 (진행)했다.'가 올바른 표현이다. 지나친 외국어 표현을 사용했다.
④ '남은'과 '잔반(殘飯)'에서의 '잔(殘)'이 '남기다'는 뜻이므로 의미중복의 오류가 생긴 문장이다.

04 '얼음'은 '얼다'의 어간에 '-음'이 붙은 형태이므로 '얼음'으로 적는다. 따라서 한글 맞춤법 규정을 잘못 적용한 것은 ③이다.
① '-이'가 붙어서 부사가 된 것은 그 원형을 밝혀 적는 원칙에 따라 '굳이'로 적는다.
② 어원적으로 '놀다'의 '놀-'에 '-음'이 붙어서 된 것이지만, 그 어간의 본뜻에서 멀어진 것이므로 소리 나는 대로 적는다.
④ 어간 '다듬-'에 접미사 '-이'가 붙어서 된 말이므로 원형을 밝혀 '다듬이'로 적는다.

05 말의 뜻을 구별해 주는 최소의 소리 단위인 음운이 바뀌면 단어의 뜻이 달라진다. 음운은 분절 음운과 비분절 음운으로 나뉘는데 분절 음운에는 자음과 모음이 해당하고 비분절 음운에는 소리의 강약, 고저, 장단 등이 해당한다. '물, 불, 풀, 뿔'은 분절 음운 중에서도 '자음'이 바뀜으로써 뜻이 달라진 단어들이다.

06 향찰은 한자의 음과 뜻을 빌려 우리말의 형태와 의미 요소를 전면적으로 기록하는 표기 체계이다. 실질적 의미를 가진 부분은 뜻을 빌려 표기하는 훈차를, 조사나 어미와 같은 문법적 요소는 음을 빌려 표기하는 음차를 사용하였다. 따라서 ㉠에 해당하는 표기 방법은 훈차, ㉡에 해당하는 표기 방법은 음차이다.

> TIP 향찰의 특징
> 문장 전체를 적을 수 있으며, 우리말의 어순으로 글자를 배열한다는 점에서 고유명사를 표기하는 방식보다 진일보한 표기 방식이었음

07 ㉠에는 '기부 참여도가 낮은 원인'의 해결 방안이 들어가야 한다. ①은 '가'의 해결 방안이고 ②는 '나'의 해결 방안이며 ④는 '다'의 해결 방안이다. ③은 해결 방안으로는 적절하지 않다.

08 대구법은 비슷하거나 동일한 문장 구조를 짝을 맞추어 늘어
    놓는 표현법이다. 비유법에는 직유, 은유, 의인법이 있다.
    ①을 살펴보면, '나 하나의'='우리 모두의', '기부 실천'='행복
    물결'처럼 구가 서로 대칭적 구조를 이루며, 표현방법으로 은
    유법(A는 B이다.)을 통해 'A(기부 실천)는 B(행복 물결)이다.'
    로 구성되어 있음을 확인할 수 있다.
    ② 대구법을 찾기 어렵다.
    ③ '기부'='생명의 물'의 형태로 은유는 있으나, 대구가 없다.
    ④ 뚜렷한 비유법과 대구법을 찾기가 어렵다.

[09~11]

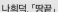

> 나희덕, 「땅끝」
> • 갈래 : 자유시, 서정시
> • 성격 : 사색적, 성찰적, 관조적, 회상적
> • 주제 : 삶의 막다른 골목에서 느끼는 절망감과 역설적 극복
> • 특징
>   – 삶의 본질을 관조하는 독백적 어조
>   – 역설적 인식을 통해 삶의 희망을 발견함
>   – 과거와 현재를 교차하여 시상을 전개함
>   – 실제 지명을 모티프로 해서 삶의 의미를 진지하게 사색함
>   – '땅끝'의 중의성을 활용하여 인생의 의미를 노래함

09 '위태로움 속에 아름다움이 스며 있다는 것이'와 같이 역설을
    활용하여 극한 절망의 끝에서 삶의 가치와 희망을 깨닫게 되
    고 절망과 두려움의 끝에서 삶의 진실과 아름다움을 깨닫게
    된다.

10 '노을을 보려고 그네를 힘차게 차고 올라 발을 굴렀지'를 통
    해 화자에 대한 설명으로 ①이 가장 적절함을 알 수 있다.
    ② '노을은 끝내 어둠에게 잡아먹혔지'를 통해 절망을 경험하
       였다.
    ③ '나비'는 두려운 존재가 아니다. '어릴 때는 나비를 쫓듯'을
       통해 이를 알 수 있다.
    ④ '그런데'의 앞 부분은 절망, 뒷 부분은 희망으로 시상의 전
       환이 나타난다.

11 땅끝은 바다가 시작되는 부분이기 때문에 늘 젖어 있으므로
    절망적이지만 희망을 품고 있는 공간이다. 따라서 부정적 상
    황이지만 삶의 희망을 품고 있는 상태에 해당하는 시어로는
    '땅끝'이 가장 적절하다.

[12~14]

> 박태원, 「천변 풍경」
> • 갈래 : 장편소설, 세태소설
> • 시점 : 특정한 화자 없이 다양한 서술 양식을 취함(전지적 작
>   가, 작가 관찰자, 1인칭 시점의 혼용)
> • 배경
>   – 시간적 : 1930년대 어느 해 2월부터 이듬해 1월
>   – 공간적 : 물질만능주의가 팽배한 타락한 청계천변
>   – 사상적 : 배금주의사상
> • 주제 : 1930년대 서울 중산층과 하층민들의 삶의 애환, 물질만
>   능주의와 도시인의 타락한 삶
> • 특징
>   – 시점의 자유로운 이동
>   – 카메라 아이의 기법활용(다른 장소에서 동시에 일어나는 사
>   건을 보여줌으로써 시간성과 공간성을 극대화할 수 있음)

12 '아무리 '바루 저기'라도, 잠깐 좀 타 보면 어떠냐고, 소년은
    적이 불평이었으나.'로 ④가 '소년'에 대한 설명으로 가장 적
    절함을 알 수 있다.
    ① 아버지는 소년의 마음을 일일이 헤아리진 않고 있다.
    ② 아버지와 소년은 청량리에서 종로로 이동하였다.
    ③ '몇 번인가 아버지의 모양을 군중 속에 잃어버릴 뻔하다가
       는'으로 보아 서울에서 내내 아버지의 손을 잡고 다녔다는
       설명은 적절하지 않다.

13 3인칭 전지적 작가 시점으로, [A]의 마지막부분 '어린 이의
    마음은 걷잡을 수 없게 들떴다.'를 통해 작품 밖의 서술자가
    인물의 심리를 드러내고 있음을 알 수 있다.

14 ㉠과 ㉣은 '소년'을 나타내는 말이다. ㉡과 ㉢은 동일 인물이
    아니다.

[15~16]

> 작자 미상, 「한숨아 세 한숨아」
> • 갈래 : 사설시조
> • 제재 : 시름, 한숨
> • 주제 : 그칠 줄 모르는 삶의 시름
> • 특징
>   – 반복과 열거와 의인법
>   – 추상적 대상을 시각적으로 구체화함
>   – 한숨이 삶 속에 비집고 들어오는 모습을 해학적으로 그려냄

15 청유형 문장의 경우 어말어미로 '-자, -자꾸나, -세, -읍시다.'를 사용하는데 이 글에서는 청유형 문장이 사용되지 않았다.
① '네 어느 틈으로 들어오느냐.'와 같이 한숨을 의인화하여 해학성을 드러내고 있다.
② '뚝딱', '대그르르'와 같이 의태어를 활용하여 상황을 실감나게 표현하고 있다.
③ '고모장지 세살장지 들장지 열장지에' 등과 같은 유사한 시어의 반복으로 리듬감을 살리고 있다.

16 '한숨'을 막으려고 '크나큰 자물쇠로 깊숙이 채우며' 노력을 다했는데도 '네 어느 틈으로 들어오느냐.' 묻는 화자의 모습과 '아마도 너 온 날 밤이면 잠 못 들어 하노라.'를 통해 화자의 심정으로는 ②가 가장 적절하다.

[17~19]

작자 미상, 「흥부전」
• **갈래** : 판소리계 소설, 국문 소설, 설화 소설
• **성격** : 풍자적, 해학적, 교훈적
• **시점** : 전지적 작가 시점
• **배경**
  – 시간적 : 조선 후기
  – 공간적 : 경상, 전라 경계
• **주제** : 형제간의 우애와 권선징악(勸善懲惡), 빈부 간의 갈등 (이면적 주제)
• **특징**
  – 판소리 사설의 특징이 잘 나타남
  – 조선 후기의 사회상과 세태를 잘 보여 줌
  – 풍자와 해학 등 웃음의 미학이 잘 나타남

17 '…물렛줄로 당끈 달아 대가리 터지게 동이고, 깃만 남은 중치막 동강 이은 헌 술띠를 흉복통에 눌러 띠고,…' 등의 부분에서 비슷한 구조의 어구를 나열하는 '열거법'이 쓰였음을 알 수 있다.

18 흥부는 놀부에게 도움을 구하기 위해 갔으므로 잘못을 반성하며 용서를 구하고 있다는 ③의 설명은 옳지 않다.

19 '동남풍', '의원', '낭군'은 흥부를 비유했고, '강태공'은 흥부의 아내를 비유하였다. 예시. 열거가 쓰인 부분이다.

20 이 글은 설명문으로 설명문이란 어떤 대상에 관한 지식과 정

보를 독자가 잘 이해할 수 있도록 알기 쉽게 쓴 글을 말한다. 설명문은 배경지식을 활용하고, 핵심 개념과 정보를 파악하며 읽으며, 제시된 정보의 신뢰성을 판단하며 읽어야 하지만 사실과 의견을 구분하여 읽어야 하므로 읽기 전략으로 적절하지 않은 것은 ②이다.

TIP 설명문의 특징
• **사실성** : 정확한 지식과 사실에 근거하여 설명한다.
• **객관성** : 글쓴이의 의견이나 주관이 개입되지 않고 사실을 있는 그대로 설명한다.
• **체계성** : 글의 구성을 짜임새 있게 순서대로 정해서 체계적으로 서술한다.
• **명료성** : 뜻이 분명하게 전달되도록 간결하게 설명한다.
• **평이성** : 내용을 잘 이해하도록 쉬운 용어를 사용한다.

21 '중앙 통제 시계'를 찾기 위해 신체 기관의 각 영역을 하나씩 망가뜨려 보면서, 일주기 운동이 살아남아 있는지를 관찰하여 결국 찾은 곳이 뇌에 있는 '시교차상 핵'이라고 하였으므로 이에 대한 가장 적절한 것은 ①이다.

22 '관장하다'는 '일을 맡아서 주관하다.'라는 뜻이므로 ②는 바꿔 쓸 수 있는 말로 적절하지 않다.
① **측정하다** : 일정한 양을 기준으로 하여 같은 종류의 다른 양의 크기를 재다.
③ **간주되다** : 상태, 모양, 성질 따위가 그와 같다고 여겨지다.
④ **구성되다** : 몇 가지 부분이나 요소들이 모여 일정한 전체가 짜여 이루어지다.

23 이 글은 차별 의식을 담고 있는 표현들을 예로 들어 문제 상황을 드러내고 있다. 따라서 ④가 이 글에 대한 설명으로 가장 적절하다.

24 이 글의 마지막 부분에서 '내 입에서 나가는 말 한마디, 내가 종이에 적는 글 한 구절이 나 자신의 품격뿐 아니라 공동체 전체의 행복과도 직결된다는 점을 의식하며 바람직한 의사소통 문화를 형성해야 한다.'라고 나와 있으므로 이 글의 중심 내용으로 가장 적절한 것은 ①이다.

25 '여류 소설가'와 같이 직업이나 직책 앞에 '여-'를 붙이는 것과 '처녀작'에서 '처녀'라는 말을 포함한 단어는 성차별적 표현이므로 ⓒ이 〈보기〉의 밑줄 친 부분과 가장 관련이 깊다.

제2교시

수 학

▌정답

01 ④	02 ①	03 ①	04 ③	05 ④
06 ③	07 ②	08 ③	09 ③	10 ②
11 ①	12 ④	13 ①	14 ④	15 ①
16 ②	17 ④	18 ③	19 ②	20 ①

▌해설

01 $A=x^2-x+2,\ B=2x^2$이므로
$$2A-B=2(x^2-x+2)-(2x^2)$$
$$=2x^2-2x+4-2x^2$$
$$=-2x+4$$
$$\therefore 2A-B=-2x+4$$

02 주어진 등식의 우변을 정리하면
$$x^2+2x-1=x^2-2x+1+4x+a$$
$$=x^2+2x+(a+1)$$
x에 대한 항등식이라고 했으므로
$$-1=a+1$$
$$\therefore a=-2$$

> **TIP** 항등식의 성질
> 다음 식이 $x,\ y$에 대한 항등식일 때,
> ① $ax+b=0 \Leftrightarrow a=0,\ b=0$
> ② $ax^2+bx+c=0 \Leftrightarrow a=0,\ b=0,\ c=0$
> ③ $ax^2+bx+c=a'x^2+b'x+c' \Leftrightarrow a=a',\ b=b',\ c=c'$
> ④ $ax+by+c=0 \Leftrightarrow a=0,\ b=0,\ c=0$

03 (가)에 알맞은 식은 $2x^2+x-3$에서 $2x^2+2x$를 뺀 식이다.
$$(2x^2+x-3)-(2x^2+2x)$$
$$=-x-3$$
$$\therefore (가)=-x-3$$

04 주어진 식의 좌변을 정리하면
$$5-2i-1+4i=4+ai$$
$$4+2i=4+ai$$
$$\therefore a=2$$

> **TIP** 복소수의 상등(서로 같을 조건)
> $a,\ b,\ c,\ d$가 실수일 때
> ① $a+bi=0 \leftrightarrow a=0,\ b=0$
> ② $a+bi=c+di \leftrightarrow a=c,\ b=d$

05 이차방정식 $x^2-5x+4=0$의 두 근을 $\alpha,\ \beta$라고 하면 근과 계수의 관계에 의하여 $\alpha+\beta=5$이다.
$$\therefore \alpha+\beta=5$$

> **TIP** 근과 계수와의 관계
> • $ax^2+bx+c=0(a\neq0)$의 두 근이 $\alpha,\ \beta$이면
> $$\alpha+\beta=-\frac{b}{a},\ \alpha\beta=\frac{c}{a}$$
> • $ax^3+bx^2+cx+d=0(a\neq0)$의 세 근이 $\alpha,\ \beta,\ \gamma$이면
> $$\alpha+\beta+\gamma=-\frac{b}{a},\ \alpha\beta+\beta\gamma+\gamma\alpha=\frac{c}{a},\ \alpha\beta\gamma=-\frac{d}{a}$$

06 $|x-3|\leq1 \Leftrightarrow -1\leq x-3\leq1$
$2\leq x\leq4$를 만족하는 정수는 2, 3, 4로 3개이다.

> **TIP** 절댓값 기호를 포함한 일차부등식의 풀이
> ㉠ $|x|<a\ (a>0)$의 해 : $-a<x<a$
> 원점으로부터의 거리가 a보다 작은 x의 값들의 모임
> ㉡ $|x|>a\ (a>0)$의 해 : $x<-a$ 또는 $x>a$
> 원점으로부터의 거리가 a보다 큰 x의 값들의 모임
> ㉢ $a<|x|<b\ (0<a<b)$의 해 : $-b<x<-a$ 또는 $a<x<b$
> 원점으로부터의 거리가 a보다 크고 b보다 작은 x의 값들의 모임

07 $$y=x^2-4x+3$$
$$=(x-2)^2-1$$
이차함수 $y=(x-2)^2-1$에서 $1\leq x\leq4$일 때,
$x=2$에서 최솟값은 $y=-1$이다.

> **TIP** 이차함수의 최대 · 최소
> $y=ax^2+bx+c=a(x-m)^2+n\ (a\leq x\leq\beta)$에서 꼭짓점의 x 좌표가 제한된 범위에 포함될 때
> ① $a>0$이면 $x=m$에서 최솟값 n이고 $f(\alpha),\ f(\beta)$ 중 큰 값이 최댓값이다.
> ② $a<0$이면 $x=m$에서 최댓값 n이고 $f(\alpha),\ f(\beta)$ 중 작은 값이 최솟값이다.

08 두 점 $A(1, -2)$, $B(4, 2)$ 사이의 거리 $\overline{AB}$는

$$\begin{aligned}\overline{AB} &= \sqrt{(1-4)^2 + (-2-2)^2} \\ &= \sqrt{9+16} \\ &= \sqrt{25} \\ &= 5 \end{aligned}$$

$$\therefore \overline{AB} = 5$$

TIP 좌표평면 위의 두 점 $A(x_1, y_1)$, $B(x_2, y_2)$ 사이의 거리

$\overline{AB} = \sqrt{(x_2 - x_1)^2 + (y_2 - y_1)^2}$

09 구하고자 하는 직선의 방정식을 $y = ax + b$라 하면,
두 직선이 평행일 때 기울기는 같고, 직선 $y = 3x - 2$에 평행하므로 $a = 3$이다.
또한 이 직선이 점 $(0, -1)$을 지나므로 $y = 3x + b$에 대입하면 $b = -1$이다.

$$\therefore y = 3x - 1$$

TIP 두 직선 사이의 관계

두 직선이 $y = mx + n$, $y = m'x + n'$일 때,
• 수직관계 : $m \times m' = -1$
• 평행관계 : $m = m'$
• 한 점에서 만날 경우 : $m \neq m'$

10 두 점 $(-1, 0)$, $(3, 0)$을 지름의 양 끝점으로 하므로 두 점의 중점은 원의 중심이다. 따라서 두 점의 중점의 좌표는

$$\left(\frac{-1+3}{2}, \frac{0+0}{2} \right) = (1, 0)$$

또한 지름의 길이는 두 점 사이의 거리와 같으므로

$$\sqrt{(-1-3)^2 + (0-0)^2} = \sqrt{16}$$
$$= 4$$

따라서 반지름의 길이는 2이다.
중심이 점 $(1, 0)$이고, 반지름의 길이가 2인 원의 방정식은

$$(x-1)^2 + y^2 = 2^2$$

$$\therefore (x-1)^2 + y^2 = 4$$

TIP 원의 방정식

㉠ **기본형** : 중심이 $(0, 0)$, 반지름이 r인 원의 방정식
$\Rightarrow x^2 + y^2 = r^2$
㉡ **표준형** : 중심이 (a, b), 반지름이 r인 원의 방정식
$\Rightarrow (x-a)^2 + (y-b)^2 = r^2$

11 $y = x$ 그래프의 아랫부분과 원 $x^2 + y^2 = 1$ 그래프의 내부의 공통 영역이므로 이를 만족하는 그래프는 ①이다.

TIP 부등식의 영역

x, y좌표평면에서 부등식을 만족하는 점 전체를 부등식의 영역이라 한다.
① $y > f(x)$가 나타내는 영역 : $y = f(x)$의 그래프의 윗부분
② $y < f(x)$가 나타내는 영역 : $y = f(x)$의 그래프의 아랫부분
※ $\geq$, $\leq$의 경우에는 경계선을 포함한다.

12 $A = \{1, 2, 3, 6\}$, $B = \{2, 3\}$에서
$A - B = \{x \mid x \in A$ 그리고 $x \notin B\}$이므로

$$\therefore A - B = \{1, 6\}$$

TIP 집합의 연산

① **교집합** : $A \cap B = \{x \mid x \in A$ 그리고 $x \in B\}$
② **합집합** : $A \cup B = \{x \mid x \in A$ 또는 $x \in B\}$
③ **집합의 서로소** : 두 집합 A, B에 대하여 $A \cap B = \varnothing$일 때, 두 집합 A와 B는 서로소이다.
④ **여집합** : $A^C = \{x \mid x \in U$ 그리고 $x \notin A\}$
⑤ **차집합** : $A - B = \{x \mid x \in A$ 그리고 $x \notin B\}$

13 명제 $p \to q$에 대하여 역은 $q \to p$이므로
명제 '$x = 0$이면 $x^2 = 0$이다.'의 역은 '$x^2 = 0$이면 $x = 0$이다.'가 된다.

TIP 명제의 역과 대우

명제 $p \to q$에 대하여
㉠ 역 : $q \to p$
㉡ 대우 : $\sim q \to \sim p$

14 무리함수 $y = \sqrt{x}$의 그래프를 x축 방향으로 a만큼, y축 방향으로 b만큼 평행이동하면 $y = \sqrt{x-a} + b$이다. 이를 $y = \sqrt{x-1} + 2$와 비교하면 $a = 1$, $b = 2$임을 알 수 있다.

$$\therefore a + b = 3$$

TIP 무리함수

함수 $y = \sqrt{a(x-p)} + q \, (a \neq 0)$는
① $y = \sqrt{ax}$의 그래프를 x축으로 p만큼, y축으로 q만큼 평행이동한 것이다.
② $a > 0$일 때, 정의역 $\{x \mid x \geq p\}$, 치역 $\{y \mid y \geq q\}$
$a < 0$일 때, 정의역 $\{x \mid x \leq p\}$, 치역 $\{y \mid y \geq q\}$

15 $(g \circ f)(2) = g(f(2))$이므로
$f(2)$의 값은 함수 $f : X \to Y$에서 $f(2) = c$
$g(c)$의 값은 함수 $g : Y \to Z$에서 $g(c) = 5$

$$\therefore (g \circ f)(2) = 5$$

합성함수

두 함수 $f : X \to Y$, $g : Y \to Z$에 대하여 X의 각 원소 x에 Z의 원소 $g(f(x))$를 대응시켜 X를 정의역, Z를 공역으로 하는 새로운 함수를 f와 g의 합성함수라고 하고, 기호로 $g \circ f : X \to Z$, $(g \circ f)(x)$, $g(f(x))$로 나타낸다.

16 주어진 수열이 등비수열이므로
공비가 3임을 알 수 있다.
$\therefore a = 9 \times 3 = 27$

 등비수열

일반적으로 수열의 첫째항에 차례로 일정한 수를 곱하여 각 항이 얻어질 때, 이 수열을 등비수열이라 하고 그 일정한 수를 공비라고 한다.

17 $\displaystyle\sum_{k=1}^{3}(k+2) = \sum_{k=1}^{3}k + \sum_{k=1}^{3}2$
$= \dfrac{3 \times 4}{2} + 3 \times 2$
$= 6 + 6$
$= 12$

 자연수의 거듭제곱의 합

① $1 + 2 + 3 + \cdots + n = \displaystyle\sum_{k=1}^{n}k = \dfrac{n(n+1)}{2}$

② $1^2 + 2^2 + 3^2 + \cdots + n^2 = \displaystyle\sum_{k=1}^{n}k^2 = \dfrac{n(n+1)(2n+1)}{6}$

③ $1^3 + 2^3 + 3^3 + \cdots + n^3 = \displaystyle\sum_{k=1}^{n}k^3 = \left\{\dfrac{n(n+1)}{2}\right\}^2$

18 $a_1 = 1$, $a_2 = 1$이므로
$a_{n+2} = a_{n+1} + a_n$에 $n=1$을 대입하면
$a_3 = a_2 + a_1$
$\quad = 1 + 1$
$\quad = 2$
$n=2$를 대입하면
$a_4 = a_3 + a_2$
$\quad = 2 + 1$
$\quad = 3$
$\therefore a_4 = 3$

19 $16^{\frac{1}{4}} = (2^4)^{\frac{1}{4}}$
$= 2^{4 \times \frac{1}{4}}$
$= 2$

 지수법칙

a, b가 실수이고, m, n이 양의 정수일 때,

㉠ $a^m a^n = a^{m+n}$

㉡ $a^m \div a^n = a^{m-n} \left(a^0 = 1, \ a^{-n} = \dfrac{1}{a^n}, \ 단 \ a \neq 0\right)$

㉢ $(a^m)^n = a^{mn}$

㉣ $(ab)^n = a^n b^n$

㉤ $\left(\dfrac{a}{b}\right)^n = \dfrac{a^n}{b^n}$ (단, $b \neq 0$)

20 로그의 성질을 이용하여 상용로그의 값을 구해보면
$\log 3.14 = 0.1553$일 때,
$\log 3140 = \log(1000 \times 3.14)$
$= \log 1000 + \log 3.14$
$= \log 10^3 + \log 3.14$
$= 3 + 0.1553$
$= 3.1553$
$\therefore \log 3140 = 3.1553$

제3교시

영어

▌정답

01 ②	02 ④	03 ③	04 ④	05 ③
06 ①	07 ①	08 ①	09 ②	10 ②
11 ②	12 ③	13 ①	14 ②	15 ④
16 ④	17 ③	18 ②	19 ①	20 ④
21 ①	22 ④	23 ③	24 ③	25 ④

▌해설

01 **해설** 'set a goal'은 '목표를 세우다'라는 뜻으로 밑줄 친 'goal'의 뜻으로 가장 적절한 것은 '목표'이다.
해석 목표를 세울 때는 구체적으로 상상하도록 하라.
어휘 set a goal 목표를 세우다
try 노력하다, 애를 쓰다
imagine 상상하다
detail 세부 사항

02 **해설** 'lose weight'는 '살이 빠지다'라는 뜻으로 밑줄 친 'lose weight'의 뜻으로 가장 적절한 것은 '체중을 줄이다'이다.
해석 나는 피자와 아이스크림을 좋아해서 살을 빼기가 쉽지 않아.
어휘 easy 쉬운
lose weight 살이 빠지다

03 **해설** 'According to'는 '따르면, 따라'라는 뜻으로 밑줄 친 'According to'의 뜻으로 가장 적절한 것은 '～에 따르면'이다.
해석 일기예보에 의하면, 오늘 오후에 비가 온다고 한다.
어휘 According to 따르면, 따라
weather 날씨
forecast 예측, 예보
afternoon 오후

04 **해설** ①, ②, ③은 포함 관계지만 ④는 대등한 관계이다.
해석 ① 직업 – 간호사
② 동물 – 고양이
③ 색깔 – 노란색

④ 여름 – 겨울

05 **해설** 판매 시간, 판매 장소, 마스크의 개당 가격은 언급되어 있지만 구입 시 준비 서류는 언급되어 있지 않다.
해석 마스크 판매에 대한 정보
한 사람당 일주일에 두 개의 마스크를 살 수 있습니다.
• 시간 : 오전 9시~오후 8시
• 장소 : 모든 약국에서
• 가격 : 개당 1,500원
어휘 information 정보
sale 판매
each 각각
buy 사다, 구입하다
place 장소
pharmacy 약국
price 가격

06 **해설** 첫 번째 빈칸은 '동사'가 와야 하고, 두 번째 빈칸은 '～인 것처럼 보이다'의 뜻인 'look like'가 쓰이므로 빈칸에 공통으로 들어갈 말은 'like'이다.
② 만들다
③ 잡다, 붙잡다
④ 들고 있다, 나르다
해석 • 나는 기차로 여행하는 것을 좋아한다.
• 그녀는 모델처럼 보인다.
어휘 travel 여행하다
train 기차
look like ～인 것처럼 보이다
model 모델

07 **해설** 첫 번째 빈칸은 시간이나 장소 앞에서 '～에'의 뜻으로 쓰이는 'at'이, 두 번째 빈칸은 '～에 능숙하다, ～을 잘 하다'의 뜻인 'be good at'이 쓰이므로 빈칸에 공통으로 들어갈 말은 'at'이다.
② ～의
③ ～위해, ～에 대해
④ ～와 함께, ～을 가진, ～로
해석 • 10시에 만납시다.
• 그는 테니스를 잘 친다.

어휘   meet 만나다

be good at ~에 능숙하다, ~을 잘하다

08   해설   첫 번째 빈칸은 '제안'의 의미의, 두 번째 빈칸은 '이유'의 의미인 'why'가 빈칸에 공통으로 들어갈 말이다.

② 어떻게, 어떠하여

③ 무엇, 몇, 어떤, 무슨

④ 어디에, 어디로, 어디에서

해석   • 우리 이번 주말에 하이킹 가는 거 어때?

• 너는 왜 축구 클럽에 가입하고 싶니?

어휘   Why don't~? ~하는 게 어때?(제안)

hiking 하이킹

weekend 주말

want 원하다

join 연결하다, 합쳐지다, 가입하다

soccer 축구

09   해설   'Rome was not built in a day.'는 '로마는 하루아침에 이루어지지 않았다.'라는 뜻으로 '큰 일은 시간이 걸린다.'의 의미를 담고 있는 속담이다.

해석   A : 아직도 소설을 쓰고 있니?

B : 응, 아직 하고 있어. 시간이 오래 걸리네.

A : 언제 끝낼 것 같아?

B : 약 2, 3년 후에.

A : 로마는 하루아침에 이루어지지 않았어.

어휘   still 아직

write 쓰다

novel 소설

think 생각하다

finish 끝내다

in 시간 (시간)후에

built 짓다, 건설하다

10   해설   'It really looks good on me.(나에게 정말 잘 어울려.)'라고 하였으므로 대화에서 알 수 있는 B의 심정은 '만족한'이다.

해석   A : 주문한 티셔츠는 받았니?

B : 응. 오늘 아침에 받았어.

A : 맘에 들어?

B : 응, 정말 좋아. 나에게 정말 잘 어울려.

어휘   get 받다

order 주문하다

morning 아침

look good on ~와 잘 어울리다

11   해설   머리가 마음에 드냐는 A의 물음과 더 잘라달라는 B의 대답으로 보아 대화가 이루어지는 장소로 가장 적절한 곳은 '미용실'이다.

해석   A : 머리가 완성되었습니다! 이발은 어떠세요?

B : 괜찮아요, 그런데 아직 너무 길어요.

A : 더 짧게 하시겠어요?

B : 네, 옆머리를 조금 더 잘라 주실래요?

A : 물론이에요.

어휘   haircut 이발

a bit 조금, 다소, 약간

short 짧은

cut 자르다

little 작은, 조금

side 옆(면), 측면

12   해설   'It is a traditional Korean house.(이것은 한국의 전통 가옥입니다.)'라고 첫 문장에 나와 있으므로 밑줄 친 It(it)이 가리키는 것은 '한옥'이다.

해석   이것은 한국의 전통 가옥입니다. 이것은 점토, 목재, 석재와 같은 천연 소재로 만들어져 친환경적입니다. 이것 안에 있는 방들은 온돌 난방 시스템을 갖추고 있습니다.

어휘   traditional 전통의, 전통적인

made out of ~로 만든

natural 자연의

material 재료

such as ~와 같은

clay 점토, 찰흙

wood 나무, 목재

stone 돌, 석조

eco-friendly 친환경적인

heat 열기, 뜨거워지다

13   해설   컴퓨터에 문제가 생겼다는 A의 말에 이어질 B의 말로는 'What's the matter?(무슨 일이야?)'가 가장 적절하다.

② 너의 꿈의 직업은 뭐야?

③ 무슨 일을 하십니까?

④ 그는 내년에 무엇을 할까?

해석   A : 내 컴퓨터에 문제가 생겼어.

B : 무슨 일이야?

A : 전원 버튼이 작동하지 않아.

B : 알았어. 내가 한번 볼게.

어휘   problem 문제

take a look (~을)(한 번) 보다

matter 문제

dream 꿈

job 일, 직장

be going to ~을 할 것이다

14 **해설** 인천으로 왜 이사갔느냐는 A의 물음에 B의 답변은 'I got a job there(내가 거기서 직장을 구했기 때문이야.)'가 가장 적절하다.

① 그녀는 다이어트 중이다.

③ 나는 그보다 키가 크다.

④ 너는 항상 손을 씻어야 한다.

해석 A : 왜 인천으로 이사 가니?

B : 내가 거기서 직장을 구했기 때문이야.

어휘 move to 거처를 옮기다

I got a job 취직이 되었어요

be on a diet 다이어트 중이다

always 항상

wash 씻다

15 **해설** 글의 제목인 'Come to Ocean Aquarium(오션 아쿠아리움으로 오세요)'으로 보아 글을 쓴 목적으로 가장 적절한 것은 '홍보하기'이다.

해석 오션 아쿠아리움으로 오세요

오셔서 낯설고 아름답고 매혹적인 많은 바다 생물들을 즐기세요. 여러분이 놀라운 수중 세계인 오션 아쿠아리움을 통해 이동하면, 불가사리에서 상어에 이르기까지 모든 것을 볼 수 있을 것입니다.

어휘 strange 이상한

beautiful 아름다운

fascinating 매력적인

creature 생명이 있는 존재, 생물

move 움직이다

through ~을 통해

amazing 놀라운

underwater 물속의, 수중의

everything 모든 것, 모두

starfish 불가사리

shark 상어

16 **해설** 여기에서 무엇을 하냐는 물음에 메뚜기를 보고 있다고 했고(B), 곤충에 관심이 있냐는 물음에(C) 항상 곤충들에게 관심이 있었다고 대답했다.(A) 따라서 대화의 순서는 (B) – (C) – (A)가 적절하다.

해석 여기서 뭐해?

(B) 메뚜기를 보고 있어. 오, 봐, 뛰잖아!

(C) 그래, 정말 높이 뛸 수 있어. 너는 곤충에 관심이 있니?

(A) 응. 그래. 나는 항상 곤충들에게 관심이 있었어.

어휘 grasshopper 메뚜기

jump 뛰다, 점프하다

really 실제로, 정말로

high 높은, 높이

be interested in ~에 관심이 있다

insect 곤충

17 **해설** 'Students can borrow up to two books at a time(학생들은 한 번에 2권까지 책을 빌릴 수 있습니다.)'이라고 나와 있으므로 ③이 안내문의 내용과 일치하지 않는다.

해석 학교 도서관

• 모든 학생들은 도서관을 이용할 수 있습니다.

• 도서관은 오전 9시부터 오후 5시까지 운영됩니다.

• 학생들은 한 번에 2권까지 책을 빌릴 수 있습니다.

• 도서관에서 음식은 허용되지 않습니다.

어휘 library 도서관

all 모든

use 쓰다, 사용, 이용

from A to B A에서 B까지

borrow 빌리다

up to 까지

at a time 한번에

be allowed 허용되다

18 **해설** 지난 가을에 가족과 함께 경주에 갔고, 첨성대와 불국사와 같은 역사적 장소를 방문했으며 나에게 잊을 수 없는 여행이라고 글이 마무리 되고 있다. ②와 같은 내용은 글에서 언급되지 않았다.

해석 나는 작년 가을에 가족과 함께 경주에 갔다. 우리는 호텔에 3일 동안 머물렀다. 그곳에 머무는 동안 첨성대와 불국사 같은 역사적인 장소를 방문했다. 그것들을 실제로 보는 것은 환상적이었다. 그 여행은 나에게 흥미롭고 잊을 수 없는 여행이었다.

어휘 last 지난, 최근의

fall 가을

stay 머물다

while ~하는 동안

visit 방문하다

historical 역사적, 역사상의

fantastic 환상적인

actually 실제로

trip 여행

exciting 신나는, 흥미진진한

unforgettable 잊지 못할

19 **해설** 세계에서 가장 좋은 지하철 시스템이라고 글을 시작하며 서울 지하철의 장점들을 나열하고 있다. 따라서 이 글의 주제로 가장 적절한 것은 '서울 지하철의 장점'이다.

해석 서울은 세계에서 가장 좋은 지하철 시스템 중 하나를 가지고 있다. 깨끗하고 편리하며 효율적이다. 지하철 노선은 도시 내뿐만 아니라 인근 도시와도 잘 연결되어 있다. 또한, 지하철과 버스 사이를 환승하기 쉽다.

어휘 subway 지하철

world 세계

clean 깨끗한

convenient 편리한

efficient 능률적인, 효율적인

connect 잇다, 연결하다

within 내부에서

neighboring 이웃의, 근처의

transfer 옮기다, 이동하다

between 사이에

not only A but also B A뿐만 아니라 B도

20 **해설** 건강한 활동에는 달리기, 자전거 타기, 수영, 걷기 등이 있다고 하였으므로 'include(포함하다)'가 빈칸에 들어갈 말로 가장 적절하다.

① 멈추다, 서다

② 후회하다

③ 빌리다

해석 건강을 유지하는 것은 중요하다. 몸을 건강하게 유지하기 위해서는 규칙적으로 운동을 해야 한다. 건강한 활동은 달리기, 자전거 타기, 수영, 걷기 등을 포함한다. 하루에 적어도 30분 이상 운동하는 것이 좋다.

어휘 important 중요한

stay 계속 있다, 머물다

keep 유지하다

healthy 건강한

exercise 운동

regularly 정기적으로, 규칙적으로

activities 행사, 활동

include 포함하다, ~을 포함시키다

recommend 추천하다

at least 적어도

21 **해설** 어떤 음식들은 특정한 문화에서 특별한 의미를 갖는데, 국수는 긴 면이므로 아시아에서 장수의 의미를 가진다. 따라서 'symbol(상징)'이 빈칸에 들어갈 말로 가장 적절하다.

해석 어떤 음식들은 특정한 문화에서 특별한 의미를 갖는다. 예를 들어, 국수는 긴 면이기 때문에 아시아에서 장수의 상징으로 여겨진다. 그러므로 아시아 사람들은 더 오래 살기 위해 생일이나 다른 특별한 날에 국수를 먹는다.

어휘 special 특별한

meaning 뜻

particular 특정한

culture 문화

For example 예를 들어

noodle 국수

consider 여기다, 고려하다

Therefore 그러므로

other 다른

occasion 경우, 행사

22 **해설** 식품과학자들이 매일 여러 가지 색의 과일과 채소를 먹는 것이 건강한 삶을 위해 중요하다고 말하는 이유가 이 글의 바로 뒤에 이어질 내용이므로 ④가 가장 적절하다.

해석 어제 먹은 음식을 생각해보십시오. 음식은 몇 가지 색으로 구성되어 있습니까? 식품 과학자들은 매일 여러 가지 색의 과일과 채소를 먹는 것이 건강한 삶을 위해 중요하다고 말합니다. 여기에는 여러 가지 이유가 있습니다.

어휘 yesterday 어제

How many~? 몇 개

color 색(깔), 빛깔

consist of ~로 구성되다

scientist 과학자

fruit 과일, 열매

vegetable 채소, 야채

several 몇몇의, 각각의

important 중요한

healthy 건강한

reason 이유

23 **해설** 주어진 문장의 'However(하지만)' 앞 부분에는 온라인 쇼핑의 장점이, 뒷부분에는 단점이 나옴을 유추할 수 있다. 따라서 주어진 문장이 들어가기에 가장 적절한

곳은 ③이다.

해석 하지만 온라인 쇼핑에도 문제가 있습니다.

당신은 자주 온라인 쇼핑을 하십니까? (①) 이 질문에 대한 대답이 '예'라면 왜 온라인 쇼핑을 좋아합니까? (②) 많은 사람들은 온라인 쇼핑이 편리하고 시간이 절약되기 때문에 그것을 좋아한다고 말합니다. (③) 가장 큰 문제는 배송이 늦어지고 주문이 잘못된 주소로 발송되는 것입니다. (④)

어휘 However 그러나, 하지만
problem 문제
as well 또한, 역시
often 자주
answer 대답
question 질문
many 많은
people 사람들
convenient 편리한, 간편한
save 모으다, 저축하다
delivery 배달
order 주문, 주문품
wrong 틀린, 잘못된
address 주소

[24~25]

해석 내일은 시내에서 자동차가 없는 날이 될 것입니다. 오전 7시부터 오후 9시까지 모든 거리가 차량 통행이 금지됩니다. 시내에 갈 계획이라면 차를 집에 두고 대중교통을 이용하십시오. 자동차가 없는 거리에서는 걷거나 자전거를 탈 수 있습니다. 댄스 및 음악 공연과 같은 다양한 무료 이벤트가 개최됩니다.

어휘 tomorrow 내일
car-free 자동차 없는, 자동차 통행 금지의
downtown 시내에
be closed 폐회되다
plan 계획
leave ~을 두고 오다
public transportation 대중 교통
ride 타다
various 다양한
performance 공연
be held 열리다

24 **해설** 자동차 없는 날에 모든 거리가 오전 7시부터 오후 9시까지 통제된다는 의미의 'closed(닫힌, 폐쇄된)'가 빈칸에 들어갈 말로 가장 적절하다.

25 **해설** 차량 통행이 금지되는 시간, 자동차가 없는 거리에서는 걷거나 자전거를 탈 수 있는 것, 다양한 무료 이벤트가 개최되는 것과 같이 다양한 안내를 하고 있으므로 이 글의 주제로 가장 적절한 것은 ④이다.

제4교시 사 회

정답 및 해설 |

▌정답

01 ①	02 ④	03 ②	04 ④	05 ②
06 ④	07 ①	08 ③	09 ②	10 ④
11 ③	12 ④	13 ②	14 ①	15 ③
16 ④	17 ①	18 ④	19 ②	20 ②
21 ①	22 ①	23 ①	24 ④	25 ③

▌해설

01 　**사회권** : 국가에 대한 최소한의 인간다운 생활의 보장을 적극적으로 요구할 수 있는 권리로 인간다운 생활을 할 권리, 근로의 권리, 환경권 등이 해당한다.(적극적 권리, 개별적 권리)
　② **자유권** : 개인이 국가나 타인으로부터 간섭이나 침해를 받지 않고 자유로운 생활을 영위할 권리(포괄적 권리, 본질적 권리, 소극적 권리)
　③ **참정권** : 국가의 의사 결정에 참여할 수 있는 권리(적극적 권리, 능동적 권리)
　④ **청구권** : 국가에 대해 일정한 행위를 요구할 수 있는 권리(다른 기본권 보장을 위한 수단적 권리, 적극적 권리)

02 　**협동** : 공동의 목표를 달성하고자 사회 집단이나 조직의 구성원들이 함께 노력하는 것이다. 협동을 통해 사회적 관계가 원만하게 유지되고, 사회질서가 안정적으로 유지된다.
　경쟁 : 동일한 목표를 서로 먼저 차지하기 위해 노력하는 것이다. 개인이나 사회 발전에 기여하는 측면도 있지만, 지나칠 경우 갈등을 초래한다.
　① **갈등** : 당사자들의 목표나 이해관계가 충돌하여 서로를 적대시하거나 상대방을 굴복시키려는 것
　③ **교환** : 서로 바꾸거나 서로 주고받고 하는 것

03 　밴드왜건 효과(모방소비)는 유행에 따라 상품을 구매하는 현상으로 다른 사람의 소비 행동을 그대로 따라 하는 소비 행태이다. 어제 최신 스마트폰을 샀다는 수진의 말에 밴드왜건 효과의 사례로 적절한 민수의 대답은 ②이다.

04 　자문화 중심주의는 자신의 문화를 가장 우수하다고 보고, 다른 문화를 열등하거나 미개하다고 여기는 태도이다. 따라서 옳은 설명은 ④이다.
　① 문화 상대주의
　② 문화 사대주의
　③ 문화 상대주의

05 　자료에서 막대그래프는 고령 '인구'를, 꺾은선그래프는 고령 인구 '비율'을 뜻함을 먼저 확인한다. 따라서 ②를 옳게 고치면 '전남보다 서울의 고령 인구가 더 많다.'이다.

06 　**적극적 우대 조치** : 사회적 약자를 위해 특혜를 제공하는 정책이다. 장애인 의무 고용제도, 여성 고용 할당제도, 농어촌 학생 특별 전형 등이 있다. 부작용으로는 사회적 약자에 해당하지 않는 사람들의 입장에서 역차별이 발생할 수 있다는 점이다.
　① **셧다운제** : 16세 미만의 청소년에게 오전 0시부터 오전 6시까지 심야 6시간 동안 인터넷 게임 제공을 제한하는 제도
　② **부당 노동 행위** : 사용자가 근로자의 노동 3권(단결권 · 단체교섭권 · 단체행동권) 행사를 방해하는 행위
　③ **환경 영향 평가제** : 대규모 건설공사로 인한 개발사업이 환경에 끼치는 영향을 미리 평가하는 제도

07 **근로기준법** : 근로자의 기본적 생활 보장 및 향상, 균형 있는 국민 경제의 발전을 위하여 근로조건의 최저 기준을 정한 법
② **노인 복지법** : 노인의 심신의 건강 유지 및 생활 안정을 위하여 노인복지의 증진에 기여함을 목적으로 한다.
③ **다문화 가족 지원법** : 다문화가족 구성원이 안정적인 가족 생활을 영위할 수 있도록 함으로써 이들의 삶의 질 향상과 사회통합에 이바지함을 목적으로 한다.
④ **독점 규제 및 공정 거래에 관한 법** : 기업의 시장 독점과 횡포를 막고, 부당 공동 행위 및 불공정 거래를 규제하여 창의적인 기업활동을 조장하고 소비자를 보호함과 아울러 국민경제의 균형 있는 발전을 도모함을 목적으로 한다.

08 '자아'란 다른 사람과 구별되는 자신만의 모습이다. 자아는 자신을 둘러싼 사회적 관계, 주위 사람들의 기대, 주관적인 경험 등에 따라 사람마다 다르게 형성된다.
① **규범** : 인간이 행동하거나 판단할 때에 마땅히 따르고 지켜야 할 가치 판단의 기준
② **문화** : 오랜 전통과 자연 환경과의 조화를 통하여 형성된 어떤 인간 집단의 공동 생활 양식을 말함
④ **유비쿼터스** : 언제 어디서나 편리하게 컴퓨터 자원을 활용할 수 있도록 현실 세계와 가상 세계를 결합시킨 것

09 '사실 판단'이란 존재하는 현상을 객관적으로 서술하는 것이다. 객관적인 근거가 뒷받침되므로 참과 거짓이 분명하여 구별이 가능하고, 관련된 문제의 정답이 하나이다. 따라서 참과 거짓을 구별할 수 있는 것은 ②이다. ①, ③, ④는 '가치 판단'이다. '가치 판단'은 어떤 현상을 주관적으로 평가하여 서술하는 것이고 참과 거짓을 구분할 수 없다.

10 **부채** : 총재산 중에서 남에게 갚아야 할 재화 또는 용역을 말한다. 상환기준의 장단에 따라 유동부채와 고정부채로 나눠진다.
① **현금** : 현재 가지고 있는 돈. 현금은 통화(주화, 지폐)나 통화대용증권(타인발행의 당좌수표, 타인발행의 가계수표)으로 구분된다.
② **소득** : 가계가 기업에 생산요소를 제공한 대가로 얻는 것. 경제 주체가 일정한 기간에 걸쳐 경제 활동에 참여함으로써 얻은 대가
③ **예금** : 은행 등 금융기관이 불특정 다수인으로부터 그 보관과 운용을 위탁받은 자금

11 우리나라는 '변동환율제'를 채택하여 환율을 외환시장의 수요와 공급에 의해 자유롭게 결정되도록 한다. 따라서 환율에 대한 설명으로 옳지 않은 것은 ③이다. 환율이 상승하면 자국의 화폐 가치는 하락하여 해외에서 판매되는 우리 상품의 외화 표기 가격을 하락시킨다. 그래서 수출은 증가하고 수입은 감소하게 되어 국내 경제 활동이 활발해지고 고용 및 국민 소득이 증가하게 된다.

> **TIP** 환율 변동이 미치는 영향
> • **환율 상승의 영향**
> – 경상 수지 개선
> – 국내 물가 상승
> – 외채 상환에 대한 부담 증가
> – 국내 경기 활성화
> • **환율 하락의 영향**
> – 경상 수지 악화
> – 국내 물가 안정
> – 외채 상환에 대한 부담 감소
> – 국내 경기 성장 저해

12 '기업가 정신'이란 혁신과 창의성을 바탕으로 이윤을 얻기 위해 위험을 무릅쓰고 도전하는 자세이다. 이러한 기업가 정신이 필요한 것은 '창업'이다. 창업은 이윤 창출을 목적으로 인적·물적 자원을 결합해 새로운 사업체를 설립하는 작업이다.
① **소비** : 분배된 소득으로 필요한 재화와 서비스를 구입해서 사용 또는 소모하는 일
② **여가** : 근로자의 성취감을 높여주고 근로의욕을 북돋아 주며, 스스로 만족을 얻기 위한 여행이나 영화 관람 등의 자유로운 시간을 말한다.
④ **취업** : 청년기, 적성과 소질의 탐색을 통한 개인이 추구하는 삶의 가치의 실현

13 선거는 민주주의에서 가장 중요하고 보편적인 정치 참여 방법이고 정치에 참여하기 가장 손쉽다.
① **기부** : 자선 사업, 공공사업, 장학 사업 등의 일을 돕기 위해 개인이나 단체가 대가 없이 돈을 내는 행위
③ **청원** : 국민이 일정한 사항을 국가 기관에 문서로 작성하여 그 처리를 요구하는 것
④ **사회봉사** : 사회의 이익과 복지를 위해 무보수로 시간과 재능, 노동력이나 경험 등을 제공하는 행위

> **TIP** 선거의 4원칙
> • **보통 선거** : 일정 연령 이상의 모든 국민에게 선거권 부여
> • **평등 선거** : 투표의 가치에 차이를 두지 않고 모든 국민이 1표씩 행사
> • **직접 선거** : 선거권자가 대리인을 거치지 않고 직접 투표
> • **비밀 선거** : 투표자가 누구에게 투표했는지 알 수 없도록 하는 제도

14 인구 분포에 영향을 미치는 자연환경 요소는 주로 기후(기온과 강수량, 바람 등)와 지형(산지, 평야, 수륙 분포, 하천 등)이다. 인문 환경 요소는 문화, 산업, 교통 등이 있다. 따라서 자연적 요인으로 옳은 것은 ①이다.

15 설명에 해당하는 종교는 이슬람교이다. 그리스도교 · 불교와 함께 세계 3대 종교의 하나이다.

히잡 : 이슬람 여성들이 머리와 목 등을 가리기 위해서 쓰는 두건의 일종이다.

부르카 : 이슬람 여성들이 입는 머리부터 발목까지 덮는 전통 복식으로 천으로 전신을 가려 사물을 확인할 수 있게 눈 부위만 망사로 돼 있다.

카슈미르 분쟁 : 인도와 파키스탄의 민족 분쟁으로 힌두교와 이슬람교도의 갈등이다.

① **불교** : 기원전 5세기경 인도에 나온 석가에 의해서 제창된 가르침을 받드는 깨달음의 종교

② **유대교** : 천지만물의 창조자인 유일신 야훼를 믿는 유대인의 종교. 율법과 할례를 중시하는 유일신교이다.

④ **크리스트교** : 천지 만물을 창조한 유일신을 하나님으로 하고, 그 독생자 예수 그리스도를 구세주로 믿는 종교

16 **님비(NIMBY)** : 지역 이미지를 훼손할 수 있는 시설들의 설치를 반대하는 현상

핌피(PIMFY) : 지역의 경제 발전에 기여할 수 있거나 지역의 긍정적인 이미지에 기여하는 시설들을 서로 적극적으로 유치하려는 현상

도시화 현상 : 특정한 지역의 도시에 도시 주변이나 농촌의 인구가 집중하고 도시적인 생활양식이 확대되는 현상

교외화 : 도시의 인구 및 기능이 교외지역으로 빠져나가는 역도시화 현상

17 **저출산** : 출생률이 저하되는 현상으로 개인주의, 가치관의 다원화, 성격문제, 인간관계 스트레스 등 다양한 원인이 존재한다. 해결 방안으로는 출산 장려금 지원, 육아 휴직 보장, 육아와 가사의 남녀 분담 등이 있다.

18 **하향식 개발** : '위로부터의 개발 방식'으로, 성장 거점 개발이라고도 한다. 주로 개발도상국에서 시행한다. 국가 또는 중앙 정부가 특정 도시와 산업에 집중 투자한다. 단기간에 효과를 얻을 수 있지만 역류 효과로 인한 지역 간 격차가 발생할 수 있다.

상향식 개발 : '아래로부터의 개발 방식'으로 균형 개발이라고도 한다. 주로 선진국에서 시행한다. 지역 주민의 욕구와 참여에 바탕을 둔 복지 지향적 지역 개발을 말한다. 주민 생

활 개선, 지역 간 격차 해소가 목적이다. 개발 효과가 느리게 나타나고, 지역 이기주의가 발생할 수 있다.

19 쌀, 밀을 포함하여 3대 곡물 자원인 옥수수가 국가 간에 거래되지 않는다는 ②의 설명은 옳지 않다.

옥수수 : 세계 3대 식량 작물로 라틴 아메리카가 원산지이며, 사료용 및 바이오에탄올의 원료로 수요가 증가하고 있다.

> TIP 세계 3대 식량 작물
>
> • **쌀**
>   - 계절풍의 영향을 많이 받는 아시아에서 주로 재배
>   - 생산지와 소비지가 거의 일치하여 국제적 이동량이 적은 것이 특징
> • **밀**
>   - 쌀보다 기후의 제약이 적어 세계 곳곳에서 재배
>   - 생산지와 소비지가 대체로 불일치하여 국제적 이동량이 많은 것이 특징
> • **옥수수**
>   - 생육기간이 짧고 주로 가축 사료로 이용
>   - 최근에는 바이오에탄올을 만드는 원료로 각광을 받음

20 '사막화'란 오랫동안의 가뭄과 인간의 과도한 개발로 숲이 사라지고, 토지가 사막으로 변해가는 현상이다. 따라서 설명하는 지역을 지도에서 고르면 B(사하라 사막)이다.

① 영국

③ 뉴질랜드 남섬

④ 브라질 아마존

21 교통의 발달로 인한 긍정적인 생활 변화는 생활공간 확대, 생산성 · 시장 확대, 새로운 문화와 보편적 문화 형성, 세계화 촉진 등이 있고 부정적인 생활 변화로는 지역 간 경제 격차 심화 등이 있다. 따라서 옳지 않은 설명은 ①이다.

22 북극해, 카스피해에서 발생하는 대표적인 공통적 갈등으로는 영유권 분쟁이 있다.

북극해 : 석유와 천연가스지대. 러시아, 캐나다, 카자흐스탄 등 영유권 분쟁. 지구 온난화로 북극해의 빙하가 녹아 개발 가능성이 높아지면서 분쟁 심화

카스피해 : 카스피해를 호수로 볼 것인가 바다로 볼 것인가의 문제. 러시아, 이란, 카자흐스탄, 아제르바이잔, 투르크메니스탄의 영유권 분쟁 발생

23 지나친 개발은 다양한 환경 문제를 일으키고, 인간의 삶을 위협한다. 따라서 인간과 자연은 공존해야 한다. 개인적 측면으로는 에너지 절약, 일회용품 사용 자제, 자원 재활용 등이 있

2020년 1회

고 환경 보전을 생활 속에서 습관적으로 실천하는 자세를 가져야 한다. 사회적 측면으로는 환경 파괴를 최소화하는 범위에서의 경제 개발을 추진하고 지속 가능한 발전을 통한 경제 성장, 범지구적 환경 문제에 대한 국제적 노력에 동참하는 것이 필요하다. 따라서 〈보기〉 중 자연환경과 인간의 공존을 위한 노력으로 옳은 것은 ㄱ, ㄴ이다.

24 콜럼버스가 1492년에 아메리카 대륙에 도착했으므로 프톨레마이오스가 제작한 세계 지도에는 아메리카 대륙이 표현되어 있지 않다.

프톨레마이오스 지도 : 고대 그리스의 프톨레마이오스가 제작한 세계 지도이다. 지구 표면을 위도와 경도의 격자로 나눈 것으로, 근대 지도 제작의 전조가 되었다. 150년경에 저술한 ≪지리학≫에 수록되어 있다. 프톨레마이오스의 세계지도는 근대지도의 기초라고 할 수 있다. 중국은 그려져 있으나 한국이나 일본은 나타나 있지 않은 것으로 보아 그 당시 극동지역은 아직 유럽에 알려져 있지 않았던 것으로 보인다.

① 그리스에서 제작되었다.

② 지도로는 세계 인구수를 알 수 없다.

④ 위성 사진을 이용하여 제작되지 않았다.

25 비정부 기구(NGO)는 지역, 국가, 종교에 상관없이 조직된 자발적인 시민 단체이다. 정치, 인권, 환경, 보건, 성차별 철폐 등 다양한 목적을 위하여 활동하며 국제기구나 다른 비정부 기구와 협력하여 지구촌의 문제를 해결한다. 환경을 위하여 활동하는 '그린피스'와 더불어 국제적으로 활동하는 의료 구호단체인 '국경 없는 의사회' 등이 있다.

① **소호(SOHO)** : Small Office Home Office의 약자로 개인이 집이나 작은 사무실에서 사업을 하거나, 몇 명이 모여 소규모로 하는 자영업체를 말한다. 인터넷의 발달로 소규모 벤처 창업이 쉬워져 갈수록 늘어가고 있다. 특히 인터넷 쇼핑몰 사업이 소호 사업의 대표적이다.

② **국제 연합(UN)** : 국제 연합(United Nations)의 약자로, 전 세계 192개의 나라가 가입한 국제적인 기구이다. 주로 평화 유지와 전쟁 예방을 위한 활동을 한다.

④ **세계 무역 기구(WTO)** : 자유 무역을 바탕으로 한 국제 경제 질서를 확립하고자 설립한 국제 기구

제5교시 과 학

정답 및 해설 |

▌정답

01 ②	02 ④	03 ④	04 ①	05 ④
06 ①	07 ①	08 ②	09 ②	10 ①
11 ②	12 ③	13 ③	14 ④	15 ③
16 ③	17 ②	18 ④	19 ④	20 ④
21 ①	22 ④	23 ①	24 ③	25 ①

▌해설

01 **자외선** : 전자파의 파장이 160~400nm인 짧은 파장의 광선으로 화학 작용이 강하고 햇빛에 타거나 변색의 원인이 되는 빛이다. 자외선 C는 살균 효과가 있으며 자외선 B는 비타민 D를 합성한다.
① **전파** : 전기장과 자기장이 주기적으로 변하며 신호가 주위로 퍼져 나가는 현상
③ **지진파** : 지진이 일어났을 때 발생하는 지각의 파동이다. 지구 내부 구조 연구, 광물 탐사 등에 이용된다. 매질이 있어야 전달되는 전파인 탄성파 중에 하나이다.
④ **물결파** : 물이 매질이 되어 파원으로부터 생긴 수면의 요동이 주변으로 멀리 퍼져나가는 현상이다. 이는 전자기파에 비해 눈으로 쉽게 관찰할 수 있다. 매질이 있어야 전달되는 전파인 탄성파 중에 하나이다.

02 **행성의 탈출 속도** : 어떤 물체가 행성의 중력을 벗어나 무한히 먼 곳까지 가는 데 필요한 최소한의 속도이다. 행성의 탈출 속도는 행성의 질량이 클수록, 반지름이 작을수록 크다.
① **등속도** : 속력과 운동 방향이 일정한 운동이다. 물체가 일직선상을 일정한 속력으로 운동하고 있을 때 이 운동을 등속직선운동 또는 등속도운동이라 한다.
② **면적 속도** : 어떤 점이 평면 위에서 원점을 중심으로 운동할 때, 그 점과 원점을 잇는 선분이 단위 시간에 그리는 도형의 넓이
③ **반응 속도** : 단위시간당 반응물질의 농도 변화 또는 단위시간당 생성물질의 농도 변화이다.

TIP 행성의 탈출 속도

$$v = \sqrt{\frac{2GM}{R}}$$

• G : 만유인력상수
• M : 탈출하려는 행성의 질량
• R : 탈출하려는 행성의 반지름

03 **토성** : 외행성으로 고리가 있으며 대부분 물과 얼음 상태의 입자들로 되어 있다. 극지방에서 오로라가 관측되며, 뚜렷한 고리가 있다. 목성형 행성(목성, 토성, 천왕성, 해왕성) 중의 하나이다.
① **수성** : 주로 무거운 철과 니켈과 같은 금속 물질로 생성. 태양 가까이에서 형성되어 표면 온도가 높음, 낮과 밤의 기온차가 매우 큼
② **금성** : 질량의 크기가 지구와 비슷함, 온실 효과로 인해 표면 온도가 높음, 자전 방향과 공전 방향이 반대 방향임
③ **화성** : 물이 흐른 흔적과 화산 활동의 흔적이 있음, 태양으로부터 지구보다 멀고, 크기가 작아 생성된 후 빨리 식음, 표면에 철 성분의 무거운 금속 물질이 있어 붉은색을 띰

04 공전 궤도는 타원이며 A의 위치는 원일점이다. 공전 속도의 크기는 근일점에서는 빠르고 원일점에서는 느리다. 따라서 옳은 것은 ㄱ이다.

TIP 케플러의 법칙

케플러의 제1법칙(타원 궤도의 법칙)
• 행성들의 궤도는 태양을 한 초점으로 하는 타원임
• 태양은 행성의 타원 궤도의 두 초점 중 한 쪽에 위치
• 근일점 : 행성이 태양에 가장 가까운 곳에 위치할 때
• 원일점 : 행성이 태양으로부터 가장 먼 곳에 위치할 때

케플러의 제2법칙(면적 속도 일정의 법칙)
• 행성과 태양을 이은 선은 같은 시간에 같은 면적을 휩쓸며 이동함
• 행성의 공전 속도는 근일점일 때 가장 빠르고, 원일점일 때 가장 느림

케플러의 제3법칙(조화의 법칙)
• 행성의 공전 주기의 제곱은 공전 궤도 긴반지름의 세제곱에 비례함

05 초전도 현상이란 임계 온도보다 낮은 온도에서 전기 저항이 0이 되는 현상이다. 저항이 0이 되면 매우 작은 전압에 의해 센 전류가 흐르게 되며, 센 전류에 의해 센 자기장을 만들어 강한 전자석을 만들 수 있다. 공명 장치, 입자 가속기, 자기 부상 열차 등이 있다.

06 철과 구리는 부도체가 아닌 도체이다.
   도체 : 전류가 잘 흐르는 물질로 전자가 원자로부터 쉽게 벗어날 수 있는 물질이다. 금속(철, 구리, 알루미늄 등)이 도체에 속한다.
   부도체 : 전류가 거의 흐르지 않는 물질, 저항이 매우 크다. 유리, 플라스틱, 고무 등이 부도체에 속한다.
   반도체 : 도체와 부도체의 중간 정도에 해당하는 저항을 보이는 일부 물질이다. 실리콘, 저마늄 등이 반도체에 속한다.

07 산소 분자(O_2)의 전자 배치를 보면 2원자 분자임을 알 수 있다. 공유 결합은 맞지만 화합물은 아니다. 공유 결합 화합물이란 공유 결합으로 이루어진 화합물로 두 가지 이상의 원소로 이루어진 공유 결합 물질이다. 3쌍의 전자가 아닌 2쌍의 전자를 공유한다.

08 수소(H)는 1족, 헬륨(He)은 18족, 리튬(Li)은 1족, 탄소(C)는 14족이다. 따라서 1족 원소끼리 옳게 짝지어진 것은 ②이다.
   주기율표 : 주기율을 기준으로 원자 번호 순으로 원자를 분류한 표이다. 세로줄을 족이라 하고, 가로줄을 주기라고 한다.(18족 7주기) 같은 족에 있는 원소들은 화학적 성질이 비슷하다.

TIP 비활성기체
주기율표 18족에 속하는 헬륨(He), 네온(Ne), 아르곤(Ar) 등의 원소를 말하며 옥텟규칙을 만족하는 개수의 전자를 가지고 있기 때문에 반응성이 아주 낮으며 쉽게 화합물을 만들지 않는 기체이다.

09 **고분자** : 탄소를 포함하는 분자 중 분자량이 10,000 이상인 분자이다. 자연에 존재하고 있는 단백질, 녹말, 셀룰로오스, 천연 고무, DNA 등과 같은 '천연 고분자', 베크라이트, 나일론 등과 같은 인공적으로 합성하여 만든 화합물인 '합성 고분자', 셀룰로오스를 화학적으로 변형시켜 섬유, 플라스틱, 필름 등과 같은 천연 고분자의 일부를 화학적으로 변형 시킨 '반합성 고분자'가 있다.

TIP 고분자 화합물
- 분자의 끓는점이나 녹는점, 질량 등 성질이 일정하지 않아서 분리 정제가 어렵다.
- 열, 전기, 화학 약품 등에 안정하여 많은 보관 용기의 원료나 단열, 절연체로 쓰인다.
- 용매에 거의 녹지 않으며 녹게 되면 용액은 점성을 띠게 된다.

10 **해열제** : 체온이 비정상적으로 높아졌을 때 열을 내리는 데 쓰이는 의약품이다.
   ② **진통제** : 통증을 제거하거나 완화시키는 약물이다. 마약성 진통제와 비마약성 진통제로 구분된다. 마약성 진통제는 중추신경계에서 통증의 전달을 억제하여 진통 효과를 나타내며 비마약성 진통제는 주로 염증을 가라앉히는 작용으로 통증을 억제한다.
   ③ **제산제** : 위산으로 인한 속쓰림과 위통 등의 급성 증상에 사용되는 위장약이다. 위산을 중화하고 소화효소의 작용을 감소시켜 통증을 줄이고 위장 점막 손상을 막는다.
   ④ **항생제** : 미생물에 의하여 만들어진 물질로서 다른 미생물의 성장을 막는 물질을 말한다. 인체에 침입한 세균의 감염을 치료한다.

11 화석 연료를 사용하면 대기 오염, 수질 오염 등의 환경오염이 발생하며, 화석 연료 연소 시 방출되는 이산화탄소는 지구 온난화의 주원인이 된다. 따라서 옳지 않은 설명은 ②이다.
   화석 연료의 생성 : 생물체가 죽은 후 부패하기 전에 매몰되어 오랜 시간 동안 고온, 고압의 상태에서 생성 (예 석탄, 석유, 천연가스)

12 **생물 다양성** : 생물 다양성이 큰 집단은 유전적 다양성이 크므로 환경 변화에 대한 적응력이 크다. 생태계 내 모든 생물은 유용한 유전자원이므로 다양한 생물 종이 보존되어야 한다.
   ① **외래종** : 외국으로부터 자연적 혹은 인위적으로 유입되어 들어온 생물
   ② **먹이 사슬** : 생물이 먹고 먹히는 관계로 얽혀 있는 연쇄적인 관계를 말한다. 생태계의 평형은 먹이 사슬에 의해 유지되고 생물 종이 다양하고 먹이 그물이 복잡할수록 안정적이다.
   ④ **생태계 교란 종** : 생태계에 교란을 일으키거나, 교란을 일으킬 우려가 있는 야생생물을 말한다. 뉴트리아, 황소개구리 등이 있다.

TIP 종자 은행

생물 종의 종자를 수집하여 보관하는 곳으로 식물 자원의 지속적 이용과 식물 종의 멸종 방지 등을 위해서 필요함

---

13 탄수화물의 구성 원소는 탄소(C), 수소(H), 산소(O)이며 기본 단위는 포도당이다. 1g당 4kcal의 열량을 내며, 몸의 구성 성분중 하나이다. 곡류, 감자, 설탕 등에 많이 포함되어 있다.

① 지방(지질) : 구성 원소는 탄소(C), 수소(H), 산소(O)이며 기본 단위는 지방산, 글리세롤이다. 1g당 9kcal의 열량을 내며, 심장, 간, 위장 등을 보호하고 체온을 조절한다.

② 비타민 : 수용성 비타민과 지용성 비타민으로 나뉘며 적은 양으로 생리 작용을 조절한다. 부족 시 결핍증이 발생한다.

④ 무기 염류 : 칼슘(Ca), 나트륨(Na), 철(Fe), 인(P) 등이 있으며 체액의 삼투압과 pH의 유지 및 조절, 각종 효소의 활성화 등 여러 생리작용을 조절한다.

14 염색체 : 세포 분열 시 핵 속의 염색사가 응축되어 생긴 막대 모양의 물질이다. 암수에 따라 모양이 다르고 성을 결정하는 성염색체, 성염색체 이외의 모든 염색체인 상염색체, 모양과 크기가 같은 상동 염색체로 나뉜다.

① 항체 : 체내에서 항원에 대항하기 위해 면역 세포가 만들어 내는 물질

② 효소 : 화학 반응을 촉진할 수 있는 단백질 촉매

③ 세포막 : 인지질 2중층과 단백질로 구성되며, 선택적 투과성이 있다.

15 사람의 성별은 한 쌍의 성염색체 X와 Y에 의해 결정되는데 남자는 22쌍(44개)의 상염색체와 성염색체 X, Y를 가지며, 여자는 22쌍(44개)의 상염색체와 성염색체 X를 두 개 갖는다. 따라서 딸이 가지는 염색체의 구성으로 옳은 것은 ③이다.

16 바이러스 : 세포 구조를 갖추지 못하고 있으며 단백질과 핵산으로만 구성. 물질 대사를 할 수 없고 숙주 세포 내에서만 증식 가능

① 세균 : 핵막이 없는 원핵 생물. 핵산이 있고 스스로 물질대사를 할 수 있는 효소가 있다.

② 곰팡이 : 어둡고 습기가 찬 곳에서 자라는 균, 보통 그 본체가 실처럼 길고 가는 모양의 균사로 되어 있는 사상균이다.

④ 원생생물 : 단세포성 진핵 생물이다. 아메바, 짚신벌레 등이 있다.

17 광합성은 식물 세포에 있는 엽록체에서 이루어진다. 식물은 물과 이산화탄소를 이용해 빛에너지를 가함으로써 포도당과 산소를 생성한다. 광합성 결과 생성되는 산소(O_2)는 생물의 호흡에 이용되고, 대기 중 이산화탄소(CO_2)를 흡수하여 지구 온난화를 방지한다.

① 탄소 순환 과정이다.

③ 포도당을 합성하는 반응이다.

④ 빛에너지가 화학 에너지로 전환된다.

18 에너지 소비가 섭취보다 지속적으로 많으면 체지방이 증가하는 것이 아니라 감소한다.

기초 대사량 : 체온 유지, 호흡, 심장 박동 등 사람의 생명 유지에 필요한 최소한의 에너지량으로 성별, 나이, 식습관이나 활동량에 따라 달라진다. (예) 성인 남성의 기초 대사량 (1,440kcal))

활동 대사량 : 기초 대사량 외에 신체 활동에 필요한 에너지량

1일 대사량 : 기초 대사량 + 활동 대사량

19 막대 나선 은하에는 막대와 나선팔이 있다. 나선팔에는 주로 젊은 별과 산개 성단이 분포한다.

성간 물질 : 별과 별 사이에 분포하는 가스와 티끌

① 타원 은하 : 타원체이고 나선팔이 없다. 성간 물질이 거의 없으며 주로 늙은 별로 구성된다.

② 불규칙 은하 : 은하의 형태가 비대칭적이고 규칙적이지 않다. 은하가 폭발하거나 충돌할 때 형성된다. 별의 탄생이 활발하며, 성간 물질과 젊은 별로 구성되어 있다.

④ 정상 나선 은하 : 나선은하 중 은하의 중심에 막대 모양이 없는 은하이다.

20 대기의 순환은 위도에 따른 태양 복사 에너지의 차와 지구의 자전으로 발생한다. 30°N~60°N에서는 주로 편서풍의 영향을 받는다. 무역풍과 극동풍의 방향은 서로 같은 방향이며, 30°N 지표 부근에는 하강 기류가 발달한다. 따라서 옳은 것은 ㄷ이다.

TIP 대기 대순환

• 무역풍(적도~위도 30°) : 기온이 높아 공기가 상승하고(기압이 낮음), 상승한 공기는 고위도로 이동하였다가 위도 30°에서 하강하여 순환을 이룬다.

• 편서풍(위도 30°~60°) : 적도 쪽에서 이동하는 공기는 하강하고, 극 쪽에서 이동하는 공기는 상승하면서 순환을 이룬다.

• 극동풍(위도 60°~극지방) : 기온이 낮아 공기가 하강하고(기압이 높음), 하강한 공기는 지표를 따라 저위도로 이동하였다가 위도 60°에서 상승하여 순환을 이룬다.

21   **빅뱅 우주론** : 우주가 초고온, 초고밀도 상태의 한 점에서 폭발하여 팽창함에 따라 온도와 밀도가 감소하여 저온, 저밀도 상태의 현재 우주가 되었다는 이론이다. 우주가 팽창하는데 우주의 총 질량이 일정하므로, 우주의 평균 밀도는 감소하고, 우주의 온도가 낮아지고, 어두워진다.

② 우주의 총질량은 일정하다.

③ 우주 전체의 평균 밀도는 감소한다.

④ 우주 전체의 평균 온도는 낮아진다.

> **TIP** 우주에 존재하는 네 가지 기본 힘
> - 중력 : 물체의 질량 사이에 작용하는 힘
> - 전자기력 : 물체가 가진 전하 사이에 작용하는 힘
> - 강한 핵력 : 양성자와 중성자를 하나로 묶어주는 힘
> - 약한 핵력 : 쿼크의 속성을 변화시켜 양성자를 중성자로, 중성자를 양성자로 바꾸는 힘

22   **도플러 효과(Doppler effect)** : 물체와 관측자의 속도에 따라 스펙트럼의 파장이 짧아지거나 길어지는 현상으로 소리뿐만 아니라 빛의 경우에도 나타난다. 소리의 도플러 효과는 소리의 파장이 짧아지고 진동수가 커지면 소리가 높게 들리고, 소리의 파장이 길어지고 진동수가 작아지면 소리가 낮게 들린다.

23   달이 A에 있을 때는 보름달(망)이다.

달의 위상 변화 : 삭 → 초승달 → 상현달 → 보름달(망) → 하현달 → 그믐달 → 삭

② 상현달

③ 하현달

④ 초승달

24   **중생대** : 대체로 기후가 온난하였으며 암모나이트, 공룡, 파충류, 겉씨식물 등의 생물이 있다.

① **선캄브리아대** : 지질시대의 약 85%를 차지하는 가장 긴 시대이며 이 당시의 생물들은 모두 바다에서 살았다. 세포 생물, 해조류, 스트로마톨라이트 등의 생물이 있다.

② **고생대** : 대기권에 오존층이 형성되면서 바다에서 생활하던 생물들이 육상으로 진출하였다. 삼엽충, 필석, 갑주어, 양치식물 등이 번성하였다.

④ **신생대** : 4번의 빙하기, 3번의 간빙기가 있었다. 포유류가 크게 번성하여 포유류의 시대라고 부른다. 인류가 출현하였고, 화폐석, 매머드, 속씨식물 등의 생물이 있다.

25   **지구온난화** : 대기 중 온실 기체의 증가로 온실 효과가 커져서 지구의 평균 기온이 상승하는 현상이다. 해수의 열팽창이 증가하고, 극지방의 빙하가 녹아 평균 해수면이 상승한다. 대기 순환 및 해수면의 온도 변화로 기상 이변이 발생한다.

② 지구의 평균 기온이 높아진다.

③ 빙하의 분포 면적이 좁아진다.

④ 바다의 평균 수온이 높아진다.

제6교시 한국사
정답 및 해설 |

■ **정답**

01 ③	02 ④	03 ①	04 ②	05 ②
06 ③	07 ①	08 ②	09 ③	10 ①
11 ③	12 ③	13 ①	14 ④	15 ①
16 ③	17 ④	18 ②	19 ③	20 ②
21 ④	22 ④	23 ④	24 ①	25 ④

■ **해설**

01 ㉠은 '신석기 시대'이다. 신석기 시대에 처음으로 제작되었던 유물은 '빗살무늬 토기'이다.
① 명도전 : 중국의 화폐이다. 중국과의 교류가 있었던 철기 시대에 사용되었다.
② 주먹도끼 : 구석기 시대의 사냥 도구이다.
④ 거친무늬 거울 : 청동기 시대의 유물이다.

TIP 각 시대별 대표 유물
• 구석기 시대 : 뗀석기, 슴베찌르개, 주먹도끼
• 신석기 시대 : 가락바퀴, 빗살무늬 토기, 움집
• 청동기 시대 : 비파형 동검, 거푸집, 거친무늬 거울, 민무늬 토기, 미송리식 토기, 고인돌
• 철기 시대 : 세형 동검, 잔무늬 거울, 독무덤

02 청동기 문화의 발전과 함께 족장이 지배하는 사회가 출현하였고, 이들 중 강한 족장은 주변의 족장 사회를 통합하면서 권력을 강화했는데, 그 중 고조선이 가장 먼저 국가로 성장하였다. 고조선의 세력 범위는 청동기 시대를 특징짓는 유물의 하나인 비파형 동검과 고인돌의 출토 분포로 짐작할 수 있다.

TIP 고조선의 8조법
고조선은 사회가 복잡해지고 통치 조직이 확립되면서 사회 질서를 유지하기 위한 8개 조항의 법규를 제정하였는데 현재는 3개만 전한다.
• 사람을 죽인 자는 즉시 죽인다. → 생명존중
• 남에게 상처를 입힌 자는 곡식으로 갚는다. → 재산보호
• 도둑질한 자는 그 집의 노비로 삼는다. → 신분제도

03 **장수왕** : 고구려의 전성기 때의 왕으로 수도를 평양으로 천도하여 왕권을 강화하였고, 남진 정책으로 한강 유역을 확보하

였다. 광개토대왕릉비를 건립하였고 중원 고구려비에 업적을 기록하였다.
② 진흥왕 : 신라 제24대 왕으로 단양 적성비를 세웠다. 한강 하류 백제 지역을 차지한 후 북한산 순수비를 세우고 중국과 직접 교류하였다. 화랑도를 공인하고, 황룡사를 완공하였다.
③ 문무왕 : 통일 신라의 왕으로 통일 전쟁을 승리하고 왕권을 강화하였다.
④ 근초고왕 : 백제의 전성기 때의 왕으로 왕권 강화(왕위 부자 상속), 영토 확장(마한 정복, 평양성 공격), 해외 진출(요서·산둥 및 일본 규슈 진출), 칠지도를 왜왕에 하사 하였다.

04 대조영이 만주 동모산에서 고구려 유민과 말갈인을 기반으로 건립한 나라는 발해이다. 중국은 발해의 전성기인 9세기 발해를 해동성국이라 칭하였다. 발해의 중앙 정치 조직은 당의 3성 6부제 도입, 정당성 중심으로 아래에 6부를 운영(독자성), 지방 정치 조직은 5경 15부 62주의 행정조직, 촌락은 토착 세력(말갈인)이 통치하였다.
①, ③ 고려
④ 조선 정조 때

05 진대법은 흉년·춘궁기에 국가가 농민에게 양곡을 빌려 주고 수확기에 갚게 한 고구려의 빈민구호제도이다. 고국천왕 때 을파소의 건의로 실시하였다.
① 음서제 : 과거를 치지 않고 관직에 진출하는 제도이다.(공신·종신의 자손, 5품 이상 고위 관료의 자손)
③ 골품제 : 왕족인 성골과 진골, 귀족인 6~4두품, 평민인 3두품 이하로 구성되었다.
④ 과전법 : 고려 말에 제정되어 조선 전기까지 이어진 제도이다. 현직 관리는 물론 퇴직 관리들은 국가로부터 지급받은 과전에 대한 수조권을 행사하였다.

06 묘청은 지덕이 쇠한 개경을 버리고 서경으로 도읍을 옮겨 나라를 바로 잡을 것, 임금을 황제라고 불러 나라의 위신을 세울 것, 군사를 일으켜 오랑캐 나라인 금을 정벌할 것을 주장하였다.
① 담징 : 고구려의 승려이자, 학자, 화가이다.(종이·먹의 제조 방법, 맷돌·붓, 호류사 금당벽화)

② **이익** : 성호학파를 형성(성호사설 저술), 한전론 주장하였다.(자영농육성, 영업전의 매매 제한)

④ **이황** : 조선의 문신이자 유학자로 주자의 사상을 깊게 연구하여 조선 성리학 발달의 기초를 형성하였다.

07 병자호란은 인조14년에 청나라가 조선을 침략한 전쟁을 말한다. 청의 군신 관계 요구를 거부하자 조선을 침략한다. 인조는 강화도로 가는 피난길이 막히자 남한산성으로 피신했다. 대항하였으나 삼전도(지금의 서울 송파)에서 청나라 태조에게 머리를 땅에 찧으며 굴욕적인 항복 조약을 맺었다. 왕족과 신하, 양민들이 인질로 잡혀갔으며 이후 치욕을 씻자는 북벌론이 일기도 하였다.

② **병인양요** : 1866년 흥선대원군의 천주교도 학살·탄압에 대항하여 프랑스 함대가 강화도에 침범한 사건이다. 양헌수 부대가 정족산성에서 격퇴하였다.

③ **임진왜란** : 조선 선조 25년~31년까지 두 차례에 걸쳐 우리나라를 침입한 일본과의 싸움을 말한다. 선조는 피난길에 오르고, 이순신의 활약으로 조선군이 대승을 거두었으나 조선은 전쟁의 후유증을 겪어야만 했다.

④ **청·일 전쟁** : 1894년에 청과 일본이 조선의 지배권을 차지하기 위해 싸운 전쟁이다.

08 **전시과 제도** : 고려 때 문무 관리로부터 군인, 한인에 이르기까지 18등급으로 나누어 곡물을 수취할 수 있는 전지와 땔감을 얻을 수 있는 시지를 지급하였다. 관직 복무와 직역에 대한 대가이므로 받은 자가 죽거나 관직에서 물러날 때에는 토지를 국가에 반납하였다.

① **녹읍** : 신라 시대의 토지제도이다. 해당 지역의 주민들로부터 조세와 노동력 수취가 가능하였다.

③ **독서삼품과** : 신라 시대 원성왕 때 유교경전의 이해 수준을 시험해 관리를 채용하는 제도이다. 진골귀족의 반대와 골품제로 제대로 기능하지 못했으나, 학문과 유학 보급에 기여하였다.

④ **관수 관급제** : 조선 성종 때 토지 제도이다. 국가의 토지 지배권 강화를 위해 관청에서 관리 수조권을 대행하였다. 관리에게는 녹봉을 지급하였다.

09 고려의 신분 구성은 귀족(왕족, 5품 이상 관료), 중류층(하급 관리), 양민(백정, 농민, 상공업자), 천민(노비)으로 구성되었다. 노비는 천민이므로 중류층에 해당하는 사람으로 옳지 않다.

① **서리** : 고려·조선시대 중앙과 지방의 각 관아에서 근무하던 하급 관리층이다.

② **향리** : 고려, 조선 시대에 지방 행정실무를 담당하였던 하급 관리를 말한다. 무신 정권기 이후 등장한 '신진 사대부'는 주로 지방 향리 출신이었다.

④ **남반** : 고려시대 궁궐에서 숙직하고 국왕을 시종하며 왕명을 전달하는 일을 맡은 내료이다.

10 **세종** : 왕권과 신권의 조화를 통해 유교정치를 완성하였다. 집현전 설치(학문 연구, 유학자 우대, 한글 창제), 민족 문화 발달(과학 발달, 편찬 사업), 민생 안정, 4군 6진 개척을 통한 영토 확장(오늘날과 동일한 국경선)을 하였다.

② 고려 성종 때 거란은 고려를 침입해 왔다. 이때, 서희는 거란의 장수 소손녕과 외교 담판을 통해 강동 6주를 획득하였고 영토를 압록강까지 확대하였다.

③ 고려 시대 윤관이 여진을 정벌하고 동북 지방에 9성을 축조하였다.

④ 연개소문은 천리장성을 축조한 고구려 말기의 장군 겸 재상이다.

11 **국채 보상 운동** : 대한 제국 때인 1907년에 나라가 일본에게 진 빚을 국민이 대신 갚아 경제 주권을 지키자는 취지로 벌인 운동이다. 대구에서 처음 시작되어 전국으로 퍼졌으나 일제의 방해와 탄압으로 중단되었다.

① **새마을 운동** : 1970년대 근면·자조·협동을 바탕으로 농촌 환경 개선에 중점을 둔 정부 주도 운동

② **브나로드 운동** : 1930년대 초반 일제강점기에 동아일보사가 주축이 되어 일으킨 농촌계몽운동

④ **신탁 통치 반대 운동** : 1945년 12월, 모스크바 3국(미국·영국·소련) 외상 회의에서 한국에 임시 민주정부를 수립하고 미·영·중·소에 의한 최고 5년간의 한반도 신탁 통치 등을 결정하였다. 신탁 통치 반대 운동은 이러한 신탁 통치안에 대해 반대하던 국민 운동이다.

12 **균역법** : 영조가 민생 안정을 위하여 군포를 1년에 2필에서 1필로 줄였다. 부족한 군포는 결작과 왕실에서 채웠다.

① **호패법** : 조선 시대 때 16세 이상의 남자에게 오늘날의 신분증과 같은 호패를 차고 다니도록 한 제도이다.

② **영정법** : 조선 후기에 시행된 전세 징수법이다. 풍흉에 관계없이 토지 1결당 쌀 4두를 징수하였다.

④ **대동법** : 방납의 폐단 해결을 목적으로 조선시대에 공물을 쌀로 통일하여 바치게 한 납세제도이다.

13 김대중 정부는 2000년 6월 15일 북한의 김정일을 만나 분단 이후 최초의 남북정상회담을 가진다. 이 결과로 금강산 사업 등 다양한 대북정책이 수립된다. 노태우 정부 때에는 1991년 남북한이 동시에 UN에 가입하였다. ㉠에 들어갈 내용으로 옳지 않은 것은 '방곡령'이다. '방곡령'은 조선 시대 고종 때 일

본 상인들의 곡물 유출, 흉년 등으로 인한 곡물 가격의 폭등으로 곡물의 수출을 금지한 명령이다.

14 흥선 대원군은 붕당의 근거지를 제거 한다는 목적으로 전국 서원 중 47개소만 남기고 정리하였다. 또한 왕실의 위엄을 높이고자 임진왜란 때 불에 타서 폐허가 된 경복궁을 중건하였다. 따라서 흥선 대원군의 정책으로 옳은 것은 ㄱ, ㄴ이다.
ㄷ. 백제 무령왕 때 지방에 대한 통제 강화의 목적으로 22개의 담로를 설치하여 왕자나 왕족을 보내어 다스리게 하였다.
ㄹ. 광종은 왕권 강화와 국가 재정 확충을 위해 호족세력을 숙청하였고, 과거제도와 노비안검법을 실시하였다. 노비안검법은 호족의 불법적인 노비를 해방해 그 기반을 억제하기 위한 정책이었다.

15 **별기군** : 1881년(고종 18) 설치된 신식 군대로 신식 무기로 무장하고 일본인 교관에게 근대식 군사 훈련을 받았다.
② **삼별초** : 최씨 정권의 사병 집단인 야별초에 신의군(귀환 포로)을 합쳐 편성한 특수군으로 도방과 함께 최씨 정권의 군사적 기반이었다. 몽고군과 항쟁하여 고려 무신의 전통적 자주성을 보여주었다.
③ **화랑도** : 신라 진흥왕은 화랑도를 국가적인 조직으로 개편하였다. 화랑을 우두머리로 한 청소년 수련 단체로 교육적·군사적·사교단체적 기능을 가지고 있었다.
④ **한국광복군** : 대한민국 임시 정부는 1940년 9월, 지청천을 총사령관으로 하는 한국 광복군을 창설하였다. 한국 광복군은 대한민국 임시 정부의 독자적인 부대로, 일본에 선전 포고를 한 뒤 연합군과 함께 독립 전쟁을 전개하였다.

16 **동학 농민 운동** : 일본 및 열강의 침략 강화, 농민 부담 증가 및 변혁 욕구 고조가 배경이 되어 1894년 전라도 고부의 동학 교주 전봉준 등을 지도자로 동학교도와 농민들이 합세하여 일으킨 농민 운동
① **무신 정변** : 1170년 정중부, 이의방 등의 무신들이 정변을 일으켜 정권을 장악하였다. 문신 중심의 관료조직 및 전시과가 붕괴되었고 무신이 독재정치를 하였다.
② **나·당 전쟁** : 675년 매소성 전투에서 당의 육군을 격파하고 676년 기벌포 전투에서 당의 수군을 격파하고 삼국 통일을 완성하였다.
④ **민립 대학 설립 운동** : 1920년대 초반 우리 민족의 힘으로 대학 설립을 추진하였으나 일제 방해로 실패하였다.

17 김홍도 〈서당〉, 신윤복 〈단오풍정〉은 조선 후기에 제작되었다. 조선 후기에는 한글 소설(홍길동전·춘향전), 사설시조, 판소리(춘향가·심청가·흥부가) 등의 서민 문화가 성장하였

다. 따라서 이 시기의 모습으로 옳은 것은 ②이다.
① 삼국 시대
③, ④ 고려 시대

18 **금융 실명제** : 1993년 김영삼 정부에서 실시. 은행이나 금융 기관과 거래할 때 실제 명의로 하도록 한 것으로 금융 거래 정상화와 합리적 과세 기반 마련
① **회사령** : 일제가 한국인의 기업 설립·자본 성장을 억제하기 위해 회사 설립 시 조선 총독의 허가를 받도록 하고, 총독부가 회사를 폐쇄할 수 있도록 하였다.
③ **산미 증식 계획** : 산미 증식 계획은 일본 내의 식량 부족, 쌀값 폭동 등을 해결하기 위해 일제가 1920년부터 시작한 정책이다. 이 사업은 수리 시설의 확대와 품종 개량, 화학 비료 사용 증가 등을 통해 이루어졌다. 생산량이 증가되어 대부분의 지주는 이익을 보았지만, 소작농은 수리 조합비나 비료 대금을 비롯한 각종 비용 부담이 늘어나면서 많은 고통을 겪었다.
④ **토지 조사 사업** : 표면적 목적은 '근대적 토지 소유권 제도의 확립'이었으나 실제적 목적은 식민 통치에 필요한 재정 확보, 토지 강탈이었다. 토지 조사 사업의 결과로 일본의 농업 회사와 지주들이 조선에 대거 진출하는 계기를 마련한 반면에 조선인은 자작농에서 소작농으로 몰락하였다.

19 대한민국 임시 정부는 1919년 4월에 중국 상하이에서 김구, 이승만 등을 중심으로 대한민국의 광복을 위하여 조직한 정부이다. 3·1 운동을 계기로 조직되었고, 독립운동의 중심 역할을 하였다.
① **집강소** : 농민 자치 조직으로 농민의 의사를 모으고 이를 집행, 치안을 담당하였다.
② **독립 협회** : 1896년 조직되었던 사회정치단체이다. 국가의 독립을 지키는 것이 목표였으며 기관지로 〈독립 신문〉을 발간하였다.
③ **조선어 연구회** : 1920년대 한글 연구 및 한글 보급. 잡지 '한글' 간행, 가갸날(한글날)을 제정하였다.

20 **4·19 혁명** : 이승만 정권의 독재와 3·15 부정 선거를 계기로 1960년에 일어난 민주화 운동이다.
① **10월 유신** : 1972년 박정희 대통령이 장기 집권체제를 구축하려 시행한 비상 조치
③ **6월 민주 항쟁** : 전두환 정부의 강압적 독재정치. 박종철 고문치사 사건이 배경이 되어 1987년 6월에 일어난 범국민적 민주화 운동
④ **5·18 민주화 운동** : 1980년 5월 18일에서 27일까지 전라남도 및 광주 시민들이 군사독재와 통치를 반대하고, 계엄

령 철폐, 민주정치 지도자 석방 등을 요구하여 벌인 민주화운동이다.

21 **광주 학생 항일 운동** : 1929년 11월 광주에서 시작되어 이듬해 3월까지 전국에서 벌어진 학생들의 시위운동으로 3·1운동 이후 가장 큰 규모로 벌어진 항일운동
   ① **을미사변** : 명성황후가 친러정책을 펼치면서 러시아를 통해 일본을 견제하려고 하자, 세력이 위축되던 일본이 1895년에 명성황후를 시해한 사건이다.
   ② **갑신정변** : 김옥균을 비롯한 급진 개화파가 조선사회의 사회경제적 모순을 깨닫고 세계 역사의 발전 방향에 따라서 사회를 이끌려는 개화사상을 바탕으로 조선의 자주독립과 근대화를 목표로 일으킨 정변이다. 청의 무력 개입으로 3일 천하로 끝나고 말았다.
   ③ **물산 장려 운동** : 1920년대에 일제의 경제적 수탈정책에 항거하여 벌였던 범국민적 민족경제 자립실천운동으로 조만식을 중심으로 한 민족 지도자들이 주축이다.

22 **홍범도** : 독립운동가로 만주 대한독립군의 총사령군이 되어 일본군을 급습하여 전과를 거두었다.
   ① **김구** : 대한민국 임시 정부의 제4차 및 5차 개헌 이후 주석을 역임하였고, 상하이에서 한인 애국단을 조직하였으며, 임시정부에서 지청천 등과 함께 한국 광복군을 창설하였다. '백범일지'는 김구가 집필한 자서전이다.
   ② **김옥균** : 조선 말기의 정치가·개화운동가로, 우정총국 개국 축하연을 기회로 갑신정변을 일으켰으나 3일 만에 실패하고 암살당하였다.
   ④ **서재필** : 개화기의 정치가로 갑신정변에 적극 참여하였고, 독립신문을 발간하고 독립협회를 창립하였으며 일제 강점기에는 독립운동을 하였다.

23 **반민족 행위 특별 조사 위원회** : 친일파의 반민족 행위를 처벌하기 위해 1948년 제헌국회 내에 설치됐던 특별위원회
   ① **비변사** : 조선시대 군국기무를 관장한 문무합의기구로서, 국방 문제를 해결하기 위해 16세기 설치한 임시 기구였으나, 임진왜란을 맞아 국가적인 위기를 타개하여 그 구성원이 확대되고 기능이 강화됨. 군사 문제뿐만 아니라 외교, 재정, 사회, 인사 문제 등 행정을 총괄하게 됨
   ② **조선 총독부** : 일본 국왕의 직속으로 식민통치의 전권을 장악한 최고 기구(입법·행정·사법·군대). 일본군 대장을 총독으로 임명함
   ③ **통리기무아문** : 1880년대 개화 정책을 추진하기 위하여 설치한 기구이다. 각종 사무(기무)를 모두 관리(통리)하는 관청(아문)이라는 뜻이다.

24 6·25 전쟁 시, 미국·영국·프랑스 등 16개국의 군대로 구성된 유엔군이 참전하였으며, 중공군의 개입으로 국군과 유엔군이 후퇴하며 38도선 부근에서 교전을 벌였다. 그 후, 소련의 유엔 대표가 휴전을 제의(1951. 6. 23.)하였고, 우리 정부와 국민이 분단의 영구화를 우려하여 범국민적인 휴전 반대가 있었지만, 결국 1953년 7월 27일 유엔군과 공산군 사이에 휴전이 성립되었다.
   ② **베트남 전쟁** : 분단되었던 베트남에서 1960~1975년까지 전개된 전쟁으로, 특히 1964년 미국 등 외국 군대가 개입하면서 국제전으로 치러졌다.
   ③ **청산리 대첩** : 1920년 김좌진의 북로 군정서군과 독립군 연합 부대가 청산리 일대에서 일본군을 크게 격파하였다.
   ④ **매소성 전투** : 675년에 매소성 부근(현재의 경기도 연천)에서 신라와 당나라 사이에 벌어진 전투를 말한다. 신라는 당나라의 육군을 격파하였다.

25 을사조약은 1905년 일본이 한국의 외교권을 박탈하기 위해 강제로 체결한 조약이다. 을사늑약이라고 하며 통감부(서울에 설치한 한국 통치기구)를 설치하고 대한 제국의 외교권이 박탈되었다.
   ① **척화비** : 조선 고종 때 흥선대원군이 양인을 배척하기 위해 경향 각지에 세웠던 석비
   ② **조선 통신사** : 조선시대 조선 국왕의 명의로 일본의 막부 장군에게 보낸 공식적인 외교 사절
   ③ **관민 공동회 개최** : 1898년 정부 관료와 각계각층의 시민 만 여명이 참여하여 개최, 근대적 의회설립을 추진하였다. 헌의 6조(6가지 개혁사항)를 결의하였다.

TIP 을사오적(乙巳五賊)

조약 체결의 원흉인 이토가 찬성하는 대신들과 회의를 열고 자필로 약간의 수정을 가한 뒤 위협적인 분위기 속에서 조약을 승인 받았고, 박제순, 이지용, 이근택, 이완용, 권중현이 조약체결에 찬성한 5명의 대신들로서 이를 을사오적(乙巳五賊)이라 함

제7교시 선택 과목

도 덕

정답 및 해설 |

▋ 정답

01 ②	02 ①	03 ②	04 ③	05 ③
06 ④	07 ③	08 ④	09 ①	10 ④
11 ①	12 ①	13 ④	14 ④	15 ②
16 ①	17 ①	18 ④	19 ③	20 ①
21 ④	22 ④	23 ②	24 ②	25 ②

▋ 해설

01   문제에 제시된 주제들을 다루는 응용 윤리 분야는 '환경 윤리'이다.

> **TIP** 이론 윤리와 응용 윤리
>
> - **이론 윤리** : 도덕의 근거 제시 및 이론적 분석과 정당화
> - **응용 윤리** : 구체적인 윤리적 판단과 해결책을 모색

02   벤담이 제시한 쾌락의 산출 기준 7가지는 강도, 확실성, 근접성, 생산성, 지속성, 순수성, 범위성으로 이에 해당하지 않는 것은 ①이다.

> **TIP** 벤담의 공리주의
>
> - 개인적 차원의 행복주의를 사회적 차원으로 확대시킴
> - '최대 다수의 최대 행복'을 도덕과 입법의 원리로 제시함
> - 양적 공리주의 : 모든 쾌락은 질적으로 같다고 전제하여 양적인 차이를 중시함

03   칸트는 행위가 따라야 할 의무로서 정언 명령에서 이끌려 나오는 도덕 법칙을 제시하였다. 그에 따르면 도덕 법칙은 우리가 따라야 할 절대적 의무이다.
    ① **가언 명령** : 어떤 목적을 달성하기 위한 수단으로서 내리는 조건부 명령으로, 일정한 목적을 설정하고 이 목적을 달성하려면 어떤 행동을 하는 것이 타당한가에 관해 내려지는 명령이다.
    ③ **연역법** : 보편적인 명제에서 특수 명제를 이끌어내는 추론법
    ④ **귀납법** : 개별적인 사실들에 대한 관찰과 실험을 통해 일반적인 원리를 찾아내는 방법

04   프롬의 사랑의 기본 요소로는 '보호(노동), 책임, 존경, 이해(지식)'가 있다. 따라서 ㉠에 들어갈 용어로 적절한 것은 '책임'이다.

05   요나스는 인간상호간의 관계에서 인간과 자연과의 관계로 전통윤리의 영역을 확장하고, 의도적인 행위의 결과에서 의도하지 않은 행위의 결과에 대해서까지 책임의 범위를 확장할 것을 요구하였다. 따라서 옳은 설명은 ③이다.

06   정의로운 사회 제도의 요건으로는 기본권 보장, 공정한 분배, 사회적 약자에 대한 배려 등이 있다. 따라서 옳은 것은 ㄱ, ㄷ, ㄹ이다.

07   공자는 '예와 악은 인격 완성에 노력하는 개인에 있어서나, 화평하며 질서 있는 인간사회를 구현하는 데 있어서나 위대한 효용이 있는 것'이라 하였다. 정약용은 '7정(情), 즉 희(喜) · 노(怒) · 애(哀) · 구(懼) · 애(愛) · 오(惡) · 욕(慾)의 일곱 가지 감정이 마음속에 얽혀서 고르지 못하므로 성인(聖人)은 아침, 저녁으로 금(琴) · 슬(瑟) · 종(鍾) · 고(鼓) · 경(磬) · 관(管) 등의 음을 듣고 마음을 씻어 화평하고 화락한 뜻을 유발하도록 했던 것'이라 하였다. 따라서 두 사상가의 공통된 입장으로 가장 적절한 것은 ③이다.

08   지구촌 시대의 국제 정의 실현 방법으로는 사회적 가치를 공정하게 분배하고 국제 기구나 국가들 간의 협약을 통해 생태계, 인권 문제를 해결한다. 남을 배척하는 배타적인 민족 정체성을 고집하는 것은 지구촌 시대에 지녀야 할 자세로는 옳지 않다.

> **TIP** 열린 민족주의
>
> - 자민족의 정체성을 유지하면서 동시에 다른 민족을 인정함
> - 자민족의 특수성과 인류의 보편성 모두를 중시함
> - 인류의 공존공영을 강조함

09   생명 중심주의 사상가에는 슈바이처와 테일러가 있다. 생명 중심주의란 모든 생명체는 그 자체로 도덕적 고려를 받아야 할 가치가 있다고 보았다. 따라서 생명 중심주의 윤리의 관점은 제시된 관점 중에서 '자연의 모든 생명체는 내재적 가치를

지닌다.'이다.

10 도가는 무위자연(無爲自然)을 추구하며 인간의 의지, 욕구와 상관없이 존재하는 자연의 가치와 아름다움을 강조하였다. ②는 유교, ③은 불교에 대한 설명이다.

11 황금률(The Golden Rule)은 그리스도교의 윤리관을 정확하게 표현한 말로 세상을 살아가면서 대인 관계에서 가장 염두에 두어야 할 대 원칙이다.
   ② 변증법 : 상대와의 대화를 통해 상대의 모순을 찾아내고 이를 통해 자신의 말이 옳다는 것을 입증하는 정(政)·반(反)·합(合)의 논리체계
   ③ 이분법 : 대상 전체를 둘로 나누는 논리적 방법
   ④ 유물론 : 인간을 비롯한 세상 만물은 물질로 구성되어 있음

12 칼뱅은 프랑스 종교 개혁자로 모든 행위를 할 때 신의 소명에 주목하고, 명령하고 있다는 것을 강조했다. 즉 모든 직업은 소명이며, 노동은 신과 이웃에 봉사하는 것이라고 주장하였다. 따라서 주어진 내용이 설명하는 직업윤리 의식으로 가장 적절한 것은 ①이다.

13 베이컨은 기독교 사상만 진리라고 하는 중세 철학에서 벗어나 "아는 것이 힘이다."라고 과학적 지식을 중요하게 생각하고 경험을 강조한 경험주의 철학의 선구자이다.
   ① 흄 : 감정은 도덕적 실천의 동기가 될 수 있지만 이성은 그렇지 못하다는 감정 중시 윤리설을 주장하였다. 또한 인과 관계는 우리가 반복적으로 관찰함으로써 알게 된 것일 뿐 우리는 원인과 결과의 실제적 결합을 알 수 없다는 회의주의적 인식론을 주장하였다.
   ② 밀 : 쾌락은 질적인 차이가 있으며 쾌락의 양만이 아니라 질적인 차이도 고려해야 한다는 질적 공리주의를 주장하였다.
   ④ 슈바이처 : 살아 있는 모든 생명체에 대한 사랑과 보살핌을 역설하였다.

14 사이버 폭력을 예방하려면 책임과 윤리 의식을 갖고 피해자의 고통에 공감하는 태도를 지녀야 한다. 또한 사이버 폭력 예방을 위한 법적, 제도적 장치를 마련해야 한다. 사이버 따돌림을 예방하기 위한 노력으로 적절한 것은 ㄷ, ㄹ이다.

15 윤리적 소비란 소비자가 윤리적인 가치판단으로 상품이나 서비스를 구매하는 것이다. 따라서 ②가 (가)에 들어갈 용어로 가장 적절하다.

TIP 윤리적 소비 유형
- **사회 기여 소비** : 생산자 및 사회적 약자를 배려하여 소비를 통해 기부할 수 있는 유형을 말한다.
- **친환경적인 환경 보호 소비** : 환경 보호 소비는 일상생활 속 무분별한 소비를 막고, 환경을 생각하는 착한 소비를 통해 지구를 보호하여 지속 가능한 미래를 만드는 측면을 강조한 소비 유형이다.
- **동물 복지 소비** : 인간의 욕망을 채우기 위한 각종 동물 학대에 반대하며 비인간적으로 생산된 모피, 동물 실험을 통한 화장품 등을 불매하는 등 동물을 위한 소비 유형이라고 할 수 있다.

16 평화란 인간집단 사이에 무력충돌이 일어나지 않은 상태를 말한다. 두 번째 설명은 '소극적 평화'에 대한 설명이다.

TIP 평화의 의미
- **소극적 평화** : 물리적 폭력이 없는 상태. 빈곤이나 인권 침해 같은 다양한 차원의 고통을 고려하지 않는 한계가 있음
- **적극적 평화** : 물리적 폭력뿐 아니라 문화적 폭력과 구조적 폭력까지 모두 사라진 상태. 문화나 구조적 차원에서 폭력을 묵인하거나 정당화하는 것까지 폭력으로 인식함

17 인권은 인간다운 삶을 위해 누려야 할 기본적 권리이자 모든 인간에게 적용되는 보편적 권리, 사회 협력을 필요로 하는 권리이다. 인권 보장은 사회 정의 실현의 기본 요건으로 사회 정의의 핵심이다. 인권은 인종, 성별, 지위 등을 초월하여 모든 사람이 동등하게 누리는 '보편성'을 가지고 있다. ③의 내용이 '보편성'에 대한 내용이다.

TIP 인권의 특징
- **보편성** : 인종, 성별, 종교, 사회적 신분에 관계없이 모든 인간이 누리는 권리임
- **천부성** : 사람이면 누구나 처음부터 가지고 태어나는 권리임
- **항구성** : 박탈당하지 않고 영구히 보장되는 권리임
- **불가침성** : 누구도 침범할 수 없는 권리임

18 **사형 제도의 반대** : 인간의 존엄성을 훼손한다. 오판으로 인해 죄 없는 사람이 죽을 수 있다.
   사형 제도의 찬성 : 범죄 억제 효과가 크다. 흉악 범죄인의 생명을 박탈하는 것은 사회적 정의이다. 인과응보 처벌은 형벌의 목적에 부합한다.

19 니부어(Niebuhr, R)는 집단의 도덕성이 개인의 도덕성보다 떨어진다고 보아 개인 윤리와 사회 윤리를 구분할 필요가 있다고 보았다. 그는 개인의 도덕성 함양과 개선이 이루어지는 가운데, 도덕적 정당성을 가진 제도적 강제력을 통해 문제 해결에 나설 때 사회 문제가 바르게 해결될 수 있다고 보았다.

20 청렴은 공직자가 갖추어야할 덕목 중 하나로 어떠한 경우에도 증여를 하거나 증여를 받아서는 안 되는 의무이다.

② **진로 의식** : 개인의 진로발달 과정에서 개인이 일의 진가와 진로선택의 논리적 증거를 이해하고 여러 가지 직업에 대한 소양을 갖추는 것

③ **선민 의식** : 어떤 민족이나 사람들이 자기들만이 우월하다고 생각하는 것

④ **양성평등 의식** : 양쪽 성별에 권리, 의무, 자격 따위가 차별 없이 고르고 한결같이 있다는 의식

21 **통일 비용** : 분리되었던 두 체제의 통일 후 부담해야 할 비용이다. 남북한의 경우 남북한주민의 갈등 해결 비용, 행정 통일 비용, 북한 주민의 기본 생활 보장비 등이 있다.

① **분단 비용** : 통일이 이루어지지 않았기 때문에 지출하고 있는 비용을 말한다. 분단으로 소요되는 국방비, 외교적 경쟁 비용, 이산가족, 국군 포로 등으로 인한 비용이 있다.

② **전쟁 비용** : 전쟁을 하는데 드는 비용

③ **갈등 비용** : 국제 경영에서 현지의 정부나 노조, 엔지오(NGO) 따위와 다양한 형태의 갈등과 마찰이 발생할 경우에 초래되는 손해나 비용. 경제적 손실, 기업 이미지 손상, 글로벌 조직의 사기 및 효율성 저하로 나뉜다.

22 친구의 잘못에 대해서 권면하는 자세가 필요하다. 남녀가 기본적으로 다르다는 점을 고려하여 서로를 배려해주어야 한다. 친구 관계에서 지켜야 할 덕목이 아닌 것은 차별(差別)이다.

① **신의(信義)** : 믿음과 의리를 아울러 이르는 말

② **예의(禮義)** : 예절과 의리. 사람이 행해야할 올바른 예와 도

③ **권면(勸勉)** : 알아듣도록 권하고 격려하여 힘쓰게 하는 것

23 **생태 중심주의** : 전체론적 관점에서 개체보다 상호 의존성에 바탕을 둔 생명 공동체 그 자체에 관심을 가짐

생태 중심주의의 한계점 : 개별 생명체의 이익 관심보다는 생태계 전체의 이익을 우선하여 고려함

동물 중심주의 : 생태계를 구성하는 존재 중 동물에 강조점을 두는 관점

동물 중심주의의 한계점 : 동물 이외의 환경 문제를 거의 다루지 않기 때문에 환경 문제 해결을 위한 대안을 제시하지 못하고 있음

24 롤스는 원초적 입장(무지의 베일을 쓴 상태)이라는 가상적 상황에서 모두가 합의할 수 있는 절차적 정의에 따르는 '정의의 원칙'을 제시하였다.

제1원칙에 해당하는 '평등한 자유의 원칙'은 모든 사람은 기본적인 자유에서 평등한 권리를 지녀야 한다는 것이다.

제2원칙에 해당하는 '차등의 원칙'은 사회·경제적 불평등은 사회의 최소 수혜자에게 최대의 이익이 되어야 한다는 것이다. '공정한 기회 균등의 원칙'은 공직과 지위는 불평등할 수 있지만 그것이 공정한 기회 균등의 조건 아래 모두에게 개방되어야 한다는 것이다.

25 **향약** : 조선시대 향촌사회의 자치규약으로 지방자치단체의 향인들이 서로 도우며 살아가는 약속이다.

① **계** : 예로부터 내려오는 독특한 민간 협동 자치 단체로, 친목과 공제를 목적으로 하고 있지만 도로보수나 서당운영 등 마을 전체를 위한 공공사업도 시행함

③ **두레** : 농번기에 일손을 돕기 위해 조직된 민간 협동 조직 체제로, 농사일에 많은 일손이 필요할 때 한 집에서 한 사람씩 동원됨

④ **품앗이** : 일손이 모자랄 때 이웃 간에 서로 도와가며 일을 해주고 일로써 깊은 노동 교환을 내용으로 하는 공동 작업을 말함

> **TIP** 향약의 4덕목
> - **덕업상권(德業相勸)** : 좋은 일은 서로 권한다.
> - **과실상규(過失相規)** : 잘못은 서로 규제한다.
> - **예속상교(禮俗相交)** : 좋은 풍속은 서로 교환한다.
> - **환난상휼(患難相恤)** : 어려운 일을 당하면 서로 돕는다.

정답 및 해설

2020년도

제2회

제1교시

국 어

정답 및 해설 |

정답

01 ①	02 ③	03 ①	04 ②	05 ②
06 ②	07 ①	08 ②	09 ④	10 ④
11 ①	12 ②	13 ③	14 ③	15 ④
16 ④	17 ③	18 ①	19 ①	20 ②
21 ①	22 ③	23 ③	24 ①	25 ③

해설

01 동생이 원하는 말은 배구 경기가 언제 시작하느냐에 대한 답변이다. 그런데 형은 프로 축구 경기가 취소되었다는 이야기를 하면서 동생이 궁금해하는 정보와 관련 없는 이야기를 하고 있다. 그러므로 형의 말하기에 나타난 문제점은 대화의 맥락에 어긋나는 정보를 제공하는 것이다.

02 '원자력 발전소 건설'에 대해 각각 경제적 관점을 중심으로 찬성과 반대로 나뉘어 토론을 하고 있다. 그러므로 ㉠에 들어갈 내용으로는 경제적 부담에 해당하는 근거인 ③이 가장 적절하다. ④ 역시 경제적 관점이긴 하지만 찬성 측의 근거가 되므로 적절하지 않다.

03 제시된 한글 맞춤법 제6항은 구개음화에 대한 설명이다. '숱하게'는 받침 'ㅌ'이 음절의 끝소리 규칙에 의해 'ㄷ'으로 교체된 후 뒤 음절 첫소리 'ㅎ'과 결합하면서 [ㅌ]으로 발음하는 축약에 해당하는 예이다.
② 같이 ← [가치]
③ 해돋이 ← [해도지]
④ 걷혀 ← [거쳐]

04 소녀, 할머니, 딸은 모두 여자에 포함되어있는 하의어이고 ㉢, 할아버지, 아들은 모두 남자에 포함되어있는 하의어이다. 이때 여자와 남자는 각각의 하의어에 대한 상의어이고, 서로 반의어 관계이다. 이때 반의어는 나머지 의미 요소는 모두 같으면서 서로 반대되는 딱 하나의 의미 요소를 가져야 한다. 그런데 ㉠과 ㉣에서 여자와 아들은 성별도 다르고 지칭 범위도 다르므로 서로 반의 관계라고 볼 수 없다. 여자의 반의어는 남자, 아들의 반의어는 딸이다.

05 ㉠의 '왜'에서 모음 'ㅙ'는 이중 모음으로, 발음하는 동안 입술 모양이나 혀의 위치가 달라진다.
① 'ㅓ'는 혀가 중간에 위치한 중모음이고 'ㅏ'는 혀가 아래쪽에 위치한 저모음이다.
③ 'ㅂ'과 'ㅃ'은 모두 양순음(입술)으로 조음 위치가 같다.
④ 해가 져서 어두워진 때부터 다음 날 해가 떠서 밝아지기 전까지의 동안을 의미하는 '밤[夜]'은 짧게 발음하고 밤나무의 열매인 '밤:[栗]'은 길게 발음한다.

06 주성분에 속하는 성분에는 주어, 목적어, 서술어, 보어가 있다. 부속 성분에는 관형어, 부사어가 있고 독립 성분에는 독립어가 있다. ②는 '친구가(주어)/책을(목적어)/읽고 있다(서술어)'로 나눌 수 있으므로 주성분만으로 이루어진 문장이다.
① 우아(독립어)/우리가(주어)/이겼다(서술어)
③ 그(관형어)/사람이(주어)/우유를(목적어)/마셨다(서술어)
④ 동생이(주어)/드디어(부사어)/가수가(보어)/되었다(서술어)

07 ㉠에는 '당류 섭취량 줄이기'의 해결 방안이 들어가야 한다. ①은 '다'의 해결 방안이고 ②는 '나'의 해결 방안이며 ④는 '가'의 해결 방안이다. ③은 가격에 대한 내용인데 이는 본론 1에 언급되지 않았을뿐더러, 당류 함유량이 높은 음식의 가격을 인하하면 소비량이 늘어날 것이므로 당류 섭취량 역시 증가할 것이다. 그러므로 당류 섭취량을 줄이기 위한 방안으로는 적절하지 않다.

08 사회자로서 토론 상황을 파악하고 그 상황에 맞는 판단을 신속하게 내렸다는 내용이므로 ㉡은 '어떤 행동이 미치는 대상을 나타내는 격 조사'인 '에게'를 써서 원문 그대로 '그에게'라고 쓰거나 조사 '에'를 써서 '그에'로 고쳐 쓰는 것이 적절하다.

[09~11]

> 정지용, 「향수」
> • **갈래** : 자유시, 서정시
> • **성격** : 감각적, 묘사적, 향토적
> • **제재** : 고향의 정경
> • **주제** : 고향에 대한 그리움과 추억
> • **특징**
> – 후렴구를 반복하여 주제의식을 표출하고 통일성과 리듬감을 부여함
> – 토속적 시어로 향토적 정감을 표현함
> – 선명한 감각적 이미지를 사용하여 고향을 생생히 묘사함

09 이 시는 평화로운 고향의 모습을 추억하며 고향을 그리워하고 있는 작품이다. 그러므로 표면에 청자를 내세우며 부끄러운 현실을 고백하고 있다는 설명은 적절하지 않다.
① 연이 끝날 때마다 '그곳이 차마 꿈엔들 잊힐 리야'라는 후렴구를 반복하여 운율을 형성하고 있다.
② '그곳이 차마 꿈엔들 잊힐 리야'라는 설의법을 사용하여 화자의 그리운 정서를 강조하고 있다.
③ 실개천, 얼룩백이 황소, 질화로, 짚베개와 같은 향토적 소재를 활용하여 토속적 분위기를 드러내고 있다.

10 ㉮에서는 청각적 대상인 황소의 울음을 금빛이라는 시각적 방법으로 나타내어, 청각의 시각화라는 공감각적 이미지를 사용하였다. ㉯ 역시 '푸른 휘파람 소리'라는 청각의 시각화를 사용하고 있다.
① 촉각적 이미지
② 후각적 이미지
③ 미각적 이미지

> **TIP** 공감각적 이미지
> 두 가지 감각이 동시에 지각되는 표현 또는 한 감각이 다른 감각으로 전이되어 나타나는 표현
> **예** 분수처럼 흩어지는 푸른 종소리(청각의 시각화)
> **예** 새파란 초생달이 시리다(시각의 촉각화)

11 사람이 아닌 것을 사람에 빗대어 표현하는 '의인법'을 찾으면 된다. ㉠에서는 실개천을 옛이야기 지줄댄다(낮은 음성으로 자꾸 지껄이다)고 표현하였으므로 의인법이 사용되었다.

[12~14]

> 최일남, 「흐르는 북」
> • **갈래** : 사회 소설, 가족사 소설
> • **성격** : 사실적, 비판적
> • **시점** : 전지적 작가 시점
> • **배경**
> – 시간적 배경 : 1980년대
> – 공간적 배경 : 서울 중산층 가정의 아파트
> • **주제** : 예술과 삶에 대한 세대 간의 갈등과 극복
> • **특징**
> – 상징적 소재를 활용하여 시대 상황을 암시함
> – 의성어를 사용하여 인물의 심리나 처지를 드러냄
> – 갈등의 해결을 제시하지 않고 독자의 몫으로 남겨둠

12 [A]는 민 노인이 북을 치면서 흥겨워하는 모습을 묘사하고 있는 부분이다. '민 노인'이라는 특정 인물이 북을 치는 그 상황에 몰입하고 있으므로 정답은 ②이다.
① 대화가 아니라 북을 치는 민 노인을 묘사, 서술하고 있다.
③ 고사가 인용된 부분은 찾아볼 수 없다.
④ '둥둥'이라는 의성어를 사용하여 북을 치는 민 노인을 묘사하고 있는 것이지, 암울한 상황을 드러내는 것은 아니다.

13 성규의 학교에서 북을 치고 온 민 노인에게 '한숨 섞인 물음'을 던지고 '죄인 다루듯 하는' 며느리의 태도를 보아 며느리

는 민 노인이 북을 친 것에 대해 불만과 불편함을 느끼고 있
음을 알 수 있다.
① 민 노인은 물질적인 가치를 추구하는 것이 아니라 예술,
삶에 대한 정신적인 가치를 추구하는 인물이다.
② 며느리는 자신들의 체면을 깎는 민 노인에게 불만을 가지
고 있다. 그러므로 민 노인의 건강을 걱정한다는 설명은
적절하지 않다.
④ 성규의 공연에 참석한 민 노인에게 불만을 가지고 따지고
있다.

14 ㉠, ㉡, ㉢는 모두 민 노인의 며느리를 가리키고 ㉣은 성규와
같은 과 학생인 진숙이의 어머니를, ㉤은 민 노인을 가리킨다.
그러므로 가리키는 대상이 같은 것만을 고른 것은 ③이다.

[15~16]

정철, 「속미인곡」
• 갈래 : 서정 가사, 양반 가사, 연군 가사
• 성격 : 서정적, 여성적, 연모적
• 운율 : 3(4) · 4조, 4음보 연속체
• 제재 : 임에 대한 그리움
• 주제 : 연군지정
• 특징
  – 두 여인의 대화 형식으로 내용이 전개됨
  – 순우리말을 절묘하게 구사함

15 속미인곡은 임금을 그리워하는 마음을 갑녀와 을녀라는 두
여인의 대화를 통해 풀어내고 있는 작품이다. 을녀가 임이 계
신 궁궐에서 나와 임을 그리워하며 하소연을 하고 갑녀는 위
로를 해주는 식으로 내용이 전개된다.
① 연의 구분이 되어있지 않다.
② 3음보가 아닌 4음보 연속체이다.
③ 고려 가요에 대한 설명이다.

16 낙월이 되어서 멀리서 임을 비추리라는 을녀의 말에 갑녀는
궂은비가 되라고 하고 있다. 궂은비는 오랫동안 내리며 임의
옷을 적실만큼 임에게 가까이 다가갈 수 있는 소재로, 임의
소식을 전해 주는 매개체가 아니라 낙월에 비해 적극적으로
임에 대한 마음을 드러내는 소재로 볼 수 있다.
① ㉠은 꿈으로, 현실에서는 만날 수 없는 임을 꿈잠에 들어
꿈에서 만났다고 하였으므로 임과의 만남이 이루어지는
공간이다.
② ㉡은 닭소리로, 꿈속에서 임과 만나고 있는 화자를 깨우는

존재이다. 임과의 만남이 중단되는 계기이자 화자와 임 사
이를 막는 장애물의 역할을 하고 있다.
③ ㉢은 멀리서 임을 바라보는 달로, 임을 그리는 마음을 나
타내는 소재이다.

[17~19]

박지원, 「허생전」
• 갈래 : 고전 소설, 한문 소설, 풍자 소설
• 성격 : 풍자적, 비판적
• 시점 : 전지적 작가 시점
• 배경
  – 시간적 배경 : 조선 효종 때
  – 공간적 배경 : 국내 및 국외
• 주제 : 지배층인 사대부의 무능과 허위의식 비판 및 지배층의
  각성 촉구
• 특징
  – 실학을 바탕으로 당대 조선 사회를 비판함
  – 비범한 식견을 가진 '허생'이라는 영웅적 인물의 행적을 중
    심으로 사건을 전개함
  – 실존 인물을 등장시켜 현실성을 부여함

17 허생이 제시한 현실 대응책에 대한 허생과 이 대장의 의견
대립을 통하여 이야기를 전개하고 있다.

18 허생은 실리를 부정하는 것이 아니라 오히려 실리를 최우선
으로 여겨 과감하고 실질적인 대책을 내세우며 예법(명분)을
중시하는 상대의 의견에 반박하고 있다.
② 사대부들은 모두 예법을 지키려 하기에 변발과 호복을 거
부할 것이라는 상대의 의견에 허생은 반론하며 꾸짖고
있다.
③ 실제 역사적 인물인 번오기와 무령왕을 내세워 상대를 비
판하고 있다.
④ 세 가지를 말하여 주었는데 한 가지도 행하지 못하겠다는
상대의 무능함에 분노하여 "너 같은 자는 칼로 목을 잘라
야 할 것이다"라고 말하며 칼을 찾아 찌르려 하였다.

19 주인공인 허생은 사라지고, 문제나 갈등에 대한 명확한 해결
이 제시되지 않은 채 미완으로 마무리를 하며 독자들에게 상
상의 여지를 남겨주고 있다.

[20~22]

> **오주석, 「옛 그림의 원근법」**
> • 갈래 : 설명문
> • 성격 : 객관적, 해설적
> • 제재 : 옛 그림
> • 주제 : 옛 그림의 원근법이 지닌 특징과 의미
> • 특징
>   – 동양과 서양의 그림을 대조하여 설명함
>   – 구체적인 예시를 들어 이해하기 쉽게 설명함

20 이 글은 일점투시의 역사적 변화를 설명하는 글이 아니라 서양 풍경화에 쓰이는 일점투시와 우리 산수화에 쓰이는 삼원법을 비교하고 있는 글이다.

21 2문단에서 '일점투시는 일견 과학적인 듯 보이지만 카메라 앵글처럼 포용력이 부족한 관찰 방식이다.'라고 하였으므로 적절하지 않은 설명이다.
  ② 1문단에서 서양의 풍경화는 '화면 밖에 반드시 한 사람의 관찰자가 있어서 … 주위 풍경을 측량하듯이 바라보는 차갑고 단조로운 시선을 느낄 수 있다'라고 하였다.
  ③ 2문단에서 산수화와 서양의 일점투시를 비교하며 '산수화의 목적이 자연의 형상뿐만 아니라 거기서 우러나는 기운까지 담아내는 것이라고 할 때'라고 하였다.
  ④ 1문단에서 서양의 풍경화는 인간이 모든 풍경의 기준점이 되어 있다고 하고, 2문단에서 '이와는 달리, 우리 옛 산수화에서는 어디까지나 산수 자체가 주인공이다'라고 하였다.

22 ⓒ의 사전적 의미는 '어떤 것에 의하여 생겨나는 사물이나 현상을 비유적으로 이르는 말'이다.

[23~25]

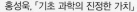

> **홍성욱, 「기초 과학의 진정한 가치」**
> • 갈래 : 논설문
> • 성격 : 구체적, 논리적, 설득적
> • 제재 : 기초 과학
> • 주제 : 기초 과학의 중요성
> • 특징 : 구체적인 예를 들어 논지를 전개함

23 (다)에서 '기초 과학과 기초 연구가 왜 중요한가?'라고 물음을 던진 후 '토대이기 때문이다'라고 답하며 기초 과학의 중

요성에 대해 다시 한번 주장하고 있다.

24 (나)에서 학생들에게 과학의 근본에 대해 깊이 생각하게 하기 위해서는 지식의 기반 수준에서 교육이 이루어져야 한다고 하였다. 또한 마지막 문장에서 '이러한 교육은 기초 과학 연구가 제공할 수 있다'라고 하였으므로 ㉑에 들어갈 말로 가장 적절한 것은 '교육'이다.

25 (다)에서 기초 과학과 기초 연구가 창의적 기술, 문화, 교육의 토대라고 하였으므로 ㉯가 지시하는 것은 ⓒ이다.
토대 : 기초 과학과 기초 연구
굳건한 집 : 창의적 기술, 문화, 교육

제2교시

수 학

정답 및 해설 |

정답

01 ①	02 ④	03 ④	04 ③	05 ②
06 ③	07 ②	08 ④	09 ④	10 ②
11 ④	12 ③	13 ①	14 ④	15 ②
16 ②	17 ①	18 ①	19 ③	20 ④

해설

01 $A=x^2-x$, $B=-x^2+1$이므로
$$2A+B=2(x^2-x)+(-x^2+1)$$
$$=2x^2-2x-x^2+1$$
$$=x^2-2x+1$$

02 x에 대한 항등식은 x에 어떤 값을 넣어도 언제나 성립하는 등식을 뜻한다. 즉, 좌변과 우변의 식이 같은 것을 찾으면 된다.
④ $x^2-1=(x+1)(x-1) \rightarrow x$에 대한 항등식
① $x=5 \rightarrow x$에 대한 일차방정식
② $x+2=0 \rightarrow x$에 대한 일차방정식
③ $(x+1)^2=x+1 \rightarrow x$에 대한 이차방정식

> **TIP 항등식의 성질**
> 다음 식이 x, y에 대한 항등식일 때,
> ① $ax+b=0 \Leftrightarrow a=0$, $b=0$
> ② $ax^2+bx+c=0 \Leftrightarrow a=0$, $b=0$, $c=0$
> ③ $ax^2+bx+c=a'x^2+b'x+c' \Leftrightarrow a=a'$, $b=b'$, $c=c'$
> ④ $ax+by+c=0 \Leftrightarrow a=0$, $b=0$, $c=0$

03 조립제법을 이용했을 때 마지막 수는 나머지이고 앞의 수는 몫의 계수들이다. 따라서 구하고자 하는 식의 몫은 x^2+2x+2이고 나머지는 5이다.

04 복소수가 있는 등식을 만족하려면 실수부분은 실수부분끼리, 허수부분은 허수부분끼리 같으면 된다.
그러므로 $(x-1)+(y+2)i=2+3i$에서
$(x-1)=2$, $(y+2)=3$을 만족하면 되므로
$x=3$, $y=1$

> **TIP 복소수의 상등(서로 같을 조건)**
> a, b, c, d가 실수일 때
> ① $a+bi=0 \leftrightarrow a=0$, $b=0$
> ② $a+bi=c+di \leftrightarrow a=c$, $b=d$

05 이차방정식이 서로 다른 두 실근을 가지려면 판별식 $D>0$을 만족하면 된다.
② $D=1+8=9>0 \rightarrow$ 서로 다른 두 실근
① $D=0-12=-12<0 \rightarrow$ 서로 다른 두 허근
③ $D=4-4=0=0 \rightarrow$ 중근
④ $D=9-20=-11<0 \rightarrow$ 서로 다른 두 허근

> **TIP 이차방정식의 판별식**
> 이차방정식 $ax^2+bx+c=0$에서
> • $D=b^2-4ac>0$: 서로 다른 두 실근
> • $D=b^2-4ac=0$: 중근
> • $D=b^2-4ac<0$: 서로 다른 두 허근

06 $1\leq x\leq4$의 범위에서 이차함수의 최댓값은 $x=4$일 때 1이다.

> **TIP 이차함수의 최댓값과 최솟값**
> ① **최댓값** : 정의역의 각 원소에 대한 함수값 중 가장 큰 값
> ② **최솟값** : 정의역의 각 원소에 대한 함수값 중 가장 작은 값

07 한 근이 1이므로 삼차방정식에 $x=1$을 대입하면
$$1^3-1^2+3\times1+a=0$$
$$1-1+3+a=0$$
$$\therefore a=-3$$

08 두 점 $A(-1, 1)$, $B(2, 3)$ 사이의 거리는
$$\sqrt{(2-(-1)^2+(3-1)^2}$$
$$=\sqrt{(3)^2+(2)^2}$$
$$=\sqrt{9+4}$$
$$=\sqrt{13}$$

> **TIP 좌표평면 위의 두 점 $A(x_1, y_1)$, $B(x_2, y_2)$ 사이의 거리**
> $$\overline{AB}=\sqrt{(x_2-x_1)^2+(y_2-y_1)^2}$$

09 직선 $y=-\dfrac{1}{3}x+2$에 수직이라고 했으므로 기울기의 값은 3이고, 점 $(0, 1)$을 지나므로 y절편이 1이 된다. 따라서 구하고자 하는 직선의 방정식은 $y=3x+1$이 된다.

> **TIP** 두 직선의 위치관계
>
> 두 직선 $y=ax+b$, $y=cx+d$일 때,
> 평행일 경우(기울기 같음) : $a=c$
> 수직일 경우(기울기의 부호 반대, 역수관계) : $a \times c=-1$

10 원의 중심이 $(0, 0)$이고 반지름을 r이라 하면
$x^2+y^2=r^2$이다.
이 원이 점 $(3, 4)$를 지나므로 이 점을 원의 방정식에 대입하면
$3^2+4^2=r^2$, $r^2=25$이다.
그러므로 원의 방정식은 $x^2+y^2=25$이다.

> **TIP** 원의 방정식
>
> ㉠ 표준형 : 중심이 (a, b), 반지름이 r인 원의 방정식
> $\Rightarrow (x-a)^2+(y-b)^2=r^2$
> ㉡ 일반형 : $x^2+y^2+Ax+By+C=0$

11 점 $(-1, 2)$를 x축의 방향으로 3만큼, y축의 방향을 -2만큼 평행이동한 점은
$(-1+3, 2-2)=(2, 0)$

> **TIP** 평행이동과 대칭이동
>
> • 평행이동 : 점 (x, y)가 x축으로 a만큼, y축으로 b만큼 평행이동하면 점 $(x+a, y+b)$가 된다.
> • 대칭이동 : 점 (x, y)일 때,
> – x축의 대칭 : $(x, -y)$
> – y축의 대칭 : $(-x, y)$
> – 원점 대칭 : $(-x, -y)$
> – $y=x$ 대칭 : (y, x)

12 집합이란 어떤 조건에 의하여 그 대상이 분명한 것들의 모임으로, 주관적이거나 추상적인 조건으로는 집합이 될 수 없다. 그러므로 정답은 ③이다.

13 $p \to q$의 대우는 $\sim q \to \sim p$이다.
그러므로 명제 '$x^2 \neq 1$이면 $x \neq 1$이다.'의 대우는 '$x=1$이면 $x^2=1$이다.'가 된다.

> **TIP** 명제와 역, 대우 사이의 관계
>
> • 명제 : $p \to q$ • 역 : $q \to p$
> • 대우 : $\sim q \to \sim p$
>
>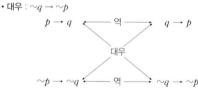

14 함수 $f : X \to Y$에서 집합 X를 정의역, 집합 Y를 공역이라 하며 공역 중 정의역에 대응하는 원소들의 집합을 치역이라고 한다. $f(a)$는 X의 원소 a에 대응하는 Y의 원소를 뜻하는 함숫값이므로 $f(a)=1$이다. 그러므로 옳지 않은 것은 ④이다.

15 그래프에서 보면 유리함수 $y=\dfrac{1}{x-1}+a$의 점근선은
$x=1$, $y=2$이므로 a의 값은 2이다.

> **TIP** 함수 $y=\dfrac{k}{x-p}+q \ (k \neq 0)$의 그래프
>
> ① 함수 $y=\dfrac{k}{x} \ (k \neq 0)$의 그래프를 x축 방향으로 p만큼, y축 방향으로 q만큼 평행이동한 것이다.
> ② 정의역은 $\{x | x \neq p$인 실수$\}$이고, 치역은 $\{y | y \neq q$인 실수$\}$이다.
> ③ 점 (p, q)에 대하여 대칭이다.
> ④ 점근선은 두 직선 $x=p$, $y=q$이다.

16 첫째항과 공차를 알 때, 제n항까지의 합 S_n은 등차수열의 합 공식에 대입하면 구할 수 있다. 첫째항을 a, 공차를 d, 항의 개수를 n이라 하면 $a=1$, $d=2$, $n=5$이므로
$$S_5=\frac{n\{2a+(n-1)d\}}{2}=\frac{5(2+4 \times 2)}{2}$$
$$=25$$

> **TIP** 등차수열의 합
>
> 첫째항이 a, 제n항이 l, 공차가 d인 등차수열의 n항까지의 합 S_n은
> ① 첫째항 a와 제n항 l을 사용할 때 :
> $$S_n=\frac{n(a+l)}{2} \ (n=1, 2, 3 \cdots)$$
> ② 첫째항 a와 공차 d를 사용할 때 :
> $$S_n=\frac{n\{2a+(n-1)d\}}{2} \ (n=1, 2, 3 \cdots)$$

17 $\displaystyle\sum_{k=1}^{10}(2a_k+b_k)=2\sum_{k=1}^{10}a_k+\sum_{k=1}^{10}b_k$
이때, $\displaystyle\sum_{k=1}^{10}a_k=5$, $\displaystyle\sum_{k=1}^{10}b_k=10$이므로

2020년 2회

$$\sum_{k=1}^{10}(2a_k+b_k)=2\times5+10=20$$

> **TIP** 합의 기호 $\sum$의 성질
>
> ① $\displaystyle\sum_{k=1}^{n}(a_k\pm b_k)=\sum_{k=1}^{n}a_k\pm\sum_{k=1}^{n}b_k$ (복부호동순)
>
> ② $\displaystyle\sum_{k=1}^{n}ca_k=c\sum_{k=1}^{n}a_k$ (c는 상수)
>
> ③ $\displaystyle\sum_{k=1}^{n}c=nc$ (c는 상수)

18 주어진 수열 $\{a_n\}$은 첫째항이 1이고 공비가 2인 등비수열임을 알 수 있다. 첫째항을 a, 공비를 r이라고 하고 $a_n=ar^{n-1}$에 대입하면

$$a_n=1\times2^{n-1}$$
$$\therefore a_4=1\times2^{4-1}=2^3$$
$$=8$$

> **TIP** 등비수열
>
> • **등비수열** : 첫째항부터 시작하여 차례로 일정한 수(공비)를 곱하여 다음 항이 얻어지는 수열이다.
> • **등비수열의 성질** : 공비 r인 등비수열 $\{a_n\}$ $\Leftrightarrow a_{n+1}=a_n r$,
>
> $\dfrac{a_{n+1}}{a_n}=r(n=1,\,2,\,3\cdots)$
> • **등비수열의 일반항** : 첫째항이 a, 공비가 r인 등비수열 $\{a_n\}$
> $\Leftrightarrow a_n=ar^{n-1}(n=1,\,2,\,3\cdots)$

19 지수법칙에 의해

$$5^3\times5^{-2}=5^{3-2}$$
$$=5^1$$
$$=5$$

> **TIP** 지수법칙
>
> a가 실수이고, $m,\ n$이 양의 정수일 때,
> ㉠ $a^m a^n=a^{m+n}$
> ㉡ $a^m\div a^n=a^{m-n}\left(a^0=1,\ a^{-n}=\dfrac{1}{a^n},\ 단\ a\neq0\right)$

20 주어진 상용로그표에서 $\log2.03$에 해당하는 값을 찾아 읽으면 된다.

$\log2.03$의 2.0에 해당하는 부분을 먼저 상용로그표의 가로 행에서 찾고, 남은 부분인 소수 둘째 자리 숫자 3을 세로 열에서 찾으면 된다.

수	0	1	2	3	⋯	8	9
1.0						⋯	
1.1						⋯	
⋮	⋮	⋮	⋮	⋮		⋮	⋮
2.0	→			.3075	⋯		
2.1						⋯	

그러므로 $\log2.03$의 값은 0.3075이다.

제3교시

영 어

▌정답

01 ④	02 ④	03 ②	04 ①	05 ②
06 ③	07 ③	08 ②	09 ①	10 ②
11 ②	12 ③	13 ④	14 ①	15 ①
16 ④	17 ③	18 ①	19 ②	20 ①
21 ①	22 ②	23 ④	24 ①	25 ③

▌해설

01
해설 'habit'은 '습관'이란 뜻이다.
해석 오래된 습관을 바꾸는 것은 쉽지 않다.
어휘 easy 쉬운
change 변하다, 바꾸다
habit 습관, 버릇

02
해설 'participate in'은 '~에 참가하다'란 뜻이다.
해석 나는 내년에 서울 마라톤에 참가할 것이다.
어휘 participate in ~에 참가(참여)하다
marathon 마라톤

03
해설 'at last'는 '마침내'란 뜻이다.
해석 두 시간 동안 운전을 한 후, 우리는 마침내 집에 도착했다.
어휘 drive 운전하다
arrive 도착하다
at last 마침내

04
해설 ②, ③, ④는 반의어 관계이지만, ①은 유의어 관계이다.
해석 ① (치수·정도·양 등이) 큰 – (규모가) 큰
② 빠른 – 느린
③ 예의 바른 – 무례한
④ 비싼 – 싼

05
해설 할인율, 할인 판매 기간, 영업 요일과 영업 시간은 언급되어 있지만 매장 위치는 언급되어 있지 않다.
해석 핫 서머 세일

모든 음악 CD 30% 할인!!
– CD를 살 수 있는 좋은 기회
– 2020년 7월 15일부터 7월 29일까지
– 월요일~토요일, 오전 10시부터 오후 9시까지 영업함
어휘 opportunity 기회
discount 할인
price 값, 가격
July 7월
open (문, 가게 입 등을) 열다

06
해설 첫 번째 문장에서 'book'은 '예약하다'라는 뜻이고, 두 번째 문장에서 'book'은 '책'이라는 뜻으로 사용되었다. 빈칸에 공통으로 들어갈 말은 'book'이다.
① 이름
② 방
④ 유니폼
해석 • 부산행 표는 되도록 빨리 예약해야 한다.
• 나는 이 책을 우리 학교 도서관에서 빌렸다.
어휘 need to ~을 할 필요가 있다
as soon as possible 되도록 빨리
borrow 빌리다
library 도서관
book 책, 예약하다

07
해설 첫 번째 문장에서 'on'은 '(요일 · 날짜 · 때를 나타내어) ~에'라는 뜻이고, 두 번째 문장에서 'turn on'은 '켜다'라는 뜻으로 사용되었다. 빈칸에 공통으로 들어갈 말은 'on'이다.
① ~의
② (지역·공간 내의) ~에, 안에
④ ~와 함께
해석 • 나는 토요일에 하이킹을 가곤 했다.
• 불 좀 켜주시겠습니까?
어휘 used to ~하곤 했다
hike 하이킹[도보 여행]을 가다
Saturday 토요일
turn on 켜다

08
해설 첫 번째 문장에서 'how old'는 '몇 살'이라는 뜻이고, 두

번째 문장에서 'how'는 '방법'이라는 뜻으로 사용되었다. 빈칸에 공통으로 들어갈 말은 'how'이다.

① 누구
③ 언제
④ 어디에

해석 • 그는 그녀가 몇 살인지 모른다.
　　　• 나는 스파게티 만드는 방법을 배우고 싶다.

어휘 learn 배우다
　　　spaghetti 스파게티

09 **해설** A가 영어를 못해서 미국 여행을 망설이고 있자 B가 오늘부터 배우기 시작할 수 있다고 했으므로 ① '배움에 늦은 때는 없다.'가 적절하다.

해석 A : 나는 항상 미국을 여행하고 싶었어.
　　　B : 무슨 일로 망설이는 거야? 도전해!
　　　A : 하지만 난 영어를 못해.
　　　B : 배움에 늦은 때는 없어. 너는 오늘부터 영어를 배우기 시작할 수 있어.

어휘 travel 여행하다
　　　across 건너서, 가로질러, ~쪽으로
　　　the United States 미국
　　　stop 멈추다, 그만하다
　　　late 늦은

10 **해설** B의 동생이 공부하러 캐나다에 갔기 때문에 B가 동생을 그리워하며 외롭다고 하였으므로 대화에서 알 수 있는 B의 심정은 ②의 '외로운'이다.

해석 A : Susan, 너 우울해 보여.
　　　B : 내 여동생이 지난달에 캐나다에 가서 나 혼자 살고 있어.
　　　A : 그녀는 왜 캐나다에 갔니?
　　　B : 공부하러. 난 요즘 너무 외로워. 나는 그녀가 그리워.

어휘 down 우울한
　　　last month 지난달
　　　by myself 혼자
　　　lonely 외로운, 쓸쓸한
　　　these days 요즘에는
　　　miss 놓치다, 그리워하다

11 **해설** 수영 모자를 가지고 왔냐는 물음과 수영장에 들어가기 전에 샤워를 해야 한다는 B의 말로 보아 대화가 이루어지는 장소로 가장 적절한 곳은 ②의 '수영장'이다.

해석 A : 어른 두 명 표가 있나요?
　　　B : 여기 있습니다. 수영 모자를 가지고 있습니까?

A : 네, 가지고 있어요.
B : 수영장에 들어가기 전에 꼭 샤워를 하세요.

어휘 adult 성인, 어른
　　　swimming cap 수영 모자
　　　make sure 확실하게 하다, 반드시 ~하다
　　　take a shower 샤워를 하다
　　　before 전에
　　　swimming pool 수영장

12 **해설** 비가 올 때 필요하고, 우리의 몸과 옷이 젖는 것을 막아주며 긴 막대기에 천이나 다른 재료로 덮여있는 접이식 뼈대가 있다고 하였으므로 밑줄 친 it(It)이 가리키는 것은 ③의 '우산'이다.

① 책
② 포크
④ 컴퓨터

해석 우리는 비가 올 때 이것이 필요하다. 이것은 우리의 몸과 옷이 젖는 것을 막아준다. 이것은 많은 색깔과 크기를 가지고 있다. 이것은 긴 막대기에 천이나 다른 재료로 덮여있는 접이식 뼈대를 가지고 있다.

어휘 clothes 옷
　　　get wet 물에 젖다
　　　stick 막대기
　　　folding 접을 수 있는
　　　frame 틀, 뼈대

13 **해설** B가 전자 기타를 배우기로 결심했다고 하였으므로 A의 질문은 'Do you have any plans for this year? (올해 어떤 계획이 있니?)'가 가장 적절하다.

① 물 좀 주시겠습니까?
② 내 펜이 어디에 있는지 아니?
③ 스테이크는 어떻게 하시겠습니까?

해석 A : 올해 어떤 계획이 있니?
　　　B : 나는 전자 기타를 배우기로 했어.
　　　A : 왜 전자 기타야?
　　　B : 난 항상 학교 밴드에 가입하고 싶었거든.

어휘 decide 결정하다
　　　play (피아노 · 기타 등을) 치다
　　　electric guitar 전자 기타
　　　always 항상
　　　join 가입하다
　　　band (가수를 중심으로 한 소규모 대중음악) 밴드
　　　steak 스테이크
　　　plan 계획

14 **해설** 뉴질랜드에 온 목적이 무엇이냐는 A의 질문에 이어질 B의 말로는 '① I'm on a business trip(저는 지금 출장 중입니다)'이 가장 적절하다.
② 좋은 생각입니다
③ 거기까지 버스를 타고 갈 수 있어요
④ 지하철역은 도로 건너편에 있어요

해석 A : 뉴질랜드에 온 목적이 뭐가요?
B : 저는 지금 출장 중입니다.

어휘 purpose 목적
visit 방문하다
business trip 출장
sound like ～처럼 들리다
subway station 지하철역
across 건너서, 가로질러
street 거리, 도로

15 **해설** 자신의 사무실에 가는 방법을 자세하게 설명하고 있으므로 글을 쓴 목적으로 가장 적절한 것은 ①의 '길 안내'이다.

해석 센트럴 역에서 내 사무실로 가려면 1호선을 타고 36번가로 가세요. 5번 출구로 나가서 길을 건너세요. 오른쪽으로 돌아서 3블록 걸어가세요. 우리 회사 건물은 우체국 옆에 있습니다. 제 사무실은 6층에 있습니다.

어휘 office 사무실
line number 1 1호선
get out 나가다
exit 출구
company 회사
post office 우체국
floor (건물 등의) 층

16 **해설** 속상해 보인다며 무슨 일이냐는 물음에 우리 축구팀이 어젯밤 경기에서 졌다고 대답했고(C), 다음번엔 더 잘 할 것이라는 위로에(B) 고맙다고 대답하였다(A). 따라서 대화의 순서는 (C) − (B) − (A)가 적절하다.

해석 너 속상해 보여. 무슨 일이야?
(C) 우리 축구팀이 어젯밤 경기에서 1:4로 졌어.
(B) 안됐다. 하지만 걱정 마. 다음엔 더 잘 할 수 있을 거야.
(A) 고마워. 우리는 최선을 다할 거야.

어휘 upset 속상한, 마음이 상한
worry 걱정하다
better 더 좋은, 더 잘 하는
lose 지다[패하다]

last night 어젯밤

17 **해설** 'Contact : sweethome77@kmail.com'으로 보아, 숙소는 메일로만 연락이 가능하므로 ③이 안내문의 내용과 일치하지 않는다.

해석 Home Sweet Home 게스트하우스
– 위치 : 이태원역 근처
– 가격 : 하룻밤에 30달러
– 연락처 : sweethome77@kmail.com
** 무료 인터넷 제공됨 **

어휘 guesthouse 게스트하우스, 소규모 호텔
location 장소
station 역
price 값, 가격
contact 연락
provide 제공하다

18 **해설** Tom의 성격은 친절하며 그의 장래 희망은 영어 선생님이고 가족들과 함께 서울에 산다고 하였다. 그러나 가족이 몇 명인지는 나와 있지 않으므로 설명에서 언급되지 않은 것은 ④이다.

해석 Tom은 나의 가장 친한 친구 중 한 명이다. 그는 매우 친절하고 사람들과 이야기하는 것을 좋아한다. 그는 영어를 전공하고 있으며 영어 선생님이 되고 싶어 한다. 그는 가족과 함께 서울에 산다.

어휘 best friend 가장 친한 친구
friendly 친절한
major in ～을 전공하다
live 살다

19 **해설** 인터넷이 사람들의 삶에 긍정적인 영향과 부정적인 영향을 동시에 끼친다고 하며 각각의 예를 들어주고 있다. 따라서 이 글의 주제로 가장 적절한 것은 ②의 '인터넷 사용의 긍정적인 면과 부정적인 면'이다.

해석 인터넷은 사람들의 삶에 긍정적인 영향과 부정적인 영향을 동시에 끼친다. 그것은 사람들에게 그들이 필요한 정보를 제공한다. 그것은 또한 사람들이 새로운 것을 쉽게 배울 수 있도록 도와준다. 반면에, 사람들이 온라인에서 너무 많은 시간을 보낸다면, 그들은 결국 가족, 친구들과 보내는 시간이 점점 줄어들 수도 있다.

어휘 positive 긍정적인
negative 부정적인
effect 영향
life 삶

provide 제공하다
information 정보
easily 쉽게
on the other hand 반면에
spend (돈을) 쓰다, (시간을) 보내다
end up 결국 ~에 처하게 되다
less and less 점점 적은

boring 지루한
have to ~해야 한다
hundreds 수백의
document 서류, 문서
creative 창조적인
run 운영하다
business 사업

20　**해설**　요리하는 것을 좋아하고 중국 Jin's 대학에 가서 중국 요리 만드는 법을 배우고 싶다고 하였으므로 장래희망을 말하고 있는 빈칸에 들어갈 말로 가장 적절한 것은 ①의 'cook(요리사)'이다.
② 춤을 추는 사람
③ 군인
④ 선생님

　해석　안녕, 내 이름은 Sejun Lee야. 나는 요리사가 되고 싶어. 왜냐하면 나는 음식을 만드는 것을 매우 좋아하기 때문이야. 나는 가족과 친구들이 내가 만든 음식을 먹을 때 행복해. 나는 특히 중국 음식에 관심이 많아. 중국에 있는 Jin's 대학에 가서 중국 음식 만드는 법을 배우고 싶어.

　어휘　would like to ~하고 싶다
food 음식
especially 특히
be interested in ~에 관심이 있다
Chinese food 중국 음식
College 대학

21　**해설**　공무원이었던 시절, 매일 지루한 일을 하며 새롭고 창조적인 일을 하고 싶었다고 했다. 그리고 지금은 사업을 운영하며 내가 정말 원하는 일을 하고 있어서 행복하다고 했으므로 빈칸에 들어갈 말로 가장 적절한 것은 ①의 'quit(그만두다)'이다.
② 존재하다
③ 펼치다
④ 막다

　해석　3년 전에 나는 공무원이었다. 매일 수백 개의 문서를 읽어야 했기 때문에 그 일은 정말 지루했다. 나는 뭔가 새롭고 창조적인 일을 하고 싶어서 일을 그만뒀다. 지금 나는 내 사업을 운영한다. 쉽지는 않지만, 지금은 내가 정말 원하는 것을 하고 있기 때문에 행복하다. 난 나의 새로운 삶을 사랑한다!

　어휘　government employee 공무원
job 일, 직장

22　**해설**　부엌에서 요리를 하면서 화상을 입었을 때, 치료를 위해 다음 단계를 따르라고 하였으므로 이 글의 바로 뒤에 이어질 내용은 ②가 가장 적절하다.

　해석　부엌에서 요리하는 동안 손이나 몸의 다른 부분을 데일 수 있다. 대부분의 화상은 심각하지 않고 스스로 치유되겠지만 여전히 고통스러울 수 있다. 화상을 빨리 치료하려면 다음 단계를 따라라.

　어휘　burn 불에 타다, 데다, 화상
other 다른
part 부분
while ~하는 동안
kitchen 부엌, 주방
serious 심각한
heal 치유되다
painful 아픈, 고통스러운
following 그 다음의, 다음에 나오는
quickly 빨리

23　**해설**　주어진 문장의 'These women(이 여성들)'은 ④의 앞에서 말한 잠수복을 입고 바위 위에 서 있는 한국인 여성 일행이다. 그 뒤로 그들에 대한 설명을 하고 있으므로 주어진 문장이 들어가기에 가장 적절한 곳은 ④이다.

　해석　| 이 여성들은 제주도의 전문 여성 잠수부인 해녀라고 불린다. |

(①) 제주도에 살 때, 바다가 절벽에 부딪치는 것을 보는 것만으로도 많은 시간을 보냈다. (②) 바위와 물이 제주 전통 가옥과 함께 매우 아름다운 광경을 이루었다. (③) 나는 잠수복을 입은 한국인 여성 일행이 바위 위에 서 있는 모습도 볼 수 있었다. (④) 그들은 산소통 없이 바다로 뛰어들었고 해산물을 가지고 돌아오는 중이었다.

　어휘　professional 전문적인
female 여성인
diver 잠수부
a lot of 많은
ocean 바다

beat against ~에 부딪치다
cliff 절벽
traditional 전통의
scene 장면, 광경
diving suit 잠수복
without ~없이
oxygen tank 산소통
seafood 해산물

[24~25]

해석 당신은 많은 시간과 돈을 들이지 않고도 건강한 피부를 가질 수 있습니다. 여기 몇 가지 도움이 되는 <u>정보들</u>이 있습니다. 첫 번째, 매일 밤 충분한 수면을 취하는 것은 당신의 피부에 정말로 차이를 만들어 줍니다. 두 번째, 물을 충분히 마십니다. 세 번째, 밖에 나갈 때는 항상 자외선 차단제를 사용합니다. 마지막으로, 매일 밤 자기 전에 얼굴을 씻습니다.

어휘 healthy 건강한
skin 피부
helpful 도움이 되는
enough 필요한 만큼의, 충분한
difference 차이
sunscreen 자외선 차단제
outside 밖
last 마지막으로
before 전에
go to bed 자다, 취침하다

24 **해설** 많은 시간과 돈을 들이지 않고도 건강한 피부를 유지하는 방법들에 대해 설명하고 있다. 그러므로 ①의 'tips(정보들)'가 빈칸에 들어갈 말로 가장 적절하다.
② 위험 요소
③ 판매
④ 사회

25 **해설** 건강한 피부를 갖기 위한 4가지 방법을 설명하고 있는데, ③의 내용은 언급되지 않았다.

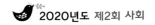

제4교시 **사 회**

정답

01 ②	02 ④	03 ②	04 ④	05 ③
06 ①	07 ①	08 ①	09 ①	10 ③
11 ①	12 ③	13 ①	14 ④	15 ②
16 ④	17 ②	18 ②	19 ③	20 ④
21 ④	22 ①	23 ④	24 ④	25 ③

해설

01 **자유권** : 개인이 국가나 타인으로부터 간섭이나 침해를 받지 않고 자유로운 생활을 영위할 수 있는 권리(포괄적 권리, 본질적 권리, 소극적 권리)
① **사회권** : 국가에 대한 최소한의 인간다운 생활의 보장을 적극적으로 요구할 수 있는 권리(적극적 권리, 개별적 권리)
③ **참정권** : 국가의 의사 결정에 참여할 수 있는 권리(적극적 권리, 능동적 권리)
④ **청구권** : 국가에 대하여 일정한 행위를 요구할 수 있는 권리(다른 기본권 보장을 위한 수단적 권리, 적극적 권리)

TIP 기본권의 예시
- **평등권** : 법 앞의 평등, 차별 금지 등
- **자유권** : 신체의 자유, 양심의 자유, 종교의 자유, 언론·출판의 자유 등
- **참정권** : 선거권, 국민 투표권 등
- **청구권** : 청원권, 재판 청구권 등
- **사회권** : 인간다운 생활을 할 권리, 교육을 받을 권리, 건강하고 쾌적한 환경에서 생활할 권리 등

02 **사회적 상호 작용** : 사회 생활을 하면서 다른 사람들과 서로 주고받는 행위로 그 유형에는 협동, 경쟁, 갈등 등이 있다.
① **가치관** : 옳은 것, 바람직한 것, 해야 할 것 또는 하지 말아야 할 것 등에 관한 일반적인 생각을 의미
② **실업률** : 경제 활동 인구 가운데 실업자가 차지하는 비율
③ **다국적 기업** : 생산비 절감, 해외 시장의 확대, 무역 규제 완화를 위해 다른 나라에 생산 공장을 건설하거나 지사를 설립·운영하는 기업

TIP 사회적 상호 작용
① **협동** : 사회 구성원들이 공동의 목표를 이루기 위하여 서로 업무를 분담하거나 돕는 상태
② **경쟁** : 집단 구성원들이 동일한 방향의 목표를 서로 지향하면서 그것에 먼저 도달하려고 하다 보니 발생하는 상태
③ **갈등** : 한 집단에서 구성원들 간에 추구하는 목표의 방향이 달라서, 즉 이해관계가 상충되어 집단 구성원들이 서로 적대시하거나 대립하는 상태

03 **역차별** : 부당한 차별을 받는 쪽을 보호하기 위하여 마련한 제도나 장치가 너무 강하여 오히려 반대편이 차별을 받는 것을 말한다.
① **과소비** : 소득에 비해 소비가 지나치게 많은 것
③ **익명성** : 어떤 행위를 한 사람이 누구인지 드러나지 않는 특성
④ **텔레뱅킹** : 은행을 찾아가지 않고 전화로 은행 일을 보는 것

04 '가치 판단'이란 사실에 대한 주관의 가치의견을 나타내는 것을 말하고, '사실 판단'이란 존재하는 현상을 객관적으로 서술하여 참과 거짓이 분명하게 구별이 가능한 것을 말한다.
ㄱ. 경복궁은 서울에 있다. → 사실 판단
ㄴ. 영희는 고등학교 2학년이다. → 사실 판단
ㄷ. 겨울철 눈 덮인 한라산은 아름답다. → 가치 판단
ㄹ. 환경 보호가 경제 발전보다 더 중요하다. → 가치 판단
따라서 가치 판단인 것은 ㄷ, ㄹ이다.

TIP 가치 판단과 사실 판단
- **가치 판단** : 진실과 거짓, 선과 악, 아름다움과 추함을 구분하여 행동을 요구하는 것
- **사실 판단** : 있고 없음을 확인하는 것

05 환율은 자국 화폐와 외국 화폐의 교환 비율이다. 환율이 상승하면 외화의 가치는 상승하고, 자국 화폐(원화 가치)의 가치는 하락하므로 수출이 증가하고 수입은 감소한다. 환율이 하락하면 외화의 가치는 하락하고, 자국 화폐의 가치는 상승하므로 수출이 감소하고 수입이 증가한다.
제시문에서 환율이 상승했다고 하였으므로 달러화 대비 원화 가치는 ㉠ 하락하고, 1달러당 1,300원이었으므로 2달러는 1,300×2=㉡ 2,600원으로 교환된다.

06 근로 3권이란 단결권, 단체교섭권, 단체행동권으로 근로자들
이 인간다운 생활을 확보하고 근로조건의 향상을 위하여 근
로자 단체를 결성할 수 있도록 보장하는 권리를 말한다. 여기
서 단결권은 근로자가 근로조건의 유지 및 개선을 위해 단체
를 결성할 수 있는 권리를 뜻한다.
　② 선거권 : 국민이 국가의 중요 공무원을 선출하는 데 참여
　　할 수 있는 권리로, 기본권 중 참정권에 해당함
　③ 공무 담임권 : 국민이 국가 기관이 되어 공무를 담당할 수
　　있는 권리로, 기본권 중 참정권에 해당함
　④ 재판 청구권 : 모든 국민이 법률에 의한 재판을 받을 수
　　있는 권리로, 기본권 중 청구권에 해당함

TIP 근로 3권
• **단결권** : 근로자들이 목적성과 자주성을 기초로 하여 단체를 결성
할 수 있는 권리를 말한다. 단결권의 주체는 근로자 개개인이며,
해고의 효력을 다투고 있는 자도 단결권의 주체가 될 수 있으나
사용자는 단결권의 주체가 될 수 없다.
• **단체교섭권** : 근로자 대표들이 사용자와 교섭할 수 있는 권리를
말하며, 노동조합으로서의 자격을 가진 근로자단체에서 차별 없이
인정한다.
• **단체행동권** : 근로자들이 노동쟁의행위를 할 수 있는 권리며, 근로
자의 노동쟁의행위는 파업 · 태업 · 감시행위 · 생산관리 · 불매운
동을 들 수 있다.

07 예금 : 정해진 이자를 기대하고 은행 등 금융 기관에 돈을 맡
기는 것으로 당좌 예금, 정기 예금, 보통 예금 등으로 나뉜다.
안전성이 높은 금융 자산 중 하나이다.
　② 신용 : 미래의 어느 시점에 갚을 것을 약속하고 상품이나
　　돈을 얻을 수 있는 능력
　③ 직업 : 생계를 유지하기 위하여 자신의 적성과 능력에 따
　　라 일정한 기간 동안 계속하여 종사하는 일
　④ 채무 : 재산권의 하나로, 특정인이 다른 특정인에게 어떤
　　행위를 하여야 할 의무를 이른다.

08 문화 상대주의 : 다양한 문화를 존중하는 태도로 각 문화를
그 사회의 자연적 환경이나 역사적, 사회적 맥락에 비추어 이
해하는 관점이다. 다양한 문화를 올바르게 이해하는 데 필요
한 태도이다.
　② 문화 사대주의 : 다른 사회권의 문화가 자신이 속한 문화
　　보다 우월하다고 믿고 무비판적으로 그것을 동경하거나
　　숭상하며, 자신의 문화에 대해서는 업신여기고 낮게 평가
　　하는 태도나 주의
　③ 문화 절대주의 : 어떤 특정한 문화를 절대적인 기준으로
　　삼아 다른 문화들을 평가하고 우열을 가리는 태도로, 평가
　　기준에 따라 자문화 중심주의와 문화 사대주의로 나눔

　④ 자문화 중심주의 : 자기 문화의 우월성에 빠져, 다른 문화
　　를 부정적으로 평가하는 태도

09 B당 지지율은 (가)지역이 40%, (나)지역이 25%로 (가)지역이
(나)지역보다 더 높다는 해석은 옳다.
　① (가), (나)지역 모두 A당의 지지율이 가장 높다.
　③ C당 지지율은 (나)지역이 35%, (가)지역이 15%로 3배 이상
　　까지는 아니다.
　④ 지역별 정당 지지율은 알 수 있으나 시간의 흐름에 따른
　　변화는 알 수 없다.

10 기업가 정신 : 혁신과 창의성을 바탕으로 이윤을 얻기 위해
위험을 무릅쓰고 도전하는 자세
　① 임금 체불 : 마땅히 지급해야 할 임금을 지급하지 못하고
　　미룸
　② 특권 의식 : 사회 · 정치 · 경제적으로 특별한 권리를 누리
　　고자 하는 태도
　④ 애그플레이션 : 농산물의 가격이 올라 일반 물가도 덩달아
　　오르는 현상을 이르는 말

11 분산 투자 : 투자에서 오는 위험을 줄이기 위하여 여러 군데
로 나누어서 하는 투자
　② 벤처 투자 : 벤처기업에 하는 투자
　③ 집중 투자 : 주식 투자에서 특정 종목을 집중적으로 매입
　　하여 투자하는 일로, 위험도가 높은 대신 기대 수익이 큰
　　투자
　④ 충동 투자 : 충동적으로 하는 투자

12 개인과 국가의 갈등을 해결하기 위해 국가가 물리적 강제력
(군대 또는 경찰 등)을 내세워 개인의 권리를 제한해서는 안
된다. 개인과 국가의 갈등을 합리적으로 해결하기 위해서는
정책 시행 전에 충분한 협의와 여론 수렴 절차(공청회, 토론
회 등)를 거쳐야 하며, 정책 시행 후 손해를 입게 된 개인에
대한 적절한 보상 대책을 수립해야 한다. 개인 역시 사회 참
여를 통해 의견을 표출하고 대화와 타협을 통해 갈등을 조정
하려 노력해야 한다.

13 삶의 질 : 살아가는 것으로부터 얻어지는 가치, 의미, 만족의
정도를 뜻하는 말로 경제, 사회 · 문화적, 환경적 측면의 발전
및 보장으로 삶의 질을 높일 수 있다.
　② 역할 갈등 : 사회 구성원으로서 가지는 여러 가지 지위, 역
　　할들 사이에서 느끼는 갈등
　③ 하우스 푸어 : 주택 가격 상승기에 주택 가격이 계속 상승
　　할 것이라는 기대감을 바탕으로 무리하게 대출을 받아 집

을 장만했으나 금리 인상, 주택 가격하락, 주택 거래 감소 등의 현상이 생기면서 고통 받는 사람들을 가리키는 말

④ **상대적 박탈감** : 다른 대상과 비교하여 나타나는 박탈감으로, 자신은 실제로 잃은 것이 없지만 다른 대상이 보다 많은 것을 가지고 있을 때, 상대적으로 자신이 무엇을 잃은 듯한 기분을 느끼는 것

14 교통의 발달로 생활공간과 생산성 및 시장이 확대되고 새로운 문화와 보편적 문화가 형성되며 세계화가 촉진되었다. 통신의 발달로 인해 적은 비용, 짧은 시간으로 먼 곳과 정보 교환이 가능해지고 음성, 영상, 데이터 전송 편의성이 향상되며 정보 교류가 활성화되었다. 또한 산업 구조의 중심 역시 농업이 주였던 1차에서 2차·3차(공업·서비스업)로 바뀌게 되었으므로 적절하지 않은 것은 ④이다.

15 **석탄** : 매장량이 풍부하고 채굴 가능한 기간도 길어, 산업 혁명의 원동력으로 이용된 화석 연료이다. 증기 기관의 연료와 제철 공업의 원료로 이용하며 생산지에서 소비하는 경우가 많아 국제적 이동이 적다.

① **구리** : 기원전 9000년부터 인류가 사용했던 금속으로, 전기와 열을 잘 전달하기 때문에 주로 전선, 주방기구 등에 쓰이는 자원

③ **희토류** : 첨단 산업에 꼭 필요한 희귀 원소로 란탄, 세륨 등의 17개 원소를 말함. 스마트폰, 반도체, 태양광 전지 등에 쓰이는 자원

④ **천연가스** : 석유와 함께 매장되어 있으며, 석유보다 공해가 적고 열효율이 높으며 매장량도 비교적 많은 에너지 자원

16 **세계 무역 기구(WTO)** : 자유 무역을 바탕으로 한 국제 경제 질서를 확립하고자 설립한 국제 기구

① **소호(SOHO)** : 개인이 집이나 작은 사무실에서 사업을 하거나, 몇 명이 모여 소규모로 하는 자영업체

② **비정부 기구(NGO)** : 정부기관이나 정부와 관련된 단체가 아니라 지역·국가·종교에 상관없이 조직된 자발적이고 순수한 민간조직을 총칭

③ **유네스코(UNESCO)** : 세계 각국 국민들 사이의 교육·과학·기술·문화 등의 국제적 협력을 위하여 설립된 국제 연합 전문 기구

TIP 국제 협력 기구
• **유엔 평화 유지군(PKF)** : 세계 평화와 안전 유지를 위해 편성된 국제 군대
• **유엔 식량 농업 기구(FAO)** : 세계 각국의 식량 증산 및 농업 기술 개발
• **유엔 환경 계획(UNEP)** : 환경 문제에 관한 국제 협력 도모 및 지구 환경 보호
• **유엔 난민 기구(UNHCR)** : 분쟁·재해에 의한 난민의 보호·구제 활동
• **세계 보건 기구(WHO)** : 인류 건강의 증진 및 보건·위생 분야의 국제 협력 도모

17 ㉠ **쌀** : 쌀은 성장기에 고온다습해야 재배에 유리하므로 계절풍의 영향을 많이 받는 몬순 아시아에서 주로 재배되며 생산지와 소비지가 거의 일치해 국제적 이동량이 적다.

㉡ **옥수수** : 생육기간이 짧고 주로 가축 사료로 이용하며 최근에는 바이오에탄올을 만드는 원료로 각광받고 있다.

밀 : 생산지와 소비지가 지리적으로 달라 국제적 이동량이 많고, 주로 신대륙에서 구대륙으로, 남반구에서 북반구로 이동한다.

18 개발 제한 구역은 도시 팽창을 억제하고 도시 주변 지역의 개발을 제한하기 위해 설치된 띠 모양 형태의 구역이다. 그러므로 개발 제한 구역 설정의 목적으로 옳은 것은 ㄱ, ㄷ이다.

19 **핌피(PIMFY) 현상** : 지역의 경제 발전에 기여할 수 있거나 지역의 긍정적인 이미지에 기여하는 시설들을 서로 적극적으로 유치하려는 현상

① **열섬 현상** : 도시 중심부의 기온이 주변 지역보다 높게 나타나는 현상. 열섬의 강도는 여름보다는 겨울에, 낮보다는 밤에 현저하게 나타남

② **님비(NIMBY)** : 하수 처리장, 화장장 등의 지역 이미지를 훼손할 수 있는 시설(혐오 시설)이 자기가 사는 지역에 설치되는 것을 반대하는 현상

④ **바나나(BANANA) 현상** : 자기가 사는 지역권에는 환경오염 시설의 설치 자체를 못하게 하는 현상

20 **위치 정보 시스템(GPS)** : 인공위성에서 보내는 신호를 수신해 사용자의 현재 위치를 알려주는 시스템으로 버스 운행 정보, 동물의 이동 경로, 현재 위치 찾기 등의 많은 분야에서 활용된다.

① **로하스(LOHAS)** : 건강과 환경의 지속 가능성을 생각하고 실천하는 생활 방식

② **바우처(VOUCHER)** : 일정한 조건을 갖춘 사람들이 서비

고졸 검정고시 **기출문제** 정답 및 해설

스를 이용할 때 사용 가능한 일종의 쿠폰

③ **유비쿼터스(Ubiquitous)** : 언제 어디서나 편리하게 컴퓨터 자원을 활용할 수 있도록 현실 세계와 가상 세계를 결합시킨 것

21 **기후 변화 협약(리우 협약)** : 지구온난화에 따른 이상기후현상을 예방하기 위해 온실가스 배출량을 줄이는 것이 핵심으로 채택된 협약

① **런던 협약** : 폐기물이나 다른 물질의 투기를 규제하는 해양오염 방지 협약

② **바젤 협약** : 유해 폐기물 국가 간 이동, 교역 규제를 목적으로 하는 협약

③ **람사르 협약** : 중요 습지를 보호하기 위해 국제적인 협력으로 맺은 협약

> **TIP** 지구촌 문제 해결을 위한 국제 협력

람사르 협약	습지 보호 협약
몬트리올 의정서	오존층 파괴 물질 규제
바젤 협약	유해 폐기물 국가 간 이동, 교역 규제
기후 변화 협약	온실가스 배출 제한, 지구 온난화 방지
생물 다양성 보존 협약	다양한 생물종과 희귀 유전자 보호
사막화 방지 협약	사막화 지역에 대한 지원

22 더 높은 소득을 위해 이동하거나 일자리를 찾아 이동하는 것은 모두 경제적 요인에 해당한다.

② **정치적 요인** : 민족 탄압, 전쟁에 의한 강제 이주 등

③ **종교적 요인** : 종교 박해, 종교 전파 등

④ **자연 환경 요인** : 자연재해 등

23 인간과 자연의 조화를 추구하는 생태 중심주의에 대한 사례를 고르면 되므로 ④이다.

①, ②, ③ 모두 인간만이 가장 중요하다고 생각하고 그 외의 다른 자연은 모두 인간을 위한 수단으로 활용할 수 있다고 생각하는 인간 중심주의에 대한 사례이다.

24 **쿠릴 열도 분쟁** : 러시아와 일본의 해상 경계에 있는 남쿠릴 열도에 대한 주권을 주장하는 양국 간의 영토 분쟁

25 **세계화** : 국가 간의 상호 의존성이 높아지고 국제 사회가 국경을 초월하여 하나로 통합되어 가는 과정

① **도시화** : 도시의 수가 증가하거나 도시 인구 비율이 높아

지는 등 도시가 양적으로나 질적으로 성장하는 현상

② **양극화** : 서로 다른 계층이나 집단이 점점 더 차이를 나타내고 관계가 멀어지는 것

④ **지역화** : 지역사회가 지역적인 문제의 해결에서 중심적 역할을 수행하게 되는 것

제5교시

과 학

정답 및 해설 |

▌정답

01 ①	02 ③	03 ③	04 ②	05 ③
06 ②	07 ①	08 ④	09 ④	10 ③
11 ③	12 ①	13 ②	14 ②	15 ②
16 ④	17 ④	18 ③	19 ①	20 ④
21 ①	22 ④	23 ①	24 ④	25 ②

▌해설

01 **관성의 법칙** : 정지하고 있는 물체는 계속 정지해 있으려 하고, 움직이는 물체는 계속 움직이려 하는 성질

② **가속도의 법칙** : 물체에 힘이 작용할 때 가속도는 힘의 크기에 비례하고, 질량에 반비례함

③ **만유인력의 법칙** : 우주의 모든 물체 사이에는 중력이 작용함

④ **작용 반작용의 법칙** : 한 물체에 힘이 작용하면 그 물체에서는 받은 힘과 크기는 같고 방향이 반대인 힘이 작용함

> **TIP** 뉴턴의 3대 법칙
>
> • **제1법칙(관성의 법칙)** : 정지하고 있는 물체는 계속 정지해 있으려 하고, 움직이는 물체는 계속 움직이려 하는 성질을 말한다.
> • **제2법칙(가속도의 법칙)** : 어떤 질량을 갖는 물체를 움직이는데 필요한 힘은 그 물체의 가속도에 비례한다.
> • **제3법칙(작용과 반작용의 법칙)** : 어떤 물체를 밀어서 움직이려고 하면 힘의 크기는 똑같고 방향이 반대인 상대적인 힘이 발생한다.

02 탄성파는 매질이 있어야 전달되는 전파로, 그 예에는 초음파, 지진파, 물결파 등이 있다. X선, 자외선, 가시광선은 전자기파로, 매질이 없어도 전달되는 전파이다.

03 디지털 신호는 0과 1로 된 이진법으로 이루어진 불연속적인 신호로 표현되는 정보로, 컴퓨터나 휴대폰 등에서 사용되는 신호이다. 아날로그 신호는 빛, 소리 등과 같이 신호의 세기가 시간에 따라 연속적인 값을 가진다.

ㄴ. 자연에서 발생하는 소리는 아날로그 신호이다.

> **TIP** 아날로그 신호와 디지털 신호
>
> | 아날로그 신호 | 디지털 신호 |
> |---|---|
> | • 신호의 세기가 시간에 따라 연속적인 값
㉔ 사람의 음성, 거리의 소음, 기온의 변화, 레코드판의 신호 등
• 장점 : 신호의 세밀한 표현이 가능함
• 단점 : 신호 전달 시 신호가 변형될 수 있음 | • 이진법으로 이루어진 불연속적인 신호로 표현되는 정보
㉔ 컴퓨터에서 처리하는 신호, CD에서 발생하는 신호
• 장점 : 정보의 저장과 전달이 쉬움
• 단점 : 원래 정보를 그대로 재생할 수 없음 |

04 그림은 전도 띠와 가전자 띠가 붙어있기 때문에 약간의 에너지만 흡수해도 바로 전자가 이동하여 전류가 흐르는 '도체'를 의미한다. 구리, 철, 알루미늄 등은 전도성이 좋은 도체의 대표적인 예이다.

고무, 나무, 유리는 '부도체'로, 전류가 거의 흐르지 않는 물질이다.

05 전열기에서는 전기 에너지가 열에너지로 전환된다.

> **TIP** 기구별 여러 가지 에너지 전환
>
> • 전기 에너지 → 열에너지
> ㉔ 전기밥솥, 전기난로, 전기다리미 등
> • 전기 에너지 → 운동 에너지
> ㉔ 선풍기, 무빙워크, 세탁기 등
> • 화학 에너지 → 전기 에너지
> ㉔ 건전지 등
> • 전기 에너지 → 소리 에너지
> ㉔ 오디오, 스피커 등
> • 빛 에너지 → 화학 에너지
> ㉔ 광합성 등

06 바이오 에너지는 나무, 고구마, 사탕수수, 종이, 음식물 쓰레기 등의 유기물을 이용하여 만든 연료로부터 에너지를 얻는 재생 에너지를 말한다.

① **풍력 에너지** : 바람의 힘으로 전기를 생산한다.

③ **태양광 에너지** : 태양의 빛에너지를 이용한다.

④ **핵융합 에너지** : 가벼운 원소가 충돌하면서 무거운 원소로 바뀌고 그때의 질량 손실만큼이 에너지로 전환된다.

07 화학 반응의 조건은 반응 입자들이 유효 충돌하는 것이다. 이 때 반응 속도를 증가시키려면 정촉매를 사용하거나, 농도를 증가시키거나, 온도를 높여주면 된다.

ㄴ. 반응물의 농도를 증가시켜야 한다.

ㄷ. 단위 시간당 반응 입자의 충돌 횟수를 증가시켜야 한다.

> **TIP** 반응 속도에 영향을 미치는 요인
> • **농도** : 화학 반응이 일어나려면 반응 물질의 입자들이 충돌해야한다. 농도가 증가하면 일정한 부피에 들어가 있는 입자수가 많아지므로 충돌횟수가 증가하여 반응 속도가 빨라진다.
> • **온도** : 온도가 증가하면 활성화 에너지를 가지는 분자 수가 증가하여 반응 속도가 빨라지게 된다.
> • **촉매** : 촉매는 자신은 변하지 않으면서 반응의 활성화 에너지를 변화시켜 반응 속도를 조절하는 물질이다. 활성화 에너지를 감소시켜 반응 속도를 빠르게 하는 정촉매와 활성화 에너지를 증가시켜 반응 속도를 느리게 하는 부촉매가 있다.
> • **표면적** : 표면적이 증가하면 입자들이 충돌할 수 있는 면적이 증가하여 반응 속도가 증가한다.

08 (가)에서는 두 개의 수소 원자가 만나 1쌍의 공유 전자쌍을 공유하고 있고, (나)에서는 한 개의 산소 원자와 두 개의 수소 원자가 만나 각각 1쌍의 공유 전자쌍을 가진 공유 결합을 하고 있다. 그러므로 (가)의 공유 전자쌍의 수는 1개, (나)의 공유 전자쌍의 수는 2개로 (가)보다 (나)에서 더 많다.

ㄱ. (가)에서 공유 전자쌍은 1쌍이다.

> **TIP** 공유 결합
> 원자들이 각각 전자를 내놓아 전자쌍을 만들고 이 전자쌍을 공유하는 결합
> • **단일 결합**
> – 1개의 전자쌍을 공유
> – 메테인(CH_4), 암모니아(NH_3), 물(H_2O) 등
> • **이중 결합**
> – 2개의 전자쌍을 공유
> – 산소(O_2), 이산화탄소(CO_2) 등
> • **삼중 결합**
> – 3개의 전자쌍을 공유
> – 질소(N_2), 일산화탄소(CO) 등

09 문제의 반응식에서 반응물은 H_2와 O_2로 두 종류이고, 반응 전과 후의 산소 원자의 개수 역시 2개로 같다. 반응 전 총 원자 수와 반응 후 총 원자 수도 같아야 하는데, 문제의 화학 반응식에서 반응 후 수소는 4개, 산소는 2개이다. 반응 전에도 수소와 산소의 개수는 각각 같아야 하므로 ㉠에 맞는 숫자는 2이다.

10 단백질은 아미노산이 펩타이드 결합에 의해 형성된 중합체로, C, H, O, N으로 구성된다. 주로 생물체의 구성 성분과 에너지로 사용되며, 세포의 원형질을 구성한다.

> **TIP** 단백질의 결합 반응
> • **탈수 축합 중합 반응** : 두 개의 분자가 결합을 할 때 물(H_2O)이 빠져나오는(부산물로 생기는) 반응을 의미한다.
> • **펩타이드 결합** : 카복실기($-COOH$)와 아미노기($-HN_2$)가 반응하여 H_2O가 빠져나가고 펩타이드기($CONH$)가 형성된다.

11 파력 에너지는 파도의 오르내리는 힘을 이용한 에너지이다.

① **태양열 에너지** : 태양의 열에너지를 이용하는 에너지로, 연료비나 오염 물질 배출의 걱정이 없으나 초기 시설 설치비가 많이 들고 계절의 영향을 받는다.

② **화석 에너지** : 지각에 매몰된 동·식물의 유해가 화석화되어 만들어진 연료로, 지구 온난화와 환경오염을 초래하며 매장량의 한정으로 인한 고갈, 가격과 공급 불안정 등의 문제가 있다.

④ **지열 에너지** : 지구 내부의 열에 의해 데워진 고온의 지하수나 수증기를 끌어올려 이용하는 에너지로, 좁은 면적에 설치가 가능하나 설치 장소가 제한적이고 설치비용이 많이 든다. 날씨의 영향은 받지 않는다.

> **TIP** 해양 에너지
> • **파력 발전** : 파도의 힘을 이용
> • **조력 발전** : 밀물과 썰물 때 해수면의 높이 차이를 이용
> • **온도 차 발전** : 표층과 심해층의 온도 차를 이용

12 백신은 감염성 질병을 예방하기 위해 투여하는 무독성 항원으로, 죽은 병원체 또는 인체에 해가 없을 정도로 독성을 약화시킨 살아 있는 병원체를 사용한다.

② **비타민** : 부영양소로, 몸의 구성 성분이나 생리 작용을 조절한다. 수용성 비타민(비타민 B_1, C)과 지용성 비타민(비타민 A, D, E, K)이 있으며 부족시 결핍증이 발생한다.

③ **포도당** : 탄수화물 단당류의 한 종류로, 빛에너지와 H_2O, CO_2를 이용해 합성된다.

④ **항생제** : 미생물에서 분비되는 물질로, 다른 미생물의 발육 또는 기능을 억제한다.

13 원핵생물이란, 원핵세포로 구성된 생물체를 말한다. 원핵세포는 핵막이 없어 핵이 관찰되지 않고, 유전 물질(DNA)이 원형으로 세포질에 있으며 세포 소기관이 없다. 그러므로 정답은 ②이다.

① 핵막이 없다.

③ 지구에 처음으로 출현한 생물은 원핵생물이고 그 후에야

진핵생물이 출현하였다.

④ 세포 소기관이 없다.

TIP 원핵세포와 진핵세포

구분	원핵세포	진핵세포
핵의 유무	핵막이 없어 핵이 관찰 안 됨	핵막을 갖는 핵이 관찰됨
유전 물질	유전 물질(DNA)은 원형으로 세포질에 있음	유전 물질(DNA)은 선형으로 핵 속에 있음
세포 소기관	세포 소기관이 없음	세포 소기관이 있음(미토콘드리아, 엽록체, 리소좀, 소포체, 골지체 등)

14 유전정보의 흐름 DNA → RNA → 단백질

- **전사** : DNA의 유전정보가 RNA로 전달되는 과정(핵에서 일어남)
- **번역** : RNA의 유전정보에 따라 단백질이 합성되는 과정
- **복제** : 하나의 원래 DNA에서 2개의 동일한 DNA 복제본을 생산하는 과정

그러므로 (가)에는 전사가, (나)에는 번역이 들어가야 한다.

15 사람은 성을 결정하는 염색체인 성염색체 2개(1쌍)와 성염색체 이외의 모든 염색체인 상염색체 44개(22쌍)를 가진다. 남자는 44개의 상염색체와 성염색체 X, Y를 가지며, 여자는 44개의 상염색체와 성염색체 X를 두 개 갖는다. 제시된 자료에서 이 사람은 Y 염색체를 가지고 있으므로 남자임을 알 수 있고, 성염색체인 X, Y를 제외한 나머지 염색체인 (가)는 상염색체에 해당한다.

ㄷ. (나)는 Y라는 성염색체로, 남자만 가지고 있다.

TIP 사람의 염색체

16 탄수화물, 단백질, 지방은 우리 몸의 구성 성분이며 여러 대사와 활동에 필요한 에너지원인 주영양소(3대 영양소)이다. 지방은 1g당 9kal의 에너지를 내는 에너지원이므로 정답은 ④이다.

① **단백질** : 효소, 호르몬, 항체 등 몸의 주요 구성 성분이며,

1g당 4kcal의 에너지를 내는 에너지원이다.

② **탄수화물** : 우리 몸속에서 가장 먼저 쓰이는 주 에너지원으로, 1g당 4kcal의 에너지를 낸다.

③ **무기 염류** : 칼슘(Ca), 나트륨(Na), 철(Fe), 인(P) 등이 있으며 체액의 삼투압과 pH의 유지 및 조절, 각종 효소의 활성화 등 여러 생리작용을 조절한다.

17 내시경 검사는 긴 관의 끝에 카메라와 플래시를 달아 소화기 계통 질환의 사전 진단에 사용하는 검사이다. 위 내시경 검사는 입을 통해 위 내부를 관찰한다.

① MRI검사는 수소 원자핵에 강한 자기장이 걸리면 핵이 공명을 일으키며 움직이는 원리를 이용한 물리적 진단이다.

② 초음파 검사는 X선이 아닌 초음파를 이용하는 검사이다.

③ 밀도에 따른 X선 투과도의 다름을 이용하는 컴퓨터 단층 촬영 검사는 CT이다.

18 광합성은 녹색 식물의 엽록체에서 빛에너지를 이용하여 물(H_2O)과 이산화탄소(CO_2)로부터 포도당(유기물, $C_6H_{12}O_6$)을 합성하고, 산소(O_2)를 방출하는 반응이다.

그러므로 ㉠에 해당하는 것은 ③의 산소(O_2)이다.

TIP 광합성

- 광합성에 필요한 요소
  - 물 : 뿌리로 흡수되어 물관을 따라 잎까지 이동
  - 이산화탄소 : 기공을 통해 공기 중에서 흡수
  - 빛에너지 : 엽록체 속 녹색 색소인 엽록소에서 흡수
- 광합성 결과 생성되는 물질
  - 포도당 : 광합성을 통해 생성되는 최초의 양분, 녹말로 바뀌어 잎에 일시적으로 저장된다.
  - 산소 : 일부는 식물 자체의 호흡에 쓰이고, 나머지는 기공을 통해 공기 중으로 배출된다.

19 고생대는 원생대와 중생대 사이의 시기로, 약 5억 7천만 년 전부터 2억 2천 5백만 년 전까지의 시대를 뜻한다. 대기권에 오존층이 형성되면서 바다에서 생활하던 생물들이 육상으로 진출하였다. 고생대의 표준 화석으로는 삼엽충, 필석, 갑주어, 방추충 등이 있다.

② 중생대 화석

③ 중생대 화석

④ 신생대 화석

TIP **지질시대**

① **선캄브리아대(46억~5.4억 년 전)** : 단세포 생물, 해조류, 스트로마톨라이트, 에디아카라

② **고생대(5.4억~2.5억 년 전)** : 삼엽충, 필석, 갑주어, 양치식물(고사리, 쇠뜨기)

③ **중생대(2.5억~0.65억 년 전)** : 암모나이트, 시조새, 파충류(공룡), 겉씨식물(소철, 은행)

④ **신생대(0.65억~1만 년 전)** : 화폐석, 매머드, 인류 출현, 속씨식물(단풍나무)

---

20 케플러의 제1법칙(타원궤도의 법칙)에 따르면, 모든 행성은 태양을 한 초점으로 하는 타원 궤도를 그리면서 운동하는데, 이때 행성이 태양에 가장 가까운 곳에 위치할 때를 근일점, 행성이 태양으로부터 가장 먼 곳에 위치할 때를 원일점이라 한다. 그러므로 근일점과 원일점이 나타나는 원인은 지구의 타원 궤도 공전때문이다.

TIP **근일점, 원일점**

• **근일점** : 태양 주변을 도는 천체가 태양과 가장 가까워지는 지점으로 행성의 속도가 빠르다.

• **원일점** : 태양 주변을 도는 천체가 태양과 가장 멀어지는 지점으로 행성의 속도가 느리다.

---

21 허블 법칙은 은하의 후퇴 속도는 거리에 비례한다는 것으로, 멀리 떨어진 외부 은하일수록 빠른 속도로 멀어진다는 법칙이다. 그러므로 정답은 ①이다.

TIP **허블 법칙**

• 멀리 떨어진 외부 은하일수록 빠른 속도록 멀어짐

• 세페이드 변광성으로부터 구한 은하까지의 거리와 적색 편이로부터 구한 은하의 후퇴 속도 사이에는 비례 관계가 있음

• 허블 상수(H)의 값은 50~100km/s/Mpc으로 추정되는데, 오늘날에는 약 71±4km/s/Mpc를 많이 사용함

• 허블 상수는 우주의 팽창률을 의미하며, 허블 상수가 클수록 우주의 팽창 속도가 빠름

---

22 별의 중심부에서 수소가 핵융합하여 헬륨을 생성한다. 중심부의 온도가 상승함에 따라 점차 무거운 원소가 생성되고, 마지막엔 철을 중심핵으로 해서 바깥으로 갈수록 가벼운 물질로 둘러싸인 층상 구조를 이루게 된다. 진화의 마지막 단계에 이른 별은 폭발하면서 철보다 무거운 원소를 생성한다.

---

23 일식은 달이 지구와 태양 사이에 들어와 지구에 도달하는 태양 빛을 차단하여, 태양이 달에 의해 가려지는 현상을 말한다. 이때 개기 일식은 태양 전체가 달에 가려 보이지 않는 현

상을 말하는데, 그림에서는 달의 본그림자 속에 있는 지역인 A에서 일어난다.

• **부분 일식** : 달의 반그림자 속에 있는 지역에서 일어나는 일식으로, 태양의 일부분만 가려진다.

• **금환 일식** : 달과 지구 사이의 거리가 멀어서 달이 태양을 다 가리지 못할 때 일어나는 일식으로, 태양의 가장자리만 반지 모양으로 보인다.

---

24 탄소가 산화하여 생성되며 지구 온난화를 가속시키는 온실 기체는 이산화 탄소(CO_2)이다. 이산화 탄소 외에 온실 효과를 일으키는 대표적인 기체로는 아산화질소(N_2O), 메테인(CH_4), 오존(O_3), 프레온 가스($CFCs$) 등이 있다.

TIP **지구 온난화 현상**

• 대기 중 온실 기체의 증가로 온실 효과가 커져서 지구의 평균 기온이 상승하는 현상

• 해수의 열팽창이 증가하고, 극지방의 빙하가 녹아 평균 해수면이 상승

• 대기 순환 및 해수면의 온도 변화로 기상 이변 발생

• 사막화 지역의 확대

• 기온 및 강수량의 변화로 생물의 멸종과 이동 발생

---

25 광상이란 경제적 가치가 있는 광물이 모여 있는 곳을 말하며 마그마의 냉각으로 만들어진 광상인 A는 화성 광상, 암석의 풍화·운반·퇴적으로 만들어진 광상인 B는 퇴적 광상이라 한다. 풍화 현상으로 인해 생긴 고령토는 퇴적 광상 광물 자원의 예인 (가)에 해당한다.

ㄴ. A는 화성 광상이다.

TIP **광상의 종류**

• **화성 광상**

– 마그마의 작용으로 만들어진 광상

– 금, 구리, 주석 등

• **퇴적 광상**

– 풍화·운반·침전 작용에 의해 광물이 만들어진 광상

– 고령토, 석회암, 금강석 등

• **변성 광상**

– 기존의 광물들이 변성 작용을 받아 새로운 광물이 만들어지는 광상

– 철광상, 대리석 등

2020년 2회

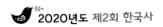
제6교시	# 한국사	
		정답 및 해설

정답

01 ③	02 ②	03 ④	04 ④	05 ①
06 ④	07 ②	08 ③	09 ④	10 ②
11 ②	12 ①	13 ①	14 ②	15 ①
16 ②	17 ②	18 ④	19 ③	20 ④
21 ①	22 ③	23 ③	24 ②	25 ④

해설

01 비파형 동검은 청동기 시대의 대표적인 유물이며, 청동기 시대에는 벼농사와 함께 빈부 격차와 계급이 발생했고, 무덤으로 고인돌이 제작되었다.
① 한글 소설은 조선 후기에 서민들이 문화의 중심이 되면서 유행하기 시작하였다.
② 철제 농기구는 철기 시대부터 사용하였다.
④ 서옥제는 고구려의 결혼 풍속으로, 남녀가 혼인을 약속하면 여자의 집 뒤편에 '서옥'이라는 집을 짓고 생활. 자식을 낳아 성장하면 남자 집으로 가서 생활하던 풍습을 말한다.

> **TIP** 각 시대별 대표 유물
> • **구석기 시대** : 뗀석기, 슴베찌르개, 주먹도끼
> • **신석기 시대** : 가락바퀴, 빗살무늬 토기, 움집
> • **청동기 시대** : 비파형 동검, 거푸집, 거친무늬 거울, 민무늬 토기, 미송리식 토기, 고인돌
> • **철기 시대** : 세형 동검, 잔무늬 거울, 독무덤

02 부여는 12월에 영고라는 제천 행사를 열었는데, 이는 사냥철인 12월에 공동수렵을 행하던 전통을 계승한 것이다. 또한 왕 밑의 마가, 우가, 구가, 저가가 도읍 주변에 형성된 4개의 지역인 사출도를 다스렸으며, 절도를 할 경우 12배로 배상하게 하고 변상이 여의치 않으면 노예로 삼았다.
① **가야** : 김수로가 금관가야를 건국하여 금관가야를 중심으로 연맹왕국이 성립되었다. 농경 문화가 발달했고, 풍부한 철 생산을 하고 해상 교통을 이용한 무역 활동을 하였다.
③ **발해** : 고구려 장군 대조영을 중심으로 고구려 유민과 말갈 집단이 건국하였다. 3성 6부라는 중앙 통치체제와 5경 1분 62주라는 지방 통치체제로 다스렸으며 선왕(818~830) 때 요동 지역을 지배하고 남쪽으로 신라와 국

경을 접하며 발해 최대의 영토를 형성하여, 중국은 당대의 발해를 '해동성국'이라 불렀다.
④ **고조선** : 청동기 시대에 출현한 우리나라 최초의 국가로, 가부장적 가족제였으며 8조법으로 통치하였다.

> **TIP** 우리나라의 제천 행사
> • **고구려의 동맹** : 매년 10월에 풍년이 들기를 빌고, 풍성한 수확을 주신 하늘에 감사하는 농제
> • **부여의 영고** : 매년 12월에 추수를 마치고 하늘에 제사를 지내고 회의를 열었다.
> • **동예의 무천** : 매년 음력 10월에 공동으로 하늘에 풍년을 빌고 추수를 감사하는 제사를 지내고 춤과 노래로 즐긴다.

03 ㉠에 들어갈 왕은 고구려의 광개토 대왕으로 신라 내물왕 때 신라를 도와 왜구를 격퇴하고, 요동을 정벌해 만주 지역의 지배권을 확보하였다.
① **세종** : 조선의 왕으로 한글을 창제하고 의정부 서사제를 실시, 유교 윤리를 보급하고 4군 6진을 설치하였다.
② **법흥왕** : 신라의 왕으로 율령을 반포하고, 불교를 공인, 연호를 사용하는 등 중앙 집권 국가 체제를 완비하였다.
③ **의자왕** : 백제의 마지막 왕으로 초반에는 신라의 대야성 등 40여 성을 함락하고 전쟁에서의 주도권을 잡았으나 집권 말년에 주색과 사치에 빠지고 나당연합군에 의해 나라를 잃었다.

04 왕오천축국전은 신라의 승려 혜초가 고대 인도의 5천축국을 답사하고 쓴 여행기이다.
① **칠정산** : 조선 세종 때 우리 실정에 맞게 역법을 연구하여 만든 역법서
② **동의보감** : 조선 선조의 명을 받은 허준이 집필하기 시작하여 광해군 때 완성한 의서
③ **조선왕조실록** : 조선 태조부터 철종까지 472년간의 역사를 기록한 인류 역사상 단일왕조 역사서로서 가장 규모가 큰 책

05 골품제는 신라시대의 신분제도로 골품(骨品), 즉 개인의 혈통(血統)의 높고 낮음에 따라 정치적인 출세는 물론, 혼인, 가옥의 규모, 의복의 빛깔, 우마차(牛馬車)의 장식에 이르기까지 사회생활 전반에 걸쳐 여러 가지 특권과 제약이 가해졌다.

② **과거제** : 고려와 조선 시대에 관리를 뽑기 위해 시행한 시험 제도

③ **균역법** : 조선 영조 때 종전의 군적수포제에서 군포 2필을 부담하던 것을 1년에 군포 1필로 경감해주는 제도

④ **진대법** : 봄에 백성들에게 곡식을 빌려 주고 가을에 갚도록 한 제도로 고구려에서 가난한 백성들을 구하기 위해 실시함

06 공민왕은 쌍성총관부를 공격하여 철령 이북의 땅을 회복하였고, 여러 가지 폐단과 불법, 부정을 바로잡기 위하여 전민변정도감을 설치하여 권세가에게 점탈된 토지나 농민을 되찾았다.

ㄱ. 조선 후기의 영조와 흥선대원군이 서원의 폐해가 심해지자 몇 군데를 제외하고 대부분을 철폐하였다.

ㄴ. 조선 세종의 업적이다.

> **TIP** 공민왕의 개혁 정치
>
> • 반원 자주 정책
>   – 정동행성 폐지
>   – 철령 이북의 땅 수복
>   – 몽골풍 폐지
>   – 원의 연호 폐지
> • 대내적 개혁
>   – 왕권을 제약하고 신진 사대부의 등장을 억제하고 있던 정방 폐지
>   – 전민변정도감을 설치하여 권문세족이 부당하게 빼앗은 토지를 돌려줌
>   – 성균관을 통해 유학 교육 강화

07 고려의 신분은 귀족(왕족, 5품 이상 관료), 중류층(하급 관리), 평민·양민(농민, 상인, 수공업자), 천민(노비) 이렇게 네 단계로 나뉘는데 이때 고려의 백정은 조선 시대에 도축업을 하던 천민 계층과는 달리 일반 농민을 가리키는 말이다.

08 서희는 993년 거란의 1차 침입 때 거란의 적장 소손녕과 외교 담판을 벌여 고려가 고구려의 후손이라는 점을 인정받고, 여진의 땅을 확보하면 통교한다는 조건을 걸어 강동 6주를 돌려받았다.

① **별기군 창설** : 1881년 고종 때 만들어진 신식군대의 이름이다.

② **22담로 설치** : 백제 무령왕 때 22담로에 왕족을 파견하여 지방에 대한 통제를 강화하였다.

④ **명량 해전 승리** : 조선 선조 때 이순신이 이끄는 수군이 명량에서 단 12척의 전선으로 1300여 척의 적 함대와 맞서 싸워 크게 이긴 전투이다.

09 임진왜란으로 경복궁이 소실된 후 1865~1868년에 흥선 대원

군이 소실된 경복궁을 재건하기 위해 당백전을 발행하였다.

② **대화궁** : 고려 시대에 묘청이 서경 천도를 도모하기 위하여 지은 궁궐

③ **행주산성** : 임진왜란 때 행주대첩이 벌어졌던 곳

④ **수원 화성** : 조선 후기에 정조가 지은 성으로 1997년에 유네스코 세계문화유산으로 지정됨

10 청자 상감 운학문 매병은 고려의 대표적인 청자 매병이다.

① **호우명 그릇** : 신라에서 고구려 광개토 대왕의 도움을 기리기 위해 만들어, 광개토 대왕 사후에 제사를 지낼 때 쓰던 그릇

③ **명도전** : 중국의 화폐로 고조선에서도 발견된 것으로 보아 중국과 고조선이 서로 교류했음을 알 수 있음

④ **빗살무늬 토기** : 신석기 시대의 유물

11 1895년에 일어난 을미의병의 배경은 단발령 시행과 명성황후 시해사건인 을미사변이다. 유생층과 동학 농민군의 잔여 세력의 주도로 일어났으며, 그 결과로 단발령이 철회되었다.

① 1907년에 일어난 정미의병의 배경이다.

③ 독립협회 창설의 배경이다.

④ 1905년에 일어난 을사의병의 배경이다.

12 조선 전기 세종 때 이종무가 대마도를 정벌하여 왜구의 근절을 약속받았으며, 부산포·제포·염포라는 3포를 개항하여 제한된 범위의 교역을 허락하였다.

② 북벌론은 병자호란이 끝난 후 효종이 청나라를 정벌하기 위해 추진했다.

③ 동북 9성은 고려 시대에 윤관이 여진족을 물리친 뒤 세운 성이다.

④ 천리장성은 고구려와 고려 때 각각 설치하였다.

13 광해군은 경기도에서 처음 대동법을 실시하였는데, 대동법은 토지를 기준으로 조세를 부여했기 때문에 양반들이 반발이 있었다. 전국으로 퍼지기까지는 100년이라는 오랜 시간이 걸렸다.

② **타조법** : 조선의 소작제도로 지주와 소작인이 수확량의 절반씩 나누어 갖는 방식

③ **호패법** : 조선 시대 때 16세 이상의 남자에게 오늘날의 신분증과 같은 호패를 차고 다니도록 한 제도

④ **연분9등법** : 조선의 수취제도로 풍흉에 따라 9등급으로 나누어 전세를 부과하던 방식

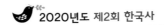

• 전후 농민부담의 완화
• 전후 국가 재정 및 군량미 부족의 해결
• 지방 관리의 방납 폐해 시정
• 국가 수요품과 공물의 불일치 문제 개선

14 실학의 대표적인 학자로는 정약용, 박제가, 박지원 등이 있다. 정약용은 토지 제도의 개혁과 농업 기술 혁신을, 박제가는 상공업과 기술 혁신, 청 문물 수용을 주장하였다.
ㄴ. 최재우가 창시한 종교인 동학에 대한 설명이다.
ㄹ. 도교에 대한 설명이다.

15 김옥균, 박영효 등의 급진 개화파가 근대 개혁을 추진하기 위해 일으킨 정변은 갑신정변이다. 그러나 청군의 개입과 일본의 약속 불이행으로 3일 만에 실패로 끝나고, 청의 내정 간섭 심화, 한성 조약(일본에 배상금 지불), 톈진 조약(청·일 군대의 동시 철수) 체결 등의 결과를 낳았다.
② 기묘사화 : 조선 중종 때 조광조의 개혁 정치에 불만을 품은 훈구파가 '주초위왕' 모략을 통해 사림파를 제거한 사건이다.
③ 병자호란 : 청의 건국과 인조의 반청정책, 조선 내에서의 주화론과 주전론의 대립 등을 이유로 발발하였다. 그 결과 조선은 청과 군신관계를 맺고, 명과의 외교를 단절하였다. 병자호란의 영향으로 서북 지방이 황폐화되었으며, 이후 북벌론이 제기되었다.
④ 만적의 난 : 고려 시대에 개경에서 최충헌의 노비였던 만적이 중심이 되어 일으킨 노비 반란이다.

16 동학 농민 운동 당시 농민군이 전주성을 점령하고 나서 정부와 맺은 조약을 전주 화약이라 한다.
① 헌의 6조 : 독립협회가 관민공동회에서 결의한 6개 항의 국정 개혁안
③ 톈진 조약 : 갑신정변 후 일본과 청 사이에 맺어진 조약으로 조선반도에서의 군대 철수와 군대 파견 시, 사전 통보를 원칙으로 하는 조약
④ 대한국 국제 : 대한제국이 공포한 근대적 헌법

17 '내 살림 내 것으로'라는 구호하에 일본으로부터 경제적으로 자립하기 위해 전개한 운동은 물산 장려 운동이다.
① 형평 운동 : 1923년부터 일어난 백정들의 신분 해방 운동으로 법제상으로 해방되었으나, 실제적으로 존속되고 있는 차별을 철폐하기 위해 전개되었다.
② 문맹 퇴치 운동 : 일제 강점기에 사람들에게 한글을 가르치고 민족의식을 갖게 하기 위해 일어난 대표적인 사회 운동이다.
④ 민립 대학 설립 운동 : 1920년대 초 우리 손으로 대학을 설립하고자 일어난 문화 운동이다.

18 김구는 대한민국 임시 정부의 주석을 역임하였고, 단독정부 수립에 반대하고 남북 협상을 추진하였던 인물로, 1931년 중국 상하이에서 일본의 주요 인물을 암살하려는 목적으로 한인 애국단을 조직하였다.
① 대종교를 창시한 이는 나철이다.
② 열하일기를 저술한 이는 박지원이다.
③ 유신 헌법을 제정한 이는 박정희이다.

• 이봉창 의거 (1932. 1. 8)
 – 일본 국왕에 폭탄 투척
 – 중국 신문의 호의적 논평으로 인해 1차 상하이 사변 발발, 일본이 상하이 점령
• 윤봉길 의거 (1932. 4. 29) : 상하이 훙커우 공원 의거
 – 중국 국민당(장개석) 정부가 우리 민족의 무장 독립 활동을 승인하고 임시정부를 지원하는 계기를 마련
 – 임시정부 인사들이 중국 군관학교에서 훈련할 수 있게 되어 한국 광복군의 탄생의 계기가 됨

19 프랑스가 병인박해를 구실로 침략(병인양요)하고, 독일 상인 오페르트가 흥선 대원군의 아버지 남연군의 묘를 도굴 시도(오페르트 도굴 사건)하고, 미국이 제너럴셔먼호 사건을 구실로 침략(신미양요)하자 흥선대원군은 이들의 침략을 격퇴한 후 척화 의지를 높이기 위해 전국 각지에 척화비를 세웠다. 묘청의 난은 고려 인종 때 승려 묘청이 서경천도를 추진하다 실패하자 일으킨 반란이다.

20 황국 신민화 정책은 일제가 침략 전쟁을 확대하면서 물자와 인력이 부족해지자, 한국인의 민족의식을 지우고 일본 민족에 통합하여 전쟁에 동원시키려 한 정책이다.
① 남진 정책 : 장수왕을 비롯한 고구려의 왕들이 백제와 신라를 공격하여 땅을 차지한 대외 정책
② 화폐 정리 사업 : 1905년 일제가 경제 침탈을 목적으로 조선의 화폐인 백동화를 중심으로 시행한 화폐 개혁 사업
③ 토지 조사 사업 : 일제가 근대적 토지 소유권 제도를 확립한다고 하면서 실제로는 토지를 약탈하고 지주층을 회유하여 식민지화에 필요한 재정 수입원을 마련하고자 실시한 사업

21 신간회는 민족주의 진영과 사회주의 진영이 제휴하여 창립한

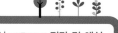
민족운동단체로, 전국 순회강연을 통해 민족의식을 고취하며 노동 운동과 농민 운동을 지원하고 청년 운동, 여성 운동, 형평 운동 등과도 연계된 활동을 전개하였다. 그러나 일제의 교묘한 탄압과 내부의 이념 대립으로 1931년 해체하였다.

② **황국 협회** : 보부상 단체를 앞세워 독립협회를 탄압하고자 만든 친일 어용 단체

③ **헌정 연구회** : 독립 협회를 계승하여 의회 설립을 통한 입헌 정치 수립을 주장한 단체

④ **조선어 학회** : 국어 연구와 발전을 목적으로 하는 민간 학술 단체로 한글 맞춤법 통일안과 조선어 사전을 편찬하고, 한글 잡지를 발간함

22 만민 공동회는 독립 협회가 행한 활동 중 하나로, 우리나라 최초의 근대적 민중 대회이다. 러시아가 저탄소 설치를 위해 절영도 조차를 요구하자 만민 공동회를 개최하여 러시아의 요구를 저지하였다.

① **광무개혁** : 대한제국이 실시한 개혁으로, 경제적인 개혁으로는 양전 사업 실시, 지계 발급(근대적 토지 소유권 확립), 상공업 진흥 정책이 있다.

② **영남 만인소** : 영남 지역의 만여 명의 선비들이 이만손을 중심으로 개화에 반대하며 올린 상소문

④ **원산 총파업** : 1929년 1월부터 4개월간에 걸쳐 원산의 노동자들이 일본인 감독의 조선인 노동자 폭행에 대해 항의하고 노동자 생활조건 개선을 요구하며 시행한 파업

23 박종철 고문치사사건이 알려지고 나서 1987년 6월에 전국 곳곳에서 민주화 운동이 일어났는데, 이 운동이 6월 민주 항쟁이다. 그 결과 전두환 정부의 강압적인 통치를 무너뜨리고, 6 · 29 민주화 선언이 발표되어 정치뿐 아니라 사회 전반에 걸쳐 민주화를 앞당기는 계기가 되었다.

① **3 · 1운동** : 한일병합조약의 무효와 독립에 대한 열망을 표출한 사건으로 비폭력 만세운동이다. 당시 일본은 이러한 만세운동에 상당히 당황했으며, 이후 폭력으로는 조선을 다스릴 수 없다고 판단하여 문화통치체제로 바꾸게 된다. 또한, 이를 계기로 대한민국 임시정부가 수립되며, 활발한 독립운동을 전개하게 된다.

② **4 · 19혁명** : 3 · 15 부정선거를 계기로 1960년 이승만의 독재에 항거하여 학생들과 시민들이 시위를 전개하였고, 결국 이승만은 하야하였다.

④ **한 · 일 회담 반대 시위** : 박정희 대통령이 경제 발전 추진을 위해 일본과 교섭하려 하자 대학생과 시민들이 한 · 일 회담 반대를 목적으로 한 시위이다.

24 독도는 울릉도에 가까이 있어 예로부터 울릉도의 부속 섬으로 인식되었다. 일본 에도막부의 『죽도기사』의 기록에는 안용복이 두 차례 일본으로 와 울릉도와 독도가 우리 땅임을 일본관리로부터 확답을 받고 돌아갔다는 내용이 있다.

① **간도** : 을사늑약(을사조약) 후, 일제가 대한 제국의 외교권을 빼앗아가면서 중국(청)과 간도협약을 맺어 빼앗기게 된 지역이다.

③ **강화도** : 인천에 있는 섬으로, 고려 시대 때 몽골의 침입으로 수도를 옮긴 곳이며, 1871년 신미양요 때 미국이 제너럴셔먼호 사건을 빌미로 조선을 개항시키려고 무력 침략해 전투가 벌어진 곳이다. 또한 일본과 최초의 근대적 조약인 강화도 조약을 체결한 곳이다.

④ **거문도** : 제주도와 여수 중앙에 있는 섬이다.

> TIP **독도를 기록한 흔적들**
>
> • **세종실록지리지** : 울릉도와 독도의 거리가 가까워 날이 맑으면 바라볼 수 있음
> • **신증동국여지승람** : 독도와 울릉도는 강원도 영토
> • **일본 태정관 발행 문서** : 독도랑 울릉도는 조선 영토로서 일본과 관계없는 땅
> • **숙종실록** : 안용복이 독도의 일본어부를 몰아내고 일본에서 독도가 우리 영토임을 확인
> • **삼국접양지도** : 조선과 울릉도, 독도를 같은 색으로 채색. 독도 옆에 조선영토라고 표기

25 김대중 정부는 2000년 6월 15일 북한의 김정일을 만나 분단 이후 최초의 남북정상회담을 가져, 이 결과로 금강산 사업 등 다양한 대북정책이 수립되었고 김대중 대통령은 우리나라 최초로 노벨 평화상을 받았다. 또한 2001년 8월 23일 IMF의 지원금을 모두 상환하여 IMF 관리 체제가 종료되었다.

① **이승만 정부** : 유상 매수 유상 분배

② **박정희 정부** : 새마을 운동, 경제 개발 5개년 계획, 한 · 일 국교 정상화, 베트남 파병

③ **김영삼 정부** : 금융 실명제, 공직자 재산 등록, 지방 자치제 시행, OECD 가입

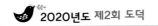

제7교시 선택 과목

도 덕

정답 및 해설 |

▌ 정답

01 ②	02 ②	03 ①	04 ④	05 ④
06 ③	07 ②	08 ③	09 ①	10 ②
11 ①	12 ③	13 ②	14 ①	15 ②
16 ④	17 ②	18 ②	19 ①	20 ①
21 ②	22 ②	23 ③	24 ④	25 ①

▌ 해설

01 문화 윤리에서 다루는 주제는 예술의 도덕성 기여 여부, 종교, 의식주, 다문화 사회의 덕목 등이 있다. 전쟁, 핵 문제는 평화 윤리에서 다루는 주제이다.

> **TIP** 응용윤리학
>
> 이론윤리학을 실생활에 적용하여 문제 해결에 적극적으로 도움을 주려고 하는 것으로 실천 윤리학이라고도 한다. 이는 과학 기술의 급격한 발전으로 기존의 이론 윤리학만으로는 해결할 수 없는 문제에 직면하게 되면서 등장하였다.

02 **덕(德) 윤리** : 아리스토텔레스를 중심으로 전개된 덕 윤리는 행위자의 품성과 덕성을 중시한다. 즉, 유덕한 품성을 강조하고 공동체 구성원으로서의 인간의 삶에 관심을 가지는 것으로, 행위의 옳고 그름이 행위자의 훌륭한 도덕적 품성에 의해 이루어진다는 내용이다. 따라서 옳은 것은 ㄱ, ㄷ이다. ㄴ과 ㄹ은 모두 공리주의에 대한 설명이다.

    ㄴ. **책임 윤리** : 책임 윤리적 접근으로, 익명성이 커지는 현대 사회에서 무엇보다 자신의 행위의 결과에 대한 엄중한 책임을 물음

    ㄹ. **최대 다수의 최대 행복** : 행위는 행복을 증진시키는 경향을 지니고 있는 정도에 비례하여 옳으며, 행복에 반대되는 것을 증진시키는 경향을 지니고 있는 정도에 비례하여 그름

03 싱어는 대표적인 공리주의자로, 빈곤으로 고통받는 사람들을 돕는 것을 의무로 보았으며 동물 해방론을 주장했다. 공리주의는 쾌락과 행복을 가져다주는 행위는 옳은 행위, 고통과 불행을 가져다주는 행위는 그릇된 행위라고 보는 관점이다.

> **TIP** 공리주의
>
> 공리주의는 공리성을 가치 판단의 기준으로 하는 사상이다. 가치 판단의 기준을 효용과 행복의 증진에 두어 '최대 다수의 최대 행복' 실현을 윤리적 행위의 목적으로 본다. 넓은 의미에서 공리주의는 효용·행복 등의 쾌락에 최대의 가치를 두는 철학·사상적 경향을 통칭한다.

04 제시된 내용은 칸트의 '의무론'이다. 칸트의 의무론은 행위의 결과보다는 동기를 중시하면서 오로지 의무 의식에서 나온 행위만이 도덕적 가치를 지닌다고 보았다. 또한 모든 사람을 수단이 아닌 목적 자체, 인간 자체로 대해야 한다는 정언 명령을 강조했다. ④의 내용은 '배려 윤리'이다.

> **TIP** 의무론
>
> 옳음을 결정하는 법칙에 따라 행동하는 것이 인간의 당연한 의무이고 선이라는 것이다. 의무는 도덕 법칙에 대한 존중, 법칙에 따라 행위 해야 할 필연성을 의미한다. 또한 행위의 내면적 동기가 결과보다 더 중요하다고 본다.

05 그림은 스턴버그의 사랑의 3요소로, '친밀감, 열정, 책임감·헌신'으로 이루어져 있다. 스턴버그는 이 세 가지 요소를 삼각형의 꼭짓점에 놓고 이 균형이 맞을수록 삼각형의 모양이 정삼각형에 가까워진다고 하였다. 그러므로 ⊙에 들어갈 용어는 '친밀감'이다.

06 부패란, 사적 이익을 취하기 위해 공적 권력을 남용하는 것을 의미하며 이로 인한 문제점으로는 준법 의식 약화, 상대적 박탈감 조성, 국가 신인도 하락 등이 있다.

    ㄴ. 부패는 공정 경쟁의 틀을 깨뜨리며 국민들 간의 위화감을 조성하여 정의 사회 실현을 어렵게 한다.

07 유교에서는 하늘과 인간이 하나라는, 즉 인간과 자연이 조화를 이루는 '천인합일(天人合一)'의 경지를 추구하였고, 불교에서는 모든 존재와 현상은 다양한 원인과 조건에 의해 생겨난다는 '연기(緣起)'의 원리에 따라 자연 만물이 상호 의존한다고 보았다.

    자비(慈悲)는 불교적 사상이지, 우주 만물 생성의 원리가 아니므로 ⓒ에 들어갈 말로 바르지 않다.

2020년 2회

> [!TIP] 유교 · 불교 · 도교의 자연관
> - **유교** : 만물이 본래적 가치를 지니고 있다고 보고, 인간과 자연이 조화를 이루는 천인합일의 경지를 추구함
> - **불교** : 연기설에 따라 자연 만물이 독립적으로 존재하는 것이 아니라 상호 의존한다고 봄
> - **도교** : 무위자연을 추구하며 인간의 의지, 욕구와 상관없이 존재하는 자연의 가치와 아름다움을 강조

08 **도덕주의** : 도덕적 가치가 미적 가치보다 우위에 있다고 보는 입장이며, 예술의 자율성을 침해할 수도 있다. 예술의 사회성을 강조한다. → 참여 예술론 지지
심미주의 : 도덕적 가치와 미적 가치는 무관하며, 예술의 가치를 순수하게 미적 가치 추구로만 보는 입장이다. 예술의 사회적 영향력과 책임을 간과할 수 있다. 예술의 자율성을 강조한다. → 순수 예술론 지지

> [!TIP] 예술의 종류
> - **참여 예술론** : 예술 활동은 다양한 사회 활동 중 하나이며, 예술은 사회의 모순을 비판하고 사회 발전에 이바지해야 한다는 관점
> - **순수 예술론** : 예술 활동은 도덕적 기준이나 사회적 관습으로부터 자율적이라는 관점

09 차이를 고려하지 않고 모든 사람에게 동일하게 분배하고, 모두에게 기회 및 혜택을 제공한다고 하였으므로 설명에 해당하는 분배의 기준은 '절대적 평등'이다.

10 민족 정체성을 잃어가고 있다고 하였으므로 한국의 언어, 역사, 교육의 기회를 확대하여 민족 정체성을 잃지 않도록 해야 한다.

11 관용이란 자신의 신념이나 기호를 강제하지 않고 타인의 생각이나 행동을 허용하는 것으로, 문화적 차이에 따른 편견과 차별을 예방할 수 있다. 그러나 관용을 무제한으로 베풀게 되면 오히려 보편적 가치를 침해하는 '관용의 역설'이 일어나게 되므로 옳지 않다.

> [!TIP] 관용의 역설
> 관용을 무제한 허용하면 결과적으로 관용을 부정하는 사상이나 태도까지 인정하게 되어 인권이나 사회 질서가 무너지는 것

12 정보 이해 및 표현 능력을 갖추기 위해서는 정보를 분석 및 창조하는 능력을 함양하고 존중, 책임, 해악 금지, 정의의 원칙을 준수해야 한다.
ㄱ. 정보를 비판적으로 수용해야 한다.

ㄹ. 저작권을 침해하므로 옳지 않다.

> [!TIP] 정보 이해 및 표현 능력의 구성 요소
> - 다양한 인터넷 매체를 다룰 수 있는 기술적 능력
> - 인터넷 매체에서 제공하는 정보의 가치를 판단하고 평가할 수 있는 능력
> - 인터넷 매체를 통해 사회적 책임을 실천할 수 있는 능력

13 원초적 입장(무지의 베일을 쓴 상태)이라는 가상적 상황에서 모두가 합의할 수 있는 정의의 원칙을 제시하는 롤스의 정의론이다.
- **롤스의 정의론**

제1원칙	평등한 자유의 원칙 : 모든 사람은 기본적인 자유에서 평등한 권리를 지녀야 함
제2원칙	• 차등의 원칙 : 사회 · 경제적 불평등은 사회의 최소 수혜자에게 최대의 이익이 되어야 함 • 공정한 기회 균등의 원칙 : 공직과 지위는 불평등할 수 있지만 그것이 공정한 기회 균등의 조건 아래 모두에게 개방되어야 함

14 **책임 윤리** : 익명성이 커지는 현대 사회에서 무엇보다 자신의 행위의 결과에 대한 엄중한 책임을 묻는 것으로, 예견할 수 있는 모든 결과에 대한 책임 및 미래 지향적 당위를 강조한다.

15 대뇌와 뇌줄기, 인공 장치에 대한 내용으로 보아 ㉠에 들어갈 토론의 주제로 가장 적절한 것은 ②의 '뇌사'이다. 뇌사는 일반적으로 뇌 활동이 회복 불가능하게 정지된 상태로, 뇌간의 생명 중추 기능도 상실하여 의식 능력과 뇌 기능의 소실 및 중단으로 죽음으로 판단하는 것이다.

16 평화를 유지하기 위한 비용이므로 '평화 비용'에 해당한다.
① **갈등 비용** : 국제 경영에서 현지의 정부나 노조, 엔지오(NGO) 따위와 다양한 형태의 갈등과 마찰이 발생할 경우에 초래되는 손해나 비용
② **과시 비용** : 다른 사람의 시선을 의식하여 단순히 과시하기 위해 사용하는 비용
③ **전쟁 비용** : 전쟁을 준비하는 데 필요한 모든 물자와 전쟁 중 소모하는 모든 비용

17 고령화로 인해 노인 공경 정신이나 부모 부양에 대한 책임 의식이 약화되는 문제가 나타난다.
ㄱ. 고령화 사회에서 발생할 수 있는 문제의 해결방안에 해당한다.
ㄷ. 대가족 형태가 아닌 핵가족이 증가함에 따라 가족 윤리가

약화하게 된다.

18 기업가는 건전한 이윤을 추구하고 근로자의 권리를 존중하며 사회적 환원이라는 책임을 질 수 있어야 한다. 기업이 세습 경영을 하게 되면서 재벌가가 생기게 되므로 기업가의 사회적 책임으로 적절하지 않은 것은 ②이다.

> **TIP** 기업의 사회적 책임
> • **소극적 금지** : 고용차별, 불합리한 해고, 기업 활동 등으로 문제가 발생하지 않도록 하는 최소한의 사회적 책임
> • **적극적 의무** : 장애인 고용, 소외된 지역의 예술 및 교육 사업 지원 등과 같은 적극적인 사회적 책임

19 시민 불복종의 정당화 조건에는 비폭력, 최후의 수단, 공공성과 공개성, 양심적 행위, 처벌 감수가 있다. 즉 시민 불복종은 온갖 수단과 방법을 동원하여 목적을 달성하는 것이 아니라, 합법적인 수단과 노력을 다했음에도 의견이 받아들여지지 않을 경우에 최후의 수단으로 채택하여야 한다.

> **TIP** 시민 불복종
> • **시민 불복종** : 정의롭지 못한 법이나 정부 정책을 변혁시키려는 목적으로 행하는 의도적인 위법 행위
> • **시민 불복종의 정당화 조건**
>   – 행위 목적의 정당성 : 공공의 이익을 위해 실시되어야 한다.
>   – 비폭력성 : 파괴적인 방법을 자제하고 평화적인 방법을 사용한다.
>   – 처벌의 감수 : 부당한 법을 어김으로써 받게 되는 처벌을 감수한다.
>   – 최후의 수단 : 합법적인 수단과 노력 후에 마지막 수단으로 채택된다.
>   – 양심적 행위 : 비록 위법일지라도 양심적이고 도덕적인 동기를 지니고 있어야 한다.
> • **시민 불복종의 사례**
>   성 참정권 운동, 베트남전 반대 운동, 간디의 비폭력 불복종 운동, 흑인 인권 운동 등

20 **담론 윤리** : 언어를 매개로 의사소통하는 과정에서 상호 이해에 도달하고, 이를 토대로 도덕 규범의 타당성을 정당화하는 절차가 중시되는 윤리적 관점이다.
　② **정보 윤리** : 사이버 공간 내 타인도 인간으로서 존엄성을 가지므로 타인의 인격, 지적 재산권 등을 존중해야 하며 언어폭력, 사이버 성폭력, 개인 정보 유출, 유언비어, 해킹 등으로 타인에게 피해를 끼쳐서는 안되고 익명성으로 인해 나타나는 비윤리적인 행동을 막기 위해 책임 의식을 지녀야 한다는 관점이다.
　③ **직업 윤리** : 자신이 맡은 직업에서 지켜야 하는 행동 기준과 규범으로 개인의 행복과 사회의 발전을 이룰 수 있게

한다는 관점
　④ **과학기술 윤리** : 과학 기술의 목적은 단순히 진리의 발견과 활용에 그치지 않고 궁극적으로 인간의 존엄성 구현과 삶의 질 향상이라는 윤리적 목적과 연결되어야 한다는 관점이다.

21 죽음을 이해함으로써 우리 생명의 소중함을 깨달을 수 있는데, 여러 동·서양 사상가들이 죽음에 대한 견해를 남겼다.

> **TIP** 죽음의 특징
> • **보편성** : 죽음은 모든 사람이 맞이해야 하는 인생의 한 과정이다.
> • **불가피성** : 어느 누구도 죽음을 피할 수 없다.
> • **일회성** : 모든 사람은 죽음을 단 한 번만 경험한다.
> • **평등성** : 죽음은 빈부나 귀천과 같은 조건에 따라 사람을 차별하지 않는다.

22 사회적 이익과 부담을 공정하게 분담한다고 하였으므로 ㉠에는 '분배적'이, 불법 행위나 부정의를 바로 잡는다고 하였으므로 ㉡에는 '교정적'이 들어가야 옳다.

23 **인간 중심주의** : 인간만이 도덕적 권리를 행사할 수 있으며, 자연은 인간의 생존과 복지를 위한 수단일 뿐이므로 유용성의 관점에서 파악한다. 대표적인 사상가로는 아리스토텔레스, 아퀴나스, 베이컨, 데카르트, 칸트가 있다.
　① **동물 중심주의** : 생태계를 구성하는 존재 중 동물에 강조점을 두는 관점으로, 대표적인 사상가로는 벤담, 밀, 싱어가 있다.
　② **생명 중심주의** : 모든 생명체는 그 자체로 도덕적 고려를 받아야 할 가치가 있다고 보는 관점으로, 대표적인 사상가로는 슈바이처, 테일러가 있다.
　④ **생태 중심주의** : 전체론적 관점에서 개체보다 상호 의존성에 바탕을 둔 생명 공동체 그 자체에 관심을 가지는 관점으로, 대표적인 사상가로는 레오폴드가 있다.

24 정약용은 청렴을 모든 선의 원천이며 모든 덕의 근본으로 보았으며, 실학사상을 바탕으로 지은 '목민심서'에서 이를 강조하고 있다.
　① **이이** : 이(理)는 형태와 작용이 없고, 기(氣)는 형태와 작용이 있다는 이기론을 주장하며 사단과 칠정이 분리될 수 없다고 보는 사단 칠정론을 강조하였다.
　② **이황** : 이(理)는 존귀하고, 기(氣)는 비천한 것이며 이와 기는 모두 발한다는 이기론을 주장하며 사단과 칠정을 구분해서 살펴보아야 한다는 사단 칠정론을 강조하였다.
　③ **박지원** : 실용성이 있는 학문을 할 것을 주장하였다. 그에

따르면 이용과 후생이 이루어져야 정덕(正德)을 실현할
수 있다. 또한 화폐 경제를 중시한 중상주의를 강조했다.
저서로는 '열하일기', '허생전', '연암집' 등이 있다.

25 레오폴드는 자연과 인간의 조화를 추구하며 인간을 자연의
한 구성원으로 보는 생태 중심주의를 주장하였는데, 그중 하
나인 '대지 윤리'는 모든 자연이 군집해 있는 '대지'를 공동체
로 보고 존중하자는 내용이다.

 생태 중심주의

생태 중심주의는 전체론적 관점에서 개체보다 상호 의존성에 바탕
을 둔 생명 공동체 그 자체에 관심을 가진다.
- **생태 중심주의의 한계점** : 개별 생명체의 이익 관심보다는 생태계
  전체의 이익을 우선하여 고려함
- **생태 중심주의의 특징**
  − 생태적 위기 극복을 위해 동식물뿐만 아니라 무생물에 대해서
    도 고려할 필요가 있다고 봄
  − 생태계를 구성하는 요소 간의 관계와 과정 등에 대해서도 주목
    할 필요가 있다고 봄